Excel 会计实务模板应用大全书

熊春 ◎编著

人民邮电出版社
北京

图书在版编目（CIP）数据

Excel会计实务模板应用大全书 / 熊春编著. -- 北京 : 人民邮电出版社, 2018.8(2021.5重印)
ISBN 978-7-115-48115-3

Ⅰ. ①E… Ⅱ. ①熊… Ⅲ. ①表处理软件—应用—会计 Ⅳ. ①F232

中国版本图书馆CIP数据核字(2018)第054809号

内 容 提 要

本书以 Excel 在会计工作中的具体应用为主线，按照财务会计人员的日常工作特点谋篇布局，通过典型的应用案例，系统介绍了利用 Excel 的数据计算、管理和分析功能处理会计实务的方法。

本书内容分为上、下两篇，上篇（第 1 章~第 4 章）主要介绍 Excel 的操作技巧，包括 Excel 制表规范及数据录入技巧、高效管理数据、常用函数的使用、打印与输出 Excel 表格等内容；下篇（第 5 章~第 11 章）主要介绍会计实务处理中常用模板文件的制作与使用方法，主要涉及的会计实务内容包括会计记账核算、现金业务的管理与核算、职工工资核算、成本核算与分析、应收账款的核算与分析、纳税申报表的计算与填列以及财务分析与评价等。

为了便于读者更好地学习本书内容，本书在重要操作案例后均附有二维码，通过手机或平板电脑扫描二维码，即可观看相应操作的视频演示。此外，本书附赠丰富的学习资源，不仅提供书中所有操作涉及的模板文件、效果文件和视频文件，还提供财务工作常用 Excel 会计模板、Excel 2010 会计财务应用立体化教程微课视频、Excel 常用快捷键等扩展学习资源。

本书可作为广大财会人员提高工作效率、精进业务的案头工具书，也可作为各高校、会计培训班的辅导用书。

◆ 编　　著　熊　春
责任编辑　李　莎
责任印制　马振武

◆ 人民邮电出版社出版发行　　北京市丰台区成寿寺路 11 号
邮编　100164　　电子邮件　315@ptpress.com.cn
网址　http://www.ptpress.com.cn
固安县铭成印刷有限公司印刷

◆ 开本：787×1092　1/16
印张：17.5
字数：445 千字　　2018 年 8 月第 1 版
印数：7 801 – 8 100 册　　2021 年 5 月河北第 10 次印刷

定价：59.00 元

读者服务热线：(010)81055410　印装质量热线：(010)81055316
反盗版热线：(010)81055315
广告经营许可证：京东市监广登字20170147号

组织编写本书的初衷

会计工作向来是众多求职人员的心仪之选，从历年大学毕业生就业热门工作岗位统计数据来看，会计岗位的热门程度也一直名列前茅。正因如此，导致会计岗位的竞争十分激烈。众所周知，会计工作会涉及大量的数据录入、计算和分析，以往通过人工操作不仅费时费力，而且准确率也无法保证。同时，Excel 作为办公软件已经被越来越多的企业使用，而它自身强大的数据计算、管理和分析功能，正好可以满足会计工作的需求，使会计实务工作处理变得更加精确而高效。

基于上述考虑，本书以 Excel 2013 在会计工作中的具体应用为主线，通过典型真实应用案例，系统讲解利用 Excel 的数据计算、管理和分析功能处理会计实务的方法。目的在于让更多的会计人员将 Excel 作为会计实务工作的有效工具，提高会计人员处理会计数据的效率。

本书能给读者带来的帮助

● 提高 Excel 的操作水平

本书在介绍使用 Excel 处理会计实务的案例之前，系统地对常用的 Excel 操作技巧进行了讲解，一方面帮助读者为后面学习制作会计实务模板打基础，另一方面帮助读者进一步提高 Excel 2013 的技术水平。

● 巩固会计理论基础

本书在讲解会计模板之前，都会对该模板涉及的会计实务进行简单的理论介绍。例如，在讲解如何使用 Excel 制作应收账款统计表、应收账款账龄分析表以及坏账准备计提表之前，就对应收账款及其管理的理论知识进行了简单梳理。这样不仅能够帮助读者巩固相关的会计知识，也能帮助读者更好地理解 Excel 会计模板的构成，提高学习效率。

● 提高解决实际问题的能力

本书介绍的所有会计实务的模板不仅具有实用性，而且具有良好的扩展性和适应性。即便读者不清楚表格结构的原理，只要掌握在 Excel 中使用该模板的方法，就能够解决会计工作中的实际问题。而且本书中的“会计真案”板块，更是模拟了会计工作中的典型业务案例，通过会计模板解决会计实务的问题。希望读者学习后能学以致用，举一反三，以解决自己工作中的问题。

● 提升使用 Excel 自主设计会计模板的能力

本书对每一个会计模板都进行了细致的讲解和系统的剖析，旨在帮助读者领会设计会计模板的思路和方法，从而可以针对自身工作中的问题制作相应的会计模板，提高工作效率。

怎样使用本书

为了使读者更好地使用本书，建议阅读以下几点小提示。

◆本书采用循序渐进的方式进行讲解，因此建议读者按照分篇的顺序进行学习。

◆本书中提供的二维码均可通过手机或平板电脑扫描，扫描后可观看相应操作的视频演示。

◆本书的配套资源中提供了书中所有操作涉及的模板文件、效果文件和视频文件，以及 Excel 2010 会计财务应用立体化教程微课视频、Excel 常用快捷键等扩展学习资源。本资源可在线下载，扫描“职场研究社”二维码，关注微信公众号并回复“48115”，即可获得资源下载方式。

作者团队

参与本书资料收集整理、部分章节编写、校对、排版等工作的人员还有曾勤、肖庆、李秋菊、黄晓宇、蔡长兵、牟春花、李凤、蔡飓、张程程、高利水、郑巧、李巧英、廖宵、何晓琴、蔡雪梅、罗勤、李星等。

尽管在本书的编写与出版过程中编者精益求精，但由于水平有限，书中难免有错漏和不足之处，恳请广大读者批评指正。我们的联系信箱是 muguiling@ptpress.com.cn。

编者

目录

CONTENTS

本书附赠资源

图书配套资源

- 操作视频教程
- 会计实务模板与效果文件

扩展学习资源

- Excel2010会计财务应用立体化教程微课视频
- 财务工作常用Excel会计模板
- Excel常用快捷键

Excel

第 0 章 学习指南

❖ **本章导读**

Excel 是使用频率最高的电子表格处理软件之一，在会计中也经常使用 Excel 制作与会计核算相关的表格资料。对于财务人员而言，Excel 就像一把双刃剑，如果对它不太熟悉，在使用 Excel 制表的过程中，就会花费大量的时间和精力来摸索 Excel 的各种操作方法；反之则会得心应手，不仅能大大提高制表效率，还能充分利用 Excel 提供的模板功能，实现对各种财务表格的转换使用。

本章在介绍 Excel 的使用技巧和各种会计表格模板的制作之前，首先探讨使用 Excel 时如何提高制表效率以及如何将 Excel 的各大功能有效运用于制表操作中，帮助读者更好地学习本书后面的章节内容奠定基础。

0.1 财务人员制表效率低下的原因分析

许多财务人员在利用 Excel 制表时的效率非常低，归根结蒂，其主要原因是缺乏 Excel 知识、不懂 Excel 的操作技巧、不善用 Excel 模板、缺少制表思维等。

0.1.1 Excel 知识欠缺，做张表得摸索半天

由于对 Excel 不熟悉，以致对使用 Excel 制表感到吃力的财务人员比比皆是。例如，在输入身份证号码时，发现输入后得到的数据并不是身份证号码，就把身份证号码所在列的列宽调来调去，但结果却毫无变化。实际操作中在某单元格内输入身份证号码之前，应当先将此单元格的数据格式设置为“文本型”，此后再输入身份证号码就能得到想要的结果了。

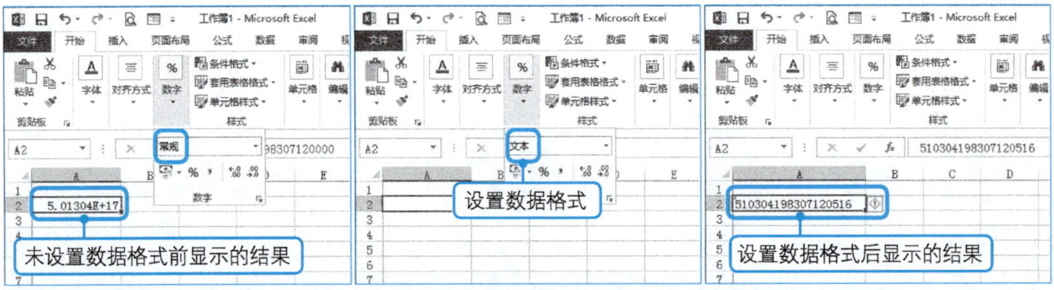

有的用户习惯在网上下载一些表格模板，然后根据需要对该模板中的某些数据或格式进行修改，以达到满足自己使用的目的。对于缺乏 Excel 知识的用户，这种方式有可能变得更加费时、费力。例如，用户需要将表格中的红色字体改为黑色字体，但无论是修改字体颜色还是将表格内容删除后重新输入，都无法将字体颜色更改。这是由于设置了条件格式造成的。此时只需要在【开始】/【样式】组中单击“条件格式”按钮，在弹出的下拉列表中选择【清除规则】/【清除整个工作表的规则】命令，就能对表格内的字体颜色进行修改了。

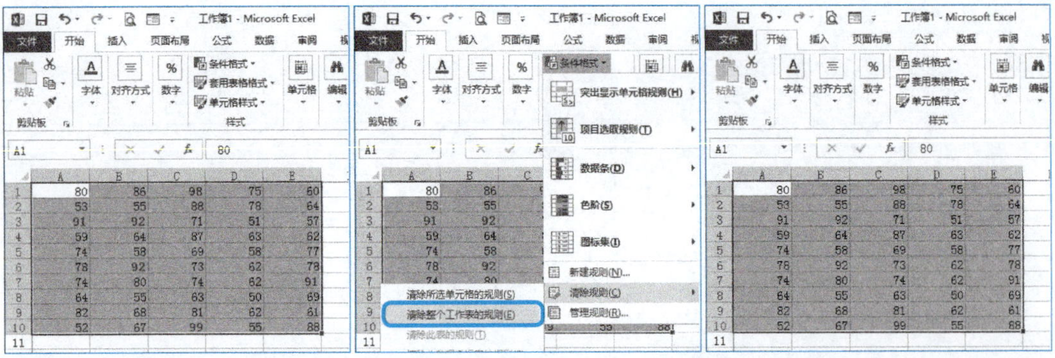

总之，要想熟练使用 Excel 进行表格制作，就必须熟悉 Excel 的基本知识。否则在制表过程中出现的各种问题都会浪费制表人大量的时间和精力，制表效率自然就显得异常低下了。

0.1.2 不懂 Excel 操作技巧，想偷懒都难

有些财务人员虽然掌握了一些操作 Excel 的方法，但实际制表时也感觉效率不高，其原因是不会 Excel 的高效操作技巧，只会按部就班、中规中矩地操作。

例如，对小于 90 的数据进行求和操作，有的财务人员就会逐个选择小于 90 的数据所在单元格，然后进行求和操作。如果逆向思维，利用 SUM 函数求和后减去大于 90 的数据来求得目标值的效率会更高。这其实就是一种高效的思维方法，虽然谈不上技巧，但是在数据量庞大的情况下，这种思维方式会大幅提高效率。

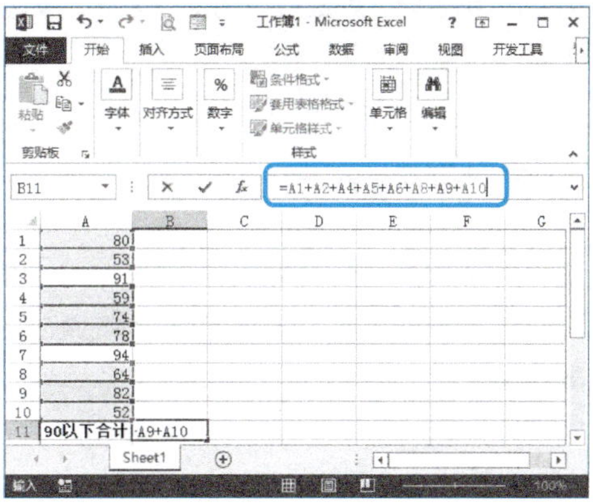

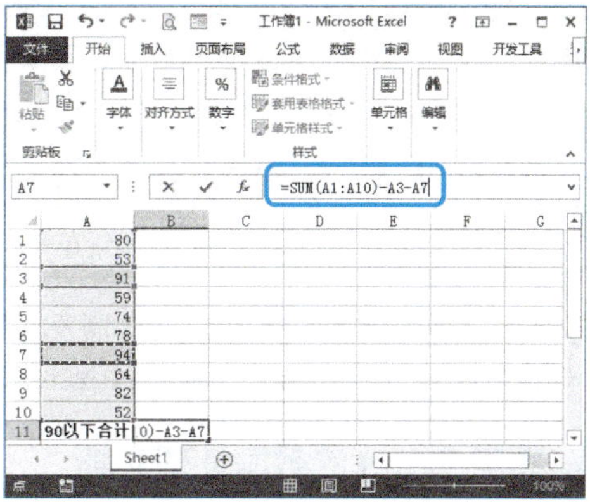

再如，删除所有姓名前面的编号和“—”符号，大部分财务人员会手动逐个删除，小部分财务人员会思考能不能通过查找替换的方法一次性快速删除。实际上，完全可以通过查找通配符“*”和符号“－”，即将“* －”替换为空值（即不替换为任何字符）的方式进行全部替换操作。

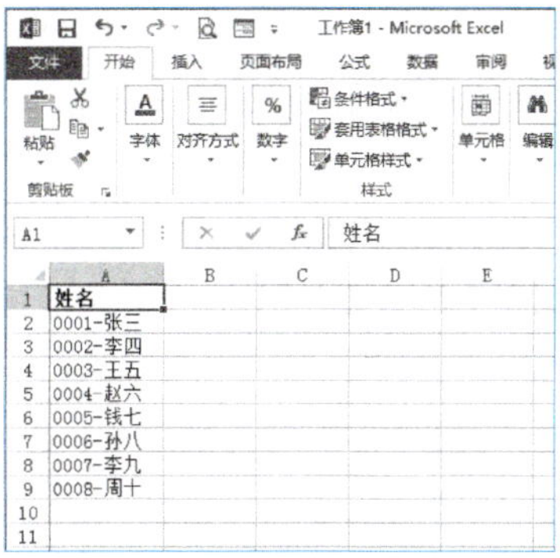

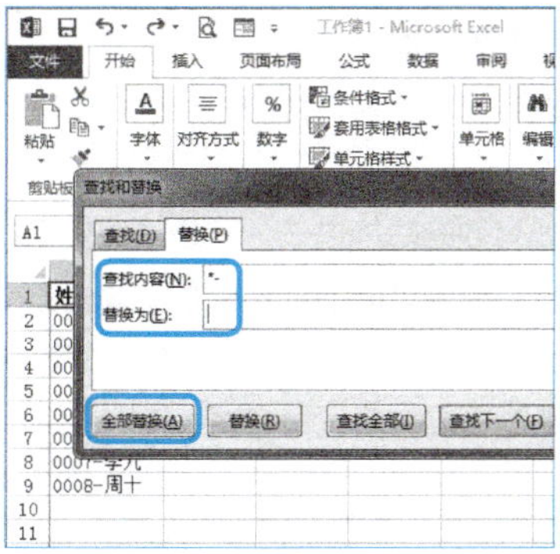

Excel 在处理数据方面，有许多强大的功能，用户需要不断掌握和挖掘，但实现高效的关键在于有高效工作的思维、不断尝试简化操作的想法。只要将这种思想常用于平时的工作中，高效使用 Excel 也就信手拈来了。

0.1.3 不知如何利用 Excel 模板

哲学上有“透过现象看本质”的说法，对于会计表格而言，无论表格样式如何多样，同样可以追本溯源。通过追本溯源可以找到表格结构和数据的规律，利用这规律就能制作通用的 Excel 模板，以后使用时直接调用模板就可以了。使用模板的方法会在本书后面的章节中详细讲解，这里主要是建议读者建立使用模板的思维，无论什么表格，都可以考虑通过一定的设置，将其保存为模板，以便日后使用该模板快速制作相应的表格。

0.1.4 操作方法不当，缺少专业制表理念

使用 Excel 制表低效的原因还在于操作方法不当。例如，应该设置绝对引用的公式而设置成了相对引用，导致复制公式后计算结果出错；又如需要精确控制行高或列宽时却随意拖动鼠标进行设置；再如为了一味

地追求表格美观，强制合并一些单元格区域，导致后面对表格数据进行排序、筛选、透视分析等操作无法实现等。这些不当的操作都可能破坏表格的二维结构，致使 Excel 无法识别数据区域，从而无法得到想要的结果。

综上，财务人员在掌握 Excel 知识的同时，还应当不断总结经验，养成良好的操作习惯，掌握正确且高效的操作方法，这样才能为高效制表打下坚实的基础。

0.2 财务人员不加班的秘密——用好 Excel

只有在熟练掌握 Excel 之后，才谈得上高效使用此工具进行表格制作。前面已经提到，Excel 本身具有强大的数据处理和分析功能，要想用其高效制表，需要不断总结操作经验，善于自我提问或通过咨询其他人员来获取实用的 Excel 操作技巧，制作实用性更广的表格模板。

0.2.1 善用 Excel 的数据处理功能

Excel 提供了大量的公式、函数、排序、筛选、分类汇总以及数据透视表等功能，利用这些功能可方便地对数据进行计算、统计、分析等操作。

公式和函数不仅可以用于计算、判断数据，还可用于加工、处理数据。如 LEFT 函数、RIGHT 函数、MID 函数均可以用于提取指定的字符；LOOKUP 函数可以用于查询指定的对象等。巧妙地使用各种公式和函数，可以对已有数据进行再处理，最终得到需要的数据。

排序、筛选和分类汇总是统计数据最简单、最直接的功能之一，在数据量较大的情况下使用这些功能，可以起到事半功倍的效果。

数据透视表则是统计和分析数据最有效的功能之一，它是一种交互式的表，所进行的计算离不开数据和数据透视表中的排列关系，能够清楚地反映数据之间的逻辑关系。数据透视表还可以根据需要改变版面布局，以便按照不同方式分析数据，也可以重新安排行标签、列标签和值标签等字段。源数据每一次改变版面布局，与其相关联的数据透视表都会立即按照新的布局重新计算数据。

0.2.2 总结经验，掌握技巧

优秀的表格制作者并不是一开始就熟练使用 Excel 制作表格的，他们也是经过了大量的实践操作，在不断地积累各种经验和技巧的过程中掌握了高效制表的技能。例如，财务人员时常遇到需要在 Excel 中输入大量数据的情况，在输入过程中难免会出现错误。若错误的数据较少，修改起来便没有什么难度，但如果错误的数据较多，手动修改会非常慢且难以保证正确率。例如，如果将所有员工的基本工资均少输入了 100 元，此时可按以下方法快速修改数据。

（1）在某个空白单元格中输入需要增加的数据“100”，然后选中该单元格并按【Ctrl+C】组合键复制。

（2）选中需要调整数据的单元格区域，单击鼠标右键，在弹出的快捷菜单中选择“选择性粘贴”命令，打开“选择性粘贴”对话框。

（3）在“运算”栏中选择“加”复选框，单击“确定”按钮。此时所有基本工资的数据都在原来的基础上增加了“100”。

整个操作过程相对于手动逐个修改而言，其高下立判。虽然大多数用户可能不知道这种方法，但一旦了解后，就应当掌握并总结，以后遇到类似的情况时就可以加以运用了。

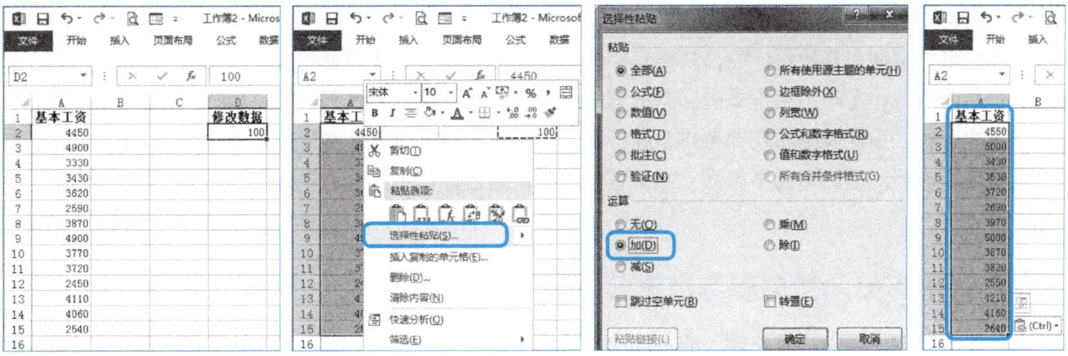

0.2.3 制作扩展性强的模板

表格模板的扩展性越强，其适用范围也就越广。要想制作出扩展性强的模板，不仅要在表格结构和项目内容上下功夫，更需要制表人员具备专业的会计水平，能熟知各类会计表格，并能找到它们的共同点。

另外，如果表格模板的结构越丰富、内容越精确，针对性自然就越强，此时利用该模板制作所需表格也就非常高效。但与此同时，这种模板就失去了扩展性，对于其他表格来说，实用性也就大大降低了。因此，需要在表格的内容结构与表格扩展性之间找到一个合适的平衡点，从而制作出更适用的模板，这样就能将模板应用于不同的情况，同时也提高了表格制作的效率。

0.3 让 Excel 能够“一可赛二”的内功心法

为更好地使用 Excel 制作会计表格，财务人员应当尽可能地发挥 Excel 的潜在性能，让 Excel 丰富、全面的操作功能完全呈现。

0.3.1 遵守财务制表三大原则

财务人员使用 Excel 表格的最终目的就是对基础数据进行加工、处理，然后制作财务报表，为企业决策者提供需要的财务信息。财务报表所提供的信息也就是企业各方面的财务数据，因此，财务人员在进行 Excel 表格设计时，就要以数据处理为中心，在整理数据时要严格遵循以下三大原则。

1. 表格一致性原则

为了便于数据统计和表格间的数据引用，表格的字段名称、数据类型、结构格式等应保持一致，同一对象只能使用同一个名称，同一对象的名称在任何表格中、任何部门中都要保持一致。如公司名称可以写全称，也可以写简称，但为了便于使用，必须保持一致的写法，否则在利用函数求和、分类汇总数据，或者利用数据透视表加工数据等时，Excel 就会判定为不同的公司。

另外，相同表格之间的格式与结构也必须保持一致。例如，汇总 1~12 月份的日常费用汇总表，该表的数据来源分别是 1~12 月份的日常明细表。如果 1~12 月份的日常明细表格式不一致，那么选择单元格区域时就会出现错误，从而无法正确计算出所需金额，也无法快速汇总数据。

2. 表格规范性原则

表格规范性是指表格的名称与格式应当规范。例如，数字不应使用文本型格式，而应设置为常规或数值型格式；日期型数据根据实际需要，可设置为指定的日期格式，如“2017 年 2 月 5 日”“2017-2-5”等。只有规范了表格数据，才能最大限度地发挥 Excel 的数据处理功能。

3. 表格扩展性原则

表格的可扩展性主要是设计的公式要有扩展性，这就涉及在公式设置时应使用相对引用、绝对引用，还是混合引用方式，不同引用方式返回的数据结果不同。另一个扩展性则主要体现在表格的布局，也就是表格的结构设计。设计表格时还要考虑增减行列是否会影响表格的统计结果，如增加一行，那么合计行会自动计算增加一行对应的单元格内容；如果删除一行，则合计行中的公式不会因为删除了单元格而发生错误等。

0.3.2 正确区分源数据表与数据分析表

在记录数据的过程中，手动输入的基础数据可称为源数据、录入完成的表格称为源数据表，它的用途是存放所有的明细数据。在进行数据分析时，可能会因为源数据描述不一致而无法引用数据，甚至导致整个数据表作废。因此，财务人员只有规范地填写好源数据，才能利用 Excel 功能自动获得数据结果。

收集并整理好源数据表后，往往都会利用该表进行数据统计和分析操作，并形成新的数据分析表。因此，制表时不要本末倒置，如直接在源数据表上统计或分析数据，而又在数据分析表中对源数据进行修改等操作。正确区分这两个表格，可以更合理地使用 Excel 进行制表。

0.3.3 善于将 Excel 与 Word 等软件联用

Excel 与 Word 都是 Office 软件中的组件，二者的兼容性自不必说，它们在有的操作下甚至还可以互补，这样可以更好地提高制表效率。如利用 Excel 将多列数据合并为一列数据，或将一列数据转换为多列数据，需要通过一些技巧才能实现，但利用 Word 则能轻松完成。

1. 多列合并为一列

将多列数据合并为一列数据的方法如下。

（1）在 Excel 中选中需要进行合并的多列单元格区域，将数据复制到 Word 文档中。

（2）在 Word 文档中选中表格对象，单击【表格工具 布局】/【数据】组中的“转换为文本”按钮。

（3）打开“表格转换成文本”对话框，选中“段落标记”复选框，单击“确定”按钮。

（4）将转换完成的数据重新复制到 Excel 表格中，即可实现多列合并为一列的操作。

2. 一列转换为多列

将一列数据转换为多列数据的方法如下。

（1）在 Excel 中选中一列合并后的单元格区域，将数据复制到 Word 文档中。粘贴时，应利用“选择性粘贴”功能实现“无格式文本”的粘贴方式。

（2）在 Word 中选中需转换的文字，在【插入】/【表格】组中单击“表格”按钮，在弹出的下拉列表中选择“文本转换成表格”命令。

（3）打开“将文本转换成表格”对话框，设置表格尺寸下的列数，单击“确定”按钮即可。

当然，实际操作中 Word 与 Excel 的联用还可以运用到其他方面，这些运用一方面需要用户自己通过不断实践来挖掘，另一方面也需要用户积极搜集相关知识并加以总结积累，这样才能使 Excel 在 Word 等软件发挥更大的作用。

UNIT

上篇

必备技巧

Excel

第 1 章

Excel 制表规范及数据录入技巧

❖ 本章导读

遵循一定的 Excel 制表规范和要求，并掌握一些数据的录入技巧，可以高效、准确地利用 Excel 制作会计表格，并使制作出的表格更加专业、美观和实用。本章首先对表格的设计规范、制作要求进行简单介绍，然后重点介绍表格数据的输入方法、数据处理的技巧以及表格模板的使用等内容，进一步帮助读者夯实表格制作的基础。

本章知识结构概览表

表格设计基本规范	（1）单元格合并不乱用 （2）字段统一要常用
不同类型会计表格的制作要求	（1）数据录入型表格的制作要求 （2）计算统计型表格的制作要求 （3）报表分析型表格的制作要求
表格数据输入的方法	（1）数值型数据的输入 （2）日期型数据的输入 （3）填充有规律的数据 （4）同时输入相同的数据 （5）利用记录单输入数据
高效处理数据的技巧	（1）选择性粘贴功能的妙用 （2）“查找与替换”功能还可以这样用 （3）用数据验证功能的使用 （4）定位功能的应用
模板的使用	（1）保存和使用 Excel 模板 （2）修改模板数据

1.1 表格设计基本规范

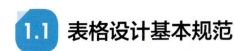

Excel 强大的数据处理功能是建立在标准和规范的表格基础之上的，不规范的表格很难或无法使用公式或函数进行计算、无法实现数据的排序与筛选，无法对数据进行透视分析，无法建立图表显示数据情况等。因此，要想利用 Excel 高效制表，首先在表格设计上就应当确保规范化。

1.1.1 单元格合并不乱用

利用 Excel 制作表格时，首先应根据所提供的基本信息设置表项目，然后将基础数据录入表格的各项目中。由于数据的复杂多样，表格中常常需要预留一些空白单元格，这些单元格切勿随意合并，也不要为了美观而使用多行表头、斜线表头等样式。强行合并单元格可能带来以下麻烦。

（1）无法排序。

（2）无法筛选数据或数据筛选结果不正确。

（3）不方便粘贴数据。

（4）无法精准地对单元格进行分类汇总。

（5）数据透视表结果不正确或无法使用数据透视表功能。

（6）输入公式时，无法正确选择单元格区域。

（7）使用 IF、SUMIF、COUNTIF 等函数处理数据时结果不正确。

实际上，除表格标题可以按需要合并外，表格正文内容最好都不要合并，应维持 Excel 本身的表格结构，这样在后期处理数据时也会更加方便。当然，对于那些不参与计算、统计和分析的数据，合并与否对表格功能是没有影响的。

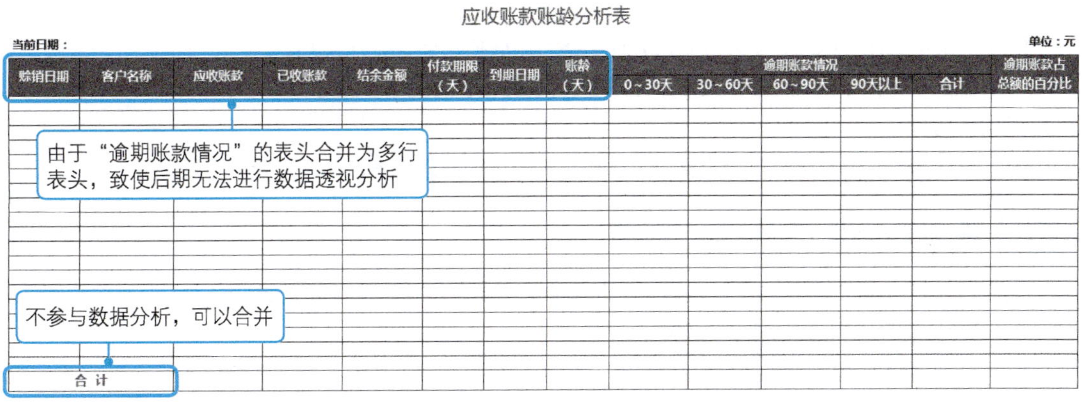

1.1.2 字段统一要常用

由于 Excel 会将完全相同的单元格内容判断为同一对象，所以在制作表格时，特别是输入中文字段时，应保证内容完全相同。字段的统一主要体现在以下几方面。

（1）全称与简称要统一。如“A 电子数码有限公司”“A 数码公司”和“A 公司”，在 Excel 看来，这是 3 家不同的公司。因此，全称与简称使用时要择其一而用，不能混乱使用。

（2）避免使用多余空格。如“张三”和“张 三”，Excel 同样会判断成两个不同的人员。因此，输入时应留心不能有多余的空格。

（3）中文数字与阿拉伯数字要统一。如“六年级三班”和“6 年级 3 班”，Excel 同样会判断为两个不同的班级，因为 Excel 会区分中文数字和阿拉伯数字。因此，要注意数字的统一性。

1.2 不同类型会计表格的制作要求

会计表格的样式虽然五花八门，但总体来看，大致可将其归纳为 3 类，即数据录入型表格、计算统计型表格和报表分析型表格。不同类型的表格，其制作要求也有所不同。

1.2.1 数据录入型表格的制作要求

数据录入型表格中的数据提供的主要是基础信息，因此在制作该类表格时应遵循以下要求。

（1）确保录入的数据正确，以不影响源数据为前提。

（2）选用最快捷、最高效的方法进行数据加工。

（3）灵活使用辅助单元格，化繁为简。

（4）切勿大范围使用数据有效性、条件格式和数组公式。

（5）数据的公式要具有可扩展性。

（6）注意数据之间的勾稽、对比关系。

（7）数据应逻辑清晰、布局合理、适当标注，便于后期阅读、修改。

1.2.2 计算统计型表格的制作要求

计算统计型表格主要是用于数据的汇总统计，其在制作时应遵循以下要求。

（1）字段排在最前面，以便阅读、查找和引用数据。

（2）列标题名不重复，且须为非数字，不使用斜线表头

（3）同一类数据要在同一工作表，切勿分表保存。

（4）同一列数据应为同一数据类型，保证数据的一致性。

（5）尽量不要在数据录入型表格中从其他表格引用数据，保证无冗余数据。

（6）各记录行间不能有空行、空列，也不能有小计、合计行等情况出现，否则将无法使用数据透视表或分类汇总功能。

（7）不要有合并单元格、多行标题，否则将无法使用数据透视表、筛选等分析工具。

1.2.3 报表分析型表格的制作要求

报表型表格的数据主要来源于数据录入型表格中的数据，其提供的主要是经过分类汇总整理后的数据信息。在制作该类表格时应遵循以下要求。

（1）结构合理、层次清晰、重点突出、排版美观，方便阅读与打印。

（2）用公式统计清单型的数据应自动生成或引用其他类型表格的数据而生成。

（3）如果是定期提供的报表，则使用的公式要有良好的可扩展性。

（4）注意保护工作表，防止错误操作破坏公式与数据。

（5）报表要准确表达信息使用者需要的信息。

（6）表格排版适当考虑使用者的习惯。

1.3 表格数据输入的方法

输入数据是制作会计表格最基本的操作，掌握多种数据的输入方法，可以更有针对性地在制表过程中选择更为合适的输入方法，提高制表效率。

1.3.1 数值型数据的输入

Excel 中默认将输入的数值型数据右对齐，当输入较长的数值（大于 11 位）时，会以科学计数法来显示，如前面提到的身份证号码的输入。数值型数据的输入方法很简单，直接选中单元格，输入相应的内容即可。如果想要正常显示输入的身份证号码等较长数值，除了先将单元格格式设置为“文本型”格式外，还可直接输入“'”符号，再输入需要的内容，Excel 将直接判断输入的数值为文本型数据，从而完整地显示数据内容。

当需要将文本型数据转换为数值型数据时，可利用文本型数据所在单元格的左上角出现的绿色三角形标识来转换。出现这个标识是 Excel 自动检查功能的运用结果，其表示该单元格中的内容可能有误，此时，使用“追踪错误”按钮可将文本型数据转换为数值型数据。

STEP 1 显示“追踪错误”按钮

选中需转换数据类型的单元格，单击其右侧出现的“追踪错误”按钮。

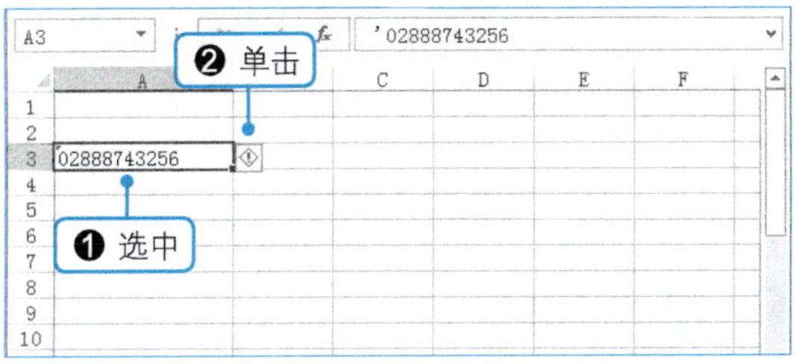

STEP 2 转换数据格式

在弹出的下拉列表中选择“转换为数字”命令，即可将文本型数据转换为数值型数据。

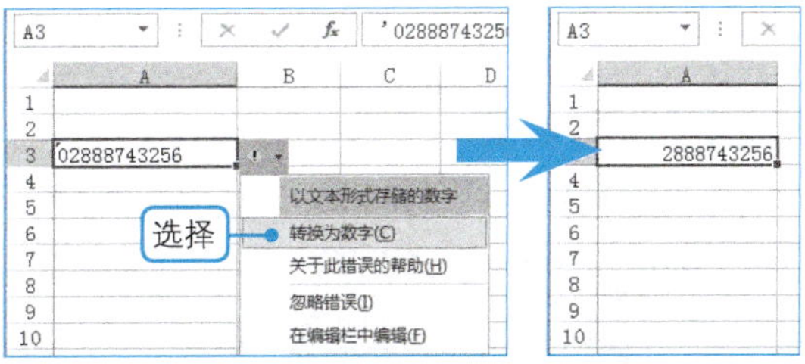

答疑解惑 ——为什么转换为数值型数据后，最左端的数字“0”不见了?

Excel 中默认将数值型数据最前面的 1 个或多个数字“0”去掉，因为就数值型数据而言，无论前面有多少个“0”，都是无用的。如果是文本型数据，则会保留前面的数字“0”。

1.3.2 日期型数据的输入

在 Excel 中，只有输入指定的日期格式，Excel 才会将其判断为日期型数值，否则会视为不可计算的文本。

1. 常见的日期型数据的输入方式

以下几种输入方式，Excel 均可以将其判断为日期型数据。

- **短横线“-”**：如“2017-2-1”。
- **左斜线“/”**：如“2017/2/1”。
- **中文年月日**：如“2017 年 2 月 1 日”。
- **英文月份或缩写**：如“February1”或“Feb-1”。

知识补充 ——容易输错的日期格式

除了前面介绍的几种日期型数据格式外，其他格式的数据都不会被 Excel 判断为日期型数据，最常见的错误格式有“20170201”“2017.2.1”“2017\2\1”，用户输入时要特别留意。

2. 使用分列功能处理错误的日期型数据

如果在输入完所有的日期型数据后，才发现输入的格式错误，如以“2017.2.1”或“2017\2\1”格式输入，此时可直接利用“查找或替换”功能将“.”或“\”替换为“-”或“/”即可。但如果输入的为“20170201”这种形式，就无法利用“查找或替换”功能了，此时便可使用分列功能来处理。

配套资源

操作视频演示

模板文件 \ 第 1 章 \ 分列 .xlsx
效果文件 \ 第 1 章 \ 分列 .xlsx

STEP 1 启用分列功能

❶选中需进行分列的单元格区域；❷在【数据】/【数据工具】组中单击“分列”按钮。

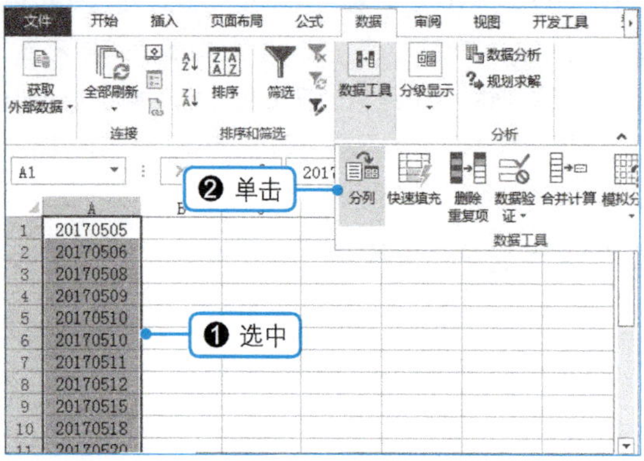

STEP 2 默认设置

打开设置文本分列的向导对话框，默认前两步设置，即单击两次“下一步”按钮。

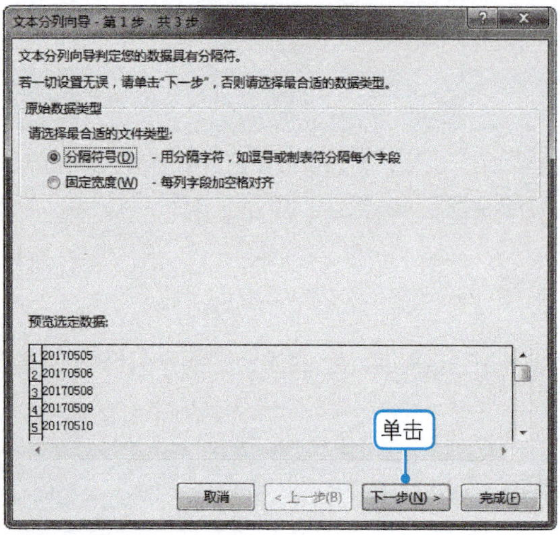

STEP 3 按日期型数据分列

❶在第 3 步向导对话框中选中“日期”单选项；❷单击“完成”按钮。

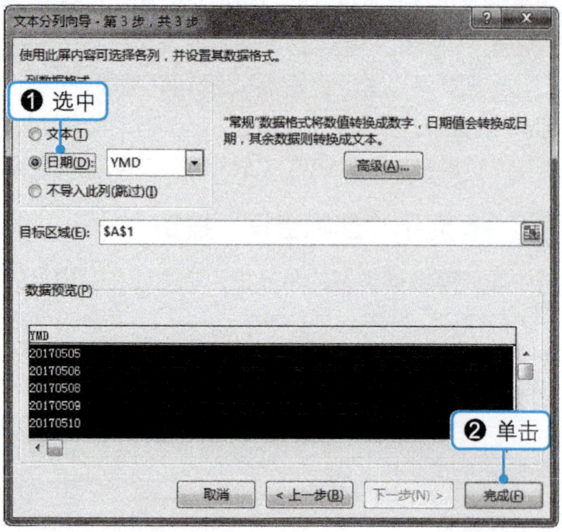

STEP 4 查看效果

此时错误的日期型数据将更改为标准的日期型数据格式。

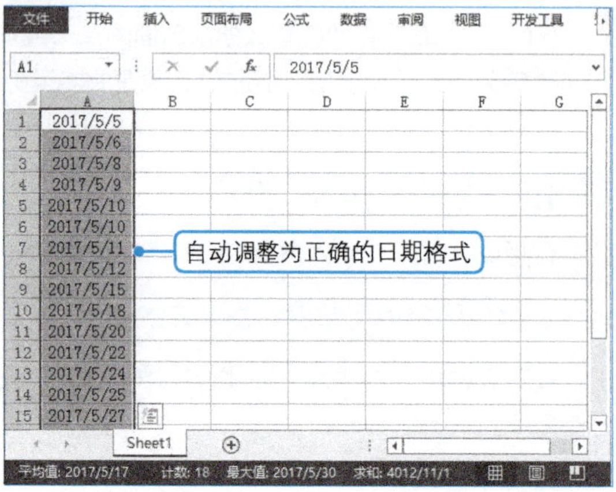

1.3.3 填充有规律的数据

对于一些有规律的数据，如学号的 KJ-001、KJ-002、KJ-003 等，工作小组的 1 小组、2 小组、3 小组等，可通过快速填充工具来快速输入，从而提高工作效率。

1. 通过对话框填充

利用“序列”对话框可以快速填充一组等差、等比或日期等数据，并可设置步长值（数据之间的间隔数值）、终止值（序列的最后一个数值）等参数，使

配套资源

操作视频演示

模板文件 \ 第 1 章 \ 数据填充 .xlsx
效果文件 \ 第 1 章 \ 数据填充 .xlsx

用十分方便。例如，以 2017 年 4 月 1 日为第一个数据，每隔一星期输入一个日期数据，连续输入 10 个这样的日期，此时利用对话框填充就非常方便。

STEP 1 输入起始数据并选择数据范围

❶选中 A1 单元格为起始单元格，在其中输入起始数据“2017-4-1”；❷选中 A1:A10 单元格区域作为数据的输入范围；❸在【开始】/【编辑】组中单击“填充”按钮，在弹出的下拉列表中选择“序列”命令。

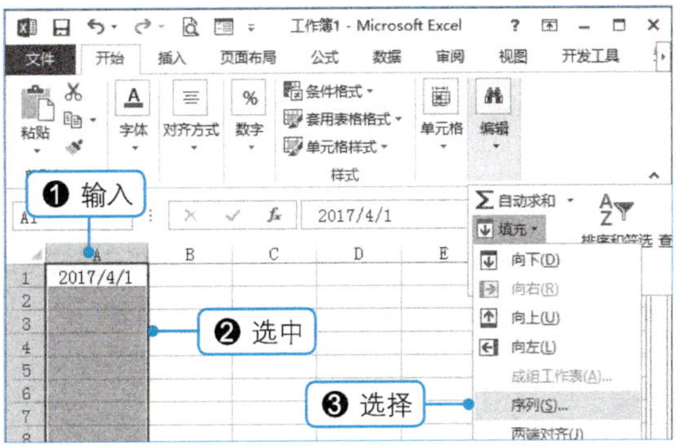

STEP 2 设置填充序列的参数

❶打开“序列”对话框，Excel 根据输入的内容和选中的单元格区域自动在“序列产生在”栏中选中了“列”单选项，并在“类型”栏中选中了“日期”单选项，由于填充间隔一个星期的数据，且“日期单位”栏中选中的是“日”单选项，因此在“步长值”中应输入“7”，即 7 天为 1 星期；❷单击“确定”按钮。

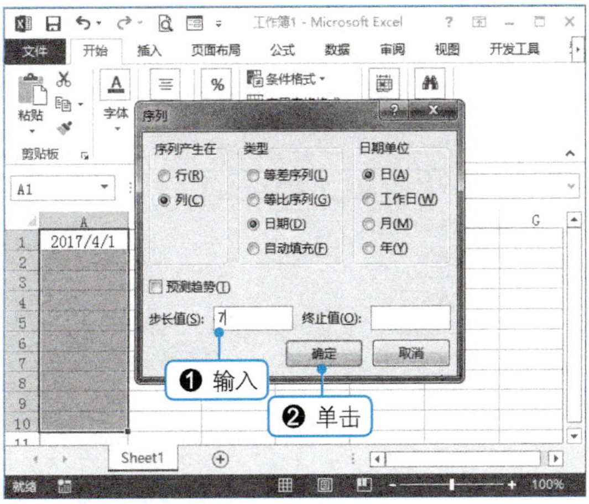

STEP 3 完成数据的自动填充

此时 Excel 便根据设置的参数和选择的填充范围，自动填充间隔为一个星期的日期数据。

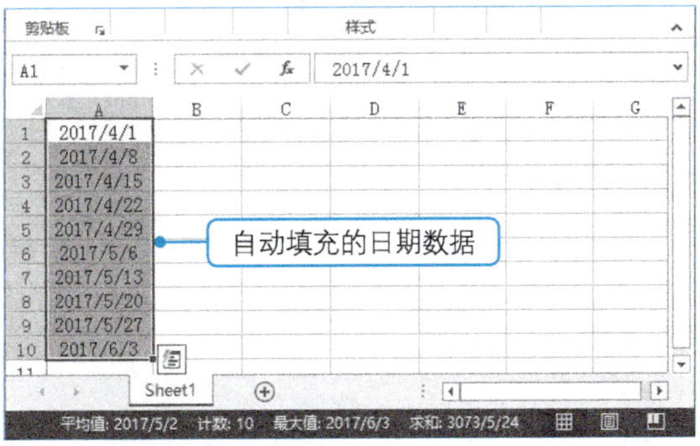

2. 拖动填充柄填充

通过对话框填充数据只能填充纯数字，但是对于像员工工号、单据编号等可能带有其他字符的数据，就无法通过对话框来填充。遇到这种情况时，可通过拖动单元格右下角的填充柄来实现数据的填充操作。

选中某个单元格后，单元格右下角会出现一个小黑点，这就是填充柄，拖动它便可快速填充各种有规律的数据。

- **纯数字填充：**如“2017”“3500”等数字，直接拖动填充柄将得到相同的数据；若按住【Ctrl】键的同时拖动填充柄，则可得到递增或递减的序列。

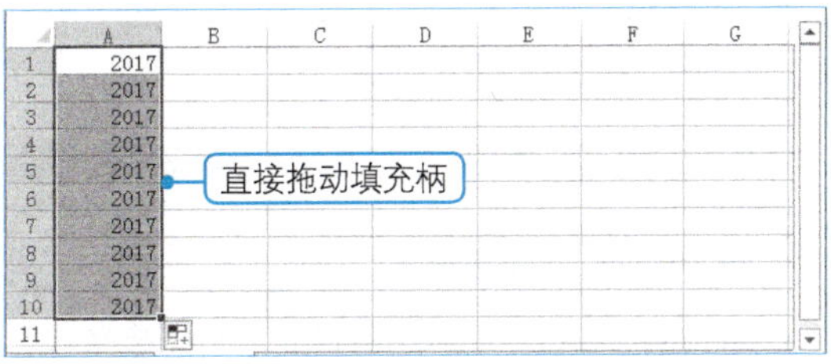

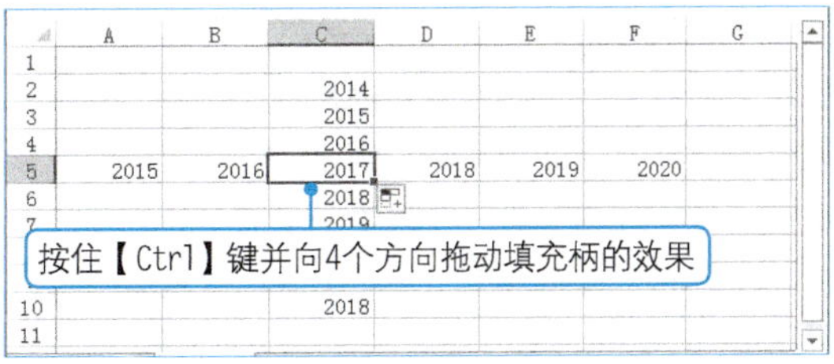

- **字符 + 数字填充：**如“KLJ-001”，直接拖动填充柄将得到递增或递减的数据；若按住【Ctrl】键的同时拖动填充柄，则可得到相同的数据。这种

方式下填充的结果与纯数字填充的结果刚好相反。

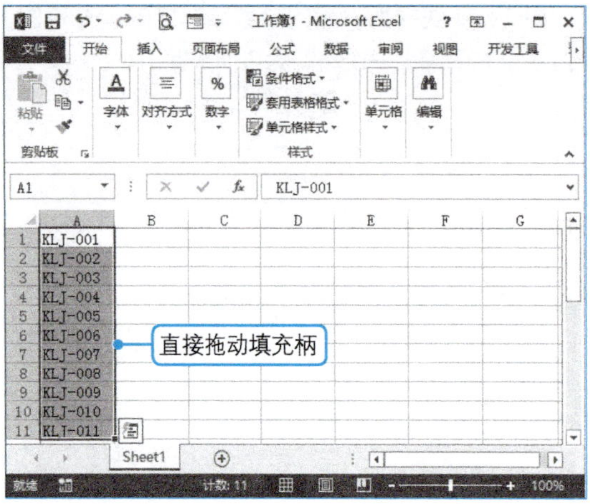

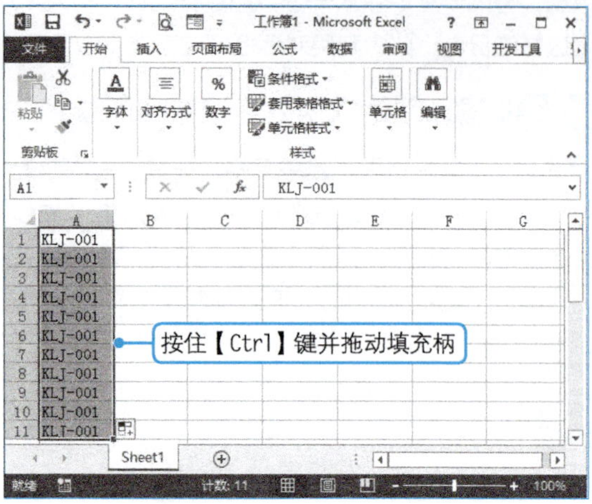

3. 双击填充柄填充

通过填充操作除了能填充数据、字符以外，还能填充公式和函数。特别对于公式而言，如果需要填充的公式存在于结构完整的单元格区域，那么除了拖动填充柄填充外，还可直接双击填充柄快速填充。

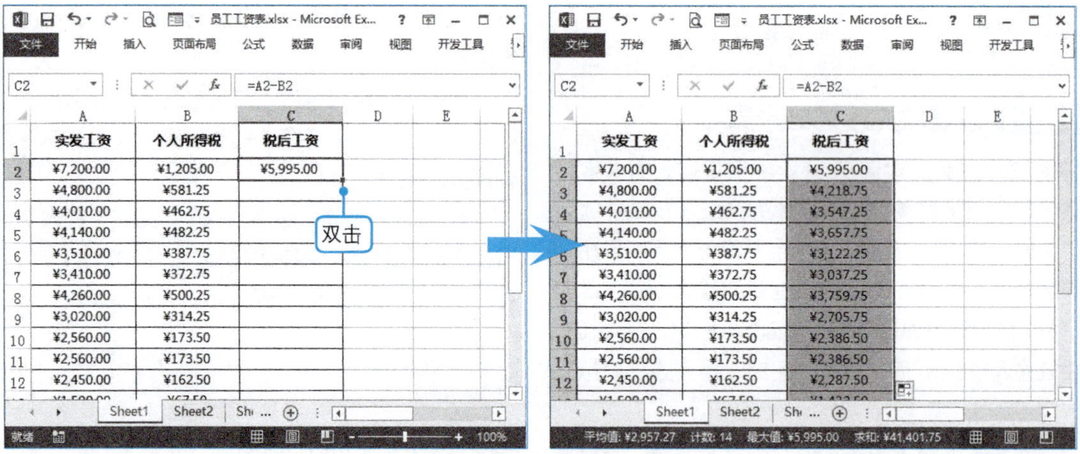

4. 通过鼠标右键填充

单击鼠标右键，在弹出的快捷菜单中选择对应命令也可实现数据的填充，具体的操作方法为：输入起始数据并选中起始单元格，在填充柄上按住鼠标右键不放并拖动填充柄，到目标位置后释放鼠标左键，弹出快捷菜单，在其中选择相应的命令，即可填充不同的数据序列。快捷菜单中各常用命令的作用如下。

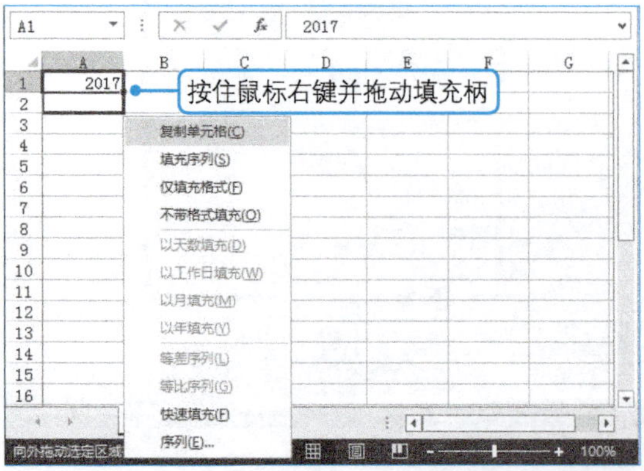

- **复制单元格：**复制起始单元格中的数据。
- **填充序列：**填充递增序列。
- **序列：**打开“序列”对话框，从中可设置具体的步长值或终止值等参数。

1.3.4 同时输入相同的数据

当需要在不连续的单元格或者不在同一工作表中输入相同的数据时，除了逐一输入，还可通过快捷操作一次性快速完成输入。

1. 在多个单元格中输入相同的数据

在多个单元格和单元格区域中输入相同数据时，先利用【Ctrl】键或【Shift】键选中所有需要输入数据的单元格和单元格区域，然后输入数值与公式，最后按【Ctrl+Enter】组合键即可。

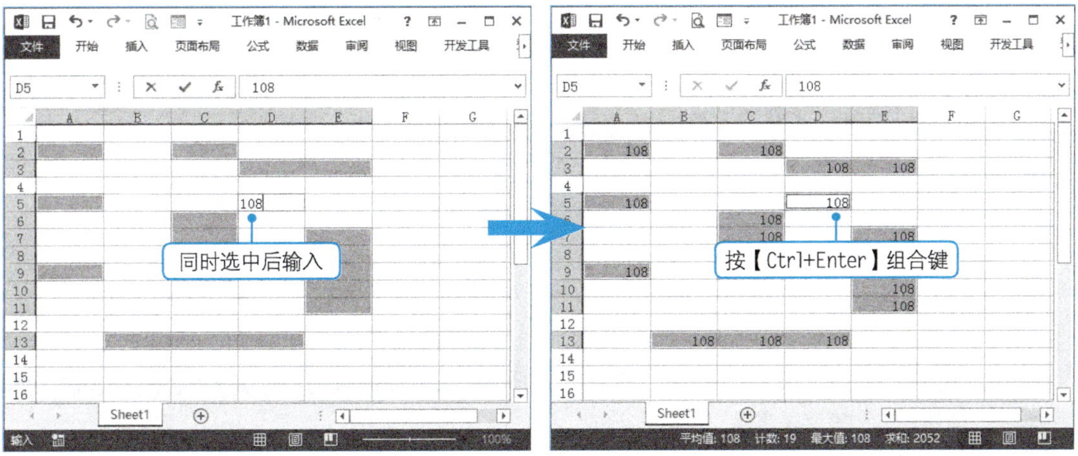

2. 在不同工作表中输入相同的数据

如果工作簿中存在多张工作表，则可先利用【Ctrl】键或【Shift】键选中多个工作表标签，然后按照在多个单元格中输入相同数据的方法，即可实现在多个工作表中输入相同的数据。选中多个工作表的方法如下。

- 按住【Ctrl】键，分别选中工作表标签，此时 Excel 窗口标题栏上会出现“【工作组】”字样，表示已选中了多个工作表。
- 选中第一个工作表标签，按住【Shift】键的同时选中另一个工作表标签，此时将选中两个工作表及其中间的所有工作表对象。
- 在任意一个工作表标签上单击鼠标右键，在弹出的快捷菜单中选择“选定全部工作表”命令，可选中工作簿中的所有工作表。

知识补充——取消工作组状态

完成在多个工作表中输入数据后，有两种方法可以取消工作组状态，一种方法是单击未选中的工作表标签；另一种方法是所有工作表都已选中的情况下，在任意工作表标签上单击鼠标右键，在弹出的快捷菜单中选择“取消组合工作表”命令。

1.3.5 利用记录单输入数据

记录单适用于结构清晰的二维表格，其可以更方便、更准确地添加、修改、查询和删除表格记录。系统默认情况下，需要先将“记录单”按钮添加到快速访问工具栏中才能使用该功能，其方法如下。

（1）在 Excel 中单击“文件”选项卡，选择左侧的“选项”选项，打开“Excel 选项”对话框。

（2）选择左侧的“快速访问工具栏”选项，在“从下列位置选择命令”下拉列表框中选择“不在功能区中的命令”选项，在下方的列表框中选择“记录单”选项，单击“添加”按钮将其添加到右侧的列表框中，完成后单击“确定”按钮。

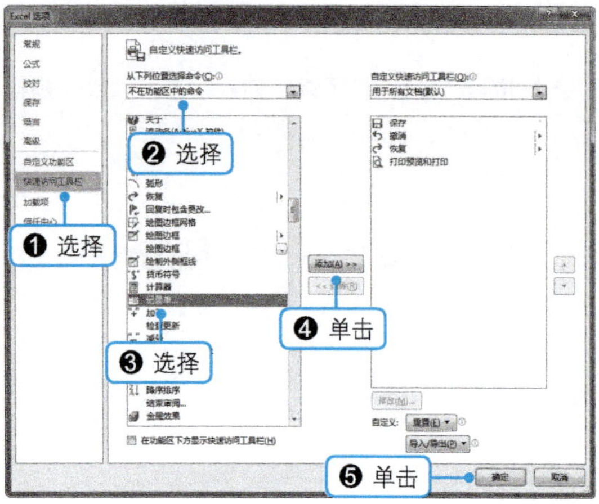

将“记录单”按钮添加到自定义访问工具栏之后，便可在二维表格中使用它来输入数据了。方法非常简单，只需选中二维表格中的任意一个单元格，然后单击快速访问工具栏中的“记录单”按钮。此时将打开“记录明细”对话框，单击“新建”按钮，依次输入数据记录，最后单击“关闭”按钮。

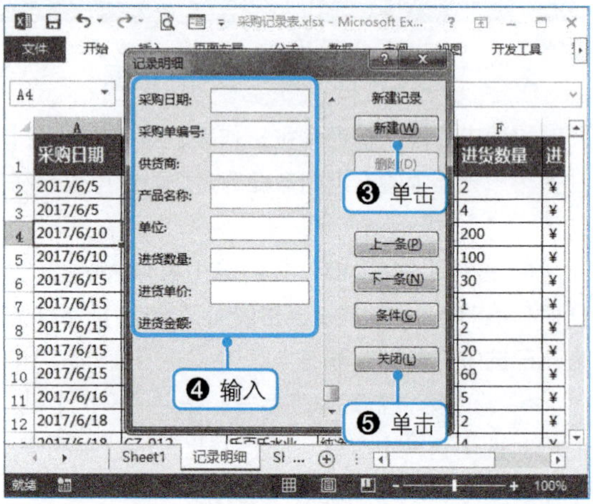

答疑解惑 ——什么样的表格结构才属于二维表格?

二维表格也叫数据清单，如下图所示，它的特点为：①含有数据的单元格区域必须是连续的；②不允许出现空行或空列；③以列为字段、以行为记录，下图中的“产品名称”“进货单价”等就是字段，而每一行的信息就是一个数据记录。

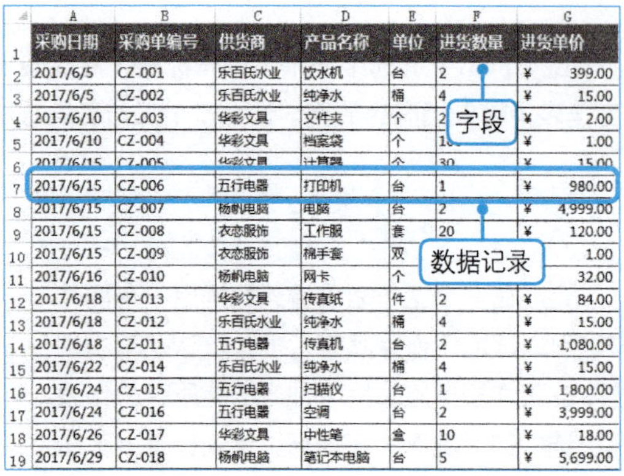

采购日期	采购单编号	供货商	产品名称	单位	进货数量	进货单价
2017/6/5	CZ-001	乐百氏水业	饮水机	台	2	¥ 399.00
2017/6/5	CZ-002	乐百氏水业	纯净水	桶	4	¥ 15.00
2017/6/10	CZ-003	华彩文具	文件夹	个	[illegible]	¥ 2.00
2017/6/10	CZ-004	华彩文具	档案袋	个	[illegible]	¥ 1.00
2017/6/15	CZ-005	华彩文具	计算器	个	30	¥ 15.00
2017/6/15	CZ-006	五行电器	打印机	台	1	¥ 980.00
2017/6/15	CZ-007	杨帆电脑	电脑	台	2	¥ 4,999.00
2017/6/15	CZ-008	衣恋服饰	工作服	套	20	¥ 120.00
2017/6/15	CZ-009	衣恋服饰	棉手套	双	[illegible]	1.00
2017/6/16	CZ-010	杨帆电脑	网卡	个	[illegible]	32.00
2017/6/18	CZ-013	华彩文具	传真纸	件	2	¥ 84.00
2017/6/18	CZ-012	乐百氏水业	纯净水	桶	4	¥ 15.00
2017/6/18	CZ-011	五行电器	传真机	台	2	¥ 1,080.00
2017/6/22	CZ-014	乐百氏水业	纯净水	桶	4	¥ 15.00
2017/6/24	CZ-015	五行电器	扫描仪	台	1	¥ 1,800.00
2017/6/24	CZ-016	五行电器	空调	台	2	¥ 3,999.00
2017/6/26	CZ-017	华彩文具	中性笔	盒	10	¥ 18.00
2017/6/29	CZ-018	杨帆电脑	笔记本电脑	台	5	¥ 5,699.00

1.4 事半功倍——掌握高效处理数据的技巧

Excel 具有自动计算、分析和统计数据的功能，因此要想使制表效率高效，数据的录入和整理也是必不可少的环节。下面介绍几种常用的提高数据录入和整理的方法，灵活运用这些方法可以大幅提高表格制作效率。

1.4.1 选择性粘贴功能的妙用

使用 Excel 制表时会常常遇到粘贴数据与公式的情况，如果所需要粘贴的只是其中一部分对象，如只粘贴公式，或只粘贴数值时，一般的粘贴方法会将单元格的全部信息粘贴过去，这样就会导致数据混乱。此时，使用“选择性粘贴”功能就能更有针对性地粘贴需要的对象。

使用“选择性粘贴”功能的方法：复制需要粘贴的单元格或单元格区域，在【开始】/【剪贴板】组中单击“粘贴”按钮下方的下拉按钮，在弹出的下拉列表中选择“选择性粘贴”命令，打开“选择性粘贴”对话框，在其中选择需要粘贴的内容后单击“确定”按钮即可。该对话框中一些常用的选项作用如下。

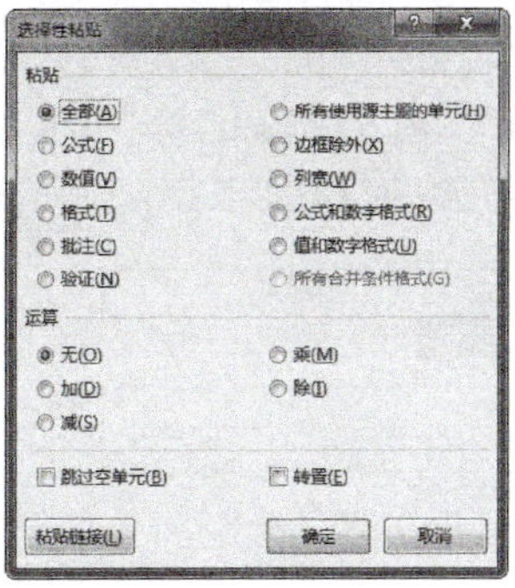

- **公式：**需要从其他单元格复制公式到指定单元格时可选择此项，它将仅粘贴源单元格中的公式，需要注意的是，公式被粘贴到目标单元格后，会根据所引用的单元格类型（相对引用、绝对引用以及混合引用）而使公式内容发生变化。
- **数值：**需要从源单元格区域复制由相关公式计算出的数值，或要将单元格的数值粘贴到指定单元格而不需要同时应用格式时，可选择此项。
- **格式：**当需要复制源单元格格式（含条件格式）到目标单元格时可选择此项。它只能粘贴单元格的格式，不能粘贴单元格的内容。
- **列宽：**当需要将源单元格或单元格区域的列宽应用到目标单元格区域时可选择此项。它只能复制列宽而不能粘贴内容。
- **跳过空单元：**如果复制的单元格区域中有空白单元格，粘贴时不希望将空白单元格覆盖掉目标单元格对应的值时可选择此项。它对结构相同的汇总表格之间的数据复制引用十分实用，减少了分段复制的麻烦。如下图中的部分产品的进货数量需要更新，此时便可通过跳过空单元快速更新源数据。方法为：选中“进货数量更新”栏下的与进货数量对应的单元格区域并进行复制，选中“进货数量”栏下的源进货量数据，打开“选择性粘贴”对话框，选中“跳过空单元”复选框，单击“确定”按钮即可完成更新。

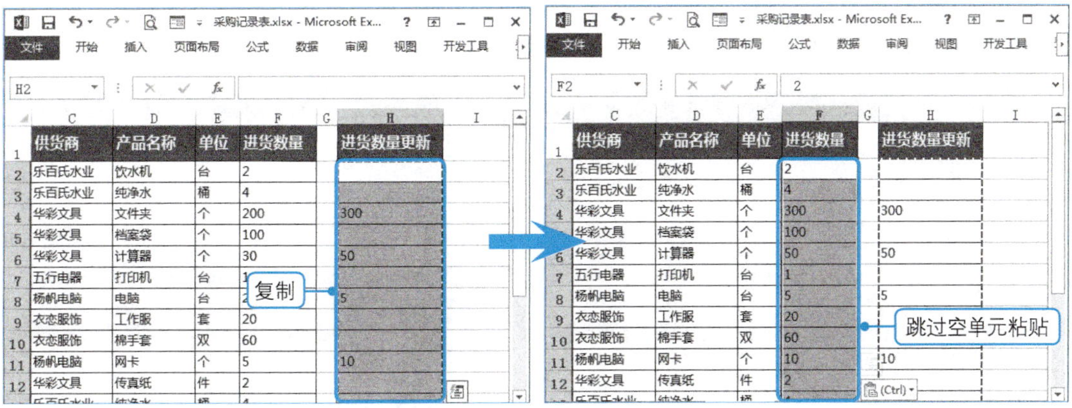

- **转置：**该选项会将被复制数据的列变成行，行变成列。具体而言，复制的单元格区域的顶行将在粘贴后位于指定单元格区域的最左列，而复制的单元格区域的最左列将在粘贴后位于指定单元格区域的顶行。转置功能只适用于绝对引用的单元格。

1.4.2 查找与替换还可以这样使用

Excel 的“查找与替换”功能不仅可以查找替换错误的内容，该功能还能实现长字符串的快速录入、使用通配符查找对象、查找并替换指定格式等功能。

1. 快速录入长字符串

当需要在工作表中录入大量相同的长字符串时，可事先用某个简短的字符代替长字符串，然后用“查找与替换”功能将该简短的字符替换为所需的长字符串。如需要输入“CK6140 数控机床”时，可仅输入“机床”，输入完成后查找“机床”，并将其全部替换为“CK6140 数控机床”即可。使用这种方法时一定要注意，简化的字符不能与工作表中的其他字符相同，否则后面替换时会把其他正确字符一并替换。

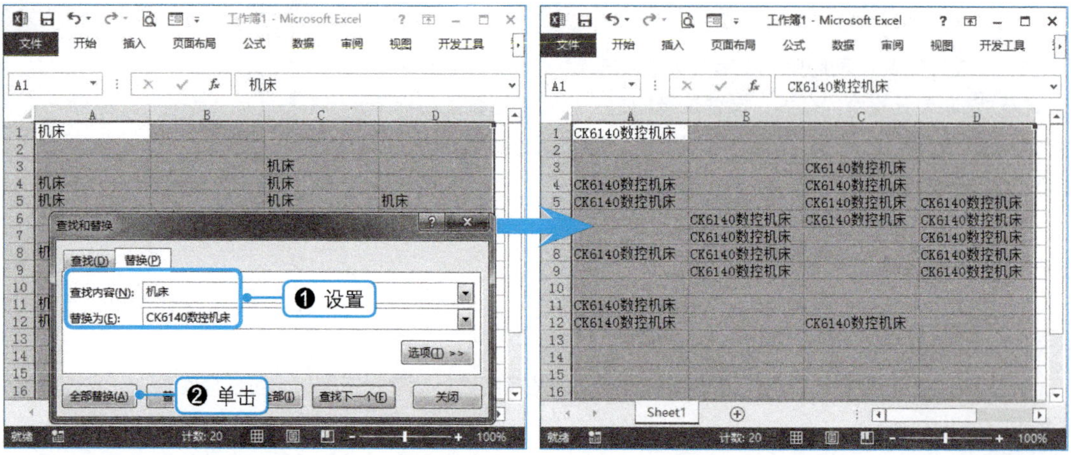

2. 使用通配符查找对象

通配符可以实现模糊查找，Excel 中的通配符主要有“?”和“*”两种，具体用法如下。

- “?”表示的是匹配任意单一字符。如查找“李 ? 莉”时，可查找到“李莉莉”“李雯莉”等所有包含 3 个字符且第 1 个字符为“李”，第 3 个字符为“莉”的数据。
- “*”表示的是匹配任意字符串。如查找“李 *”时，可查找到“李莉莉”“李雯莉”“李强”等所有第 1 个字符为“李”的数据。

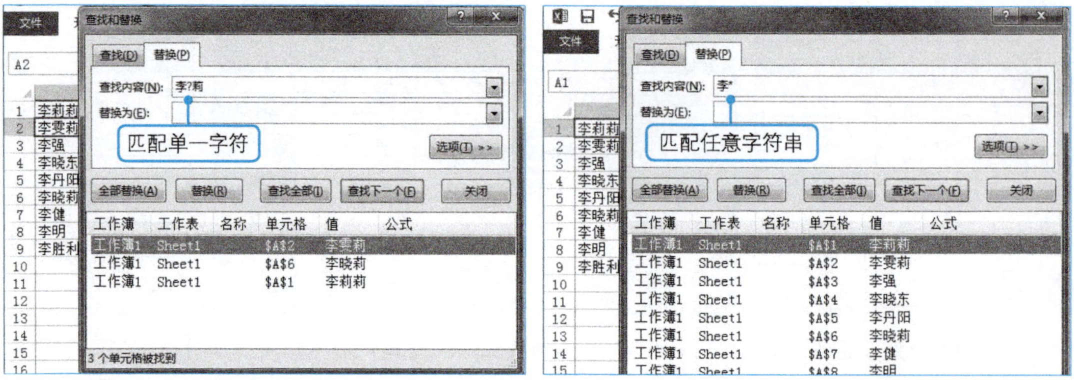

3. 查找并替换指定的格式

除了查找与替换数据外，Excel 中的查找 / 替换功能还可查找并替换格式。例如，将工作表中所有加粗字体单元格的字号增大，便可按下面的方法来实现。

STEP 1 启用“替换”功能

在【开始】/【编辑】组中单击“查找和选择”按钮，在弹出的下拉列表中选择“替换”命令。

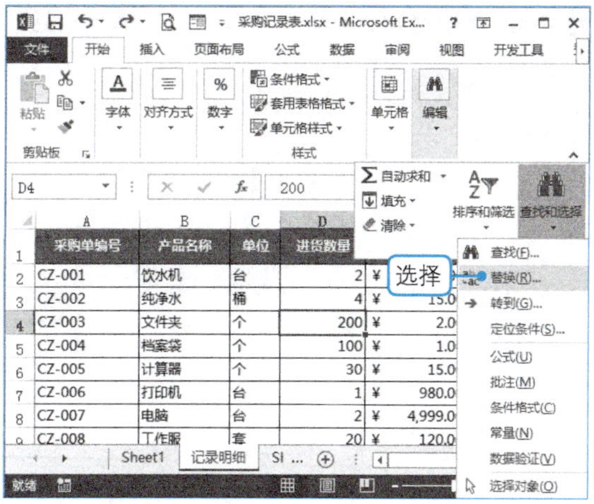

STEP 2 设置查找内容

❶打开“查找和替换”对话框，单击“选项”按钮展开对话框；❷单击“查找内容”下拉列表框右侧的“格式”按钮，在弹出的下拉列表中选择“格式”命令。

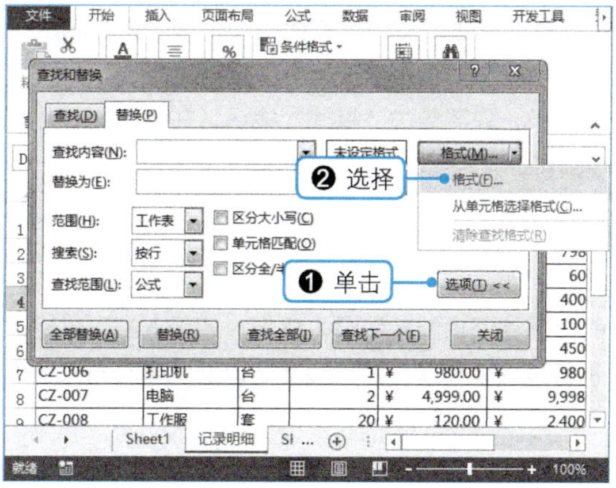

STEP 3 查找加粗字体

❶打开“查找格式”对话框，单击“字体”选项卡；❷在“字形”列表框中选择“加粗”选项，查找工作表中所有设置了加粗格式的单元格；❸单击“确定”按钮。

配套资源

操作视频演示

模板文件 \ 第 1 章 \ 采购记录表 .xlsx

效果文件 \ 第 1 章 \ 采购记录表 .xlsx

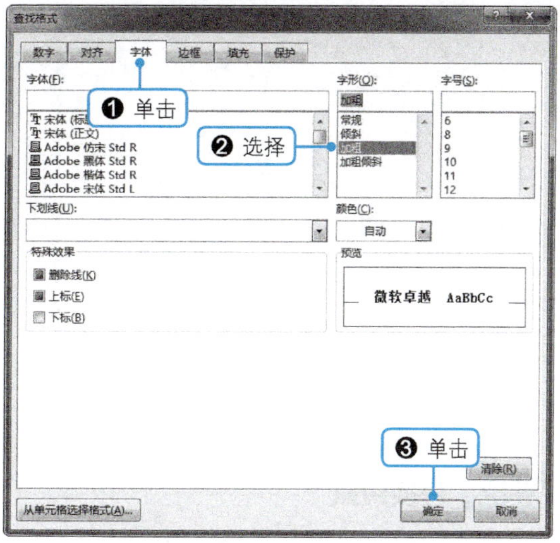

STEP 4 设置替换格式

返回“查找和替换”对话框，单击“替换为”下拉列表框右侧的“格式”按钮，在弹出的下拉列表中选择“格式”命令。

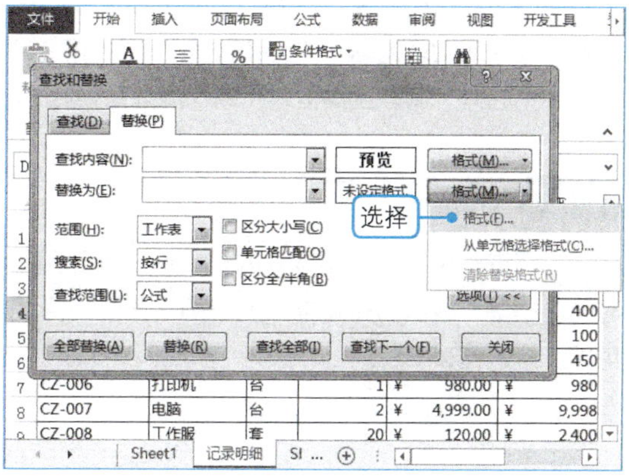

高手妙招 ——快速打开“查找和替换”对话框

在工作表中按【Ctrl+H】组合键即可打开“替换”对话框；若不需要替换，只需进行查找操作，则可按【Ctrl+F】组合键打开“查找”对话框。

STEP 5 增大字号

❶打开“替换格式”对话框，单击“字体”选项卡，在“字号”列表框中选择“12”，表示将查找到的所有加粗字符的字号设置为 12 号；❷单击“确定”按钮。

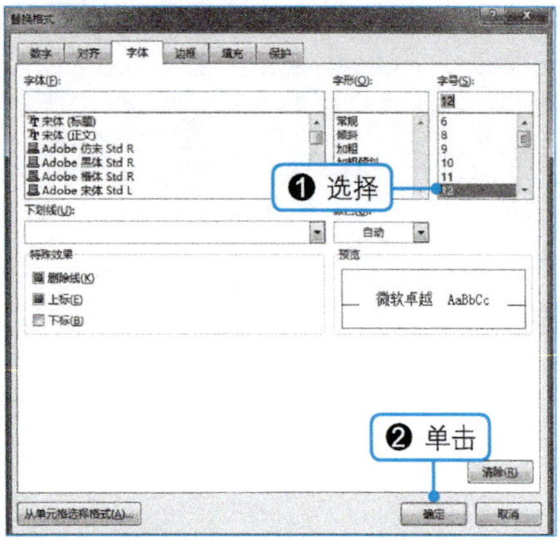

STEP 6 替换对象

❶返回“查找和替换”对话框，单击“全部替换”按钮；❷弹出显示替换次数的提示对话框，单击“确定”按钮。

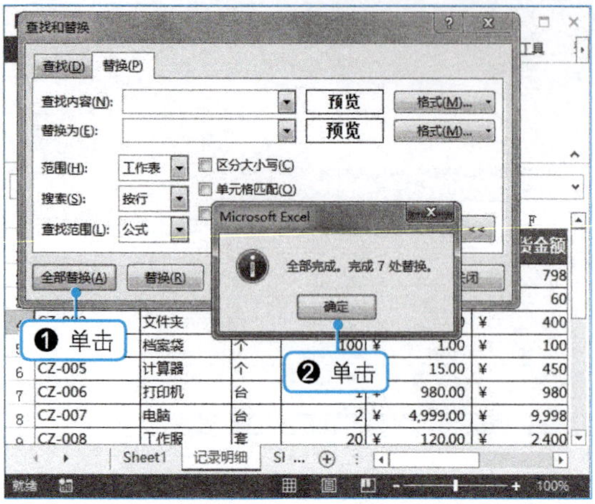

知识补充 ——完成查找替换格式后应及时清除格式

Excel 在查找替换格式后，会保留这次操作的格式设置，此后，如果只是查找和替换字符，应及时清除“查找和替换”对话框中的格式设置，否则查找替换字符时会同时加上相应格式为条件，导致无法查找成功。清除“查找和替换”对话框中的格式很简单，只需单击“格式”按钮，在弹出的下拉列表中选择“清除查找格式”或“清除替换格式”命令即可。

1.4.3 用数据验证功能防出错

为了进一步保证数据录入的正确性，可利用 Excel 的数据验证功能辅助录入操作，如录入的数据错误时及时提醒，或者直接设置数据范围，通过选择的方式进行录入操作等。这些设置可以避免手动录入数据可能产生的错误。

1. 设置数据验证的提示方式

通过数据验证的提示设置，可使在某些单元格区域中输入非允许的数据时，及时给出相应的出错提示，让录入者立即发现错误并重新输入。

配套资源

操作视频演示

模板文件 \ 第 1 章 \ 采购记录表 .xlsx
效果文件 \ 第 1 章 \ 数据验证 .xlsx

STEP 1 指定数据验证的单元格区域

❶选中需进行数据验证的单元格区域，这里选中表格中“验收日期”项目下所有包含数据的单元格区域；❷在【数据】/【数据工具】组中单击“数据验证”按钮，在弹出的下拉列表中选择“数据验证”命令。

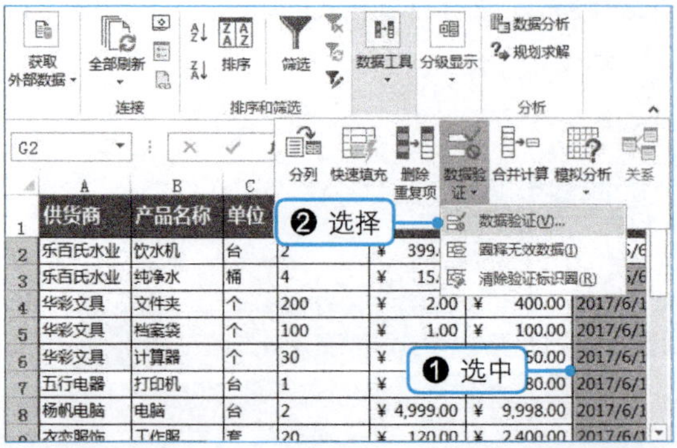

STEP 2 设置输入的日期范围

❶打开“数据验证”对话框，单击“设置”选项卡；❷在“允许”下拉列表框中选择“日期”选项；❸在“数据”下拉列表框中选择“介于”选项；❹在“开始日期”和“结束日期”文本框中分别输入“2017/6/1”和“2017/6/30”，表示所选的单元格区域中只能输入 2017 年 6 月的日期。

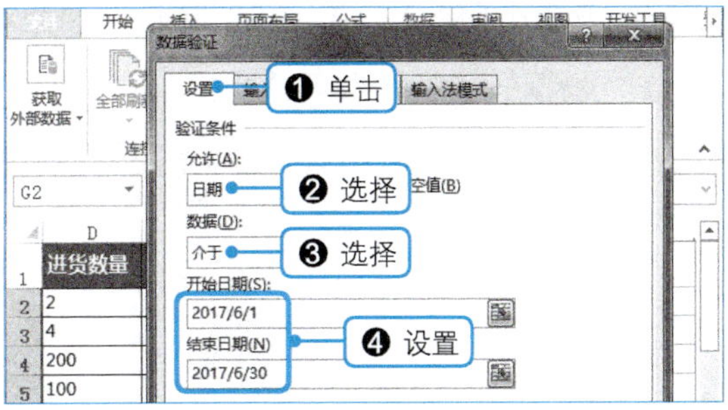

STEP 3 设置出错提醒方式

❶单击“出错警告”选项卡；❷在“样式”下拉列表框中选择“警告”选项；❸在“标题”和“错误信息”文本框中输入相应的提示内容；❹单击“确定”按钮。

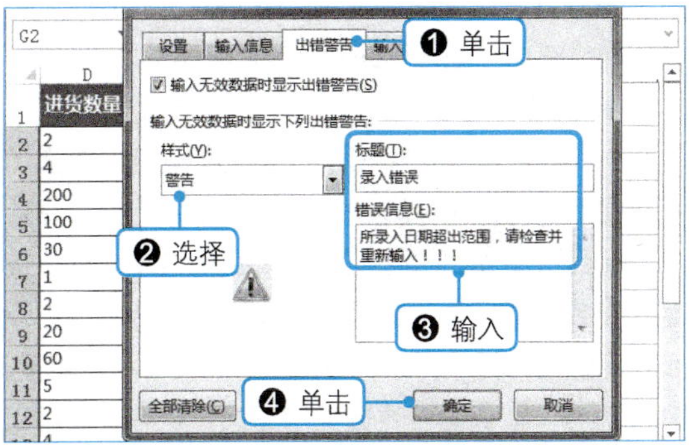

STEP 4 输入错误后的提示效果

❶关闭对话框后，在所选的单元格区域中输入非 2017 年 6 月的某个日期数据，如“2017/7/1”，按【Enter】键确认输入；❷此时 Excel 便将弹出“录入错误”对话框(对话框标题可自行设置)，单击“是”按钮可确定输入，单击“否”按钮可重新输入，单击“取消”按钮将取消输入操作。

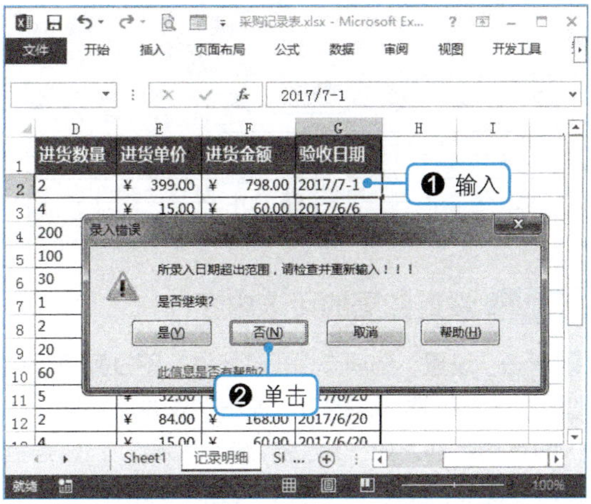

知识补充——其他出错警告方式

数据验证中的“警告”方式会提醒用户可能输入错误，并可根据需要确认输入、重新输入或取消输入。除此以外，Excel 还提供有其他两种出错警告方式，分别是“停止”和“信息”，前者在输入错误数据后只能重新输入，警告级别最高；后者在输入错误数据后，只是会执行提醒功能，用户可确认输入或取消输入，其警告级别最低。

2. 通过选择的方式录入数据

当录入的数据只有固定的几种内容，如性别、产品类型、生产车间等，便可通过数据验证将其设置为选择方式，通过选择来准确录入相应数据。

配套资源

操作视频演示

模板文件 \ 第 1 章 \ 采购记录表 .xlsx
效果文件 \ 第 1 章 \ 选择输入 .xlsx

STEP 1 指定数据验证的单元格区域

❶选中需进行数据验证的单元格区域，这里选中表格中“单位”项目下所有包含数据的单元格区域；❷在【数据】/【数据工具】组中单击“数据验证”按钮，在弹出的下拉列表中选择“数据验证”命令。

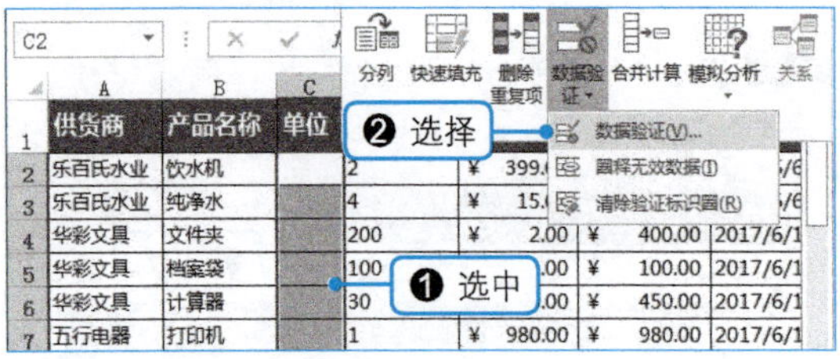

STEP 2 设置数据的可选内容

❶单击“设置”选项卡，在“允许”下拉列表框中选择“序列”选项；❷在“来源”文本框中输入具体的可选数据，如“台，袋，套，个，件”，逗号需在英文状态下输入；❸单击“确定”按钮。

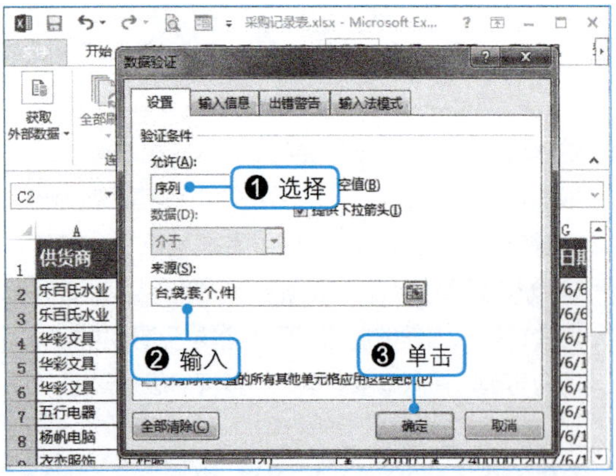

STEP 3 选择输入数据

❶此时输入单位时，可选中相应的单元格，单击右侧出现的下拉按钮；❷在弹出的下拉列表中选择需要的选项即可。

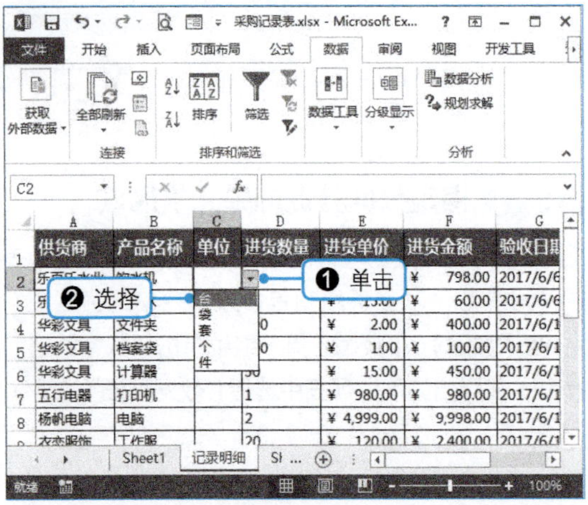

1.4.4 定位功能的应用

Excel 的定位功能可以根据指定的条件快速定位到目标单元格，这个操作对于数据量大的表格而言非常有效。打开“定位条件”对话框的方法为：单击【开始】/【编辑】组中的“查找和选择”按钮，在弹出的下拉列表中选择“定位条件”命令；也可以直接按【F5】键或【Ctrl+G】组合键打开“定位”对话框，单击左下角的“定位条件”按钮。

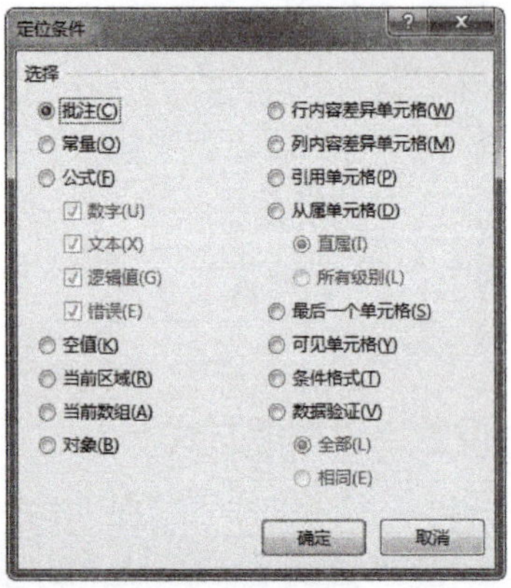

“定位条件”对话框中预设了许多功能，用户可根据需要进行选择和设置，以便指定需要的目标单元格，其中一些常用的参数作用如下。

- **批注：** 定位到包含批注的单元格。
- **常量：** 定位到数据为常量的单元格。常量即不可变量，与公式、函数等变量对应。
- **公式：** 定位到包含公式和函数的单元格。使用常量或公式定位单元格时，还可在对话框中进一步指定定位的具体对象，包括数字、文本、逻辑值、错误值等，默认这些复选框均是选中状态，表示定位所有内容。
- **空值：** 定位到值为空的单元格，常用于批量填充操作。
- **对象：** 定位到非数据对象，如图片、图表、控件、形状等对象。
- **可见单元格：** 定位到没有隐藏的单元格。当表格中有些行或列被隐藏后，如果只需要复制没有隐藏的行或列时，直接复制会将隐藏的行或列的数据一并复制，通过定位可见单元格则可避免选中隐藏的单元格区域，进而复制非隐藏的数据。

1.5 以一敌百——模板的使用

会计表格中的部分表格一般具有很强的周期性，如财务报表等。若是每次编制报表都从制表开始做起，工作的重复性过多，效率自然也就显得低下。既然表格格式相同，每次使用只需对部分数据进行修改，此时就可以利用 Excel 模板快速完成表格的制作。

1.5.1 保存和使用 Excel 模板

模板的制作和使用并不复杂，一般建议在现有表格的基础上，对固定的结构、项目和格式进行设置后，将此表格保存为模板，使用时通过模板新建工作表，并按当前需要重新录入相关数据即可。

配套资源

操作视频演示

模板文件 \ 第 1 章 \ 部门工资表 .xlsx
效果文件 \ 第 1 章 \ 部门工资表 .xltx

STEP 1 设置基础数据

在工作表中将表格标题、固定项目、固定数据记录的内容和格式设置完善，并将其他单元格中应该设置的数据格式、类型、公式和函数等都进行设置，为保存模板做好准备。

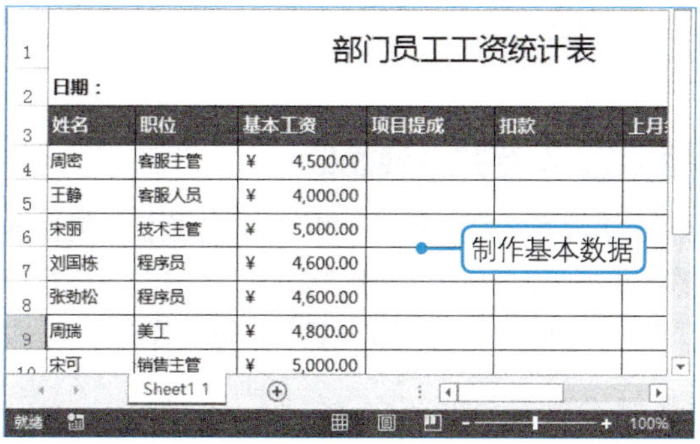

部门员工工资统计表					
日期：					
姓名	职位	基本工资	项目提成	扣款	上月
周密	客服主管	¥ 4,500.00			
王静	客服人员	¥ 4,000.00			
宋丽	技术主管	¥ 5,000.00			
刘国栋	程序员	¥ 4,600.00			
张劲松	程序员	¥ 4,600.00			
周瑞	美工	¥ 4,800.00			
宋可	销售主管	¥ 5,000.00			

STEP 2 保存表格

❶单击“文件”选项卡，选择左侧的“另存为”选项；❷单击右侧的“浏览”按钮。

STEP 3 指定保存参数

❶打开“另存为”对话框，在“文件名”下拉列表框中输入模板名称；❷在“保存类型”下拉列表框中选择“Excel 模板”选项；❸单击“保存”按钮。

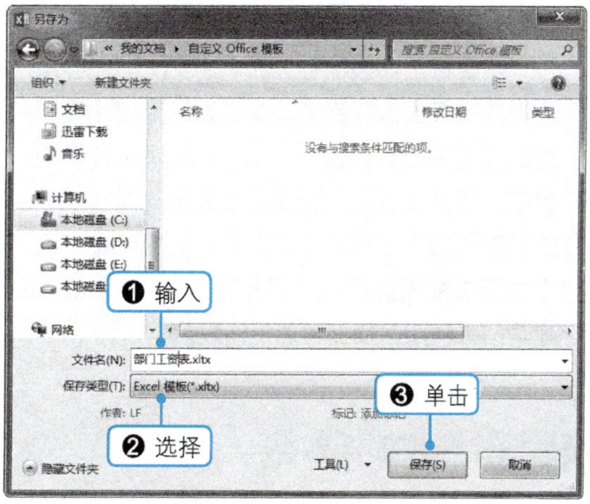

STEP 4 根据模板新建工作表

❶当需要利用该模板新建工作表时，可单击“文件”选项卡，选择左侧的“新建”选项；❷单击右侧的“个人”选项卡；❸选择需要的模板选项。

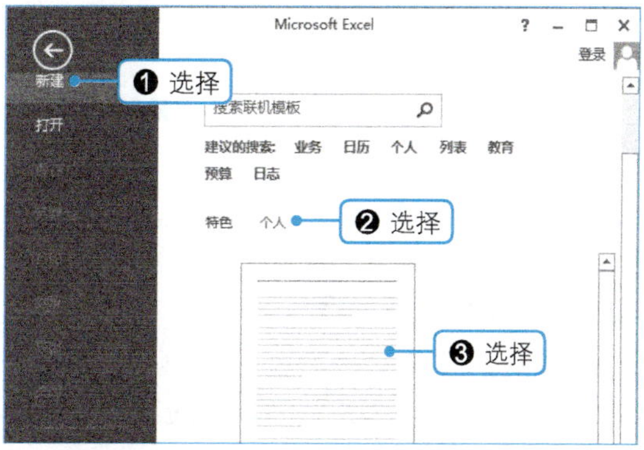

STEP 5 按需要录入需要的数据

此时所创建的工作表中已经包含了一些固定的数据，只需要输入部分内容便可快速完成表格的制作。

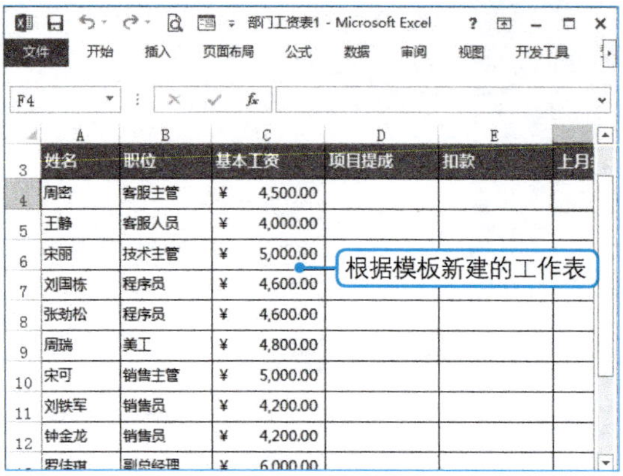

答疑解惑——保存模板时为什么没有设置保存路径?

如果将工作表保存为模板，则 Excel 会自动设置模板的保存路径，这是为了根据该模板新建工作表时，通过 Excel 的界面快速找到模板缩略图并完成新建操作。如果手动调整模板的保存位置，则可能无法在 Excel 的新建界面中显示该模板选项，从而无法通过 Excel 的新建功能来利用该模板新建工作表。

1.5.2 修改模板数据

如果表格结构、项目或格式等发生了变化，则同样可以及时对模板进行修改，以便日后通过模板相减的工作表可以适应当前的制表需要。Excel 不能直接打开模板文件进行修改，需要利用该模板新建工作表，对工作表进行修改后，将其保存并替换原来的模板实现修改模板的操作。

配套资源

操作视频演示

模板文件 \ 第 1 章 \ 部门工资表 .xlsx
效果文件 \ 第 1 章 \ 部门工资表 1.xltx

STEP 1 打开模板文件

Excel 默认的模板文件存放在“C:\Users\Administrator\Documents\ 自定义 Office 模板”文件夹中，打开该文件夹，双击需修改的模板文件。

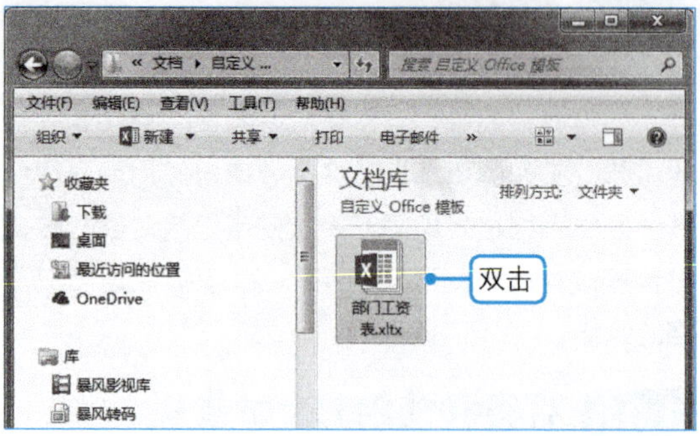

知识补充——模板的保存位置

电脑上操作系统不同，安装操作系统所在的盘符不同，都会导致 Excel 模板路径的不同。上述路径是在 Windows 7 操作系统、系统盘为 C 盘的情况下的位置。如果无法知道模板文件，则可按根据模板新建工作表的方法进行新建并修改。

STEP 2 新建并修改工作表

此时将直接根据该模板新建工作表，按照需要重新修改工作表的结构和内容。

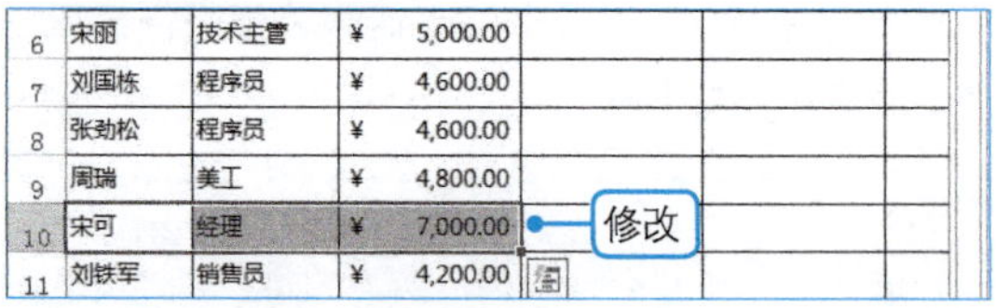

STEP 3 保存并替换模板

❶表格数据修改完成后，重新另存为模板，模板名称与原模板相同；❷单击“保存”按钮；❸在打开的提示对话框中单击“是”按钮，确认替换。

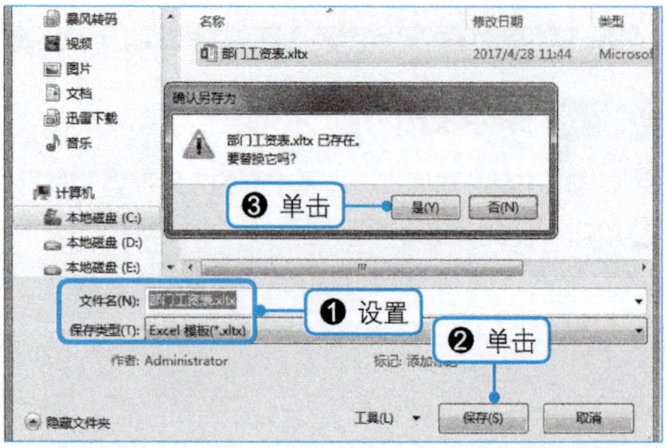

1.6 疑难解答

问题一 ➾ 填充数据时，能不能按照特定的顺序和内容完成填充，比如按公司部门，以“财务部、销售部、市场部、生产车间”这个顺序填充呢？

● **答：**用户可以按照指定的顺序填充数据。具体操作为：单击“文件”选项卡，选择左侧的“选项”选项，打开“Excel 选项”对话框，选择左侧的“高级”选项，然后单击“编辑自定义列表”按钮。此时将打开“自定义序列”对话框，在“输入序列”列表框中输入需要填充的内容（将【Enter】键换行），依次单击“添加”按钮和“确定”按钮即可。此时在单元格中输入“财务部”，拖动填充柄即可按照“财务部、销售部、市场部、生产车间”这个顺序填充数据。

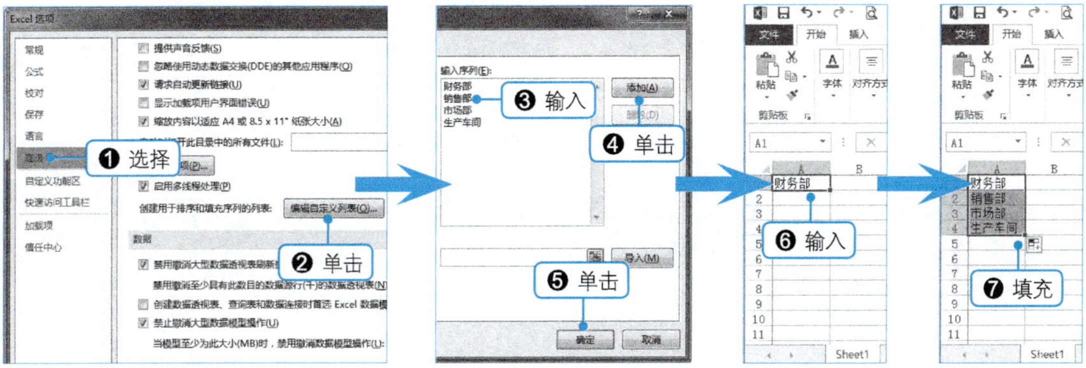

问题二 ➾ 在进行查找与替换时，有个参数叫“单元格匹配”，它有什么作用？

● **答：**“单元格匹配”是对查找的内容进行精确查找，如果不选中该复选框，则可进行模糊查找。例如，如果两个单元格中的数据分别为“财务部”和“财务”，在“查找和替换”对话框中输入“财务”，选中“单元格匹配”复选框，则查找到的符合条件的只有“财务”单元格；如果取消选中该复选框进行查找，则“财务部”和“财务”两个单元格都符合查找条件。

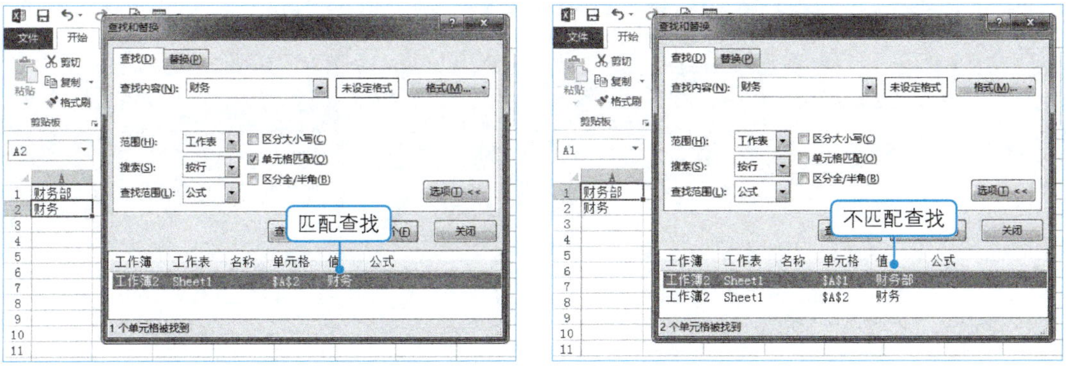

问题三 ➾ 设置数据验证的时候，能不能只设置数据输入的限制条件，但不进行警告提示？

● **答：**警告提示有助于输入数据时及时发现错误，是一个很好的功能。但如果确实不需要该提示，则在“数据验证”对话框的“出错警告”选项卡中，取消选中“输入无效数据时显示出错警告”复选框即可。另外，单击该对话框左下角的“全部清除”按钮，可清除设置的数据验证。

Excel

第 2 章 高效管理数据

❖ 本章导读

通过对数据进行汇总、统计、分析和展示，可以为数据使用者提供更为全面、准确的数据信息，便于其制定企业战略、执行工作计划等，因此数据管理在企业的经营管理中十分重要。就数据管理而言，Excel 本身就具备非常强大的管理功能，熟练掌握相关的使用方法，可以让数据的的管理工作变得更加轻松、高效。

本章知识结构概览表

数据的排序	（1）按多关键字排序 （2）按单元格颜色排序 （3）按行排序 （4）自定义排序
数据的筛选	（1）满足一个条件的筛选 （2）同时满足多个条件的筛选
数据的分类汇总	（1）简单分类汇总 （2）高级分类汇总 （3）分级显示分类汇总
数据透视表	（1）创建数据透视表 （2）数据透视表的使用方法
图表	（1）图表的结构 （2）创建图表 （3）编辑与美化图表 （4）使用迷你图

2.1 数据的排序

数据排序是指将数据记录以某一种标准重新显示在表格中，以便进行查看和分析。如查看排名高低，统计产量多少时，对数据进行相应排序，即可轻松得到想要的结果。

2.1.1 按多关键字排序

多关键字排序是指将数据记录以主要关键字为标准进行排列，如果主要关键字相同时，按次要关键字为标准排列，以此类推。这种排序方法可以更加精确地排列出数据记录的顺序。下面以“销量评定”为标准进行降序排列，评定相同时，再以“合计”为标准进行降序排列为例，介绍如何进行多关键字排序。

配套资源

操作视频演示

模板文件 \ 第 2 章 \ 产品销量表 1.xlsx
效果文件 \ 第 2 章 \ 产品销量表 1.xlsx

STEP 1 启用排序功能

❶选中表格中任意一个含有数据的单元格；❷单击【数据】/【排序和筛选】组中的“排序”按钮。

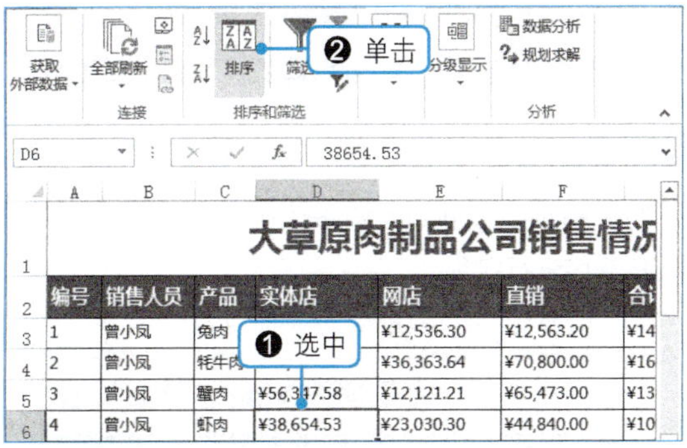

STEP 2 设置主要排序依据

❶打开“排序”对话框，在“主要关键字”下拉列表框中选择“销量评定”选项；❷在“次序”下拉列表框中选择“降序”选项，表示按销量评定的情况从高到低排列数据记录。

STEP 3 设置次要排序依据

❶单击“添加条件”按钮；❷在“次要关键字”下拉列表框中选择“合计”选项；❸在“次序”下拉列表框中选择“降序”选项，表示如果销量评定相同，则以“合计”数从高到低排列数据记录；❹单击“确定”按钮。

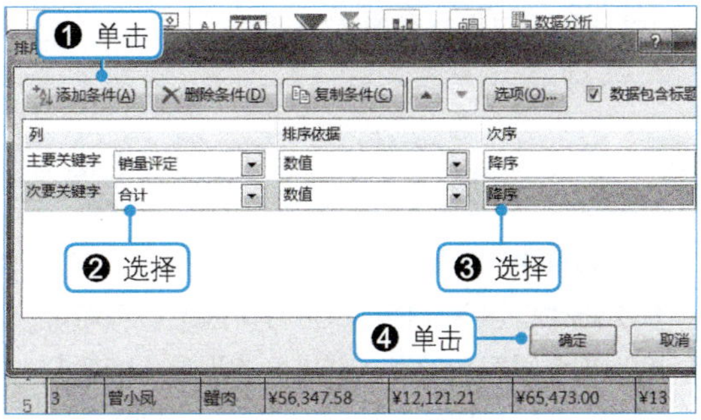

STEP 4 查看排序结果

此时数据记录将按“优、良、差”的销量评定情况排列，当评定结果相同时，则按“合计”数从高到低排列。

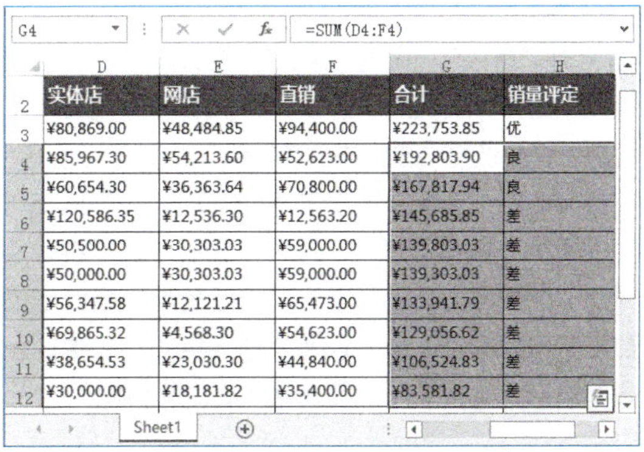

2.1.2 按单元格颜色排序

如果对不同数据的单元格进行了颜色填充，则可以以这些填充颜色为标准对整个数据记录进行排列。下面以“实体店”为标准，将浅蓝色单元格对应的数据记录排列在前，深蓝色单元格对应的数据记录排列在后为例，介绍如何按单元格颜色排序。

配套资源

操作视频演示

模板文件 \ 第 2 章 \ 产品销量表 2.xlsx
效果文件 \ 第 2 章 \ 产品销量表 2.xlsx

STEP 1 启用排序功能

❶选中包括表头项目和所有数据记录在内的单元格区域；❷单击【数据】/【排序和筛选】组中的“排序”按钮。

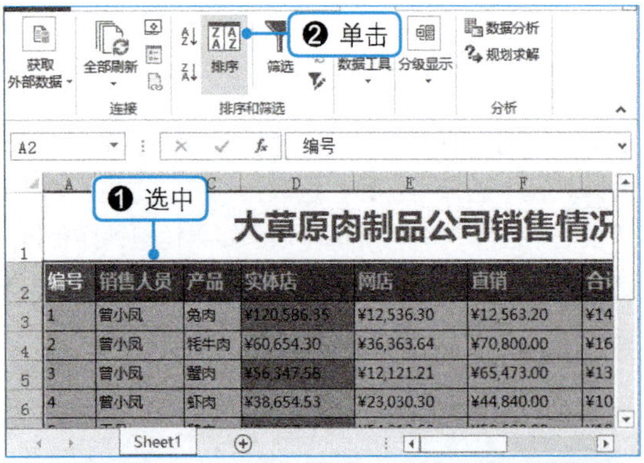

答疑解惑——为什么这里要选中所有单元格区域，而不能选中任意一个单元格？

表格中的数据记录如果进行了排序操作，那么选中任意单元格再次进行排序时，有可能会出现连同表头项目一并排序的现象（如合并其他单元格导致表格结构不清晰），因此这里建议选中包含表头项目和所有数据记录的单元格区域，以便让 Excel 更准确地判断数据结构。

STEP 2 设置单元格排序条件

❶打开“排序”对话框，在“主要关键字”下拉列表框中选择“实体店”选项；❷在“排序依据”下拉列表框中选择“单元格颜色”选项；❸在“次序”下拉列表框中选择浅蓝色对应的选项，并在其右侧的下拉列表框中选择“在顶端”选项，表示将以实体店下的数据为排序标准，将浅蓝色单元格对应的数据记录排列在上方，深蓝色单元格对应的数据记录则自然排列在下方；❹单击“确定”按钮。

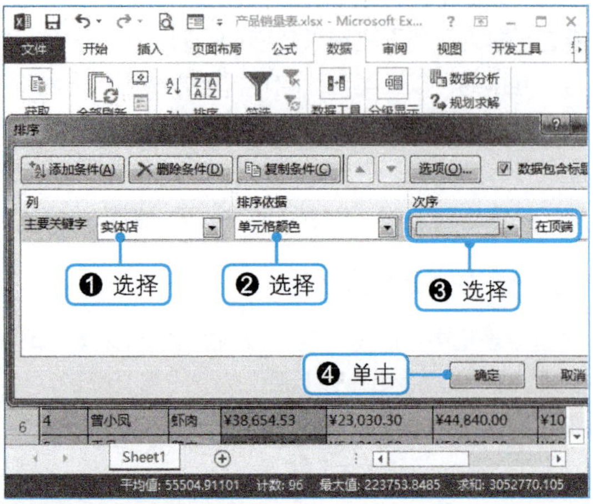

STEP 3 查看排序结果

此时表格中的数据记录将按“实体店”中指定的单元格顺序进行排列。

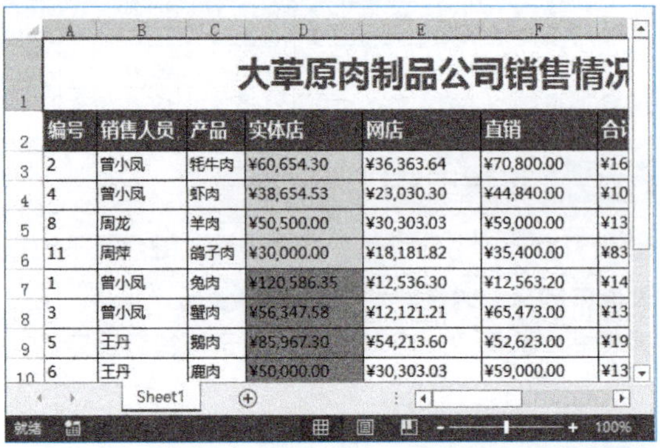

答疑解惑——单元格颜色排序只能选择顶端或底端，那么有多种颜色时应怎样操作？

当单元格颜色出现 3 种或以上的颜色时，如红、黄、蓝 3 种颜色。要想按照蓝、黄、红的顺序排列数据记录，则可将蓝色设置为顶端，然后添加次要关键字，设置相同的字段项目，将黄色设置为顶端。依次类推，就能设置各种颜色的排列顺序。

2.1.3 按行排序

一般情况下，Excel 都是对数据记录进行排序，也就是以某列的数据为标准进行排列，这称为按列排序。实际应用中，有可能以某行为标准进行排序，这就是按行排序。按行排序一般用于需要调整字段项目位置的情况。下面以“销售人员”字段项目和“产品”字段项目的位置对调为例，介绍如何按行排序。

配套资源

操作视频演示

模板文件 \ 第 2 章 \ 产品销量表 3.xlsx
效果文件 \ 第 2 章 \ 产品销量表 3.xlsx

STEP 1 输入排序的判断内容

❶在需调换位置的字段项目下方输入能区分大小的数据，如“1”和“2”；❷选中输入的内容和两个字段项目及其包含的数据记录；❸单击“排序”按钮。

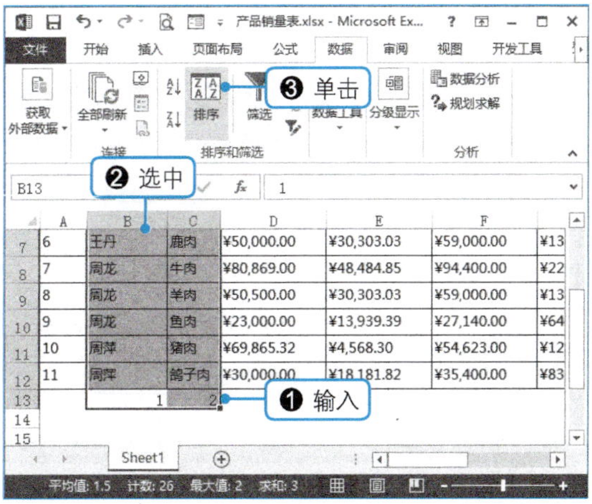

STEP 2 设置按行排序

❶打开“排序”对话框，单击“选项”按钮；❷打开“排序选项”对话框，在“方向”栏中选中“按行排序”单选项；❸单击“确定”按钮。

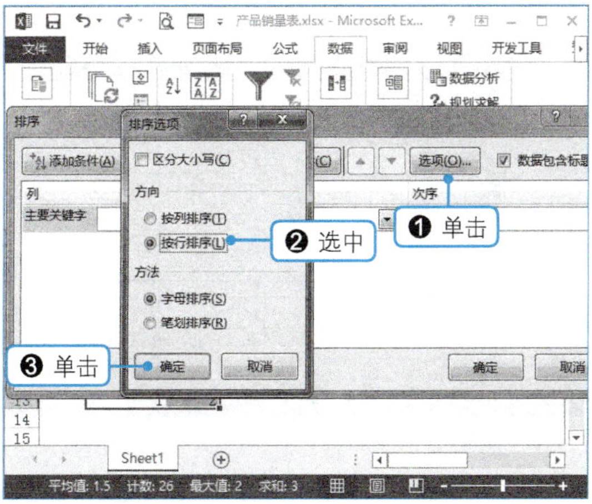

STEP 3 设置排序依据

❶返回“排序”对话框，在“主要关键字”下拉列表框中选择输入内容所在行对应的选项；❷在“次序”下拉列表框中选择“降序”选项；❸单击“确定”按钮。

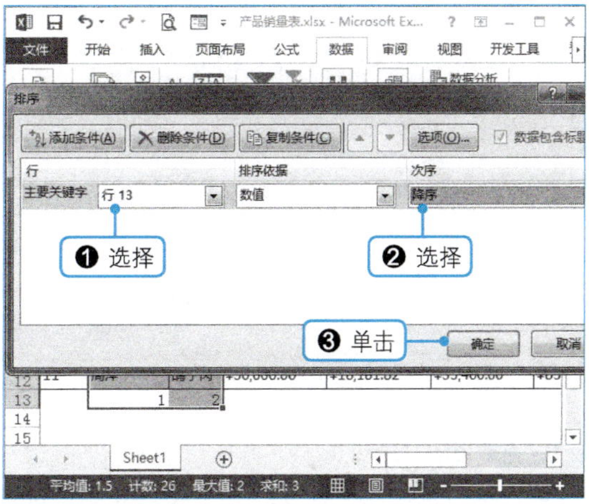

STEP 4 查看排序结果

此时所选两个字段项目便调换了位置，删除前面手动输入的数据即可得到最终效果。

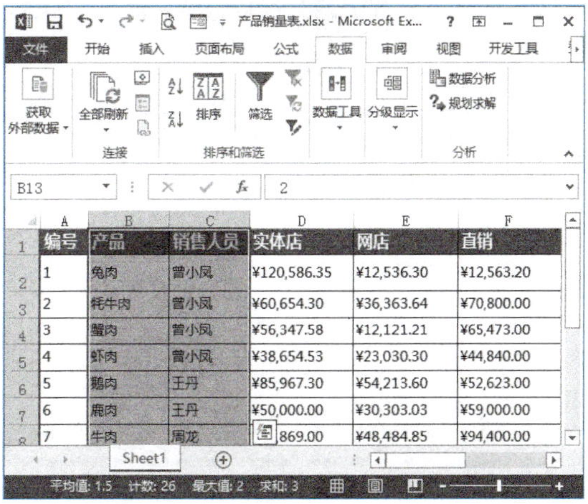

2.1.4 自定义排序

自定义排序是指当升序和降序无法满足需要时，按照实际需要以某个字段项目下的内容为标准对数据记录进行排序。例如按销售人员排序，升序排序的结果为“王丹、周萍、曾小凤、周龙”的顺序，降序则排序的结果刚好相反。若通过设置自定义进行，则可按自己需要排列销售人员的顺序。

STEP 1 设置排序依据

❶选中相应的单元格区域并打开“排序”对话框，在“主要关键字”下拉列表框中选择“销售人员”选项；❷在“次序”下拉列表框中选择“自定义序列”选项。

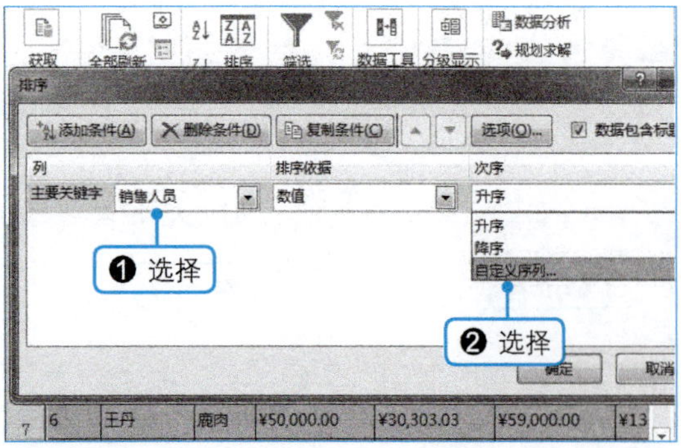

STEP 2 添加序列

❶打开“自定义序列”对话框，在“输入序列”列表框中输入指定的排列顺序，各名称用【Enter】键换行隔开；❷单击“添加”按钮，将自定义的序列添加到左侧的“自定义序列”列表框中；❸单击“确定”按钮。

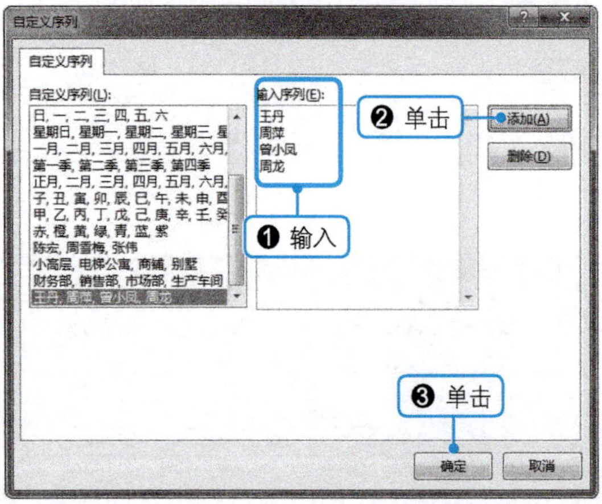

配套资源
操作视频演示
模板文件 \ 第 2 章 \ 产品销量表 4.xlsx
效果文件 \ 第 2 章 \ 产品销量表 4.xlsx

STEP 3 确认排序依据的设置

返回“排序”对话框，此时在“次序”下拉列表框中将显示所设置的排列顺序，单击“确定”按钮。

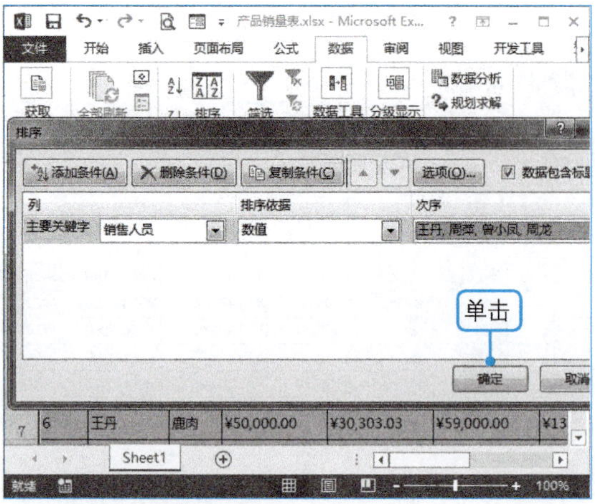

STEP 4 查看排序结果

此时表格中的数据记录将按指定的销售人员顺序进行排列。

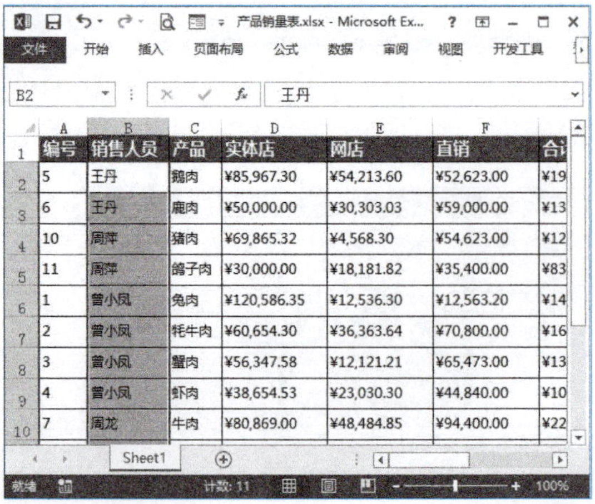

2.2 数据的筛选

对数据进行筛选，可以快速在庞大的数据记录中找到符合要求的数据记录。Excel 具备多种数据筛选功能，可以按设置的各种条件筛选出需要的内容，并将不符合条件的数据记录暂时从工作表中隐藏起来。因此，使用 Excel 的筛选功能可以有效地查看指定的数据。

2.2.1 满足一个条件的筛选

配套资源

操作视频演示

模板文件 \ 第 2 章 \ 公务员成绩表 1.xlsx
效果文件 \ 第 2 章 \ 公务员成绩表 1.xlsx

如果筛选数据时只需要设置一个条件，则可利用 Excel 提供的自动筛选功能快速进行操作。如筛选出销量大于 10 000 的数据记录，产量在 50~100 之间的数据记录等。下面以筛选出总分在 130（含）~ 150（含）之间的数据记录为例，介绍如何进行满足一个条件的筛选。

STEP 1 启用筛选功能

❶选中表格中任意一个含有数据的单元格；❷单击【数据】/【排序和筛选】组中的“筛选”按钮。

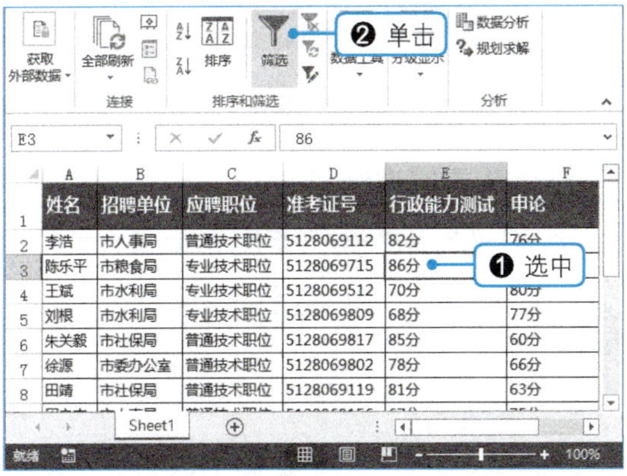

STEP 2 选择筛选的命令

❶此时表头项目右侧都将出现下拉按钮，单击“总分”项目右侧的下拉按钮；❷在弹出的下拉列表中选择【数字筛选】/【介于】命令。

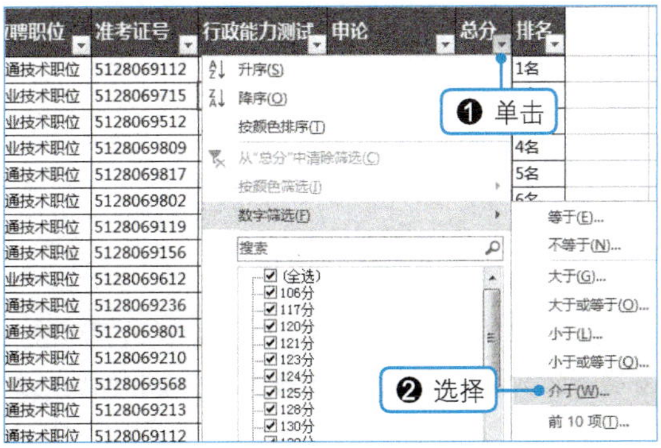

STEP 3 设置筛选条件

❶打开“自定义自动筛选方式”对话框，在右侧的上下两个下拉列表框中分别输入“130”和“150”；❷单击“确定”按钮。

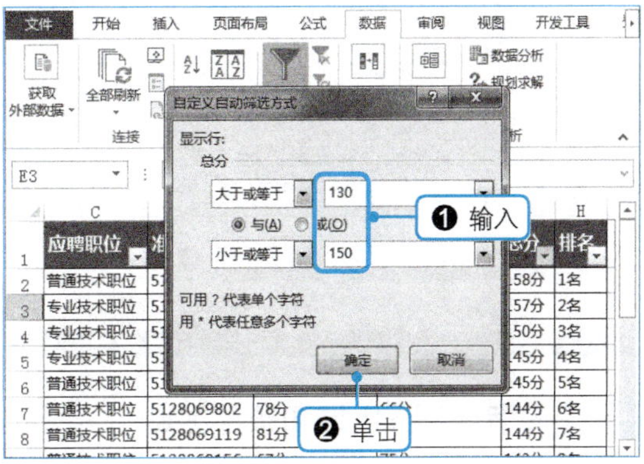

STEP 4 查看筛选结果

此时表格中将仅显示总分在 130 分（含）~150 分（含）之间的数据记录。

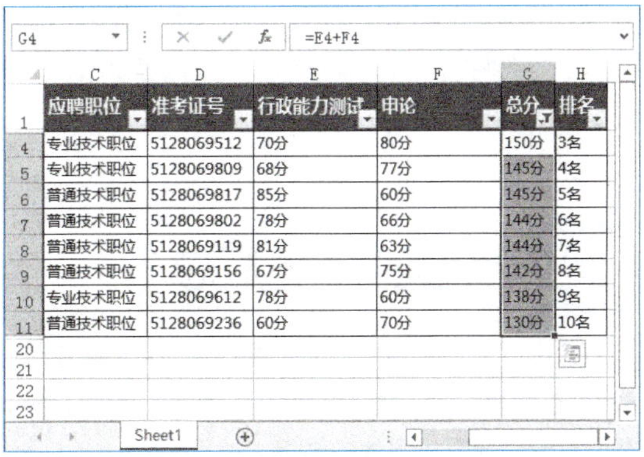

2.2.2 同时满足多个条件的筛选

配套资源

操作视频演示

模板文件 \ 第 2 章 \ 公务员成绩表 2.xlsx

效果文件 \ 第 2 章 \ 公务员成绩表 2.xlsx

当需要设置多个条件来筛选数据记录时，可利用 Excel 的高级筛选功能实现。该功能首先需要手动输入多个筛选条件，然后分别指定筛选记录所在区域和筛选条件所在区域，即可完成筛选。下面以筛选出招聘单位为市委办公室，应聘职位为普通技术职位，且总分大于 140 分的数据记录为例，介绍如何进行时满足多个条件的筛选。

STEP 1 输入多个筛选条件

❶在表格空白区域输入筛选的条件，注意输入条件的区域必须连续，且上方为表格的字段项目，下方为对应的条件；❷单击【数据】/【排序和筛选】组中的“高级”按钮。

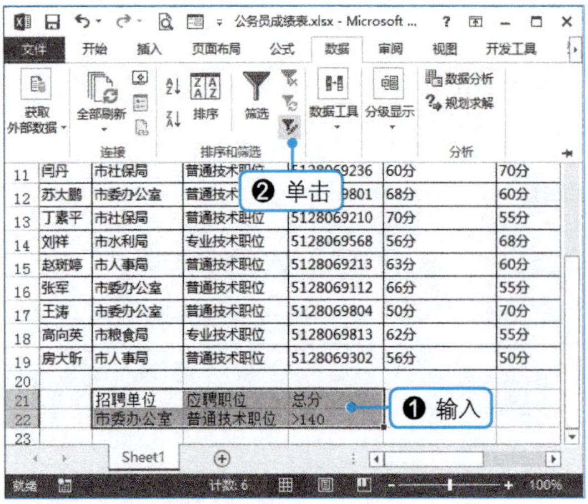

STEP 2 指定筛选区域和条件区域

❶打开“高级筛选”对话框，在“列表区域”和“条件区域”文本框中利用▣按钮分别指定待筛选的数据区域和输入的筛选条件区域；❷单击“确定”按钮。

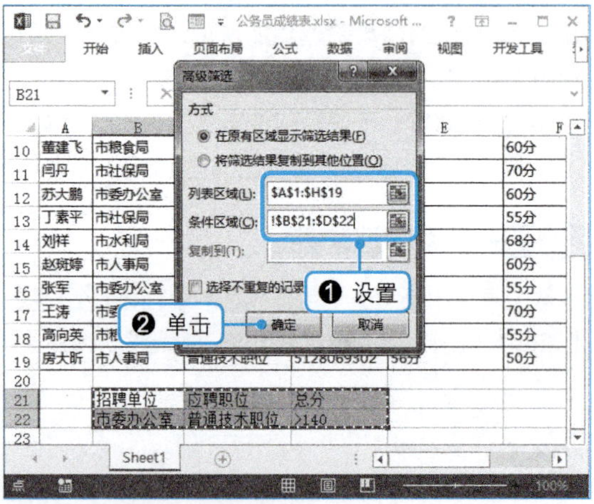

STEP 3 查看筛选结果

此时将显示出同时符合这 3 个条件的数据记录。

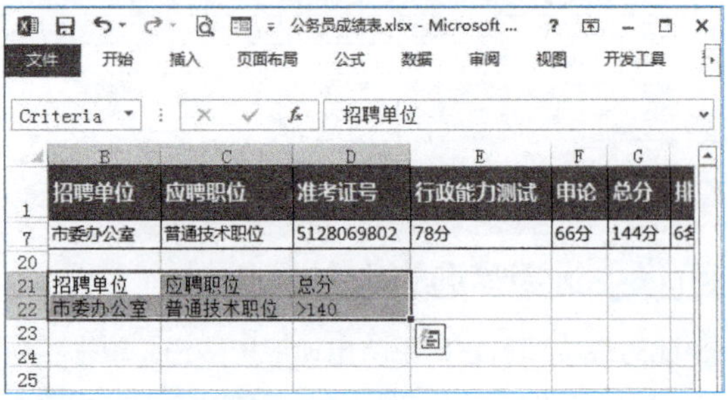

知识补充 ——筛选后如何重新显示所有数据记录

对数据记录进行筛选后，如果需要重新显示出所有的数据记录，直接单击【数据】/【排序和筛选】组中的“清除”按钮即可。

2.3 数据的分类汇总

分类汇总，顾名思义就是先将数据记录进行分类，然后将同类的数据进行汇总。对于统计数据而言，Excel 的分类汇总功能是很有利的帮手，它可以快速、准确地将数据记录按指定标准进行分类，然后根据需要汇总并计算出具体的结果。

2.3.1 简单分类汇总

简单分类汇总是指对数据记录进行一次分类汇总，它需要先对某个字段项目进行排序，分类汇总时以该字段为分类标准，并设置汇总的字段项目和汇总方式即可。下面以汇总出不同应聘职位的总分平均值情况为例，介绍如何进行简单分类汇总。

配套资源

操作视频演示

模板文件 \ 第 2 章 \ 公务员成绩表 3.xlsx
效果文件 \ 第 2 章 \ 公务员成绩表 3.xlsx

STEP 1 按应聘职位排列数据记录

❶选中“应聘职位”字段项目下的任意一个包含数据的单元格；❷单击【数据】/【排序和筛选】组中的“升序”按钮，将数据记录按应聘职位进行排列。

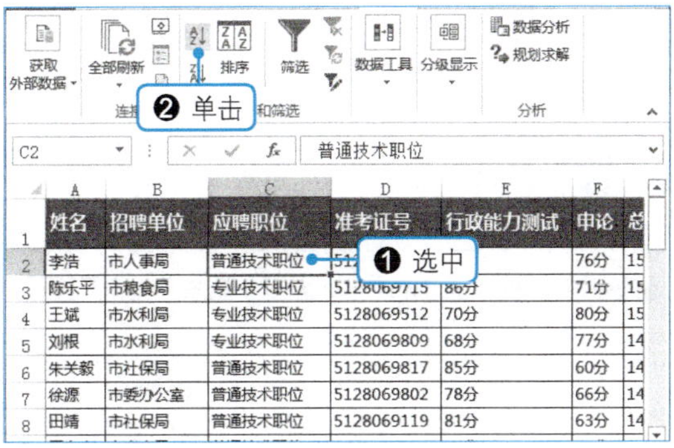

STEP 2 启用分类汇总功能

保持单元格的选中的状态，在【数据】/【分级显示】组中单击“分类汇总”按钮。

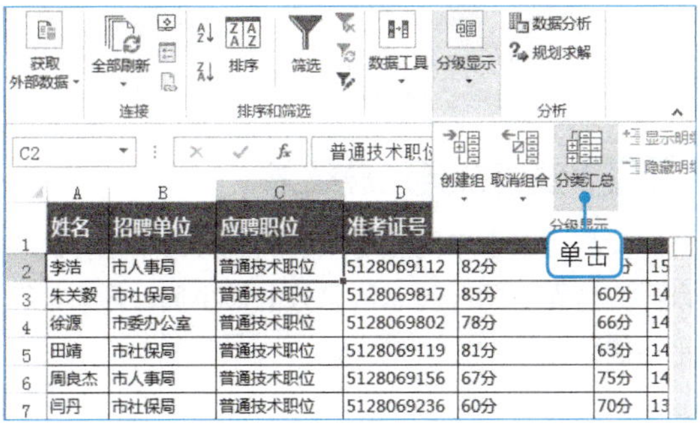

STEP 3 设置分类字段和汇总参数

❶打开“分类汇总”对话框，在“分类字段”下拉列表框中选择“应聘职位”选项，即前面排序时对应的字段项目；❷在“汇总方式”下拉列表框中选择“平均值”选项，表示对汇总结果进行求平均值的计算；❸在“选定汇总项”列表框中选中“总分”复选框，表示对总分进行汇总并求平均值；❹单击“确定”按钮。

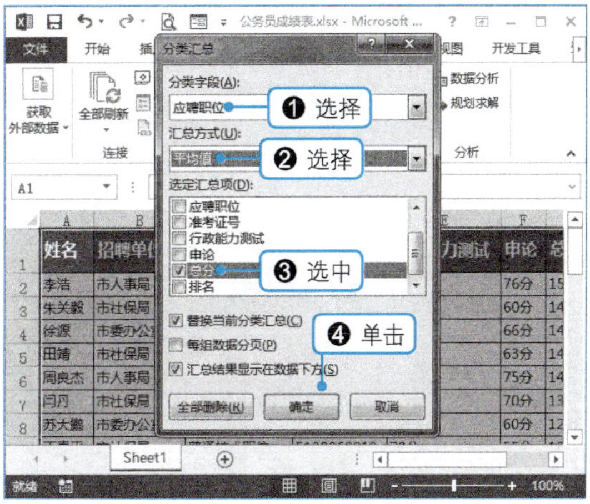

STEP 4 查看分类汇总结果

此时将汇总出不同应聘职位所对应总分的平均值情况。

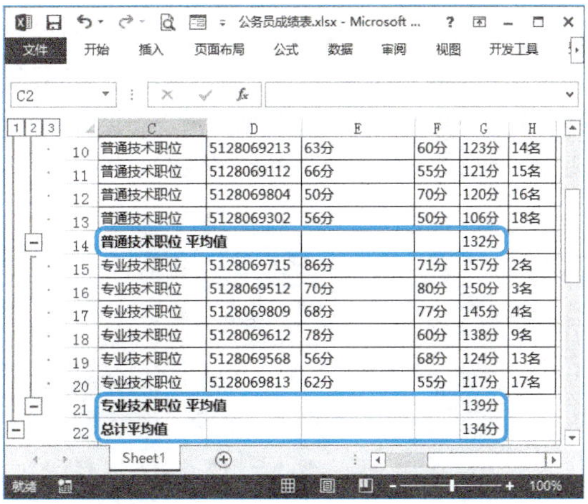

高手妙招——如何取消分类汇总结果

要想取消分类汇总的结果，将数据还原到分类汇总之前的状态，只需打开“分类汇总”对话框，单击左下角的“全部删除”按钮即可。

2.3.2 高级分类汇总

高级分类汇总是指在简单分类汇总的基础上再一次或多次进行分类汇总的情形。下面在分类汇总出不同应聘职位的总分平均值基础上，以汇总出不同应聘职位总分的最大值和最小值情况为例，介绍如何进行高级分类汇总。

STEP 1 启用分类汇总功能

❶选中表格中任意一个包含数据的单元格；❷单击【数据】/【分级显示】组中的“分类汇总”按钮。

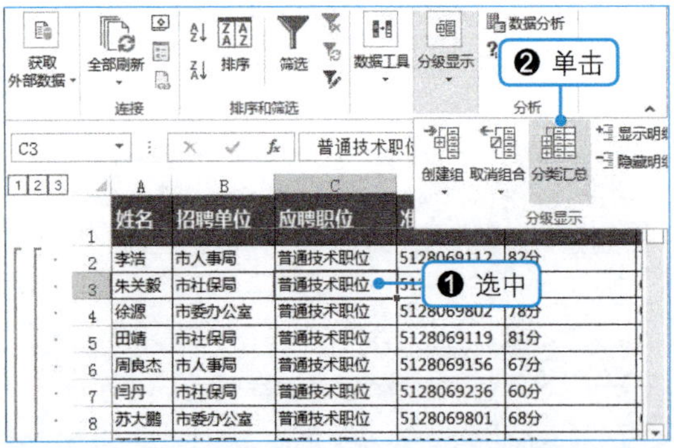

STEP 2 设置分类汇总参数

❶打开“分类汇总”对话框，在“分类字段”下拉列表框中选择“应聘职位”选项；❷在“汇总方式”下拉列表框中选择“最大值”选项；❸在“选定汇总项”列表框中选中“总分”复选框，表示对总分进行汇总并求最大值；❹取消选中“替换当前分类汇总”复选框；❺单击“确定”按钮。

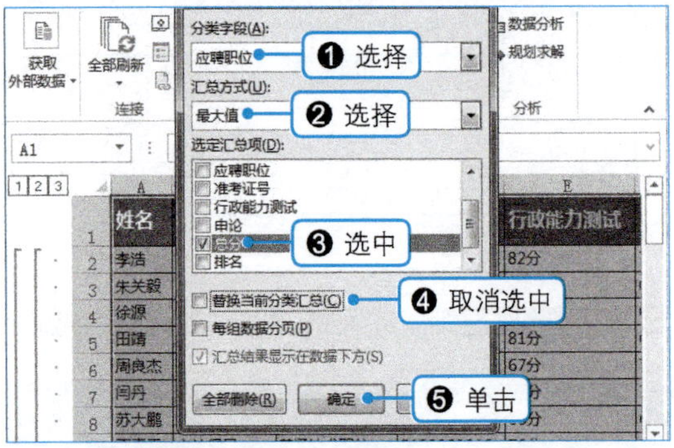

STEP 3 启用分类汇总功能

此时表格中将汇总出不同应聘职位的总分最大值。再次单击“分类汇总”按钮。

配套资源

操作视频演示

模板文件 \ 第 2 章 \ 公务员成绩表 4.xlsx
效果文件 \ 第 2 章 \ 公务员成绩表 4.xlsx

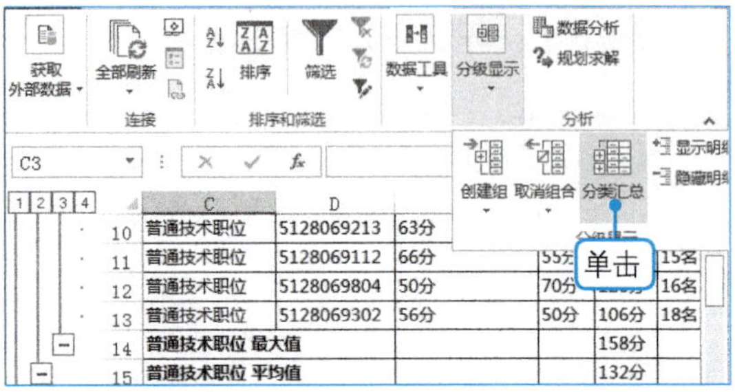

STEP 4 设置汇总方式

❶打开“分类汇总”对话框，在“汇总方式”下拉列表框中选择“最小值”选项；❷单击“确定”按钮。

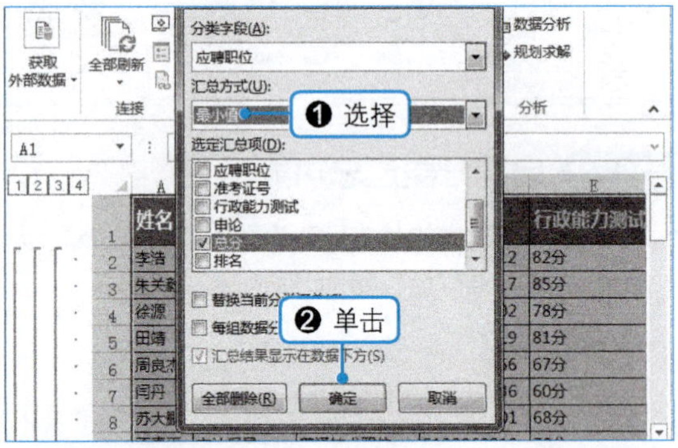

STEP 5 查看分类汇总结果

此时又将汇总出不同应聘职位的总分最小值，还可以同时查看不同应聘职位总分的最小值、最大值和平均值数据。

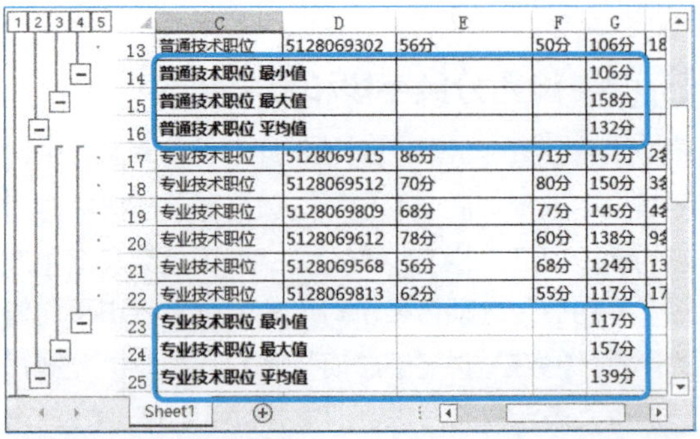

2.3.3 分级显示分类汇总

对数据分类汇总后，可通过表格左侧自动生成的一系列按钮，准确控制分类汇总后数据的显示内容，这些按钮的作用分别如下。

- ⊞**按钮**：单击该按钮将显示对应分类字段的明细信息，且按钮将变为⊟状态，如下方左图所示。
- ⊟**按钮**：单击该按钮将隐藏对应分类字段的明细信息，且按钮将变为⊞状态，如下方右图所示。

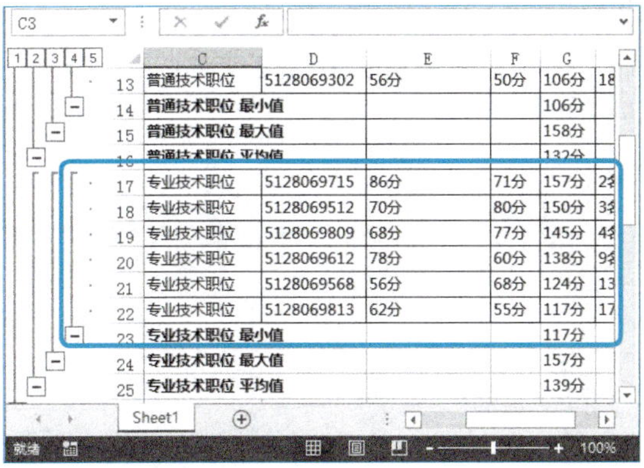
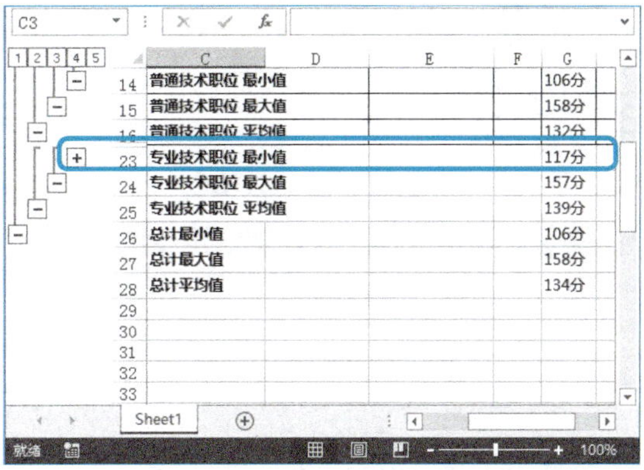

- 1 2 3 4 5 **按钮**：这些分级按钮将根据表格汇总的数据显示，有时只有 2 级、3 级，有时也会达到 4 级、5 级，单击相应按钮将显示各级别下的内容。下图中从左到右依次为单击 1 级、2 级和 3 级按钮后显示的内容。

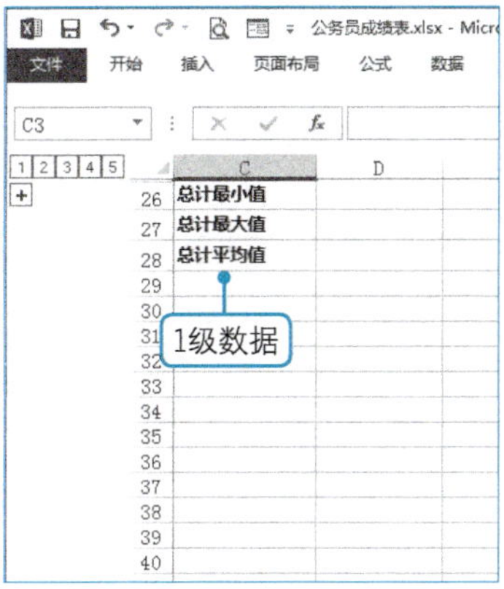

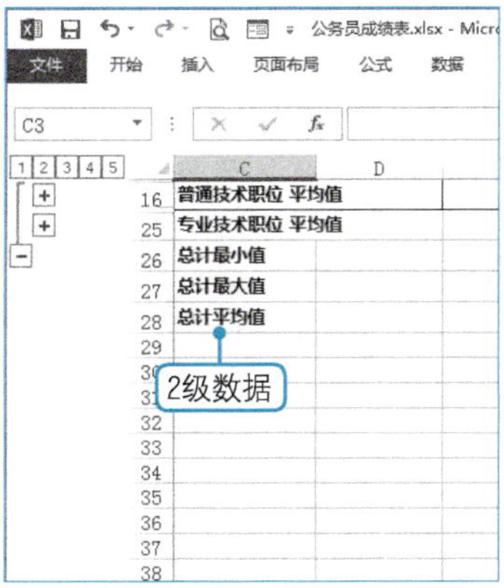

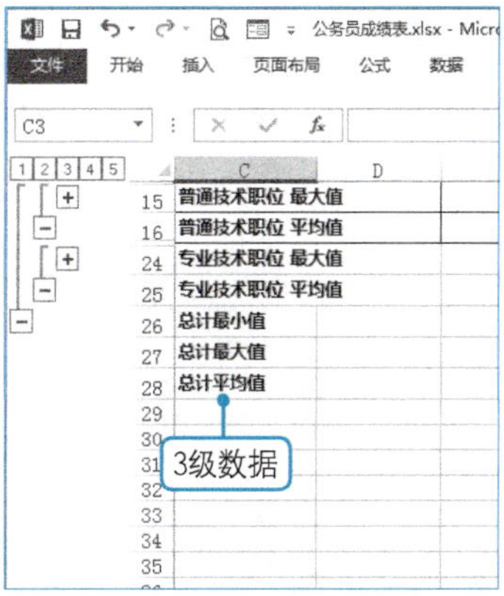

2.4 数据分析——数据透视表

数据透视表是利用 Excel 进行数据分析的重要工具，它通过报表的形式，使用户可以直观地汇总、分析表格数据，为实际工作带来很大的方便。数据透视表能够对大量数据进行快速汇总并建立交叉列表，且能够随时根据需要调整表格布局，以达到不同的观看目的。

2.4.1 创建数据透视表

数据透视表的建立必须以表格中的数据为基础，通过指定引用的数据源和建立位置便可进行创建。在此基础上将相应字段添加到数据透视表中即可使用。

配套资源

操作视频演示

模板文件 \ 第 2 章 \ 业绩统计表 .xlsx
效果文件 \ 第 2 章 \ 业绩统计表 .xlsx

STEP 1 启用数据透视表功能

❶选中表格中任意一个包含数据的单元格；❷在【插入】/【表】组中单击“数据透视表”按钮。

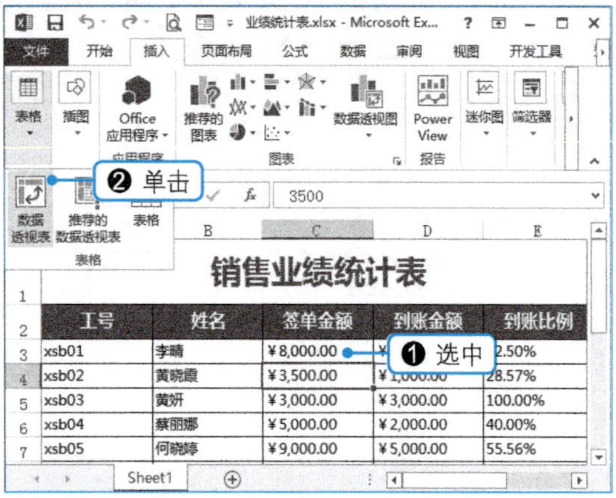

STEP 2 指定数据透视表放置位置

❶打开“创建数据透视表”对话框后，Excel 自动识别数据源区域（即根据二维表格结构自动选择单元格区域），选中“现有工作表”单选项；❷选中 A20 单元格，将其地址引用到“位置”文本框中，表示该单元格为数据透视表创建时的起始位置；❸单击“确定”按钮。

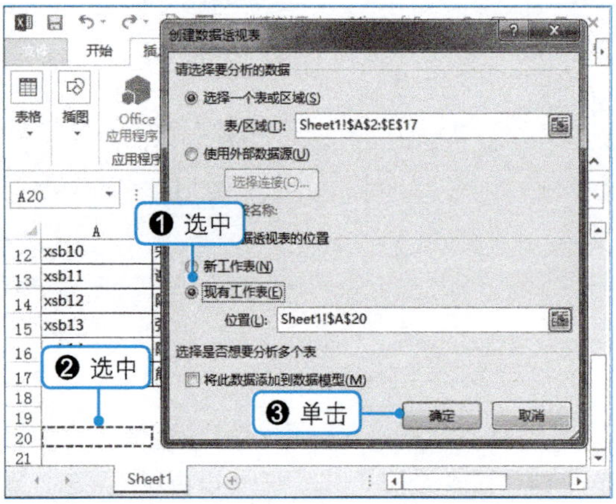

STEP 3 为数据透视表添加字段

自动打开“数据透视表字段”窗格，其中的字段与数据源区域中的字段项目一一对应。选中“姓名”和“签单金额”复选框，此时数据透视表中便同步生成相应的表格数据，即可从中查看每位员工的签单金额情况。

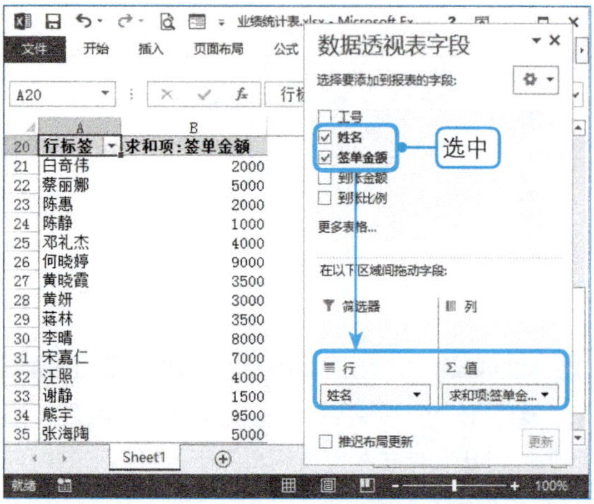

答疑解惑 ——数据透视表中的字段应该怎么使用?

数据透视表由 4 个部分组成，分别是行、列、值和筛选区域。对应到“数据透视表字段”窗格中，就是行标签、列标签、值标签和筛选器 4 个区域。选中字段对应的复选框，Excel 会判断字段下的数据类型，一般会将数值型（如数字、货币等数据）字段添加到值标签，将非数值型字段添加到行标签。行标签的字段会在每行显示不同的数据（重复数据视为一个数据），值标签则显示行标签中各个数据对应的值。为了更精确地控制数据透视表的内容，一般可通过拖动的方式添加字段到相应区域，具体操作将在后面内容中详细介绍。

2.4.2 数据透视表常见的使用方法

数据透视表是一种具备强大统计和分析功能的工具，它可以查看数据结果，计算需要的数据，分类查看数据等，下面介绍几种常用数据透视表的使用方法。

配套资源

操作视频演示

模板文件 \ 第 2 章 \ 固定资产统计表 1.xlsx
效果文件 \ 第 2 章 \ 固定资产统计表 1.xlsx

1. 设置值字段数据格式

无论数据透视表引用数据区域的数据是哪一

种格式，数据透视表默认的格式均是常规型数据。但 Excel 允许对数据格式进行设置，以满足日常需要。下面以将数据透视表值字段的数据类型更改为“货币型”数据为例，介绍如何设置值字段数据格式。

STEP 1 设置值字段

❶单击“数据透视表字段”窗格中值标签中的“原值”字段；❷在弹出的下拉列表中选择“值字段设置”命令。

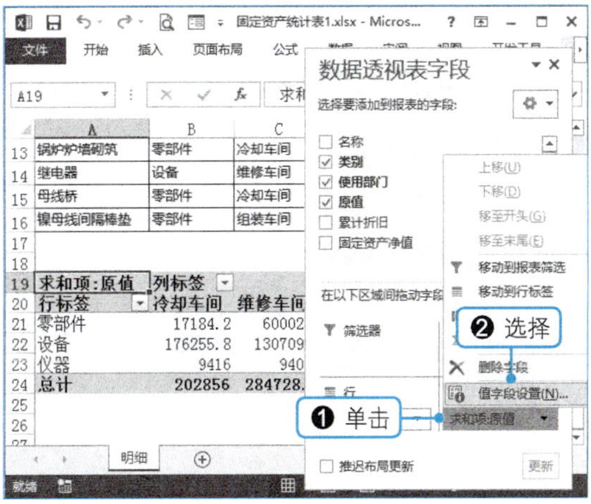

STEP 2 设置数字格式

打开“值字段设置”对话框，单击左下角的“数字格式”按钮。

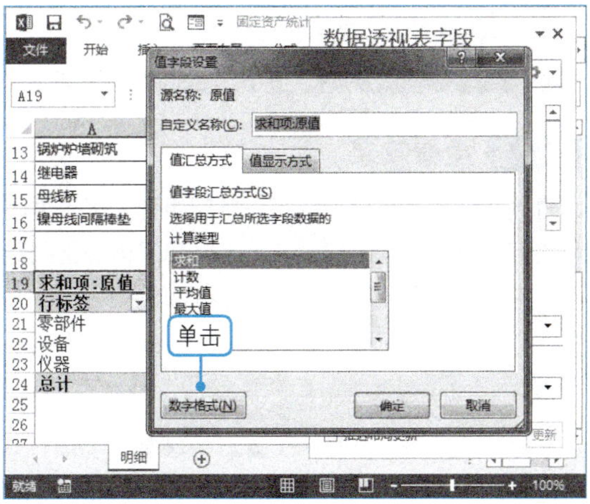

STEP 3 指定数据格式

❶打开“设置单元格格式”对话框，在左侧的列表框中选择“货币”选项；❷将小数位数设置为“0”；❸单击“确定”按钮。

STEP 4 确认设置

返回“值字段设置”对话框，单击“确定”按钮。此时数据透视表中的数据便显示为“货币型”数据格式。

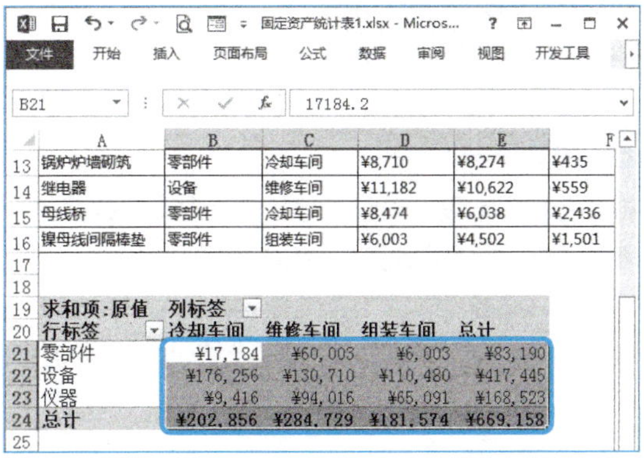

2. 更改字段

为数据透视表添加了字段后，可以通过删除字段、添加字段等操作，随时更改各个区域的字段，从而改变数据透视表的结构，以得到各种想要的数据结果。下面以字段的删除和添加操作为例，介绍如何更改字段。

配套资源

操作视频演示

模板文件 \ 第 2 章 \ 固定资产统计表 2.xlsx
效果文件 \ 第 2 章 \ 固定资产统计表 2.xlsx

STEP 1 删除字段

在“数据透视表字段”窗格中取消选中“类别”复选框，

即可从数据透视表中删除“类别”字段。

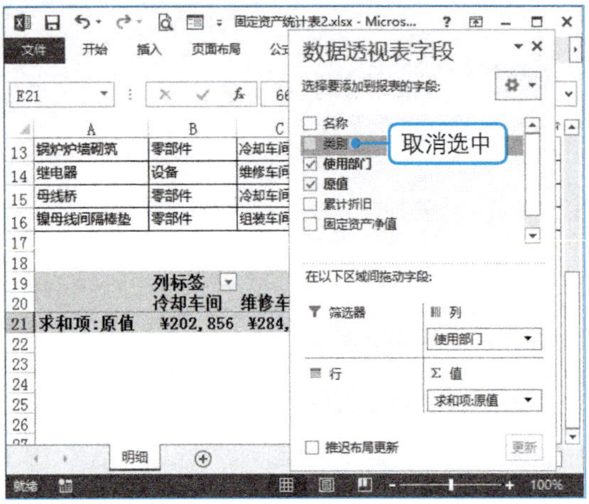

高手妙招——拖动鼠标删除字段

在“数据透视表字段”窗格中直接将“列”“行”“值”标签中的某个字段向外拖动，当鼠标指针右下方出现“×”标记时，释放鼠标即可快速删除字段。

STEP 2 添加字段

将“名称”字段拖动到“行”标签中，使数据透视表的“行”标签更改为“名称”字段。

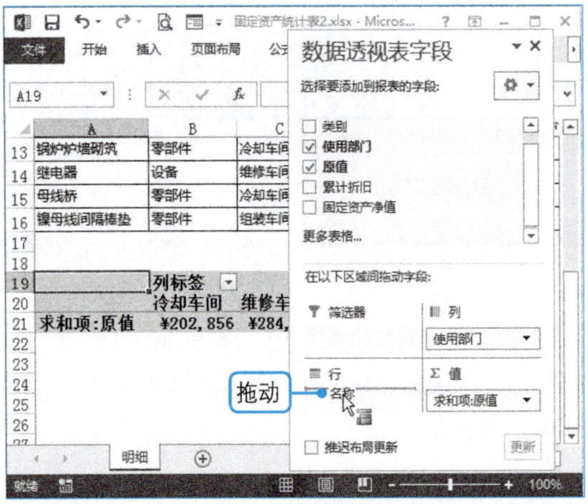

STEP 3 删除字段

在“数据透视表字段”窗格中取消选中“使用部门”复选框，删除该字段。

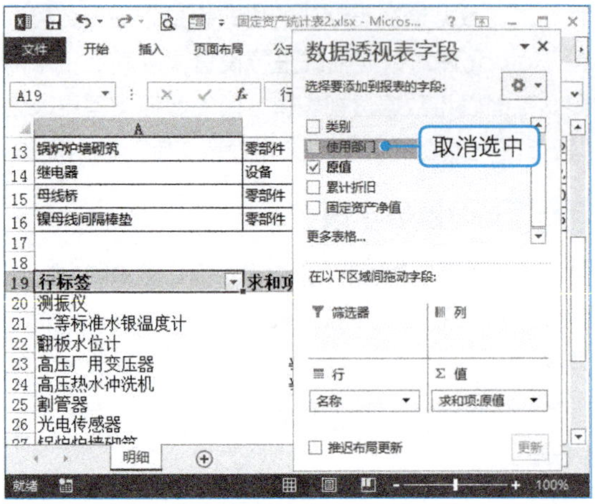

STEP 4 添加字段

将“类别”字段重新拖动到列标签中，使数据透视表的“列”标签更改为“类别”字段。

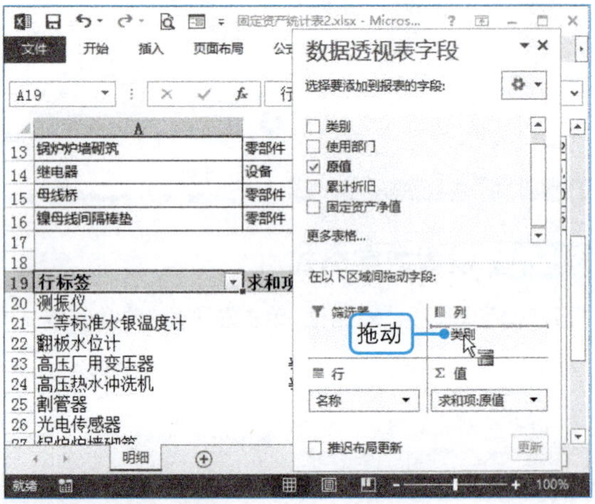

STEP 5 查看效果

此时数据透视表中显示的每一条记录变为了每种固定资产的原值，同时在列方向上汇总了该类别固定资产的原值情况。

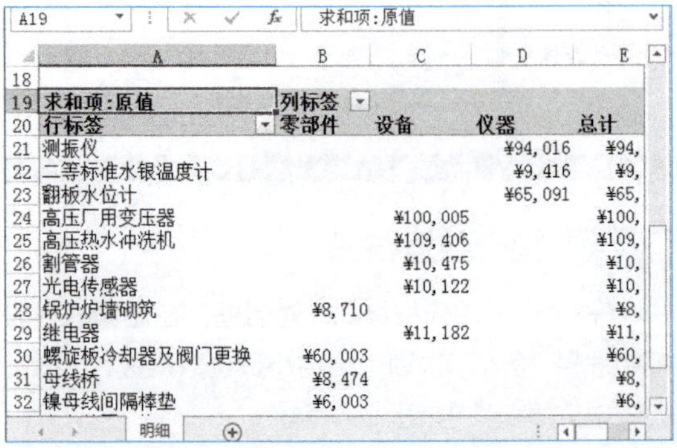

3. 设置值字段汇总方式

数据透视表默认的值字段汇总方式是求和，用户可以根据需要重新设置汇总方式，如求平均值、最大值、最小值等。下面以在数据透视表中将值字段汇总方式设置为求平均值为例，介绍如何设置值字段汇总方式。

STEP 1 删除字段

拖动“原值”字段至值标签以外，当鼠标指针出现“×”标记时释放鼠标，删除该字段。

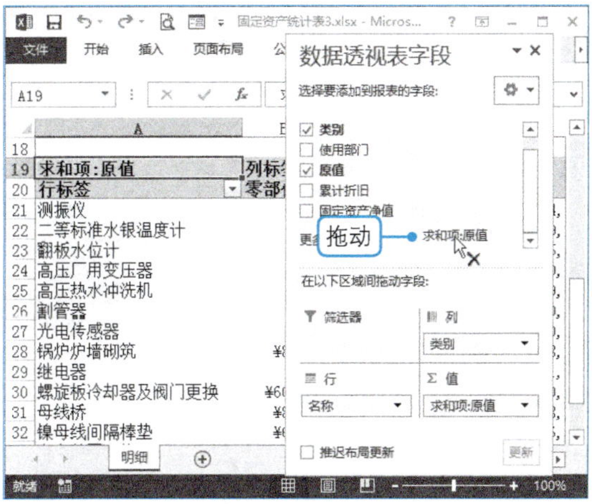

STEP 2 添加字段

拖动“固定资产净值”字段至“值”标签中，添加该字段。

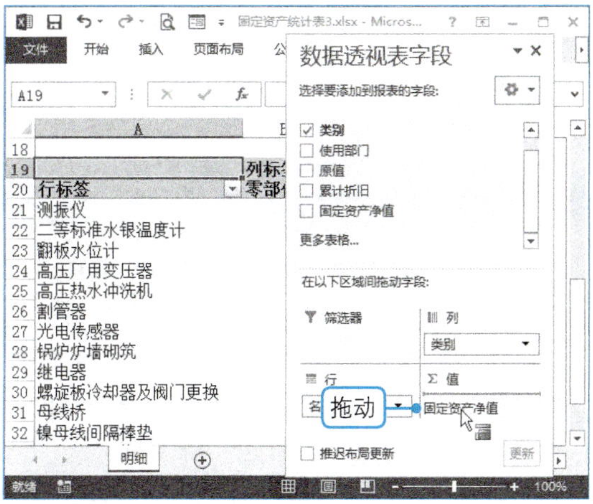

STEP 3 设置值字段

单击添加的“固定资产净值”字段，在弹出的下拉列表中选择“值字段设置”命令。

配套资源

操作视频演示

模板文件 \ 第 2 章 \ 固定资产统计表 3.xlsx
效果文件 \ 第 2 章 \ 固定资产统计表 3.xlsx

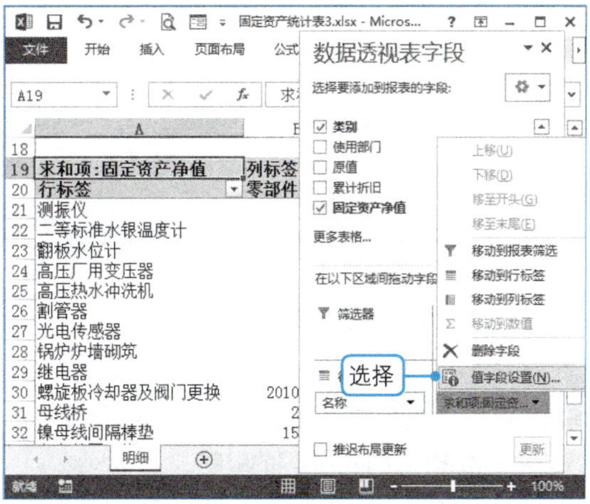

STEP 4 设置汇总方式

❶打开“值字段设置”对话框，在“值汇总方式”选项卡的“选择用于汇总所选定段数据的计算类型”列表框中选择“平均值”选项；❷单击左下角的“数字格式”按钮。

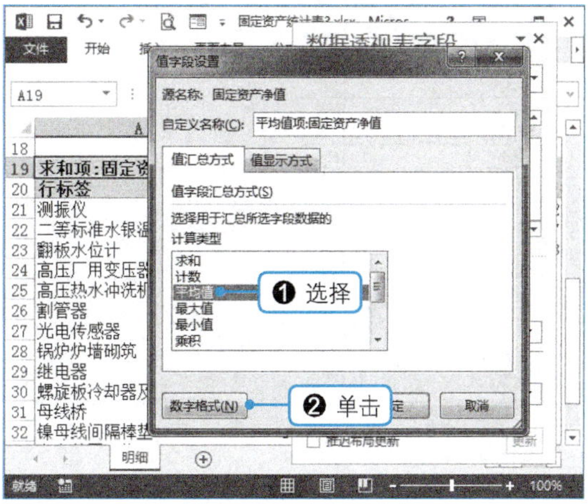

STEP 5 设置数字格式

❶打开“设置单元格格式”对话框，在左侧的列表框中选择“货币”选项；❷将小数位数设置为“0”；❸单击“确定”按钮。

4. 显示和隐藏明细数据

如果数据透视表的某个标签中存在多个字段，则可以利用展开与折叠字段功能使数据透视表中的数据随时显示不同的级别。

STEP 1 添加字段

将“数据透视表字段”窗格中的“使用部门”字段拖动到行标签中，使行标签中出现两个字段。

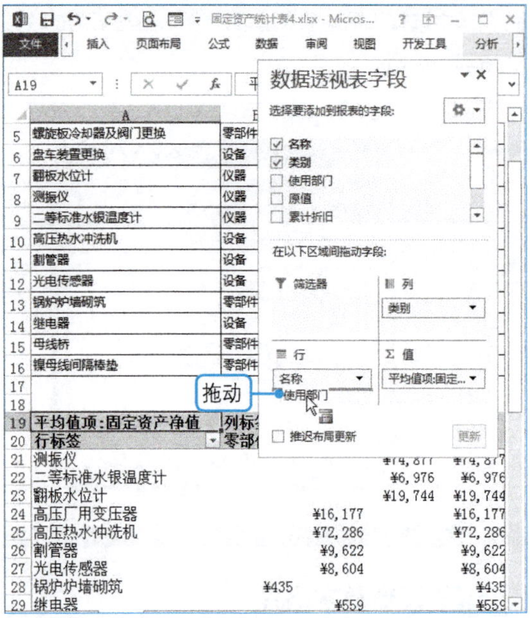

STEP 2 调整字段顺序

在行标签中拖动“使用部门”字段至“名称”字段上方，调整两个字段的放置顺序。

STEP 6 查看效果

返回“值字段设置”对话框后，单击“确定”按钮。此时数据透视表中的总计结果将由求和更改为求平均值。

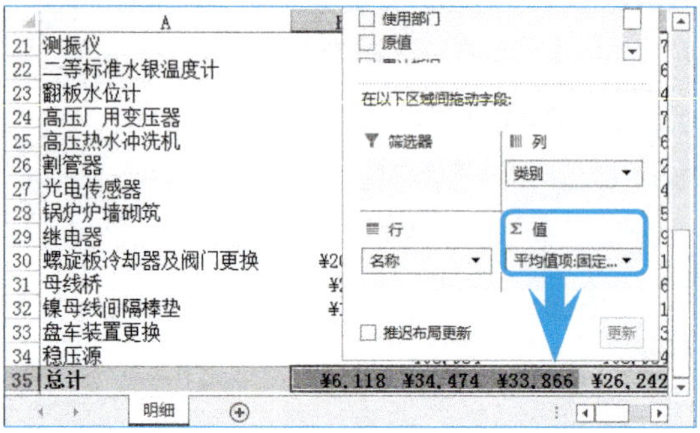

配套资源

操作视频演示

模板文件 \ 第 2 章 \ 固定资产统计表 4.xlsx

效果文件 \ 第 2 章 \ 固定资产统计表 4.xlsx

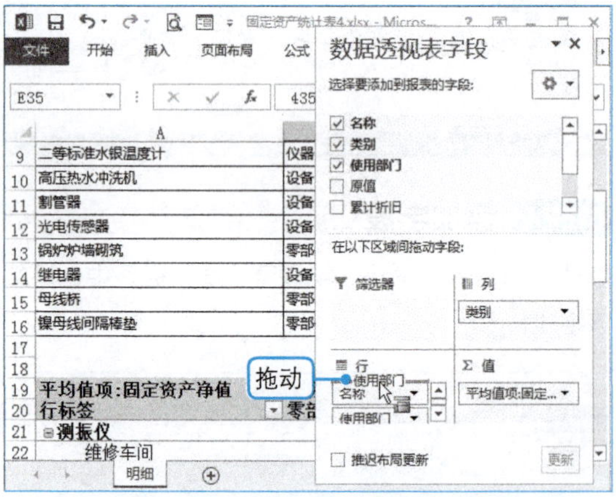

答疑解惑 ——字段放置顺序的不同对显示结果有什么影响?

字段在某个区域的放置顺序不同，直接决定数据透视表显示的结果。若“名称”字段在上，则“使用部门”字段的数据将作为“名称”字段的明细数据。反之，则“名称”字段的数据将作为“使用部门”字段的明细数据。

STEP 3 查看结果

此时数据透视表中将按 3 种不同类型，汇总出 3 个使用部门固定资产的净值和平均值的具体情况。

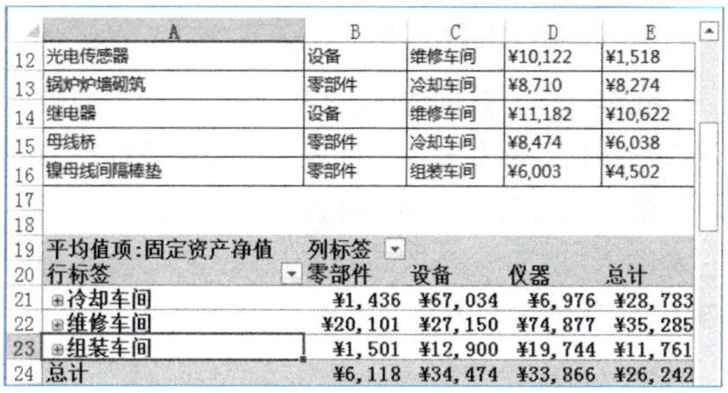

STEP 4 展开明细数据

在“活动字段”组中单击“展开字段”按钮，此时 3 个使用部门下的明细数据将在数据透视表中显示出来。

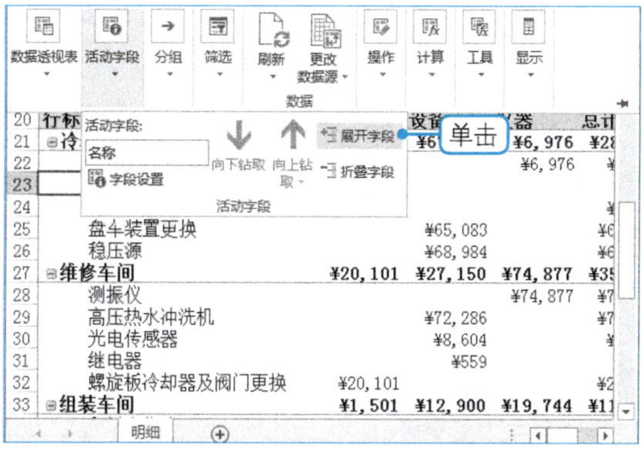

STEP 5 隐藏明细数据

继续在“活动字段”组中单击“折叠字段”按钮，此时显示的明细数据又隐藏起来了。

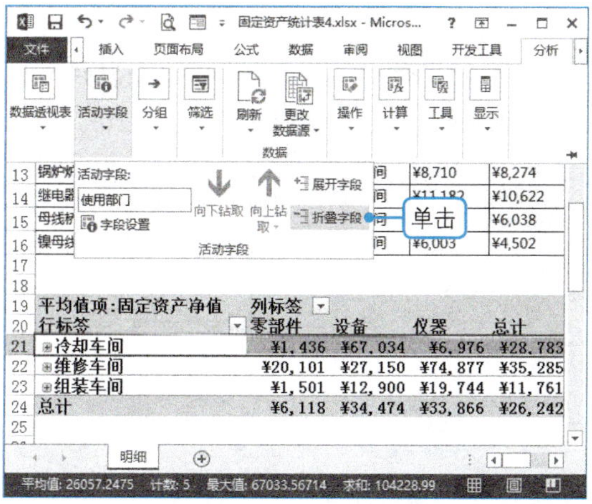

高手妙招——精确控制数据透视表中数据的显示级别

利用“展开字段”按钮或“折叠字段”按钮只能对所有数据结构进行统一调整，要想显示或隐藏部分数据，则可通过单击⊞按钮或⊟按钮实现，方法和效果与控制分类汇总显示级别中对应的按钮相同。

5. 排序数据透视表

数据透视表具备排序功能，可以通过对字段进行排序设置，使数据按照设置的顺序显示。下面以在数据透视表通过排序来更改数据显示顺序为例，介绍如何对数据透视表进行排序。

配套资源

操作视频演示

模板文件 \ 第 2 章 \ 固定资产统计表 5.xlsx

效果文件 \ 第 2 章 \ 固定资产统计表 5.xlsx

STEP 1 删除字段

在“数据透视表字段”窗格中将“使用部门”字段从“行”列表框中删除。

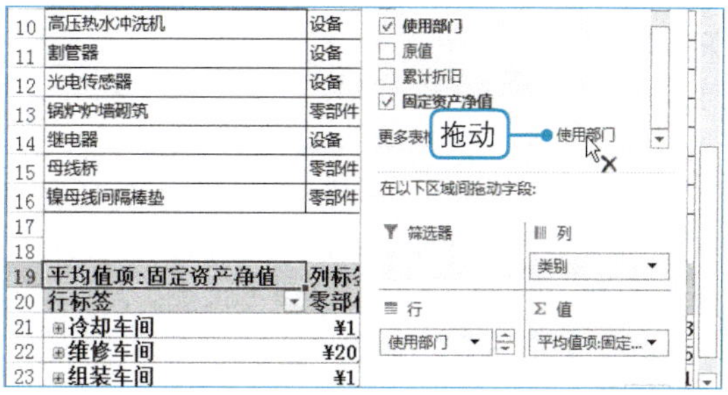

STEP 2 设置排序方式

❶单击“行标签”单元格右侧的下拉按钮；❷在弹出的下拉列表中选择“升序”选项。

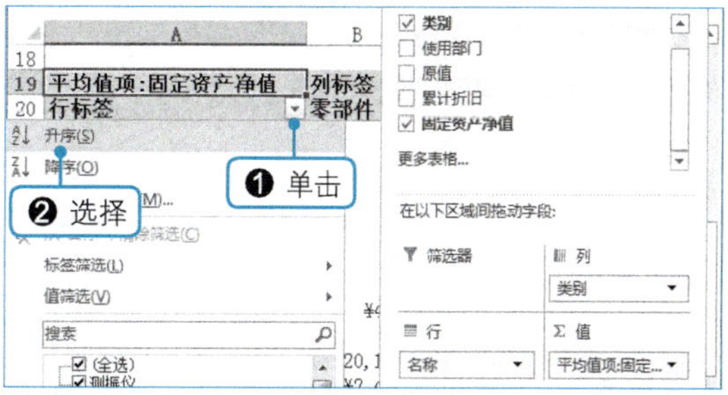

STEP 3 设置其他排序方式

❶此时数据透视表的数据记录将按照名称（拼音的

字母顺序）进行升序排序，再次单击“行标签”单元格右侧的下拉按钮；❷在弹出的下拉列表中选择“其他排序选项”命令。

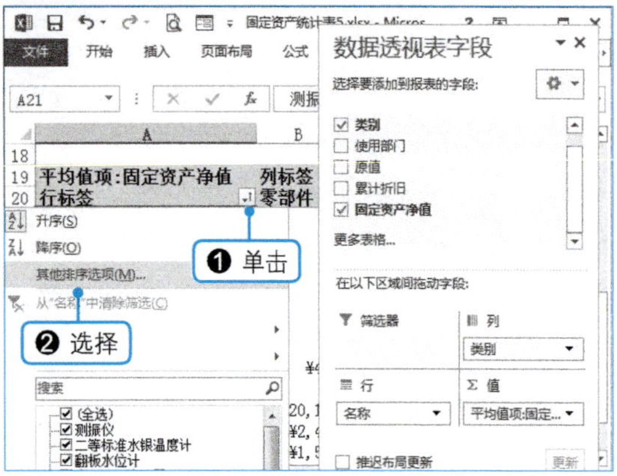

STEP 4 设置排序方式

❶打开“排序（名称）”对话框，选中“降序排序（Z 到 A）依据”单选项；❷在下方的下拉列表框中选择“平均值项：固定资产净值”选项；❸单击“确定”按钮。

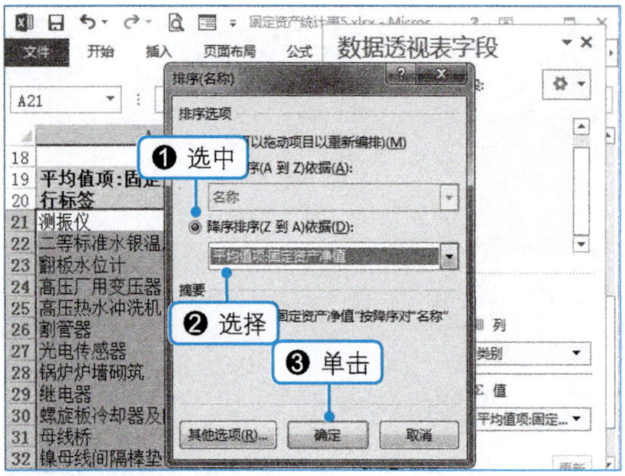

STEP 5 查看数据

此时数据透视表的数据记录将按照各固定资产净值的数值大小，由高到低进行排列。

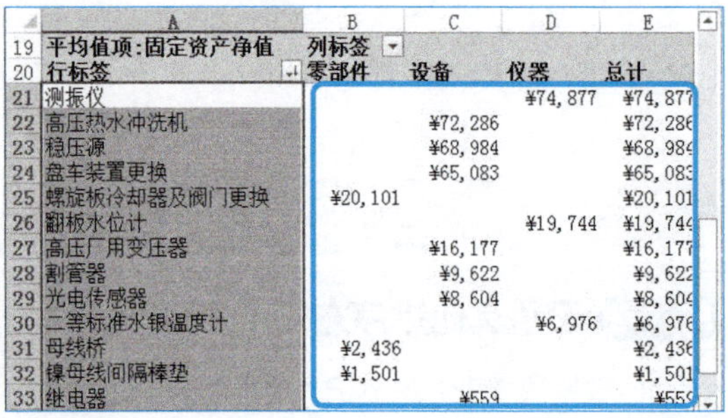

6. 筛选数据透视表

除排序外，数据透视表也能轻松实现各种数据筛选的操作。筛选数据透视表可以直接在标签中进行筛选，也可以通过添加筛选器进行筛选。下面以在数据透视表中使用这两种筛选方式来筛选数据为例，介绍如何筛选数据透视表。

配套资源

操作视频演示

模板文件 \ 第 2 章 \ 固定资产统计表 6.xlsx
效果文件 \ 第 2 章 \ 固定资产统计表 6.xlsx

STEP 1 添加字段

将“使用部门”字段添加到“数据透视表字段”窗格中的筛选器中。

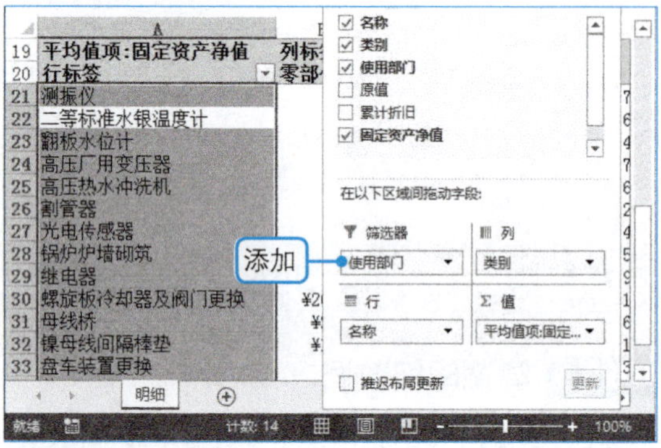

STEP 2 筛选部门

❶此时数据透视表左上方将出现添加的字段，单击该字段右侧的下拉按钮；❷在弹出的下拉列表中选择“组装车间”选项；❸单击“确定”按钮。

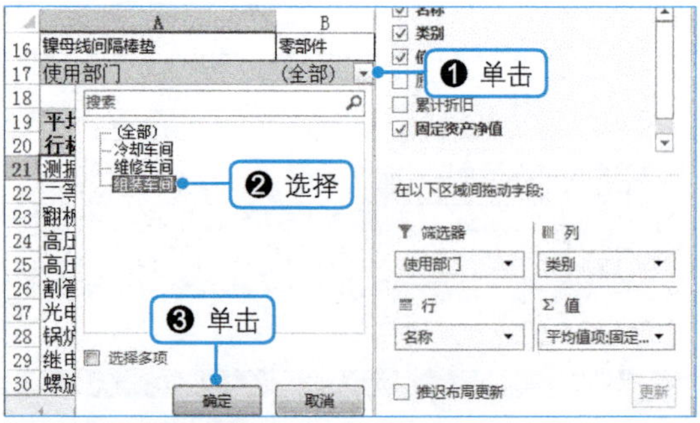

STEP 3 查看数据

此时数据透视表中将只会显示组装车间的固定资产净值数据。

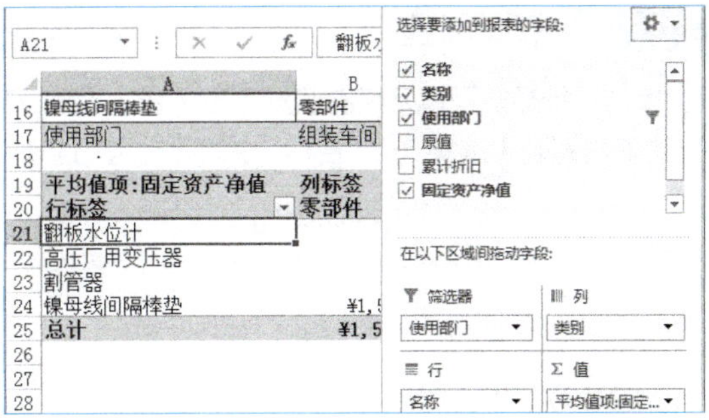

STEP 4 筛选多个部门

❶再次单击“使用部门”字段右侧的下拉按钮；❷在弹出的下拉列表中选中“选择多项”复选框；❸在上方选中“冷却车间”和“维修车间”复选框；❹单击“确定”按钮。

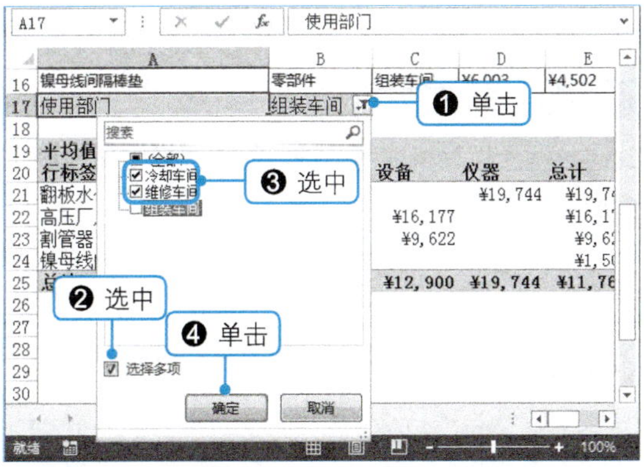

STEP 5 查看数据

此时数据透视表中将会显示冷却车间和维修车间的固定资产净值的相关数据。

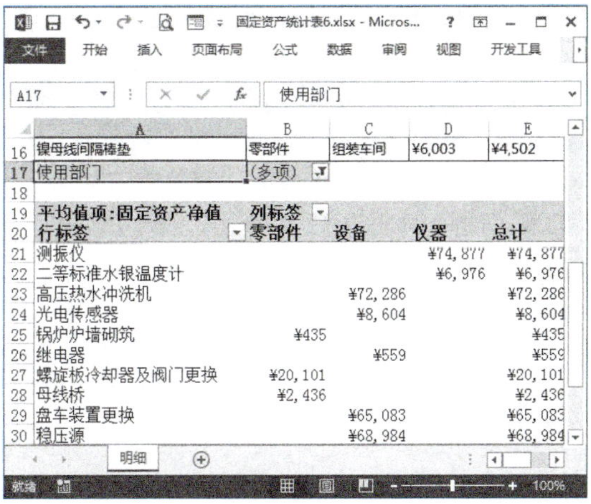

STEP 6 选择全部使用部门

❶单击“使用部门”字段右侧的下拉按钮；❷在弹出的下拉列表中选中“(全部)”复选框；❸单击“确定”按钮。

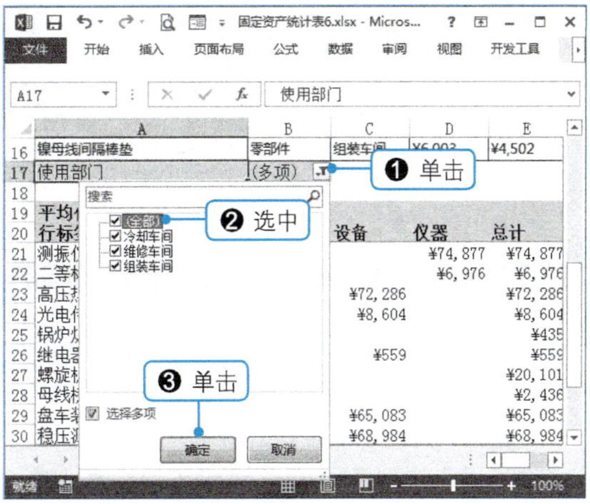

STEP 7 值筛选

❶此时数据透视表中将重新显示所有部门的固定资产净值数据。单击“行标签”单元格右侧的下拉按钮；❷在弹出的下拉列表中选择“值筛选”子菜单下的“介于”命令。

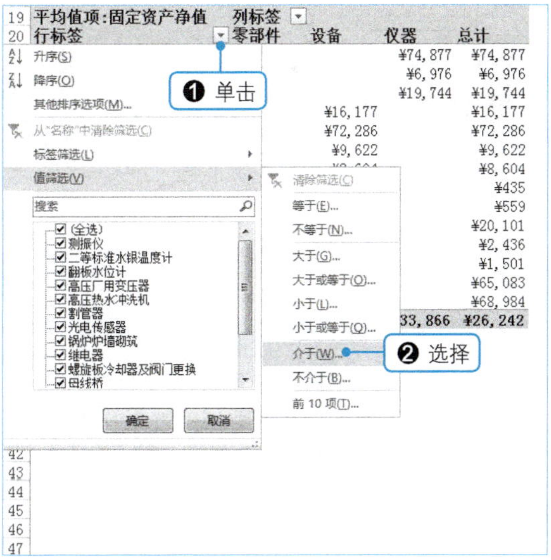

STEP 8 设置筛选范围

❶打开“值筛选（名称）”对话框，在右侧的两个文本框中分别输入“5000”和“50000”；❷单击“确定”按钮。

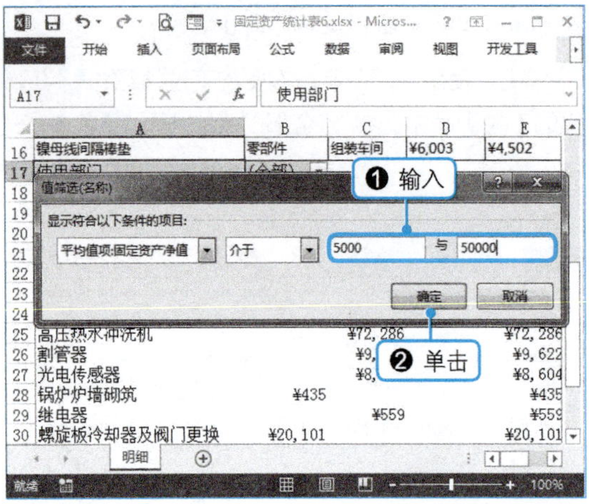

高手妙招——调整筛选条件

在打开的“值筛选（名称）”对话框中，可在第 1 个下拉列表框中选择筛选的目标值，并可在第 2 个下拉列表框中重新设置筛选条件。

STEP 9 查看数据

此时数据透视表中将仅显示净值在 5 000~50 000 元之间的固定资产数据情况。

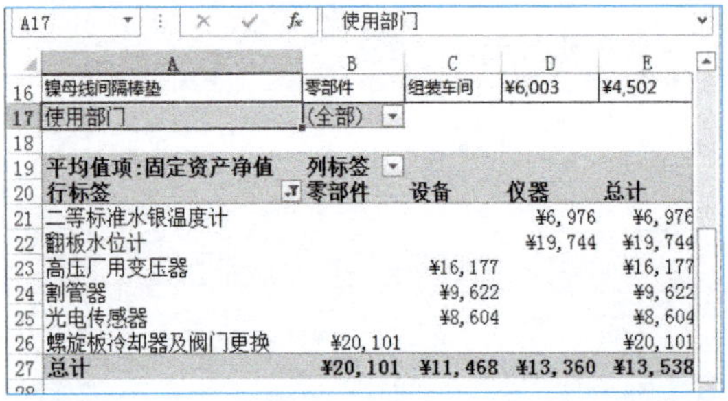

STEP 10 取消筛选

❶单击“行标签”单元格右侧的下拉按钮；❷在弹出的下拉列表中选择“从‘名称’中清除筛选”选项。

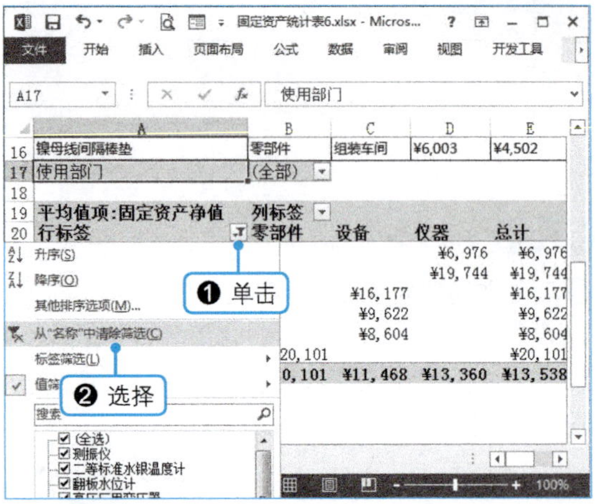

STEP 11 查看数据

此时数据透视表将取消筛选，重新显示出所有固定资产的净值数据。

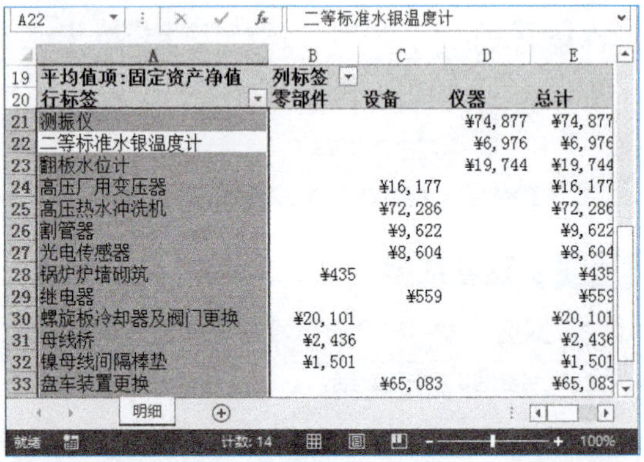

高手妙招——使用切片器筛选数据透视表

为了更方便地实现对数据透视表的筛选操作，Excel 提供了“切片器”的功能，其具体的操作：选中数据透视表中的某个单元格，然后在【数据透视表工具 分析】/【筛选】组中单击“插入切片器”按钮，即可打开“插入切片器”对话框，然后在此对话框中选择需要的切片器（与字段一一对应），单击“确定”按钮后即可将筛选后的结果显示在表格中。

2.5 数据展示——图表

所谓“字不如表，表不如图”，即在数据的显示方式中，图更能生动形象地反映相关信息，表格次之，而文字叙述再次之。Excel 中的图表是指通过各种直观的图形来显示数据情况，在 Excel 中可以轻松实现图表的创建、编辑、美化等操作，最终得到需要的数据展示结果。

2.5.1 图表的结构

Excel 提供有许多类型的图表，如柱形图、条形图、饼图、折线图等，不同类型的图表有不同的结构。但总体来看，图表标题、绘图区、数据系列、图例、坐标轴等构成了图表的基本元素。下面以最常见的柱形图为例，介绍图表结构中各元素的作用。

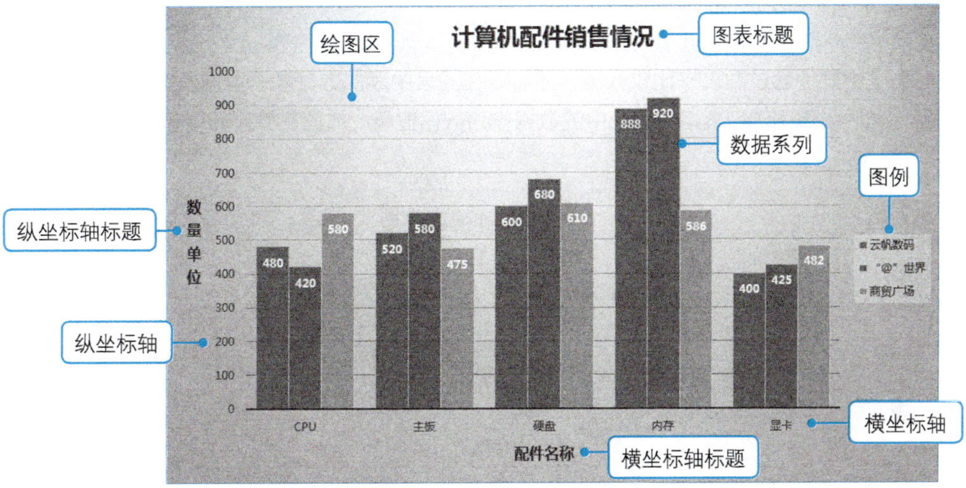

1. 图表标题

图表标题即图表名称，一般用来说明图表所反映的数据，如果数据显示的内容可从其他元素中明确获知的，则可以省略此元素。

2. 绘图区

绘图区是图表中最重要的部分之一，工作表中的数据都将按设定好的图表类型显示在绘图区中。绘图区包含除图表标题以外的所有元素。

3. 数据系列

图表中的图形部分就是数据系列，它将工作表行或列中的数据图形化显示。数据系列中每一种图形对应一组数据，且呈现统一的颜色或图案，在横坐标轴上每一个分类都对应着一个或多个数据，并以此构成数据系列。

4. 图例

图例往往以矩形框的形式出现在图表右侧、下方或上方，其主要作用在于显示该数据系列的名称或分类以及对应的颜色。

5. 坐标轴

坐标轴包括横坐标轴和纵坐标轴两种。

- **横坐标轴：** 指图表中水平方向的 X 轴，它用来表示图表中需要比较的各个对象。默认情况下，横坐标轴上的刻度代表数据类型。

- **纵坐标轴：** 指图表中垂直方向的 Y 轴，它是根据工作表中数据的大小来定义数据的单位长度，并表示数值大小的坐标轴。默认情况下，纵坐标轴上的刻度范围介于数据系列中的所有数据最大值和最小值之间。

6. 轴标题

创建图表时为了使图表表示的内容更加清晰，除了为图表添加图表标题外，还可以为坐标轴添加标题，由于坐标轴分为横坐标轴和纵坐标轴，因此轴标题也分为横坐标轴标题和纵坐标轴标题。

知识补充 ——图表中的数据表

有时为了更好地通过图表来比较数据，还可以在图表中添加数据表。数据表会将横坐标轴作为表格的项目，然后引用图例和表格数据源中的数据作为数据记录，放置在横坐标轴标题上方。

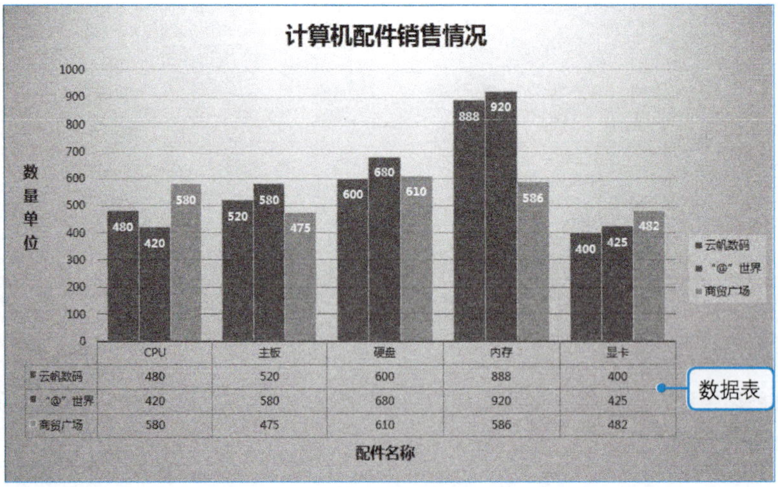

2.5.2 创建图表

创建图表不仅包括利用表格数据插入某个类型的图表，还包括创建图表后对图表数据进行修改、调整图表大小和位置、更改图表类型等相关操作。

1. 插入图表

Excel 将插入图表的操作作了极度的简化，用户只需要选择表格数据源和图表类型，就能快速完成图表的插入操作。下面以插入一个二维柱形图为例，介绍如何插入图表。

配套资源

操作视频演示

模板文件 \ 第 2 章 \ 销售分析图表 1.xlsx
效果文件 \ 第 2 章 \ 销售分析图表 1.xlsx

STEP 1 选择图表类型

❶选中 A2:F12 单元格区域；❷在【插入】/【图表】组中单击“插入柱形图”按钮；在弹出的下拉列表的“二维柱形图”栏中选择“簇状柱形图”选项。

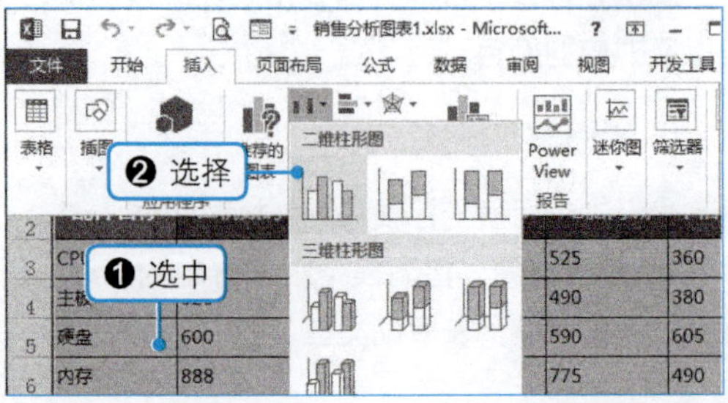

STEP 2 输入图表标题

❶插入图表后，选择图表标题文本框中默认的文本；❷输入图表标题“计算机配件销售情况”。

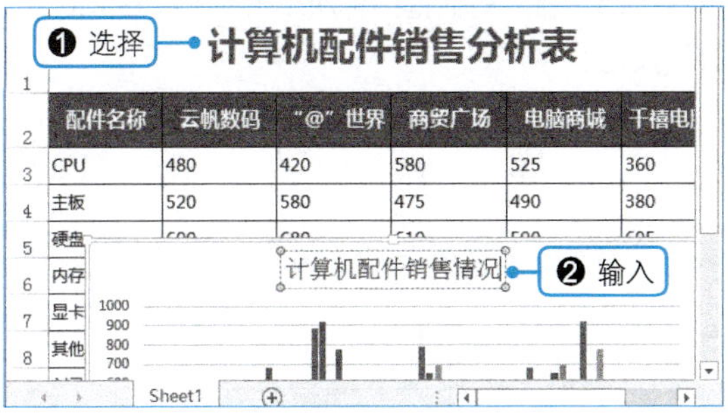

STEP 3 查看图表效果

完成图表的插入操作，效果如下。

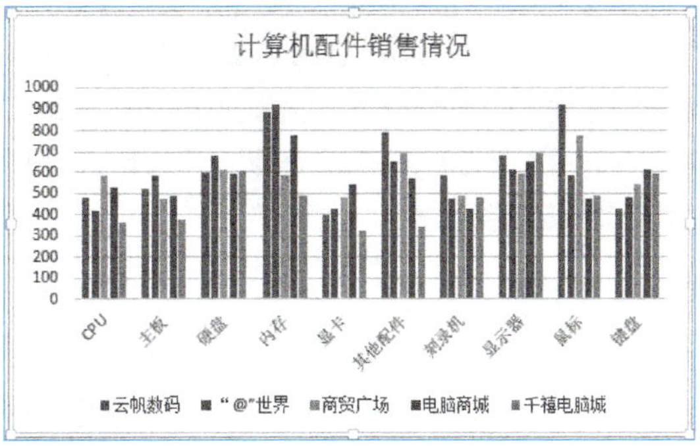

高手妙招 ——利用“快速分析”按钮插入图表

选中单元格区域后，所选区域右下角会显示“快速分析”按钮，单击该按钮，在弹出的列表中单击“图表”选项卡，便可在其中选择一种图表类型，实现图表的快速创建。

2. 调整图表的位置和大小

Excel 默认创建的图表，其位置和大小可能都不利于数据展示，因此需要在插入图表后对图表的位置和大小进行适当调整。

配套资源

操作视频演示

模板文件 \ 第 2 章 \ 销售分析图表 2.xlsx
效果文件 \ 第 2 章 \ 销售分析图表 2.xlsx

STEP 1 调整图表大小

将鼠标指针移至图表右侧的控制点上，按住鼠标左键不放，拖动鼠标调整图表的大小。

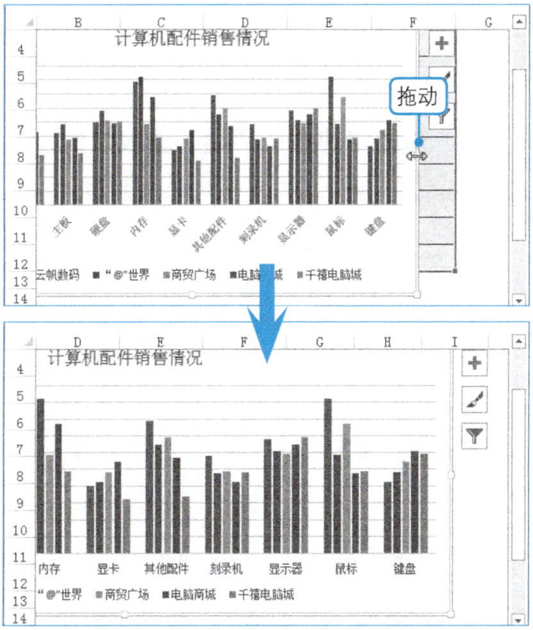

STEP 2 调整图表位置

将鼠标指针移动到图表区的空白位置，待鼠标指针变为十字箭头形状时，按住鼠标左键不放，拖动鼠标移动图表位置，将图表调整到表格的下方。

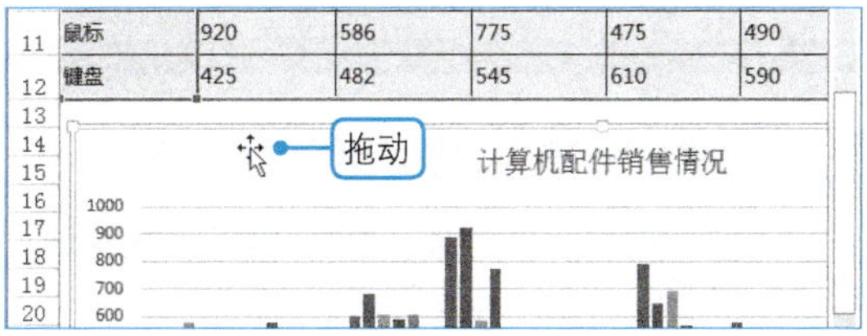

答疑解惑 ——随意拖动图表会不会使图表变形?

选择图表后，拖动图表周围的控制点便可轻松调整图表大小。但拖动图表操作与缩放图片、形状等操作不同。缩放图表不会导致图表变形，因为图表会自动根据所在位置的大小范围同步进行布局分配，使图表中的每个组成部分可以更好地适应当前的尺寸。

3. 重新选择图表数据源

图表是依据数据表创建的，若创建图表时选择的数据区域有误，那么在创建图表后，可以重新选择图表数据源。当然，也可以根据需要重新定义图表的数据源区域，从而得到不同的图表显示结果。下面以在工作表中重新为图表指定数据源为例，介绍如何重新选择图表数据源。

配套资源

操作视频演示

模板文件 \ 第 2 章 \ 销售分析图表 3.xlsx

效果文件 \ 第 2 章 \ 销售分析图表 3.xlsx

STEP 1 选择数据

❶在工作表中选中图表；❷在【图表工具 设计】/【数据】组中单击“选择数据”按钮。

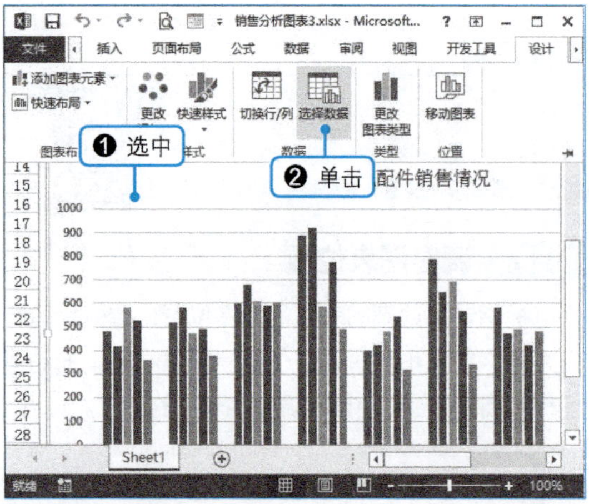

STEP 2 打开“选择数据源”对话框

打开“选择数据源”对话框，单击“图表数据区域”文本框右侧的“折叠”按钮。

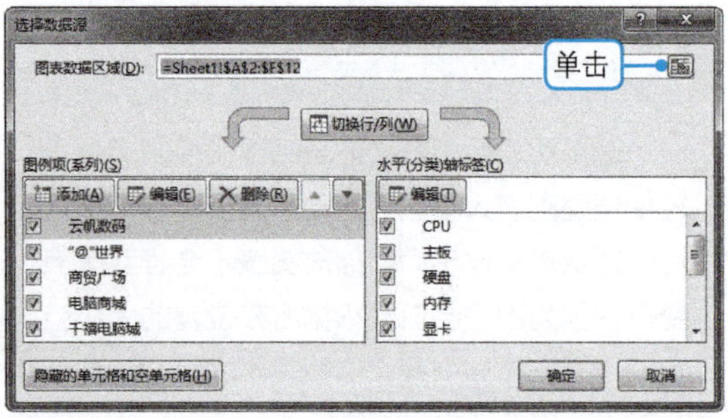

STEP 3 重新选择数据区域

❶在工作表中通过拖动鼠标指针选择 A2:E12 单元格区域，重新指定图表需要的数据源；❷在折叠后的“选择数据源”对话框中再次单击文本框右侧的“展开”按钮。

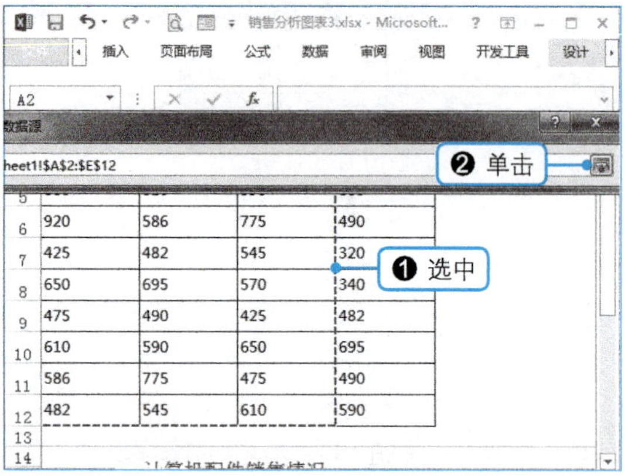

STEP 4 完成图表数据的修改

展开“选择数据源”对话框后，单击“确定”按钮，即可完成对图表数据的修改。

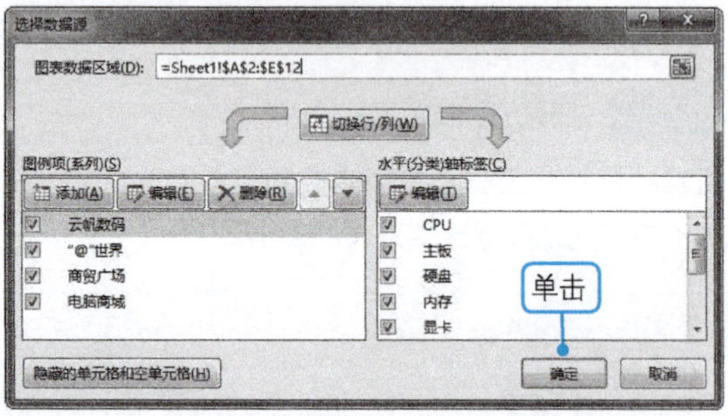

STEP 5 查看修改数据源后的图表效果

返回 Excel 工作界面，即可看到修改了数据源的图表。

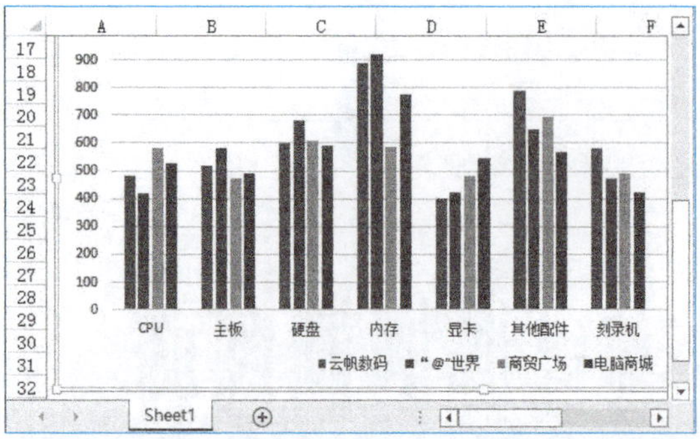

知识补充 ——图例与坐标轴的选择

在“选择数据源”对话框中，左侧列表框中的选项代表图例对象，即图表上将要显示的一组数据系列。选择某个选项后单击上方的“编辑”按钮，可重新指定该系列对应的数据区域。“选择数据源”对话框右侧的选项代表所选图例对应的坐标轴名称，同样可通过单击上方的“编辑”按钮重新进行设置。

高手妙招 ——快速修改图表数据

单击图表，会在右侧显示出“图表筛选器”按钮，单击该按钮即可将展开图表的数据序列选项；取消选中某系列或类别对应的复选框后，单击“应用”按钮，可在图表中删除该序列的数据。该操作与重新指定图表的数据源操作的效果一致。

4. 交换图表的行和列

数据源的行和列不同，将导致图表的数据展示结果完全不同。适当对图表中的行和列进行交换，有助于对比查看不同的显示效果哪种更能满足需要。需要注意的是，对图表的行列进行交换，并不会影响数据源的行和列。

配套资源

操作视频演示

光盘：模板文件 \ 第 2 章 \ 销售分析图表 4.xlsx
光盘：效果文件 \ 第 2 章 \ 销售分析图表 4.xlsx

STEP 1 选择数据

❶在工作表中选中图表；❷单击右侧的“图表筛选器”按钮；❸在弹出的下拉列表中单击“选择数据”超链接。

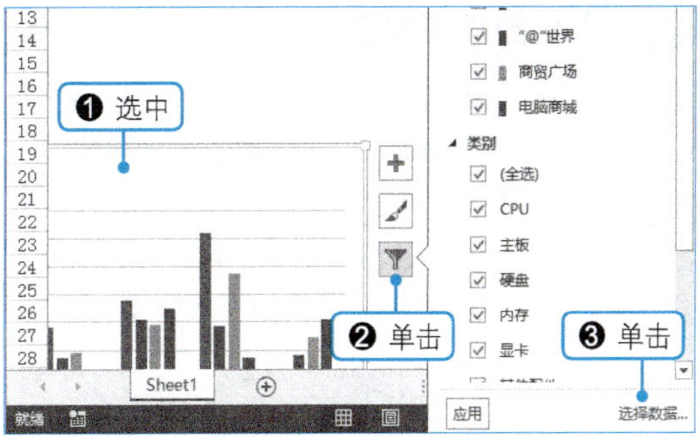

STEP 2 切换行和列

❶打开“选择数据源”对话框，单击“切换行 / 列”按钮，左右两个列表框中的内容将交换位置；❷单击“确定”按钮。

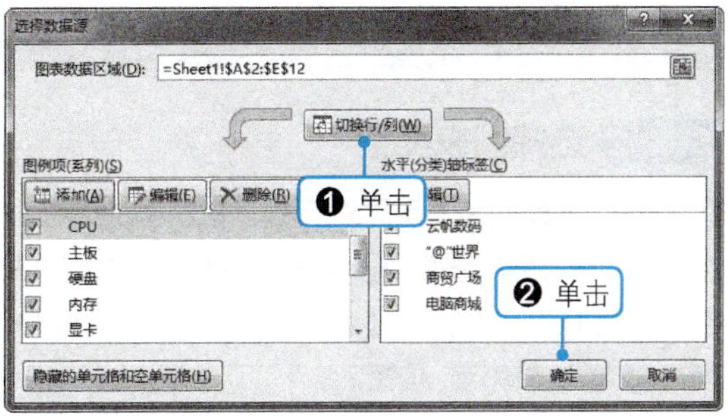

STEP 3 查看切换行列的效果

返回 Excel 工作界面，即可看到图表中的数据序列发生了变化。

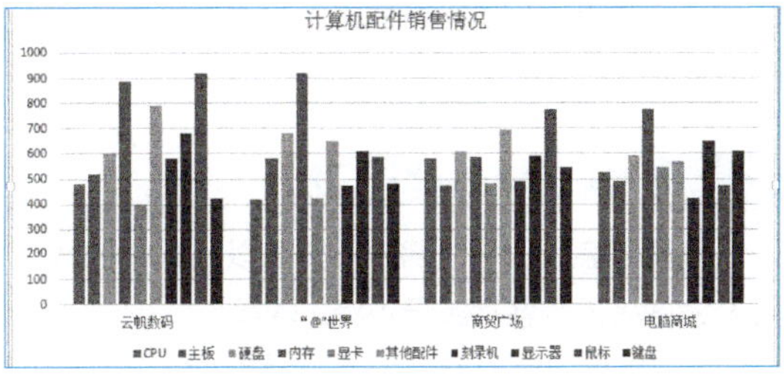

5. 更改图表类型

有时由于选择了不适当的图表类型，导致无法直观地展现数据的特点，此时可以通过调整图表类型来修正数据展示的效果。

配套资源

操作视频演示

模板文件 \ 第 2 章 \ 销售分析图表 5.xlsx
效果文件 \ 第 2 章 \ 销售分析图表 5.xlsx

STEP 1 更改图表类型

❶在工作表中单击插入的图表；❷在【图表工具 设计】/【类型】组中单击“更改图表类型”按钮。

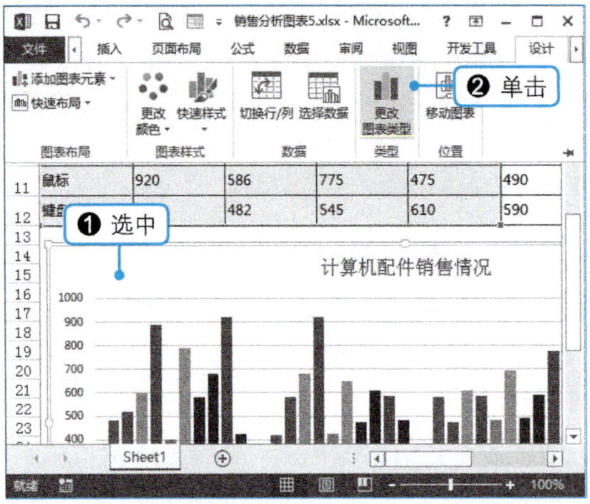

STEP 2 选择图表类型

❶打开“更改图表类型”对话框，在左侧的列表框中选择“柱形图”选项；❷在右侧的窗格中选择“三维簇状柱形图”选项；❸选择下方右侧的缩略图选项；❹单击“确定”按钮。

答疑解惑——为什么每个特定的图表类型下方有两个缩略图?

选择某个特定的图表类型后，下方将显示对应的缩略图效果。有两个缩略图是因为行、列顺序的交换可以产生两种数据展示效果。

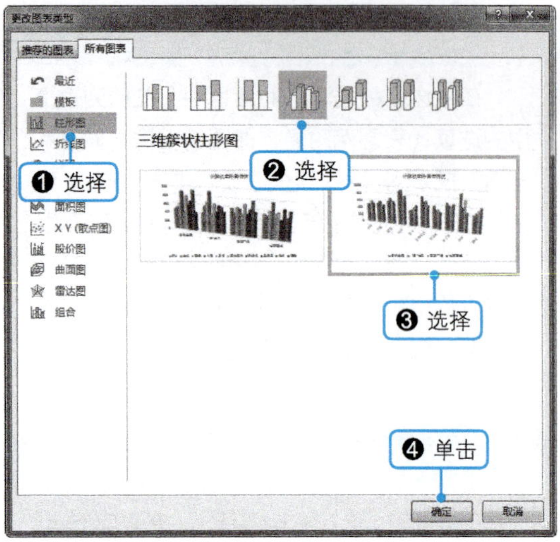

STEP 3 查看效果

返回 Excel 工作界面，即可看到图表从簇状柱形图变成了三维簇状柱形图。

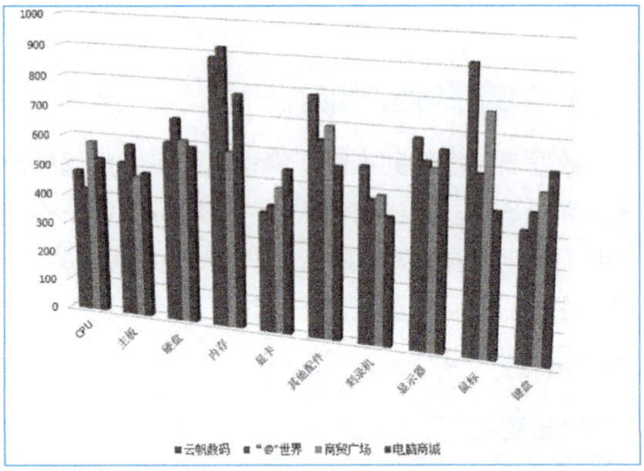

2.5.3 编辑与美化图表

创建图表后，往往需要对图表以及其中的数据或元素进行编辑修改，使图表更符合用户的要求，这就涉及对图表进行各种编辑和美化的操作。

1. 快速调整图表布局

Excel 预设了许多图表布局样式，如果对图表的布局没有特殊要求，便可利用这些已有的布局样式快速设置图表。其方法为：选中图表，在【图表工具 设计】/【图表布局】组中单击“快速布局”按钮，在弹出的下拉列表中选择某个布局选项即可。

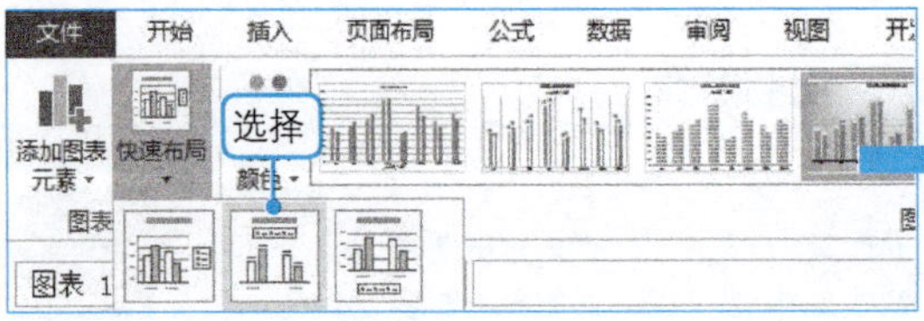

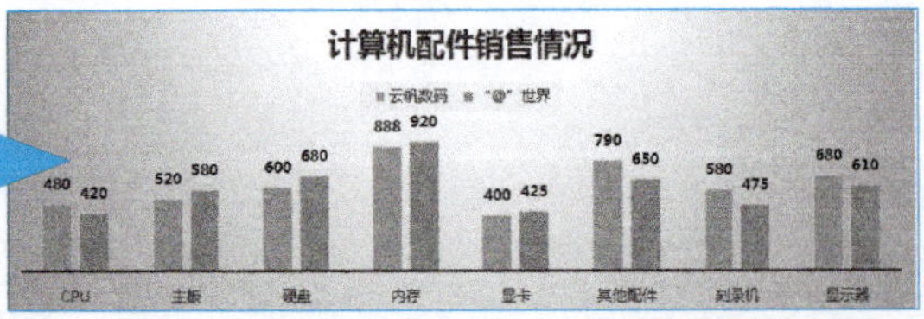

2. 设置图表颜色和样式

对图表的外观格式无特殊要求时，同样可以快速为图表应用 Excel 预设的各种颜色和样式选项。其方法为：选中图表，在【图表工具 设计】/【图表样式】组中单击“更改颜色”按钮，在弹出的下拉列表中选择某个颜色选项即可更改颜色；若在【图表工具 设计】/【图表样式】组的下拉列表框中选择某个样式选项，则可为图表快速应用对应的样式。

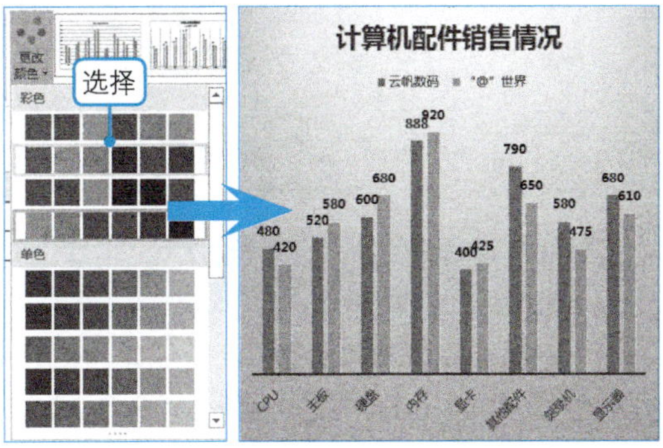

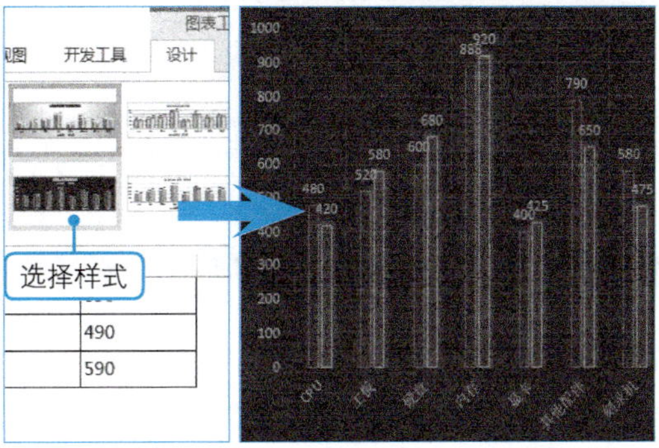

3. 添加或删除图表元素

创建的图表不是一定要运用所有的元素种类，用户根据实际需要有选择地展示某些元素即可。下面介绍如何添加和删除图表中的元素。

配套资源

操作视频演示

模板文件 \ 第 2 章 \ 档案管理表 1.xlsx
效果文件 \ 第 2 章 \ 档案管理表 1.xlsx

STEP 1 删除图表标题

❶选中图表；❷在【图表工具 设计】/【图表布局】组中单击“添加图表元素”按钮，在弹出的下拉列表中选择“图表标题”级联菜单下的“无”选项。

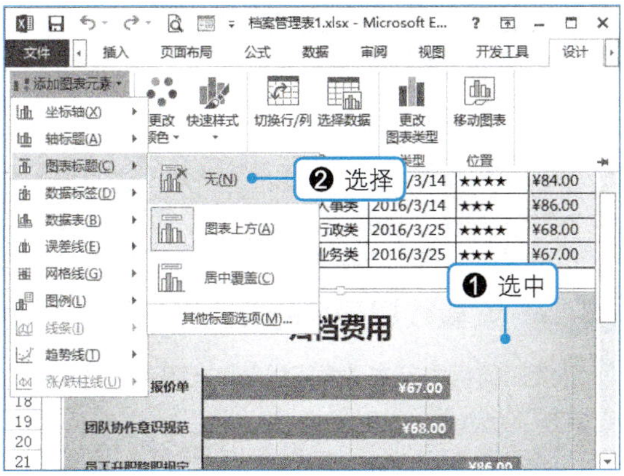

高手妙招——快速删除图表元素

在图表中选中某个元素后，按【Delete】键可直接将其删除。

STEP 2 添加横坐标轴

重新单击“添加图表元素”按钮，在弹出的下拉列表中选择“轴标题”级联菜单下的“主要横坐标轴”选项。

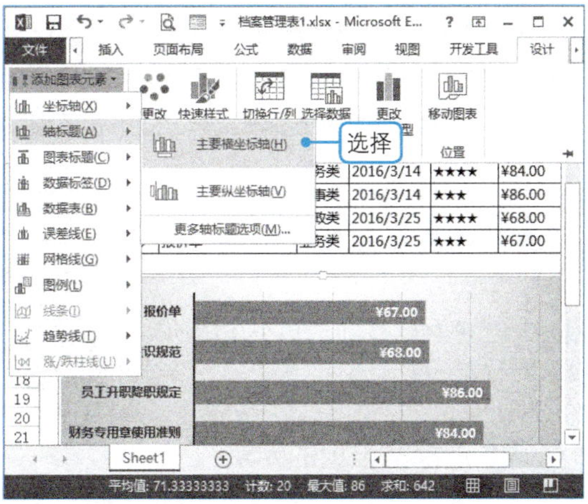

STEP 3 添加纵坐标轴

再次单击“添加图表元素”按钮，在弹出的下拉列表中选择“轴标题”级联菜单下的“主要纵坐标轴”选项。

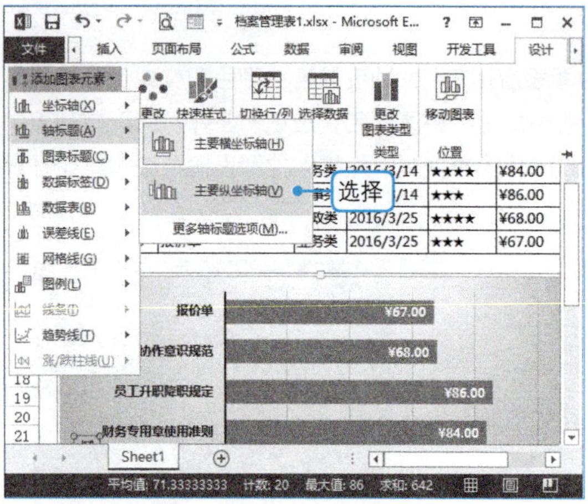

STEP 4 命名轴标题

分别将添加的横坐标轴和纵坐标轴的标题重新命名。

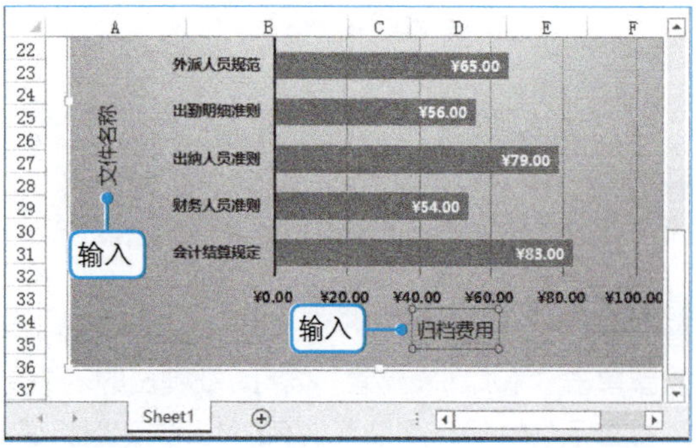

4. 设置图表元素

图表元素不同，其属性特点也就不同，因此设置各元素的内容参数也会不同。下面以图表中的数据系列、数据标签和横坐标轴为例，介绍如何设置图表元素。

配套资源

操作视频演示

模板文件 \ 第 2 章 \ 档案管理表 2.xlsx
效果文件 \ 第 2 章 \ 档案管理表 2.xlsx

STEP 1 选择需设置的元素

❶选中图表，在【图表工具 格式】/【当前所选内容】组的下拉列表中选择数据系列对应的选项；❷单击“设置所选内容格式”按钮。

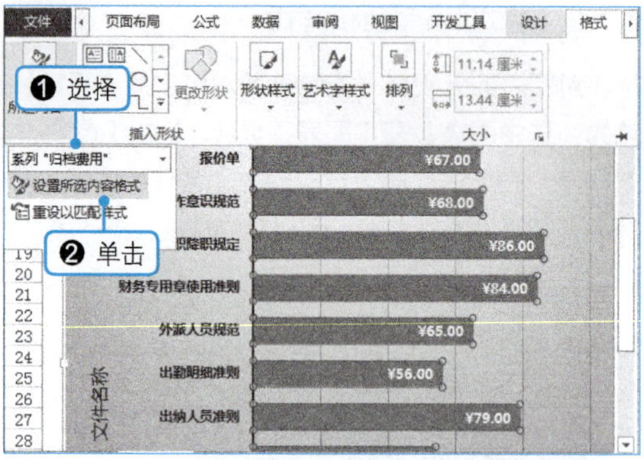

高手妙招——利用鼠标右键设置图表元素

在某个图表元素上单击鼠标右键，在弹出的快捷菜单中选择对应的设置格式命令，如在坐标轴上单击鼠标右键，在弹出的快捷菜单中选择“设置坐标轴格式”命令，即可实现对元素的设置。

STEP 2 设置数据类型形状的宽度

打开“设置数据系列格式”窗格，在“分类间距”数值框中将数值设置为“30%”。

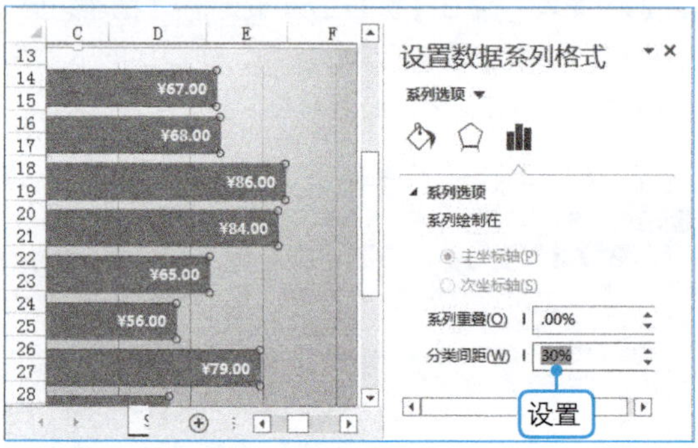

STEP 3 设置数据系列的填充颜色

❶继续在窗格中单击“填充线条”按钮；❷选中“渐变填充”单选项。

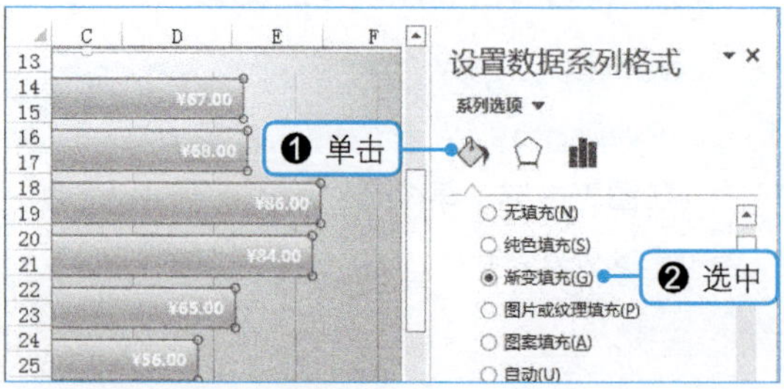

STEP 4 设置渐变填充效果

单击“预设渐变”按钮，在弹出的下拉列表中选择第 1 列第 4 个选项。

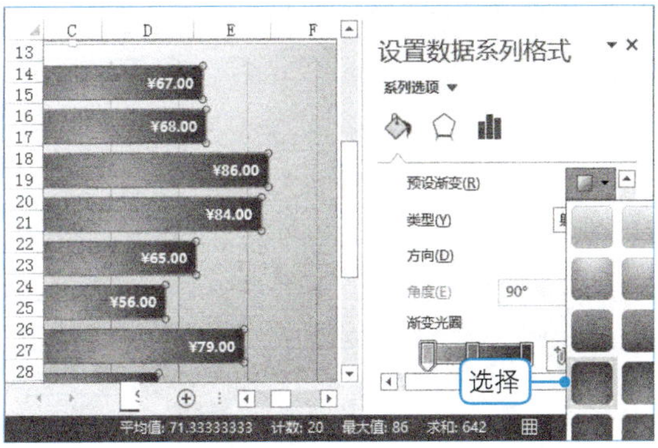

STEP 5 设置数据标签

在【图表工具 格式】/【当前所选内容】组的下拉列表中选择数据标签对应的选项。

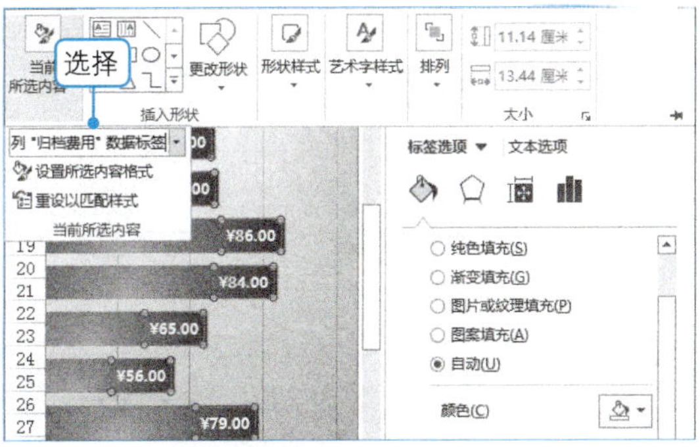

STEP 6 设置文本格式

❶在窗格中单击“文本选项”选项卡；❷展开“文本填充”栏，单击其下方的“颜色”按钮，在弹出的下拉列表中选择“深蓝”选项。

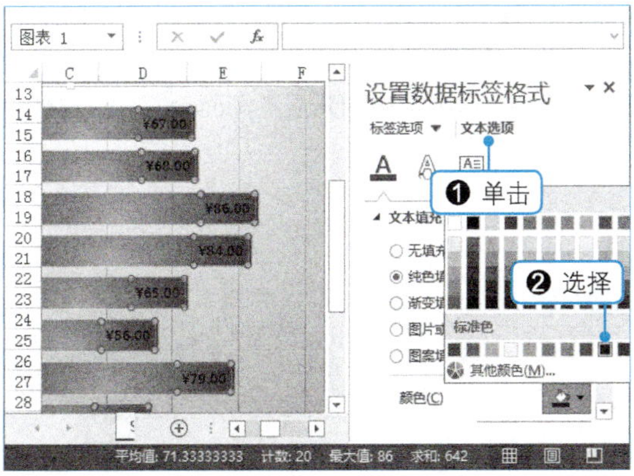

STEP 7 设置数据标签的显示位置

❶单击“标签选项”选项卡；❷在“标签位置”栏中选中“数据标签外”单选项。

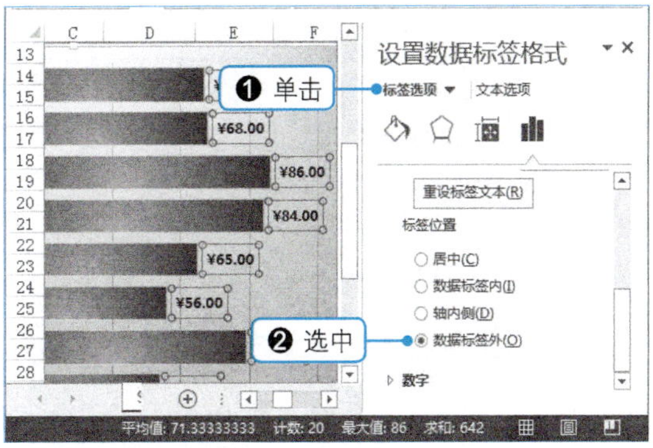

STEP 8 设置数据类型

❶展开下方的“数字”栏，在“类别”下拉列表框中选择“货币”选项；❷将“小数位数”设置为“0”。

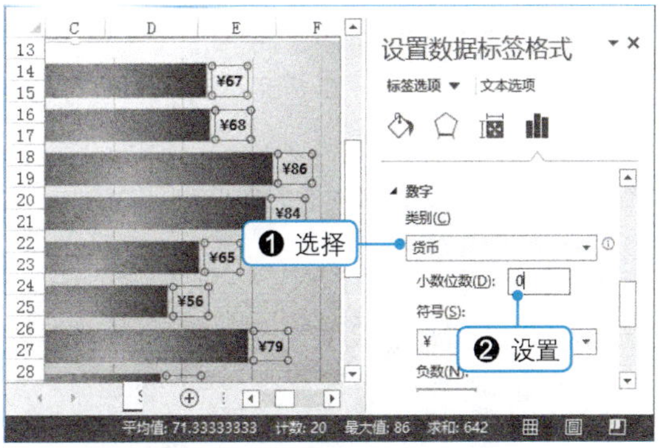

STEP 9 设置横坐标轴

在【图表工具 格式】/【当前所选内容】组的下拉列表中选择横坐标轴（即水平轴）对应的选项。

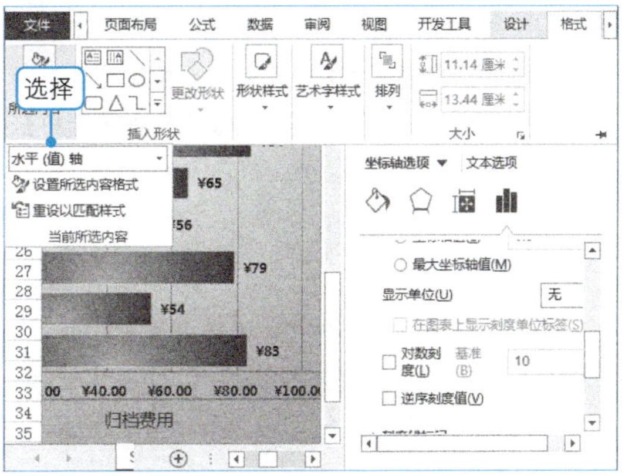

STEP 10 设置坐标轴刻度

❶在窗格中将坐标轴刻度的最小值和最大值分别设置为“0.0”和“90.0”；❷将主要刻度单位设置为“30.0”。

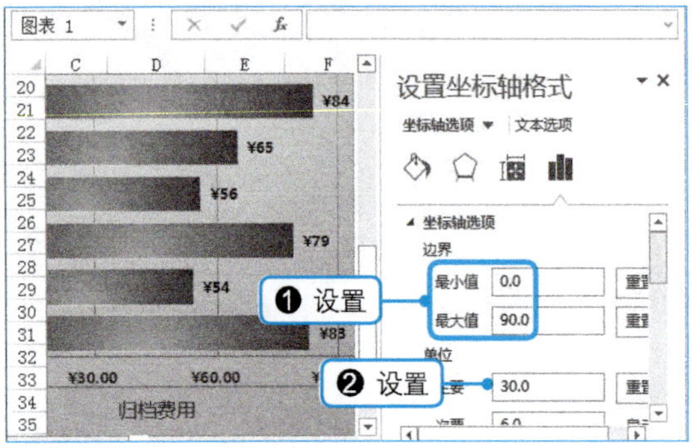

STEP 11 设置数据类型

❶展开下方的“数字”栏，在“类别”下拉列表框中选择“货币”选项；❷将“小数位数”设置为“0”。

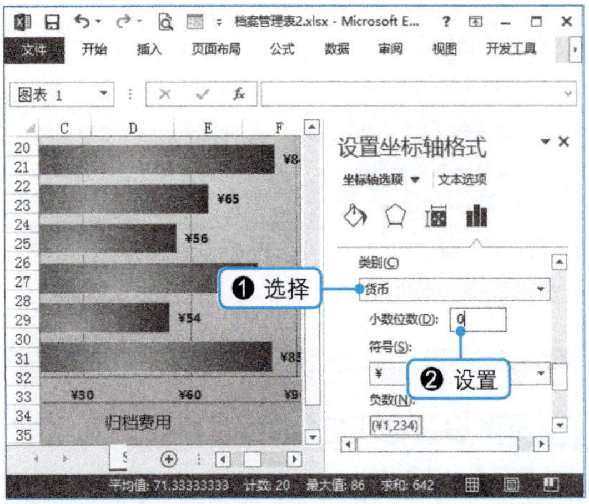

STEP 12 设置文本格式

❶在窗格中单击“文本选项”选项卡；❷展开“文本填充”栏，单击其下方的“颜色”按钮，在弹出的下拉列表中选择“深蓝”选项。

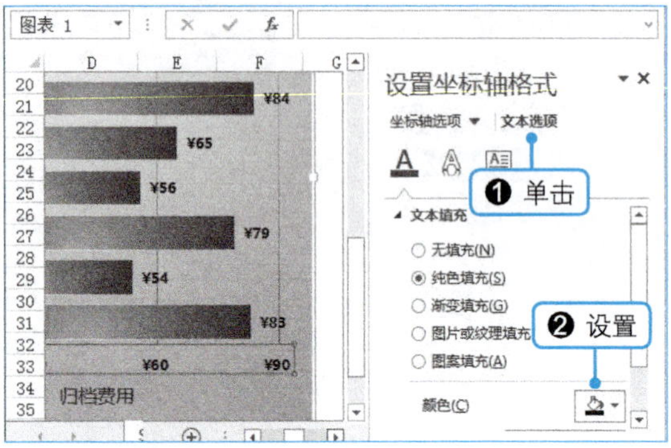

STEP 13 查看结果

完成对数据系列、数据标签和坐标轴刻度的设置后，效果如下。

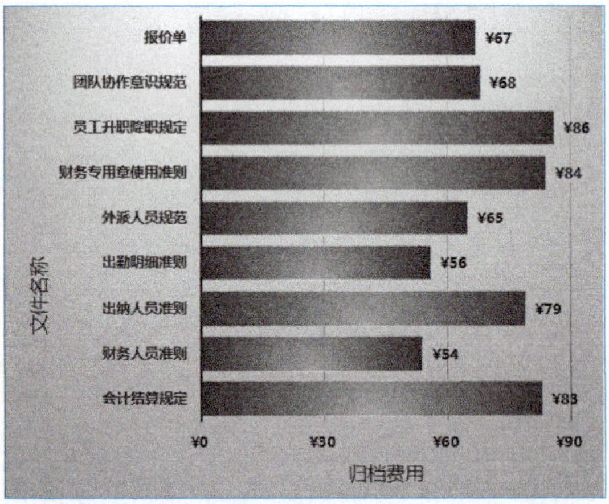

答疑解惑 ——设置图表元素格式的窗格是否应该关闭?

当需要设置某个图表元素时，相应地会打开设置该元素格式的窗格。设置完成后，如果还需要设置其他元素，那么不需要关闭窗格后再重新打开，窗格内的参数会随选择的元素不同而不同。只要窗格没有影响界面操作，那么就无需关闭它。

5. 添加趋势线

趋势线是以图形的方式表示数据系列的变化趋势并对以后的数据进行预测。如果在实际工作中需要利用图表进行回归分析，可以在图表中添加趋势线。

配套资源

模板文件 \ 第 2 章 \ 档案管理表 3.xlsx
效果文件 \ 第 2 章 \ 档案管理表 3.xlsx

操作视频演示

STEP 1 添加趋势线

❶选中图表；❷在【图表工具 设计】/【图表布局】组中单击“添加图表元素”按钮，在弹出的下拉列表中选择“趋势线”级联菜单下的“线性”选项。

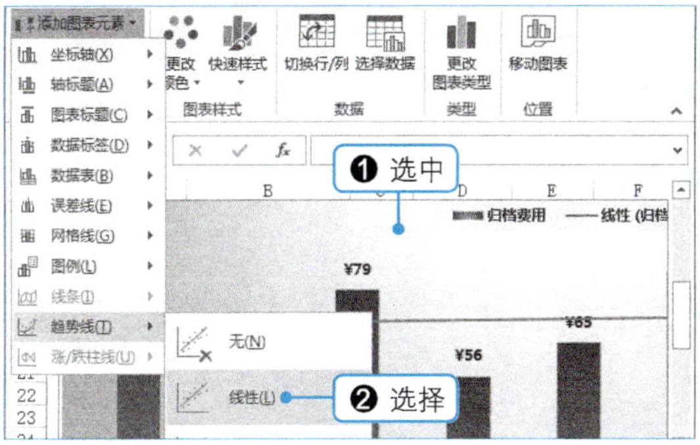

STEP 2 设置趋势线公式

在【图表工具 格式】/【当前所选内容】组中单击“设置所选内容格式”按钮。

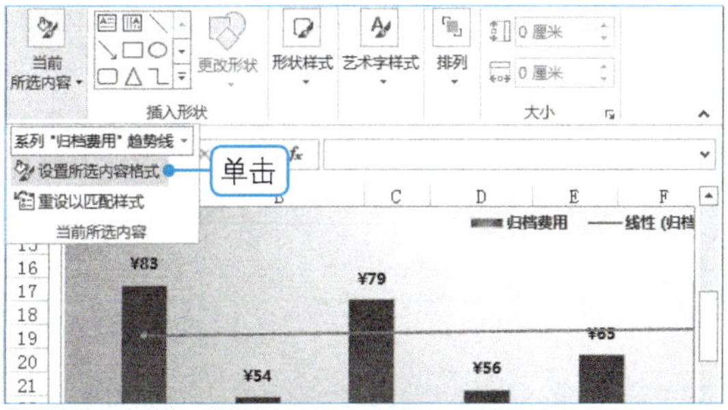

STEP 3 显示公式和 R 平方值

在打开的设置格式的窗格下方分别选中“显示公式”和“显示 R 平方值”复选框。

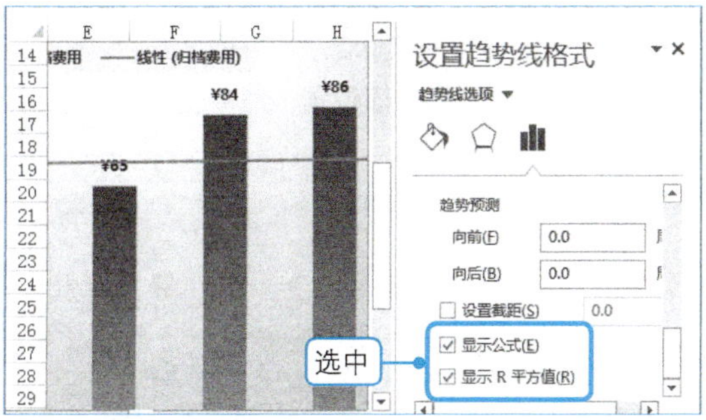

STEP 4 设置趋势线颜色

❶单击“填充线条”按钮；❷选中“实线”单选项；❸单击“颜色”按钮，在弹出的下拉列表中选择“橙色”选项。

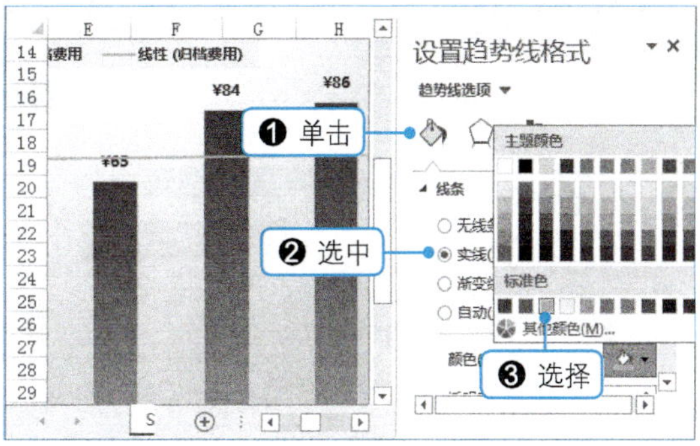

STEP 5 移动公式和 *R* 平方值的位置

选中趋势线上的格式和 *R* 平方值对象，将其拖动到趋势线附近的空白区域，以便查看。

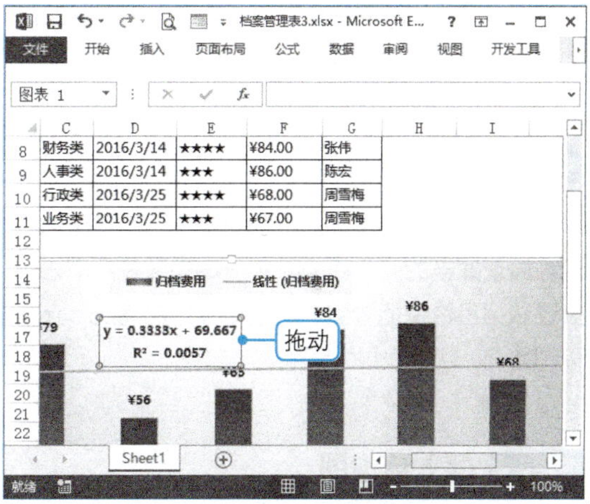

答疑解惑——趋势线公式和 *R* 平方值是什么？

趋势线是通过回归分析等数据模型计算而来的，其计算公式和 R^2 等参数，都是回归分析时建立的计算模型。不同企业进行趋势分析时，应根据自身情况建立回归分析模型，使趋势线对数据的分析更为准确。

6. 添加误差线

误差线通常用于统计或分析数据，显示潜在的误差或相对于系列中每个数据标志的不确定程度。添加误差线的方法与添加趋势线的方法类似，具体为：选中图表，在【图表工具 设计】/【图表布局】组中单击“添加图表元素”按钮，在弹出的下拉列表中选择“误差线”选项，然后在弹出的子列表中选择某种类型的误差线即可。

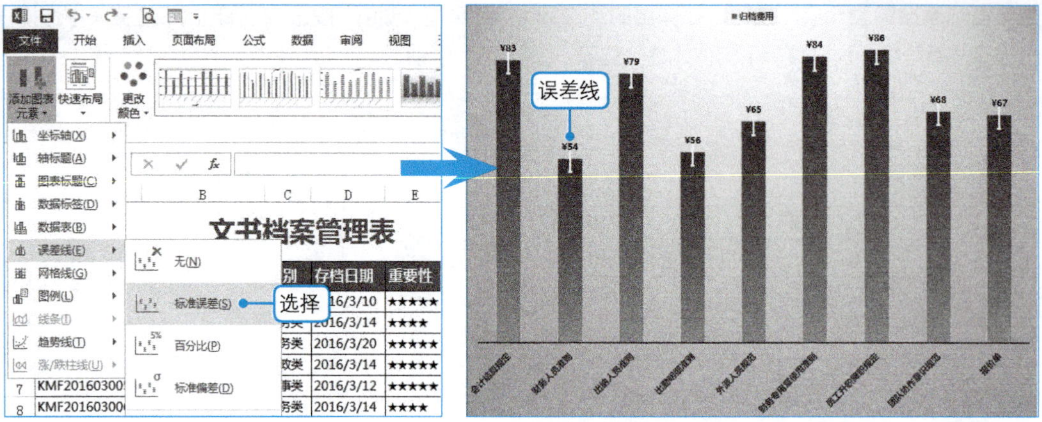

知识补充——图表中有多个数据系列时如何添加趋势线或误差线

当一个图表中存在多个数据系列时，有以下两种方法可以为指定的数据系列添加趋势线或误差线：①选中图表，利用“添加图表元素”按钮添加趋势线或误差线。此时系统将自动打开对话框，在其中可选择需要添加的数据系列，单击“确定”按钮即可。②直接选中需添加趋势线或误差线的数据系列，利用“添加图表元素”或单击鼠标右键即可快速添加。

2.5.4 使用迷你图

迷你图简洁美观，占用空间很小，而且可以清晰展现数据的变化趋势。对于不需要使用图表展现数据且希望能看到一定数据趋势的情况，迷你图比 Excel 图表更为适用。

配套资源

操作视频演示

模板文件 \ 第 2 章 \ 销售分析图表 6.xlsx

效果文件 \ 第 2 章 \ 销售分析图表 6.xlsx

STEP 1 插入迷你图

在【插入】/【迷你图】组中选择某种图表类型，如“柱形图”。

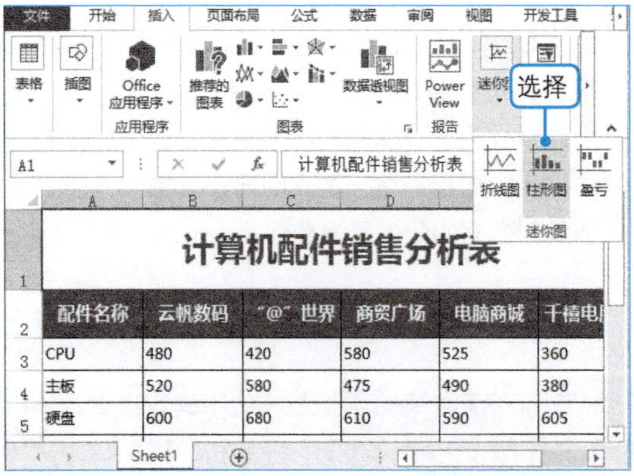

STEP 2 指定图表区域和创建位置

❶打开“创建迷你图”对话框，在“数据范围”文本框中指定迷你图的数据源；❷在“位置范围”文本框中指定迷你图的创建位置；❸单击“确定”按钮。

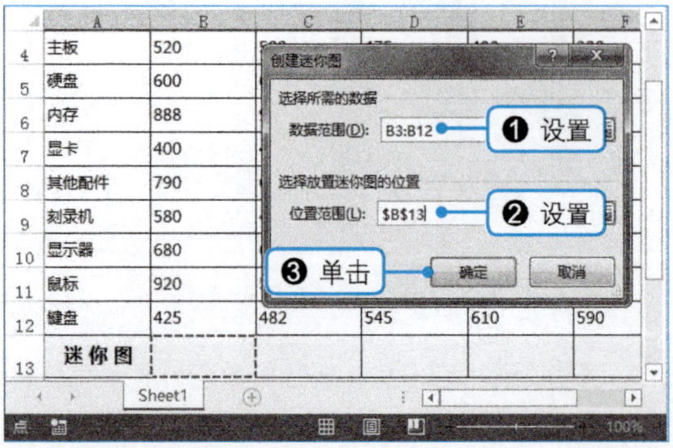

STEP 3 设置迷你图显示内容

❶选中迷你图所在单元格；❷在【迷你图工具 设计】/【显示】组中选中“高点”和“低点”复选框，迷你图的最高值和最低值将突出显示出来。

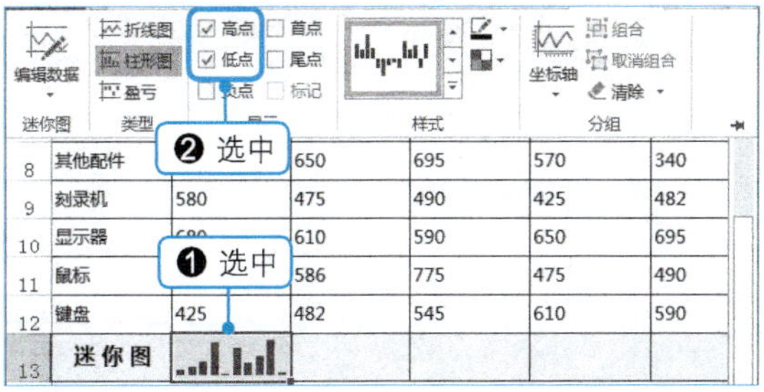

STEP 4 填充迷你图

拖动迷你图所在单元格的填充柄，向右填充迷你图至其他单元格。

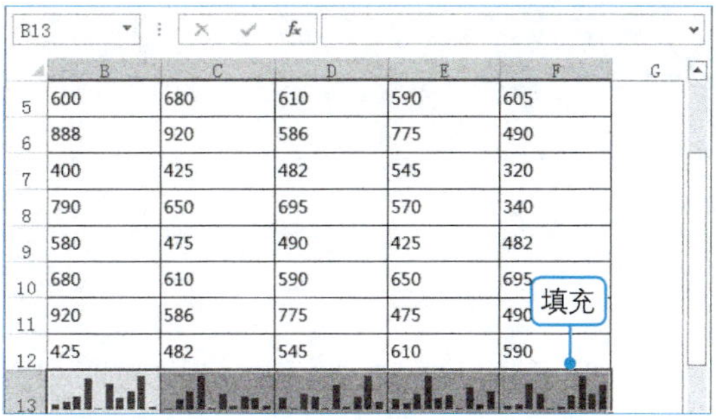

2.6 疑难解答

问题一 ➜ 筛选数据时，单击某个字段项目右侧的下拉按钮，在弹出的下拉列表中选择“数字筛选”栏下的某个命令，打开“自定义自动筛选条件”对话框，其中的“或”和“与”单选项有什么作用?

● **答：** “或”表示对话框中上下两个条件满足其中一个就行；“与”表示必须同时满足对话框中设置的两个条件。

问题二 ➜ 如果创建数据透视表的数据源发生了变化，数据透视表会自动发生变化吗?

● **答：** 不会。为了保证数据透视表中的数据与数据源一致，可以对数据透视表进行刷新操作，方法为：在【数据透视表工具 分析】/【数据】组中单击“刷新”按钮。如果想要对工作簿中的所有数据进行刷新，则可单击“刷新”按钮下方的下拉按钮，在弹出的下拉列表中选择“全部刷新”命令。

问题三 ➜ 数据透视图是一种什么工具?

● **答：** 数据透视图兼具数据透视表的透视分析功能和图表的数据展示功能。数据透视图的创建方法与数据透视表的创建方法类似，创建后同样需要添加字段到相应区域，才能实现对数据的展示。换句话说，数据透视图在透视分析数据时，可以按数据透视表的方法进行操作；在展示数据时，可以按图表的设置和美化方法等进行操作。

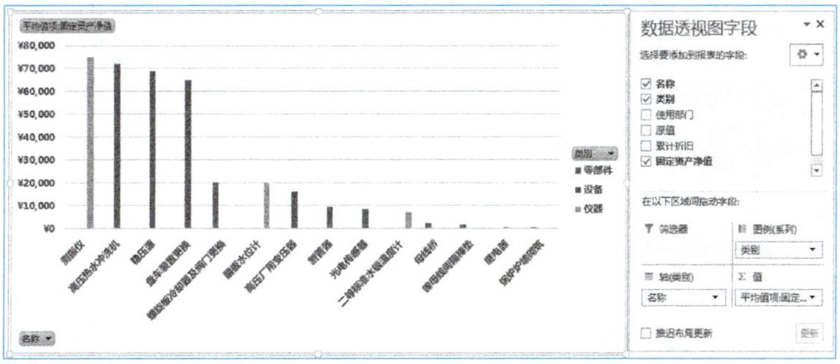

问题四 ➜ 迷你图怎么无法删除?

● **答：** 迷你图虽然存放在单元格中，但它并不是单元格中的实体数据，因此无法通过按【Delete】键删除。要想删除它，需选中对应的单元格，然后在【迷你图工具 设计】/【分组】组中单击“清除”按钮。

Excel

第 3 章

常用函数的使用

❖ 本章导读

Excel 最常用的功能之一就是数据计算，不管是简单的算式计算，还是比较复杂的逻辑判断、财务求值等，都可以通过公式和函数快速地完成。公式和函数是 Excel 优于其他办公软件的重要功能，本章通过介绍一些常用函数的功能和使用方法，帮助读者掌握使用公式和函数进行数据计算的方法。

本章知识结构概览表

公式与函数的基本用法	（1）认识公式与函数 （2）公式与函数中的运算符 （3）单元格的引用 （4）插入公式与函数
逻辑函数	（1）IF 函数 （2）AND 和 OR 函数
统计函数	（1）SUM 和 SUMIF 函数 （2）AVERAGE 和 AVERAGEIF 函数 （3）COUNT、COUNTIF、COUNTA 和 COUNTBLANK 函数 （4）MAX 和 MIN 函数 （5）RANK 函数
查找与引用函数	（1）LOOKUP、VLOOKUP 和 HLOOKUP 函数 （2）LEFT、RIGHT 和 MID 函数
财务函数	（1）SLN、DDB、SYD 函数 （2）PMT、CUMPRINC 函数

3.1 公式与函数的基本用法

Excel 的数据计算功能使复杂的数据计算变得十分简单，因此受到广大用户的青睐。在计算过程中，公式和函数起到了至关重要的作用，可以说没有公式或函数，就无法在 Excel 中实现数据的计算。

3.1.1 认识公式与函数

公式与函数同样需要输入或插入到单元格中，它们也是 Excel 数据对象的一种，只是与其他普通数据相比，公式与函数有着独特的结构。

1. 什么是公式

公式就是计算表格中数据的等式，由等号和表达式构成，如“=A4*A5”，表示将 A4 单元格和 A5 单元格中的数据相乘并返回计算结果。公式可以快速完成各种复杂的数据运算，这不仅可以节省时间，还能够避免人工计算可能出现的错误。

从结构上看，公式中包含的元素主要有常量、运算符、字符串、函数、单元格或单元格区域引用等，各元素的用法分别如下。

- **常量：**直接在公式中输入的数值，如 5、6 等。
- **运算符：**把公式中各个元素连接起来并进行相应运算的符号，如加号“+”，减号“-”，文本连接符“&”等。
- **字符串：**可以是数字、符号、文本等各种对象，一般用英文状态下的引号将字符串内容括起来表示，如“"优秀"”“"TQ2017-"”等。
- **函数：**在公式中引用或输入的函数，该函数为公式的一个参数，如公式“=A2+MAX(5,2,7)”中的“MAX(5,2,7)”函数就是这种用法。
- **单元格或单元格区域引用：**这是公式中最常见的一种变量，将参与运算的单元格地址、单元格区域的地址或单元格区域的名称显示在公式中，如单元格“A5”，单元格区域“C3:C4”，单元格区域的名称“当月销售量”等。

知识补充——公式中各种内容的输入模式

所谓输入模式，就是指应该在英文状态下输入还是在中文状态下输入。除了引用的中文字符串外，公式及函数中的元素，几乎都是英文字符，因此都应当在英文状态下输入。特别要注意的是引号、逗号等，更应当英文模式下输入，否则公式或函数的运算会出错。鉴于引用单元格或单元格区域的地址是大写的，函数名称也是大写的，所以这些内容可以在大写状态下进行输入。

2. 函数的语法

相较于公式，函数的结构更为严谨，它主要由等号、函数名、小括号和函数参数组成，如最简单的求和函数“=SUM(A2:A12)”，此函数的参数就是引用的 A2:A12 单元格区域的数值，表示对该区域内的所有数据求和。

答疑解惑——函数中的参数可以有哪些内容?

与组成公式的元素相似，作为函数的参数也可以包含各种内容，如常量、单元格或单元格区域引用、字符串、公式以及函数本身等。

3.1.2 公式与函数中的运算符

运算符不仅是公式中连接各个元素的“锁链”，而且决定着公式运算的方式，是公式中不可缺少的元素。在公式中常用的运算符主要有 4 种类型：算术运算符、比较运算符、文本连接符和引用运算符。

1. 算术运算符

算术运算就是基本的数学运算涉及的运算符号，包括加号、减号、乘号、除号等。各运算符的含义、示例与运算结果如下表所示。

算术运算符的含义、示例与运算结果

运算符	含义	示例	运算结果
+	加号，执行加法运算	5+3	8
-	减号，执行减法运算	6-2	4
*	乘号，执行乘法运算	3*5	15
/	除法，执行除法运算	6/3	2
^	乘方，执行幂运算	3^2	9

2. 比较运算符

比较运算符就是将多个数字、文本、单元格内容或函数结果的大小进行比较并得出结果的运算符号。常用的比较运算符的含义、示例与运算结果如下表所示。

比较运算符的含义、示例与运算结果

运算符	含义	示例	运算结果
=	等号，判断等号两边的值是否相等	5=6	false
>	大于号，执行大于比较运算	5>2	true
<	小于号，执行小于比较运算	10<3	false
>=	大于或等于，执行大于或等于比较运算	5>=0.5	true
>=	小于或等于，执行小于或等于比较运算	2<=2.6	true
><	不等于，判断等号两边的值是否不等	6<>-6	true

3. 文本连接符

文本连接符是一类比较特殊的符号，它有且只有一种符号表示，即“&”。文本连接符能将多个字符串连接起来，并合并为一个字符串。例如在单元格中输入“"="3"&" 是一个数字 "”，得到的结果为“3 是一个数字”。

4. 引用运算符

引用运算符主要是将单元格或单元格区域中的数据进行合并计算。常用的引用运算符的含义、示例与运算结果如下表所示。

引用运算符的含义、示例与运算结果

运算符	含义	示例	运算结果
:	冒号，区域运算符，引用两个单元格之间的所有单元格	A1:C2	引用 A1、A2、B1、B2、C1、C2 单元格中的数据
,	逗号，联合运算符，将多个引用合并为一个引用	B1,B3:E3	引用 B1、B3、C3、D3、E3 单元格中的数据

3.1.3 单元格的引用

无论是在公式还是函数的计算中，都会涉及引用单元格或单元格区域中的数据。Excel 为单元格的引用设定了 3 种方式：相对引用、绝对引用和混合引用。

1. 相对引用

相对引用是 Excel 中默认的引用方式，在该引用方式下，目标单元格公式中的引用地址会相对目标单元格的位置变化而变化。复制公式、填充公式等，默认的都是相对引用，如将 F2 单元格的公式“=C2+D2”复制到 E3 单元格时，E3 单元格中公式的内容将自动变成“=C3+D3”。

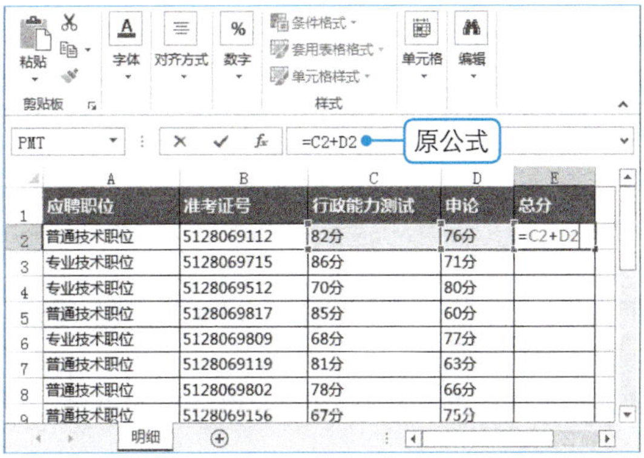

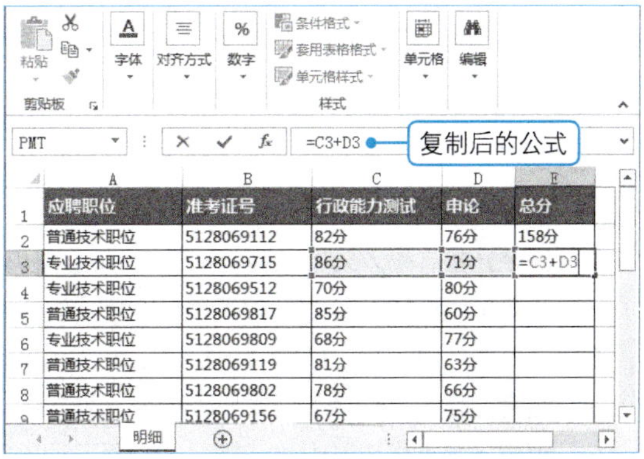

2. 绝对引用

绝对引用与相对引用刚好相反，在绝对引用方式下，目标单元格公式中的引用地址、公式内容都不会变化。绝对引用的标志为“$”符号，选中引用的单元格地址后，按【F4】键便可为所选单元格地址添加“$”符号，代表将相对引用变为了绝对引用。

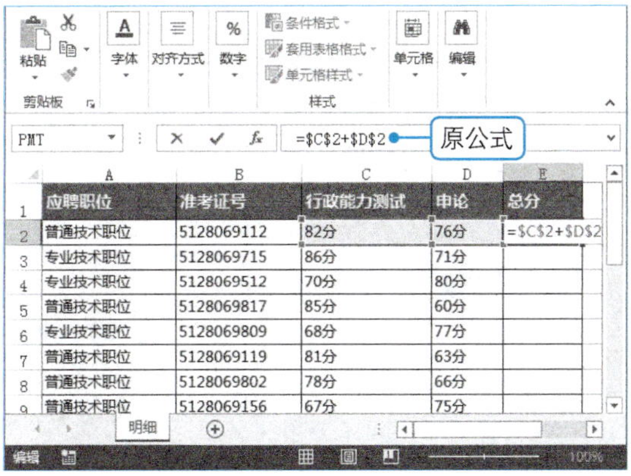

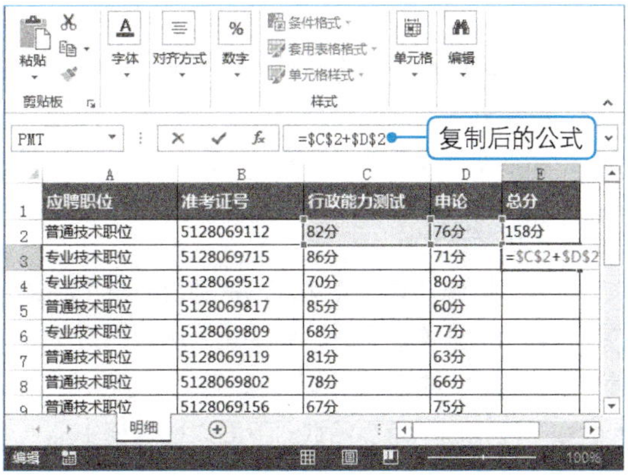

3. 混合引用

混合引用就是引用中混合了相对引用和绝对引用两种方式。混合引用有两种情形，例如公式“=C2+$D$2”，该公式中第 1 个参数为相对引用，第 2 个参数为绝对引用，因此这种引用方式属于混合引用的形式。

另外，如“=$C2”和“=C$2”这两个公式，前者属于列绝对引用，后者属于行绝对引用，这种情形也是混合引用。在列绝对引用方式下，列标不变，行号随目标单元格的位置变化而变化；在行绝对引用方式下，行号不变，列标随目标单元格的位置变化而变化。

高手妙招 ——相对引用、绝对引用、混合引用的快速切换

选中公式中引用的单元格地址，连续按【F4】键，便可使其按“绝对引用→混合引用（行绝对）→混合引用（列绝对）→相对引用→绝对引用”的顺序进行切换。

3.1.4 插入公式与函数

前文讲到，公式与函数均属于 Excel 中的一种数据对象，因此，在引用公式和函数前，同样需要先将其输入到单元格中。不过函数比较特别，其可以使用对话框向导进行插入。

1. 输入与编辑公式

只有在单元格中输入公式后，才能进行相应的运算。在 Excel 中输入公式可以选择以下任意一种方法进行操作。

- **直接在单元格中输入公式：**对于简单的公式可以直接在单元格中输入，方法为：选中需要输入公式的单元格，输入公式内容，按【Enter】键确认。
- **在编辑栏中输入公式：**对于较长或格式较复杂的公式，可以在编辑栏中输入，方法为：选中需要输入公式的单元格，单击编辑栏以定位插入光标，输入公式后按【Enter】键确认。
- **结合键盘和鼠标输入公式：**当输入的公式中涉及单元格或单元格区域引用时，可以直接用鼠标单击相应的单元格或选中单元格区域，而无须输入单元格地址。

高手妙招 ——确认公式输入后选中当前单元格

输入公式后，按【Enter】键可确认输入并选中所输入单元格下方相邻的单元格，此时如果要填充公式，则还需要重新选中公式所在单元格才行。因此，当输入公式后，可以直接按【Ctrl+Enter】组合键来确认输入并选中当前单元格，以方便填充、复制、移动公式。

编辑公式的操作比较简单，双击单元格后直接修改，或选中单元格后在编辑栏中修改均可。需要注意的是，编辑完公式后，必须按【Enter】键或按【Ctrl+Enter】组合键确认编辑。不能像输入普通数据一样通过单击其他单元格来确认输入，否则 Excel 会默认为在为公式引用单元格地址。

2. 插入函数

函数可以像公式一样输入，特别是对某个函数的结构和用法非常熟悉时，直接输入函数的方法非常高效。但如果对某些函数不太熟悉，则可利用“插入函数”按钮插入所需函数。下面以在表格中插入求平均值函数来计算费用的平均值为例，介绍如何插入函数。

配套资源

操作视频演示

模板文件 \ 第 3 章 \ 费用开支表 .xlsx
效果文件 \ 第 3 章 \ 费用开支表 .xlsx

STEP 1 选中目标单元格

❶选中需插入函数的单元格；❷单击编辑栏中的“插入函数”按钮（也可在【公式】/【函数库】组中单击“插入函数”按钮）。

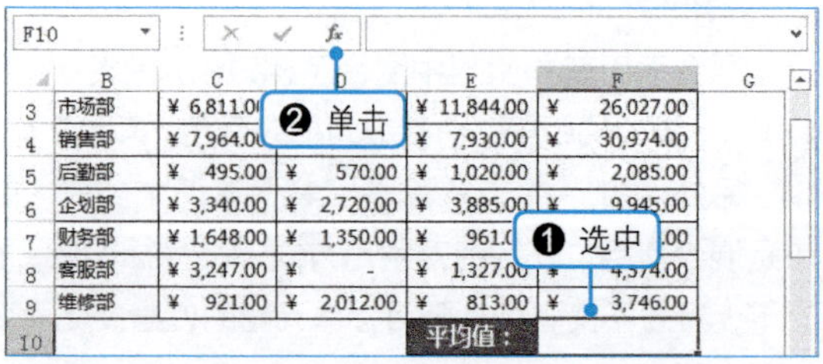

STEP 2 搜索函数

❶打开“插入函数”对话框，在“搜索函数”文本框中输入“平均”，表示需要插入求平均值的函数；❷单击“转到”按钮。

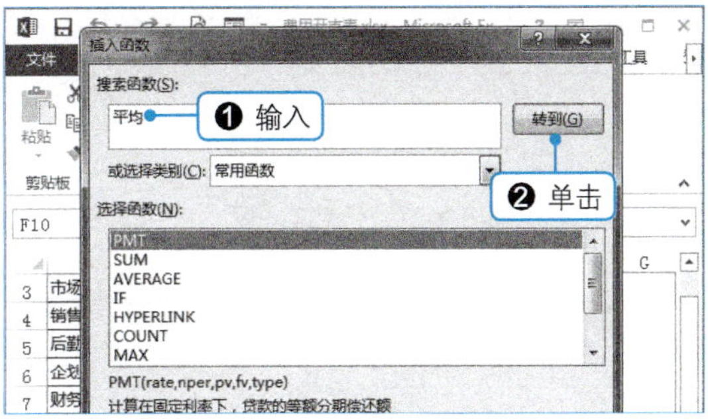

STEP 3 选择推荐的函数

❶ Excel 将根据输入的关键字搜索并推荐相关的函数，在“选择函数”列表框中选择“AVERAGE ”选项，下方将显示所选函数的作用；❷单击“确定”按钮。

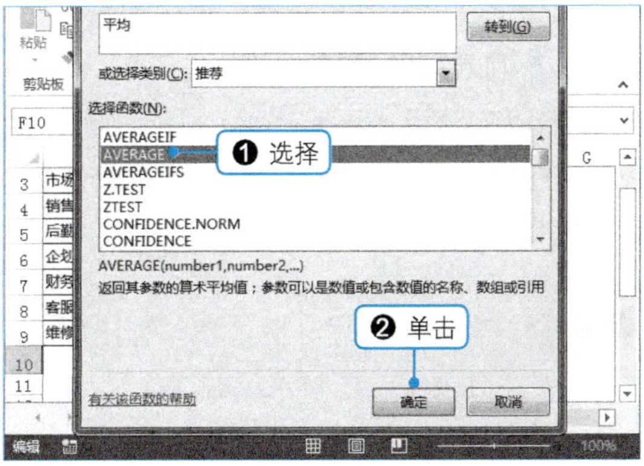

STEP 4 准备引用单元格区域

打开“函数参数”对话框，在“Number1”文本框中单击鼠标定位插入光标。

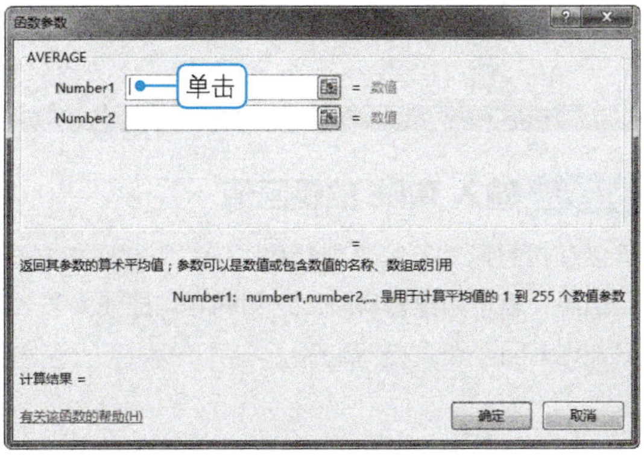

STEP 5 引用单元格

在表格中选中需要进行平均值求值的数据所在的单元格区域。

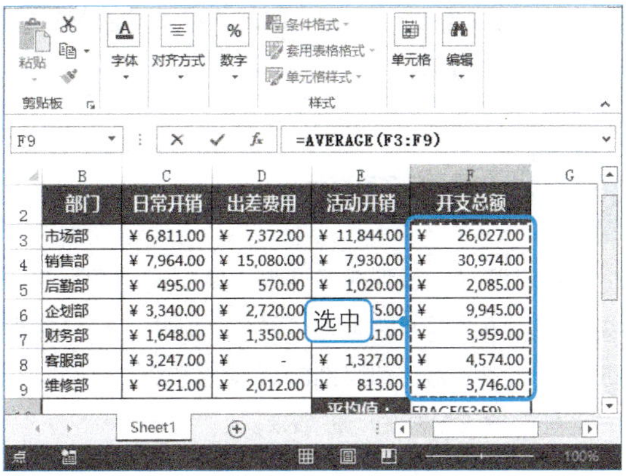

STEP 6 确认引用单元格区域

返回“函数参数”对话框，单击“确定”按钮。

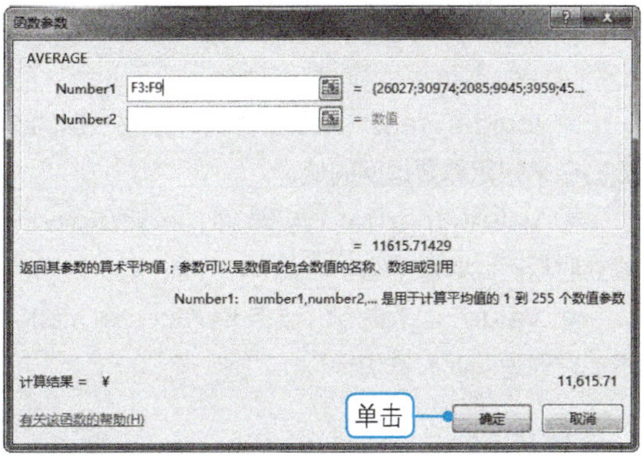

STEP 7 完成函数的插入

此时将完成函数的插入并返回计算的结果。

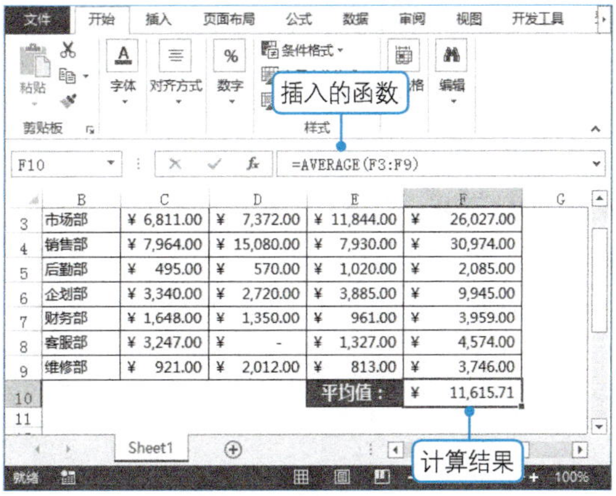

知识补充 ——修改函数

函数可以像公式一样直接在单元格或编辑栏中进行修改，修改后同样需要按【Enter】键或按【Ctrl+Enter】组合键确认。同样地，若要修改函数也可在选中函数所在的单元格后，单击编辑栏左侧的“插入函数”按钮，此时将打开“函数参数”对话框，对函数参数进行修改后单击“确定”按钮即可完成修改。

3.2 逻辑函数

逻辑函数就是判断条件为“是”或“否”的一类函数，如果判断结果为“是”，则执行一种命令或返回一种结果；如果判断结果为“否”，则执行另一种命令或返回另一种结果。

3.2.1 条件判断首选它——IF 函数

使用 IF 函数可以对设置的参数条件进行判断，若条件成立，则返回一个结果；若条件不成立，则返回另一个结果。IF 函数语法结构为 IF(logical_test,[value_if_true],[value_if_false])。

- **logical_test**：判断条件，IF 函数根据此参数的值来判定需要返回的值。
- **value_if_true**：当条件“logical_test”成立时返回此参数的值。
- **value_if_false**：当条件“logical_test”不成立时返回此参数值。

配套资源

操作视频演示

模板文件 \ 第 3 章 \ 期末成绩表 .xlsx
效果文件 \ 第 3 章 \ 期末成绩表 1.xlsx

下面使用 IF 函数判断学生考试是否通过。

STEP 1 输入 IF 函数

❶选中 G3 单元格；❷在编辑栏中输入“=IF()”，以备在括号内输入 IF 函数的各个参数。

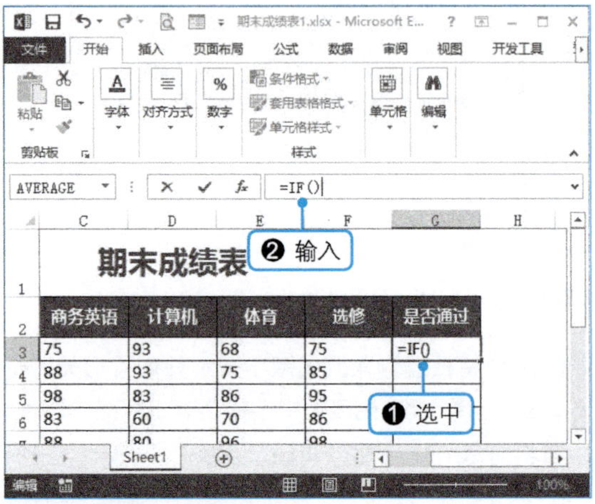

STEP 2 输入判断条件

在括号内输入第 1 个参数“(B3+C3+D3+E3+F3)/5>80”并以英文逗号结尾，表示判断条件为各科成绩之和的平均成绩是否大于 80 分。

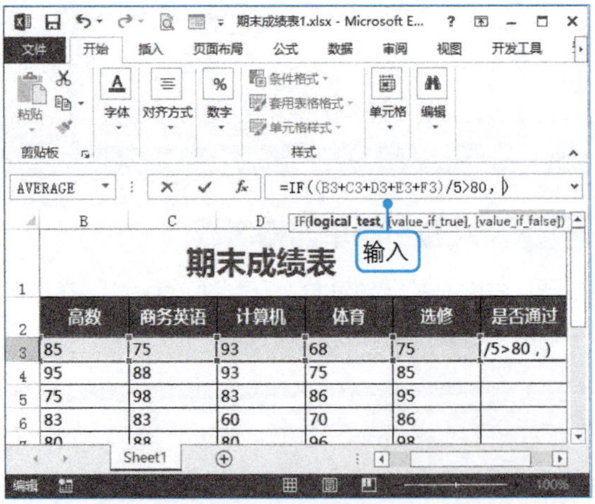

STEP 3 输入 TRUE 的返回值

继续在括号内输入第 2 个参数“"YES"”并以英文逗号结尾，表示如果各科成绩之和的平均成绩大于 80 分，则返回“YES”这个结果。

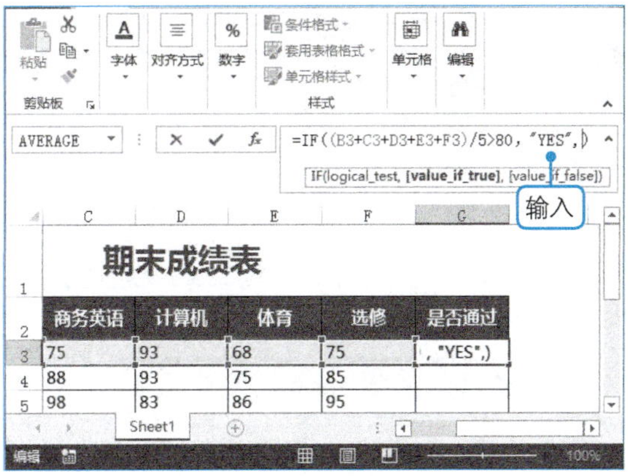

STEP 4 输入 FALSE 的返回值

在括号内继续输入第 3 个参数""NO"",表示如果各科成绩之和的平均成绩没有大于 80 分,即小于或者等于 80 分,则返回"NO"这个结果。

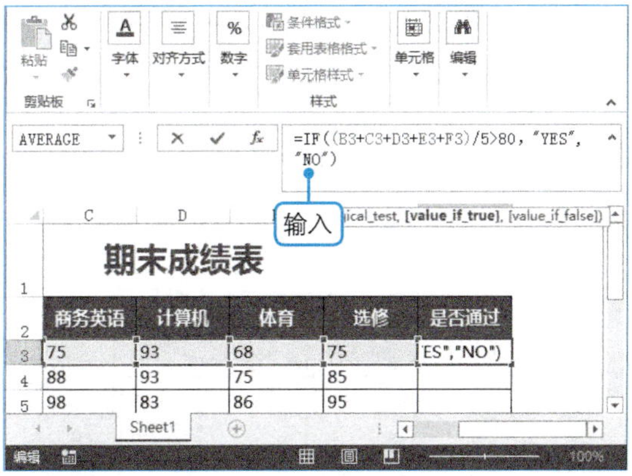

STEP 5 确认输入并返回结果

输入完成后直接按【Ctrl+Enter】组合键,确认输入并返回计算结果。

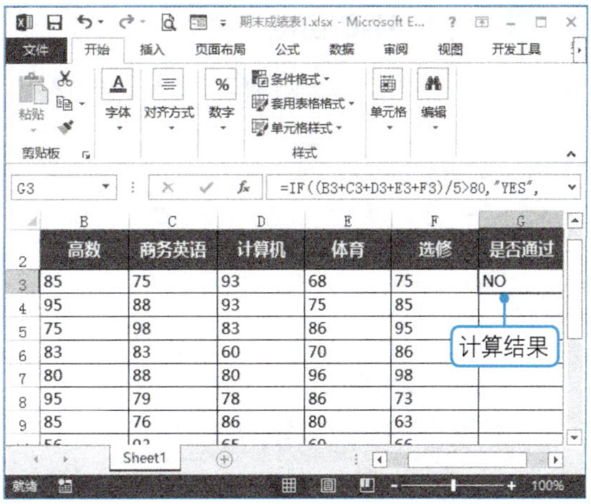

STEP 6 判断其他学生的成绩是否通过

拖动 G3 单元格的填充柄至 G12 单元格,即可利用填充公式快速得到其他学生的成绩是否通过的判断结果。

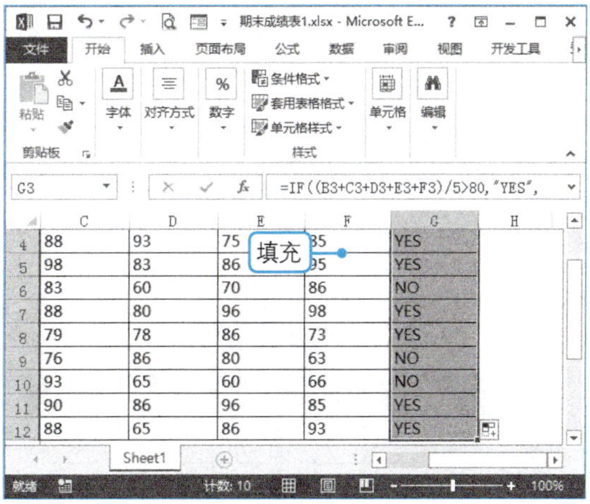

3.2.2 条件判断的小助手——AND 和 OR 函数

AND 函数和 OR 函数是对所有参数进行判断的函数,二者的作用刚好相反。

1. AND 函数

AND 函数的一种常见用途就是扩大用于执行逻辑检验的其他函数的效果,其可以为逻辑检验设置更多的条件,当所有参数的计算结果均为 TRUE 时,才返回 TRUE;只要有一个参数的计算结果为 FALSE,则返回 FALSE。AND 函数的语法结构为 AND(logical1,logical2,...),其中参数"logical1""logical2"表示若干个待检测的条件。

下面使用 AND 函数判断学生成绩是否通过。

配套资源

操作视频演示

模板文件\第 3 章\期末成绩表.xlsx
效果文件\第 3 章\期末成绩表 2.xlsx

STEP 1 输入 AND 函数

❶选中 G3 单元格；❷在编辑栏中输入“=AND()”。

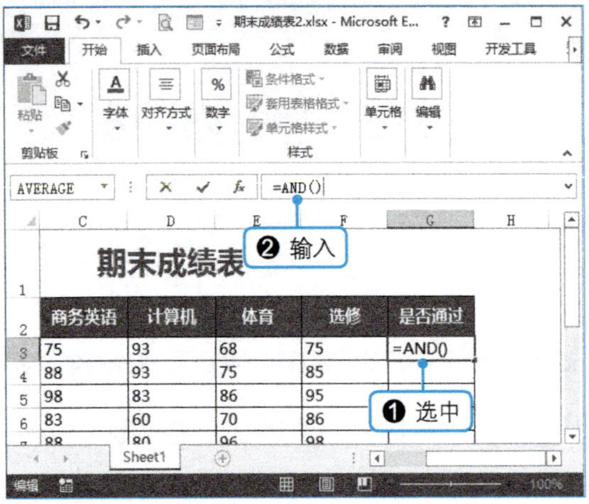

STEP 2 输入第 1 个参数

在括号内输入第 1 个参数“B3>80”并以英文逗号结尾，表示判断“高数”科目的分数是否大于 80 分。

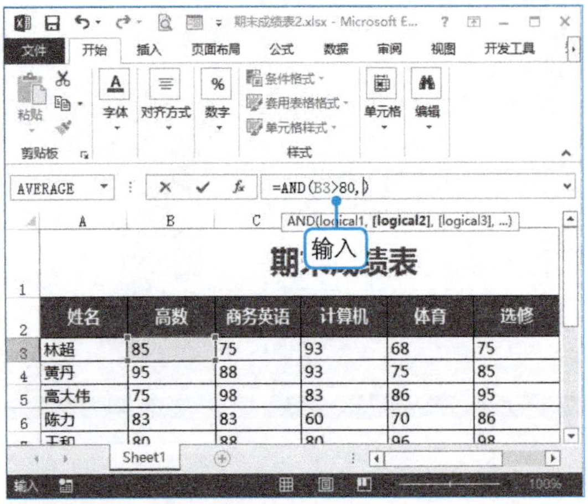

STEP 3 输入其他参数

继续在括号中输入其他参数“C3>80,D3>80,E3>80,F3>80”，表示判断其他科目的分数是否大于 80 分。只有当所有科目的成绩均大于 80 分时，才返回 TRUE，任意一科成绩小于或等于 80 分，则返回 FALSE。

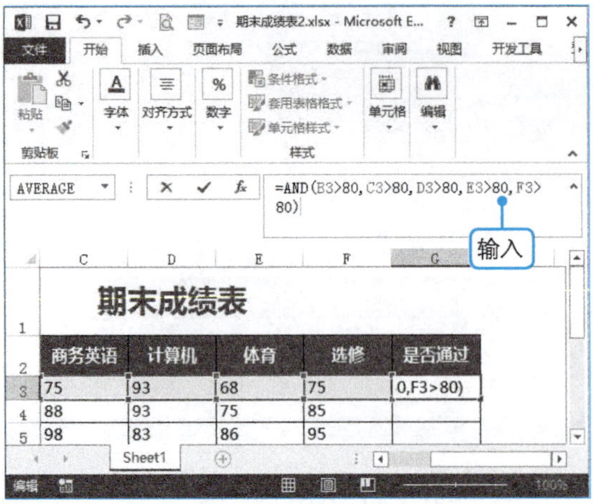

STEP 4 确认输入并判断其他学生成绩

按【Ctrl+Enter】组合键确认输入，然后拖动 G3 单元格的填充柄至 G12 单元格，即可快速将函数填充至下方的单元格，返回其他学生成绩是否通过的结果。

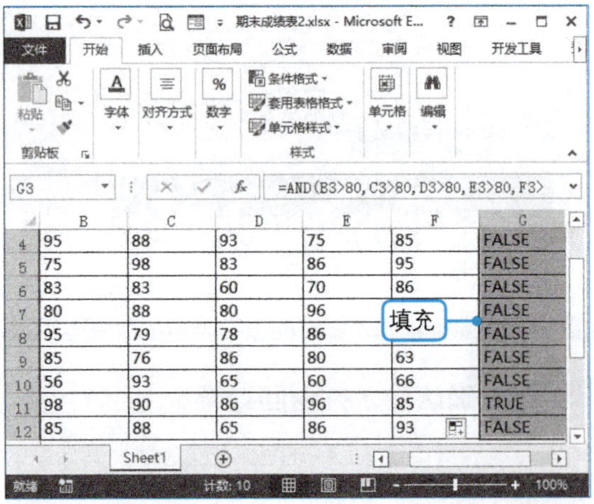

2. OR 函数

OR 函数的运用与 AND 函数的运用刚好相反，它表示在所有参数组中，当所有参数的计算结果均为 FALSE 时，才返回 FALSE；只要有一个参数的计算结果为 TRUE，则返回 TRUE。OR 函数的语法结构为 OR(logical1,logical2,...)，其中各参数的含义与 AND 函数中各参数的含义相同。

配套资源

操作视频演示

模板文件 \ 第 3 章 \ 期末成绩表 .xlsx
效果文件 \ 第 3 章 \ 期末成绩表 3.xlsx

下面使用 OR 函数判断学生成绩的通过情况。

STEP 1 输入 OR 函数

❶选中 G3 单元格；❷在编辑栏中输入“=OR()”。

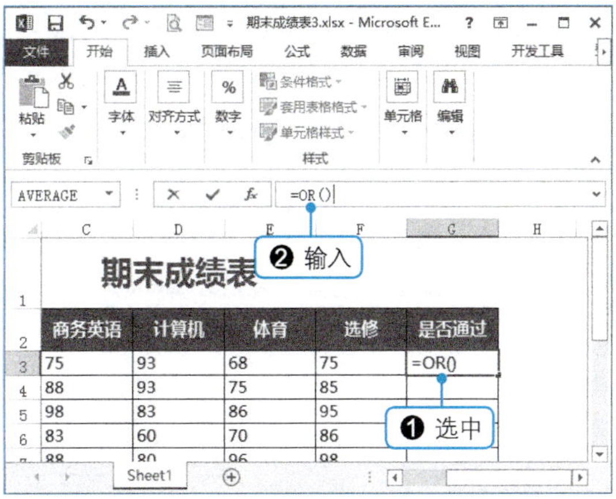

STEP 2 输入第 1 个参数

在括号内输入第 1 个参数“B3<90”并以英文逗号结尾，表示判断“高数”科目的分数是否小于 90 分。

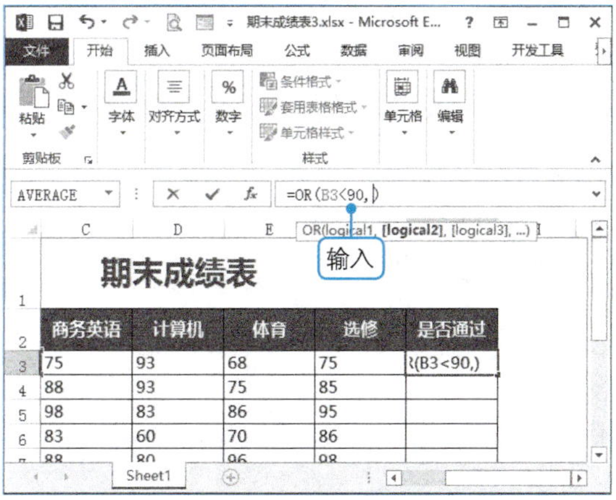

STEP 3 输入其他参数

继续在括号中输入其他参数“C3<90,D3<90,E3<90,F3<90”，表示判断其他科目的分数是否小于 90 分。只有当所有科目的成绩均大于或等于 90 分时，才返回 FALSE；只要任意一科成绩小于 90 分，则返回 TRUE。

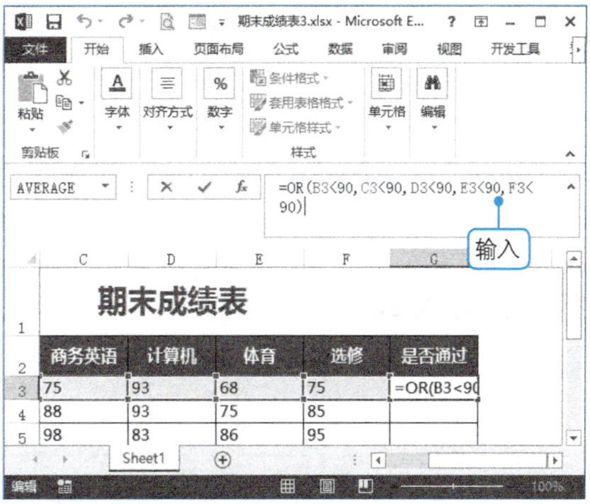

STEP 4 确认输入并判断其他学生成绩

按【Ctrl+Enter】组合键确认输入，然后拖动 G3 单元格的填充柄至 G12 单元格，即可快速将函数填充至下方的单元格，返回其他学生成绩是否通过的结果。

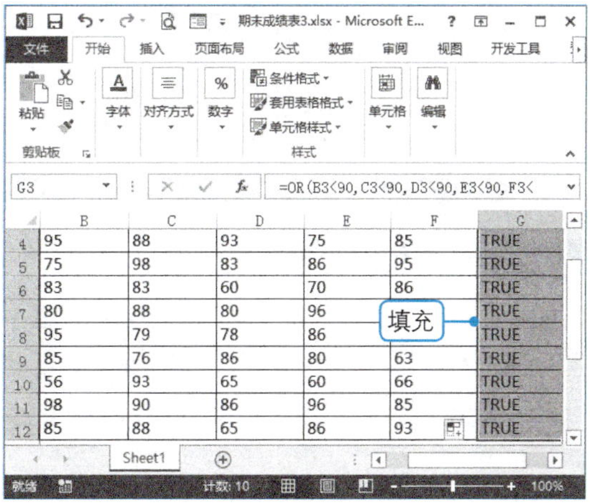

3.3 统计函数

统计函数主要用于对数据区域进行统计分析。在 Excel 中统计函数数量较多，但使用方法基本相同，这里重点介绍几个与求和、求平均值、计数、求最值、排名有关的统计函数。

3.3.1 求和——SUM 和 SUMIF 函数

对数据进行汇总合计是最常见的操作，因此求和函数的使用频率一直较高。

1. SUM 函数

SUM 函数可以计算所有参数的数值之和，其语法结构为：SUM(number1,number2,number3,...)。下面使用该函数计算员工的应发工资总额。

配套资源

操作视频演示

模板文件 \ 第 3 章 \ 员工工资表 1.xlsx
效果文件 \ 第 3 章 \ 员工工资表 1.xlsx

STEP 1 输入 SUM 函数

①选中 G3:G14 单元格区域；②在编辑栏中输入"=SUM()"。

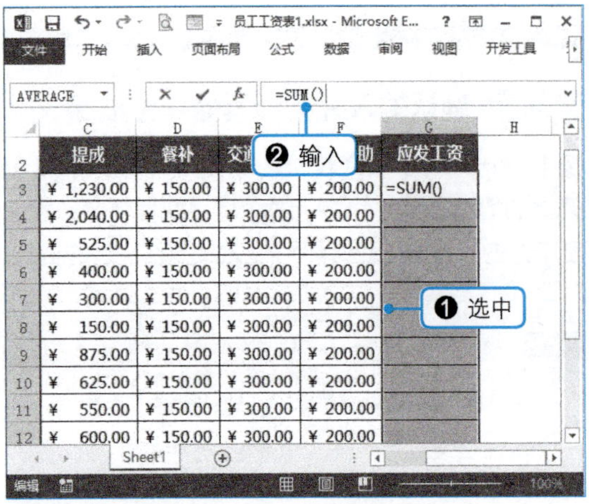

STEP 2 选中引用的单元格区域

将鼠标光标定位到编辑栏中输入的括号内，选中 B3:F3 单元格区域，表示计算该区域的数值之和。

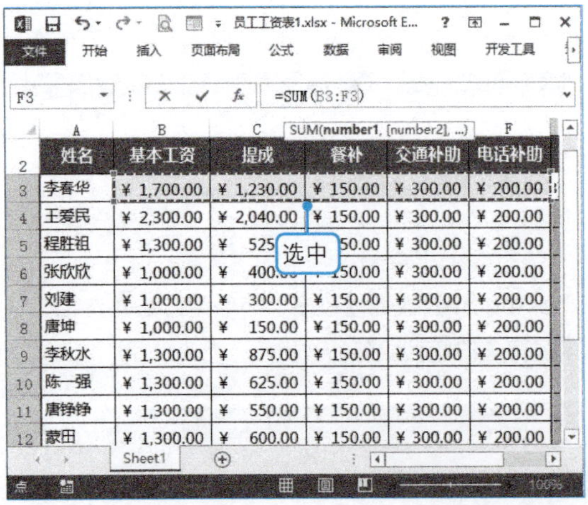

STEP 3 确认输入并返回结果

按【Ctrl+Enter】组合键确认输入并返回所有员工的应发工资数额。

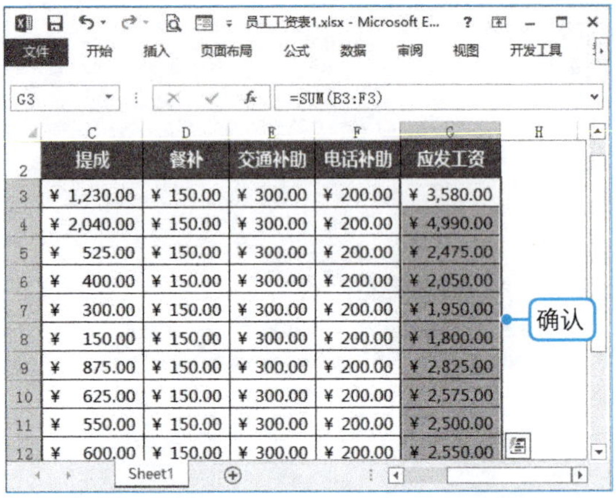

高手妙招——自动求和

在二维表格中，如果求和区域比较清晰和整齐，则可以先选中结果单元格区域，然后在【公式】/【函数库】组中单击"自动求和"按钮，Excel 将根据表格结构和单元格的数据类型，自动判断可能的求和区域并返回计算结果。

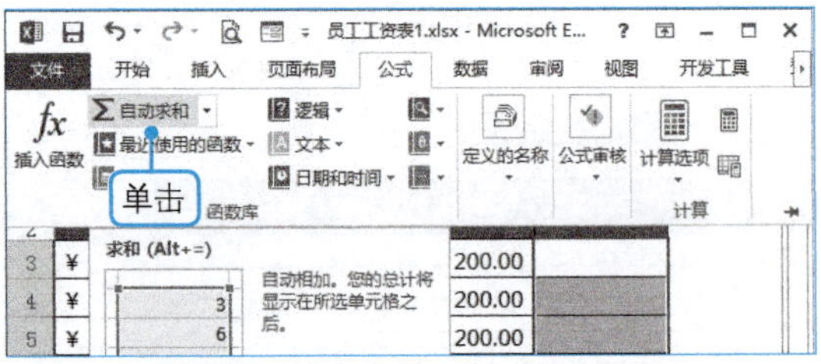

2. SUMIF 函数

SUMIF 函数也是一种求和函数，但它只会对符合条件的单元格求和。使用 SUMIF 函数时，即使选中了单元格区域，但如果其中包含不符合条件的单元格，该单元格中的数值也不会被计算在求和范围内。SUMIF 函数的语法结构为 SUMIF(range, criteria, sum_range)。

配套资源

操作视频演示

模板文件 \ 第 3 章 \ 员工工资表 2.xlsx
效果文件 \ 第 3 章 \ 员工工资表 2.xlsx

- range：条件区域，用于判断对应的求和区域是否符合条件。
- criteria：求和条件，用于判断的具体条件。
- sum_range：求和区域，用于求和的单元格区域，但其中只有符合条件的数值才被引用。

下面利用 SUMIF 函数计算所有离职员工的应发工资总额。

STEP 1 输入 SUMIF 函数

❶选中 G15 单元格；❷在编辑栏中输入“=SUMIF()”。

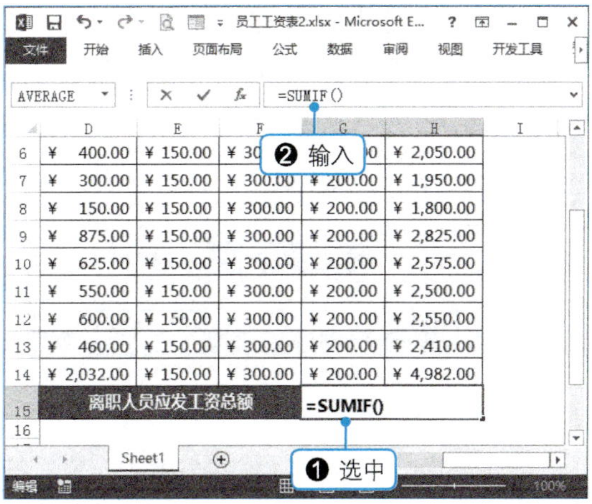

STEP 2 设置条件区域

将鼠标光标定位到编辑栏中输入的括号内，选中 B3:B14 单元格区域作为第 1 个参数，并以英文逗号结尾，表示以所选单元格区域作为判断是否符合条件的条件区域。

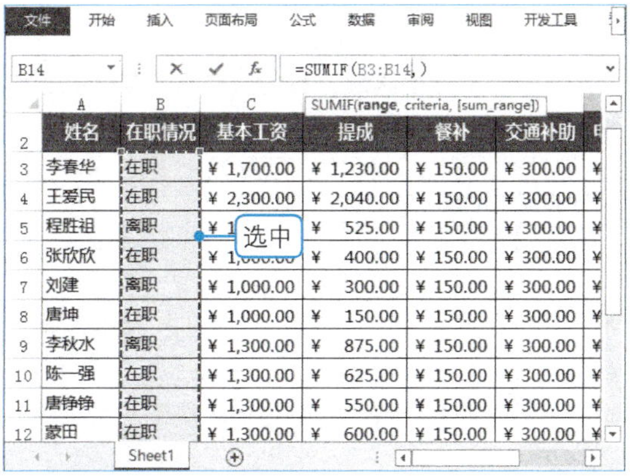

STEP 3 输入判断条件

继续在括号内容输入第 2 个参数“"离职"”，并以英文逗号结尾，表示判断前面所选的条件区域中哪些单元格的数值为“离职”。

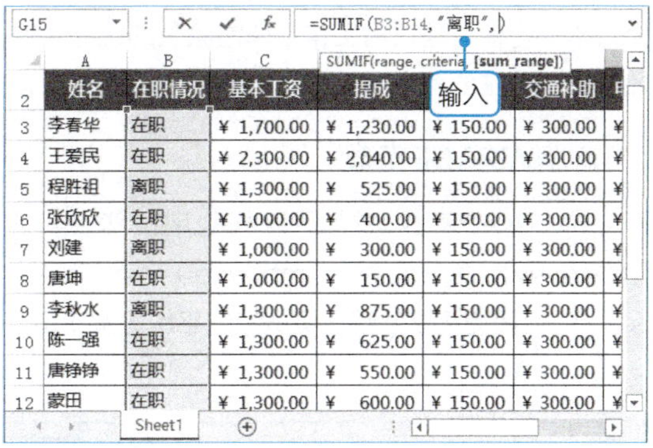

STEP 4 设置求和区域

选中 H3:H14 单元格区域作为第 3 个参数，表示对所选区域求和，但其中对应的“在职情况”属于“在职”的，不在求和范围。

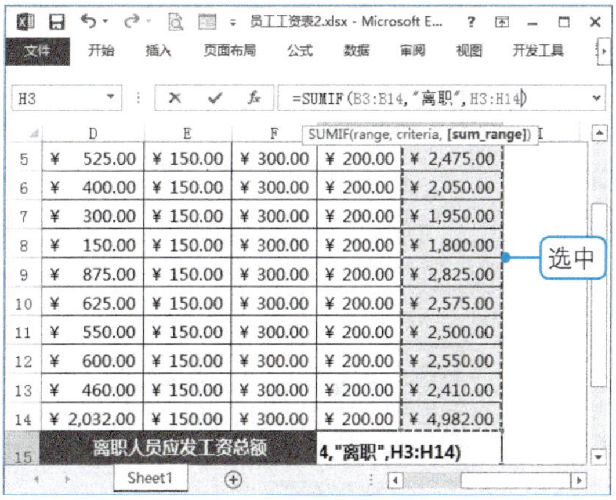

STEP 5 确认输入并返回结果

输入完成后按【Ctrl+Enter】组合键，确认输入并返回计算结果。

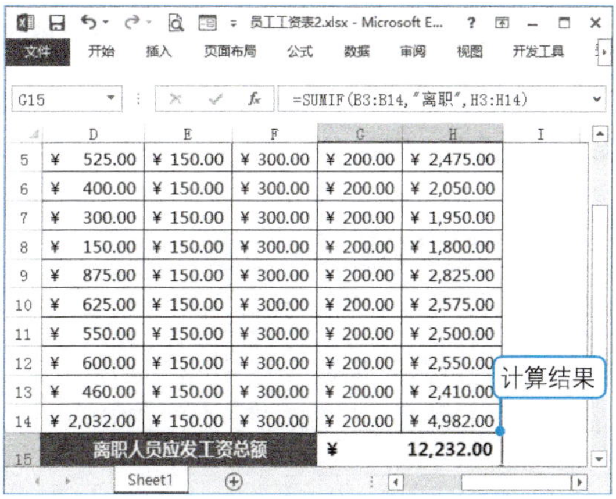

3.3.2 求平均值——AVERAGE 和 AVERAGEIF 函数

求平均值也是日常工作中非常频繁的统计工作，如计算平均销量、平均工资、平均产量等。常用的求平均值函数主要有 AVERAGE 函数和 AVERAGEIF 函数。

1. AVERAGE 函数

AVERAGE 函数与 SUM 函数的用法类似，其语法结构为 AVERAGE(number1,number2,number3,...)。下面使用该函数计算员工的平均应发工资。

配套资源

操作视频演示

模板文件 \ 第 3 章 \ 员工工资表 3.xlsx
效果文件 \ 第 3 章 \ 员工工资表 3.xlsx

STEP 1 输入 AVERAGE 函数

❶ 选中 H15 单元格；❷ 在编辑栏中输入“=AVERAGE()”。

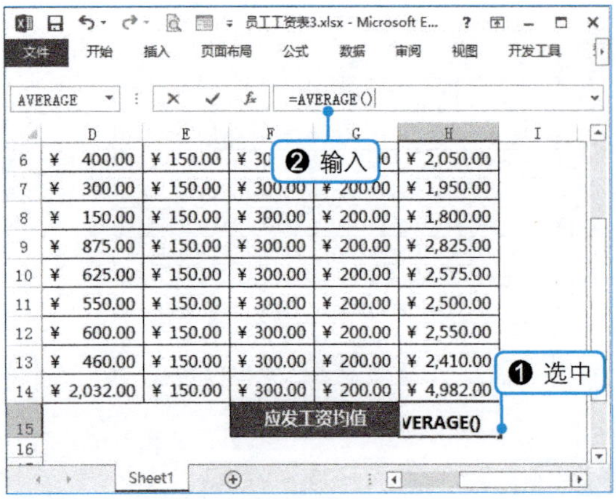

STEP 2 设置求平均值区域

将鼠标光标定位到编辑栏中输入的括号内，然后选中 H3:H14 单元格区域，表示将所选单元格区域中的数据进行求平均值计算。

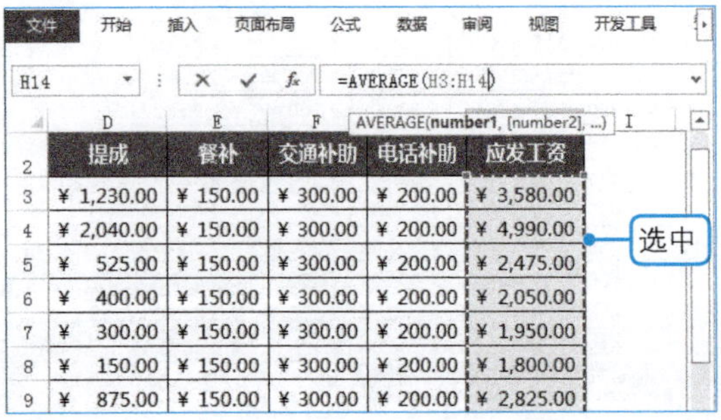

STEP 3 确认输入并返回结果

按【Ctrl+Enter】组合键，确认输入并返回计算结果。

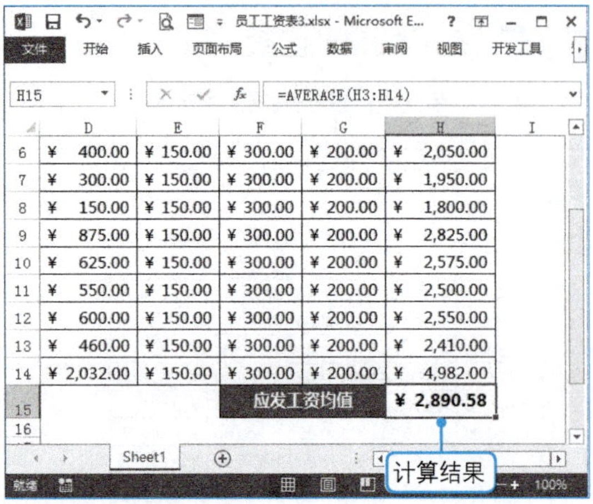

2. AVERAGEIF 函数

AVERAGEIF 函数与 SUMIF 函数类似，只对符合条件的单元格求平均值。AVERAGEIF 函数的语法结构为 AVERAGEIF(range，criteria，average_range)。

- range：条件区域，用于判断对应的求平均值区域是否符合条件。
- criteria：求平均值的条件，用于判断的具体条件。
- average_range：求平均值的区域，用于求平均值的单元格区域，其中只有符合条件的数值才被引用。

配套资源

操作视频演示

模板文件 \ 第 3 章 \ 员工工资表 4.xlsx
效果文件 \ 第 3 章 \ 员工工资表 4.xlsx

下面利用该函数计算所有在职员工应发工资的平均值。

STEP 1 输入 AVERAGEIF 函数

❶ 选中 H15 单元格；❷ 在编辑栏中输入“=

AVERAGEIF()”。

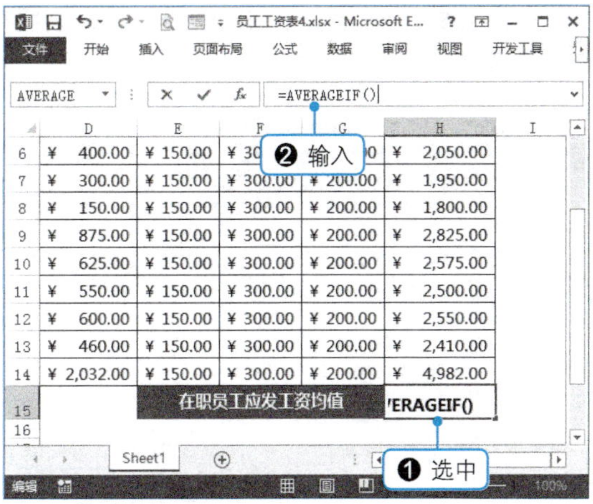

STEP 2 设置条件区域

将鼠标光标定位到编辑栏中输入的括号内，选中 B3:B14 单元格区域作为第 1 个参数，并以英文逗号结尾，表示以所选单元格区域作为判断是否符合条件的条件区域。

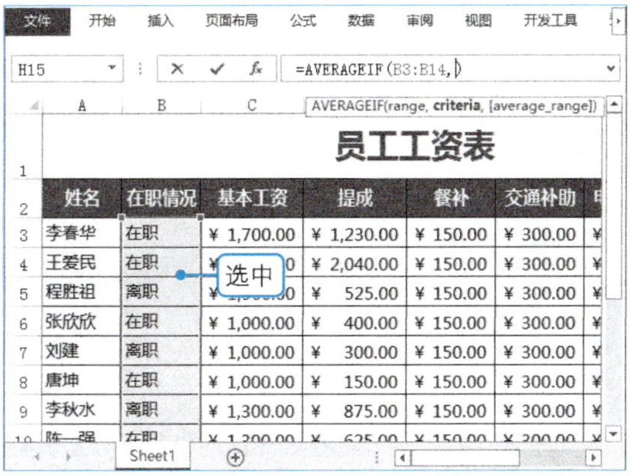

STEP 3 输入判断条件

继续在括号内输入第 2 个参数““在职””，并以英文逗号结尾，表示判断前面所选的条件区域中哪些单元格的数值为“在职”。

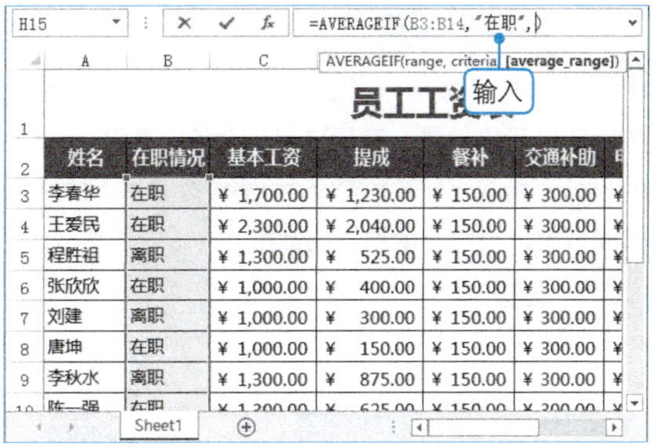

STEP 4 设置求和区域

选中 H3:H14 单元格区域作为第 3 个参数，表示对所选区域求平均值，但其中对应的“在职情况”属于“离职”的，不在求平均值的范围。

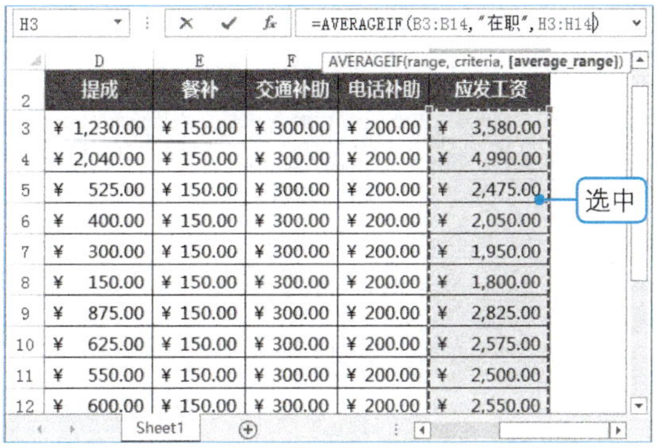

STEP 5 确认输入并返回结果

输入完成后按【Ctrl+Enter】组合键，确认输入并返回计算结果。

3.3.3 计数——COUNT、COUNTIF、COUNTA 和 COUNTBLANK 函数

计数，即统计单元格的个数。Excel 包含多种计数函数，利用不同的计数函数，可以统计出包含数据的单元格个数（COUNT）、符号指定条件的单元格个数（COUNTIF）、非空单元格的个数（COUNTA）和空单元格的个数（COUNTBLANK）。

1. COUNT 函数

COUNT 函数可以统计所选单元格区域中包含数值的单元格数量，其语法结构为 COUNT(value1, value2, ...)。COUNT 函数的用法很简单，下面利用该函数统计楼市开盘项目的数量。

配套资源

操作视频演示

模板文件 \ 第 3 章 \ 楼盘信息表 1.xlsx
效果文件 \ 第 3 章 \ 楼盘信息表 1.xlsx

STEP 1 输入 COUNT 函数

❶选中 H23 单元格；❷在编辑栏中输入“=COUNT()”。

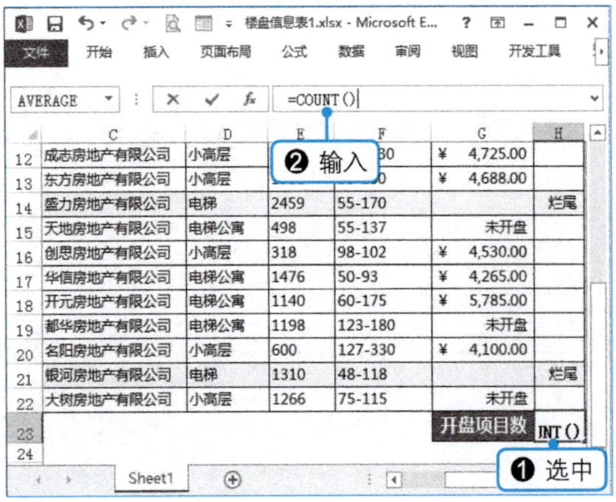

STEP 2 设置条件区域

将鼠标光标定位到编辑栏中输入的括号内，选中 G3:G22 单元格区域，该区域显示了各楼盘的均价信息，其中未开盘的显示为文本“未开盘”，项目烂尾的显示为空。因此只要知道金额单元格的个数，便能知道开盘项目的数量。

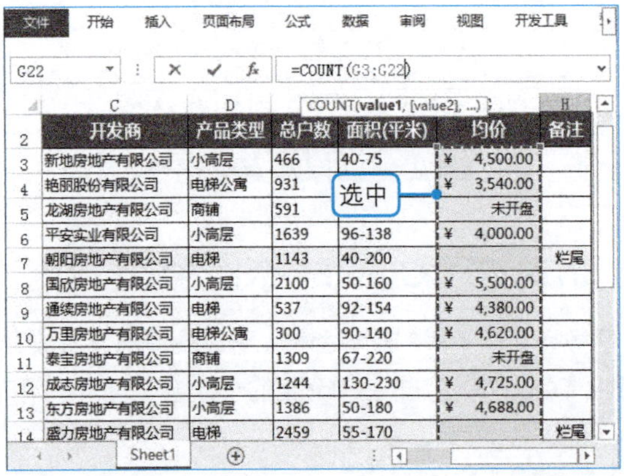

STEP 3 确认输入并返回结果

输入完成后按【Ctrl+Enter】组合键，确认输入并返回计算结果。

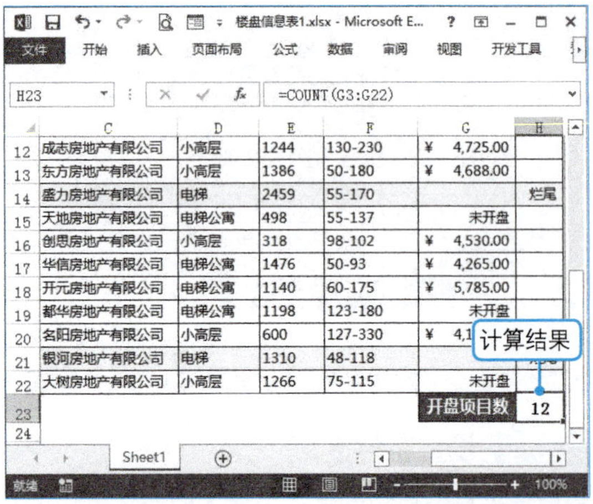

2. COUNTIF 函数

COUNTIF 函数可以只对符合条件的单元格计数，其语法结构为 COUNTIF(range,criteria)。

- **range**：要计算其中符合条件的单元格数量的区域。
- **criteria**：为统计单元格数量而设置的具体条件。

配套资源

操作视频演示

模板文件 \ 第 3 章 \ 楼盘信息表 2.xlsx
效果文件 \ 第 3 章 \ 楼盘信息表 2.xlsx

下面利用 COUNTIF 函数计算均价在 5 000 元以下的楼盘项目数量。

答疑解惑——COUNTIF 函数中的 range 参数与 SUMIF 和 AVERAGEIF 函数中的 range 参数相同吗？

SUMIF 函数和 AVERAGEIF 函数中的 range 参数为条件区域，统计区域为另外一个参数；COUNTIF 函数中的 range 参数就是统计区域，它们的作用是不同的。

STEP 1 输入 COUNTIF 函数

❶ 选中 H23 单元格；❷ 在编辑栏中输入“=COUNTIF()”。

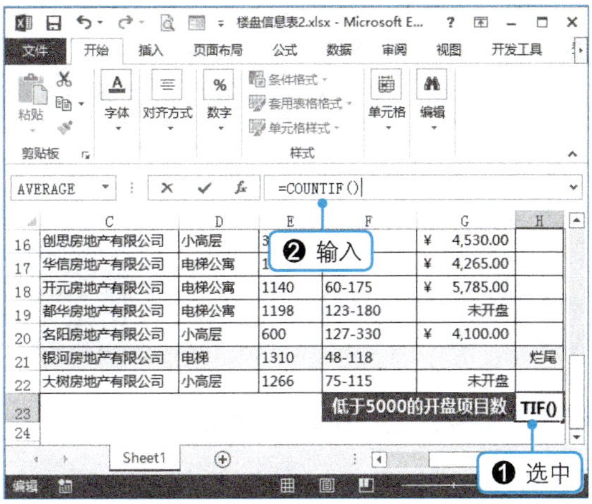

STEP 2 设置计数的区域

将鼠标光标定位到编辑栏中输入的括号内，选中 G3:G22 单元格区域作为第 1 个参数，并以英文逗号结尾，表示该区域中符合条件的单元格才会被统计。

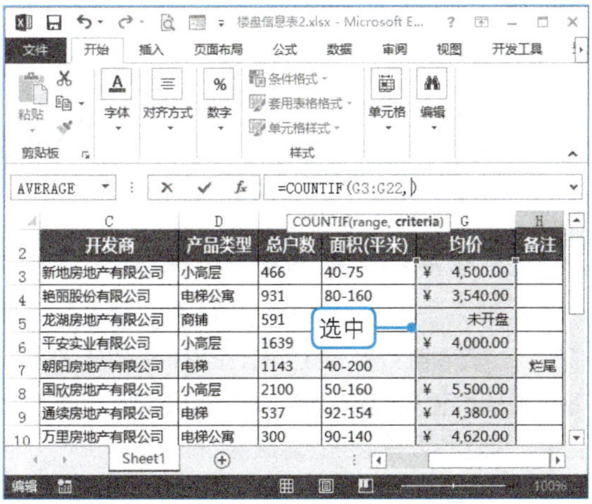

STEP 3 输入判断条件

继续在括号内输入第 2 个参数“"<5 000"”，表示判断并统计前面所选的区域中均价小于 5 000 的单元格数量。

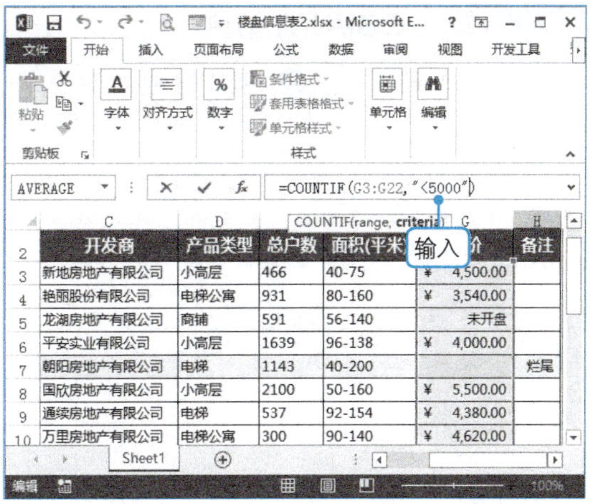

STEP 4 确认输入并返回结果

输入完成后按【Ctrl+Enter】组合键，确认输入并返回计算结果。

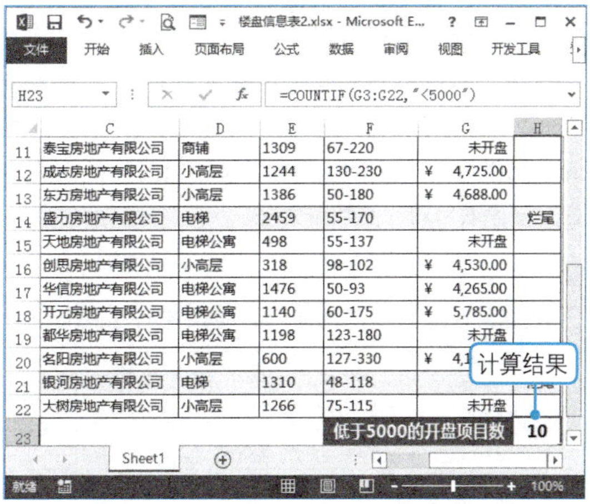

3. COUNTA 函数

COUNTA 函数可以统计所选的单元格区域中包含任意数据的单元格个数，它统计的范围较 COUNT 函数而言更为广泛，除了数值以外，文本、逻辑值等各种数据都在统计范围。COUNTA 函数的语法结构为 COUNTA(value1,value2,...)。下面利用该函数计算未烂尾的楼盘项目数量。

配套资源

操作视频演示

模板文件 \ 第 3 章 \ 楼盘信息表 3.xlsx
效果文件 \ 第 3 章 \ 楼盘信息表 3.xlsx

STEP 1 输入 COUNTA 函数

❶ 选中 H23 单元格；❷ 在编辑栏中输入“=COUNTA()”。

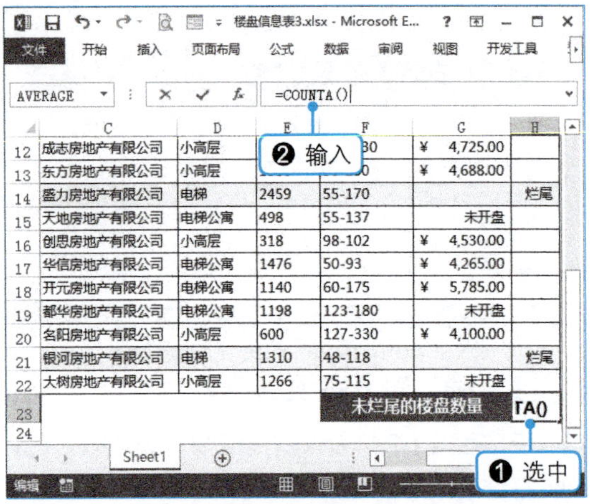

STEP 2 设置条件区域

将鼠标光标定位到编辑栏中输入的括号内，选中 G3:G22 单元格区域，通过统计其中包含数值和文本的单元格数量，就能得到未烂尾项目的数量，因为烂尾楼盘项目对应的数据为空。

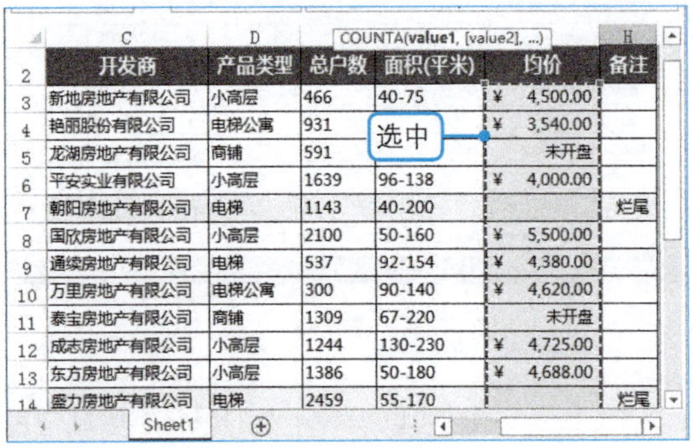

STEP 3 确认输入并返回结果

输入完成后按【Ctrl+Enter】组合键，确认输入并返回计算结果。

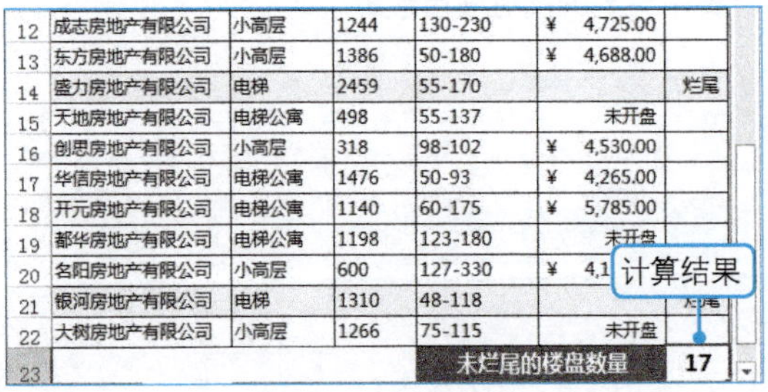

4. COUNTBLANK 函数

COUNTBLANK 函数与 COUNTA 函数刚好相反，它可以统计所选的单元格区域中空单元格的个数，包含任意数据的单元格均不在统计范围。COUNTBLANK 函数的语法结构为：COUNTBLANK(range)。下面利用该函数计算烂尾的楼盘项目数量。

配套资源

操作视频演示

模板文件 \ 第 3 章 \ 楼盘信息表 4.xlsx
效果文件 \ 第 3 章 \ 楼盘信息表 4.xlsx

STEP 1 输入 COUNTBLANK 函数

❶ 选中 H23 单元格；❷ 在编辑栏中输入“=COUNTBLANK()”。

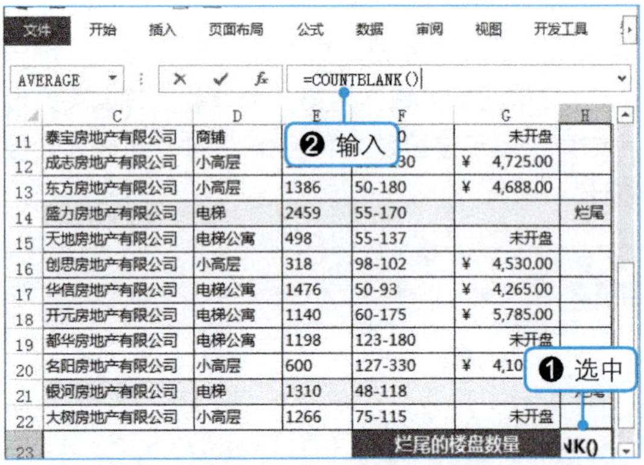

STEP 2 设置条件区域并确认设置

❶将鼠标光标定位到编辑栏中输入的括号内，选中 G3:G22 单元格区域，通过统计空单元格的数量就能得到烂尾的楼盘项目数量；❷按【Ctrl+Enter】组合键，确认输入并返回计算结果。

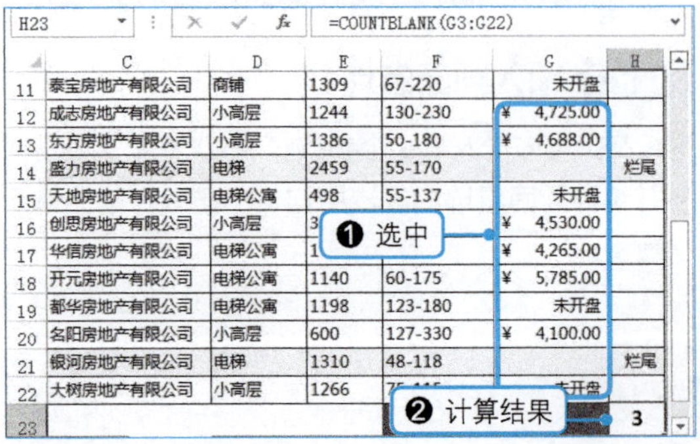

3.3.4 找最值——MAX 和 MIN 函数

统计表格中的最值或极值可以了解数据的范围，对分析数据而言也是十分有用的。利用 Excel 提供的 MAX 函数和 MIN 函数可以轻松找到表格中的最大值和最小值。

1. MAX 函数

MAX 函数可以返回所引用单元格区域中最大的数值，其语法结构为 MAX(number1,number2,...)。下面使用该函数查询员工的最高薪酬。

配套资源

操作视频演示

模板文件 \ 第 3 章 \ 员工档案表 1.xlsx
效果文件 \ 第 3 章 \ 员工档案表 1.xlsx

STEP 1 输入 MAX 函数

❶选中 F13 单元格；❷在编辑栏中输入“=MAX()”。

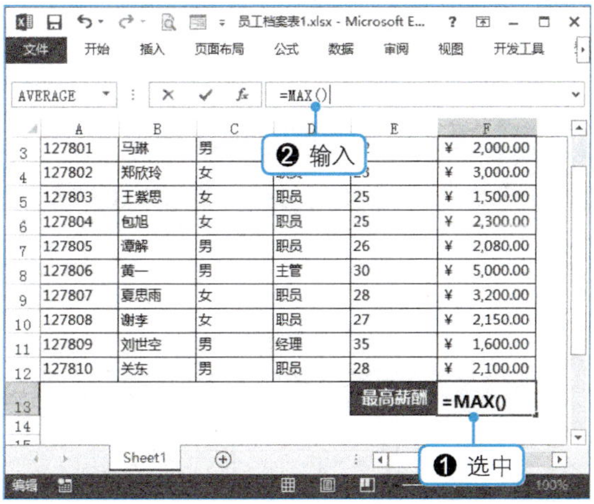

STEP 2 设置条件区域

将鼠标光标定位到编辑栏中输入的括号内，选中 F3:F12 单元格区域，查找其中最大的数值。

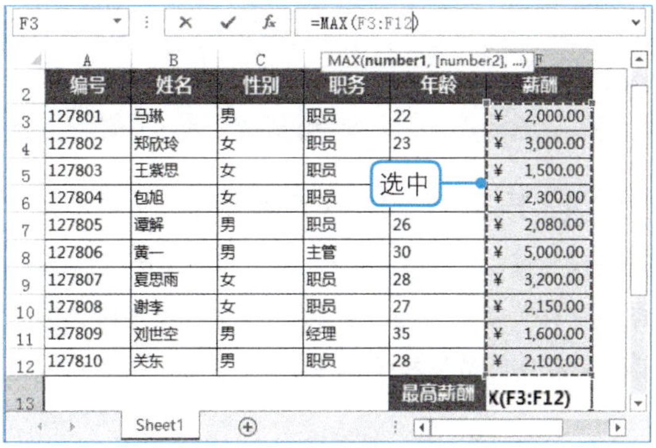

STEP 3 确认输入并返回结果

按【Ctrl+Enter】组合键，确认并返回计算结果。

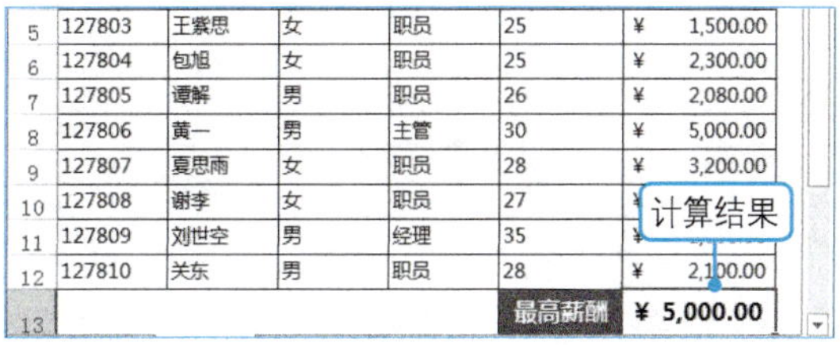

2. MIN 函数

MIN 函数可以返回所引用单元格区域中最小的数值，其语法结构为 MIN(number1,number2,...)。MIN 函数的使用方法与 MAX 类似，引用需要查找最小值的单元格区域即可返回其中的最小值。

3.3.5 排名——RANK 函数

RANK 函数可以为所选区域中的数据进行排名，其语法结构为 RANK(number,ref,[order])。

- number：要进行排名的数据。
- ref：排名的区域，一般需要绝对引用。
- order：此参数只能输入“0”或“1”，如果省略，则默认输入的是“0”。当输入“1”时，则将对数据区域进行倒数排名。

下面使用该函数对员工的薪酬进行排名。

配套资源

操作视频演示

模板文件 \ 第 3 章 \ 员工档案表 2.xlsx
效果文件 \ 第 3 章 \ 员工档案表 2.xlsx

STEP 1 输入 RANK 函数

❶选中 G3 单元格；❷在编辑栏中输入“=RANK()”。

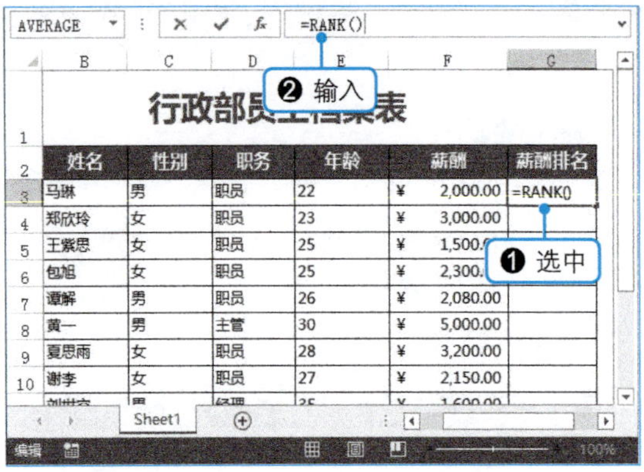

STEP 2 指定参与排名的单元格

将鼠标光标定位到编辑栏中输入的括号内，选中 F3 单元格作为第 1 个参数，并以英文逗号结尾，表示该单元格中的数据将被排名统计。

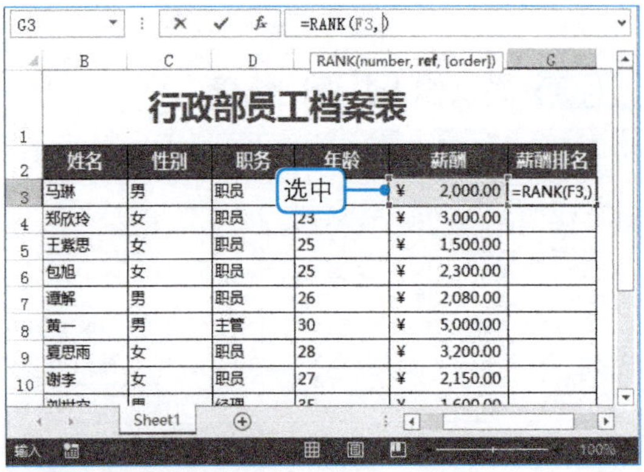

STEP 3 设置计数的区域

继续选中 F3:F12 单元格区域作为第 2 个参数，表示将对该区域中的数据进行排名对比。

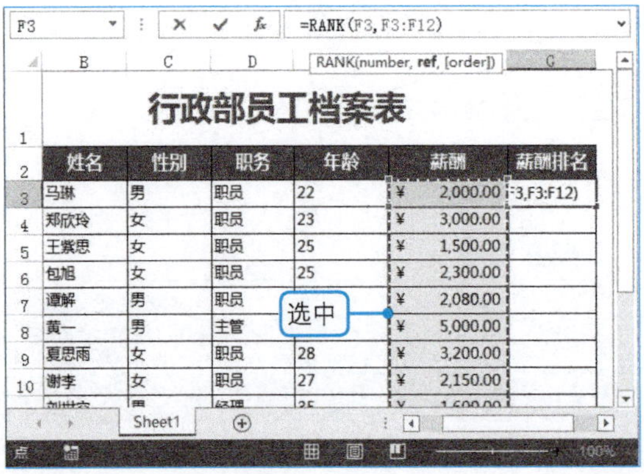

STEP 4 更改单元格引用方式

在编辑栏中选中“F3:F12”数据，按【F4】键将其转换为绝对引用。这里进行转换的原因是对比排名的区域始终是相同的区域，为防止后面填充函数时单元格地址变动，因此需要绝对引用其地址。

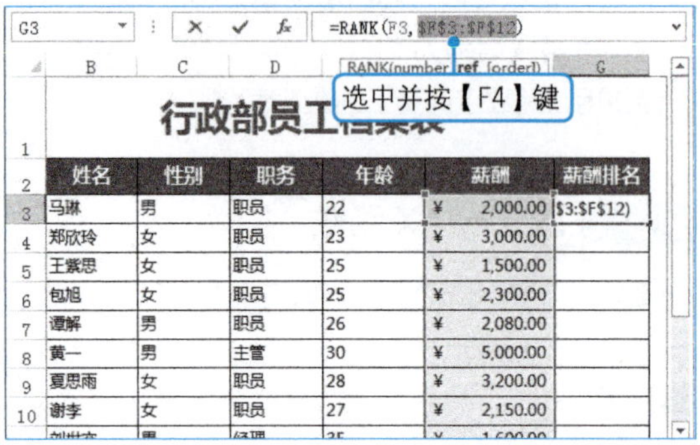

STEP 5 确认输入并返回结果

按【Ctrl+Enter】组合键，确认并返回计算结果。

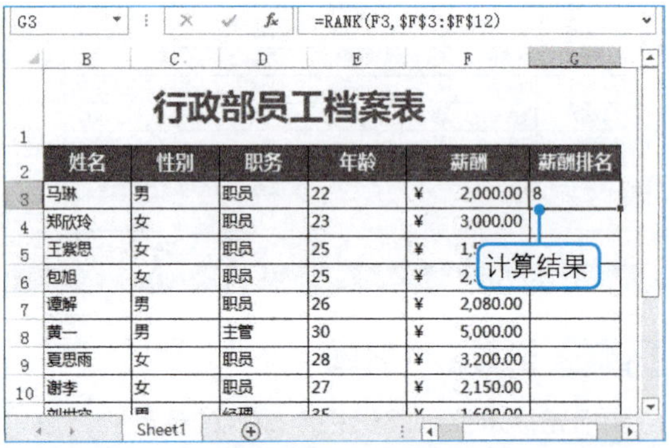

STEP 6 返回其他薪酬排名情况

拖动 G3 单元格的填充柄至 G12 单元格，快速将函数填充至下方的单元格，返回其他员工薪酬的排名情况。

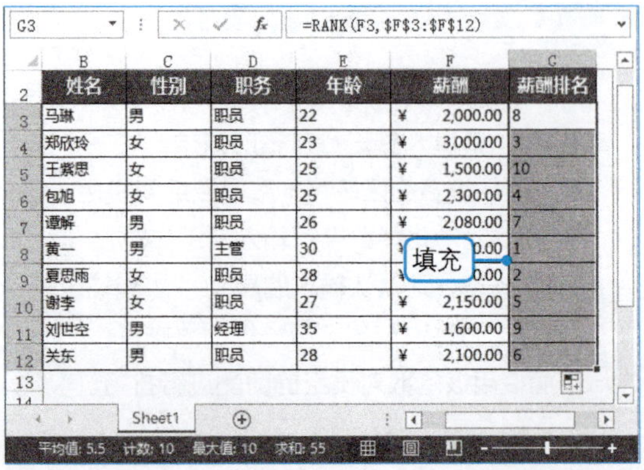

3.4 查找与引用函数

想要通过手动查找，在数据量庞大的表格中快速找到或引用某个单元格对应的数据是非常困难的。此时如果借助某类查找或引用函数，则能化繁为简，轻松得到需要的数据。

3.4.1 LOOKUP、VLOOKUP 和 HLOOKUP 函数

查找函数中，LOOKUP、VLOOKUP、HLOOKUP 这 3 个函数是非常有利的助手，可以满足对二维表格的各种查询操作。

1. LOOKUP 函数

LOOKUP 函数可从单行、单列区域或数组中查找出相应的数据。它具有向量形式和数组形式两种语法结构，这里主要介绍更常用的向量形式。

LOOKUP 函数的向量形式用于在单行区域或单列区域量中查找数值，再返回第 2 个单行区域或单列区域中相对应位置的数值，其语法结构为 LOOKUP(lookup_value,lookup_vector,result_vector)。

- lookup_value：需要搜索的值。
- lookup_vector：需要搜索的值所在的单元格区域。
- result_vector：需要返回的值所在的单元格区域。

配套资源

操作视频演示

模板文件 \ 第 3 章 \ 商品折扣表 .xlsx
效果文件 \ 第 3 章 \ 商品折扣表 .xlsx

STEP 1 输入 LOOKUP 函数

❶ 选中 B14 单元格；❷ 在编辑栏中输入“=LOOKUP()”。

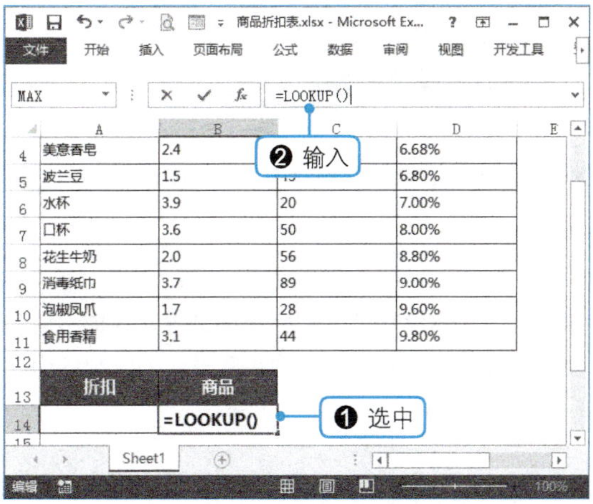

知识补充——搜索前应先排序

使用 LOOKUP 函数之前，应首先以搜索区域所在的数据为标准进行排序，且必须是升序排序，才能保证搜索到正确的结果。

STEP 2 指定查找的单元格

将鼠标光标定位到编辑栏中输入的括号内，选中 A14 单元格作为第 1 个参数，并以英文逗号结尾，表示将要搜索的就是该单元格中的数据。

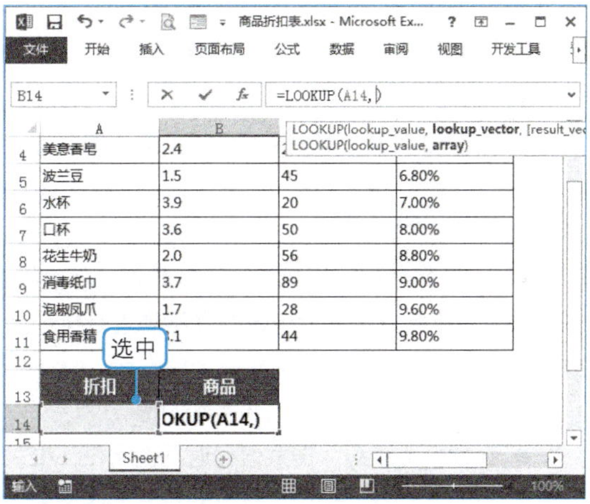

STEP 3 指定搜索的单元格区域

继续选中 D3:D11 单元格区域作为第 2 个参数，并以英文逗号结尾，表示该区域为搜索的区域，目的在于查找该区域内是否有数据与前面指定的查找单元格中的数据匹配。

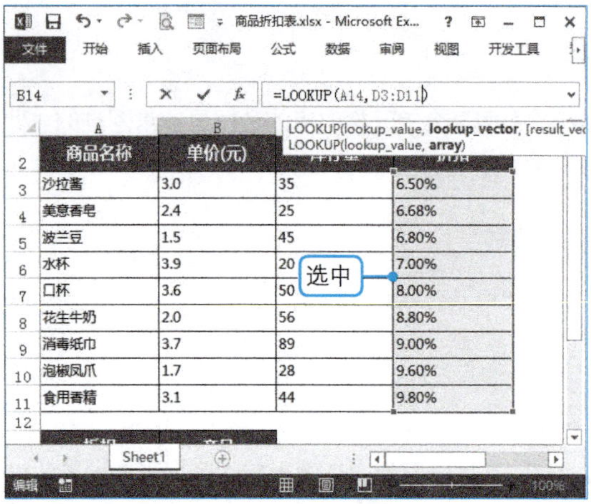

STEP 4 指定返回的单元格区域

继续选中 A3:A11 单元格区域作为第 3 个参数，表示如果查找到搜索区域有符合搜索的数值，则返回此区域中该数值对应的数值。

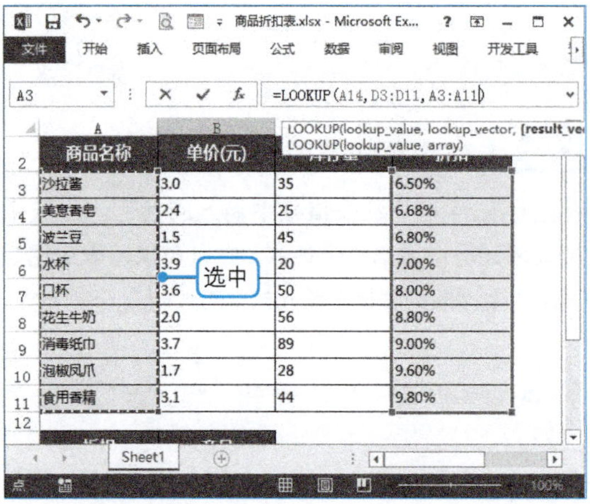

STEP 5 搜索商品

按【Ctrl+Enter】组合键确认输入，在 A14 单元格中输入“7%”，确认后便将返回对应的商品名称。

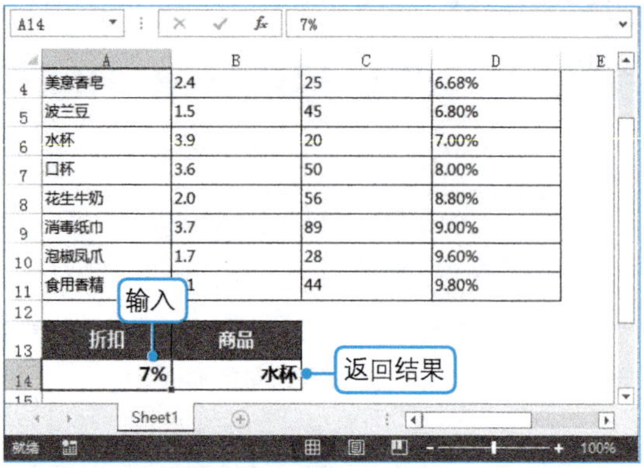

STEP 6 继续搜索商品

重新将 A14 单元格中的数据修改为 6.80%，确认后在 B14 单元格中又将自动返回该折扣对应的商品名称。

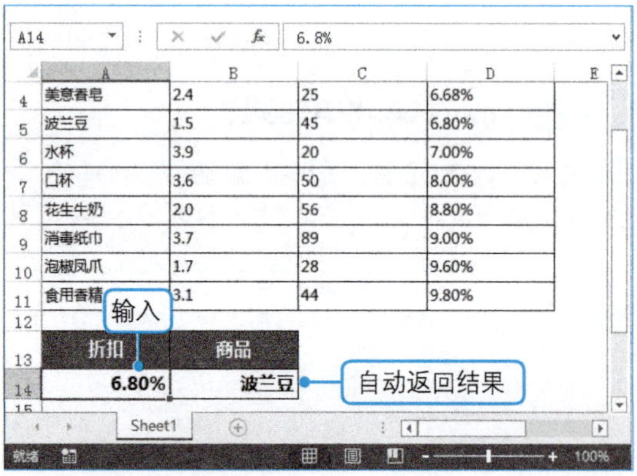

2. VLOOKUP 函数

LOOKUP 函数可按行或按列查找数据，但需要对数据进行升序排序后才能得到正确结果，这样不免有些麻烦。如果需要按列查找数据又不想进行排序操作，则可以利用 VLOOKUP 函数来实现，该函数的语法结构为 VLOOKUP(lookup_value,table_array,col_index_num,range_lookup)。

- **lookup_value**：需要搜索的值。
- **table_array**：搜索值和返回值所在二维表格的单元格区域，但不包括字段项目区域。
- **col_index_num**：设置的单元格区域中返回值所在的列号，例如选中的单元格区域一共 5 列，待返回的值在该区域的第 4 列，则此参数应设置为“4”。
- **range_lookup**：逻辑值（true 或 false），由于没有排序，一般用 false 来避免出现错误匹配。

配套资源

操作视频演示

模板文件 \ 第 3 章 \ 采购记录单 .xlsx
效果文件 \ 第 3 章 \ 采购记录单 .xlsx

STEP 1 输入 VLOOKUP 函数

❶ 选中 B12 单元格；❷ 在编辑栏中输入“=VLOOKUP()”。

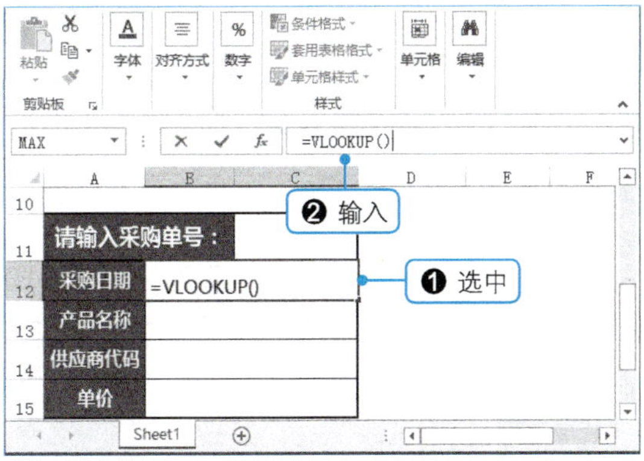

STEP 2 指定查找的单元格

将鼠标光标定位到编辑栏中输入的括号内，选中 C11 单元格作为第 1 个参数，并以英文逗号结尾，表示将要搜索的就是该单元格中的数据。

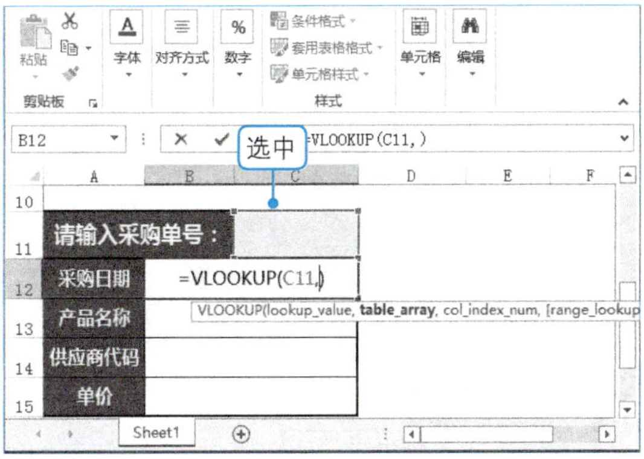

STEP 3 指定搜索的单元格区域

选中 A3:E9 单元格区域作为第 2 个参数，表示该区域为搜索的区域，然后输入英文逗号。

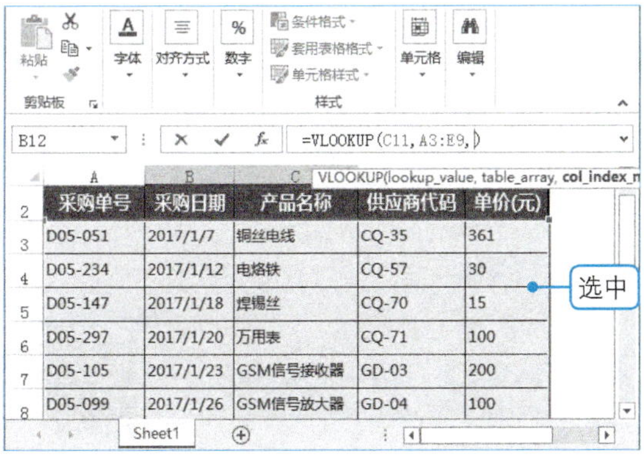

STEP 4 指定返回的单元格区域

❶ 输入第 3 个参数“2”，表示要返回的数据在前面指定的搜索区域中位于第 2 列；❷ 再次输入英文逗号，然后输入第 4 个参数“FALSE”。

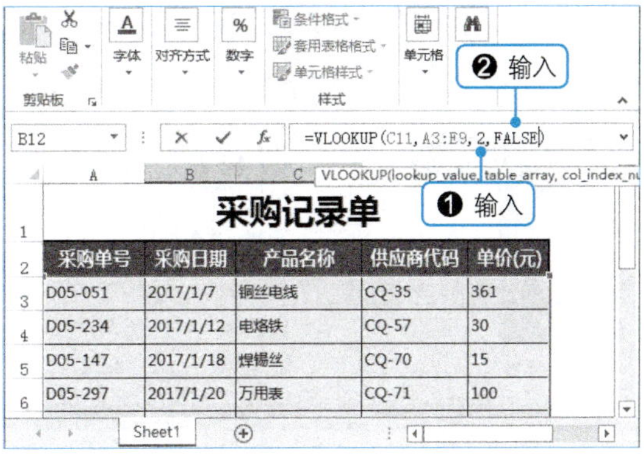

STEP 5 复制并修改函数

复制 B12 单元格中的所有函数内容，按【Enter】键确认输入。❶ 选中 B13 单元格；❷ 在编辑栏中粘贴函数，并将“2”修改为“3”，表示此单元格中返回的结果位于指定搜索区域的第 3 列。按【Enter】键确认输入。

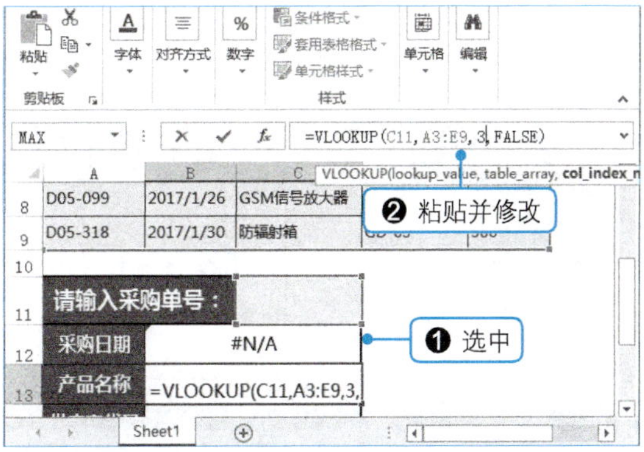

高手妙招——选择参数

当函数中的参数是固定的时，如只有 TRUE 和 FALSE 时，在输入“,”后，Excel 会弹出选择参数的下拉列表，双击所需的选项即可输入对应的参数，这样可以避免手动输入的麻烦并提高数据输入的正确性。

STEP 6 修改函数

❶ 选中 B14 单元格；❷ 在编辑栏中粘贴函数，并将

“2”修改为“4”，表示此单元格中返回的结果位于指定搜索区域的第 4 列。按【Enter】键确认输入。

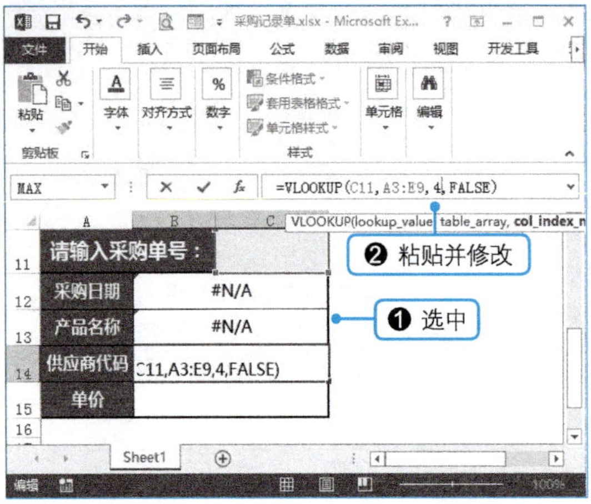

STEP 7 继续修改函数

❶选中 B15 单元格；❷在编辑栏中粘贴函数，并将“2”修改为“5”，表示此单元格中返回的结果位于指定搜索区域的第 5 列。按【Enter】键确认输入。

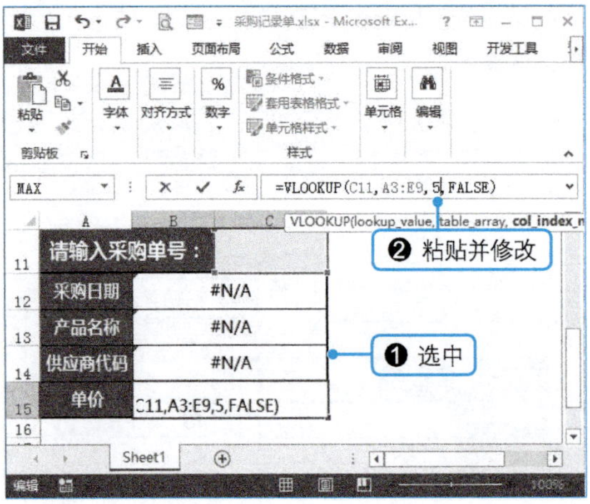

STEP 8 搜索结果

在 C11 单元格中输入采购单号，如“D05-318”，按【Ctrl+Enter】组合键确认，便可快速返回对应的采购日期、产品名称、供应商代码和单价等数据信息。

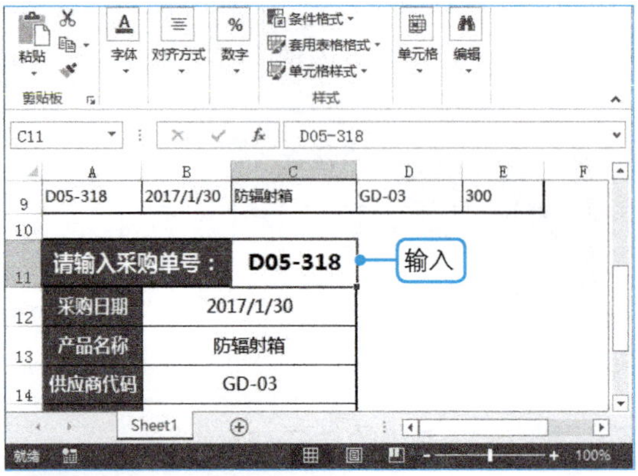

STEP 9 继续搜索结果

修改采购单号，按【Ctrl+Enter】组合键确认后又可返回该笔采购对应的相关数据信息。

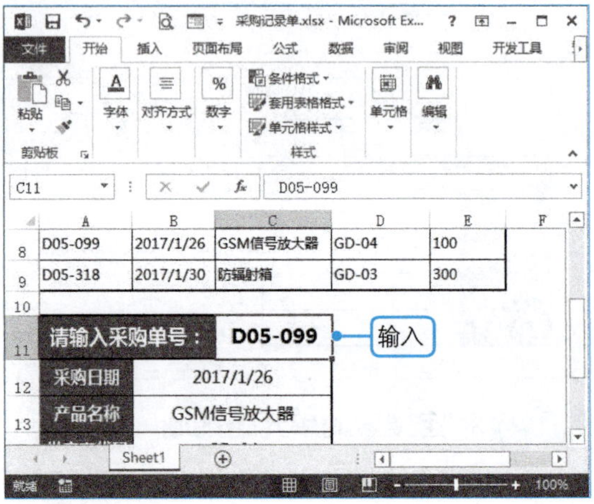

3. HLOOKUP 函数

HLOOKUP 函数与 VLOOKUP 函数的使用方法大致相似，只是搜索的方向不同。HLOOKUP 函数是按行搜索的，其语法结构为 HLOOKUP(lookup_value,table_array,row_index_num,range_lookup)。

- lookup_value：需要搜索的值。
- table_array：搜索值和返回值所在二维表格的单元格区域，但不包括字段项目区域。
- row_index_num：设置的单元格区域中返回值所在的行号，例如选中的单元格区域一共 3 行，待返回的值在该区域的第 2 行，则此参数应设置为“2”。

配套资源

操作视频演示

模板文件 \ 第 3 章 \ 成绩评定表 .xlsx
效果文件 \ 第 3 章 \ 成绩评定表 .xlsx

- range_lookup：逻辑值（true 或 false），由于没有排序，一般用 false 来避免出现错误匹配。

STEP 1 **输入 HLOOKUP 函数及其参数**

❶ 选中 B7 单元格；❷ 在编辑栏中输入“=HLOOKUP(A7,B2:K4,2,FALSE)”，表示搜索的目标为学生姓名，在学生成绩明细范围内搜索，需要返回的数据位于搜索范围第 2 行。

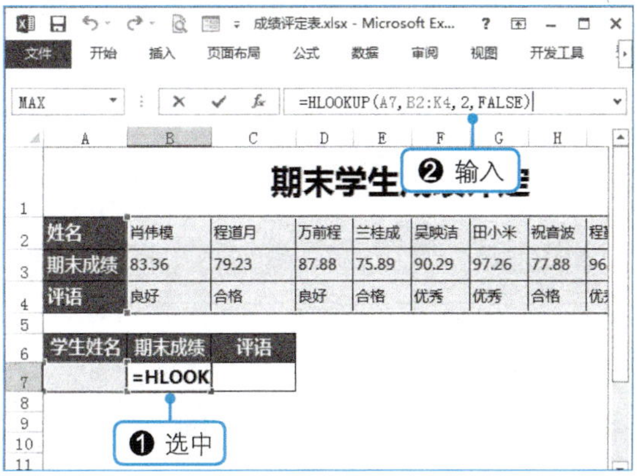

STEP 2 **复制并修改函数**

复制 B7 单元格编辑栏中的函数。❶ 选中 C7 单元格；❷ 在编辑栏中粘贴函数，并将“2”修改为“3”，表示此单元格中返回的结果位于搜索区域的第 3 行。

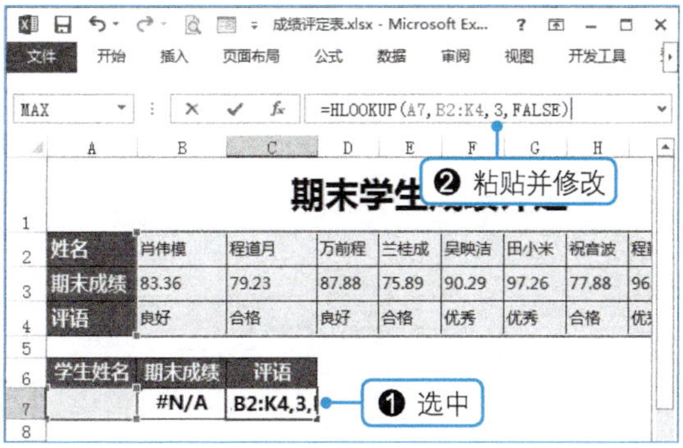

STEP 3 **搜索结果**

在 A7 单元格中输入学生姓名，如“万前程”按【Ctrl+Enter】组合键便可快速返回对应的成绩和评语。

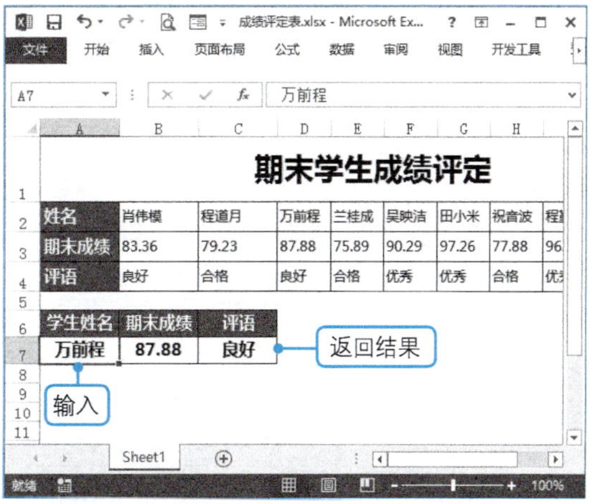

STEP 4 **继续搜索结果**

输入其他学生姓名，如“吴映洁”，按【Ctrl+Enter】组合键确认后又可返回该学生对应的成绩和评语。

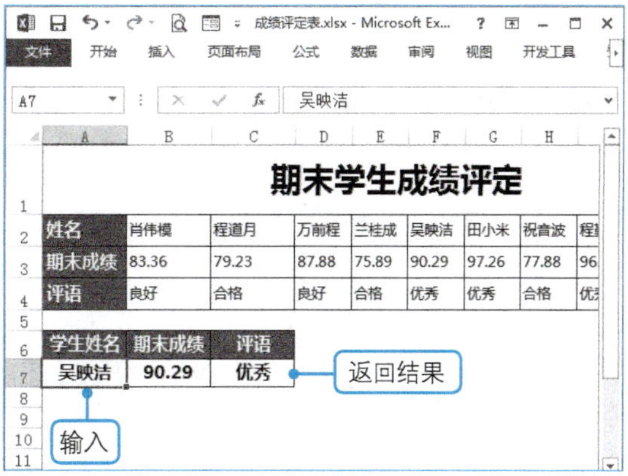

3.4.2 LEFT、RIGHT 和 MID 函数

LEFT、RIGHT 和 MID 函数可以引用单元格中的任意字符，这对于提取数据而言是非常有用的，例如从身份证号码中提取出生日期时，便可使用这类函数实现。

1. LEFT 函数

LEFT 函数可以提取单元格中从第 1 个字符开始到指定个数的字符串，其语法结构为 LEFT(text,num_chars)。

配套资源

操作视频演示

模板文件 \ 第 3 章 \ 绩效考核表 1.xlsx
效果文件 \ 第 3 章 \ 绩效考核表 1.xlsx

- text：指定需要提取字符的目标单元格。
- num_chars：指定需要提取的字符数量。如果省略此参数，则默认提取第 1 个字符；如果此参数的数字大于单元格中字符串数量，则提取整个字符串。

STEP 1 输入 LEFT 函数及其参数

①选中 D3:D12 单元格区域；②在编辑栏中输入“=LEFT(A3)="L"”，表示判断员工编号的第 1 个字符是否为“L”，为后面利用 IF 函数进行判断设置好条件。

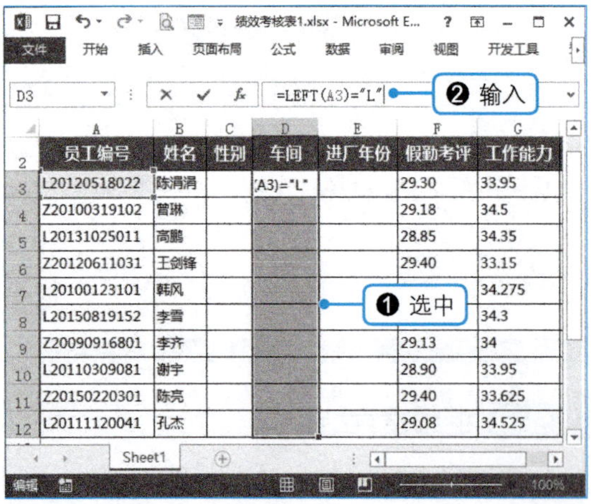

STEP 2 输入 IF 函数

继续在编辑栏中为已有的内容套用“=IF()”，使其作为 IF 函数的判断条件。

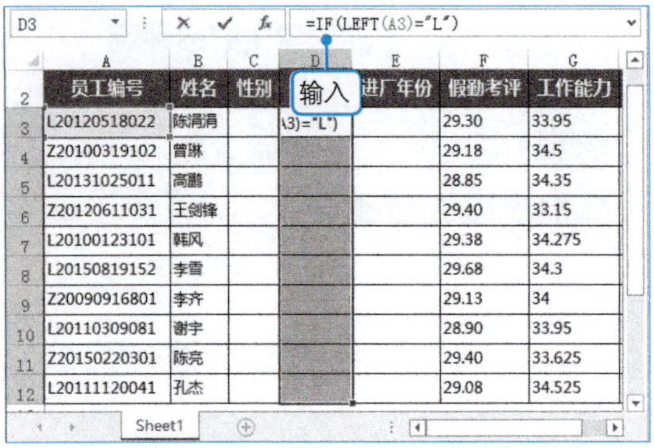

STEP 3 完善 IF 函数参数设置

输入 IF 函数的后两个参数“"冷却车间"”和“"组装车间"”，并用英文的逗号隔开，即表示条件为真时返回“冷却车间”，条件为假时返回“组装车间”。

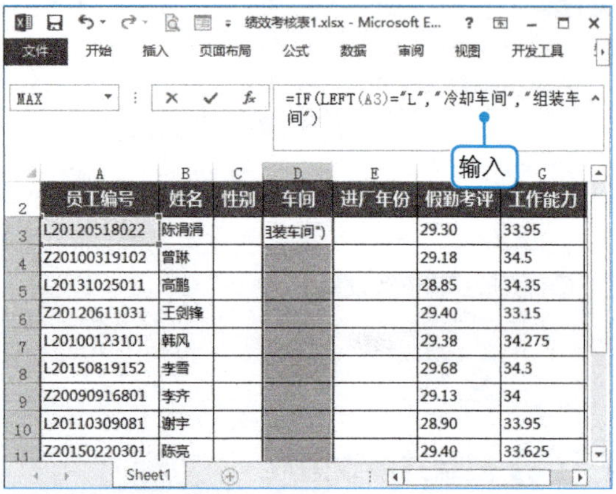

STEP 4 查看结果

按【Ctrl+Enter】组合键确认输入，系统会自动根据员工编号的第 1 个字符判断员工所在的车间。

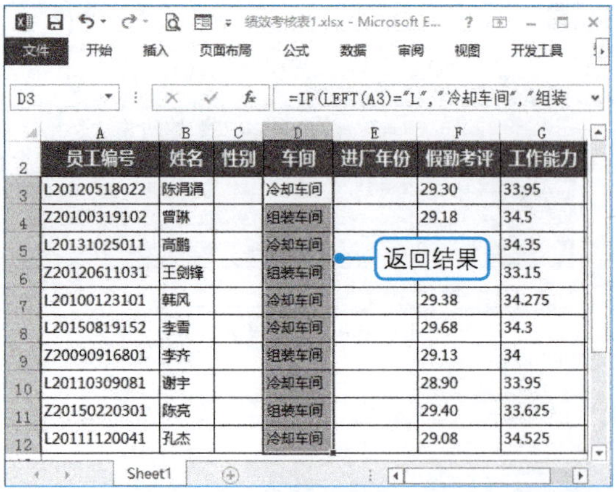

2. RIGHT 函数

RIGHT 函数可以提取单元格中从最后一个字符开始到指定个数的字符串，其语法结构为 RIGHT(text,num_chars)。

- text：指定需要提取字符的目标单元格。
- num_chars：指定需要提取的字符数量。如果省略此参数，则默认提取最后一个字符；如果此参数的数字大于单元格中字符串数量，则提取整个字符串。

配套资源

操作视频演示

模板文件 \ 第 3 章 \ 绩效考核表 2.xlsx
效果文件 \ 第 3 章 \ 绩效考核表 2.xlsx

STEP 1 输入 RIGHT 函数及其参数

❶ 选中 C3:C12 单元格区域；❷ 在编辑栏中输入“=RIGHT(A3)="1"”，表示判断员工编号的最后一个字符是否为“1”。

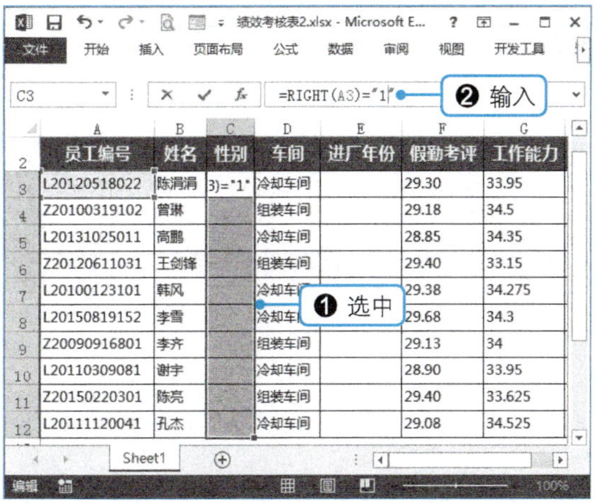

STEP 2 输入 IF 函数

继续在编辑栏中为已有的内容套用“=IF()”，使其作为 IF 函数的判断条件。

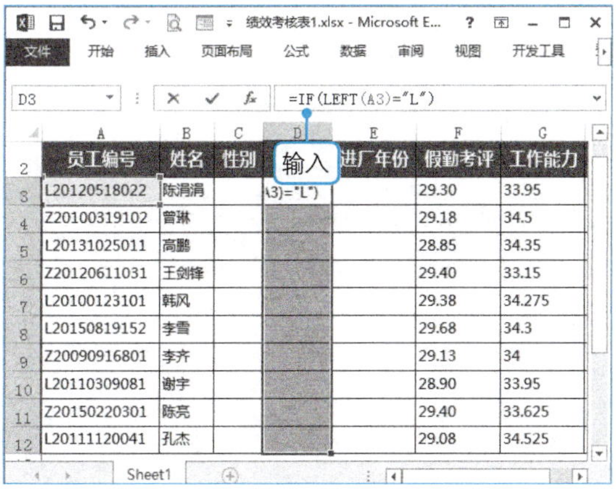

STEP 3 完善 IF 函数参数设置

输入 IF 函数的后两个参数“"男"”和“"女"”，并用英文的逗号隔开，表示条件为真时返回“男”，条件为假时返回“女”。

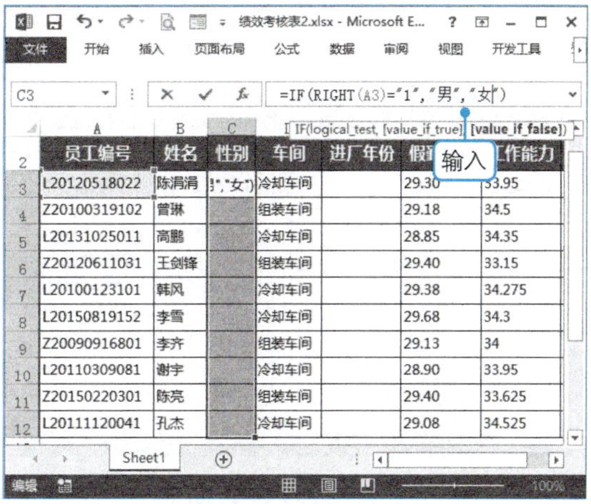

STEP 4 查看结果

按【Ctrl+Enter】组合键确认输入，系统会自动根据员工编号的最后一个字符判断员工的性别。

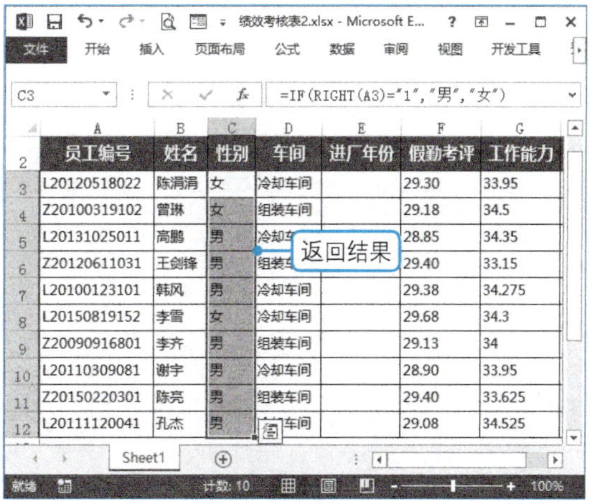

3. MID 函数

MID 函数可以提取单元格中从指定位置的字符开始到指定个数的字符串，其语法结构为 MID(text, start_num, num_chars)。

- text：指定需要提取字符的目标单元格。
- start_num：指定需要提取的第 1 个字符的位置。如果指定的位置大于单元格中字符的数量，则返回空值。
- num_bytes：指定需要提取的字符数量。

配套资源

操作视频演示

模板文件 \ 第 3 章 \ 绩效考核表 3.xlsx
效果文件 \ 第 3 章 \ 绩效考核表 3.xlsx

STEP 1 输入 MID 函数

❶选中 E3:E12 单元格区域；❷在编辑栏中输入“=MID()”。

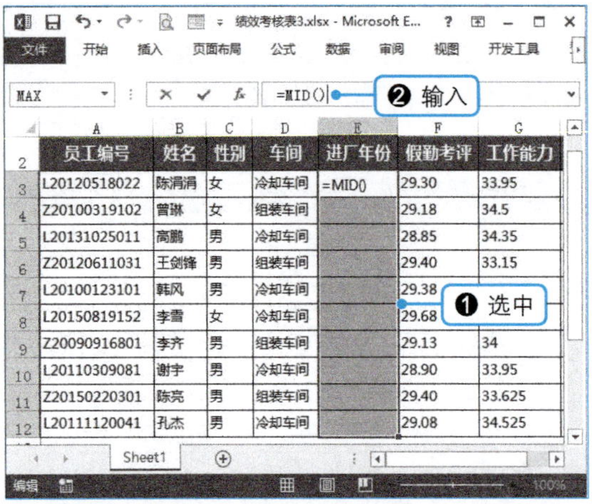

STEP 2 设置 MID 函数的参数

在括号内依次设置 MID 函数的 3 个参数为“A3”“2”和“4”，表示返回员工编号中从第 2 个字符开始，连续 4 个字符的内容。

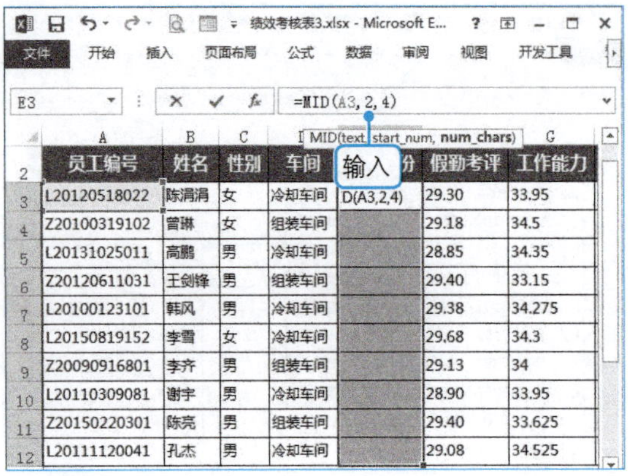

STEP 3 使用连接符

在 MID 函数后输入连接符“&”，以及连接的字符“"年"”，表示最终返回的结果为提取的 4 个字符与“年”这个字符。

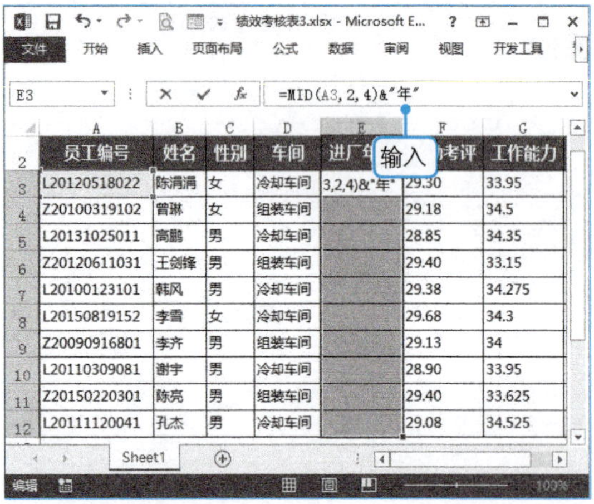

STEP 4 查看结果

按【Ctrl+Enter】组合键确认输入，系统会自动根据员工编号提取出每位员工的进厂年份。

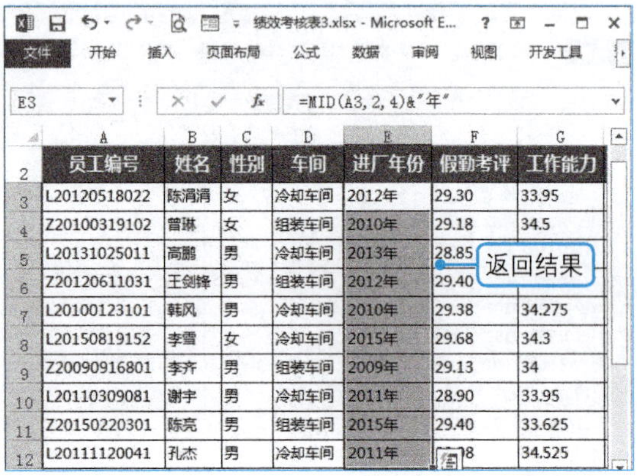

3.5 财务函数

使用 Excel 制作财务表格时，有可能会涉及比较复杂的财务运算，如计算固定资产折旧额，计算贷款利率等。此时，若使用 Excel 提供的财务函数，只需设置对应的参数便能快速且准确地完成计算。

3.5.1 折旧计算——SLN、DDB、SYD 函数

会计上会在每个会计期间对固定资产计提折旧，不同企业可能采用不同的计提方法。Excel 为了满足不同企业计提折旧的需要，也提供了多种计提折旧的函数，可根据自身需要选择使用。

1. SLN 函数

年限平均法是指将固定资产的应计折旧额均衡地分摊到固定资产预计使用寿命内的一种方法，它是最简单、最普遍的折旧方法，又称“直线法”或“平均法”。如果需要用这种方法对固定资产计提折旧，可使用 SLN 函数来完成，其语法结构为 SLN(cost, salvage, life)。

- cost：代表固定资产的原值。
- salvage：代表固定资产的残值。
- life：代表固定资产的使用寿命。

使用该函数计提固定资产折旧的效果如右图所示。

	A	B	C
1	数据	说明	
2	¥300,000	资产原值	
3	¥75,000	资产残值	
4	10	使用寿命	
5			
6	公式	说明	结果
7	=SLN(A2, A3, A4)	每年的折旧值	¥22,500

2. DDB 函数

双倍余额递减法是在固定资产使用年限最后两年的前面各年，用年限平均法折旧率的两倍作为固定的折旧率乘以逐年递减的固定资产期初净值，得出各年应提折旧额的方法；在固定资产使用年限的最后两年改用年限平均法，将倒数第 2 年初的固定资产账面净值扣除预计净残值后的余额在这两年平均分摊。如果需要用这种方法对固定资产计提折旧，可使用 DDB 函数来完成，其语法结构为 DDB(cost, salvage, life, period,factor)。

- cost：代表固定资产的原值。
- salvage：代表固定资产的残值。
- life：代表固定资产的使用寿命。
- period：代表折旧的时期，计算时它的单位必须与固定资产的使用寿命的单位一致。
- factor：代表余额递减速率，省略该参数则默认为 2（即双倍余额递减）。

使用该函数计提固定资产折旧的效果如下图所示。

	A	B	C
1	数据	说明	
2	¥24,000	资产原值	
3	¥3,000	资产残值	
4	10	使用寿命	
5			
6	公式	说明	结果
7	=DDB(A2,A3,A4*365,1)	用双倍余额递减法计算的第一天的折旧值，默认的系数为 2	¥13.2
8	=DDB(A2,A3,A4*12,1,2)	第一个月的折旧值	¥400.00
9	=DDB(A2,A3,A4,1,2)	第一年的折旧值	¥4,800.00
10	=DDB(A2,A3,A4,2,1.5)	第二年的折旧值，使用了1.5的余额递减速率，而不用双倍余额递减法	¥3,060.00
11	=DDB(A2,A3,A4,10)	第十年的折旧值，默认的系数为2	¥221.20

3. SYD 函数

年数总和法又称年限总和法，是将固定资产的原值减去残值后的净额乘以一个逐年递减的分数计算确定固定资产折旧额的一种方法。如果需要用这种方法对固定资产计提折旧，可使用 SYD 函数来完成，其语法结构为 SYD(cost, salvage, life, per)。

- cost：代表固定资产的原值。
- salvage：代表固定资产的残值。
- life：代表固定资产的使用寿命。
- per：代表折旧的时期，计算时它的单位必须与固定资产的使用寿命的单位一致。

使用该函数计提固定资产折旧的效果如右图所示。

	A	B	C
1	数据	说明	
2	¥300,000	资产原值	
3	¥75,000	资产残值	
4	10	使用寿命	
5			
6	公式	说明	结果
7	=SYD(A2,A3,A4,1)	第一年的折旧值	¥40,909.10
8	=SYD(A2,A3,A4,10)	第十年的折旧值	¥4,090.90

答疑解惑 ——period 和 per 是同一个参数吗?

period 和 per 是同一个参数，后者是前者的简写，代表的都是折旧的时期。在实际操作中，为了明确固定资产计提折旧的期间，对于一项使用寿命为 5 年的固定资产，将 period 或 per 设置为“2”，则表示第 2 年的折旧值。

3.5.2 投资与还款——PMT、CUMPRINC 函数

企业为实现利润最大化，可能会涉及各种投资和贷款操作，利用 Excel 提供的各种投资和还款函数，可以非常方便地计算投资额、还款额等对象。

1. PMT 函数

在固定利率和等额分期付款方式的前提下，使用 PMT 函数可快速计算出贷款人每期需向银行或其他金融机构付款的金额。PMT 函数的语法结构为 PMT(rate,nper,pv,fv,type)。

- **rate**：代表贷款利率，一般以年利率为基准。如果年利率为“2.1%”，则月利率为“2.1%/12”。
- **nper**：代表还款总期数，如 3 年、36 个月等，此参数必须与贷款利率的单位一致。
- **pv**：代表本金，也称为现值，即一系列未来付款额折现到当期日期的金额。
- **fv**：代表未来值，即在最后一次付款后希望得到的现金余额。省略该参数，则默认为“0”，即贷款的未来值是 0。
- **type**：代表付款时间，0 表示期末，1 表示期初，省略该参数，则默认为“0”。

使用该函数计算每期还款额的效果如下图所示。

	A	B	C
1	数据	说明	
2	3.26%	年利率	
3	8	贷款年限	
4	¥100,000	贷款金额	
5			
6	公式	说明	结果
7	=PMT(A2, A3, A4)	按年偿还的每期还款额	¥14,402.30
8	=PMT(A2/12, A3*12, A4)	按月偿还的每期还款额	¥1,184.80

知识补充 ——FV、PV、RATE 函数的使用

与 PMT 函数配套，Excel 还提供有 FV、PV、RATE 函数来分别计算未来值、本金和利率，这几个函数的参数与 PMT 函数的参数作用相同，语法结构分别为 FV(rate,nper,pmt,pv,type)、PV(rate, nper, pmt, fv, type)、RATE(nper, pmt, pv,fv,type,guess)。其中 RATE 函数中的 guess 参数代表预期利率，省略该参数则表示默认其值为 10%。

2. CUMPRINC 函数

使用 CUMPRINC 函数可快速计算出一段时间内需要为贷款累积支付的本金数额，其语法结构为：CUMPRINC(rate,nper,pv,start_period,end_period,type)。其中，start_period 和 end_period 两个参数分别代表付款的首期和最后一期。使用该函数计算累计支付的本金数额的效果如下图所示。

数据	说明	
9.00%	年利率	
30	贷款期限	
¥125,000	现值	
公式	说明	结果
=CUMPRINC(A2/12,A3*12,A4,13,24,0)	该笔贷款在第二年偿还的全部本金之和（第13期到第24期）	¥934.11
=CUMPRINC(A2/12,A3*12,A4,1,1,0)	该笔贷款在第一个月偿还的本金	¥68.28

3.6 疑难解答

问题一 ➔ 如果公式中存在多种运算符时，那么 Excel 中应按照什么顺序计算？

● **答：** 这涉及运算符优先顺序的问题。默认情况下，如果出现同一种级别的运算符，Excel 会从左到右依次计算。但如果存在多种运算符，则按运算符的优先顺序进行计算，具体顺序如下。

“:”（引用运算符）>“ ”（空格）>“,”（逗号）>“-”（负号）>“%”（百分号）>“^”（乘方）>“*”（乘号）和“/”（除号）>“+”（加号）和“-”（减号）>“&”（连接符）> 比较运算符

如果想改变运算顺序，只需为其添加小括号即可。比如 =3+5/2，默认先算除法再算加法，要想先算加法，可更改为 =(3+5)/2。

问题二 ➔ 只是想查看某个单元格区域之和时，仍然需要建立公式，查看完后再删除吗？

● **答：** 如果仅需要查看某个单元格区域中的总和、平均值、数量、最大值、最小值等基础数据，则可直接通过状态栏查看，无需建立公式或函数。其方法为选中单元格区域，状态栏中同步显示对应区域的相关数据。如果没有显示，可在状态栏上单击鼠标右键，在弹出的快捷菜单中选择相应的计算选项，即可显示到状态栏上。

问题三 ➔ 为什么使用 PMT 函数时，得到的计算结果为负数，并显示为红色？

● **答：** Excel 中默认将这种每期还款额等代表支出结果的函数设置为负数红色显示。如果不想以负数的方式返回结果，可以在设置函数时，在“=”后面添加负号“-”，或在某个函数参数前面添加负号“-”，从而人为地将结果调整为正数显示的模式。

Excel

第 4 章

打印与输出 Excel 表格

❖ 本章导读

Excel 表格制作完成后，可以通过打印或其他输出方式，将电子表格转换成纸质表格，或者将 Excel 格式的表格转换为其他格式的表格，最终目的就是最大化共享 Excel 的资源，使其制作出的表格可以供其他平台和软件使用。本章就将对打印 Excel 表格和输出 Excel 表格的方法进行详细介绍。

本章知识结构概览表

页面设置	（1）设置页边距 （2）设置页面纸张 （3）设置页眉和页脚 （4）插入与调整分页符
打印设置与打印	（1）设置打印区域 （2）设置打印标题 （3）设置其他打印参数 （4）打印表格数据
Excel 表格数据的输出与保护	（1）将 Excel 表格输出到 Word 和 PPT （2）将 Excel 表格输出为 PDF 文档 （3）将 Excel 表格共享使用 （4）保护 Excel 表格数据

4.1 页面设置

打印 Excel 表格之前，应当检查表格页面的布局和格式安排是否合理，这直接关系到表格的实用性和美观性。在 Excel 中通过页面设置就能轻松控制和调整页面，如调整页边距、设置页面方向、设置纸张大小、添加页眉和页脚、插入分页符等。

4.1.1 设置页边距

页边距即表格数据与纸张四周的距离，通过对页边距进行设置，可以使打印出来的工作表在纸张中处于理想位置。页边距的设置方法为：打开需调整页边距的表格文件，在【页面布局】/【页面设置】组中单击“页边距”按钮，在弹出的下拉列表中选择某个预设选项即可，如下图所示。各个选项的含义分别如下。

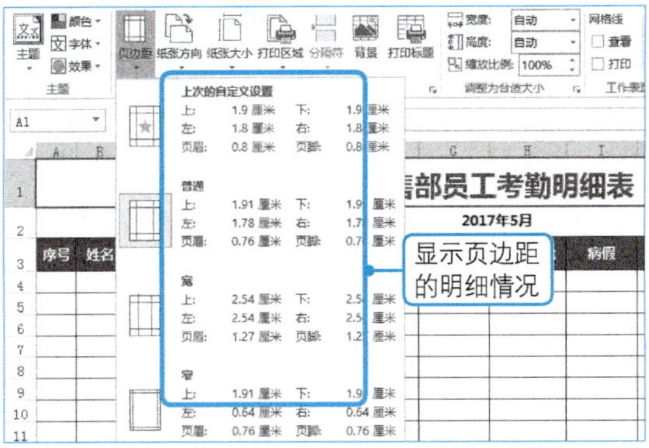

- **上次的自定义设置：**应用最近一次自行定义的页边距参数设置。
- **普通：**应用 Excel 默认的标准页边距参数设置。
- **宽：**应用页边距区域较大、数据表格区域较小的参数设置。
- **窄：**应用页边距区域较小、数据表格区域较大的参数设置。

如果 Excel 默认的页边距参数不能满足需要，可以自行对页边距参数进行精确设置。下面以调整业绩统计表的页边距为例，介绍自定义页边距参数的方法。

配套资源

操作视频演示

模板文件 \ 第 4 章 \ 业绩统计表 .xlsx
效果文件 \ 第 4 章 \ 业绩统计表 .xlsx

STEP 1 启用自定义边距功能

打开“业绩统计表 .xlsx”文件，在【页面布局】/【页面设置】组中单击“页边距”按钮，在弹出的下拉列表中选择“自定义边距”命令。

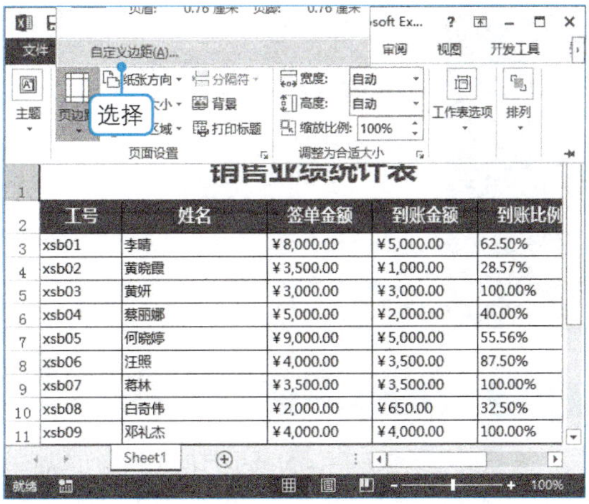

STEP 2 设置上边距和水平居中方式

❶打开“页面设置”对话框的“页边距”选项卡，在“居中方式”栏下选中“水平”复选框，使表格在页面水平方向居中；❷将上边距的数值设置为“3”，增加上边距的区域范围；❸单击“确定”按钮。

高手妙招——直接调整页边距

单击 Excel 操作界面中的“文件”选项卡，选择左侧的“打印”选项，然后单击右下角左侧的“显示边距”按钮，可通过拖动黑色控制点调整表格页边距和页眉页脚位置。

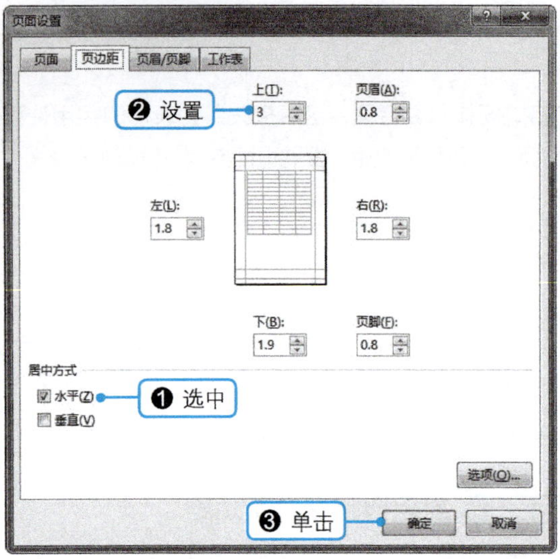

STEP 3 打印预览

单击“文件”选项卡，选择左侧的“打印”选项。

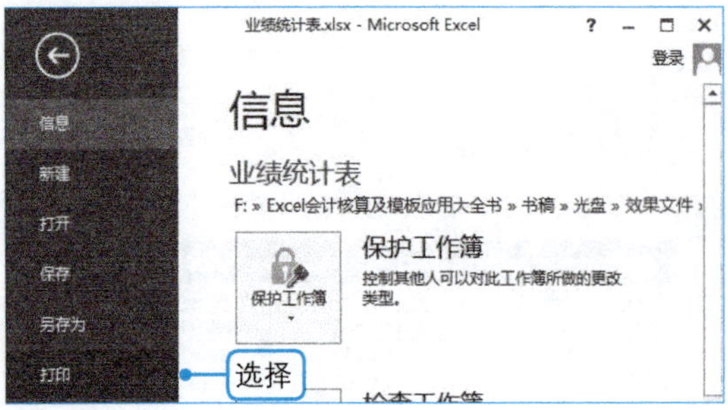

STEP 4 预览打印效果

此时界面中将显示表格数据在页面中的位置，通过反复设置页边距和预览效果，确定最终的页边距。

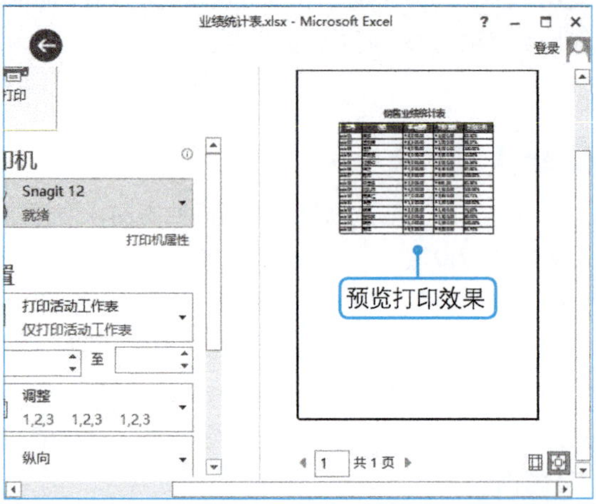

高手妙招——添加“打印预览”按钮

单击 Excel 操作界面上方快速访问工具栏右侧的下拉按钮，在弹出的下拉列表中选择“打印预览和打印”按钮，可将该按钮添加到快速访问工具栏中，直接单击该按钮便可进入打印和预览界面。

4.1.2 设置页面纸张

设置页面纸张包括设置纸张方向（横向、纵向）和纸张大小两项内容，设置方法也很简单，在【页面布局】/【页面设置】组中单击“纸张方向”按钮，在弹出的下拉列表中选择对应的方向选项即可；单击“纸张大小”按钮，在弹出的下拉列表中选择 Excel 预设的纸张尺寸，若选择“其他纸张大小”命令，将打开下图所示的对话框，在“纸张大小”下拉列表框中有更多的纸张尺寸可供选择。

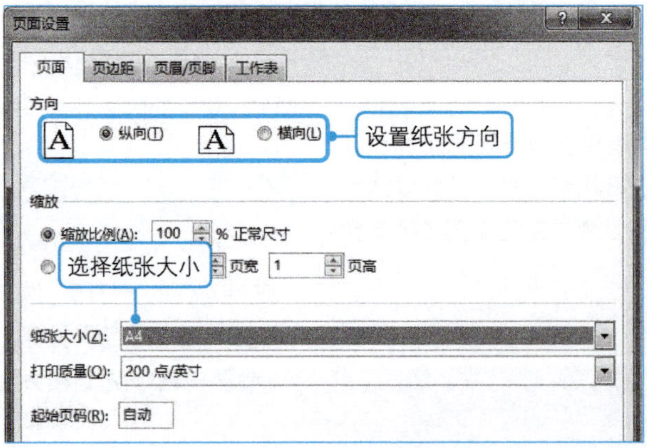

4.1.3 设置页眉和页脚

页眉和页脚可以辅助显示表格信息，如表格制作人、制作单位、日期、页码等。Excel 提供了多种插入与设置页眉和页脚的方法。

1. 插入预设的页眉和页脚

如果需要插入的页眉页脚内容恰好是 Excel 预设的内容，则可直接通过选择适用的方式快速为表格添加页眉和页脚对象。

配套资源

操作视频演示

模板文件 \ 第 4 章 \ 客服管理表 .xlsx
效果文件 \ 第 4 章 \ 客服管理表 1.xlsx

STEP 1 启用页面设置功能

打开“客服管理表 .xlsx”文件，单击【页面布局】/【页面设置】组中的“更多”按钮。

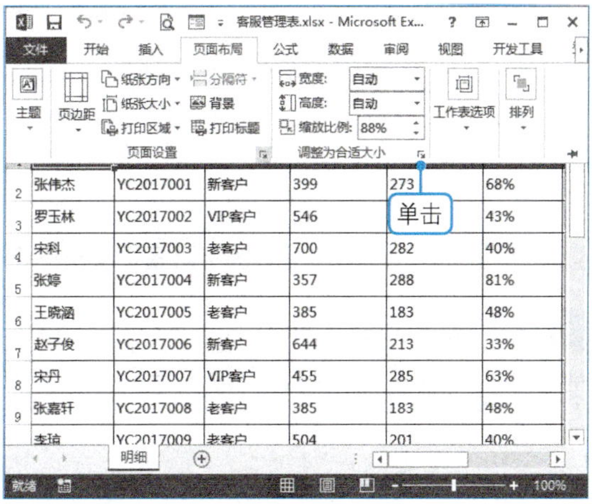

STEP 2 选择页眉和页脚

❶打开“页面设置”对话框，单击“页眉 / 页脚”选项卡；❷在“页眉”下拉列表框中选择“客服管理表 .xlsx”选项；❸在“页脚”下拉列表框中选择“第 1 页，共? 页”选项；❹单击“确定”按钮即可为表格添加选择的页眉和页脚。

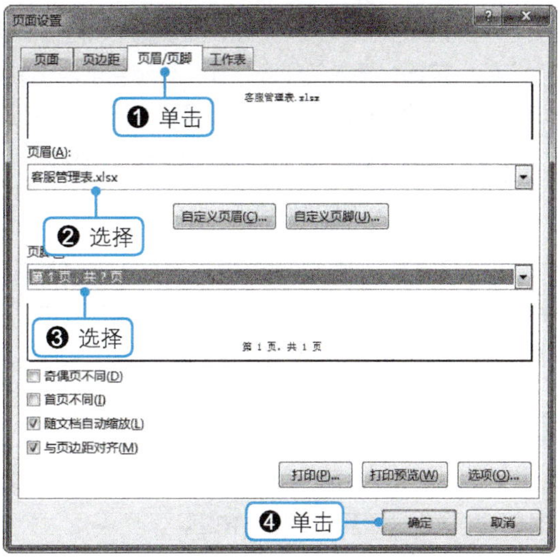

2. 自行设计页眉和页脚

系统预设的页眉和页脚无法满足需要时，可通过自定义页眉和页脚的方法设计页眉和页脚。自行设计页眉和页脚的方法为在“页面设置”对话框中单击“自定义页眉”或“自定义页脚”按钮，在打开的对话框中将插入光标定位到页眉或页脚的某个区域，然后利用上方的各个按钮插入对应的对象即可。下图为自定义页眉的对话框，它将页眉分为了 3 个区域（页脚类似），将插入光标定位到某个区域后，单击上方的某个按钮即可在该页眉区域插入对象。其中，各按钮的作用分别如下。

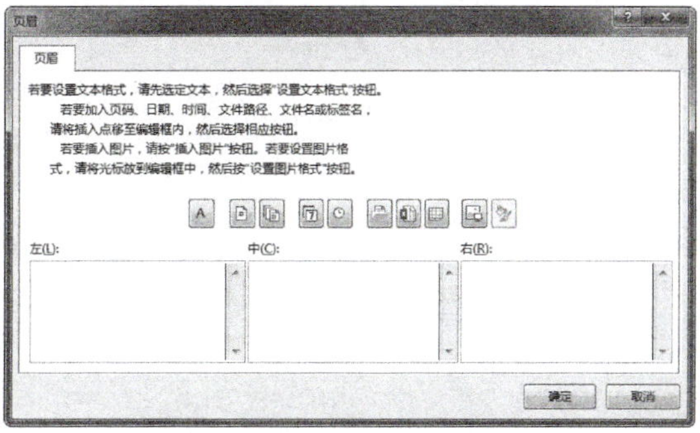

- **A 按钮：**可在打开的对话框中设置文本格式，如字体、字号、字形、颜色等。
- **按钮：**插入页码，显示当前页面是第几页。

- 按钮：插入页数，显示当前表格数据的总页数。
- 按钮：插入日期，显示当前系统中的年、月、日信息。
- 按钮：插入时间，显示当前系统中的时、分、秒信息。
- 按钮：插入文件路径，显示此 Excel 工作簿文件的存放位置和文件名称。
- 按钮：插入文件名称，显示此 Excel 工作簿文件的名称。
- 按钮：插入工作表名称，显示当前表格数据所在工作表的标签名称。
- 按钮：插入图片，在计算机中选择图片插入到页眉中，如企业标志等可以通过图片方式插入。
- 按钮：设置图片格式，调整图片的位置、大小等属性，只有插入了图片后此按钮才能使用。

3. 手动输入页眉和页脚

当上述两种方式都不能满足对页眉和页脚内容的需求时，用户可以直接进入页眉和页脚编辑状态，按需要手动输入并设置页眉和页脚内容。

STEP 1 插入页眉和页脚

打开“客服管理表.xlsx”模板文件，在【插入】/【文本】组中单击“页眉和页脚”按钮。

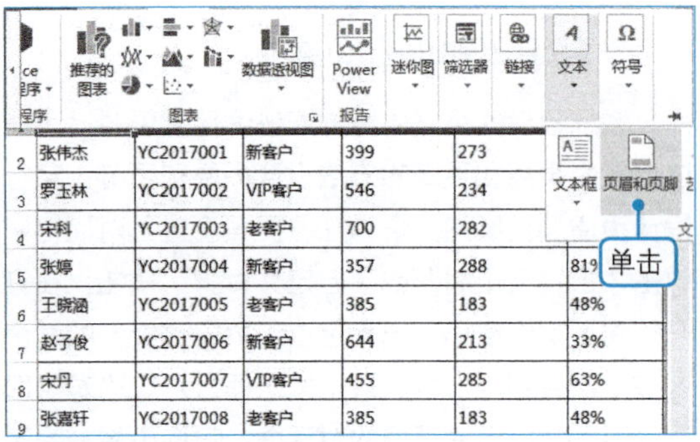

STEP 2 输入公司名称

进入页眉和页脚编辑状态，单击页眉左侧的区域，输入公司名称。

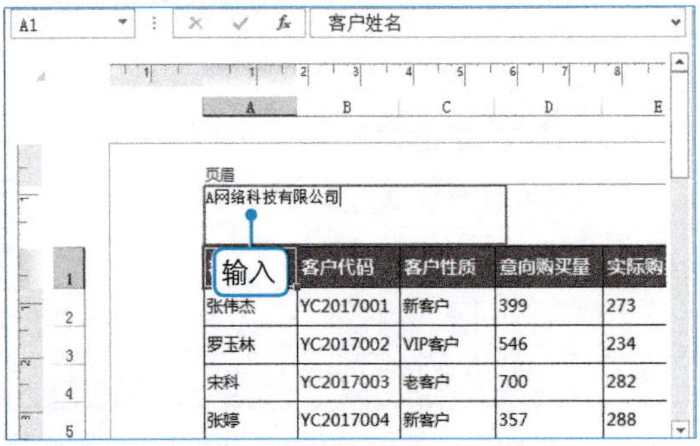

STEP 3 输入文件名称

单击页眉中间的区域，输入文件名称。

配套资源

操作视频演示

模板文件\第 4 章\客服管理表.xlsx

效果文件\第 4 章\客服管理表 2.xlsx

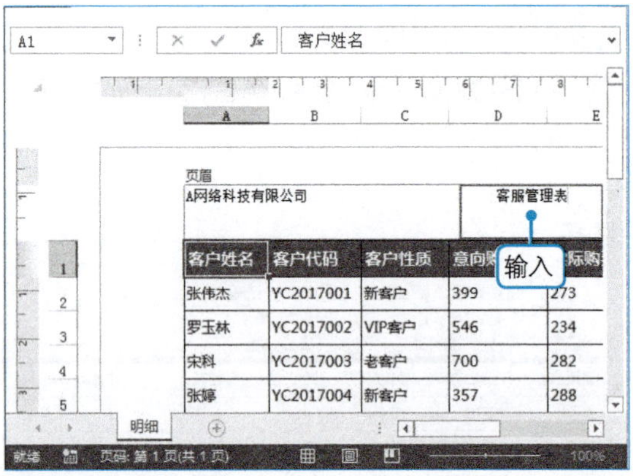

STEP 4 输入制表人姓名

单击页眉右侧的区域，输入制表人姓名。

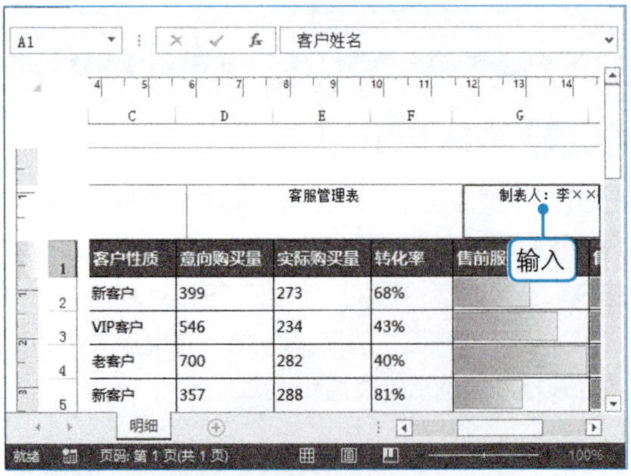

STEP 5 设置页眉文本格式

依次选中页眉 3 个区域中的文本，按【Ctrl+B】组合键加粗字体。

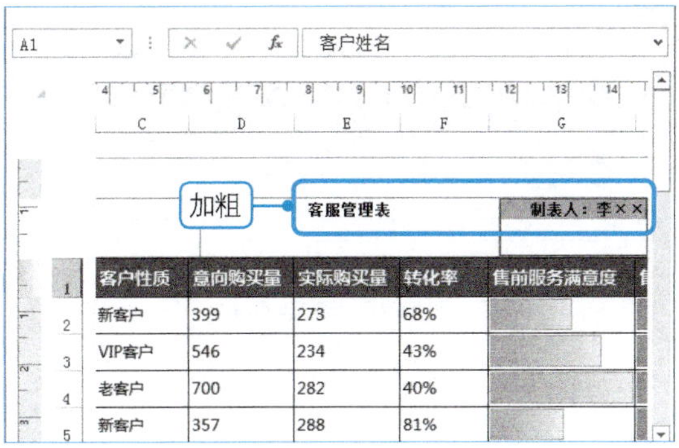

STEP 6 定位到页脚区域

单击表格下方页脚的中间区域，将光标定位到其中。

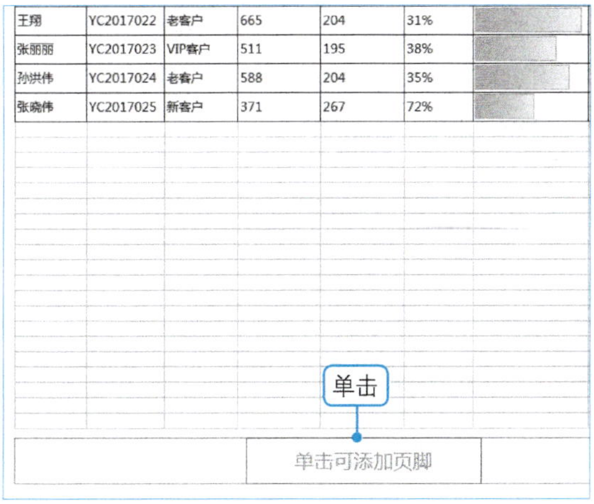

STEP 7 插入页码

在【页眉和页脚工具 设计】/【页眉和页脚元素】组中单击“页码”按钮，表示在当前页脚区域插入页码。

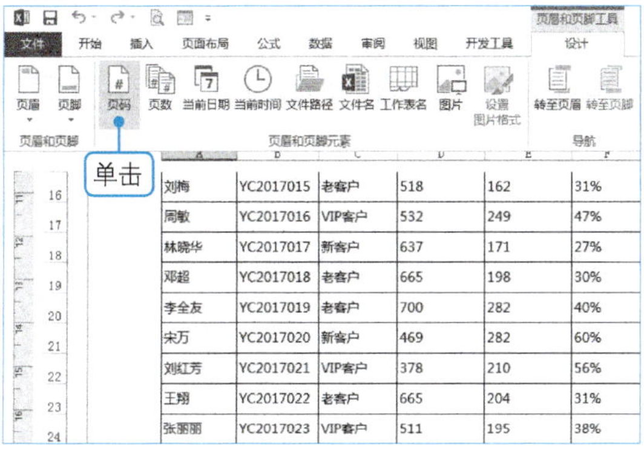

STEP 8 插入页数

继续在【页眉和页脚工具 设计】/【页眉和页脚元素】组中单击“页数”按钮，在当前页脚区域插入页数。

STEP 9 输入辅助文本

在当前页脚区域中输入辅助文本，使页脚内容在打印后可以显示“第 × 页 / 共 × 页”的效果，并加粗输入的文本。

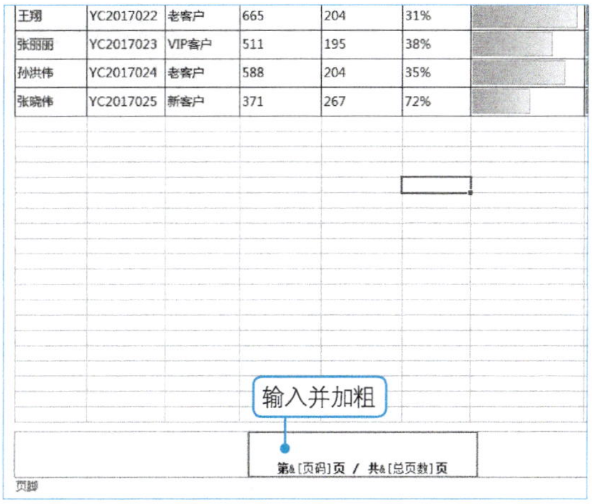

STEP 10 退出页眉和页脚编辑状态

完成页眉和页脚的编辑后，在【视图】/【工作簿视图】组中单击“普通”按钮，即可退出页眉和页脚编辑状态，切换回普通视图模式。

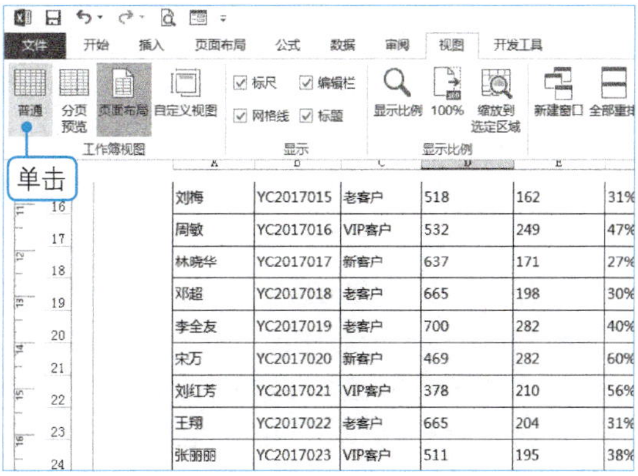

STEP 11 预览页眉和页脚效果

进入打印预览界面，此时表格上下方将显示设置的页眉和页脚内容。

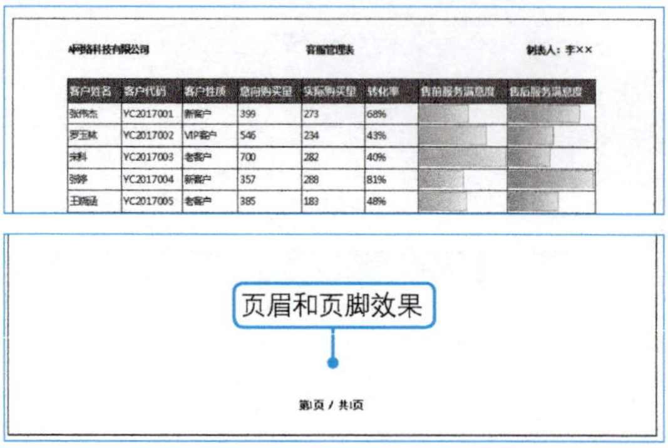

高手妙招 ——快速进入页眉和页脚编辑状态

直接在【视图】/【工作簿视图】组中单击“页面布局”按钮，也可进入页眉和页脚编辑状态。

4. 删除页眉和页脚

当不需要页眉和页脚时，也可将其从表格中删除，方法有两种，一是进入页眉和页脚编辑状态，手动逐一删除各个区域中的页眉和页脚数据。另一种更为简便，只需打开“页面设置”对话框，单击“页眉/页脚”选项卡，在“页眉”下拉列表框中和“页脚”下拉列表框中均选择“(无)”选项，如下图所示。

4.1.4 插入与调整分页符

分页符可以将表格数据分页显示，这在数据较多或需要控制每页显示的内容时是非常有用的。下面介绍在 Excel 中插入分页符和控制页面分页的方法。

1. 插入分页符

Excel 中的分页符有两种，一种是水平分页符，可以按行分页；一种是垂直分页符，可以按列分页。插入分页符的方法：在【页面布局】/【页面设置】组中单击“分隔符”按钮，在弹出的下拉列表中选择“分页符”选项即可。由于分页符有水平和垂直两种，因此插入分页符之前，应根据需要正确选择单元格，这样才能插入所需的分页符，具体有以下几种情况。

- **只需要插入水平分页符：**选中某一行最左侧的单元格，将在所选单元格上方插入分页符。
- **只需要插入垂直分页符：**选中某一列最上方的单元格，将在所选单元格左侧插入分页符。
- **同时插入水平分页符和垂直分页符：**选中除第一行和第一列以外的其他单元格，将在所选单元格上方插入水平分页符，并同时在该单元格左侧插入垂直分页符。

2. 控制页面分页

在默认视图模式下插入分页符后，分页符将呈虚线的样式显示，即不明显，也无法调整其位置。此时可以在分页预览视图模式下，直观地查看和控制页面分页。

STEP 1 插入分页符

❶打开“销量统计表.xlsx”模板文件，选中 B5 单元格；❷在【页面布局】/【页面设置】组中单击“分隔符”按钮，在弹出的下拉列表中选择“插入分页符”选项。

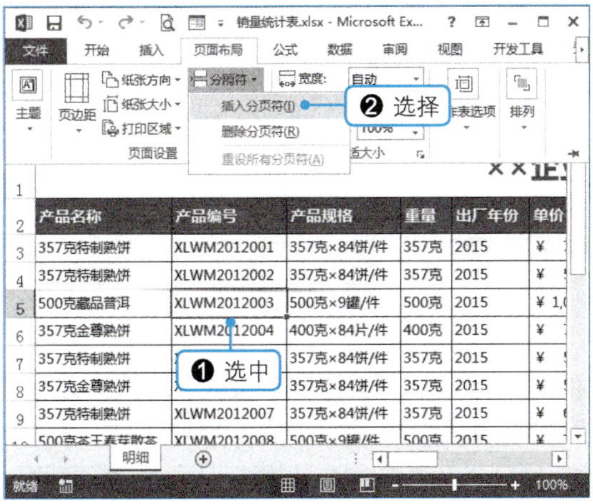

STEP 2 进入分页预览模式

在【视图】/【工作簿视图】组中单击“分页预览”按钮，进入分页预览视图模式。

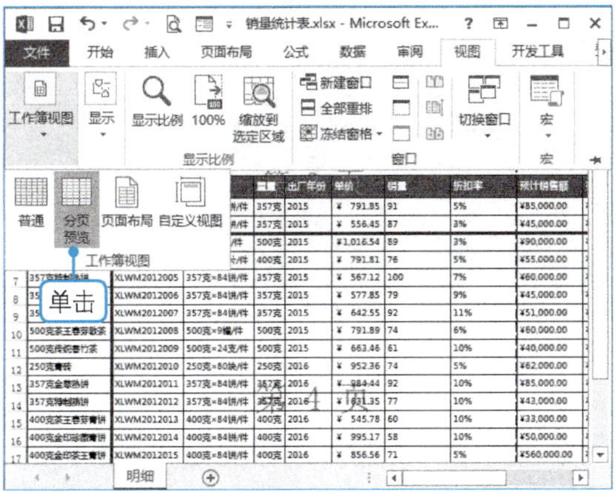

STEP 3 查看分页情况

此时将显示两条实线分页和 1 条虚线分页符，其中，

配套资源

操作视频演示

模板文件 \ 第 4 章 \ 销量统计表 .xlsx
效果文件 \ 第 4 章 \ 销量统计表 .xlsx

虚线分页符代表 Excel 根据表格宽度自动插入的分页符。3 条分页符将整个表格数据分为了 6 个区域，即 6 页，每个区域以灰色文字显示了页面顺序。

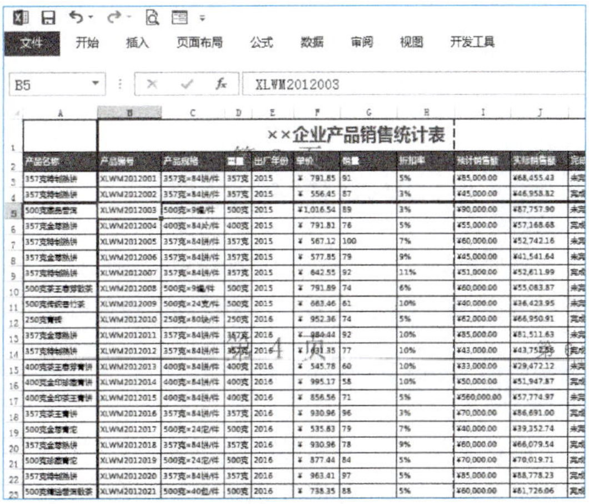

STEP 4 删除虚线分页符

拖动虚线分页符至最右侧，即可将该分页符从表格区域中删除。

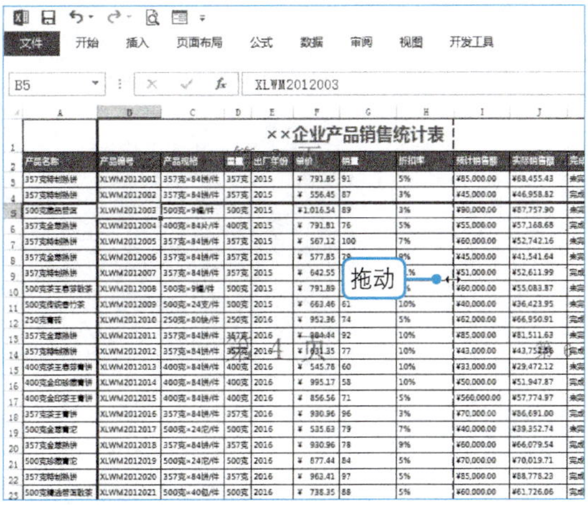

STEP 5 调整水平分页符位置

拖动水平分页符至第 10 行和第 11 行之间，表示将在第 10 行后对数据进行分页处理。

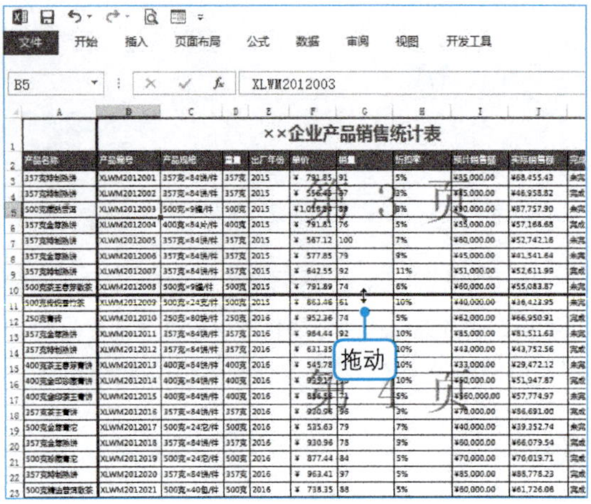

STEP 6 调整垂直分页符位置

拖动垂直分页符至第 F 列和第 G 列之间，表示将在第 F 列后对数据进行分页处理。

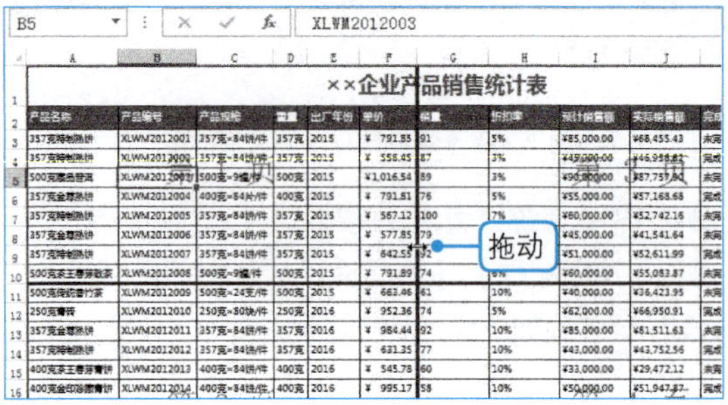

4.2 打印设置与打印

数据表格在进行页面设置后，就应当根据实际需要继续完成打印设置，并执行打印操作。打印设置主要指的是打印区域的设置、打印标题的设置以及打印参数的设置等。

4.2.1 设置打印区域

默认情况下， Excel 会打印当前工作表中的所有表格数据。如果只需要打印其中的部分数据，可指定打印区域，从而只打印出该区域对应的数据。设置打印区域的方法：选中需要打印的表格数据区域，在【页面布局】/【页面设置】组中单击“打印区域”按钮，在弹出的下拉列表中选择“设置打印区域”选项即可，如下图所示。若选择“取消打印区域”命令，则可取消设置的打印区域。

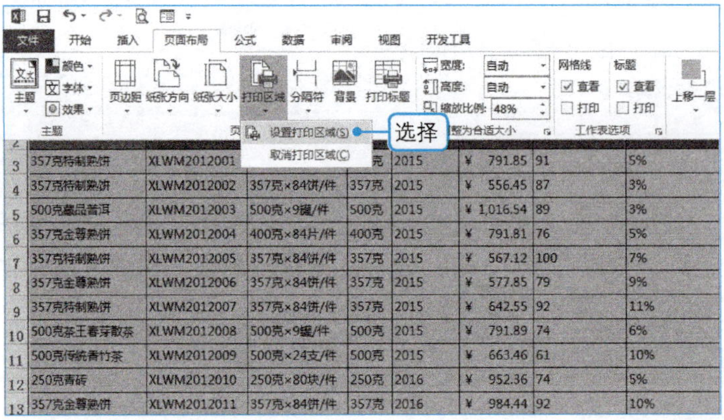

4.2.2 设置打印标题

一般情况下，数据表格只有一行字段项目，如果表格数据涉及多个页面时，打印出来的表格数据从第 2 页开始就不会显示字段项目了，这样不便于了解数据对应的项目。要解决这个问题，可以将字段项目设置为打印标题，从而使其以标题的形式出现在每一个页面的行首。

配套资源

操作视频演示

模板文件 \ 第 4 章 \ 绩效考核表 .xlsx
效果文件 \ 第 4 章 \ 绩效考核表 .xlsx

STEP 1 设置打印标题

打开“销量统计表.xlsx”模板文件，在【页面布局】/【页面设置】组中单击“打印标题”按钮。

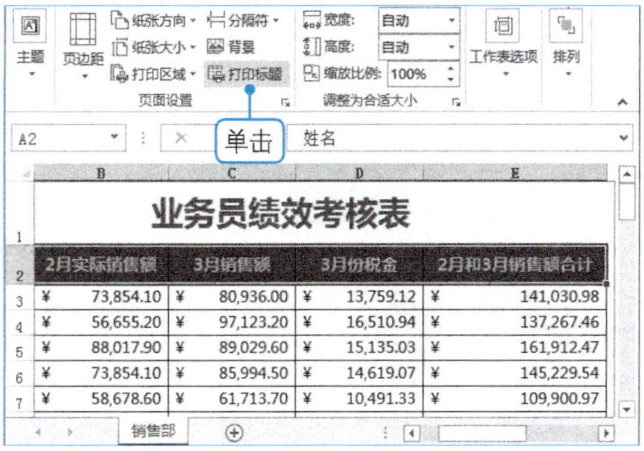

STEP 2 指定标题行

❶打开“页面设置”对话框的“工作表”选项卡，单击“顶端标题行”文本框，选中表格中的第 2 行单元格区域；❷单击“确定”按钮。

STEP 3 预览表格效果

进入到打印预览界面，此时第 1 页显示的内容正确无误，单击“下一页”按钮。

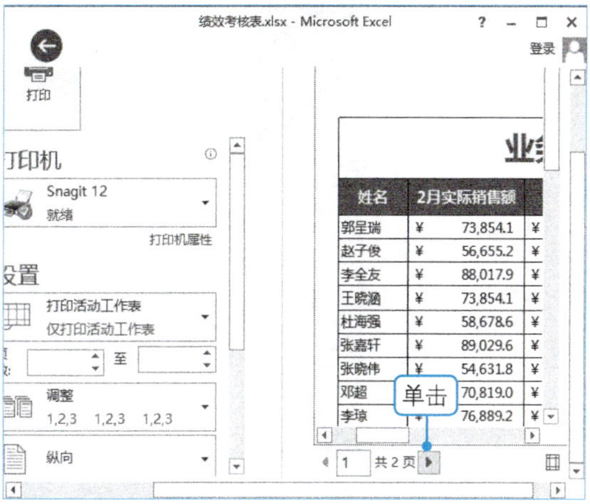

STEP 4 查看第 2 页标题行

此时第 2 页的页面顶端自动生成了标题行，即为设置成功。

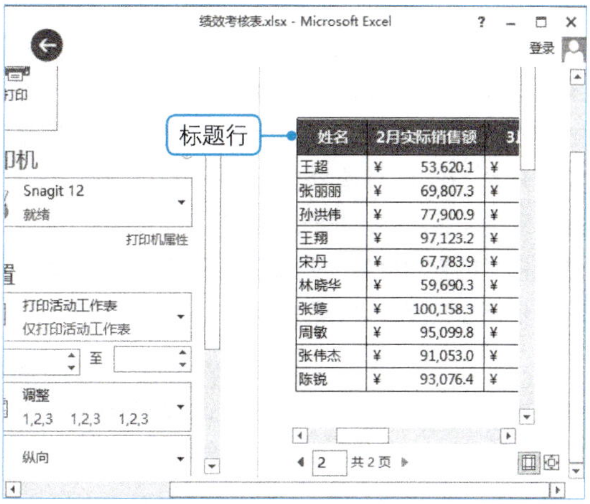

4.2.3 设置其他打印参数

在确认打印表格文件前，还应根据需要对其他打印参数进行设置，如设置打印顺序、打印页数、打印份数等参数。上述打印参数的设置方法：单击快速访问工具栏中的“打印预览和打印”按钮，进入打印预览界面，在中间的参数栏中即可对参数进行设置，如下图所示。部分参数的作用如下。

- **打印份数：** 设置当前表格数据需要打印的份数。
- **打印页数：** 设置表格数据需要打印的页数范围。比如一共有 10 页，不输入数字表示打印全部，输入“1”至“5”，则表示打印 1~5 页
- **打印顺序：** 打印顺序有两种，一种是按表格顺序打印，另一种是按页数顺序打印。假设表格有 3 页

且需要打印 3 份，则前者的打印顺序为“1、2、3，1、2、3，1、2、3，”，后者的打印顺序为“1、1、1，2、2、2，3、3、3”，用户可根据需要进行选择。

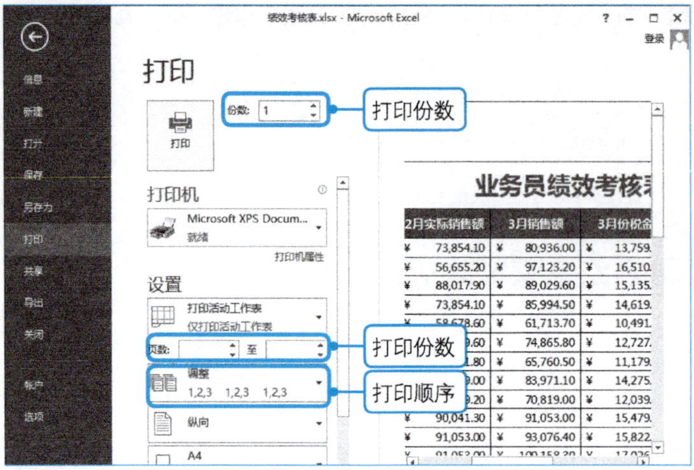

4.2.4 打印表格数据

要想成功打印表格，首先需要使计算机正确连接打印机，然后通过计算机发出命令，使打印机完成表格的打印工作。

1. 连接打印机

就企业而言，往往会将多台计算机组成一个可以共享资源的局域网，以共用一台打印机。实现这种效果的方法：首先将购买的打印机按说明书上的要求正确以某一台局域网中的计算机相连，利用附赠的光盘或官方网站提供的下载服务为打印机安装驱动程序；然后在连接了该打印机的计算机上单击“开始”按钮，在打开的“开始”菜单中选择“设备和打印机”命令，在打开的窗口上方单击“添加打印机”按钮，打开“添加打印机”对话框，选择“添加本地打印机”选项，如下图所示。在此之后只需依次设置打印机现有端口、选择打印机驱动程序、设置打印机名称，并共享到局域网即可。上述操作都有添加向导辅助提示，用户可以轻松完成连接打印机的操作。

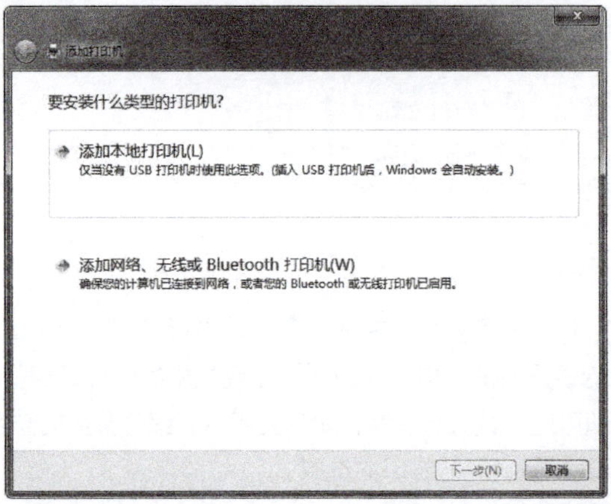

2. 打印 Excel 表格

完成打印机的连接与安装后，局域网中的任何计算机就都能使用打印机打印 Excel 表格了，其方法为打开需打印的表格文件，按需要进行页面设置、打印设置和相关参数设置后，在打印预览界面选择该打印机对应的选项，单击“打印”按钮即可。

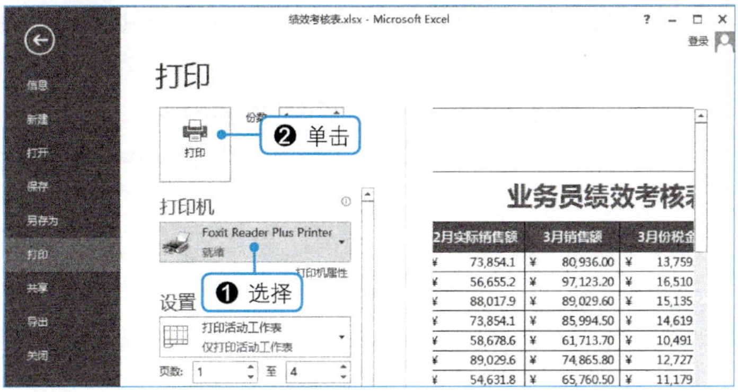

4.3 Excel 表格数据的输出与保护

通过将 Excel 表格数据输出为其他格式的文件，可以最大化共享 Excel 的资源，让表格数据能够更广泛地使用。另外，本节还将介绍一些保护工作簿和工作表的方法，提高 Excel 数据的安全性。

4.3.1 将 Excel 表格输出到 Word 和 PPT

Word、Excel 和 PPT（即 PowerPoint）是 Office 办公软件下的组件，因此三者可以很好地兼用各自的数据，能够非常轻松地共享使用。

1. 利用网页文件将 Excel 表格数据转换为 Word 文件

由于 Word 与 Excel 之间可以相互复制粘贴，因此大多数情况下都是通过这种方法直接将 Excel 表格数据复制到 Word 中。这种方法虽然快速，但还需要重新在 Word 中对表格尺寸、格式等进行调整，显得不大高效。实际上，通过另存单个网页的方式，可以更轻松地将 Excel 表格输出到 Word 中使用。

配套资源

操作视频演示

模板文件 \ 第 4 章 \ 加班提成表 .xlsx

效果文件 \ 第 4 章 \ 加班提成表 .mht、加班提成表 .docx

STEP 1 另存表格文件

打开“加班提成表 .xlsx”文件，单击“文件”选项卡，然后选择“另存为”选项。

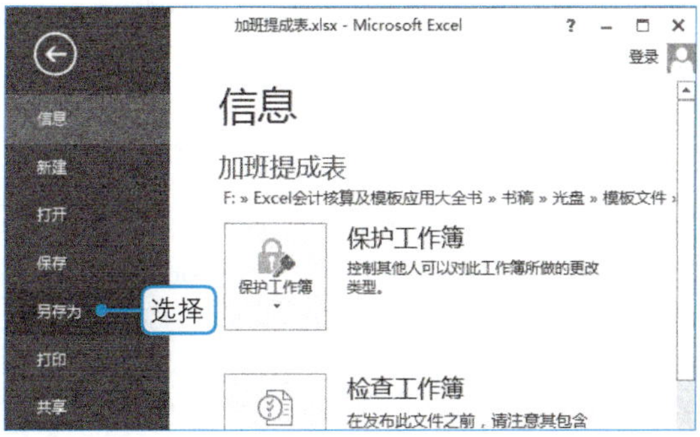

STEP 2 设置保存地址

在打开的界面中单击“浏览”按钮。

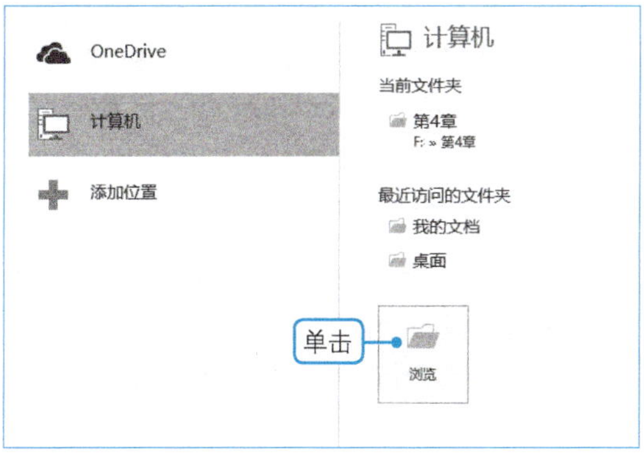

STEP 3 指定保存位置和类型

❶打开“另存为”对话框，通过左侧的地址列表框设置文件的保存位置；❷在“保存类型”下拉列表框中选择“单个文件网页”选项；❸选中“选择：工作表”单选项，表示只保存当前的工作表；❹单击“保存”按钮。

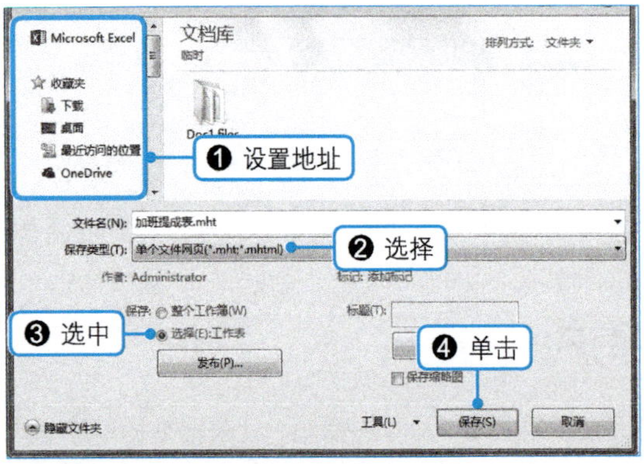

STEP 4 确认保存为网页

打开“发布为网页”对话框，直接单击“发布”按钮。

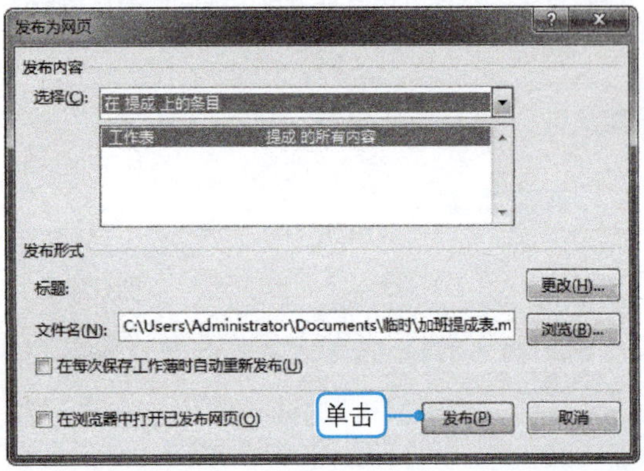

STEP 5 选择文件的打开方式

此时所选的位置将生成“加班提成表.mht”文件，选中此文件并单击鼠标右键，在弹出的快捷菜单中选择“打开方式”命令，在打开的子菜单中选择Word对应的选项。

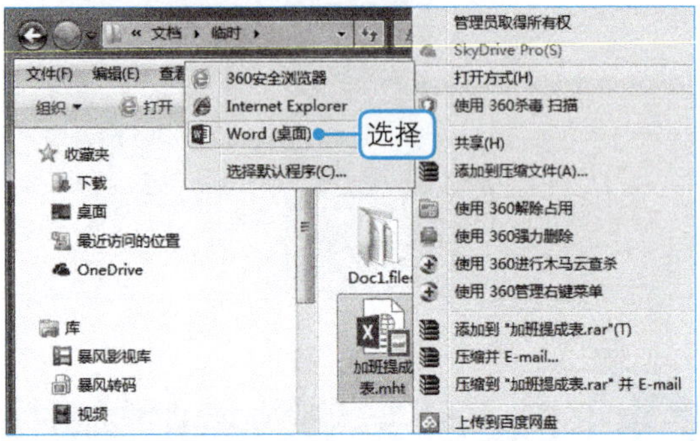

STEP 6 查看并保存文档

启动Word并打开该文件，查看效果无误后，便可将该文件保存为Word文档的格式。

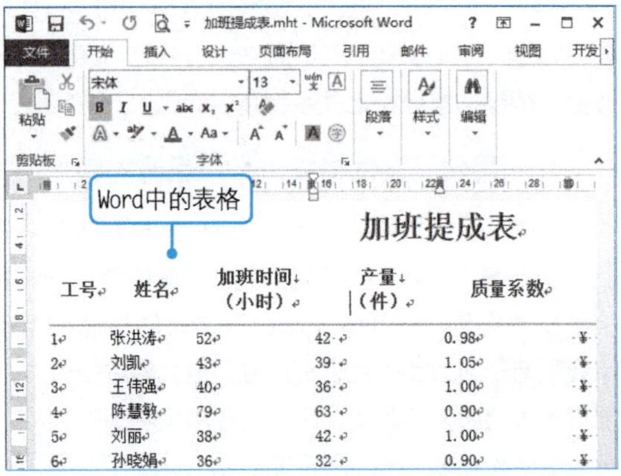

知识补充——Office 版本不同对兼容性的影响

相同版本的Office软件之间，特别是高版本的Office，如Word 2013、Excel 2013等，相互之间复制粘贴数据时，格式保留会相对完整。不同版本的Office之间，或低版本软件之间复制粘贴时，出现混乱和格式丢失的现象比较严重。使用上述方法就能很好地避免这种现象的发生。

2. 在 PPT 中插入 Excel 对象

Excel中的数据同样可以直接复制粘贴到PPT中，也可通过插入对象的方式，将整个文件插入到PPT中，以便更好地在PPT中使用和编辑Excel表格数据。

配套资源

操作视频演示

模板文件\第4章\员工档案表.xlsx、员工档案表.pptx
效果文件\第4章\员工档案表.pptx

STEP 1 插入 Excel 对象

打开“员工档案表.pptx.”文件，在【插入】/【文本】组中单击“对象”按钮。

STEP 2 指定由文件创建

❶打开“插入对象”对话框，选中“由文件创建”单选项，表示插入的是已有的Excel表格；❷单击“浏览”按钮。

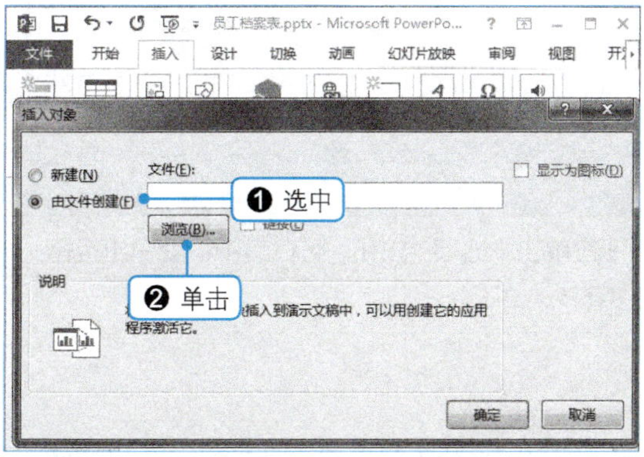

STEP 3 选择需要插入的 Excel 表格

❶打开“浏览”对话框，选择“员工档案表.xlsx”文件；❷单击“确定”按钮。

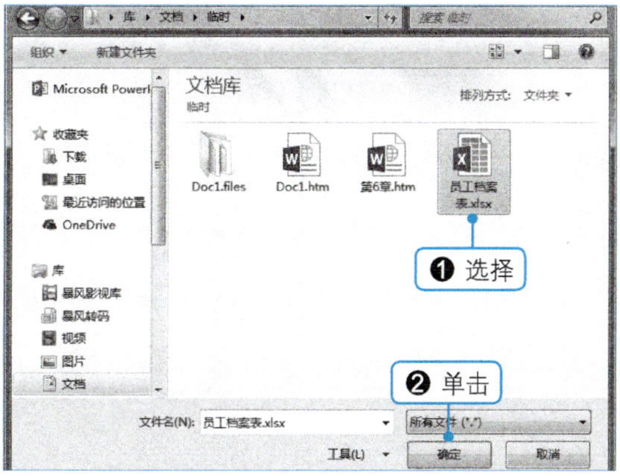

STEP 4 确认插入

返回“插入对象”对话框，单击“确定”按钮。

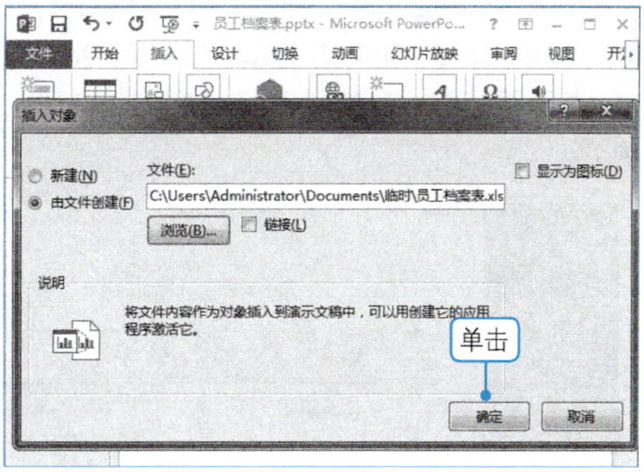

STEP 5 查看 PPT 中的 Excel 表格

此时所选择的 Excel 表格将插入到 PPT 中，选中该表格，可调整其大小和位置。

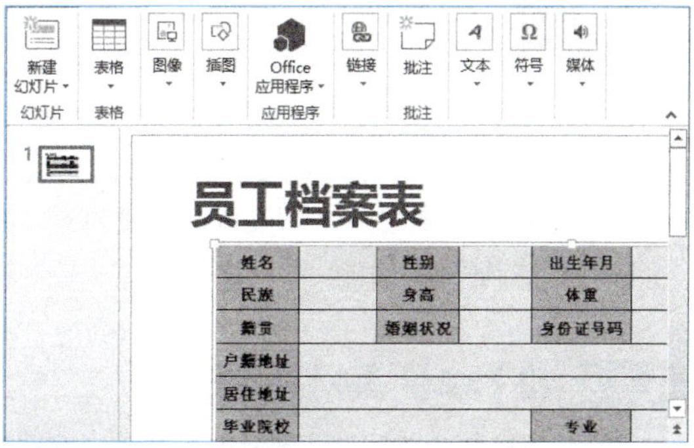

STEP 6 修改表格数据

双击 Excel 表格，此时将在 PPT 的界面中进入 Excel 编辑状态，其中的功能区将变为 Excel 的功能，便于更好地编辑 Excel 数据。编辑完成后按【Esc】键退出 Excel 编辑状态即可。

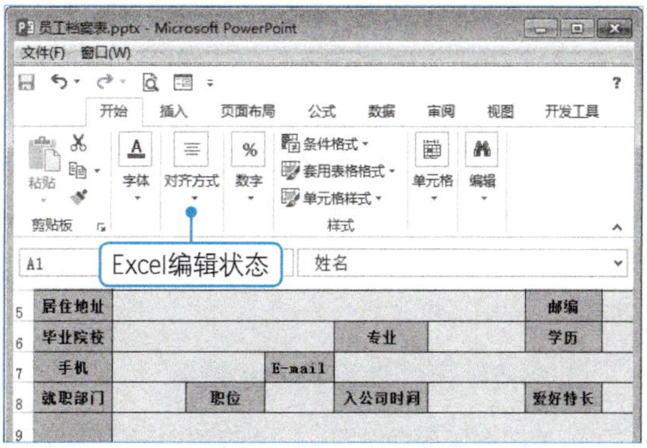

4.3.2 将 Excel 表格输出为 PDF 文档

随着电子书的兴起，PDF 文档的应用变得日益广泛。Excel 也可以将表格输出为 PDF 文档，其方法为打开 Excel 表格文件，单击“文件”选项卡，选择“导出”选项，然后依次在右侧界面中选择“创建 PDF/XPS 文档”选项并单击“创建 PDF/XPS 文档”按钮。此时将打开“发布为 PDF 或 XPS”对话框，如下图所示。选择保存路径，输入文件名称，单击“发布”按钮，即可打开发布的 PDF 文件进行阅读了。

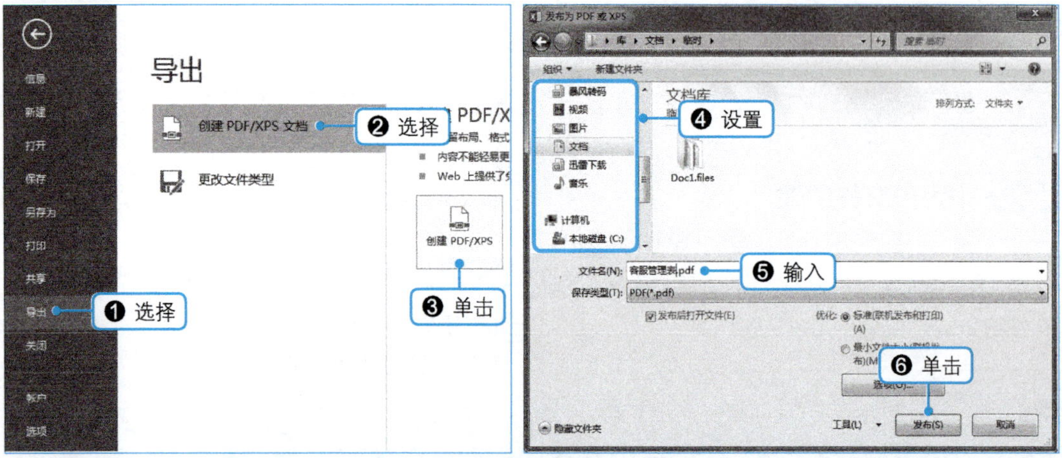

答疑解惑 ——将 Excel 输出为 PDF 文件时，能指定输出的范围吗？

导出 PDF 文件时，在“发布为 PDF 或 XPS”对话框下方单击“选项”按钮，可在其中设置输出范围。用户可通过调整输出页数、设置输出区域来控制输出范围等。

4.3.3 将 Excel 表格共享使用

Excel 表格中的数据可能涉及多人共用或编辑的情况，如果按逐个的编辑和使用表格数据，会降低工作效率，此时可通过共享 Excel 表格数据，实现多人共用或编辑表格数据。

1. 在局域网中共享 Excel 表格

如果只需要将 Excel 表格数据共享到局域网中，供其他局域网中的计算机访问和使用，则可按此方法操作：打开需共享的 Excel 表格，在【审阅】/【更改】组中单击“共享工作簿”按钮。此时将打开“共享工作簿”对话框，如右图所示。在“编辑”选项卡中选中“允许多用户同时编辑，同时允许工作簿合并”复选框，即表示将该工作簿共享到局域网中。单击“高级”选项卡，则可在其中设置共同编辑时的修订记录数量、更新时间、遇到修订冲突时的解决方法等。设置完成后单击“确定”按钮。

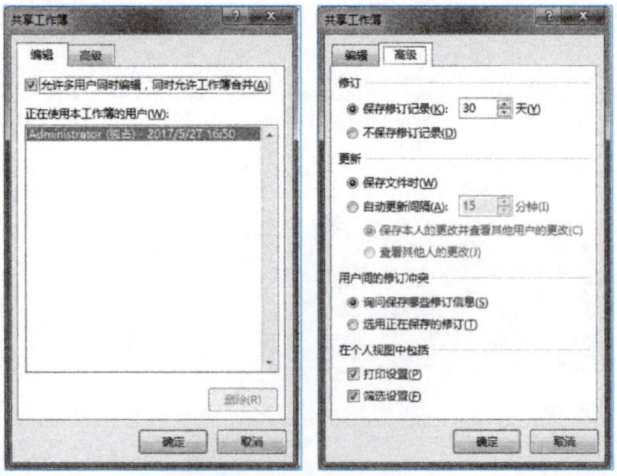

2. 在互联网中共享 Excel 表格

如果在局域网中共享 Excel 表格也无法满足多个用户对数据的使用需求，则可进一步将其共享到互联网中，这样就解决了地域对数据使用的限制问题。只要连接了互联网的计算机获得了邀请，就能随时随地编辑和使用 Excel 的表格数据。下面介绍利用 OneDrive 云存储服务工具共享 Excel 表格的方法。

配套资源

模板文件 \ 第 4 章 \ 库存盘点表 .xlsx
效果文件 \ 无

操作视频演示

STEP 1 共享到云

①打开“库存盘点表 .xlsx”文件，单击“文件”选项卡，选择“共享”选项；②在“共享”栏中选择“邀请他人”选项；③单击“保存到云”按钮。

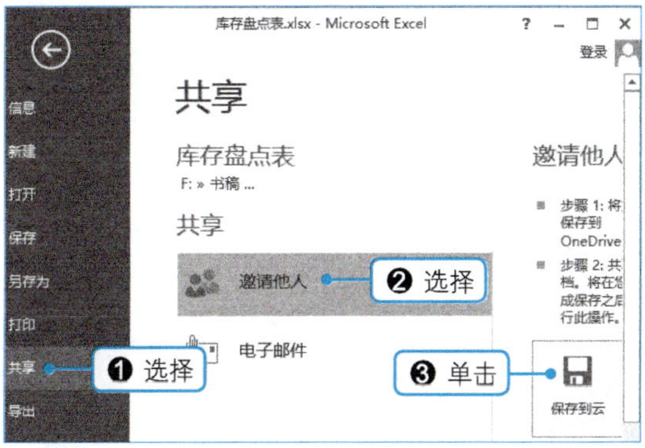

STEP 2 登录 OneDrive

①在显示的界面中选择“OneDrive”选项；②单击右下方的“登录”按钮。

答疑解惑——没有账户如何登录 OneDrive？

上步操作是在已有 OneDrive 账户的前提下直接进行登录的。如果没有 OneDrive 账户，则可在该界面中单击“注册”超链接，在打开的对话框中按向导提示注册一个新的账户。

STEP 3 输入账户

①打开“登录”界面，在文本框中输入已有的账户数据；②单击“下一步”按钮。

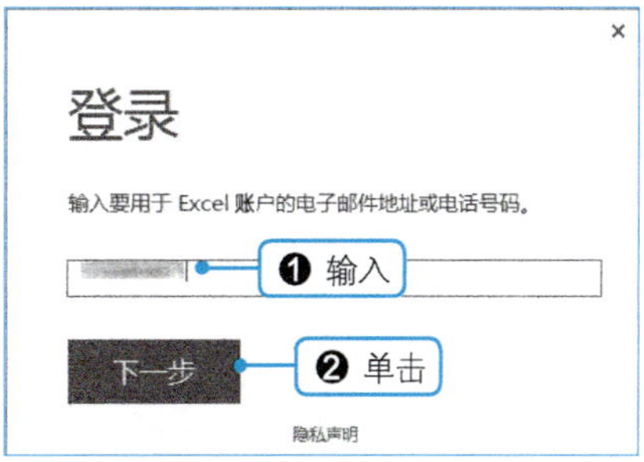

STEP 4 输入登录密码

①打开“输入密码”界面，在文本框中输入账户对应的密码；②单击“登录”按钮。

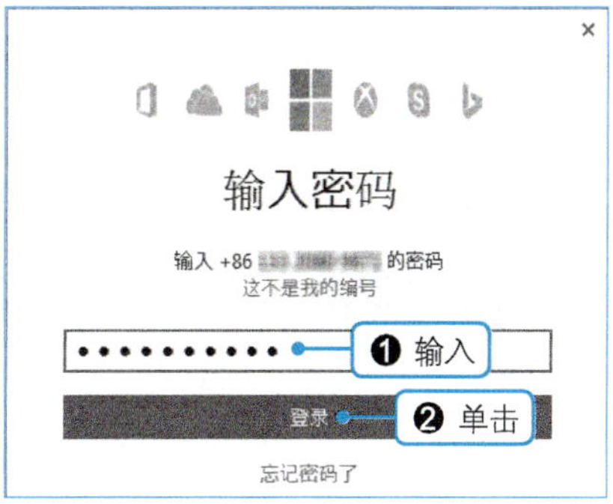

STEP 5 保存 Excel 表格

①返回 Excel 操作界面，选择“OneDrive - 个人”选项；②单击“浏览”按钮将文件保存到 OneDrive 中。

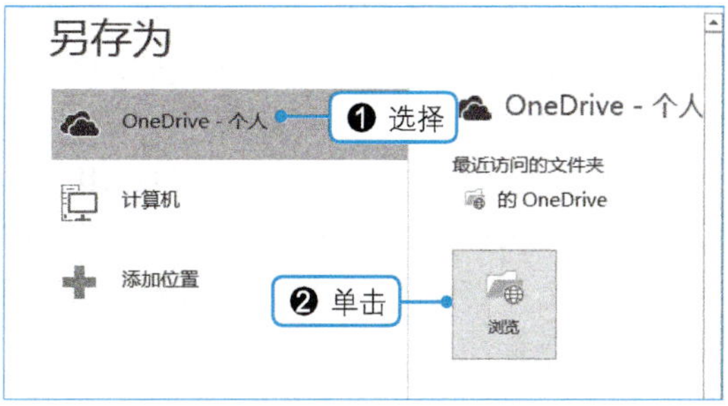

STEP 6 设置保存路径和文件名

打开“另存为”对话框，当前路径已默认为 OneDrive 账户中的位置。这里默认路径和文件名不变，直接单击“保存”按钮

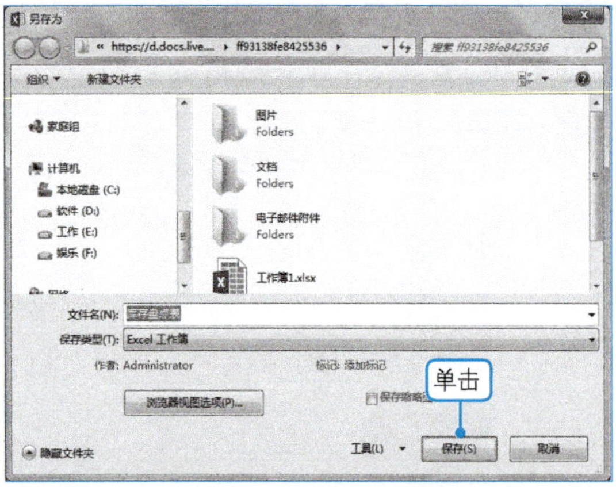

STEP 7 邀请他人使用 Excel 表格

❶完成表格的上传后，可在默认的界面中输入他人的电子邮件地址；❷单击“共享”按钮，表示允许该用户使用 Excel 表格数据。

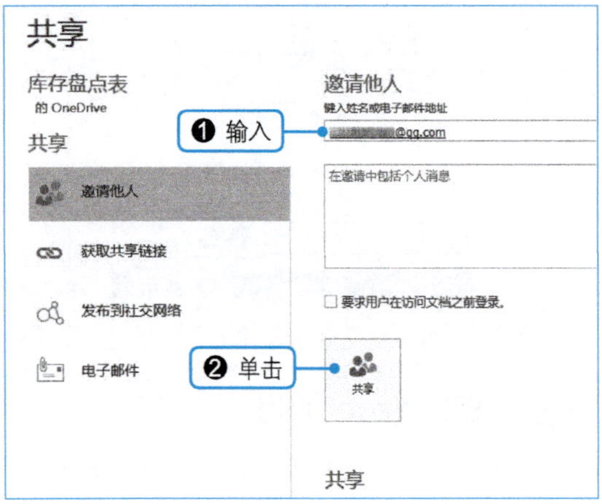

STEP 8 设置使用权限

稍后 Excel 便会将邀请发送到指定的邮箱，其中会说明邀请内容，并提供网络地址，受邀请人单击该地址超链接即可访问 Excel 表格内容。如果需要设置邀请用户的权限，则可在当前界面下方该用户选项上单击鼠标右键，在弹出的快捷菜单中选择“将权限更改为：可以查看”命令，使其权限从可以编辑变为只能查看的状态。

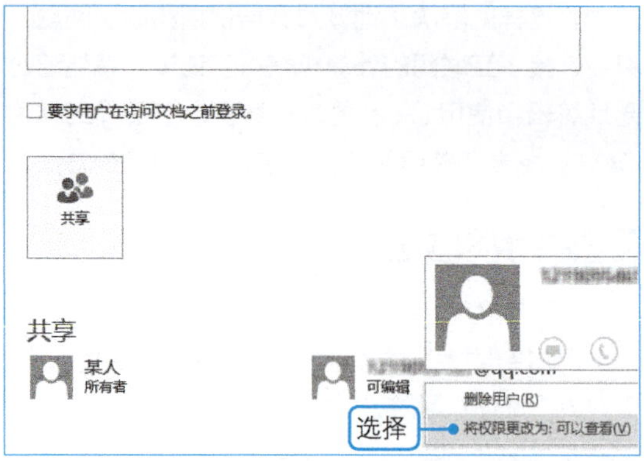

STEP 9 提供共享链接

❶如果不想通过邮箱邀请，则可选择“获取共享链接”选项；❷然后单击“创建链接”按钮。

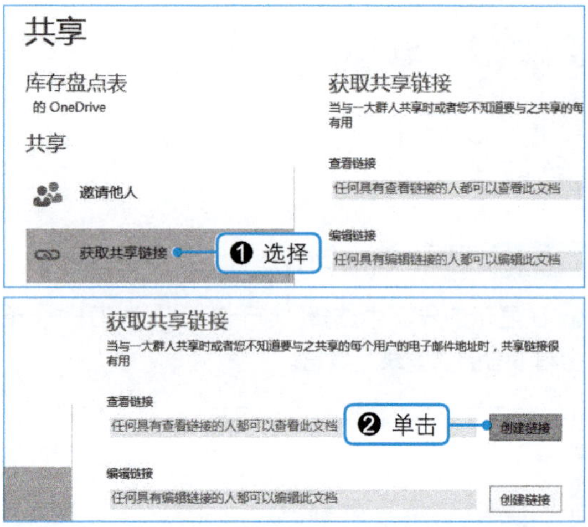

STEP 10 复制链接给他人

Excel 会自动生成链接地址，选择该地址并单击鼠标右键，在弹出的快捷菜单中选择“复制”命令，然后将链接发送给受邀请的用户，受邀用户单击该链接后即可访问表格数据。

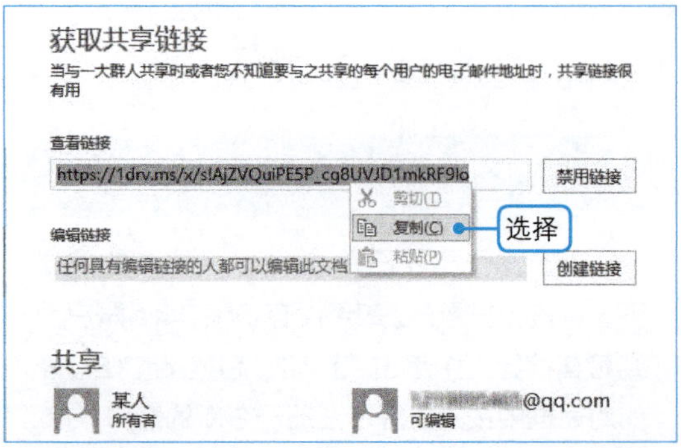

4.3.4 保护 Excel 表格数据

为保证表格数据的使用安全，Excel 提供了许多重要的保护功能，可以实现对工作簿、工作表和单元格等对象的保护。

1. 保护工作簿

工作簿是表格数据的载体，在 Excel 中可以通过设置密码来打开工作簿，从而保护工作簿结构或内容，使得其中的工作表不能被随意删除、增加或进行复制等操作。

STEP 1 设置工作簿的结构保护密码

❶打开“员工工资表 1.xlsx”文件，单击【审阅】/【更改】组中的“保护工作簿”按钮；❷打开“保护结构和窗口”对话框，在其中输入密码“000000”；❸单击“确定”按钮。

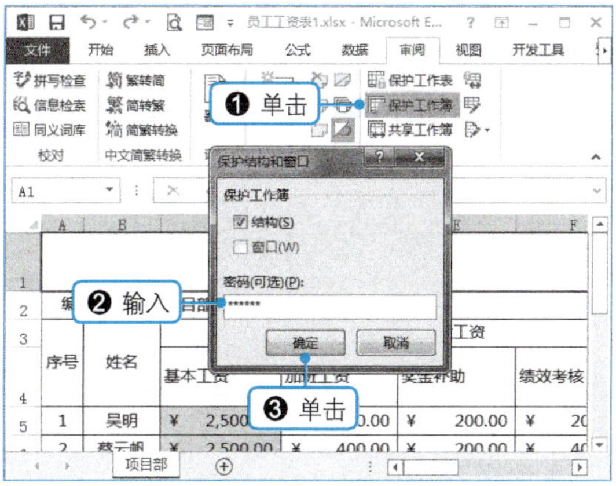

STEP 2 确认密码

❶打开“确认密码”对话框，输入相同的密码“000000”；❷单击“确定”按钮。

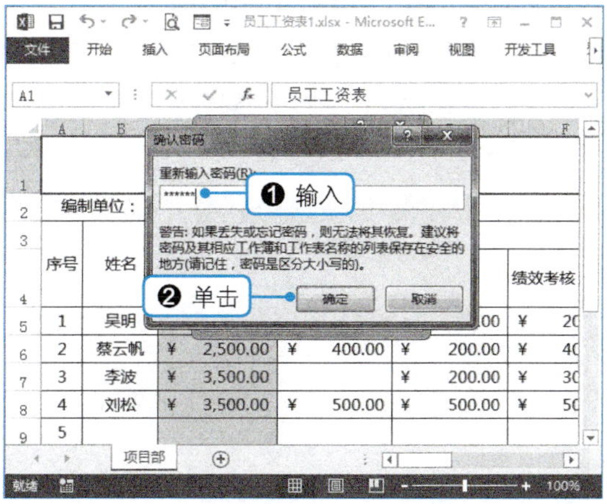

配套资源

操作视频演示

模板文件 \ 第 4 章 \ 员工工资表 1.xlsx
效果文件 \ 第 4 章 \ 员工工资表 1.xlsx

STEP 3 加密工作簿文件

❶单击操作界面中的“文件”选项卡，单击“保护工作簿”按钮；❷在弹出的下拉列表中选择“用密码进行加密”选项。

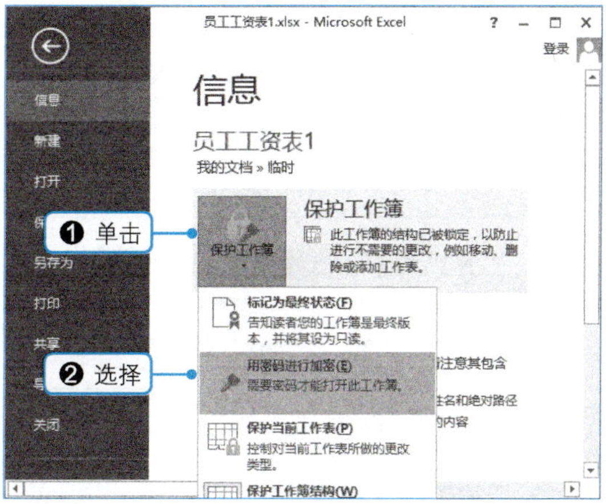

STEP 4 输入密码

❶打开“加密文档”对话框，在其中输入密码“000000”；❷单击“确定”按钮。

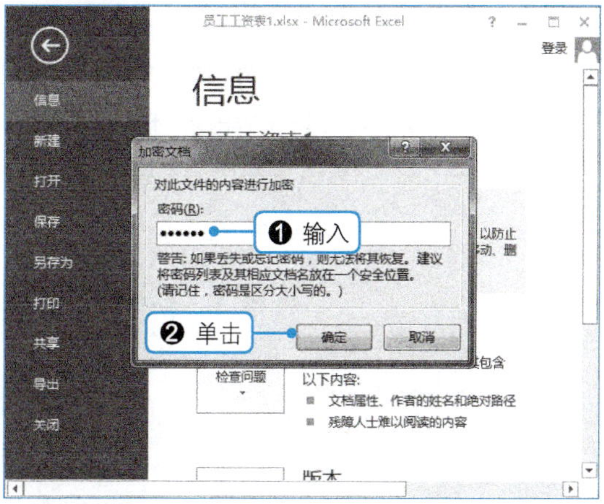

STEP 5 确认密码

❶打开“确认密码”对话框，输入相同的密码“000000”；❷单击“确定”按钮。

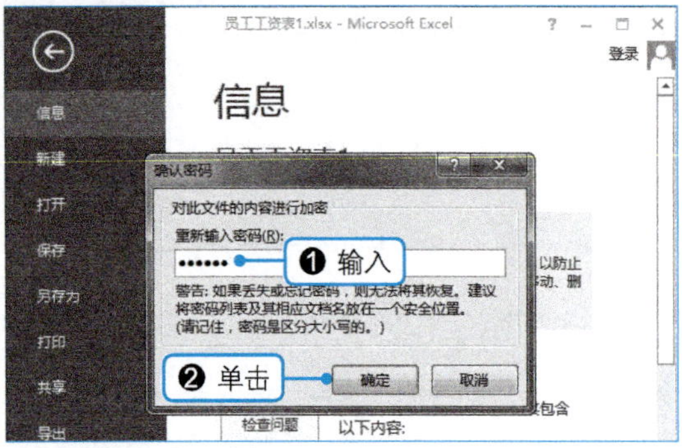

STEP 6 关闭并保存工作簿

按【Esc】键返回操作界面，然后按【Ctrl+W】组合键关闭工作簿，并在打开的对话框中单击“保存”按钮。

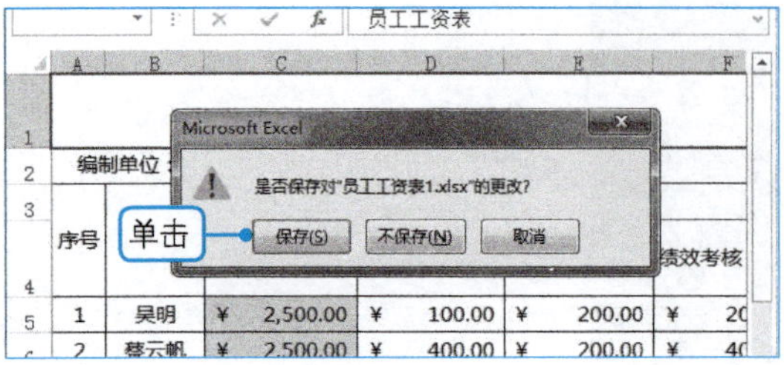

STEP 7 输入密码打开工作簿

❶重新打开该工作簿，此时将打开“密码”对话框，在其中输入正确的密码“000000”；❷单击“确定”按钮。

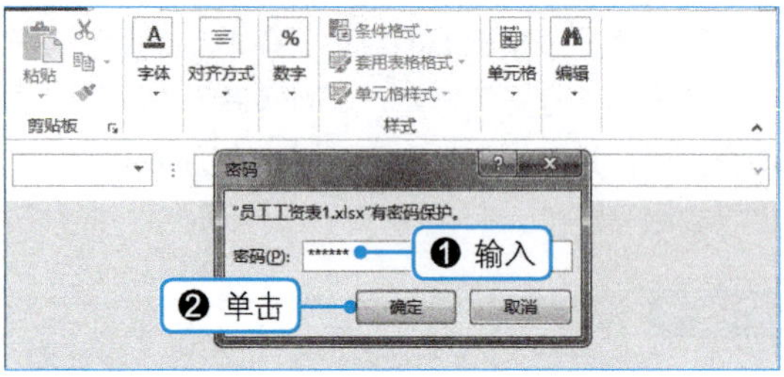

STEP 8 打开工作簿

此时将打开“员工工资表.xlsx”工作簿，在工作表标签上单击鼠标右键，可见由于进行了保护嗓子，其中的“插入”“删除”“重命名”等命令都无法使用了。

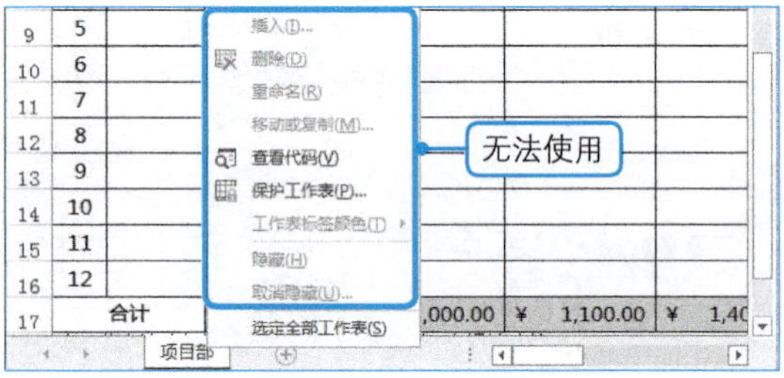

2. 保护工作表和单元格

为进一步保证表格数据的安全，可以通过保护工作表并结合锁定单元格的操作，使表格中包含数据的单元格无法被篡改，最大限度地保证数据安全。

配套资源

操作视频演示

模板文件\第 4 章\员工工资表 2.xlsx
效果文件\第 4 章\员工工资表 2.xlsx

STEP 1 设置所有单元格格式

❶打开“员工工资表 2.xlsx”文件，单击“全选”按钮；❷在【开始】/【单元格】组中单击“格式”按钮，在弹出的下拉列表中选择“设置单元格格式”命令。

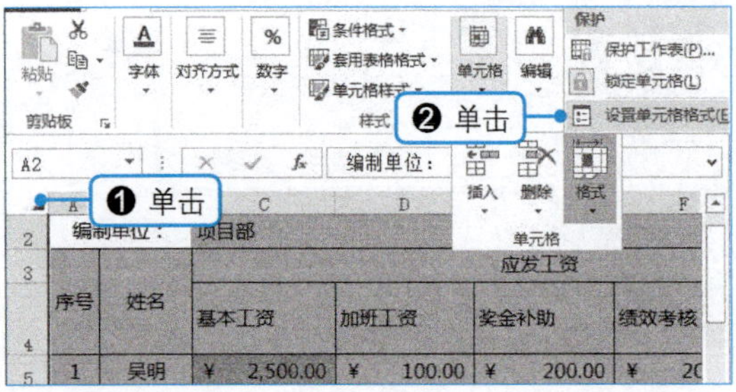

STEP 2 取消单元格的锁定状态

❶打开“设置单元格格式”对话框，单击“保护”选项卡；❷取消选中“锁定”复选框，即取消工作表中所有的工作表锁定状态，确认操作后关闭对话框。

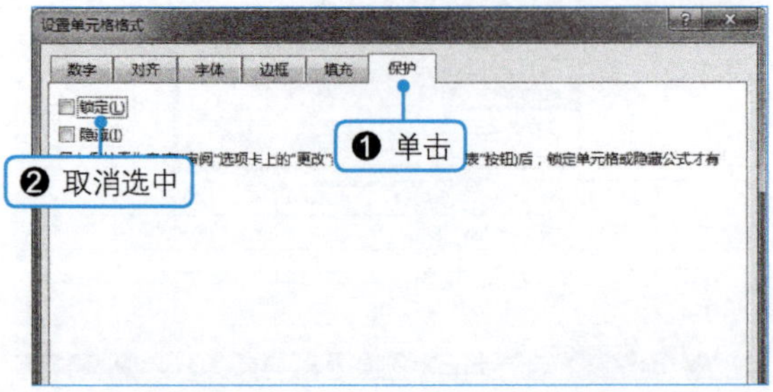

STEP 3 重新锁定数据单元格

❶选中 A1:R19 单元格区域；❷重新打开“设置单元格格式”对话框，选中“锁定”和“隐藏”复选框，确认操作后关闭对话框。

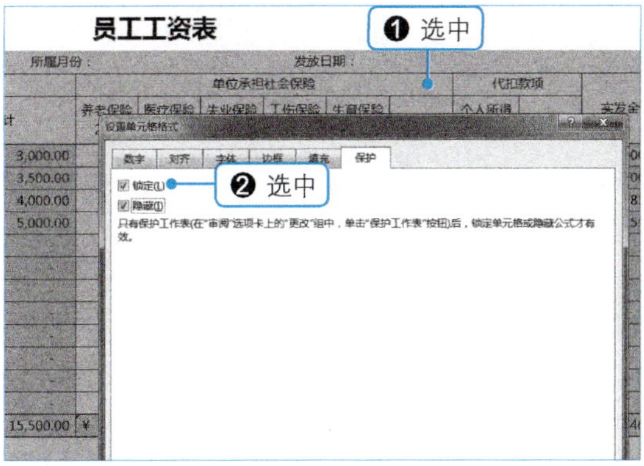

STEP 4 保护工作表

❶单击【审阅】/【更改】组中的“保护工作表”按钮；❷打开“保护工作表”对话框，在其中输入密码“000000”；❸在下方的列表框中仅选中“选定未锁定的单元格”复选框，❹单击“确定”按钮；❺打开“确认密码”对话框，输入相同的密码“000000”；❻单击“确定”按钮。

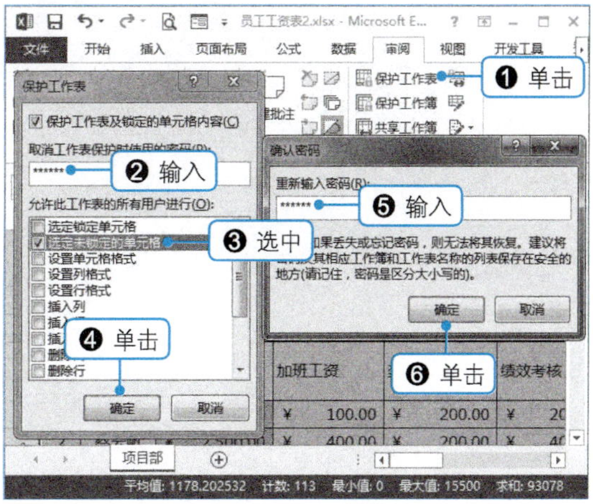

STEP 5 查看工作表保护效果

此时工作表中包含数据的单元格区域将无法选中，而只能选中其中没有数据的单元格。

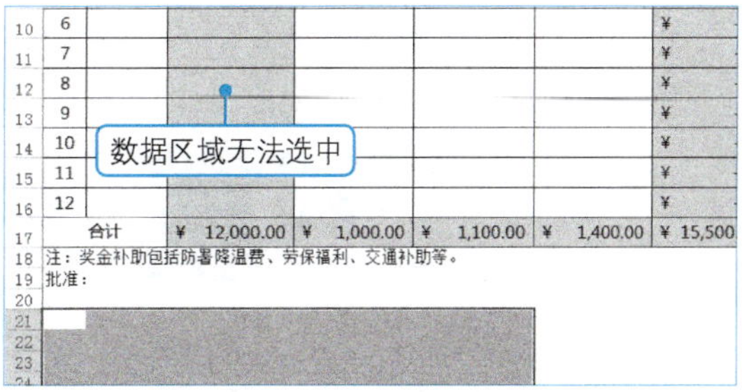

4.4 疑难解答

问题一 ➜ 如果想区分页眉、页脚在奇偶页有不同的效果，应该如何设置呢？

● **答：** 在【视图】/【工作簿】组中单击“页面布局”按钮，然后将插入光标定位到页眉或页脚区域，此时便可在【页眉和页脚工具 设计】/【选项】组中选中“奇偶页不同”复选框，然后分别设置某一页奇数页页眉、页脚和某一页偶数页页眉、页脚即可。如果在该组中选中“首页不同”复选框，还可单独对第 1 页的页眉、页脚进行设置，而不会影响其他页面。

问题二 ➜ 登录到 OneDrive 账户后，怎么退出账户或更改账户呢？

● **答：** 若想退出账户，可在 Excel 操作界面单击“文件”选项卡，选择左侧的“账户”选项，然后单击上方的“注销”按钮即可退出；若单击“切换账户”按钮，则可在打开的对话框中重新输入另一账户的内容和登录密码来实现更改账户的操作。

问题三 ➜ 设置单元格锁定时，该对话框中的“隐藏”复选框有什么作用？

● **答：** “隐藏”复选框主要针对的是包含公式的单元格。选中该复选框后，单元格中的公式将被隐藏，这样可以防止公式泄露。进行该操作的前提是已对工作表进行了保护。锁定单元格也是一样，必须保护了工作表锁定功能才起作用。

UNIT

下篇

会计核算与模板范例

Excel

第 5 章 会计记账核算

❖ 本章导读

会计记账有专门的流程和处理方法，本章将以最常用的科目汇总表账务处理程序为例，介绍利用 Excel 编制记账凭证，到登记账簿、制作报表的方法。读者通过本章的学习，不仅可以掌握多种会计表格模板的制作和使用方法，还可提高 Excel 的操作水平。

与会计记账相关的 Excel 实务模板概览表

序号	Excel 实务模板名称	会计目的	实际应用点拨
1	记账凭证	登记每笔发生的经济业务	（1）利用数据验证功能选择会计科目；（2）利用 SUM 函数自动合计借贷金额；（3）利用 IF 函数检验借贷是否平衡
2	现金日记账	登记库存现金的收入、支出和结余情况	（1）通过数据验证功能选择月份、日期、凭证种类和凭证号；（2）结合 AND 和 IF 函数自动计算每笔经济业务发生后的余额；（3）使用 SUM 函数和验证公式自动计算本月合计；（4）引用数据实现本年累计数据的登记
3	银行存款日记账	登记银行存款的收入、支出和结余情况	
4	明细账	登记除库存现金和银行存款以外的每笔经济业务发生情况	（1）根据会计科目的性质设计余额的计算公式；（2）调整余额出现负数时的数据显示格式；（3）使用 ABS 函数返回余额的绝对值；（4）根据余额大小判断余额借贷方向
5	科目汇总表	登记会计科目本月发生额情况，以便后面登记总账	利用 SUM 函数合计所有会计科目的借方发生额和贷方发生额，以查看借贷是否平衡
6	总账	登记各会计科目全部经济业务的发生情况	（1）引用科目汇总表中的数据；（2）根据会计科目的性质设计余额的计算公式；（3）使用 ABS 函数返回余额的绝对值；（4）根据余额大小判断余额借贷方向
7	试算平衡表	检查会计科目期初余额、本期发生额和期末余额的借贷双方是否平衡	（1）引用总账中的数据；（2）根据会计科目的性质设计余额的计算公式；（3）利用 SUM 函数合计所有科目的余额和发生额，检查是否平衡
8	资产负债表	反映企业在某一特定日期的财务状况	（1）引用总账、明细账、日记账的数据；（2）利用公式和 SUM 函数计算资产负债表项目的填列数
9	利润表	反映企业在一定期间内的经营成果	（1）引用总账、明细账、日记账的数据；（2）利用公式和 SUM 函数计算利润表项目的填列数

5.1 会计记账的一般流程与方法

会计记账的整个流程称为账务处理程序，会计核算的最终目的是制作会计报表。虽然账务处理程序有很多种，但根本思路是相同的，它们的不同之处仅在于登记总账的方法。例如业务量小的企业，直接利用记账凭证登记总账，其采用的是记账凭证账务处理程序；业务量稍大的企业，则在登记总账之前，会事先将记账凭证进行汇总处理，得到汇总记账凭证后依此来登记总账，其采用的是汇总记账凭证账务处理程序。下面要介绍的是科目汇总表账务处理程序，也就是利用科目汇总表来完成总账的登记操作。

5.1.1 认识科目汇总表账务处理程序

科目汇总表账务处理程序是根据记账凭证定期编制科目汇总表，再根据科目汇总表登记总账的一种账务处理程序。科目汇总表账务处理程序下的记账流程如下图所示。

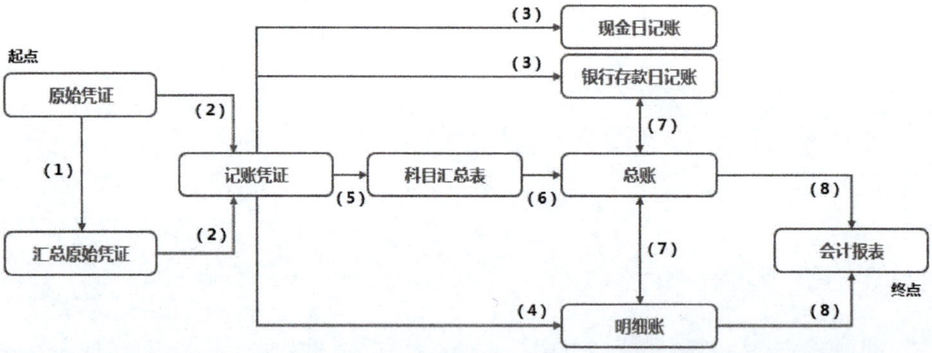

（1）根据原始凭证编制汇总原始凭证，这一步并不是必须的，只有当确有需要汇总的时候才进行汇总。比如出差人员报销差旅费时，会涉及较多的原始凭证，此时就可以先将零散的原始凭证汇总，编制好汇总原始凭证后再填列记账凭证。

（2）根据原始凭证或汇总原始凭证，编制记账凭证。

（3）根据涉及“库存现金”科目和“银行存款”科目的记账凭证登记现金日记账和银行存款日记账。

（4）根据原始凭证、汇总原始凭证和记账凭证，登记各种明细账。

（5）根据各种记账凭证编制科目汇总表。

（6）根据科目汇总表登记总账。

（7）期末，将现金日记账、银行存款日记账和明细账的余额同有关总账的余额进行核对，保证账账相符。

（8）根据对账并结账后的总账和明细账编制会计报表。

以上步骤就是科目汇总表账务处理程序下的账务处理流程，也就是会计记账和核算的大致过程。Excel在科目汇总表账务处理程序各环节中的应用，将在后面介绍相关模板的时候再做进一步说明。

知识补充——怎么使用专用记账凭证登记账簿?

上述流程中使用的记账凭证指的是通用记账凭证，有些企业在进行会计核算时，由于业务需要会使用专用记账凭证，即将记账凭证分为收款凭证、付款凭证和转账凭证。这种情况下，就应该根据现金收款与付款凭证、银行存款付款凭证中涉及现金的凭证登记现金日记账，根据银行存款、收款与付款凭证、现金付款凭证中涉及银行存款的凭证登记银行存款日记账。

5.1.2 科目汇总表账务处理程序中各模板之间的关系

科目汇总表账务处理程序因其简单方便的特点，成为许多企业选择使用的账务处理程序。在进行会计核算时，会涉及很多会计载体的运用，如记账凭证、各种账簿、科目汇总表、试算平衡表和各种会计报表等，它们之间是存在一定的联系的，只有清楚了这些内在联系，在后面制作和使用对应的模板时才会更加得心应手。下图所示即各种会计对象的关系示意图。

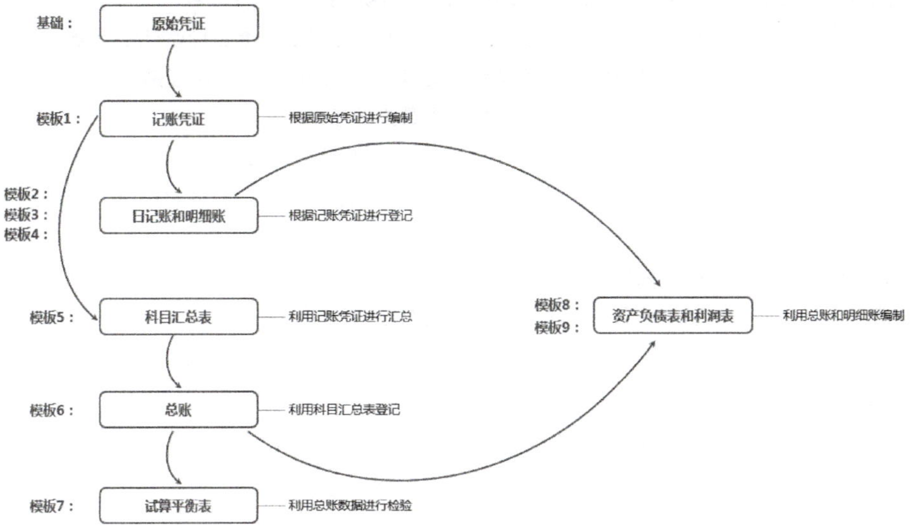

5.2 模板 1：记账凭证

记账凭证是会计人员根据审核无误的原始凭证，按专用的会计方法所填制的会计凭证，是登记账簿的直接依据。

5.2.1 记账凭证的结构

记账凭证上的各个要素，一方面是为了保证以后有备可查，更重要的则是可以根据这些要素顺利完成账簿的登记工作，最终为编制会计报表做好准备。下图所示为通用记账凭证的模板，其中各个要素的作用分别如下。

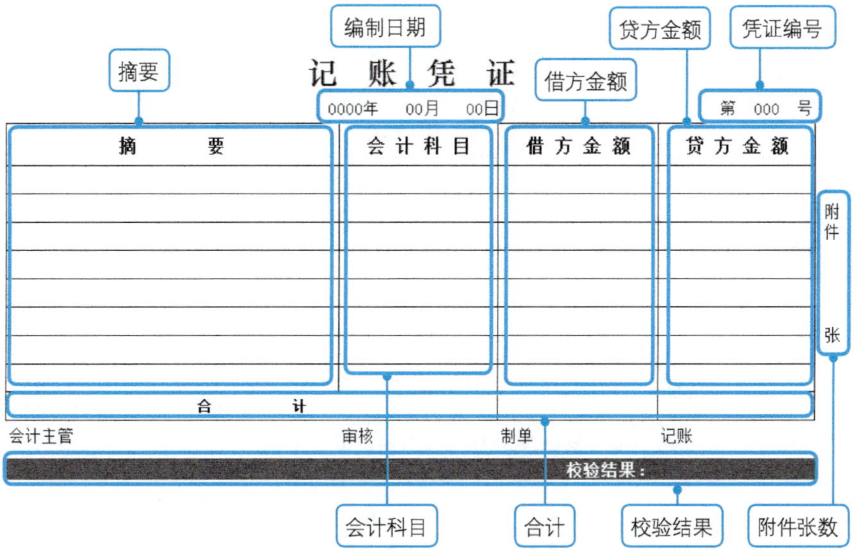

- **编制日期**：记账凭证是在哪一天编制的，就写上当天日期。如果是月末结转业务，记账凭证的日期则为当月最后一天的日期。
- **凭证编号**：记账凭证的编号可以便于其装订保管和登记账簿，也便于日后检查。一般以两位数或三位数的阿拉伯数字进行编号，如上图中的通用记账凭证编号可以为“第 001 号”。
- **附件张数**：记账凭证都是依据相关的原始凭证编制的，为了便于通过原始凭证查证对应记账凭证的真实性和正确性，因此附件张数代表的就是该记账凭证所附的原始凭证张数。
- **摘要**：用于清晰地反映某笔经济业务的内容，摘要内容必须简明扼要。
- **会计科目**：发生某笔经济业务涉及的会计科目。有些记账凭证还会在该要素右侧增加“明细科目”要素，便于填制 2 级科目。没有“明细科目”要素的，则直接在“会计科目”栏目中填制相关科目，如“库存现金”“应收账款——A 商贸有限公司”等。
- **借方金额**：发生某笔经济业务时，借方会计科目对应的金额。
- **贷方金额**：发生某笔经济业务时，贷方会计科目对应的金额。
- **合计**：某笔经济业务发生后，所有涉及的所有借方金额或所有贷方金额之和，二者必须相等，才能满足“有借必有贷，借贷必相等”的要求。
- **校验结果**：此栏目为该模板自行添加的一个要素，在实际工作中是没有此栏目的。目的在于校验合计栏的数据是否相等，以便填写错误时便于及时更正。

5.2.2 设计记账凭证模板并编制记账凭证

在 Excel 中，可以利用一些功能来简化记账凭证的编制工作，也可以检验数据输入的正确性。假设某公司发生了以下经济业务：2018 年 6 月 16 日，销售一批商品，增值税专用发票上注明货款为 16 800 元，增值税税额为 2 688 元，且出库单上注明的商品和数量与增值税专用发票上一致，款项已存入银行（凭证编号为第 008 号）。下面就利于 Excel 来为这笔经济业务编制记账凭证。

配套资源

操作视频演示

模板文件 \ 第 5 章 \ 记账凭证 .xlsx

效果文件 \ 第 5 章 \ 记账凭证 .xlsx

【案例效果图解】

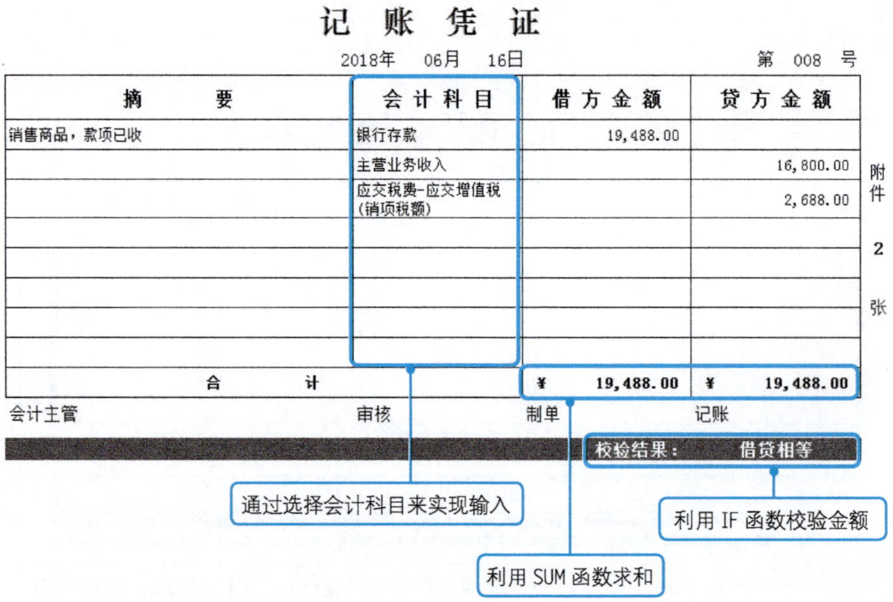

1. 手动输入基本数据

记账凭证中的一些要素需要通过手动输入来完成，下面根据假设的经济业务来完善这些数据。

STEP 1 选中年份的占位数字

❶打开“记账凭证.xlsx”模板文件，选中日期和编号所在的单元格，即 A2 单元格；❷在编辑栏中选中“年”左侧的“0000”，输入“2018”。

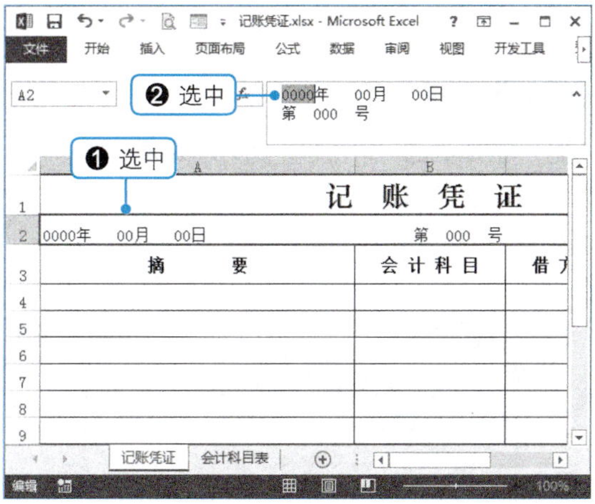

STEP 2 修改日期和编号

按相同方法，通过选中月、日和编号左侧的占位数字来修改日期和编号，这样可以保证修改数据后单元格中数据的位置不会发生改变。

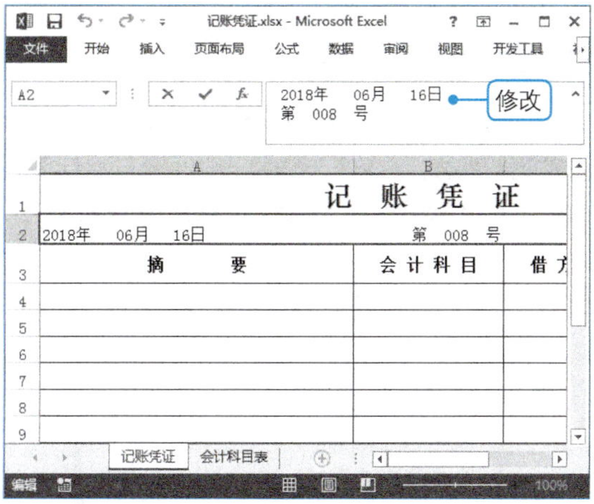

STEP 3 输入附件张数

根据经济业务类型，可知销售商品后会涉及增值税专用发票和出库单两张原始凭证，因此这里选中 E7 单元格，并输入“2”。

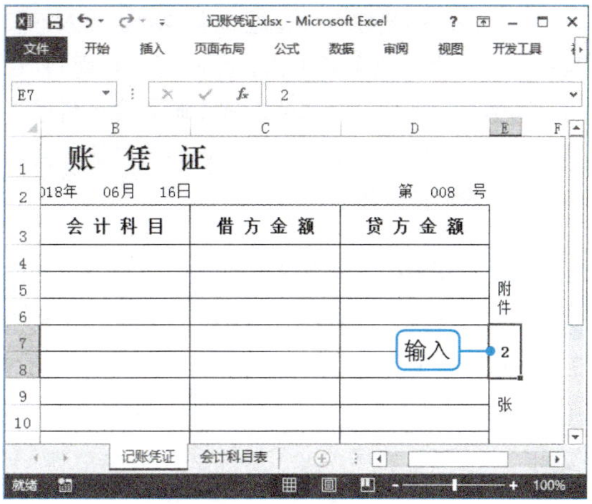

STEP 4 输入经济业务摘要

根据经济业务的描述可知此次业务是销售商品，且货款已经存入银行，因此可选中 A4 单元格，输入摘要内容“销售商品，款项已收”。

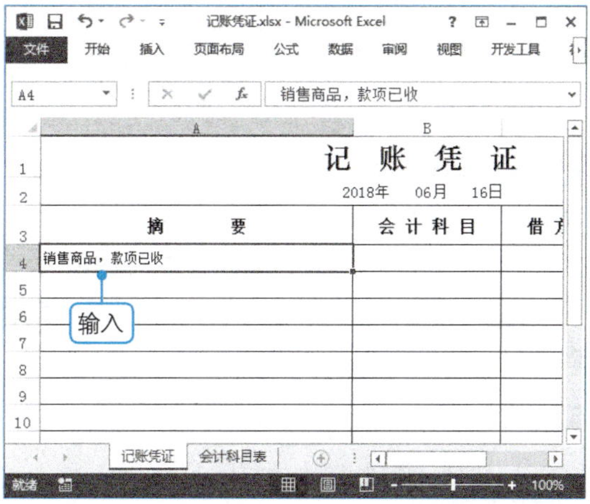

答疑解惑——为什么摘要要说明“款项已收”，不能直接填写“销售商品”吗？

摘要内容的填写并没有硬性规定，企业可以自行设置和统一摘要的内容，比如发生同类经济业务时使用类似的摘要内容。这里也可以仅填写“销售商品”作为摘要，之所以添加“款项已收”，是为了区分赊销、预收等销售业务，如果发生这些业务，则可将摘要内容设置为“销售商品，款项未收”或“销售商品、赊销”等。

2. 选择会计科目并输入借贷金额

会计科目的名称有长有短，全靠手动输入不仅浪费时间，而且还可能出错。因此可以利用 Excel 的数据验证功能通过选择的方式来输入会计科目。下面根据提供的经济业务选择会计科目并输入会计科目对应的借贷金额。

STEP 1 启用数据验证功能

❶选中 B4:B11 单元格区域；❷在【数据】/【数据工具】组中单击“数据验证”按钮。

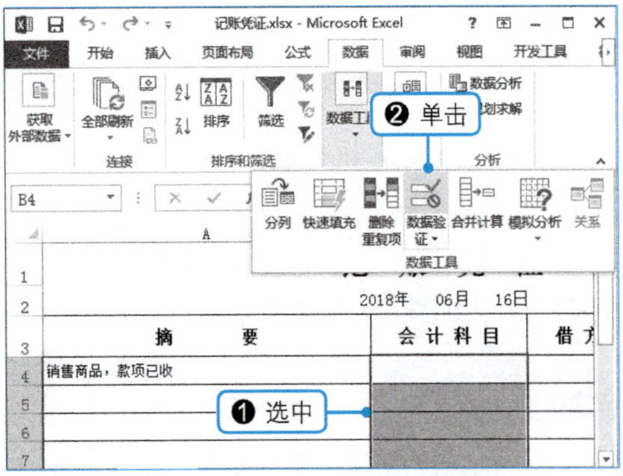

STEP 2 设置允许的输入条件

❶打开“数据验证”对话框的“设置”选项卡，在“允许”下拉列表框中选择“序列”选项，以便引用会计科目表中的会计科目序列；❷单击“来源”文本框右侧的“折叠”按钮。

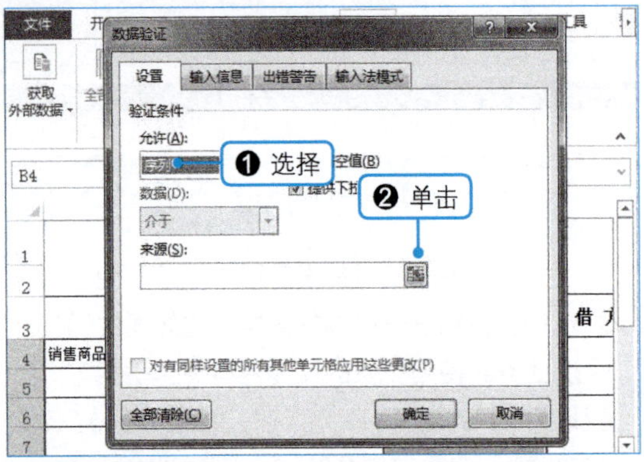

STEP 3 引用会计科目名称

❶单击“会计科目表”工作表标签；❷选中 B2:B91 单元格区域，引用所有会计科目名称；❸单击“数据验证”对话框右侧的“展开”按钮。

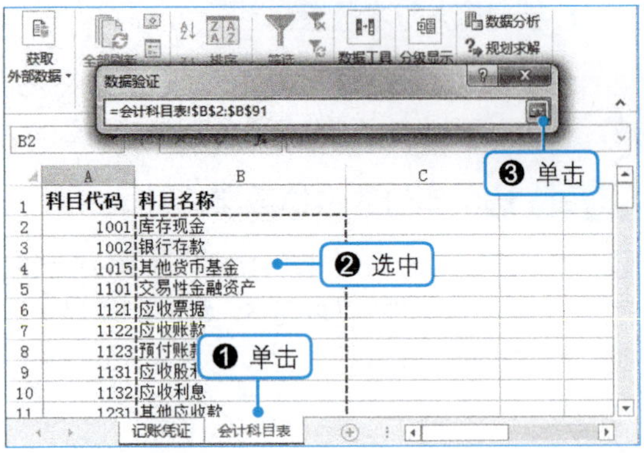

STEP 4 完成引用

返回“数据验证”对话框，此时“来源”文本框中已添加了引用的单元格区域地址，单击上方的“输入信息”选项卡。

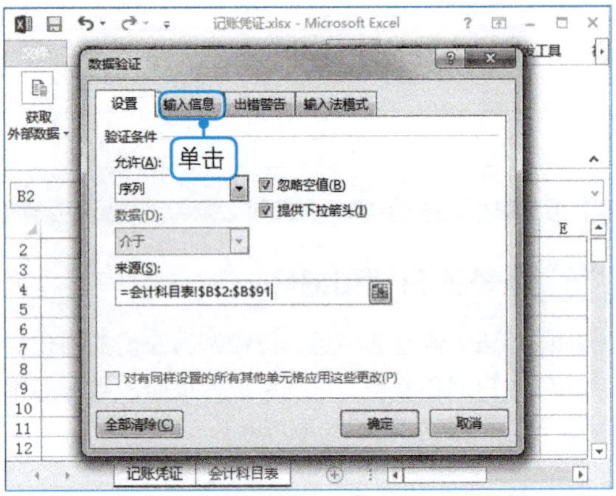

STEP 5 设置输入信息

❶在“输入信息”文本框中输入提示内容“单击下拉按钮选择会计科目”，这样当选中单元格后便会显示所要输入的信息；❷单击“确定”按钮。

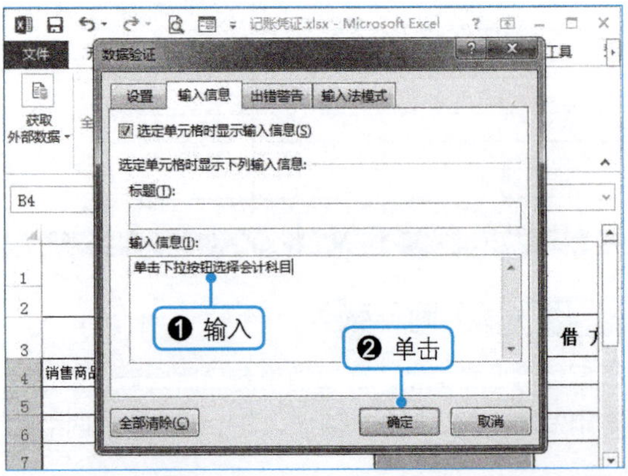

STEP 6 查看输入信息

❶选中 B4 单元格，此时将显示设置的输入信息；❷根据提示单击出现的下拉按钮。

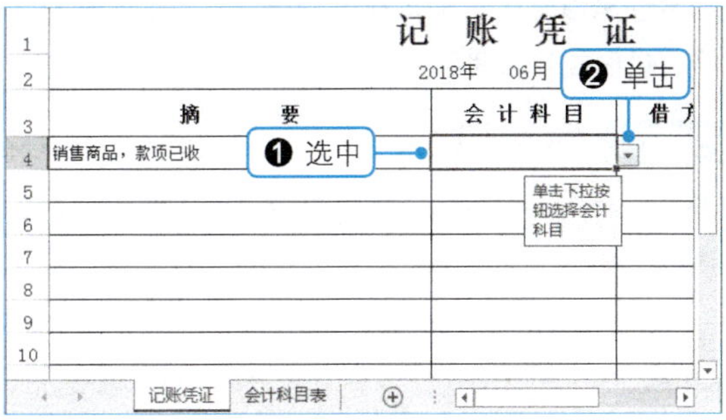

STEP 7 选择会计科目

在弹出的下拉列表中根据需要选择对应的会计科目选项。由于销售商品收到货款并存入银行，因此选择“银行存款”选项。

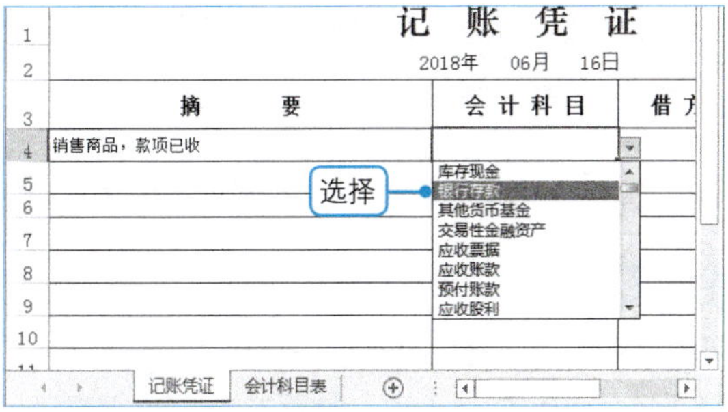

STEP 8 输入借方金额

在 C4 单元格中输入增加的银行存款金额（银行存款增加在借方），这里的金额应当是增值税专用发票上注明的货款和增值税税额之和，即“19488”。

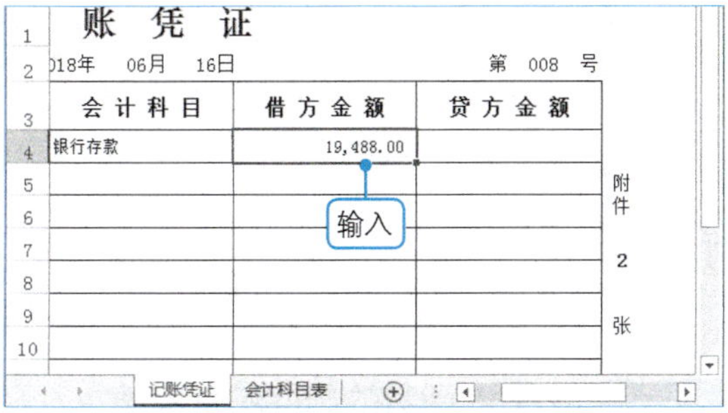

STEP 9 选择其他会计科目并输入金额

按相同方法选择另外两个贷方科目，并输入对应的贷方金额。

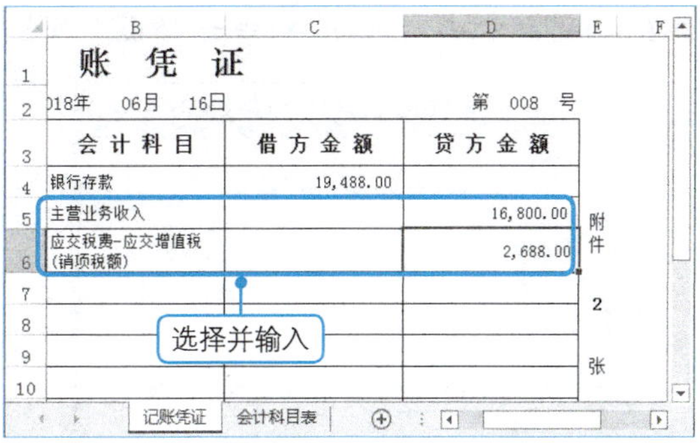

知识补充——先写分录再编凭证

若对会计分录的编制不熟悉，可以先根据发生的经济业务编写正确的会计分录，然后将分录填写到记账凭证中。根据提供的经济业务，其会计分录如下。

借：银行存款　　19 488

　贷：主营业务收入　　16 800

　　应交税费——应交增值税（销项税额）　　2 688

3. 使用 SUM 函数计算借贷方的合计金额

记账凭证的合计栏中需要合计每笔业务所有借方金额之和与所有贷方金额之和，在 Excel 中这可以利用 SUM 函数来完成自动计算。

STEP 1 插入函数

❶选中 C12 单元格；❷在编辑栏左侧单击“插入函数”按钮。

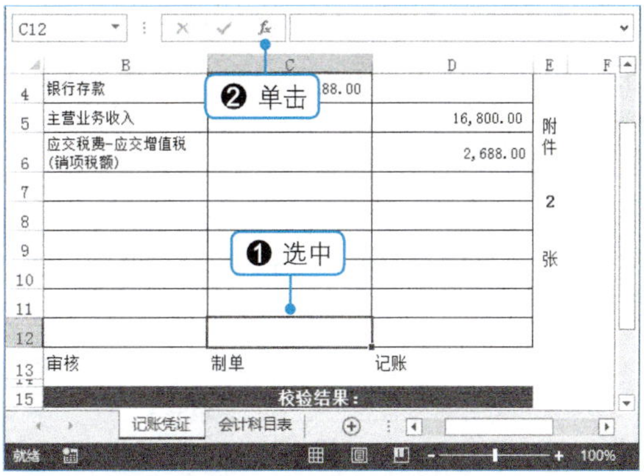

STEP 2 选择函数

❶打开“插入函数”对话框，在默认的“选择函数”

列表框中选择“SUM”选项；❷单击“确定”按钮。

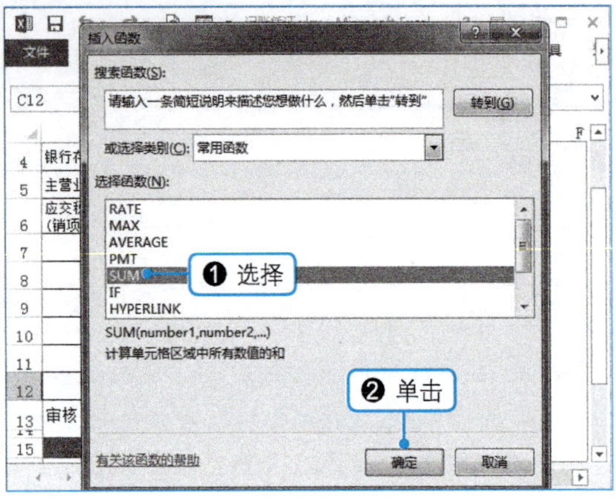

STEP 3 设置参数

打开“函数参数”对话框，Excel 根据表格结构自动设置了求和参数的单元格区域为 C4:C11 单元格区域，因此这里直接单击“确定”按钮。

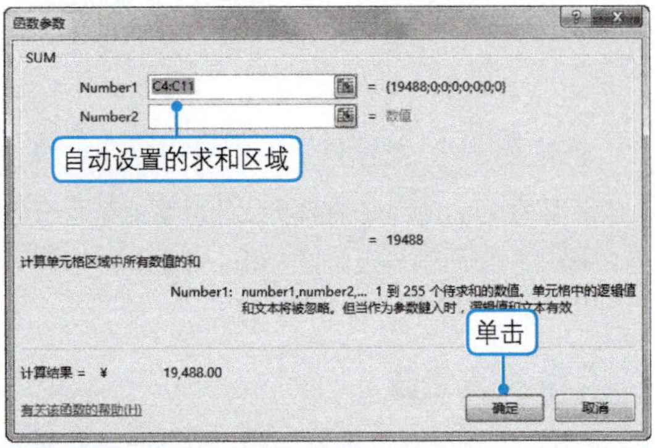

STEP 4 计算贷方金额合计数

此时将返回借方金额的合计结果，拖动 C12 单元格的填充柄至 D12 单元格，计算贷方金额的合计数结果。

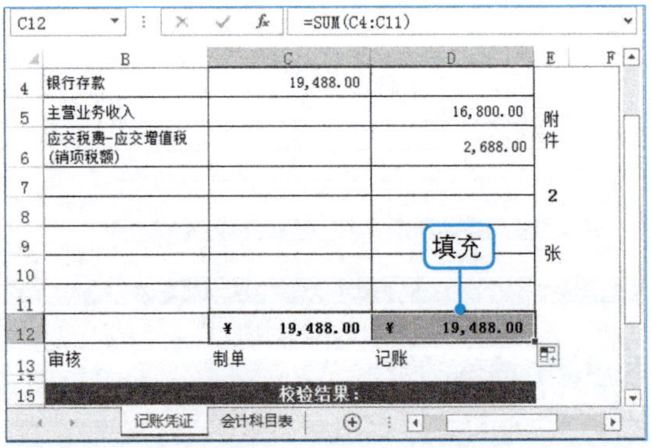

4. 设计公式校验金额是否相等

由于借贷双方的金额是手动输入的，因此难免可能出错，此时可通过校验合计栏的借方金额和贷方金额是否相等，来检查是否符合“有借必有贷，借贷必相等”的要求。

STEP 1 插入函数

❶选中 D15 单元格；❷在编辑栏左侧单击“插入函数”按钮。

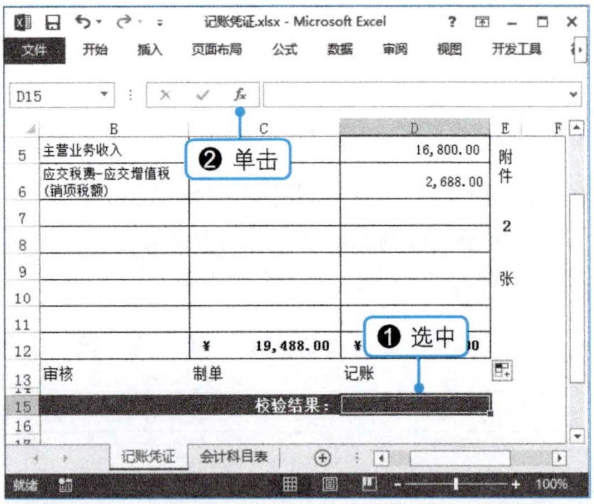

STEP 2 选择函数

❶打开“插入函数”对话框，在默认的“选择函数”列表框中选择“IF”选项；❷单击“确定”按钮。

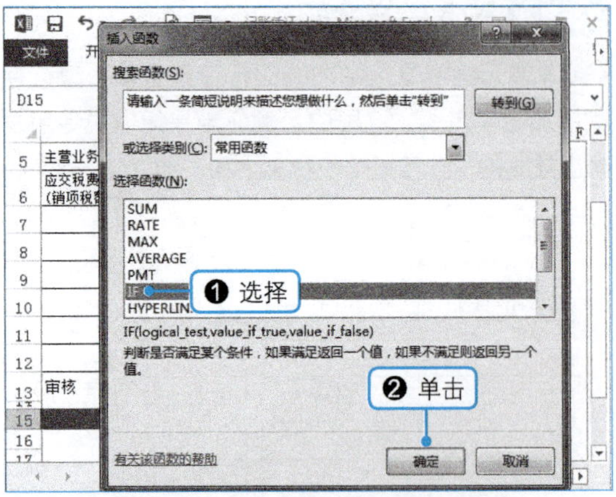

STEP 3 设置 IF 函数的条件和真假值

❶打开“函数参数”对话框，在第 1 个参数文本框中输入“C12=D12”，表示判断借方合计金额是否等于贷方合计金额；❷在第 2 个参数文本框中输入

“借贷相等”，表示两个单元格相等时，返回这个结果；❸在第3个参数文本框中输入“借贷不相等！”，表示两个单元格不相等时，返回这个结果；❹单击“确定”按钮。

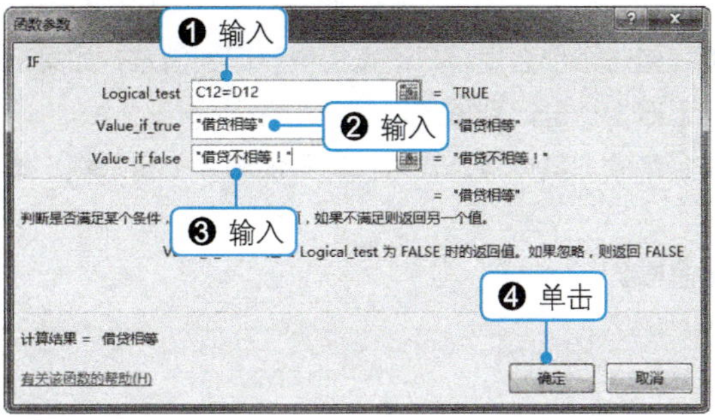

STEP 4 查看结果

关闭对话框后完成函数的插入，此时将显示“借贷相等”的结果，表示借方合计金额与贷方合计金额是相等的。

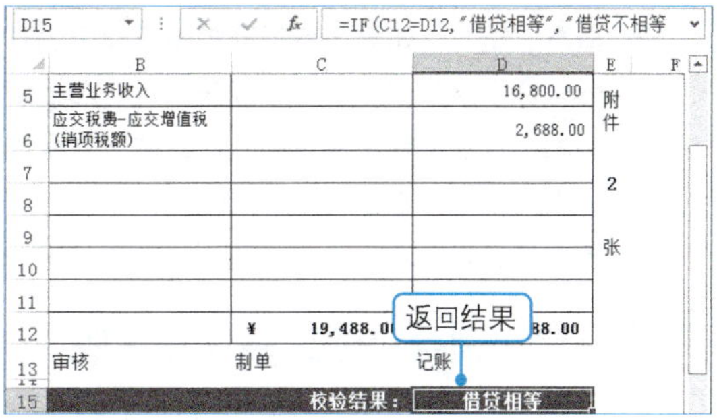

5.3 模板2：现金日记账

根据审核后的原始凭证编制记账凭证后，同样需要对记账凭证进行审核，只有通过审核后才能作为登记账簿的依据。现金日记账是企业必须设置的一类会计账簿，现金日记账由出纳人员根据同现金收付有关的记账凭证，按时间顺序逐日、逐笔进行登记，并根据“上日余额＋本日收入－本日支出＝本日余额”以及“期初余额＋本期增加－本期减少＝期末余额”的公式，逐日结出现金余额，然后将该余额与库存现金实存数核对，以检查每日现金收付是否有误。

5.3.1 现金日记账对现金收支情况的反映

企业一般以每一个月作为一个最小的会计期间，按月登记账簿。现金日记账即是通过将所有涉及现金收支的记账凭证中的数据登记到现金日记账中，通过借方、贷方和余额等栏目，清晰表现出每一笔与现金相关的经济业务的真实情况。现金日记账账页的一般格式如下图所示。

现金日记账

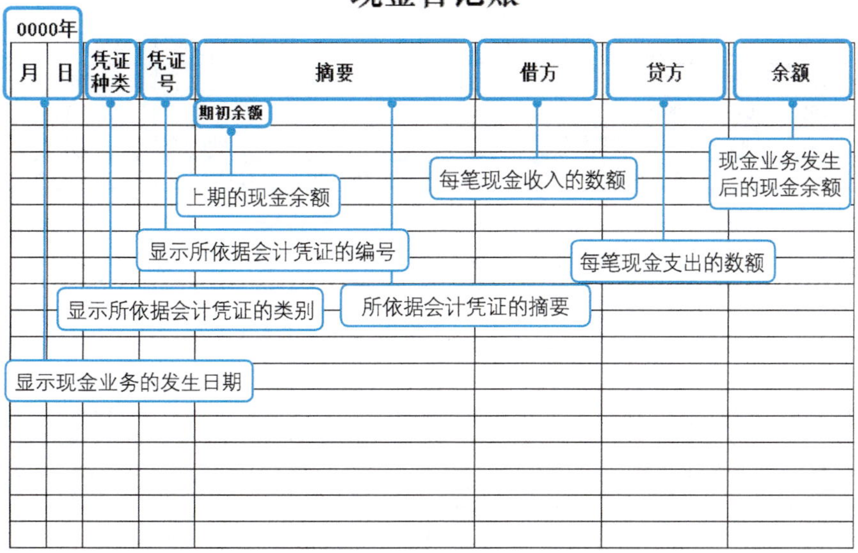

- **年月日：**每笔现金业务的发生日期，即所依据的记账凭证中的日期。
- **凭证种类：**如果是通用记账凭证，一般就录入“记”字，如果是专用记账凭证，则根据情况录入“收”“付”，或“现收”“现付”等字样。
- **凭证号：**所依据的记账凭证中的凭证号。
- **摘要：**所依据的记账凭证中的摘要。
- **借方、贷方：**如果记账凭证中库存现金的发生额在借方，那么现金日记账上也登记到借方；如果记账凭证中库存现金的发生额在贷方，那么现金日记账上也登记到贷方。
- **余额：**发生每笔现金业务后，通过计算得到的现金余额。其计算公式为：本日余额 = 上日余额 + 本日借方金额 - 本日贷方发生额
- **期初余额：**即上一个会计期间结束后剩余的现金余额。

5.3.2 登记现金日记账并计算余额

通过记账凭证是很容易完成现金日记账的登记工作的，具体做法为：找到涉及“库存现金”科目的记账凭证，将其中需要的数据抄录到账簿中，然后计算出余额即可。但对于 Excel 而言，如果有记账凭证表格，那么这些数据都能复制或直接引用，余额也可以通过设计公式来自动计算，这样就大大提高了工作效率。假设现金日记账的期初余额为 3 860 元，该月发生了 7 笔与现金收支相关的经济业务，下面就利用于 Excel 来完成现金日记账的登记工作。

配套资源

操作视频演示

模板文件 \ 第 5 章 \ 现金日记账 .xlsx
效果文件 \ 第 5 章 \ 现金日记账 .xlsx

【案例效果图解】

现金日记账

2016年

月	日	凭证种类	凭证号	摘要	借方	贷方	余额
12	1			期初余额			3,860.00
12	5	记	005	提备用金	5,000.00		8,860.00
12	13	记	007	支付员工借款		1,200.00	7,660.00
12	18	记	015	采购润滑油		580.00	7,080.00
12	21	记	023	员工报销汽油费		200.00	6,880.00
12	24	记	042	出售废品	680.00		7,560.00
12	25	记	046	借周转金	10,000.00		17,560.00
12	28	记	059	经理报销招待费		800.00	16,760.00
12	31			本月合计	15,680.00	2,780.00	16,760.00

手动输入年份和期初余额
设计公式计算余额
手动输入本月合计栏目
利用记账凭证的数据输入和复制
设计公式验证余额是否正确
利用 SUM 函数计算本月合计数

1. 输入年份和期初余额

使用此模板登记现金日记账之前，需要手动输入该账簿所属会计期间的年份以及“库存现金”科目期初余额的数据。

STEP 1 输入账簿年份

打开“现金日记账.xlsx”模板文件，选中 A2 单元格，在编辑栏中将“0000”修改为“2016”。

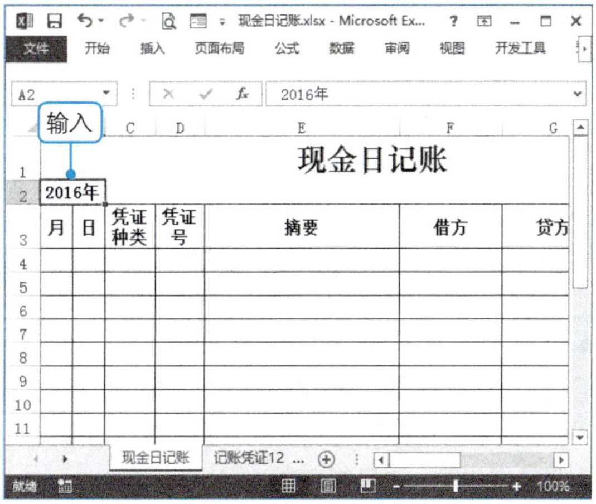

STEP 2 输入期初余额

在第 4 行的单元格中相应位置输入期初余额栏目的相关数据，即表示 12 月 1 日时，“库存现金”科目的期初余额为 3 860 元。

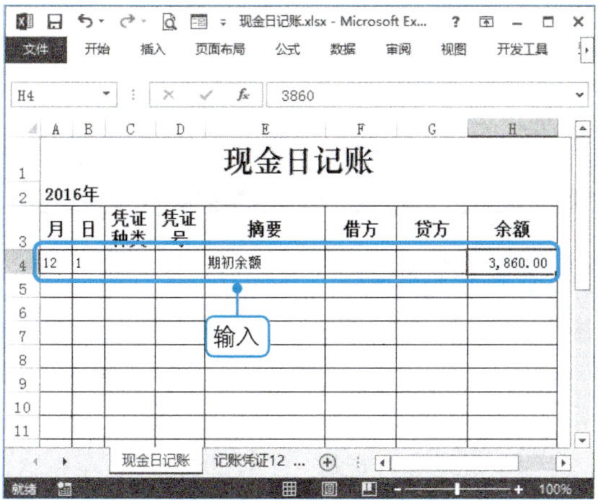

STEP 3 加粗显示期初余额

为了使期初余额的相关数据更加突出，这里可以选中 A4:H4 单元格区域，按【Ctrl+B】组合键将所选对象加粗显示。

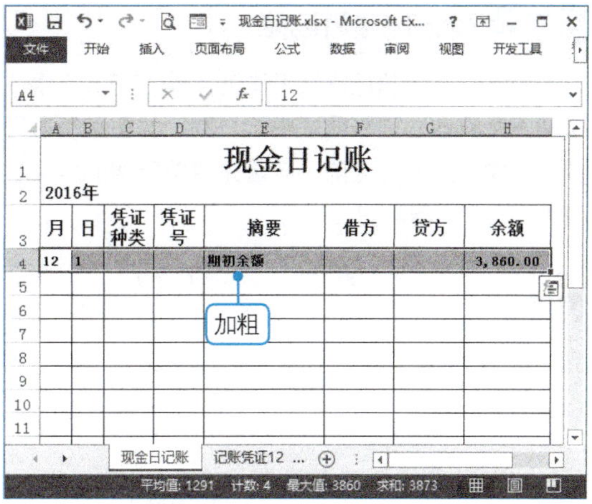

2. 利用记账凭证登记现金日记账

通过输入和复制记账凭证中的相关数据，可以很快完成现金日记账的登记工作。对于现金日记账中余额的输入，则可手动设计公式来实现自动计算。

STEP 1 查看记账凭证数据

单击“记账凭证 12.5”工作表标签，查看其中有关记账凭证的日期、编号等相关数据。

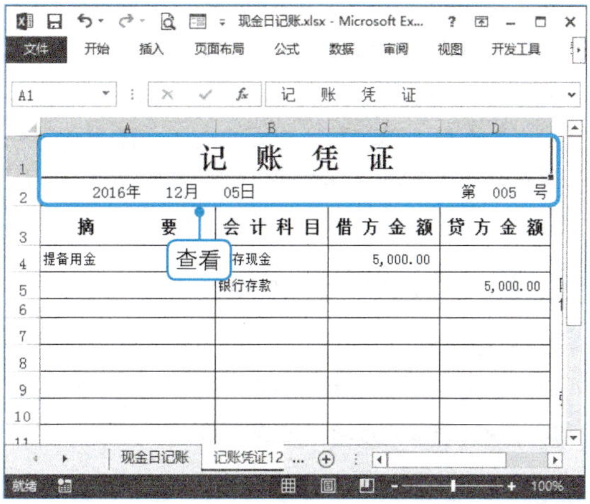

高手妙招 ——如何查看记账凭证的类型?

记账凭证的名称就可以反映它的类型。比如名称为“记账凭证”，说明它是通用记账凭证，类型可以用“记”表示；如果名称为“收款凭证”，则类型可以用“收”表示；如果名称为“现金收款凭证”，则类型可以用“现收”表示，以此类推。

STEP 2 登记现金日记账

❶切换到“现金日记账”工作表；❷在第 5 行中依次输入所查看的记账凭证中的日期、类型和编号等数据。输入凭证号之前，应首先将单元格的类型更改为“文本”型数据。

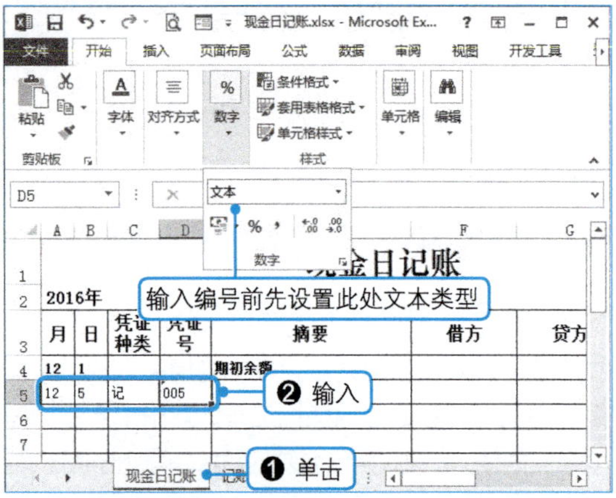

高手妙招 ——如何取消单元格左上角的绿色标识？

将单元格设置为文本型数据，然后在其中输入数字时，Excel 会在单元格左上角显示绿色三角标识，提醒用户这是以文本的形式存放的数字。如果确认无误，且不需该标识，可选中该单元格，单击左侧出现的按钮，在弹出的下拉列表中选择“忽略错误”选项即可。

STEP 3 复制记账凭证摘要

❶重新切换到“记账凭证 12.5”工作表；❷选中 A4 单元格；❸在编辑栏中复制摘要内容，同时记住库存现金的金额方向和金额数据。

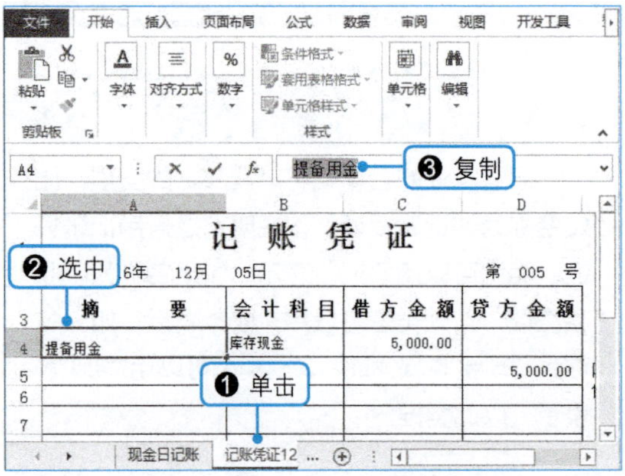

STEP 4 在账簿中登记摘要和金额

❶再次切换回“现金日记账”工作表；❷选中 E5 单元格，在编辑栏中粘贴复制的摘要；❸在 F5 单元格中输入“库存现金”科目的借方发生额。

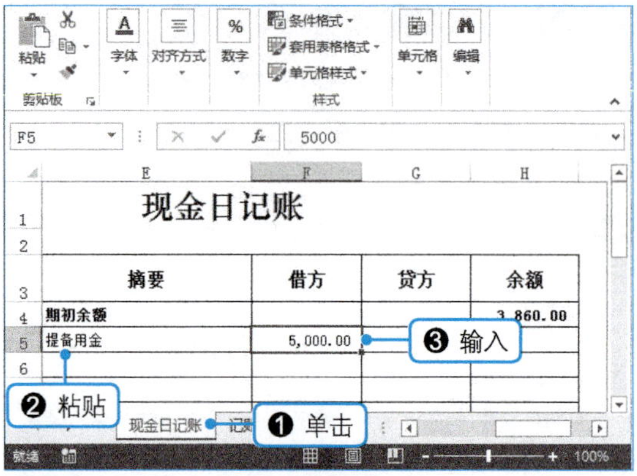

STEP 5 设计计算余额的公式

❶选中 H5 单元格；❷在编辑栏中输入“=H4+F5-G5”，表示库存现金的本日余额 = 上日余额 + 本日借方发生额 - 本日贷方金额。

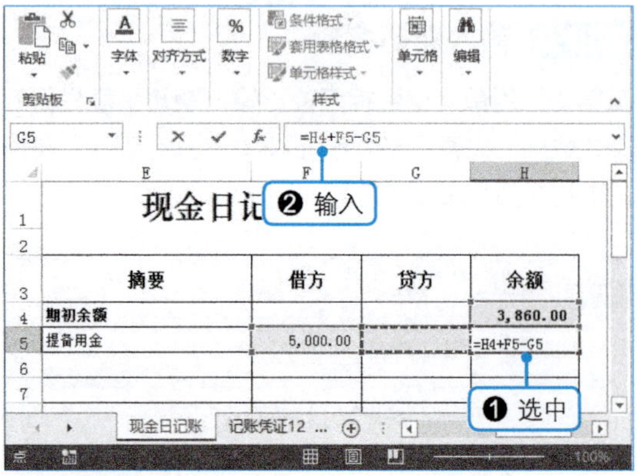

STEP 6 查看结果

按【Ctrl+Enter】组合键自动计算出余额的结果。

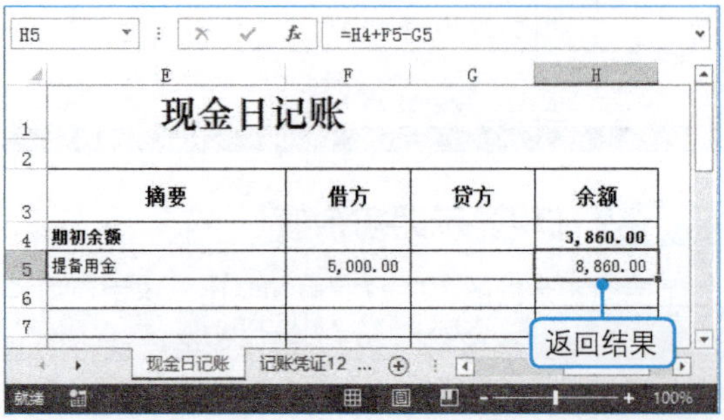

STEP 7 查看记账凭证数据

单击“记账凭证 12.13”工作表标签，查看第 2 张记账凭证的日期、编号等相关数据。

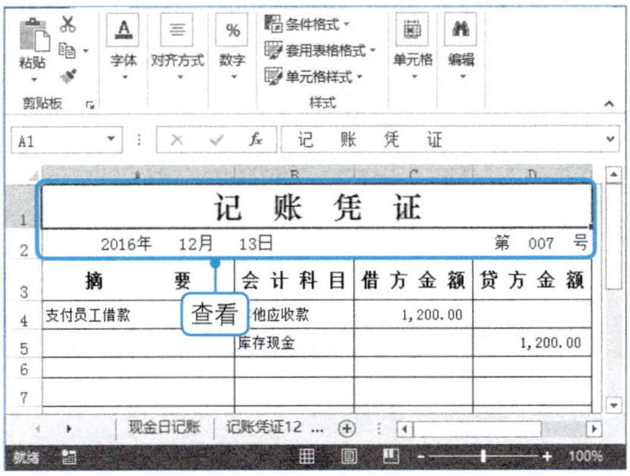

STEP 8 登记现金日记账

❶切换到“现金日记账”工作表；❷在第 6 行中依次输入所查看的记账凭证的日期、类型和编号等数据。注意输入凭证号之前，同样需要将单元格类型更改为“文本”型数据。

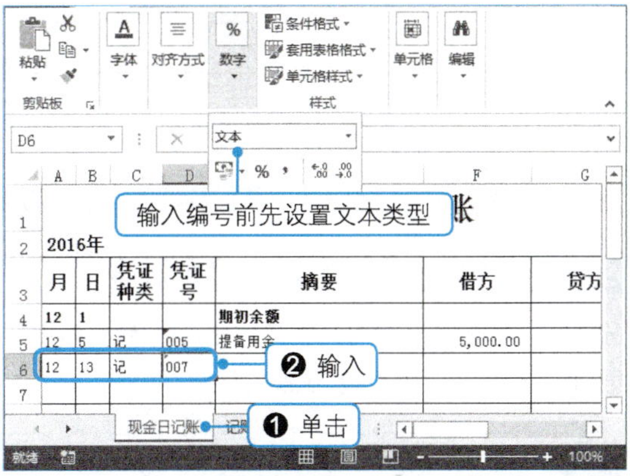

高手妙招——事先调整单元格数据类型

如果觉得每次输入凭证号之前都要设置数据类型太过麻烦，则可先将“凭证号”栏目下的所有空白单元格选中，将数据类型调整为“文本”型数据，后面直接输入凭证编号即可。

STEP 9 复制记账凭证摘要

❶重新切换到“记账凭证 12.13”工作表，选中 A4 单元格；❷在编辑栏中复制摘要内容，同时记住库存现金的金额方向和金额数据。

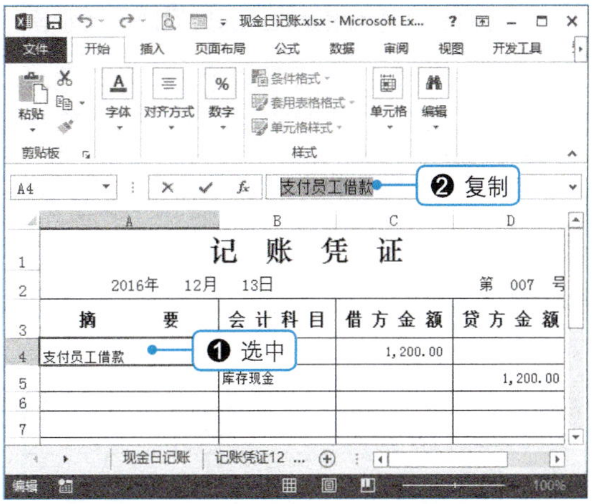

STEP 10 在账簿中登记摘要和金额

❶再次切换回“现金日记账”工作表；❷选中 E6 单元格，在编辑栏中粘贴复制的摘要；❸在 G6 单元格中输入“库存现金”科目的贷方发生额。

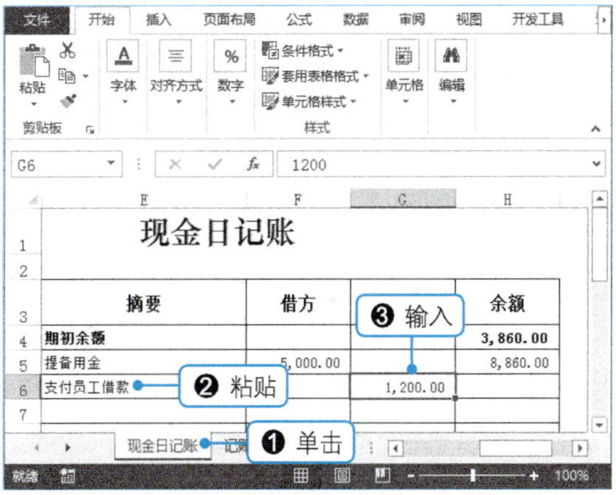

STEP 11 填充公式快速计算余额

选中 H5 单元格，拖动其填充柄至 H6 单元格，即可自动计算出这笔经济业务发生后的现金余额。

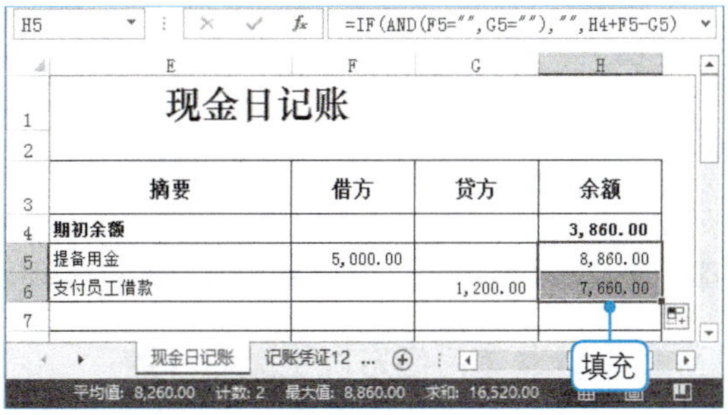

STEP 12 继续登记现金日记账

按照相同的方法继续根据本月的其他记账凭证登记现金日记账。

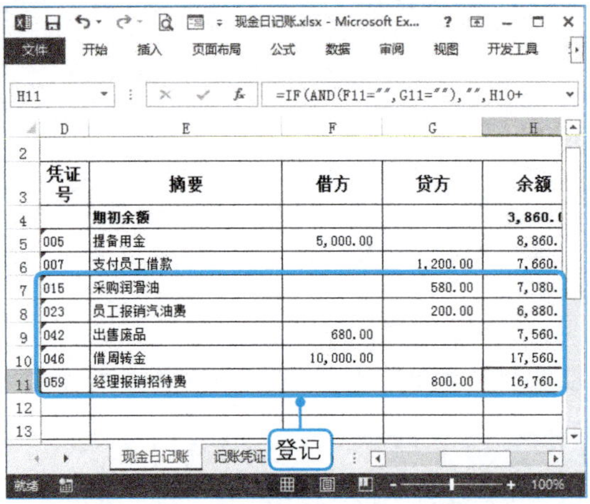

3. 输入本月合计栏目并计算本月借贷合计数

将本月发生的经济业务登记到现金日记账后，需要进行本月合计。计算本月借方发生额与贷方发生额的合计数，可以利用 SUM 函数来完成。每月库存现金的最终的余额，则可以利用另一种公式来计算，从而达到验证余额是否正确的目的。

STEP 1 输入并设置本月合计栏目

在第 12 行中相应位置输入本月合计的相关数据，即 12 月 31 日进行本月合计，然后选中 A12:H12 单元格区域，按【Ctrl+B】组合键加粗显示。

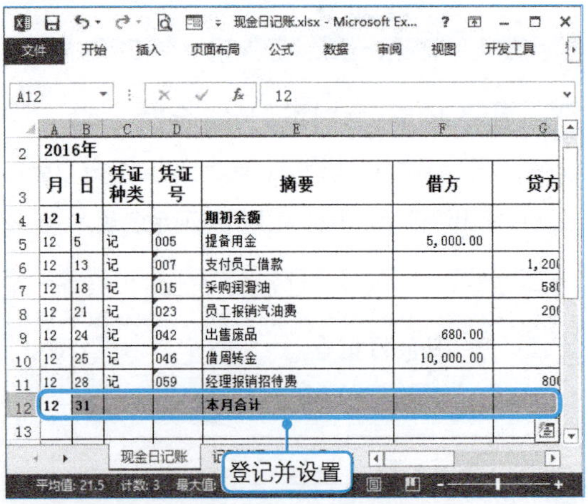

STEP 2 计算本月借方发生额合计数

❶ 选中 F12 单元格；❷ 在编辑栏中输入函数“=SUM(F5:F11)”。

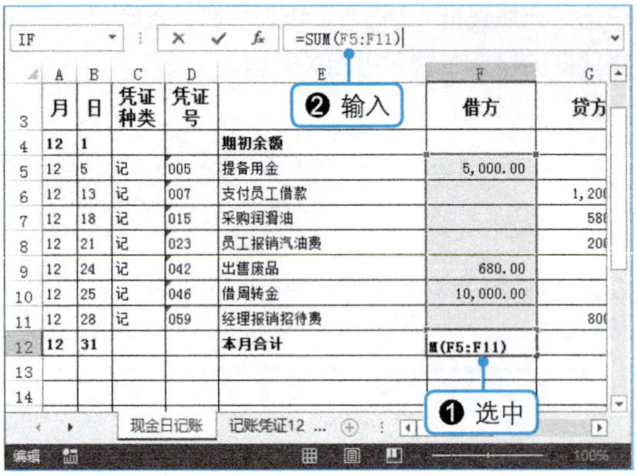

STEP 3 查看计算结果

按【Ctrl+Enter】组合键返回计算结果。

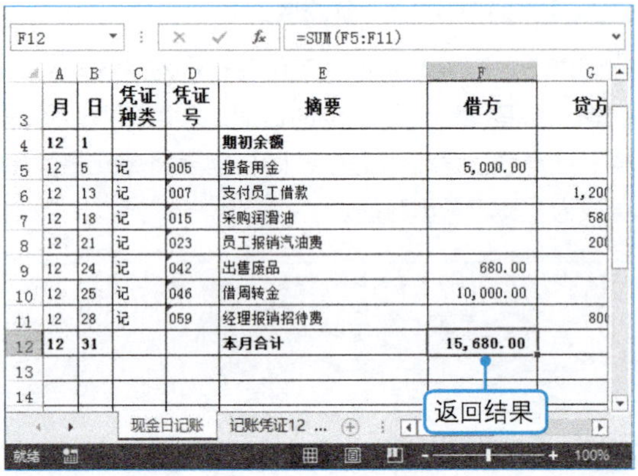

STEP 4 计算本月贷方发生额合计数

选中 F12 单元格，拖动其填充柄至 G12 单元格，即可自动计算出本月贷方发生额合计数。

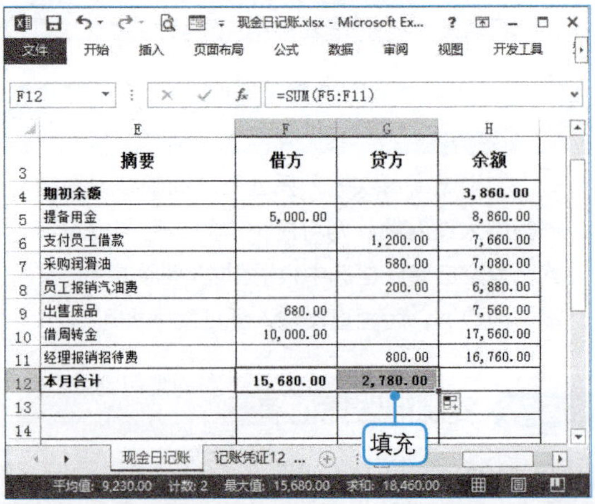

STEP 5　设计期末余额计算公式

❶ 选中 H12 单元格；❷ 在编辑栏中输入"=H4+F12-G12"，表示期末余额 = 期初余额 + 本期借方发生额 - 本期贷方发生额。

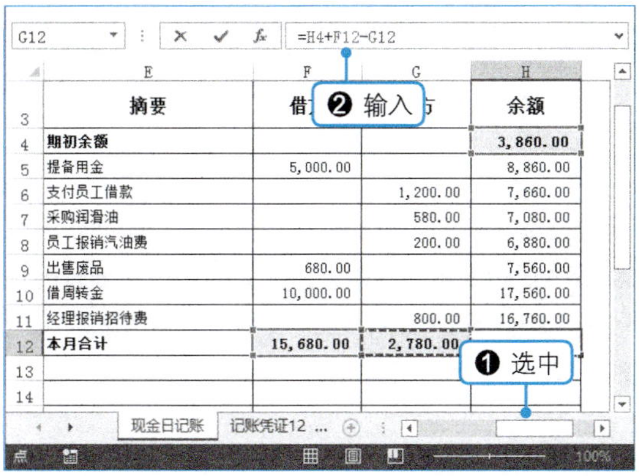

STEP 6　查看结果

按【Ctrl+Enter】组合键返回计算结果，很明显此结果应当与最后一笔现金业务发生后的余额相等，进而可以通过它实现对现金余额的验证。

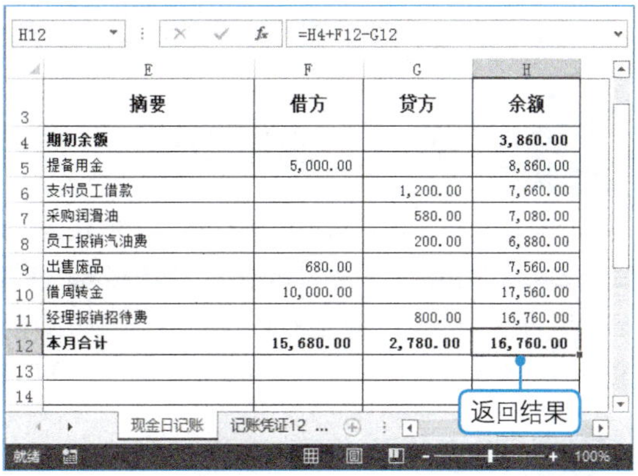

知识补充 ——现金日记账的对方科目

有的现金日记账根据需要会在"摘要"列前面增加"对方科目"列，用于填写发生现金业务时与"库存现金"科目对应的科目。如有需要，可直接选中"摘要"列所在的整列单元格（单击列标即可），然后单击鼠标右键，在弹出的快捷菜单中选择"插入"命令，即可在左侧插入一列空白单元格，并将它设置为"对方科目"。

5.4 模板 3：银行存款日记账

银行存款日记账是用来核算和监督银行存款每日的收入、支出和结余情况的账簿，由出纳人员根据与银行存款收付业务有关的记账凭证，按时间先后顺序逐日、逐笔进行登记，并每日结出银行存款余额。银行存款日记账的模板结构、登记方法、当日余额以及期末余额的计算和验证都与现金日记账类似，故这里不再详细介绍其用法。下图为银行存款日记账的效果。

配套资源

模板文件 \ 第 5 章 \ 银行存款日记账 .xlsx
效果文件 \ 第 5 章 \ 银行存款日记账 .xlsx

银行存款日记账

2016年

月	日	凭证种类	凭证号	票据号数	摘要	对方科目	借方	贷方	余额
12	1				期初余额				237,405.50
12	2	记	003		销售产品	主营业务收入	37,627.20		275,032.70
12									313,032.70
12							[illegible].00		205,392.70
12							[illegible].00		170,392.70
12	23	记	029		销售产品	主营业务收入	50,000.00		220,392.70
12	24	记	032		收到货款	应收账款	12,000.00		232,392.70
12	29	记	063		购买支票	财务费用		40.00	232,352.70
12	31				本月合计		137,627.20	142,680.00	232,352.70

这两个栏目也可以出现在现金日记账中，其中票据号数是发生涉及票据的经济业务时才需填制。例如，提取现金时会涉及现金支票，就需要填写支票的票号

答疑解惑——当企业有多个银行账户时，应怎么登记银行存款日记账呢?

如果企业开立了多个银行账户，则应当按开立的账户和币种分别设置银行存款日记账，即每个银行账户设置一本银行存款日记账。但需要注意，后期登记总账时应将该企业的多个银行存款日记账汇总后得到的数据登记到银行存款总账当中。

5.5 模板 4：明细账

明细账是根据会计科目明细科目开设的账簿，用于明细反映企业的经济业务和会计信息。明细账的格式有多种，常见的有三栏式明细账、数量金额式明细账和多栏式明细账。其中，三栏式明细账是最基础、最常见的一种格式，主要用于登记只进行金额核算的资本、债权和债务类账户，如“应收账款”“应付账款”“应交税费”等账户。下面以三栏式明细账为例，介绍明细账模板的制作和使用方法。

5.5.1 明细账的账页格式

三栏式明细账主要由“借方”“贷方”“余额”3 个栏目组成，分别用于记录相应账户的收入、支出和余额情况。这实际上与日记账的结构是类似的，不同之处在于明细账还需要考虑余额的方向，即登记账户的余额是在借方还是贷方。下图所示为应收账款明细账，其结构和各要素的作用如下。

- **年月日：** 相关科目所对应经济业务的发生日期，即所依据记账凭证中的日期。
- **2 级科目：** 注明 2 级科目的名称，如果还有 3 级科目，则在该处换行添加“3 级科目：”字样。
- **凭证编号：** 需要将所依据的记账凭证类别和编号登记到此处，如“记 008”“现收 028”等。
- **摘要：** 所依据记账凭证中的摘要。

- **借方、贷方：**如果记账凭证中该账户的发生额在借方，那么明细账上就登记到借方；如果记账凭证中该账户的发生额在贷方，那么明细账上也登记到贷方。
- **借或贷：**反映所登记账户在每一笔结出余额的借贷方向。
- **余额：**只需登记期初余额和本月合计余额（即期末余额），每笔经济业务发生后不需计算余额，这点与日记账有所不同。

5.5.2 设计并使用应收账款明细账模板

相对于日记账而言，明细账模板的制作难度主要集中在期末余额的计算以及余额方向的判断上，它需要结合会计科目的性质和期初余额的方向来综合考虑公式应该如何设计。假设某公司“应付账款——A 商贸有限公司”科目的期初余额为贷方 10 000 元。下面以此为例介绍如何在 Excel 中制作和使用明细账模板。

配套资源

操作视频演示

模板文件 \ 第 5 章 \ 明细账 .xlsx
效果文件 \ 第 5 章 \ 明细账 .xlsx

【案例效果图解】

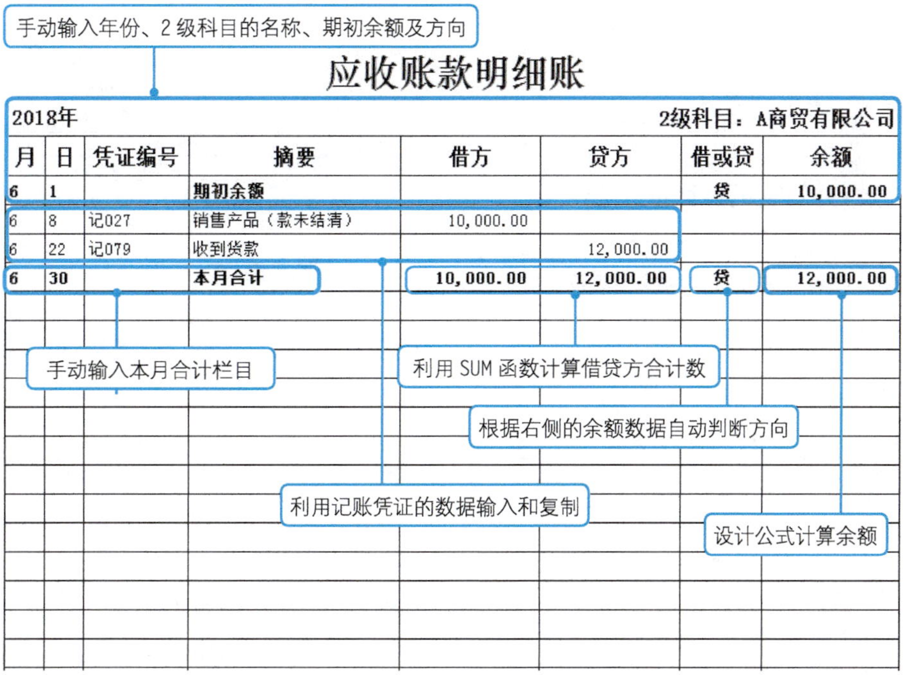
手动输入年份、2 级科目的名称、期初余额及方向
应收账款明细账
2018年
2级科目：A商贸有限公司
月 日 凭证编号 摘要 借方 贷方 借或贷 余额
6 1 期初余额 贷 10,000.00
6 8 记027 销售产品（款未结清） 10,000.00
6 22 记079 收到货款 12,000.00
6 30 本月合计 10,000.00 12,000.00 贷 12,000.00
手动输入本月合计栏目
利用 SUM 函数计算借贷方合计数
根据右侧的余额数据自动判断方向
利用记账凭证的数据输入和复制
设计公式计算余额

1. 通过输入和复制的操作完善基本数据

下面首先手动输入明细账中的年份、2 级科目名称和期初余额的相关内容，然后通过提供的记账凭证登记相关数据。

STEP 1 输入年份和 2 级科目名称

❶打开“明细账 .xlsx”模板文件，选中 A2 单元格，在编辑栏中将“0000”修改为“2018”；❷选中 H2 单元格，在编辑栏中的“：”后面输入 2 级科目名称“A 商贸有限公司”。

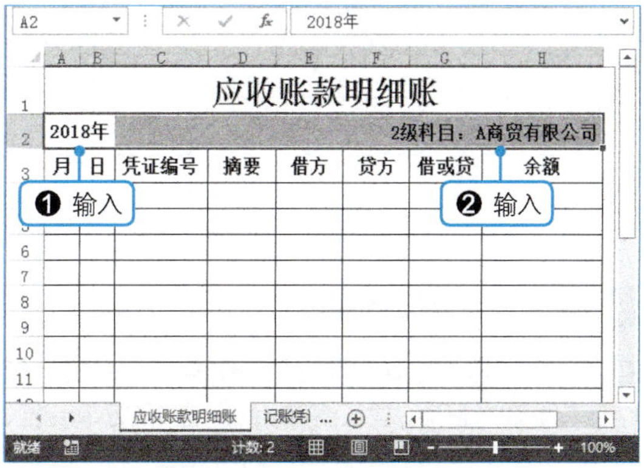

STEP 2 输入并设置期初余额

在第 4 行中的相应位置输入期初余额的相关数据，然后选中 A4:H4 单元格区域，按【Ctrl+B】组合键加粗显示。

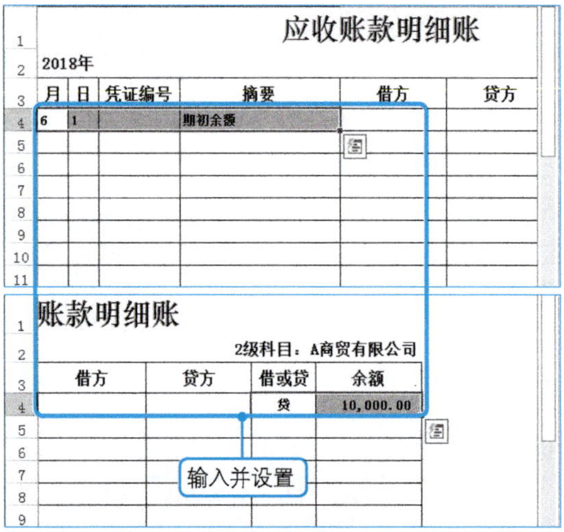

STEP 3 查看并复制记账凭证摘要

❶切换到“记账凭证 06.08”工作表；❷查看记账凭证的日期、编号、应收账款的发生额及方向，然后复制摘要单元格的内容。

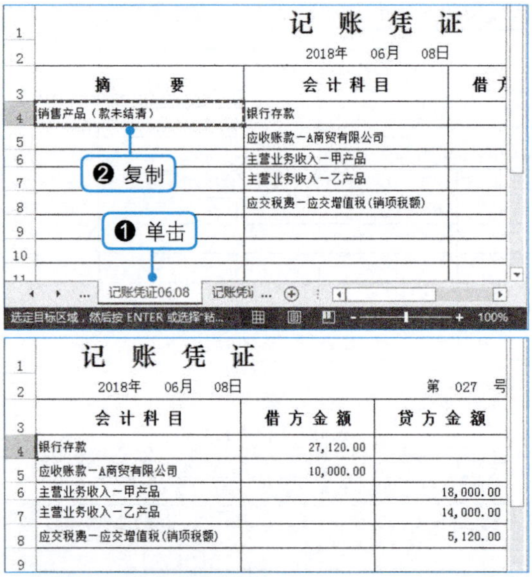

STEP 4 登记到明细账

❶切换回“应收账款明细账”工作表；❷在第 5 行相应位置输入日期、凭证编号，然后选中 D5 单元格，按【Ctrl+V】组合键将复制的内容粘贴到此处，最后输入借方发生额。

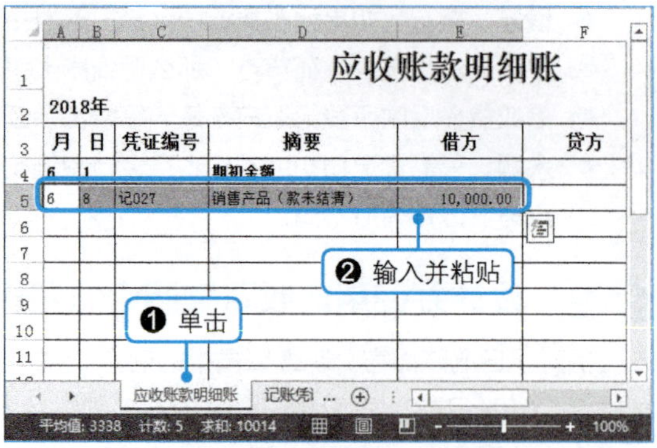

STEP 5 查看并复制记账凭证摘要

❶切换到“记账凭证 06.22”工作表；❷查看记账凭证的日期、编号、应收账款的发生额及方向，然后复制摘要单元格的内容。

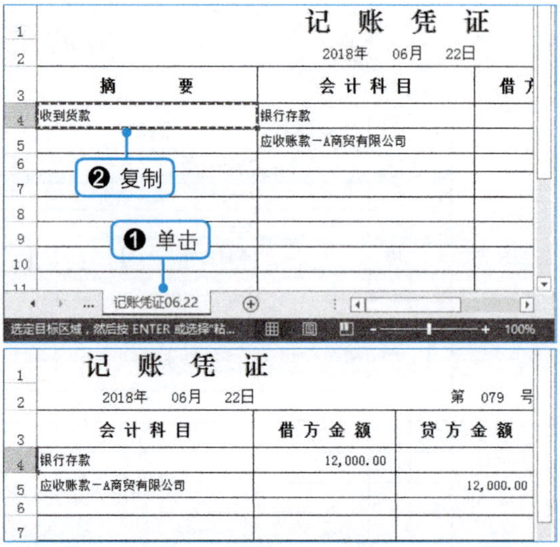

STEP 6 在账簿中登记相关内容

❶切换到“应收账款明细账”工作表；❷在第 6 行相应位置输入日期、凭证编号，然后选中 D6 单元格，按【Ctrl+V】组合键将复制的内容粘贴到此处，最后输入贷方发生额。

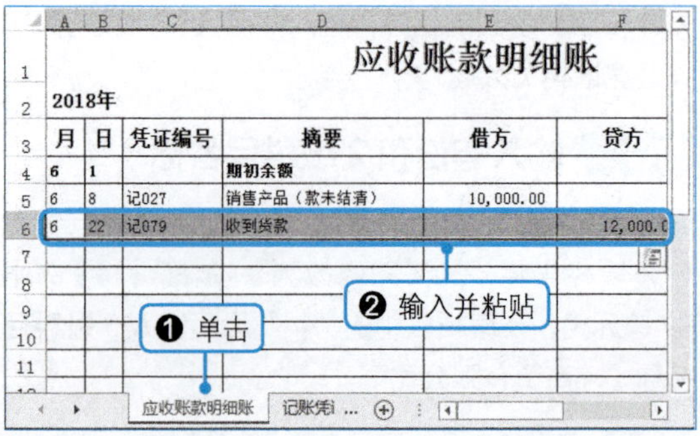

2. 设计本月合计栏目

下面首先输入本月合计栏目的基本数据，然后通过各种公式和函数，完成借方、贷方、借贷方向以及余额的输入。

STEP 1 输入并设置本月合计栏目

在第 7 行相应位置输入本月合计的基本数据，然后选中 A7:H7 单元格区域，按【Ctrl+B】组合键加粗显示。

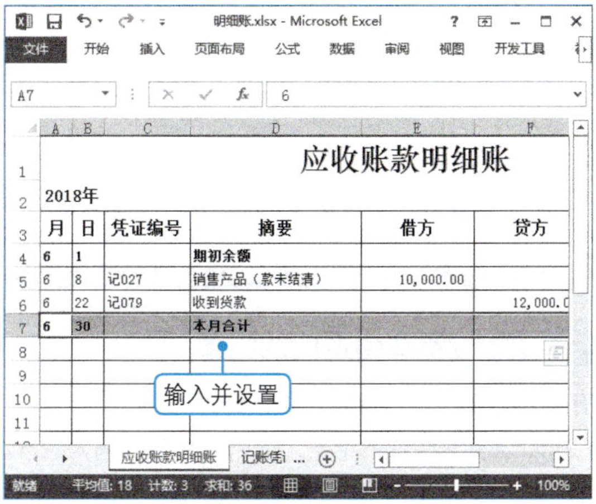

STEP 2 对发生额进行求和计算

❶ 选中 E7:F7 单元格区域；❷ 在编辑栏中输入“=SUM(E5:E6)”。

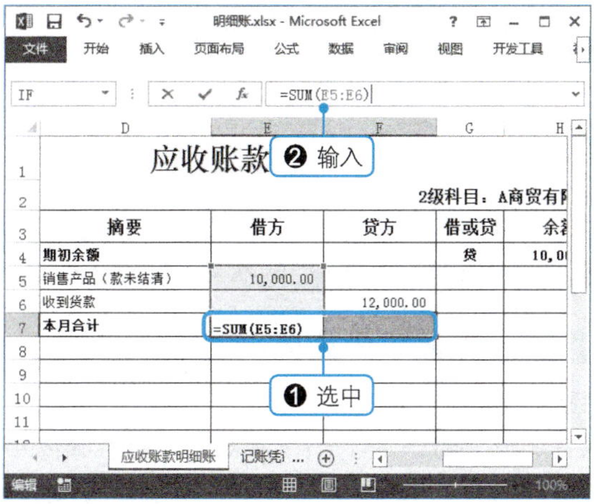

STEP 3 查看合计结果

按【Ctrl+Enter】组合键即可同时返回借方发生额和贷方发生额合计数的计算结果。

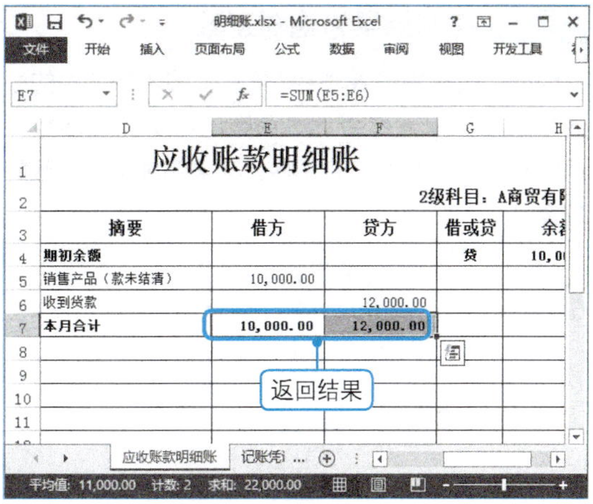

STEP 4 设计余额公式

❶ 选中 H7 单元格；❷ 在编辑栏中输入“-H4+E7-F7”，表示期末余额 = 期初余额 + 借方发生额合计数 - 贷方发生额合计数。

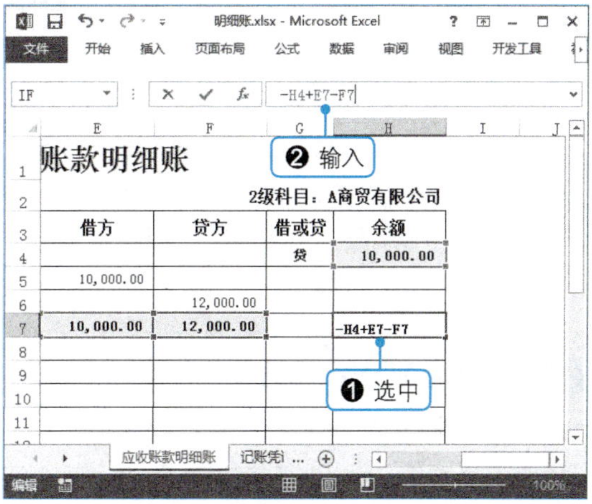

答疑解惑 ——为什么期初余额前面要添加“-”符号?

明细账期末余额的计算公式应综合考虑科目性质和期初余额方向来设计。“应收账款”属于资产类科目，根据“借增贷减”的规则，其余额应当在借方。如果余额在贷方，应当添加负号表示为负数。而“应付账款”属于负债类科目，若期初余额在贷方，则根据“贷增借减”规则，其期末余额的公式就应当为 H4+F7-E7。综上，系统就可以根据余额为正还是负来判断其在借方还是贷方。

STEP 5 控制结果为绝对正数

继续在编辑栏中输入“=ABS()”，将步骤 4 中的公式放在括号里面作为 ABS 函数的参数。该函数将返回数值的绝对值，从而防止期末余额出现负数的现象。

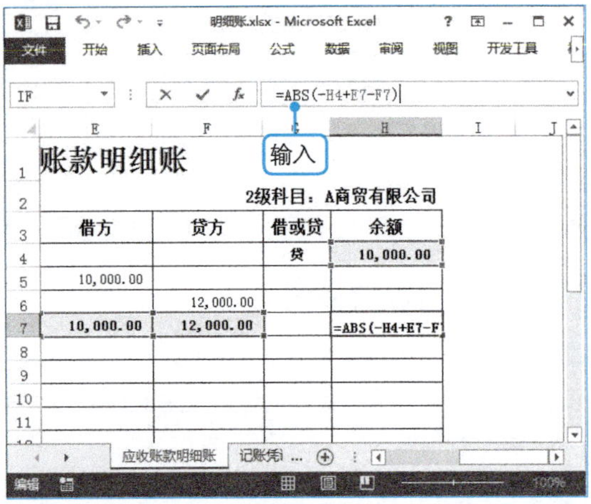

知识补充 ——ABS 函数

ABS 函数就是绝对值函数，可以返回引用数据的绝对值，其语法结构为 ABS(number)，有且只有一个参数“number”，其表示引用的单元格地址或常量。

STEP 6 查看期末余额结果

按【Ctrl+Enter】组合键返回期末余额的结果。由于返回的是绝对值，所以并不能知道该结果到底为正还是为负，所以还需要另外通过借贷方向来表示。

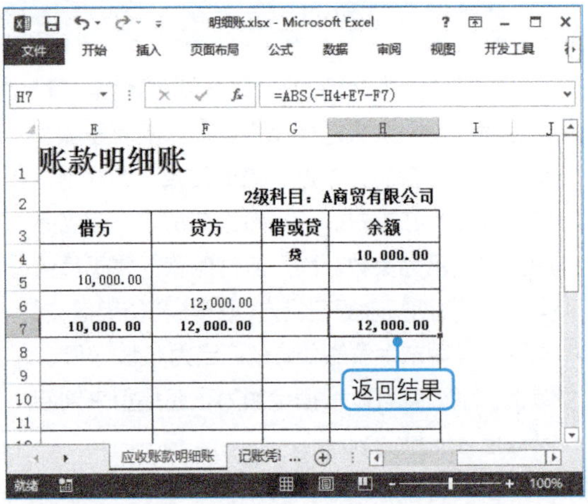

STEP 7 设计借贷方向的公式

❶ 选中 G7 单元格；❷ 在编辑栏中输入“=IF(-H4+E7-F7>0,)”，表示利用 IF 函数判断期末余额的结果是否大于 0。

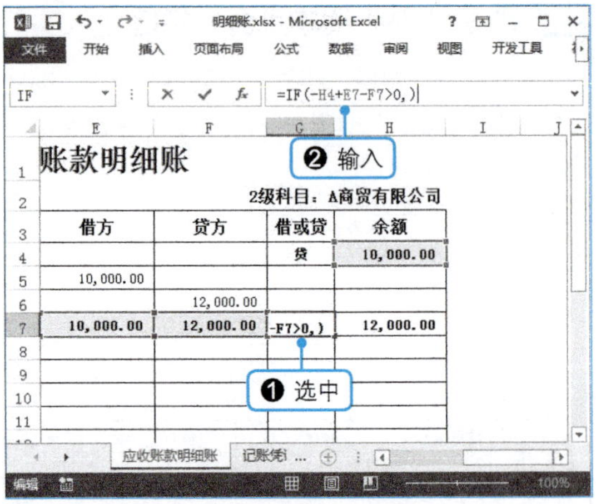

STEP 8 设置真值返回的结果

在编辑栏中设计 IF 函数的真值结果，即“"借",”，表示如果期末余额的结果大于 0，则余额方向为借方。

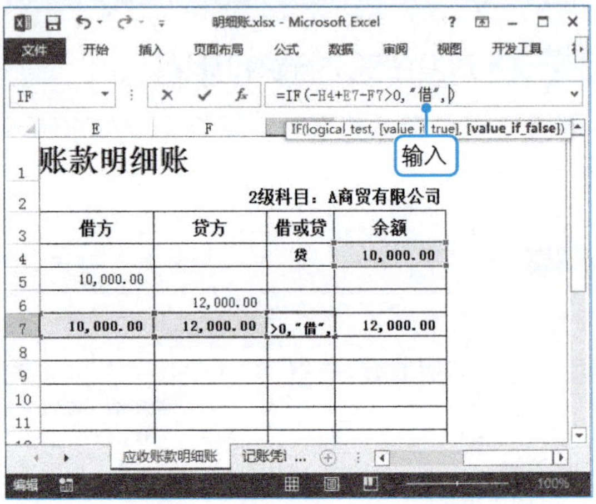

STEP 9 嵌套 IF 函数返回假值结果

继续在编辑栏中输入“IF(-H4+E7-F7<0,"贷","平")”，将这个 IF 函数作为前一个 IF 函数的假值返回结果参数，其表示如果期末余额不大于 0，那么就执行这个 IF 函数的内容。该函数的作用是如果期末余额小于 0，则结果返回“贷”，说明期末余额在贷方；如果期末余额等于 0，则结果返回“平”。

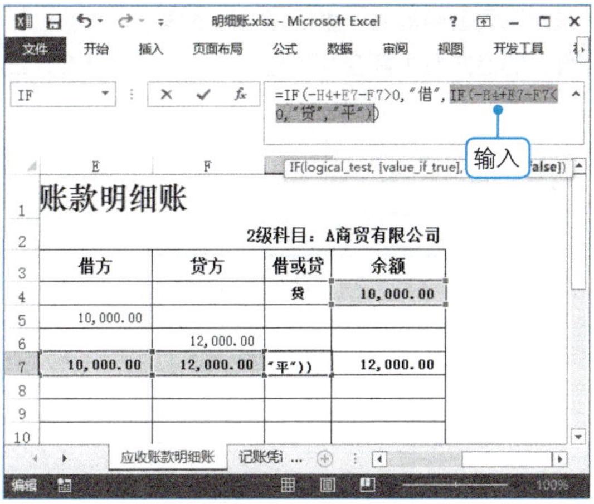

STEP 10 查看期末余额的借贷方向

按【Ctrl+Enter】组合键返回期末余额的借贷方向。

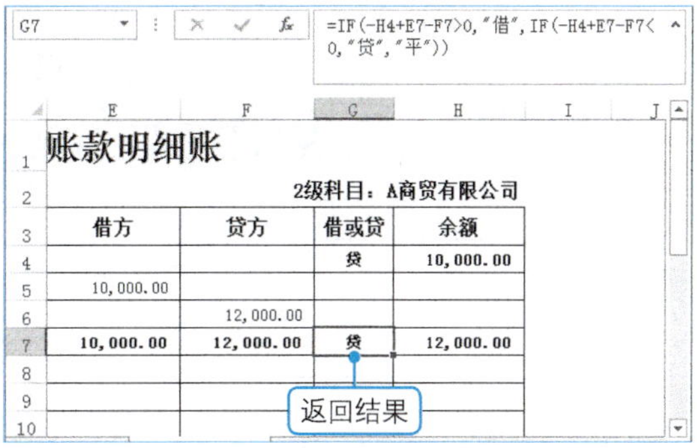

5.6 模板 5：科目汇总表

使用科目汇总表账务处理程序进行会计核算时，在完成日记账和明细账的登记工作之后，就需要根据记账凭证编制科目汇总表，以方便后期总账的登记工作。具体来说，企业可根据业务量大小来确定科目汇总表的编制频率，对于业务量较小的企业，可以每半月编制一次科目汇总表，登记总账时需要将该月的两张科目汇总表各科目的发生额逐次登记，以得到该科目的总账结果。对于业务量很大的企业，则可以每十日或每一周编制一张科目汇总表。

5.6.1 科目汇总表的结构与数据来源

科目汇总表中的数据是直接根据记账凭证的数据得到的，但在实际工作中，在编制科目汇总表前，会先根据“T 型账”汇总本月有发生额的各个科目的借方发生额和贷方发生额数据，然后利用这个结果来编制科目汇总表。

知识补充——T 型账

T 型账可以很好地罗列多张记账凭证的数据，并得到某科目借方发生额与贷方发生额的合计数，从而方便科目汇总表的编制。一般情况下，T 型账上方是科目名称，左侧罗列该科目本期的所有借方发生额，右方罗列该科目本期的所有贷方发生额。假设某公司本期涉及的现金业务有 3 笔：第 1 笔的记账凭证编号为 001，借方 5 000 元；第 2 笔的记账凭证编号为 004，贷方 3 000 元；第 3 笔的记账凭证编号为 005，借方 12 000 元，那么“库存现金”科目的 T 型账则如右图所示。

库存现金	
1）5 000	4）3 000
5）12 000	
合：17 000	合：3 000

也就是说，要想编制科目汇总表，首先应将某会计期间的所有记账凭证逐笔登记到 T 型账中，然后为每个科目的 T 型账求得借方发生额合计数和贷方发生额合计数，最终将其登记到科目汇总表中。

科目汇总表的结构和各要素分别如下。

- **年月日：**注明科目汇总表编制所涵盖的会计期间。
- **会计科目：**在某会计期间所发生的经济业务中涉及的会计科目。
- **借方、贷方：**会计科目在某会计期间的借方发生额和贷方发生额。

- **记账凭证起讫号数：**在某会计期间的涉及的第 1 张记账凭证至最后一张记账凭证的编号。
- **合计：**某会计期间发生的经济业务中所涉及会计科目的借方发生额合计数与贷方发生额合计数，二者必然相等。

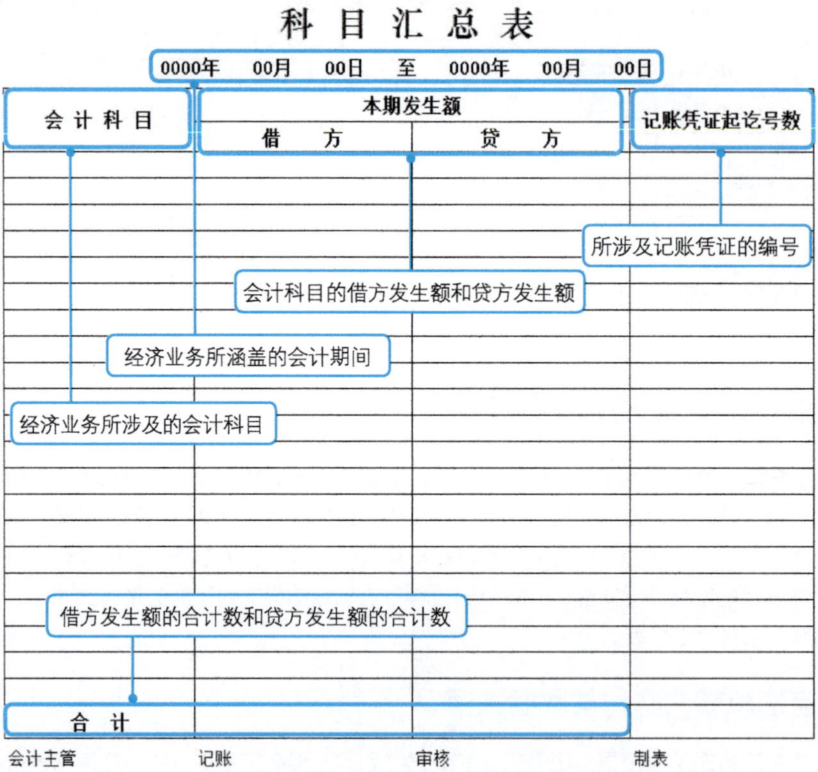

5.6.2 编制科目汇总表并合计发生额

科目汇总表通常是在 T 型账的基础上编制的。下面以已通过 T 型账录入了科目汇总表基础数据的表格资料为基础，利用 Excel 合计发生额，并检验借贷是否平衡。

配套资源

操作视频演示

模板文件 \ 第 5 章 \ 科目汇总表 .xlsx
效果文件 \ 第 5 章 \ 科目汇总表 .xlsx

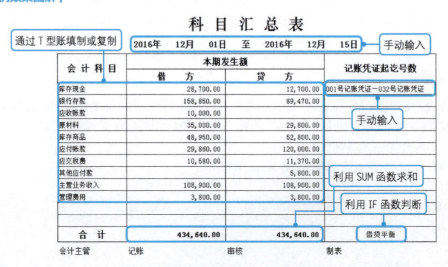

【案例效果图解】

科 目 汇 总 表

2016年 12月 01日 至 2016年 12月 15日

会 计 科 目	本期发生额 借 方	本期发生额 贷 方	记账凭证起讫号数
库存现金	28,700.00	12,700.00	001号记账凭证—032号记账凭证
银行存款	158,850.00	89,470.00	
应收账款	10,000.00		
原材料	35,000.00	29,800.00	
库存商品	48,950.00	52,800.00	
应付账款	29,860.00	120,000.00	
应交税费	10,580.00	11,370.00	
其他应付款		5,800.00	
主营业务收入	108,900.00	108,900.00	
管理费用	3,800.00	3,800.00	
合 计	434,640.00	434,640.00	借贷平衡

会计主管　　记账　　审核　　制表

通过 T 型账填制或复制　手动输入　手动输入　利用 SUM 函数求和　利用 IF 函数判断

STEP 1 输入汇总的日期

❶打开“科目汇总表.xlsx”模板文件，选中 A2 单元格；❷在编辑栏中将会计期间设置为“2016 年 12 月 1 日至 2016 年 12 月 15 日”，表示科目汇总表涵盖的会计期间为 2016 年 12 月半月。

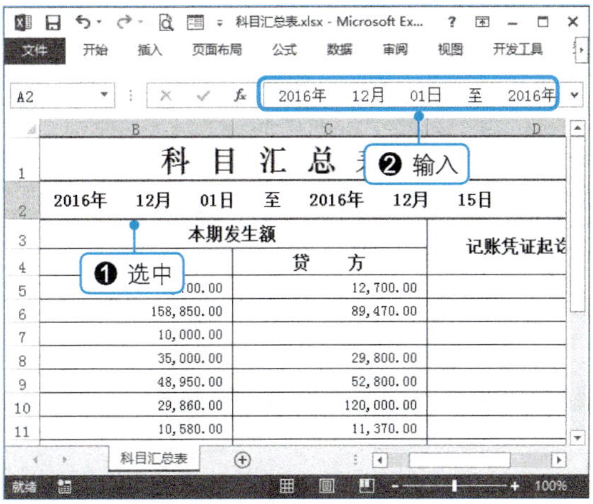

STEP 2 输入涉及的记账凭证

选中 D5 单元格，在其中输入“001 号记账凭证—032 号记账凭证”，表示编制科目汇总依据的是 001~032 号记账凭证。

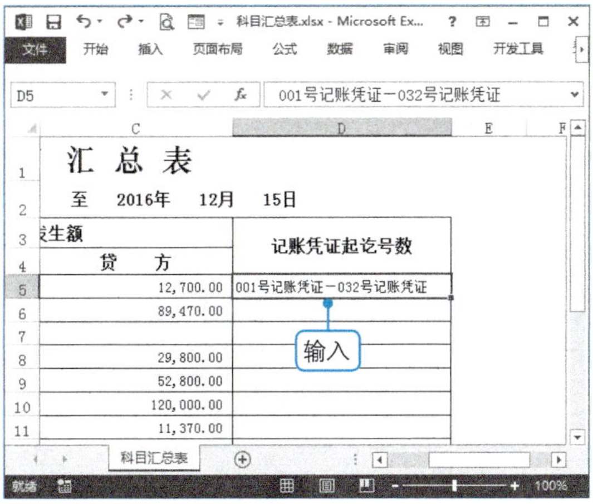

STEP 3 设计合计公式

❶选中 B17:C17 单元格区域；❷在编辑栏中输入“=SUM(B5:B16)”，表示借、贷发生额的合计数分别为所有会计科目的借方发生额之和与所有会计科目的贷方发生额之和。

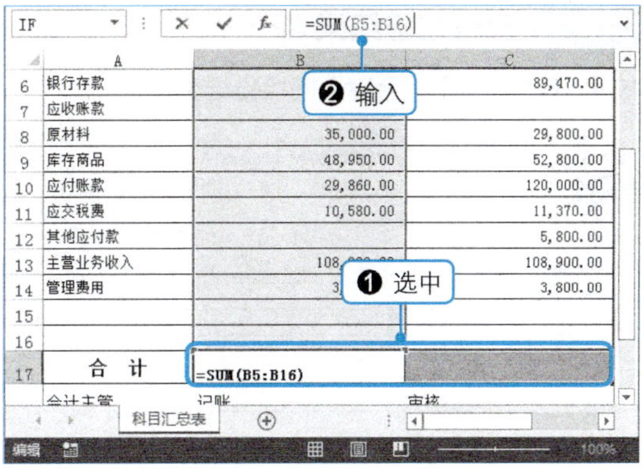

STEP 4 查看合计结果

按【Ctrl+Enter】组合键返回借、贷双方的合计数结果。

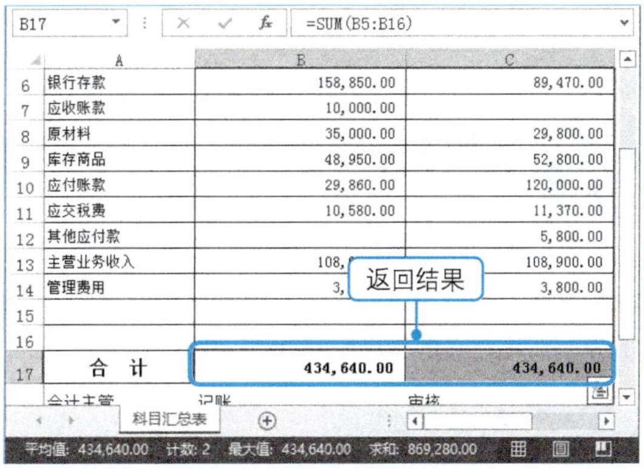

STEP 5 设置检查公式

❶选中 D17 单元格；❷在编辑栏中输入“=IF(B17=C17,"借贷平衡","借贷不平衡，请检查！")”，表示如果借方发生额合计数等于贷方发生额合计数，则显示“借贷平衡”；如果不等，则显示“借贷不平衡，请检查！”。

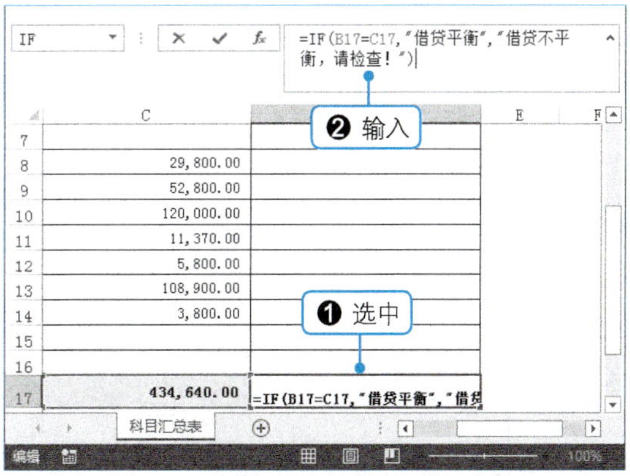

STEP 6 查看检验结果

按【Ctrl+Enter】组合键返回检验结果。

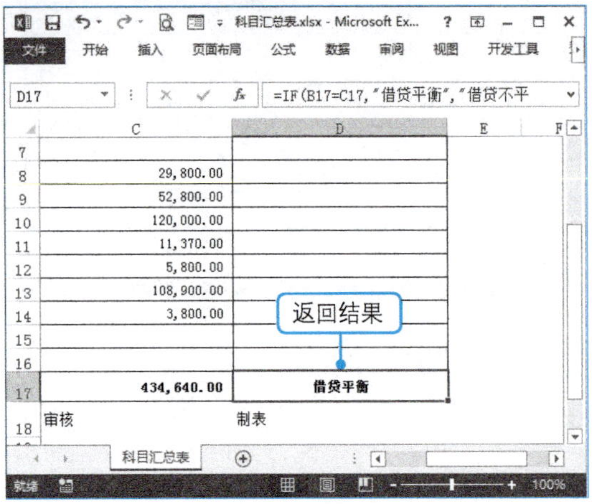

STEP 7 突出显示检查结果

将 D17 单元格的文本颜色设置为“红色”，以突出显示检查结果。

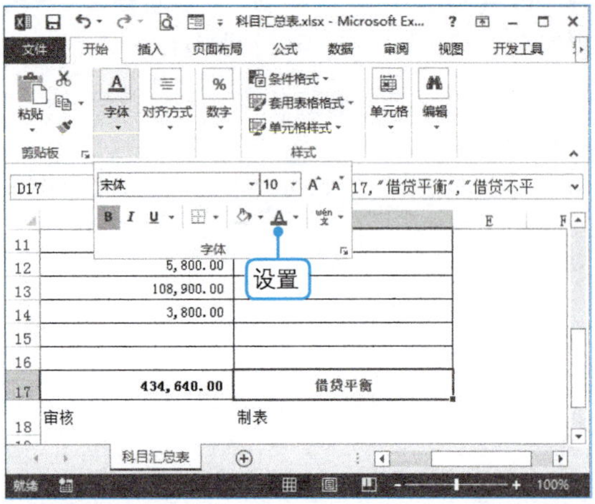

5.7 模板 6：总账

总账是根据总账科目（即 1 级科目）开设的账户，用于登记全部经济业务事项，提供总括核算资料的分类账簿。从账页结构上看，总账常用的格式为三栏式，即设置有借方、贷方和余额 3 个基本金额栏目，这与三栏式的明细账是相同的。

5.7.1 总账的结构

由于本书中举例采用的是科目汇总表账务处理程序，因此在登记总账时应以编制完成的科目汇总表为依据。下图所示为三栏式的库存现金总账，其结构和各要素的作用如下。

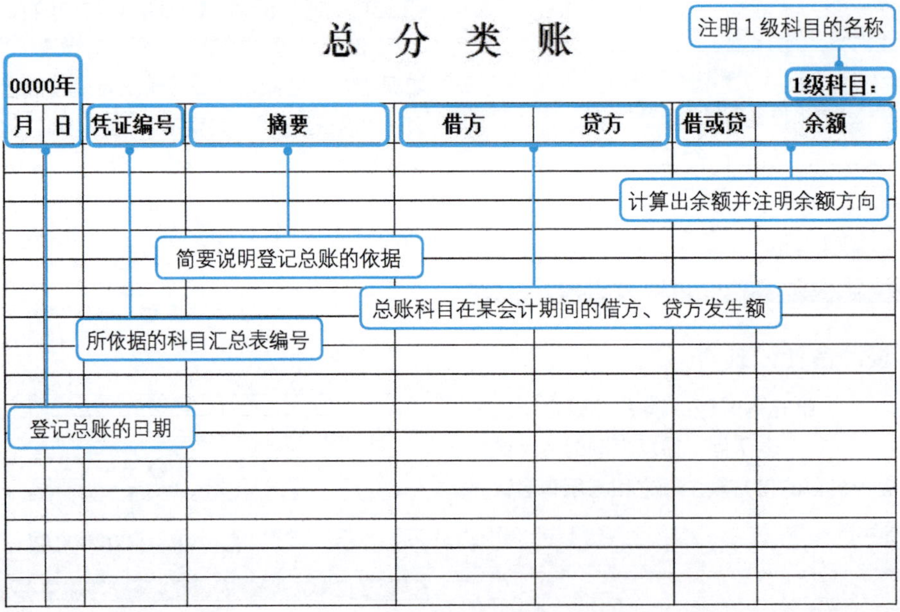

- **年月日：**实际登记总账的日期。
- **1 级科目：**注明所登记总账的日期 1 级科目的名称。
- **凭证编号：**登记总账的依据。本书中由于采用科目汇总表账务处理程序，则“凭证编号”可填写“科汇 1”“科汇 2”等。
- **摘要：**登记总账依据的简要说明。
- **借方、贷方：**将科目汇总表中对应科目的借方发生额和贷方发生额登记上来，该月有几张科目汇总表就登记几次，以便求得本月发生额的借、贷发生额合计数。
- **借或贷：**反映该账户期初余额和期末余额的方向，同明细账一样，总账中也只需要在期初余额和本月合计栏中注明余额方向。
- **余额：**只需在期初以及登记完本月发生额合计数时结出余额数。

5.7.2 利用科目汇总表登记总账

同明细账一样，总账模板的制作难度还是集中在期末余额的计算以及余额方向的判断上，判断的方法与明细账是相同的，需要结合会计科目的性质和期初余额的方向综合考虑。假设某公司库存现金在 2016 年 12 月 1 日的期初余额为借方 3 500 元，下面使用 Excel 制作和登记库存现金总账。

配套资源

操作视频演示

模板文件 \ 第 5 章 \ 总账 .xlsx
效果文件 \ 第 5 章 \ 总账 .xlsx

【案例效果图解】

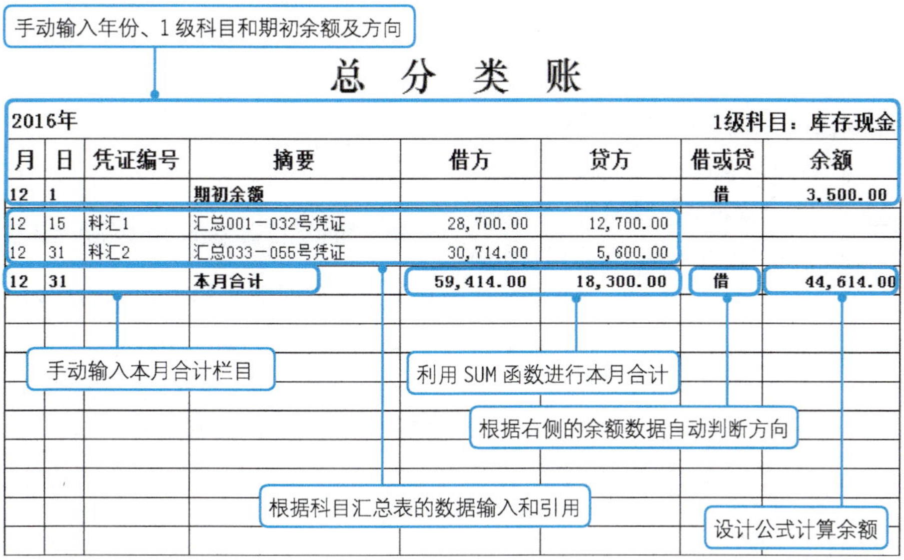
手动输入年份、1 级科目和期初余额及方向
总 分 类 账
2016年
1级科目：库存现金
月 日 凭证编号 摘要 借方 贷方 借或贷 余额
12 1 期初余额 借 3,500.00
12 15 科汇1 汇总001－032号凭证 28,700.00 12,700.00
12 31 科汇2 汇总033－055号凭证 30,714.00 5,600.00
12 31 本月合计 59,414.00 18,300.00 借 44,614.00
手动输入本月合计栏目
利用 SUM 函数进行本月合计
根据右侧的余额数据自动判断方向
根据科目汇总表的数据输入和引用
设计公式计算余额

1. 输入日期和期初余额

下面首先根据已知资料手动输入日期和期初余额的相关数据。

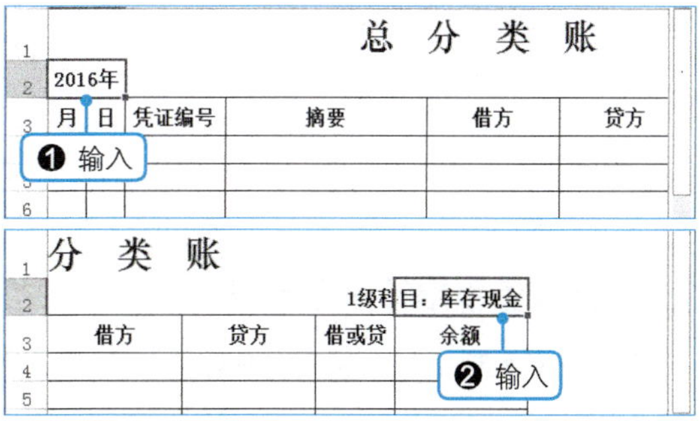

STEP 1 输入年份和 1 级科目

❶打开“总账 .xlsx”模板文件，选中 A2 单元格，在编辑栏中将“0000”修改为“2016”；❷选中 H2 单元格，在编辑栏的“：”后面输入 1 级科目名称“库存现金”。

STEP 2 输入期初余额

在第 4 行相应设置中输入期初余额的相关数据，然后选中 A4:H4 单元格区域，按【Ctrl+B】组合键加粗显示。

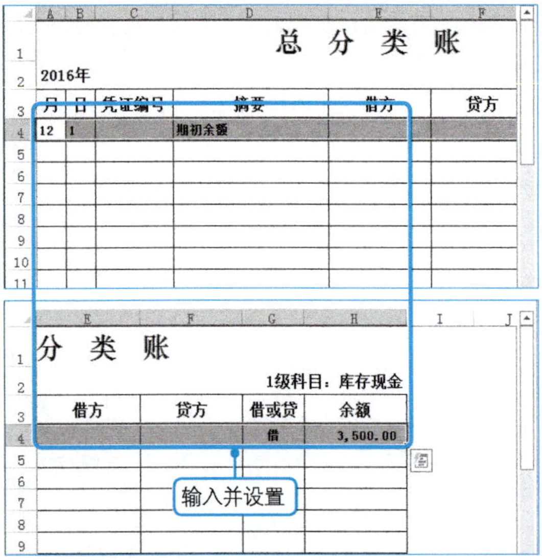

2. 登记库存现金总账

由于已经编制好了科目汇总表，因此登记总账时直接引用科目汇总表中的数据即可。

STEP 1 输入日期、编号和摘要内容

通过查看"科汇 1"工作表中科目汇总表的日期和涉及的凭证信息，在"库存现金总账"工作表第 5 行中输入"科汇 1"中对应的日期、凭证编号和摘要内容。

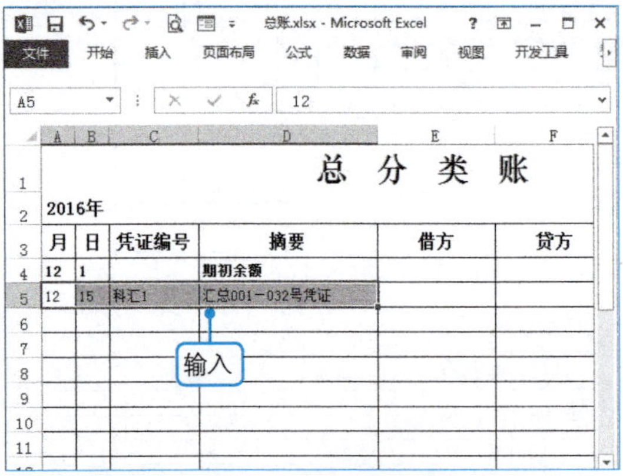

STEP 2 准备引用单元格数据

❶选中 E5 单元格；❷在编辑栏中输入"="。

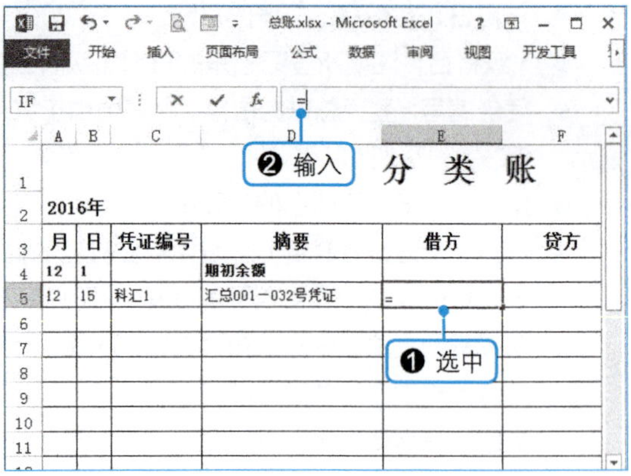

STEP 3 引用"科汇 1"中的借方发生额

❶切换到"科汇 1"工作表；❷选中 B5 单元格，引用库存现金的借方发生额。

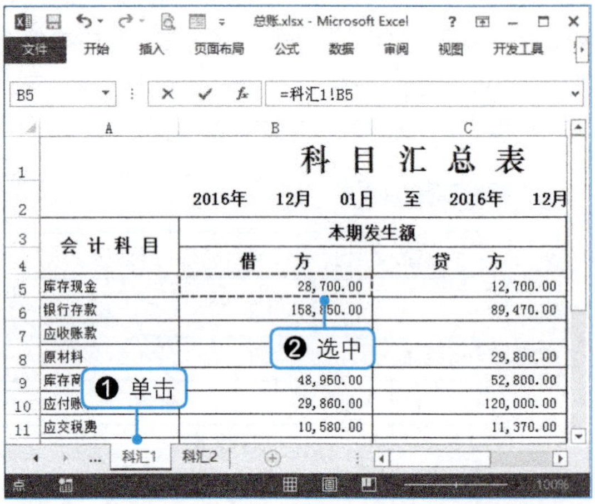

STEP 4 完成数据的引用并引用其他数据

❶按【Ctrl+Enter】组合键自动返回"库存现金总账"工作表，即可查看其借方金额已经被引用了；❷继续选中 F5 单元格；❸在编辑栏中输入"="。

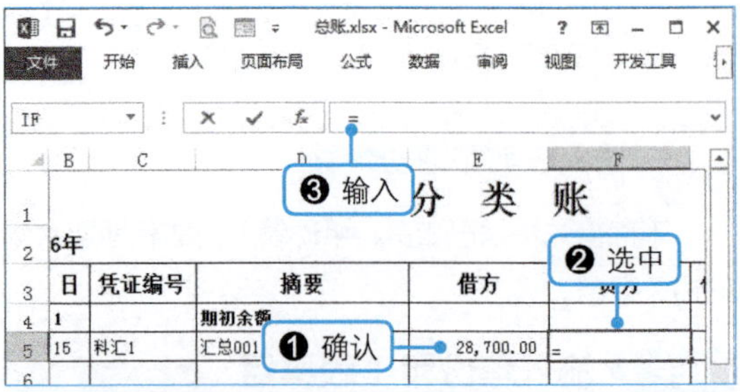

STEP 5 引用"科汇 1"中的贷方发生额

❶再次切换到"科汇 1"工作表；❷选中 C5 单元格，

引用库存现金的贷方发生额。

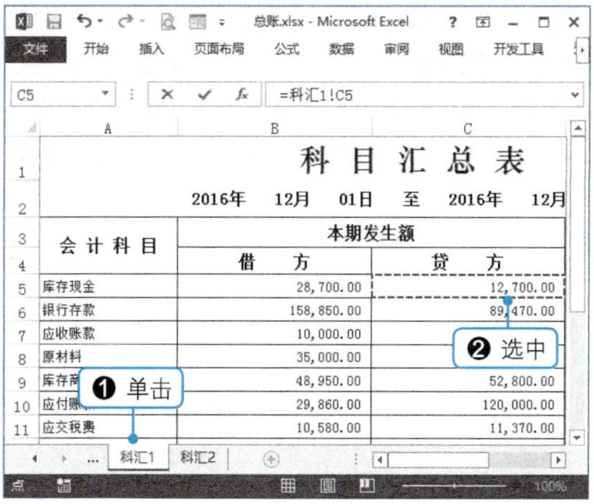

STEP 6 确认引用

按【Ctrl+Enter】组合键返回“库存现金总账”工作表，即将第 1 张科目汇总表中库存现金发生额登记到总账中。

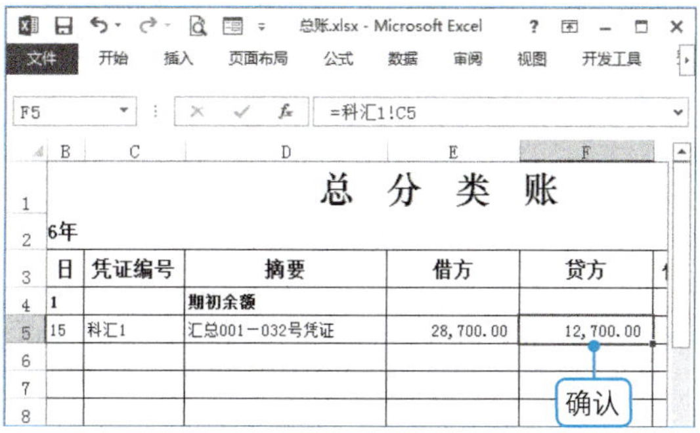

STEP 7 输入日期、编号和摘要内容

通过查看“科汇 2”工作表中科目汇总表的日期和涉及的凭证信息，在“库存现金总账”工作表第 6 行中输入“科汇 2”中对应的日期、凭证编号和摘要内容。

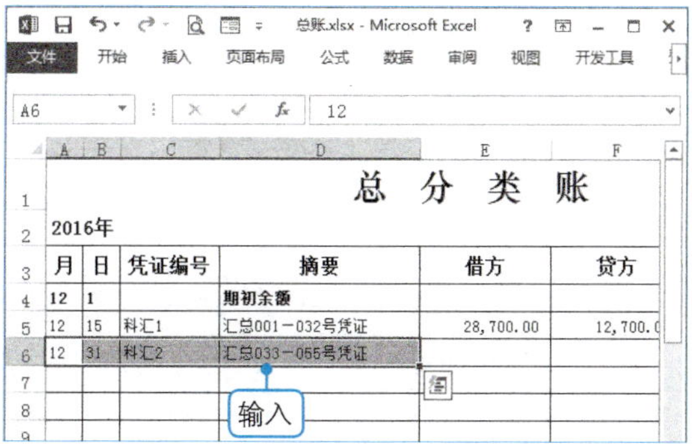

STEP 8 引用“科汇 2”中的借方发生额

按与 STEP 3 中相同的方法为 E6 单元格引用“科汇 2”工作表中 B5 单元格的数据。

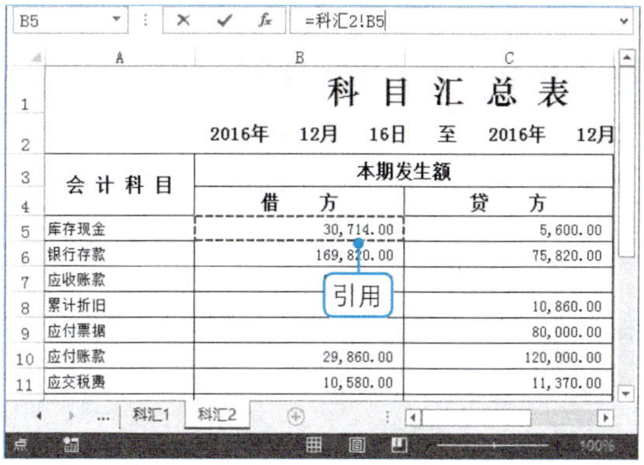

STEP 9 引用“科汇 2”中的贷方发生额

继续为“库存现金总账”工作表中 F6 单元格引用“科汇 2”工作表中 C5 单元格的数据。

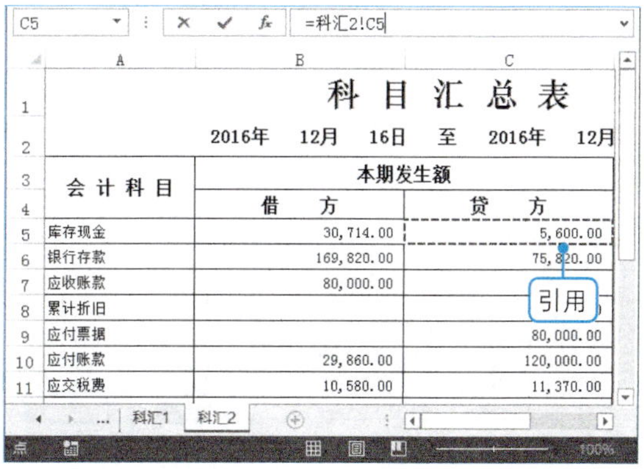

STEP 10 完成引用

引用后按【Ctrl+Enter】组合键查看引用结果。

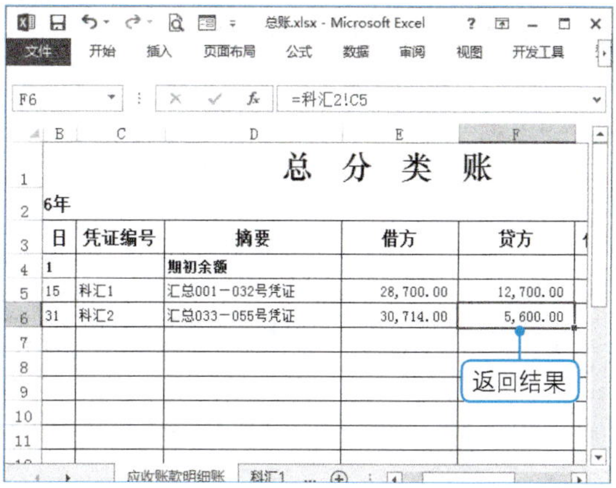

3. 对库存现金总账进行本月合计

下面先输入本月合计栏目的基本数据，然后通过设计公式和函数，完成库存现金总账的借方发生额总额、贷方发生额总额、借贷方向以及余额的计算。

STEP 1 输入并设置本月合计栏目

在第 7 行中相应输入本月合计的基本数据，然后选中 A7:H7 单元格区域，按【Ctrl+B】组合键加粗显示。

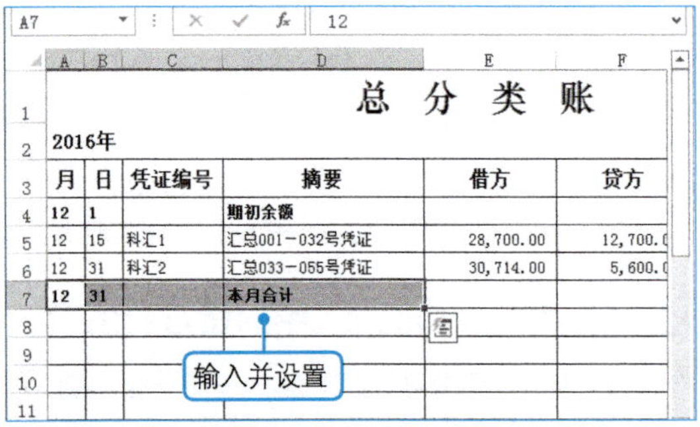

STEP 2 对发生额进行求和计算

❶选中 E7:F7 单元格区域；❷在编辑栏中输入“=SUM(E5:E6)”。

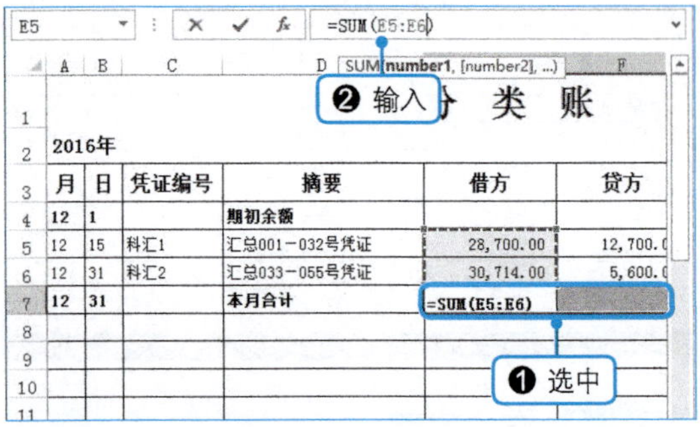

STEP 3 查看合计结果

按【Ctrl+Enter】组合键即可同时分别返回借方发生额的合计结果以及贷方发生额的合计结果。

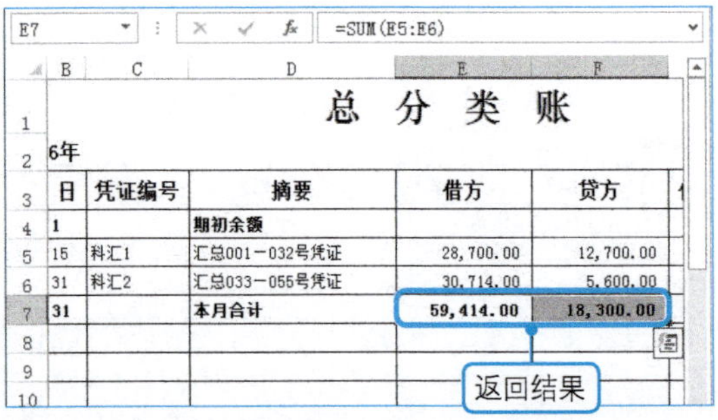

STEP 4 设计余额公式

❶选中 H7 单元格，❷在编辑栏中输入“=H4+E7-F7”，因为“库存现金”属于资产类科目，遵循“借增贷减”的规则，且已知其期初余额在借方，则其期末余额=期初余额+借方发生额合计数-贷方发生额合计数。

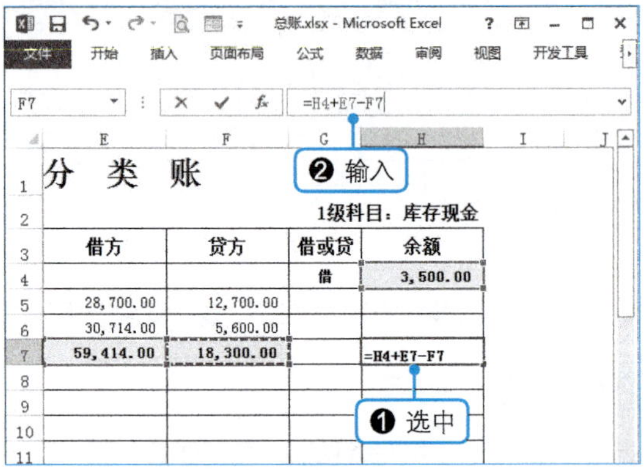

STEP 5 控制结果为绝对正数

继续在编辑栏中输入“=ABS()”，将前面的公式“H4+E7-F7”放在括号里面作为 ABS 函数的参数，防止期末余额出现负数的显示结果。

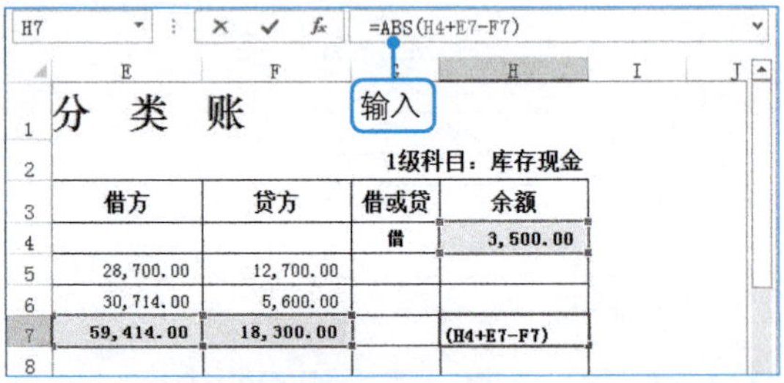

STEP 6 查看期末余额结果

按【Ctrl+Enter】组合键自动返回期末余额的结果。由于返回的结果为绝对值显示状态，还需借助余额的正、负情况判断其借、贷方向。

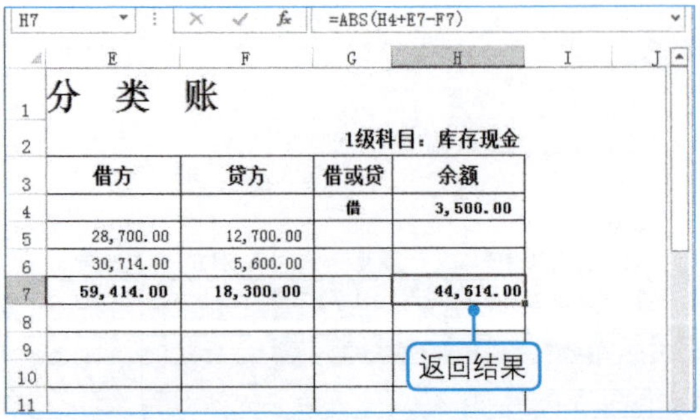

STEP 7 设计借贷方向的公式

❶ 选中 G7 单元格；❷ 在编辑栏中输入“=IF(H4+E7-F7>0,”，表示利用 IF 函数判断期末余额的结果是否大于 0。

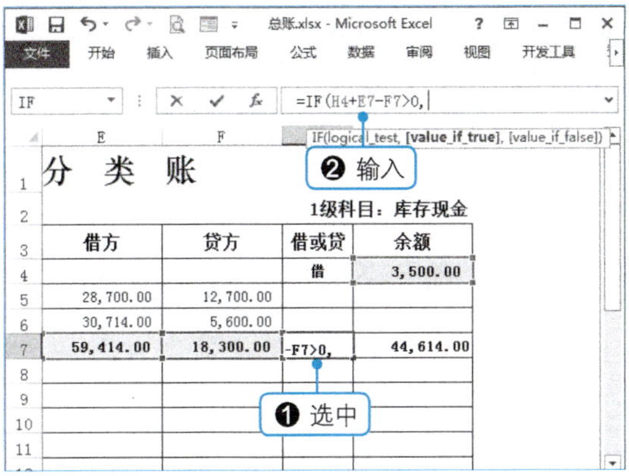

STEP 8 设置真值返回的结果

在编辑栏中设计 IF 函数的真值结果，即“"借",”，表示如果期末余额的结果大于 0，则返回“借”。

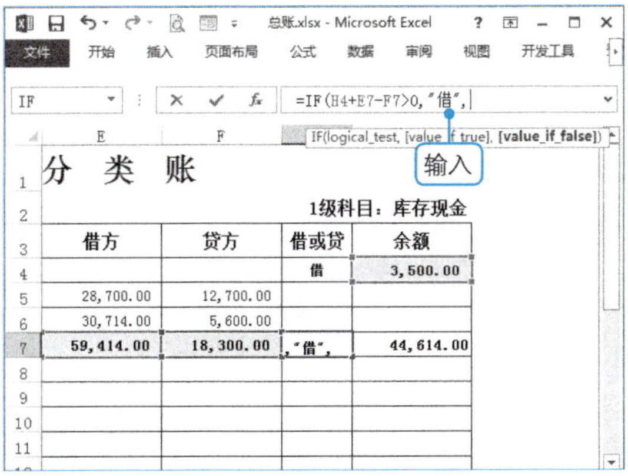

STEP 9 嵌套 IF 函数返回假值结果

继续在编辑栏中输入“IF(H4+E7-F7<0,"贷",平)”，表示如果期末余额不是大于 0，那么就执行这个 IF 函数的内容，即如果结果小于 0，返回“贷”，否则返回“平”。

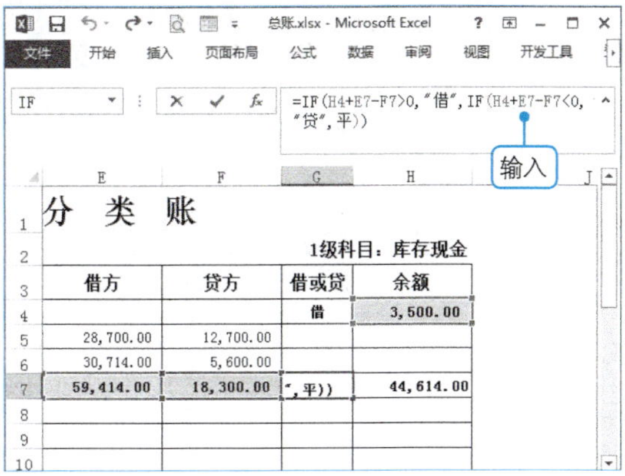

STEP 10 查看期末余额的方向

按【Ctrl+Enter】组合键自动返回期末余额的方向。由于余额为正数，所以余额方向在借方。

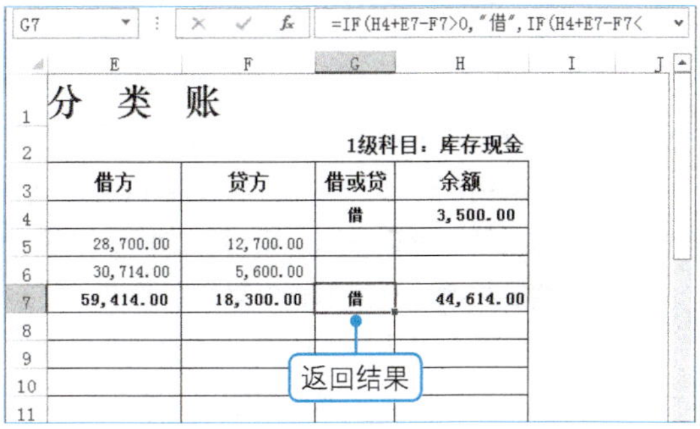

5.8 模板 7：试算平衡表

科目汇总表可以检验所有科目的借方发生额和贷方发生额是否平衡，而试算平衡表则可以在此基础上，进一步验证所有科目的期初余额和期末余额是否平衡。因此，在登记完所有科目的总账后，应当通过试算平衡进行检验，为编制出数据准确的会计报表打好基础。

5.8.1 试算平衡表的结构及试算平衡公式

试算平衡表可以反映所有总账账户的期初余额、本期发生额和期末余额的情况。试算平衡表一般应设置“会计科目”栏和“期初余额”“本期发生额”“期末余额”3 个金额栏，每个金额栏均分成借、贷两方。借贷记账法下，试算平衡表可以检查每次会计分录的借、贷金额是否平衡，总账科目的借、贷发生额是否平衡以及总账科目的借贷余额是否平衡。试算平衡表的编制涉及以下计算公式：（1）全部账户的借方期初余额合计 = 全部账户的贷方期初余额合计；（2）全部账户的借方发生额合计 = 全部账户的贷方发生额合计；（3）全部账户的借方期末余额合计 = 全部账户的贷方期末余额合计。下图所示即为试算平衡表的结构。

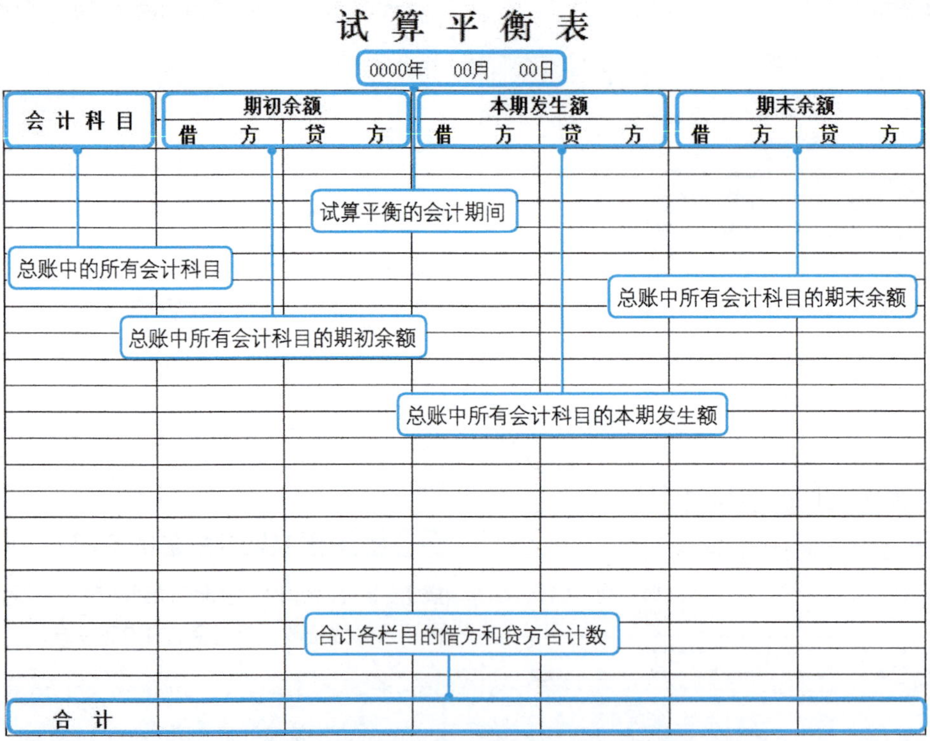

- **年月日：** 登记本次试算平衡的会计期间，通常指实际编制试算平衡表的日期。
- **会计科目：** 登记总账中的所有会计科目，本月没有发生经济业务的科目也需要登记到试算平衡表中。
- **期初余额：** 登记总账中某科目的期初余额，方向与总账中的方向一致。
- **本期发生额：** 登记总账中某科目的借、贷发生额合计数，本期没有发生额的则不登记。
- **期末余额：** 登记总账中某科目的期末余额，方向与总账中的方向一致。
- **合计：** 分别合计出期初余额、本期发生额、期末余额的借、贷两方合计数。

知识补充——借贷记账法

借贷记账法是指以“借”和“贷”为记账符号的一种复式记账方法，是建立在“资产 = 负债 + 所有者权益”会计等式的基础上，以“借”和“贷”作为记账符号，以“有借必有贷，借贷必相等”作为记账规则，反映会计要素增减变动情况的一种复式记账方法。借贷记账法是进行试算平衡的基础。

5.8.2 编制试算平衡表并进行试算平衡

在完成总账登记工作后，试算平衡表的编制就非常简单了，只需要将总账中对应科目的期初余额和本期发生额登记到试算平衡表对应科目的栏目中，然后利用公式计算期末余额和合计栏项目就可以了。

配套资源

操作视频演示

模板文件 \ 第 5 章 \ 试算平衡表 .xlsx

效果文件 \ 第 5 章 \ 试算平衡表 .xlsx

下面根据已有的总账数据，通过数据的引用以及公式的计算，来完成试算平衡表的登记操作，并进行试算平衡。

【案例效果图解】

试 算 平 衡 表

2018年 12月 31日

根据总账数据登记或引用

手动输入日期

会 计 科 目	期初余额		本期发生额		期末余额	
	借 方	贷 方	借 方	贷 方	借 方	贷 方
库存现金	4,425.00		105,466.50	93,805.05	16,086.45	
银行存款	295,606.20		1,041,113.03	752,945.36	583,773.87	
应收票据	387,000.00		495,000.00	285,000.00	597,000.00	
应收账款	674,221.52		163,955.40	645,000.00	193,176.92	
其他应收款	19,292.79		4,500.00	3,000.00	20,792.79	
原材料	98,715.00		552,895.50	389,119.20	262,491.30	
库存商品	284,130.00		500,774.15	517,843.20	267,060.95	
周转材料	24,336.00		13,035.00	24,969.60	12,401.40	
固定资产	2,265,210.00		93,049.44		2,358,259.44	
累计折旧		554,809.31		16,257.32		571,066.62
短期借款		450,000.00		150,000.00		600,000.00
应付票据				60,000.00		60,000.00
应付账款		535,910.55	745,860.00	649,321.20		439,371.75
应付职工薪酬		159,897.00	190,347.00	191,950.50		161,500.50
应交税费		5,980.80	3,561,655.28	3,621,602.79		65,928.31
应付股利				30,000.00		30,000.00
其他应付款		217,748.73	11,550.00	71,850.00		278,048.73
实收资本		1,500,000.00				1,500,000.00
盈余公积		23,460.00		79,082.58		102,542.58
本年利润		520,680.12	1,267,140.12	746,460.00		-
利润分配		84,450.00	218,165.16	636,299.78		502,584.62
生产成本			500,774.15	500,774.15		
制造费用			18,476.15	18,476.15		
主营业务收入			736,620.00	736,620.00		
其他业务收入			9,840.00	9,840.00		
主营业务成本			517,843.20	517,843.20		
税金及附加			2,260.38	2,260.38		
销售费用			52,473.92	52,473.92		
管理费用			125,607.90	125,607.90		
财务费用			1,826.48	1,826.48		
所得税费用			39,911.06	39,911.06		
合 计	4,052,936.51	4,052,936.51	10,970,139.78	10,970,139.78	4,311,043.11	4,311,043.11

设计公式计算余额

利用 SUM 函数对各栏目求和

1. 输入日期并引用总账数据

在编制试算平衡表时，首先应输入编制日期，然后再将总账数据快速引用到试算平衡表中。

STEP 1 输入编制试算平衡表的日期

打开“试算平衡表.xlsx”模板文件，选中A2单元格，将日期修改为“2018年12月31日”。

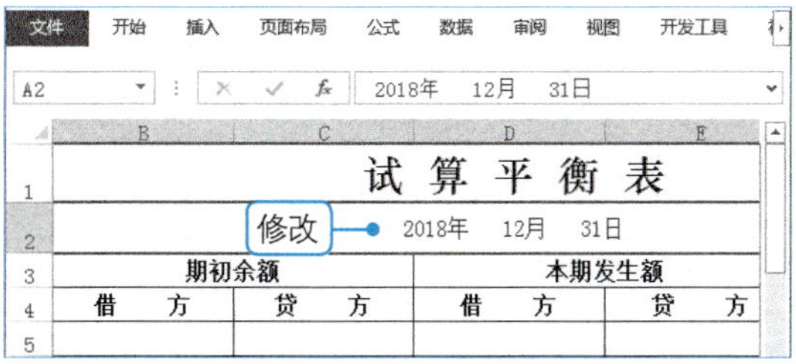

STEP 2 查看总账期初余额方向

切换到“库存现金总账”工作表，可查看到“库存现金”科目的期初余额方向在借方。

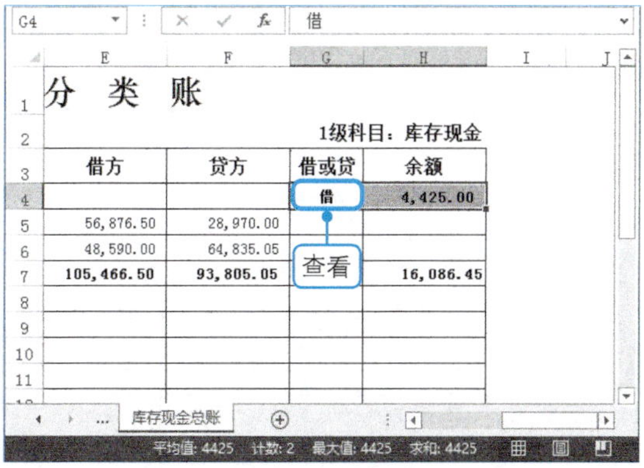

STEP 3 准备引用期初余额

❶切换到“试算平衡表”工作表，在 A5 单元格中输入科目名称；❷选中 B5 单元格并输入“=”。

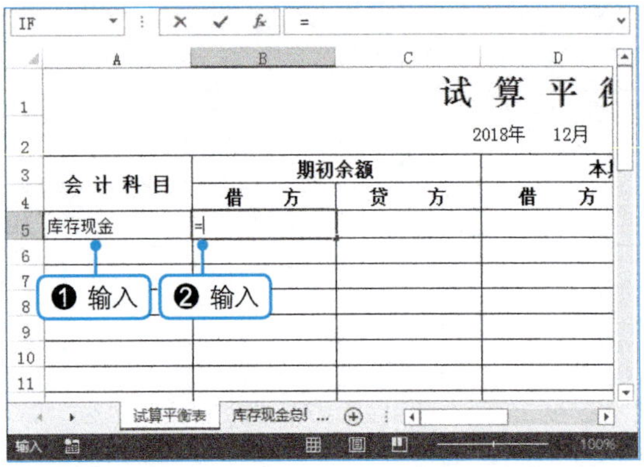

STEP 4 引用“库存现金”科目的期初余额

切换到“库存现金总账”工作表，选中“H4”单元格，引用其中的数据。

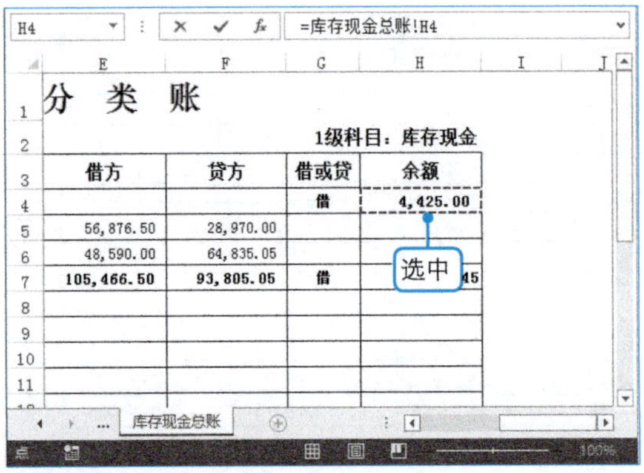

STEP 5 确认引用数据

按【Ctrl+Enter】组合键自动返回“试算平衡表”工作表，完成对期初余额的引用。

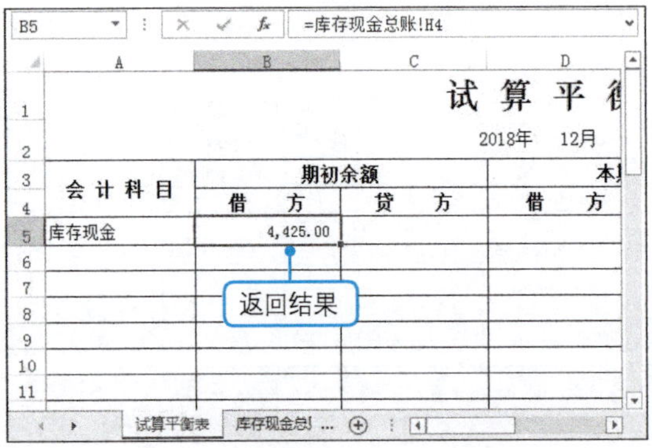

STEP 6 准备引用借方发生额

选中 D5 单元格并输入“=”。

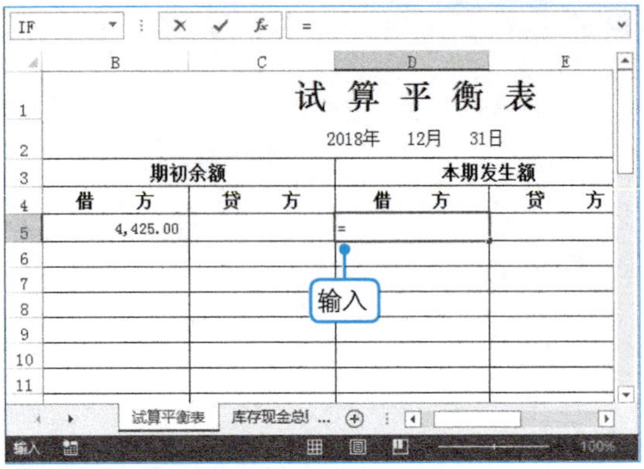

STEP 7 引用本期借方发生额

切换到“库存现金总账”工作表，选中“E7”单元格，引用其中的数据。注意，一定要引用合计的发生额，而不是某个科目汇总表汇总的发生额。

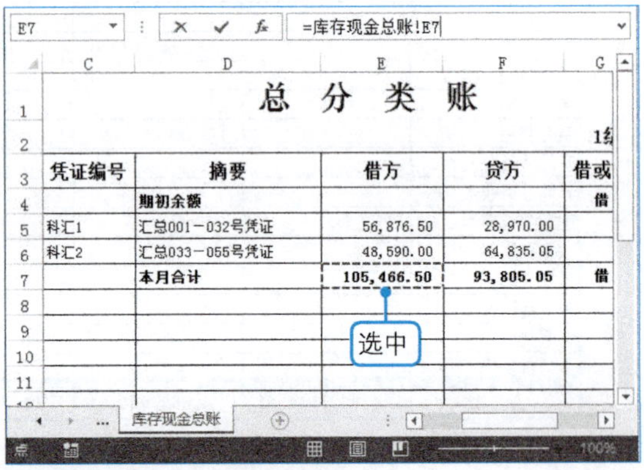

STEP 8 确认引用数据

按【Ctrl+Enter】组合键自动返回“试算平衡表”工作表，完成对借方发生额的引用。

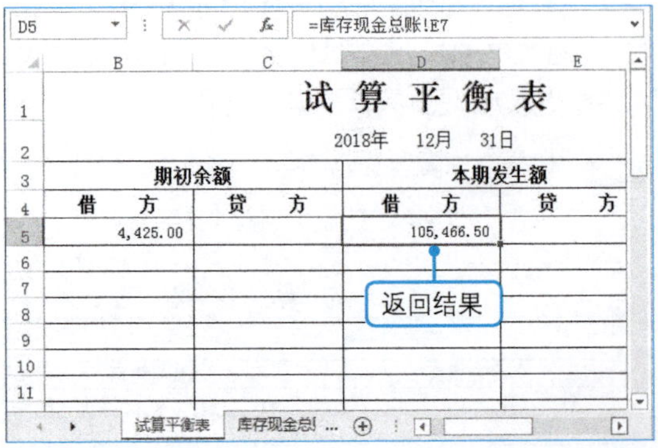

STEP 9 引用本期贷方发生额总额

使用相同的方法在“试算平衡表”工作表的 E5 单元格中引用“库存现金总账”工作表中 F7 单元格的数据。

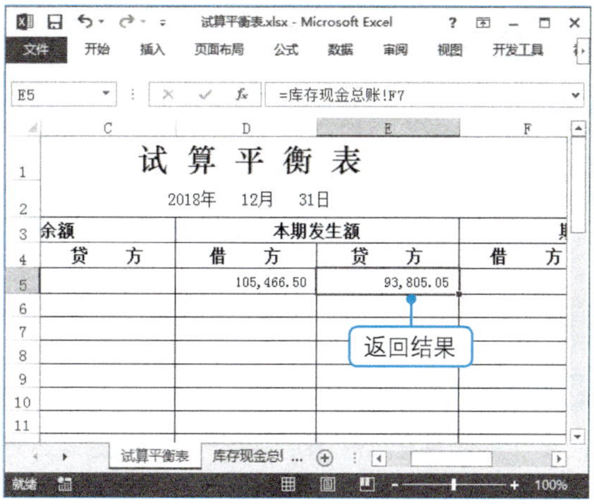

STEP 10 登记其他科目的相关数据

按相同方法继续输入其他总账科目，并引用对应的期初余额和本期发生额的数据。这里需要注意将各科目余额正确引用到借方或贷方。

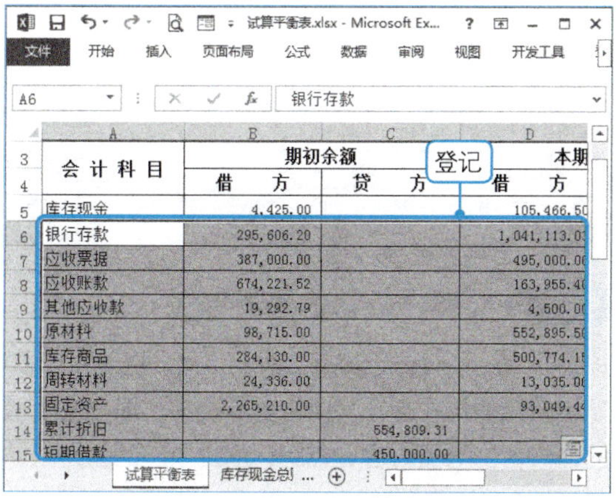

2. 计算期末余额并合计余额与发生额

下面通过设计公式计算各科目的期末余额，然后计算试算平衡表中的各合计栏目，最后进行试算平衡。

STEP 1 计算期末余额

选中 F5 单元格，在编辑栏中输入“=B5+D5-E5”，表示“库存现金”科目的期末余额 = 期初余额 + 本期借方发生额 - 本期贷方发生额。

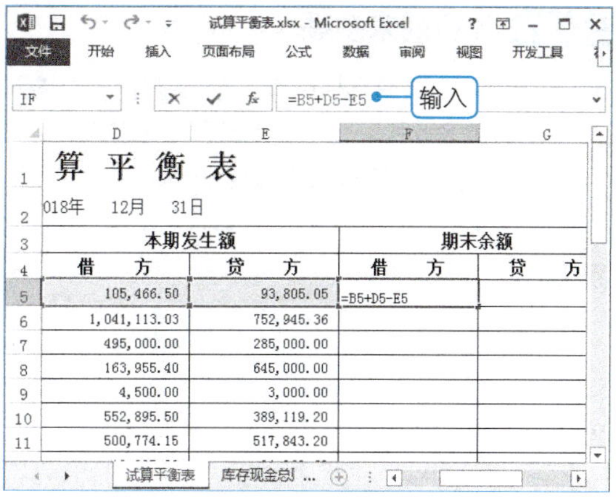

STEP 2 查看期末余额的结果

按【Ctrl+Enter】组合键返回“库存现金”科目的期末余额计算结果。

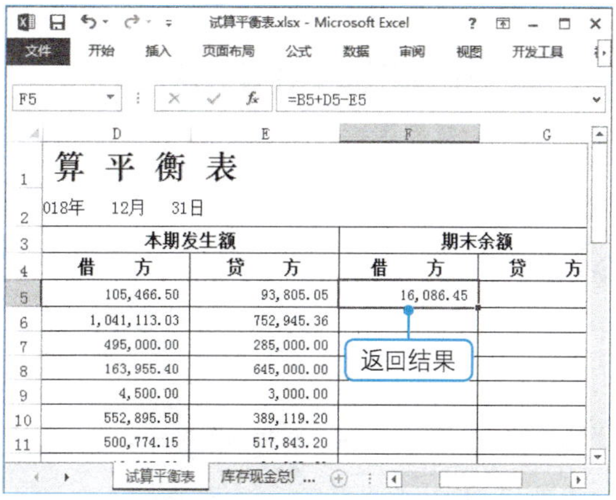

STEP 3 快速计算其他科目的期末余额

拖动 F5 单元格的填充柄至 F13 单元格，快速计算出与“库存现金”科目相同性质（即借增贷减）的会计科目的期末余额。

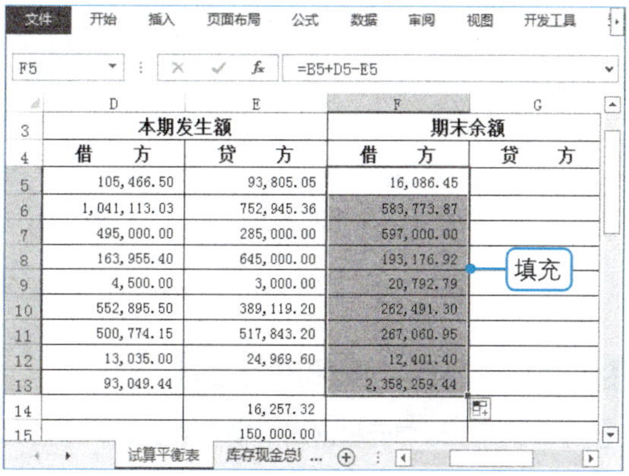

STEP 4 计算期末余额

❶选中 G14:G25 单元格区域；❷在编辑栏中输入“=”，这类会计科目的性质都属于“贷增借减”，因此可以同时设计它们的期末余额计算公式。

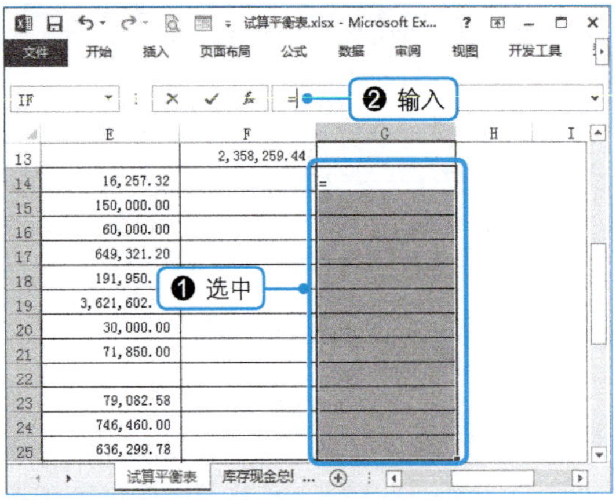

STEP 5 设计期末余额计算公式

❶继续在编辑栏中输入“C14+E14-D14”；❷按【Ctrl+Enter】组合键返回计算结果。

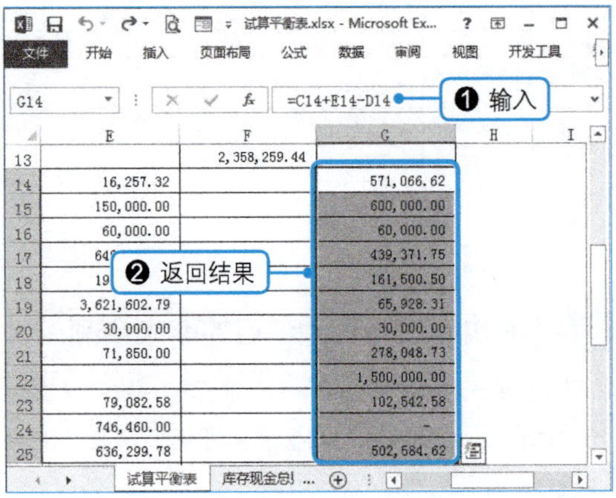

答疑解惑 ——为什么有的会计科目的期末余额不需要计算?

期初余额为 0 的科目属于损益类科目，这类科目只有发生额，因为它们在期末都会进行结转，结转后期末余额为 0。因此不需要计算期末余额。

STEP 6 使用自动求和进行合计

❶选中 B36:G36 单元格区域；❷在【公式】/【函数库】组中单击“自动求和”按钮。

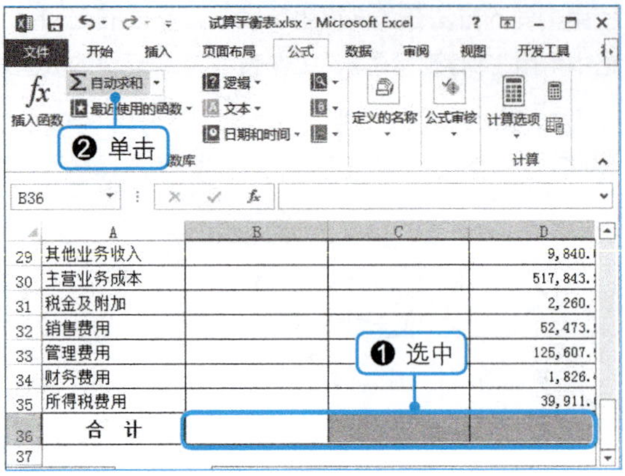

STEP 7 自动判断合计的区域

Excel 将根据表格结构自动判断出求和区域为 B5:B35 单元格区域。

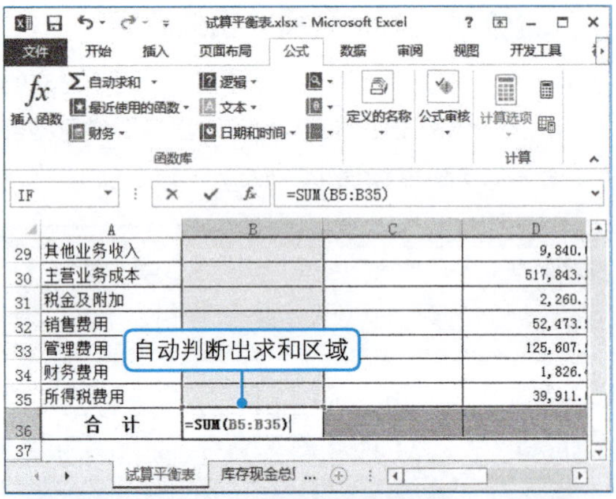

STEP 8 查看合计结果是否平衡

按【Ctrl+Enter】组合键返回求和结果。由结果可知，期初余额的借方合计与贷方合计相等，本期发生额的借方合计与贷方合计相等，期末余额的借方合计与贷方合计相等，即试算平衡。

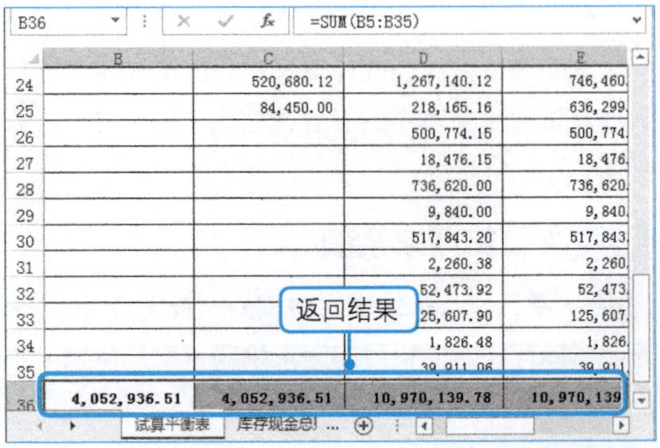

5.9 模板 8：资产负债表

资产负债表是根据“资产 = 负债 + 所有者权益”这一会计等式，将企业在一定日期的全部资产、负债和所有者权益项目进行分类、汇总、排列后编制而成的，用以反映企业某一特定日期财务状况的表格。

5.9.1 资产负债表的结构

在资产负债表中，资产应当按照流动资产和非流动资产两大类别列示，负债也应当按照流动负债和非流动负债列示，所有者权益则一般按照实收资本（或股本）、资本公积、盈余公积和未分配利润分项列示。从整体来看，资产项目位于表格左侧，负债和所有者权益项目位于表格右侧，资产、负债、所有者权益项目都包含“年初数”和“期末数”两栏，如下图所示。

资产负债表

编制单位： 0000年 00月 00日 单位：元

资　产	年初数	期末数	负债和所有者权益（或股东权益）	年初数	期末数
流动资产：			**流动负债：**		
货币资金			短期借款		
以公允价值计量且其变动计入当期损益的金融资产			以公允价值计量且其变动计入当期损益的金融负债		
应收票据			应付票据		
应收账款			应付账款		
预付账款			预收账款		
应收股利			应付职工薪酬		
应收利息			应交税费		
其他应收款			应付利息		
存货			应付股利		
一年内到期的非流动资产			其他应付款		
其他流动资产			一年内到期的非流动负债		
流动资产合计			其他流动负债		
非流动资产：			**流动负债合计**		
可供出售金融资产			**非流动负债：**		
持有至到期投资			长期借款		
长期应收款			应付债券		
长期股权投资			长期应付款		
投资性房地产			专项应付款		
固定资产			预计负债		
在建工程			递延收益		
工程物资			递延所得税负债		
固定资产清理			其他非流动负债		
生产性生物资产			**非流动负债合计**		
油气资产			**负债合计**		
无形资产			**所有者权益（或股东权益）：**		
开发支出			实收资本（或股本）		
商誉			资本公积		
长期待摊费用			减：库存股		
递延所得税资产			其他综合收益		
其他非流动资产			盈余公积		
非流动资产合计			未分配利润		
			所有者权益（或股东权益）合计		
资产总计			**负债和所有者权益（或股东权益）总计**		

流动资产各项目的年初数、期末数以及合计数

流动负债各项目的年初数、期末数以及合计数

非流动资产各项目的年初数、期末数以及合计数

非流动负债各项目的年初数、期末数以及合计数

所有者权益各项目的年初数、期末数以及合计数

资产项目总计

负责和所有者权益项目总计

- **编制单位：** 编制资产负债表的单位名称。
- **年月日：** 编制资产负债表的日期。
- **年初数：** 根据上年末资产负债表的“期末数”栏内所列数字填列。
- **期末数：** 根据各总账科目，明细账科目的期末余额进行分析、合计填列。
- **合计：** 包括流动资产合计、非流动资产合计、流动负债合计、非流动负债合计、负债合计以及所有者权益合计等项目，用于合计对应性质的资产、负债和所有者权益项目。
- **总计：** 包括资产总计、负债和所有者权益总计两个项目，用于合计所有资产以及合计所有负债和所有者权益项目。

5.9.2 资产负债表的编制

利用已经登记好的日记账、明细账和总账，便可轻松完成资产负债表的编制。企业会计准则中详细说明了资产负债表中各项目的填列方法，下面将以利用公式自动计算各合计栏目与总计栏目为重点，介绍如何在 Excel 中编制资产负债表。

配套资源

操作视频演示

模板文件 \ 第 5 章 \ 资产负债表 .xlsx
效果文件 \ 第 5 章 \ 资产负债表 .xlsx

【案例效果图解】

资产负债表

编制单位：A科技有限公司　　2016年　12月　31日　　单位：元

资　　产	年初数	期末数	负债和所有者权益（或股东权益）	年初数	期末数
流动资产：			流动负债：		
货币资金	122,790.09	601,060.32	短期借款		600,000.00
以公允价值计量且其变动计入当期损益的金融资产			以公允价值计量且其变动计入当期损益的金融负债		
应收票据	98,400.00	597,000.00	应付票据		60,000.00
应收账款	440,941.68	277,510.67	应付账款	757,907.84	566,732.25
预付账款	87,787.28	127,360.50	预付账款	74,175.00	84,333.75
应收股利			应付职工薪酬	135,450.00	161,500.50
应收利息			应交税费	28,098.26	65,928.32
其他应收款	15,375.00	19,592.79	应付利息		
存货	316,764.62	541,953.65	应付股利		30,000.00
一年内到期的非流动资产			其他应付款	367,748.73	278,048.73
其他流动资产			一年内到期的非流动负债		
流动资产合计	1,082,058.66	2,164,477.92	其他流动负债		
非流动资产：			流动负债合计	1,363,379.82	1,846,543.55
可供出售金融资产			非流动负债：		
持有至到期投资			长期借款		
长期应收款			应付债券		
长期股权投资		[illegible]	[illegible]	[illegible]	
投资性房地产		[illegible]	[illegible]	[illegible]	
固定资产	1,889,231.16	1,7[illegible]	[illegible]	[illegible]	
在建工程		[illegible]	[illegible]	[illegible]	
工程物资			[illegible]		
固定资产清理			其他非流动负债		
生产性生物资产			非流动负债合计	0.00	0.00
油气资产			负债合计	1,363,379.82	1,846,543.55
无形资产			所有者权益（或股东权益）：		
开发支出			实收资本（或股本）	1,500,000.00	1,500,000.00
商誉			资本公积		
长期待摊费用			减：库存股		
递延所得税资产			其他综合收益		
其他非流动资产			盈余公积	23,460.00	102,542.58
非流动资产合计	1,889,231.16	1,787,192.82	未分配利润	84,450.00	502,584.62
			所有者权益（或股东权益）合计	1,607,910.00	2,105,127.20
资产总计	2,971,289.82	3,951,670.74	负债和所有者权益（或股东权益）总计	2,971,289.82	3,951,670.74

框选的区域均可利用公式自动计算，其他区域需手动填制

1. 设计公式计算“合计”和“总计”项目的金额

在填列资产负债表各项目之前，首先在各个合计和总计项目中设计汇总公式。

STEP 1 设置“流动资产合计”项目的计算公式

❶ 打开“资产负债表.xlsx”模板文件，选中 B16:C16 单元格区域；❷ 在编辑栏中输入“=SUM(B5:B15)”并按【Ctrl+Enter】组合键确认。

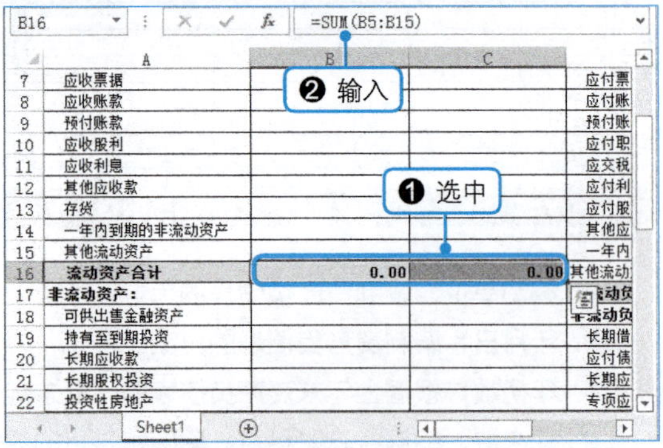

STEP 2 设置“非流动资产合计”项目的计算公式

❶ 选中 B35:C35 单元格区域；❷ 在编辑栏中输入

“=SUM(B18:B34)”，按【Ctrl+Enter】组合键确认，合计所有非流动资产。

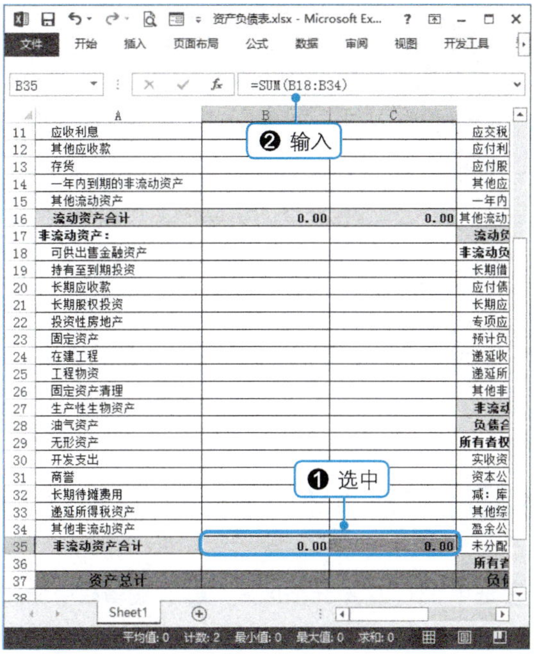

STEP 3 设置“资产总计”项目的计算公式

❶ 选中 B37:C37 单元格区域；❷ 在编辑栏中输入“=B16+B35”，表示资产总计 = 流动资产合计 + 非流动资产合计。按【Ctrl+Enter】组合键确认。

STEP 4 设置“流动负债合计”项目的计算公式

❶ 选中 E17:F17 单元格区域；❷ 在编辑栏中输入“=SUM(E5:E16)”，按【Ctrl+Enter】组合键确认，合计所有流动负债。

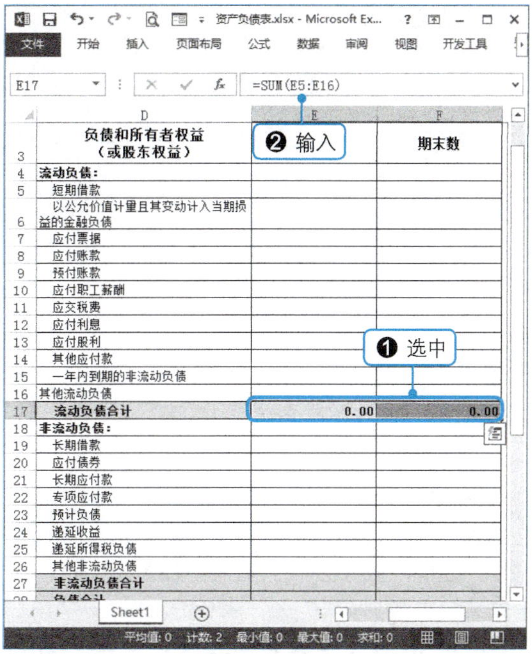

STEP 5 设置“非流动负债合计”项目的计算公式

❶ 选中 E27:F27 单元格区域；❷ 在编辑栏中输入“=SUM(E19:E26)”，按【Ctrl+Enter】组合键确认，合计所有非流动负债。

STEP 6 设置“负债合计”项目的计算公式

❶ 选中 E28:F28 单元格区域；❷ 在编辑栏中输入

“=E17+E27”，按【Ctrl+Enter】组合键确认，表示流动负债合计与非流动负债合计之和，就是负债合计的结果。

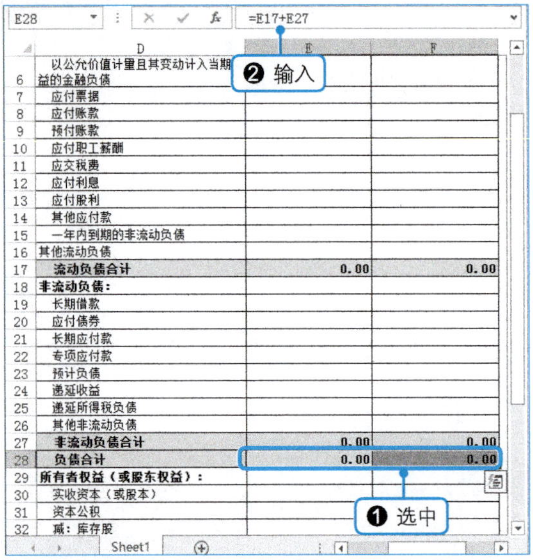

STEP 7 设置“所有者权益合计”项目的计算公式

❶选中 E36:F36 单元格区域；❷在编辑栏中输入“=SUM(E30:E35)”。

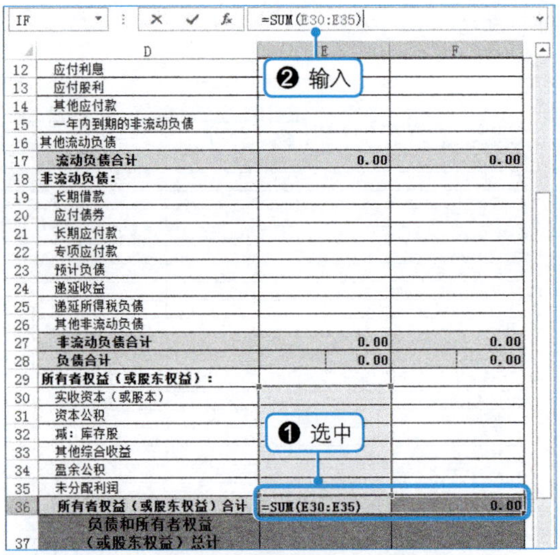

STEP 8 减去库存股金额

继续在编辑栏中输入“-2*SUM(E32)”，按【Ctrl+Enter】组合键确认，表示要减去两次库存股，第一次减去是抵销前面求和区域中的库存股，第二次减去是按会计规定应当减去该项目。

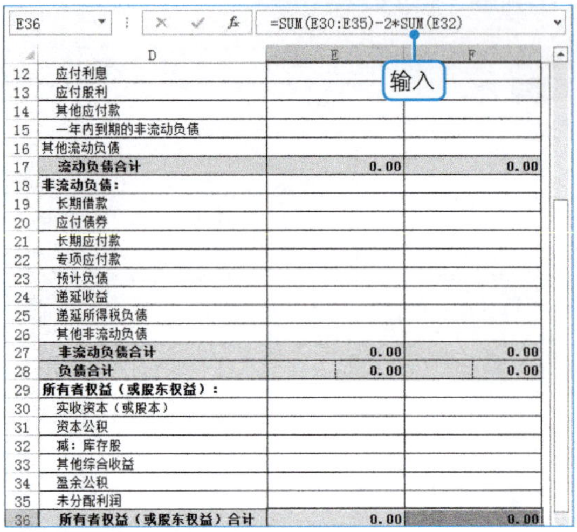

STEP 9 设置“负债和所有者权益总计”项目的计算公式

❶选中 E37:F37 单元格区域；❷在编辑栏中输入“=E28+E36”，表示负债合计与所有者权益合计之和，就是权益类项目总计的结果，按【Ctrl+Enter】组合键确认。

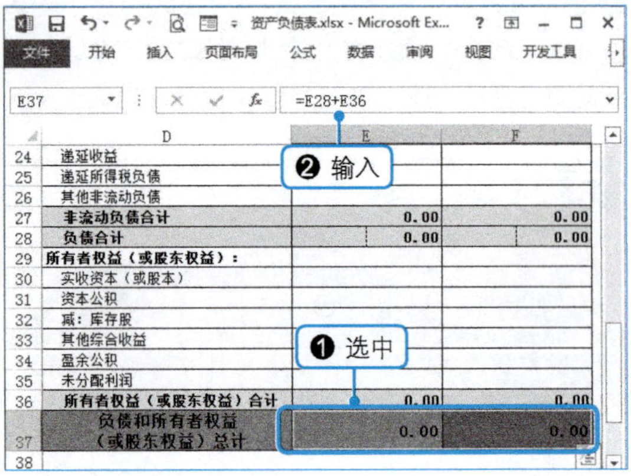

2. 填列资产负债表

接下来填制资产负债表，即将编制单位、日期、各项目的年初数和期末数填入资产负债表中。将相关数据填入资产负债表后，还需要检验资产总计是否等于负债和所有者权益总计。

STEP 1 输入单位名称和编制日期

完成公式设置后，依次在 A2 单元格和 C2 单元格中输入编制单位的名称和编制日期。

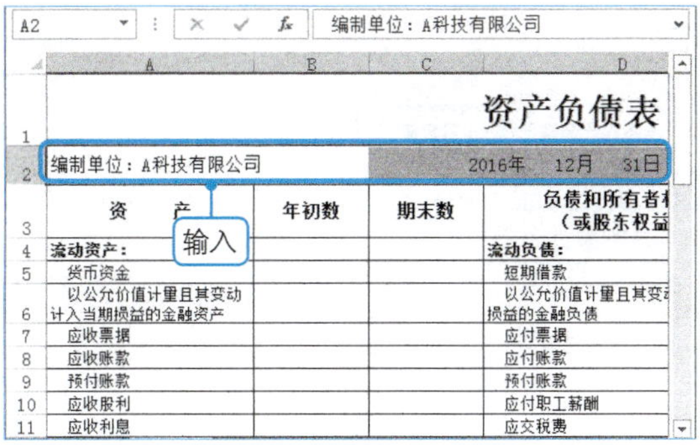

STEP 2 输入流动资产各项目的金额

利用日记账、明细账和总账中的数据，将对应项目的金额登记到流动资产的“年初数”和“期末数”栏目中。填入相关数据后，系统将自动计算出流动资产的合计结果。

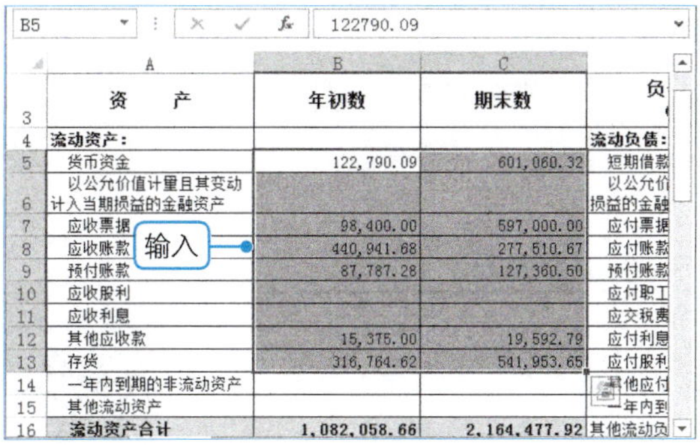

STEP 3 填列其他项目金额

按相同方法继续在资产负债表中填列非流动资产、流动负债、非流动负债和所有者权益项目。

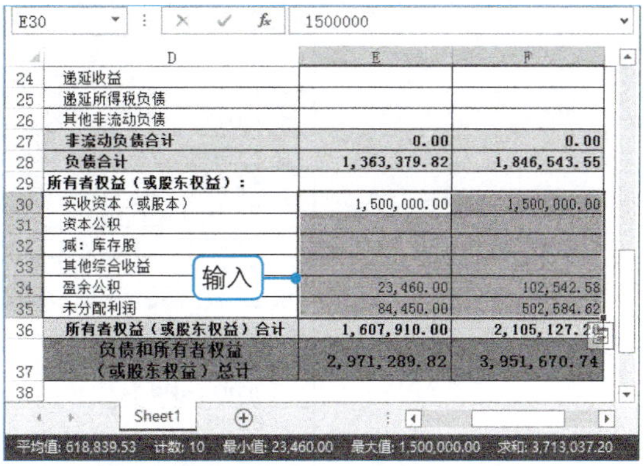

STEP 4 检查结果是否平衡

填入相关数据后，系统将自动计算出各合计项目与总计项目的结果。完成后检查资产总计的年初数是否与权益总计的年初数相等，资产总计的期末数是否与权益总计的期末数相等。

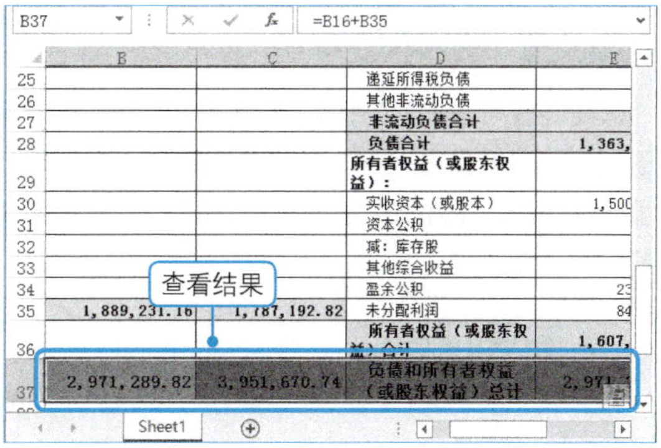

5.10 模板 9：利润表

利润表可以反映企业在一定会计期间的经营成果，即企业的收入、成本、费用、净利润等情况。我国企业的利润表采用多步式结构，通过一步步计算收入、费用，得到企业各层次的利润数据。

5.10.1 利润表的结构

按规定，利润表至少应单独列示反映营业收入、营业成本、税金及附加、销售费用、管理费用、财务费用、所得税费用和净利润等项目，各项目均需填列“本月金额”和“本年累计金额”两栏，其结构如下图所示。

- **编制单位：** 填写编制利润表的单位名称。
- **年月日：** 填利润表所涵盖的会计期间。
- **本年累计金额：** 根据上月利润表的“本年累计金额”栏各项目数额，加上本月“本月数”栏各项目数额的合计数填列。
- **本月金额：** 可根据科目汇总表或总账中的相关数据填列。

利润表

编制单位：×××××× 0000年 00月 单位：元

项　　目	本年累计金额	本月金额
一、营业收入		
减：营业成本		
税金及附加		
销售费用		
管理费用		
财务费用		
资产减值损失		
加：公允价值变动收益（净损失以“-”号填列）		
投资收益（损失以“-”号填列）		
其中：对联营企业和合营企业的投资收益		
二、营业利润（亏损以“-”号填列）		
加：营业外收入		
减：营业外支出		
其中：非流动资产处置损失		
三、利润总额（亏损总额以“-”号填列）		
减：所得税费用		
四、净利润（净亏损以“-”号填列）		
五、每股收益		
（一）基本每股收益		
（二）稀释每股收益		
六、其他综合收益		
七、综合收益总额		

从年初到本月的累计金额

本月发生的各项目金额

5.10.2 利润表的编制

利润表可根据科目汇总表与总账填列，其涉及的项目比资产负债表少，难度也比较小。下面将以设计合计栏的计算公式为重点，介绍如何在 Excel 中编制利润表。

配套资源

模板文件 \ 第 5 章 \ 利润表 .xlsx

效果文件 \ 第 5 章 \ 利润表 .xlsx

操作视频演示

【案例效果图解】

利润表

编制单位：A科技有限公司 2018年 12月 单位：元

项　　目	本年累计金额	本月金额
一、营业收入		746,460.00
减：营业成本		517,843.20
税金及附加		2,260.38
销售费用		52,473.92
管理费用		125,607.90
财务费用		1,826.48
资产减值损失		
加：公允价值变动收益（净损失以“-”号填列）		
投资收益（损失以“-”号填列）		
其中：对联营企业和合营企业的投资收益		
二、营业利润（亏损以“-”号填列）		46,448.13
加：营业外收入		
减：营业外支出		
其中：非流动资产处置损失		
三、利润总额（亏损总额以“-”号填列）		46,448.13
减：所得税费用		39,911.06
四、净利润（净亏损以“-”号填列）		6,537.08
五、每股收益		
（一）基本每股收益		
（二）稀释每股收益		
六、其他综合收益		
七、综合收益总额		

框选的区域可利用公式自动计算，其他区域需手动填制

STEP 1 输入单位名称和日期

打开“利润表.xlsx”模板文件，选中 A2 单元格，在编辑栏中修改利润表的编制单位和涵盖的会计期间。

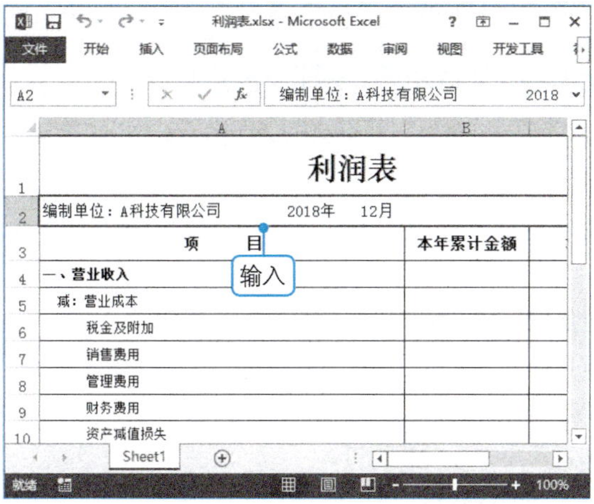

STEP 2 输入营业收入和成本费用

在“本月金额”栏目中根据总账数据输入相关项目。

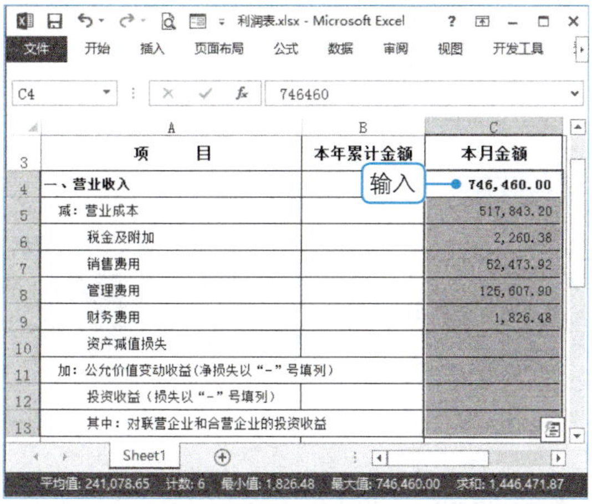

STEP 3 计算营业利润

❶ 选中 C14 单元格；❷ 在编辑栏中输入“=C4-SUM(C5:C10)+SUM(C11:C12)”，表示营业利润=营业收入-各种成本费用+各项收益。按【Ctrl+Enter】组合键确认。

答疑解惑 ——有营业利润是否包括对联营企业或合营企业的投资收益?

对联营企业或合营企业的投资收益应在“投资收益”中核算，在计算营业利润时不考虑。

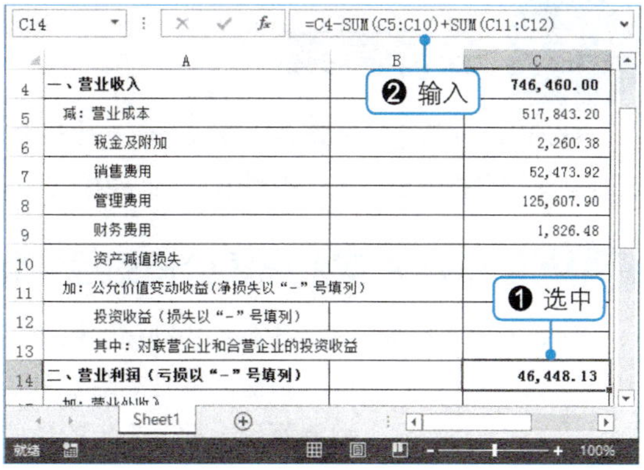

STEP 4 计算利润总额

❶ 选中 C18 单元格；❷ 在编辑栏中输入“=C14+C15-C16”，表示利润总额=营业利润+营业外收入-营业外支出。按【Ctrl+Enter】组合键确认。

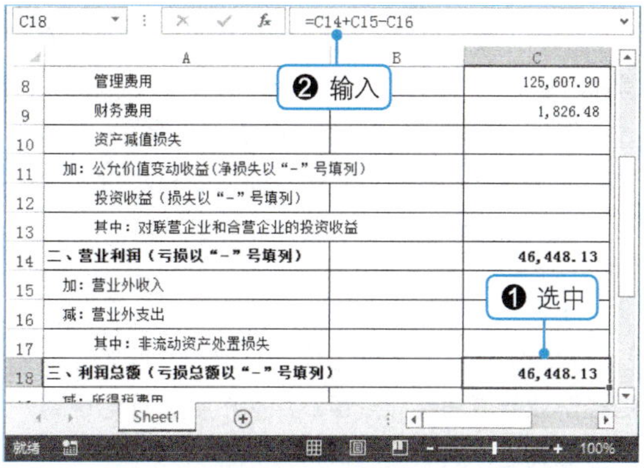

STEP 5 输入所得税费用并计算净利润

❶ 在 C19 单元格中输入所得税费用金额；❷ 选中 C20 单元格；❸ 在编辑栏中输入“=C18-C19”，表示净利润=利润总额-所得税费用。按【Ctrl+Enter】组合键确认。

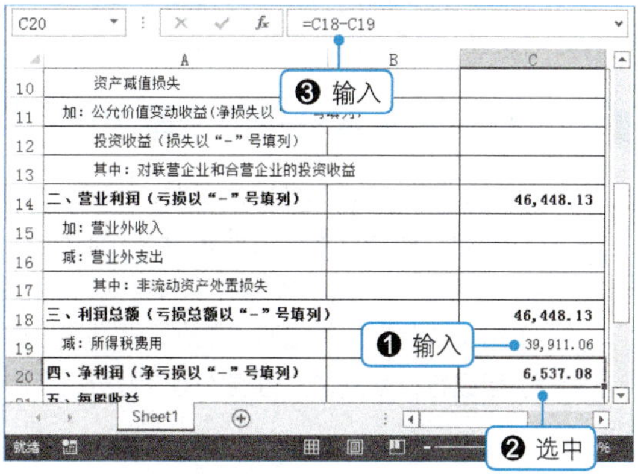

5.11 会计真案

使用 Excel 将会计核算中涉及的主要载体制作为模板后，便可利用这些模板完成企业日常的账务处理工作。下面模拟在日常工作中利用 Excel 模板文件来完成部分会计核算工作。

5.11.1 根据 A 实业有限公司的经济业务编制记账凭证并登记日记账

已知 A 实业有限公司为增值税小规模纳税人，其 2016 年 11 月 30 日“银行存款”科目的借方余额为 13 500 000 元，2016 年 12 月份 A 实业有限公司发生如下经济业务。

（1）12 月 5 日，销售商品一批，开出的增值税普通发票上注明价款为 3 000 000 元，增值税额为 90 000 元，货款尚未收到。

（2）12 月 11 日，购入不需安装的设备一台，支付货款及增值税税额合计 1 010 000 元。

（3）12 月 14 日，出售一台不需用设备，收到价款 3 000 000 元，该设备原价为 4 000 000 元，已提折旧 1 500 000 元。该项设备已由购入单位运走，不考虑相关税费。

（4）12 月 16 日，计提短期借款利息 180 000 元后，使用银行存款支付。

（5）12 月 20 日，收到其他单位所欠货款 30 000 元，存入银行。

（6）12 月 23 日，采购原材料一批，增值税专用发票列示的价款 10 000 元，增值税 1 700 元，货已入库，款未付。

（7）12 月 28 日，提取职工福利费 3 320 000 元，其中生产工人福利费 3 000 000 元，车间管理人员福利费 120 000 元，行政管理部门福利费 200 000 元。

请据此编制相应的记账凭证并登记日记账。

【分析】

要想编制记账凭证和登记日记账，首先应根据经济业务填写会计分录。然后根据会计分录编制记账凭证，最后编制银行存款日记账（由于未涉及“库存现金”科目，因此无需编制现金日记账）。具体分录提供在光盘中，路径为：光盘 \ 效果文件 \ 第 4 章 \ 会计真案 \ 真案 1.docx。

配套资源

模板文件 \ 第 5 章 \ 会计真案 \ 记账凭证 .xlsx、银行存款日记账 .xlsx

效果文件 \ 第 5 章 \ 会计真案 \ 记账凭证 .xlsx、银行存款日记账 .xlsx

操作视频演示

【操作思路】

（1）打开提供的记账凭证模板，将 7 笔经济业务的分录登记到记账凭证中。

（2）打开提供的银行存款日记账模板，输入期初余额，然后通过引用记账凭证摘要、对方科目、金额登记相关数据，余额自动生成。

5.11.2 编制 A 实业有限公司 2018 年 6 月的利润表

已知 A 实业有限公司 2018 年 6 月发生如下经济业务。

（1）公司采用商业承兑汇票结算方式销售产品一批，开具的普通发票上注明售价为 200 000 元，增值税税额为 6 000 元，当日收到 206 000 元的商业承兑汇票一张。

（2）员工李明报销差旅费 1 200 元，并退回现金 300 元。

（3）用银行存款支付广告费 150 000 元。

（4）计提固定资产折旧 20 000 元，其中计入制造费用 12 000 元，计入管理费用 8 000 元。

（5）结转本期产品销售成本 36 000 元。

（6）本期产品销售应缴纳的教育费附加 536.52 元。

（7）按规定计算确定的应交所得税为 1 258 元。

（8）处置固定资产时，取得净收益 10 000 元。

通过对 A 实业有限公司 2018 年 6 月发生的经济业务进行分析，完成该月利润表的编制。其中，该公司 6 月份的利润表相关科目发生额如下（单位：元）。

科目名称	借方发生额	贷方发生额
营业收入		2 000 000
营业成本	1 050 000	
税金及附加	12 500	
销售费用	21 000	
管理费用	36 000	
投资收益		120 000
营业外收入		10 000
所得税费用	43 200	

【分析】

本例的目的是熟悉利润表模板的使用，因此并未按照正确的账务处理程序来编制利润表。编制利润表前，同样应当根据经济业务编制会计分录，然后根据会计分录中的数据和利润表的填制规则计算出各个项目的具体金额，然后编制利润表即可。其中，会计分录和利润表部分项目的计算公式已提供在光盘中，路径为：光盘 \ 效果文件 \ 第 4 章 \ 会计真案 \ 真案 2.docx。

配套资源

操作视频演示

模板文件 \ 第 5 章 \ 会计真案 \ 利润表 (2).xlsx

效果文件 \ 第 5 章 \ 会计真案 \ 利润表 (2).xlsx

【操作思路】

（1）编制会计分录，并根据分录计算出利润表中部分项目的金额数据。

（2）打开提供的利润表模板，填列利润表项目。

（3）利用上表中提供的数据与本月金额之和得到本年累计金额的数据。

5.12 疑难解答

问题一 ➔ 登记日记账的“对方科目”栏时，如果对方科目有多个的情况下，需要登记所有的科目吗？

答：如果对方科目有多个时，如销售产品收到现金，则“库存现金”科目的对方科目有“主营业务收入”和“应交税费”科目，此时可在“对方科目”栏中只填写“主营业务收入”科目这种相对更为“主要”的科目。当对方科目有多个且不能主观地划分出主次时，可在“对方科目”栏中填入其中金额较大的科目，并在其后加上“等”字。

问题二 ➔ 数量金额式明细账和多栏式明细账的模板吗应如何制作呢?

● **答:** 数量金额式明细账账页在借方（收入）、贷方（发出）和余额（结存）都分别设有数量、单价和金额3个专栏，适用于既要进行金额核算又要进行数量核算的存货类账户，如“原材料”“库存商品”等，如下图所示。可利用以下几个公式设计 Excel 模板：①金额 = 数量 × 单价；②当日余额的数量 = 期初余额的数量 + 借方数量 - 贷方数量；③当日余额 = 期初余额 + 借方发生额 – 贷方发生额。

原材料明细账

0000年　　　　　　　　　　　　　　　　　　　　2级科目：

月	日	凭证编号	摘要	借方			贷方			借或贷	余额		
				数量	单价	金额	数量	单价	金额		数量	单价	金额

对于多栏式明细账，则是在余额栏后面设若干专栏作为明细栏，适用于收入、成本、费用、利润和利润分配明细账的核算，如“生产成本”“销售费用”“管理费用”等，如下图所示。每发生一笔经济业务，除了需要在借、贷两方和余额栏填列外，还需要在对应的明细栏填列相同的数据。

销售费用明细账

0000年

月	日	凭证编号	摘要	借方	贷方	借或贷	余额	运输费	水电费	工资	社保费	车辆费	业务招待费	差旅费

问题三 ➔ 为什么在设计资产负债表模板时，使用的公式为“=SUM(B17:B22,B24:B33)-SUM(B23)”，这不是多此一举吗？后面的一个 SUM 函数为什么不直接引用单元格地址？

● **答:** 一般情况下应当直接引用单元格地址，即“=SUM(B17:B22,B24:B33)-B23”，此处之所以这样处理，是为了避免空白单元格中存在空格时，Excel 也能够返回正确的数据。也就是说，如果单元格中存在空格，那么直接引用单元格地址会返回“#VALUE”结果，即值错误，表示有非数值型数据参与了计算。通过以上公式的设置就可以有效避免这种问题的发生

Excel

第 6 章
现金业务的管理与核算

❖ 本章导读

会计工作不可避免地会与现金打交道，为了保证现金业务管理的准确和高效，可以通过 Excel 制作各种与之相关的管理与核算模板，解决账实不符、坐支现金、白条抵库等各种现金管理的常见问题。

各种现金业务管理的 Excel 实务模板概览表

序号	Excel 实务模板名称	会计目的	实际应用点拨
1	现金领用申请管理表	全面管理和统计当月现金申领的情况	（1）利用 SUM 函数统计当月月现金领用总额；（2）查看不同部门当月的现金领用情况；（3）使用饼图汇总各部门现金领用所占总现金领用的比例
2	现金缴款统计表	统计当月将现金存入开户行的具体情况	（1）统计当月不同开户行的缴款总额；（2）使用柱形图查看当月每笔现金缴款情况
3	费用报销汇总表	管理并汇总当月某个部门的费用报销情况	（1）利用 IF 函数根据报销人确定报销部门；（2）利用 IF 函数根据负责人是否签字判断该笔费用是否报销；（3）利用 SUMIF 函数统计当月已经报销的费用总额；（4）分类汇总出不同报销项目的最高金额和最低金额
4	支票领用情况表	管理并统计当月某个部门领用支票的情况	（1）利用 SUM 函数合计当月支票领用总额；（2）通过数据透视表统计用途不同的支票数额，以及不同收款单位收到的支票数额情况
5	现金日报表	反映当日库存现金收入、支出和余额情况	通过引用数据、SUM 函数和公式输入当日现金收支数额，从而获得当日现金收入总额、支出总额、余额，以及当月现金和当年现金对应的累计金额

6.1 出纳与现金管理

会计核算中，与现金接触最为频繁的岗位就是出纳岗位。“出”即“支出”，“纳”即“收入”，出纳工作理解为管理现金收支的工作。

6.1.1 出纳的工作范围

出纳的工作可以概括为 3 方面，分别是货币资金核算、往来结算和工资结算，如下表所示。本章主要介绍与货币资金核算相关的现金管理内容，往来结算和工资结算的内容将在本书后面的章节中单独讲解。

出纳的三大工作范围

工作范围	具体工作内容
货币资金核算	①办理现金收付，严格按规定收付款项 ②办理银行结算，规范使用支票，严格控制签发空白支票 ③根据已经办理完毕的收付款凭证，按顺序逐步登记现金日记账和银行存款日记账，并结出余额，保证日清月结 ④对于现金和各种有价证券，要确保其安全和完整无缺 ⑤保管有关印章，登记注销支票 ⑥复核收入凭证，办理销售结算
往来结算	①办理往来结算，建立清算制度 ②核算其他往来款项，防止坏账损失
工资结算	①执行工资计划，监督工资使用 ②审核工资单据，发放工资奖金 ③按照工资总额的组成和工资的领取对象进行明细核算，编制有关工资报表

6.1.2 现金管理的内容

现金管理是出纳工作的重点，主要是指对现金的收、付、存等各环节进行管理。出纳时现金的管理应遵循以下基本原则。

（1）开户单位库存现金一律实行限额管理，现金总额一般不得超过 3~5 天的零星开支。

（2）不准擅自坐支现金，即利用业务收入的现金来进行业务支出工作。坐支现金容易打乱现金收支渠道，不利于开户银行对企业的现金进行有效地监督和管理。

（3）企业收入的现金不准作为储蓄存款存储。

（4）收入现金应及时送存银行，企业的现金收入应于当天送存开户银行。

（5）严格按照国家规定的开支范围使用现金，结算金额超过起点（1 000 元）的，不得使用现金。

（6）企业需要现金时应从开户银行提取，提取时应写明用途，不得编造用途套取现金。

（7）企业之间不得相互借用现金。

知识补充——企业现金支付的范围

按规定，开户单位可以在下列范围内使用现金：①职工工资、津贴；②个人劳务报酬；③根据国家规定颁发给个人的科学技术、文化艺术、体育等各种奖金；④各种劳保，福利费用以及国家规定的对个人的其他支出；⑤向个人收购农副产品和其他物资的价款；⑥出差人员必须随身携带的差旅费；⑦结算起点以下的零星支出；⑧中国人民银行确定需要支付现金的其他支出。

6.1.3 与现金管理相关的常用模板

现金管理主要是对现金的收入、支出等环节进行监督与控制，因此在进行现金管理时可以从现金领用、现金缴款、费用报销、支票领用等方面入手，最后利用现金日报表记录当日现金的整体收支情况。从这个角度出发，可以通过制作现金领用申请管理表、现金缴款统计表、费用报销汇总表、支票领用情况表、现金日报表等表格模板来实现管理工作，具体如下图所示。

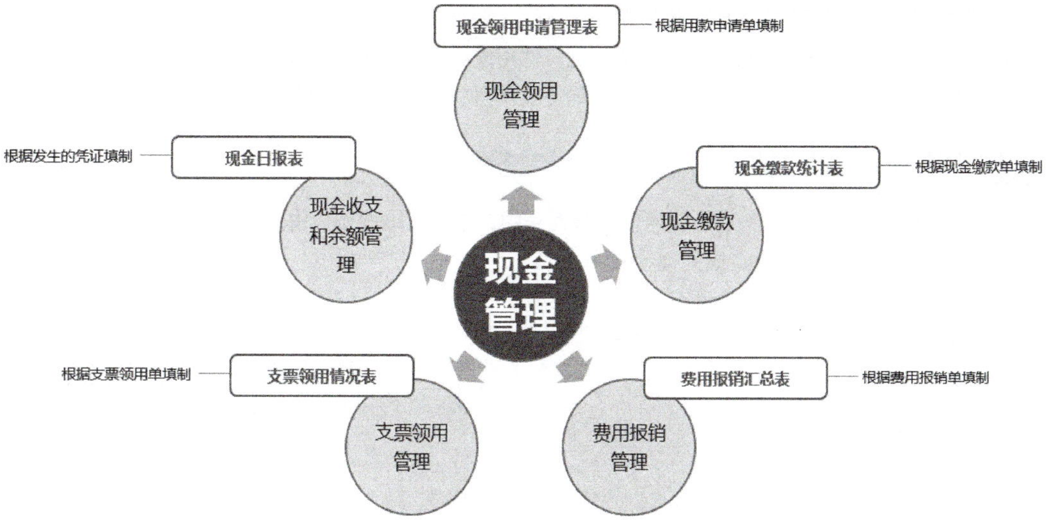

6.2 模板1：现金领用申请管理表

企业存有的现金数额是有限额规定的，因此必须严格对现金的使用进行管理，每次领用现金应当填写申请单，经相关责任人批准后才能使用。使用现金领用申请管理表，就可以系统地管理每笔现金的领用和使用情况。

6.2.1 现金领用申请管理表的内容

现金领用申请管理表的数据来源是用款申请单，它是申请使用现金时必须填写的一种表单，通过将每一笔表单的数据进行统计汇总，便形成现金领用申请管理表，用以管理现金领用情况。现金领用申请管理表如下图所示。

现金领用申请管理表

0000年00月

序号	申请人	所在部门	申请金额	现金用途	财务主管签批	申请日期	约定交货期或报账期	本月现金领用合计

通过这些项目全面反映每次现金申领的具体情况

统计当月现金领用的总额

- **序号：** 表明当月每笔现金申领的顺序，通过该项目可以一目了然地查看本月现金申领次数。
- **申请人：** 每次申领现金的申请人。
- **所在部门：** 每次申领现金的部门。
- **申请金额：** 每次申领现金的具体金额。
- **现金用途：** 每次申领的现金用于哪些方面。
- **财务主管签批：** 反映每次现金申领是否由财务主管签字同意。
- **申请日期：** 每次申领现金的具体日期。
- **约定交货期或报账期：** 使用现金购物或做其他用途后，购回货物或收到相关凭证的日期。
- **本月现金领用合计：** 截至最后一次申领现金后本月总共申领的现金总额。

6.2.2 登记现金申领数据并进行合计与统计

将用款申请单的数据登记到现金领用申请管理表中，不仅可以方便对每月的现金申领进行管理，还能查看当月现金领用情况。下面将根据现金领用申请管理表的基础信息，通过利用 Excel 的筛选功能和图表功能进一步统计和查看当月现金领用情况。

配套资源

操作视频演示

模板文件 \ 第 6 章 \ 现金领用申请管理表 .xlsx
效果文件 \ 第 6 章 \ 现金领用申请管理表 .xlsx

【案例效果图解】

现金领用申请管理表

2017年5月

序号	申请人	所在部门	申请金额	现金用途	财务主管签批	申请日期	约定交货期或报账期	本月现金领用合计
1	罗敏	销售部	¥ 200.00	购买车票	同意	2017/5/13	2017/5/28	¥ 200.00
2	张珍	财务部	[illegible]	[illegible]	[illegible]	2017/5/13	[illegible]	[illegible]
3	刘凯	[illegible]	[illegible]	[illegible]	[illegible]	[illegible]	[illegible]	[illegible]
4	宋嘉薇	销售部	¥ 2,000.00	展台预备金	同意	2017/5/16	[illegible]	[illegible]
5	张珍	财务部	¥ 240.00	购买办公椅	同意	2017/5/19	2017/5/20	¥ 2,640.00
6	刘凯	销售部	¥ 100.00	购买茶叶	同意	2017/5/20	2017/5/20	¥ 2,740.00
7	赵瑞琪	办公室	¥ 360.00	临时劳务费	同意	2017/5/22	2017/5/22	¥ 3,100.00
8	刘凯	销售部	¥ 120.00	车辆加油	同意	2017/5/25	2017/5/26	¥ 3,220.00
9	赵瑞琪	办公室	¥ 80.00	购买绿植	同意	2017/5/28	2017/5/28	¥ 3,300.00
10	刘凯	销售部	¥ 100.00	电话充值	同意	2017/5/30	2017/5/30	¥ 3,400.00

1. 登记现金申领情况并计算领用总额

现金领用申请管理表的模板使用非常简单，只需利用已有的用款申请单来登记，然后利用 SUM 函数及时对每笔申领业务进行汇总即可。

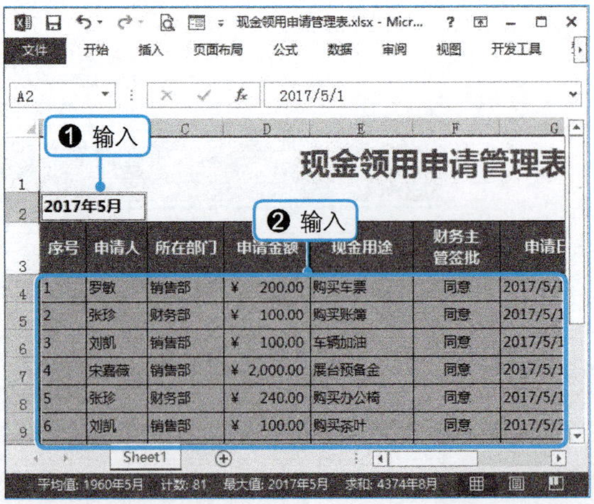

STEP 1 输入日期和现金申领数据

❶打开“现金领用申请管理表 .xlsx”模板文件，将 A2 单元格中的内容修改为“2017 年 5 月”；❷从第 4 行开始，依次在相应位置录入当月每笔现金申领的具体数据，合计栏暂不输入（可直接复制光盘提供的效果文件中的数据来提高操作效率）。

STEP 2 设计计算现金领用合计数公式

❶ 选中 I4 单元格；❷ 在编辑栏中输入“=SUM($D$4:D4)”，表示本月现金领用合计为 D4 单元格与当前单元格对应申请金额所在的单元格区域之和。按【Ctrl+Enter】组合键确认。

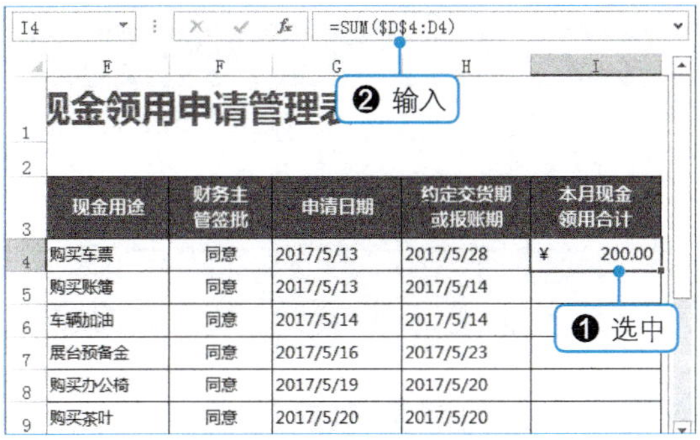

STEP 3 填充公式检验是否正确

拖动 I4 单元格的填充柄至 I5 单元格，此时公式变为“=SUM($D$4:D5)”，即当前现金领用合计为 D4 与 D5 单元格数据之和，结果正确。

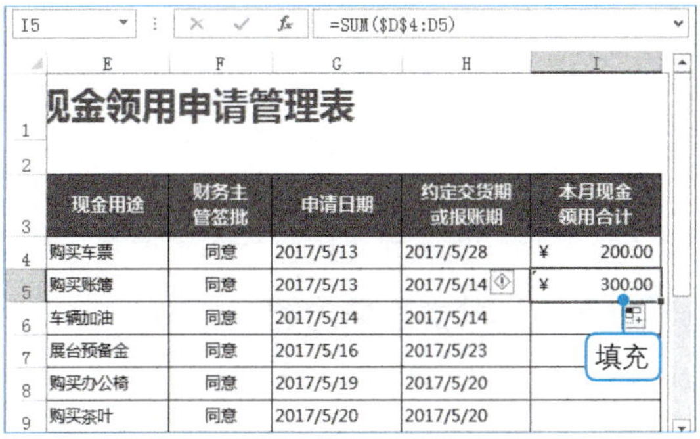

STEP 4 合计本月现金领用数额

拖动 I5 单元格的填充柄至 I13 单元格，快速得到本月现金领用总额。

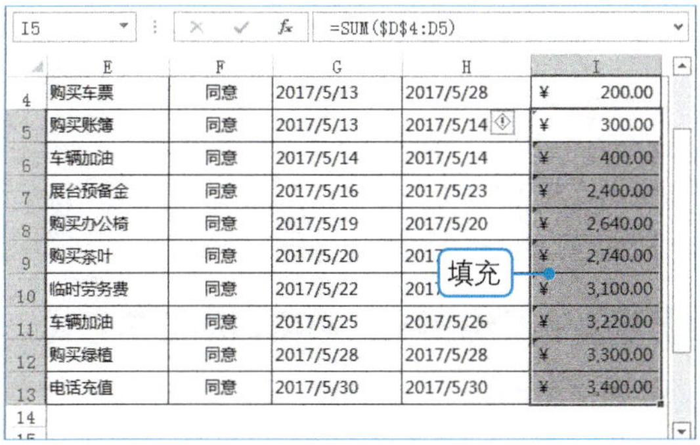

2. 查看不同部门的现金领用情况

通过筛选不同的领用部门，便能快速查看该部门的现金领用情况。

STEP 1 启用筛选功能

❶ 选中 A3:I13 单元格区域；❷ 在【数据】/【排序和筛选】组中单击“筛选”按钮。

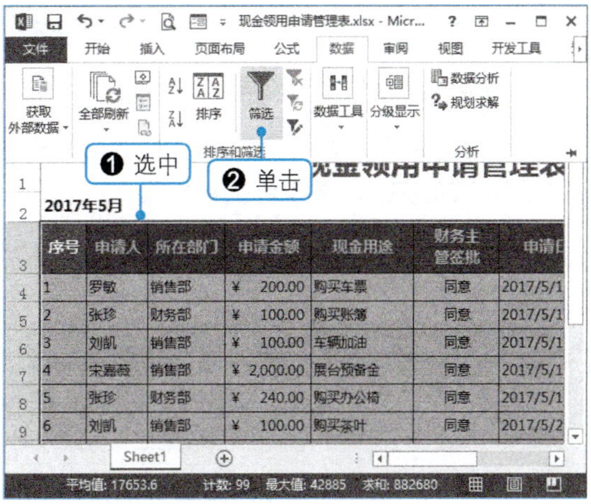

STEP 2 筛选销售部数据

❶ 单击“所在部门”项目字段右侧的下拉按钮；❷ 在弹出的下拉列表中仅选中“销售部”复选框；❸ 单击“确定”按钮。

STEP 3 查看销售部现金申领总额

❶ 此时 Excel 中将显示所有销售部的现金申领记录，选中 I4:I12 单元格区域；❷ 在状态栏中可查看销售部现金申领的总额。

STEP 4 查看其他部门现金领用情况

按相同方法分别筛选财务部和办公室的数据结果，查看这两个部门在本月的现金领用情况。

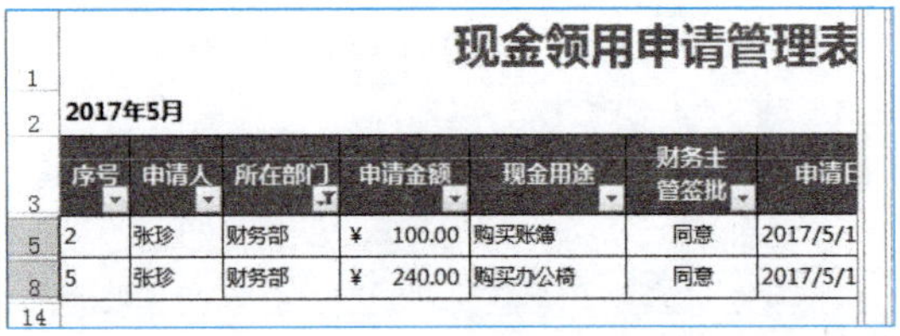

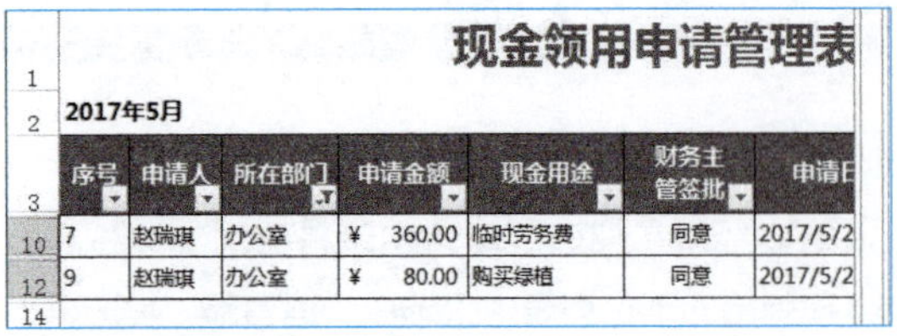

3. 使用饼图汇总不同部门现金领用比例

使用饼图查看不同部门的现金领用数额占本月现金领用总数的比例前，应先按部门进行分类汇总，才能得到饼图的数据源。下面先进行分类汇总操作，然后选择需要的数据来创建饼图。

STEP 1 取消筛选状态

选中筛选结果的任意单元格，在【数据】/【排序和筛选】组中单击“筛选”按钮，取消筛选状态，重新显示所有数据记录。

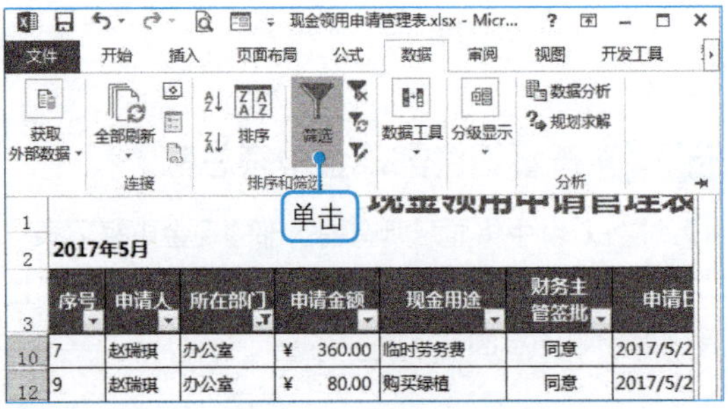

STEP 2 启用排序功能

❶选中 A3:I13 单元格区域；❷在【数据】/【排序和筛选】组中单击“排序”按钮。

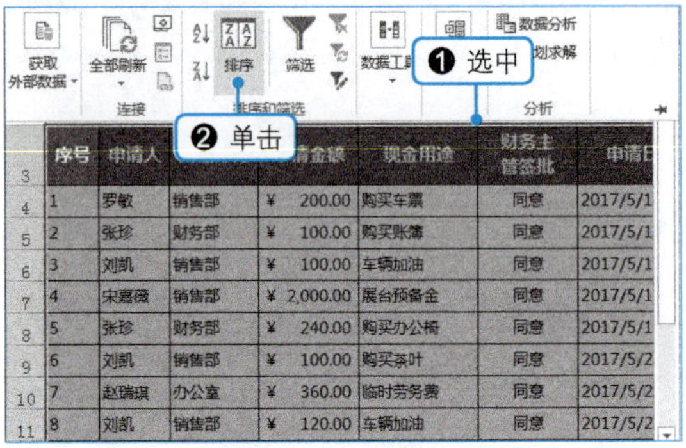

STEP 3 设置排序关键字和次序

❶打开“排序”对话框，在“主要关键字”下拉列表框中选择“所在部门”选项；❷在“次序”下拉列表框中选择“升序”选项；❸单击“确定”按钮。

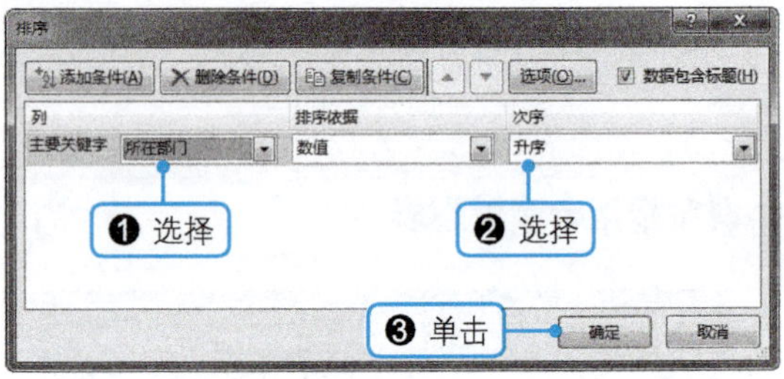

STEP 4 启用分类汇总功能

默认选中的单元格区域，在【数据】/【分级显示】组中单击“分类汇总”按钮。

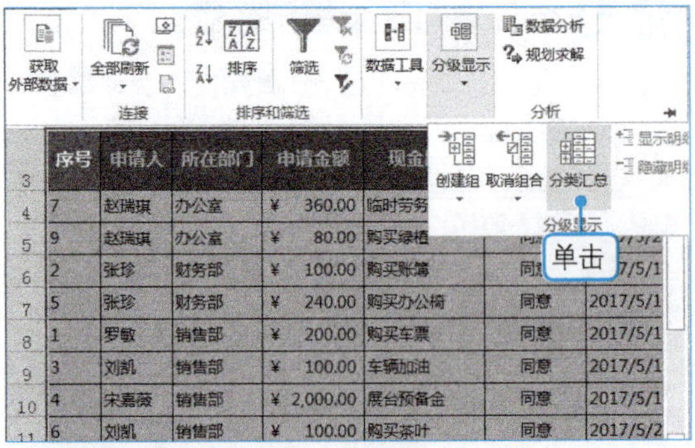

STEP 5 指定分类与汇总字段和汇总方式

❶打开“分类汇总”对话框，在“分类字段”下拉列表框中选择“所在部门”选项；❷在“汇总方式”

下拉列表框中选择“求和”选项；③在“选定汇总项”列表框中选中“本月现金领用合计”复选框；④单击“确定”按钮。

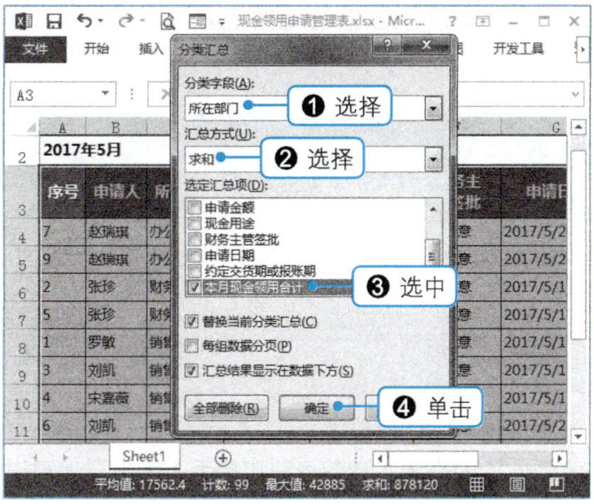

STEP 6 选中创建饼图的数据源

按住【Ctrl】键，在分类汇总后的表格中依次选中C6、I6、C9、I9、C16、I16这6个单元格。

STEP 7 创建三维饼图

在【插入】/【图表】组中单击“插入饼图或圆环图”按钮，在弹出的下拉列表中选择“三维饼图”选项。

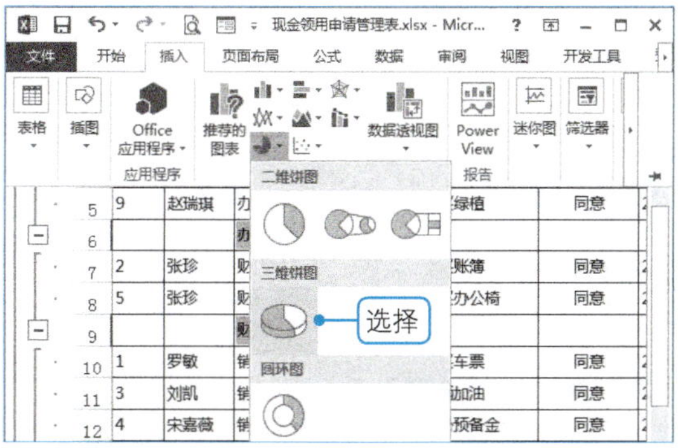

STEP 8 为饼图应用预设的样式

默认创建好的饼图的选中状态，在【图表工具 设计】/【图表样式】组的下拉列表中选择第3种样式。

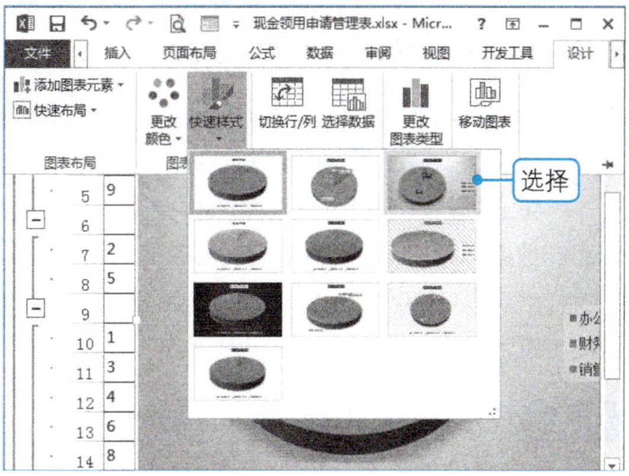

STEP 9 更改图表标题

此时饼图将显示比例份额数据标签，将图表标题修改为“各部门本月现金领用占比情况”。

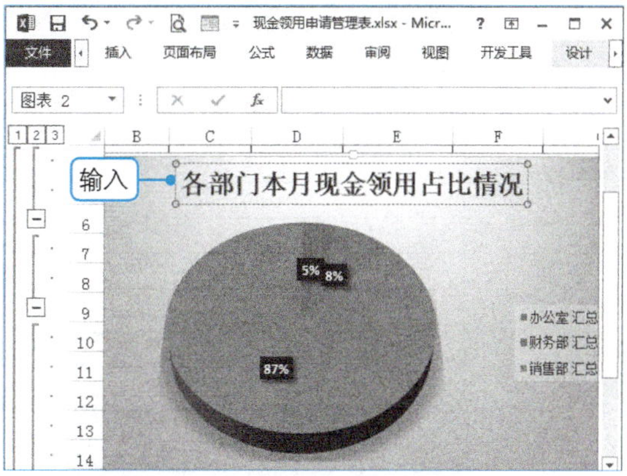

STEP 10 调整图表位置

将创建的图表拖动到数据表格下方的空白区域即可。

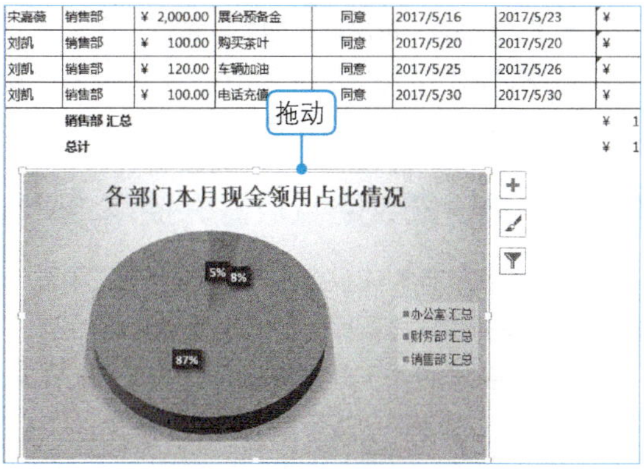

6.3 模板 2：现金缴款统计表

前面已经提到，企业的存有的现金数是有限额的，因此，如果现金数额超过限额，则应当将部分现金存入开户银行，也就是将现金缴存银行。针对这一情况，可以使用现金缴款统计表来帮助出纳更好地管理每月缴款情况，确保现金的使用符合规定。

知识补充 ——现金缴款统计表的数据来源

企业到开户银行办理现金缴存业务时，会填制现金缴款单，这个单据中的数据就是现金缴款统计表的数据来源。如果现金管控的要求非常严格，在填制现金缴款单时，还需要填写面值不同的现金张数，这样就可以在每次现金缴款时完全跟踪纸币的缴款情况。

6.3.1 现金缴款统计表的统计内容

现金缴款统计表不仅可以将每次现金缴款的日期、金额、款项来源、缴款账户和经手人等主要信息进行记录、汇总，还能了解到不同账户每月的缴款总额。现金缴款统计表如下图所示。

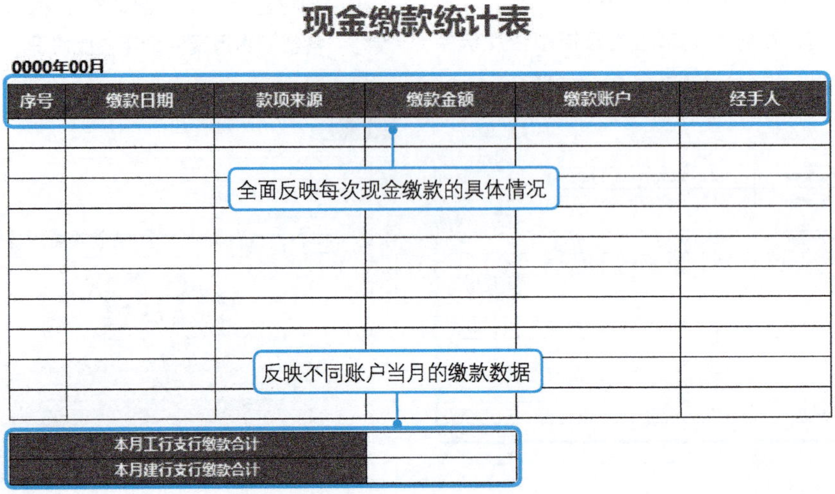

现金缴款统计表
0000年00月
序号
缴款日期
款项来源
缴款金额
缴款账户
经手人
全面反映每次现金缴款的具体情况
反映不同账户当月的缴款数据
本月工行支行缴款合计
本月建行支行缴款合计

- **序号：** 表明当月每笔现金缴款的顺序，通过该项目可以一目了然地查看本月发生现金缴款的次数。
- **缴款日期：** 每次现金缴款的发生日期。
- **款项来源：** 每次现金缴款的款项来源，如业务收入、处置资产等。
- **缴款金额：** 每次现金缴款的数额。
- **缴款账户：** 每次现金缴款所存入的开户行账户。
- **经手人：** 每次办理现金缴款业务的本单位经手人。

6.3.2 统计现金缴款数据并使用柱形图查看缴款数额

现金缴款统计表的模板比较简单，只需根据现金缴款单的数据登记即可，这里重点介绍如何利用该表的数据查看不同账户的缴款总额，以及如何创建柱形图来对比每笔缴款数额的多少。

配套资源

操作视频演示

模板文件 \ 第 6 章 \ 现金缴款统计表 .xlsx
效果文件 \ 第 6 章 \ 现金缴款统计表 .xlsx

【案例效果图解】

现金缴款统计表

2017年5月

序号	缴款日期	款项来源		缴款金额	缴款账户	经手人
1	2017/5/7	业务收入	¥	55,000.00	中国工商银行××支行	何晴
2	2017/5/8	处置资产	¥	8,000.00	中国工商银行××支行	何晴
3	2017/5/10	业务			建设银行××支行	何晴
4	2017/5/13	投资收入	¥	5,000.00	中国工商银行××支行	何晴
5	2017/5/17	业务收入	¥	3,200.00	中国工商银行××支行	何晴
6	2017/5/18	投资收入	¥	3,000.00	中国建设银行××支行	张志娟
7	2017/5/19	业务收入	¥	45,000.00	中国工商银行××支行	张志娟
8	2017/5/23	业务收入	¥	52,000.00	中国建设银行××支行	何晴
9	2017/5/26				行××支行	何晴
10	2017/5/27	投资收入	¥	1,000.00	中国工商银行××支行	何晴
本月工行支行缴款合计			¥	148,200.00		
本月建行支行缴款合计			¥	103,000.00		

1. 登记现金缴款数据并合计不同账户缴款总额

根据获取到的现金缴款单，出纳就能登记现金缴款统计表，然后就能利用 SUMIF 函数查看不同账户每月的缴款总额。

STEP 1 输入日期和缴款数据

❶打开“现金缴款统计表.xlsx”模板文件，将 A2 单元格中的内容修改为“2017 年 5 月”；❷从第 4 行开始，依次在相应位置录入当月每笔现金缴款的具体数据（可直接复制光盘提供的效果文件中的数据来提高操作效率）。

STEP 2 插入 SUMIF 函数

❶选中 D15 单元格；❷在编辑栏中输入“=SUMIF(E4:E13,)”，表示求和的条件判断区域为缴款账户字段。

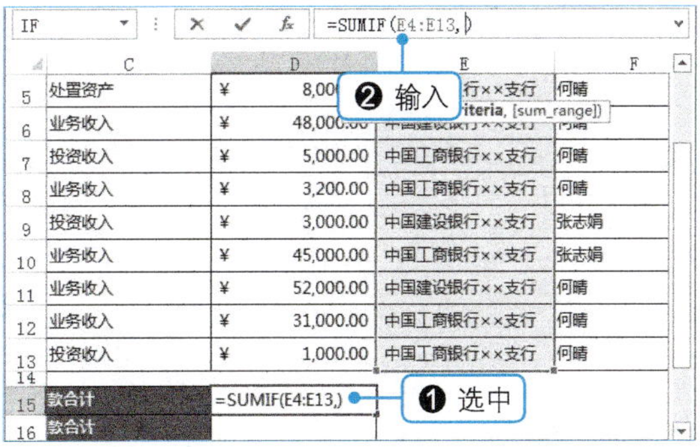

STEP 3 设置求和的判断条件

继续在编辑栏中设置 SUMIF 函数的第 2 个参数“"中国工商银行 ×× 支行",”，表示判断条件区域中哪些单元格的内容为“中国工商银行 ×× 支行”。

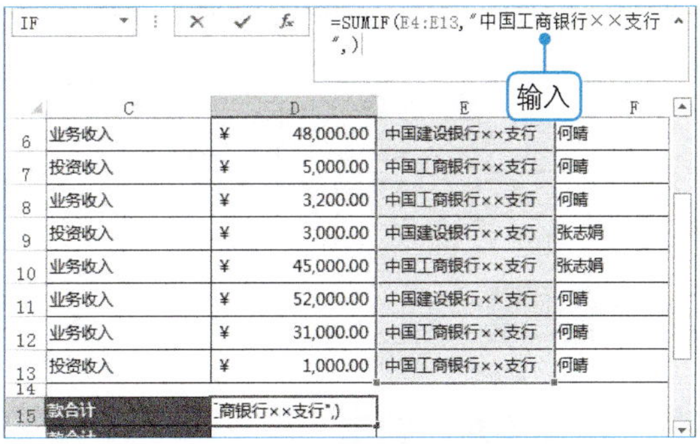

STEP 4 设置 SUMIF 函数的求和区域

继续在编辑栏中设置 SUMIF 函数的第 3 个参数

“D4:D13”，表示求和区域为缴款金额所在的单元格区域。

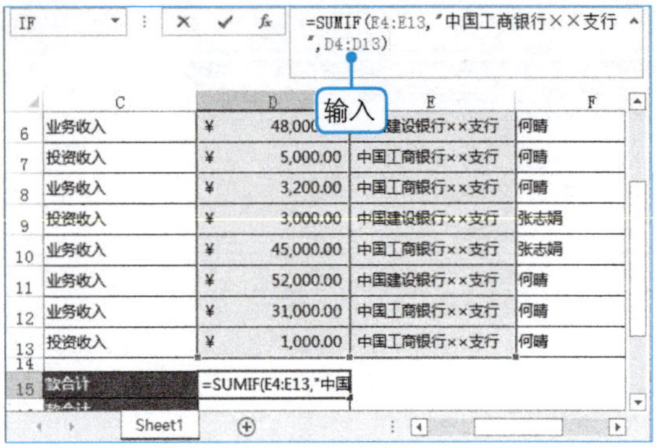

STEP 5 查看求和结果

按【Ctrl+Enter】组合键返回求和结果。

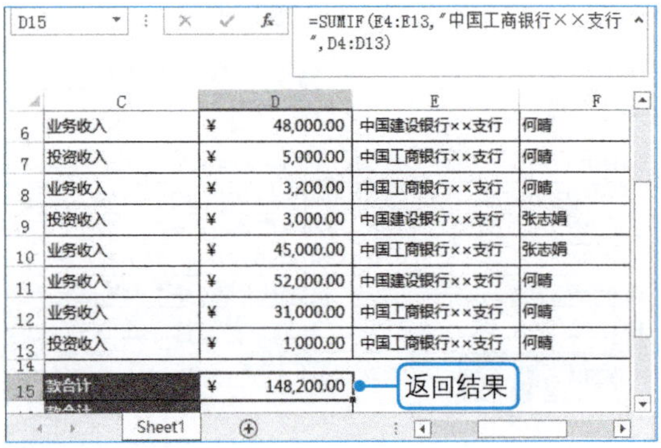

STEP 6 计算另一个账户的缴款总额

①将 D15 单元格编辑栏中的公式复制到 D16 单元格的编辑栏中；②将第 2 个参数修改为“"中国建设银行 ×× 支行"”。

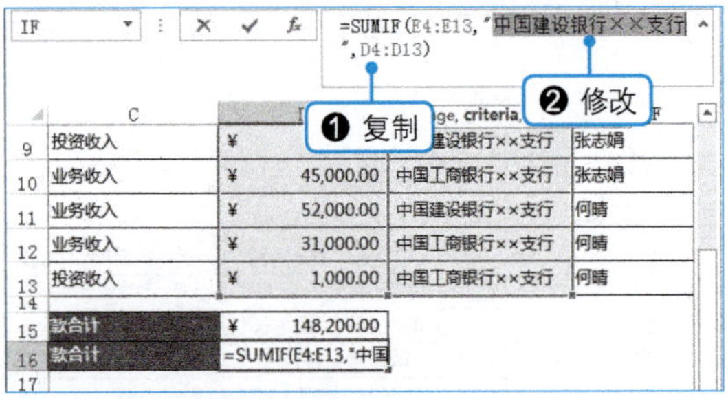

STEP 7 查看求和结果

按【Ctrl+Enter】组合键返回求和结果。

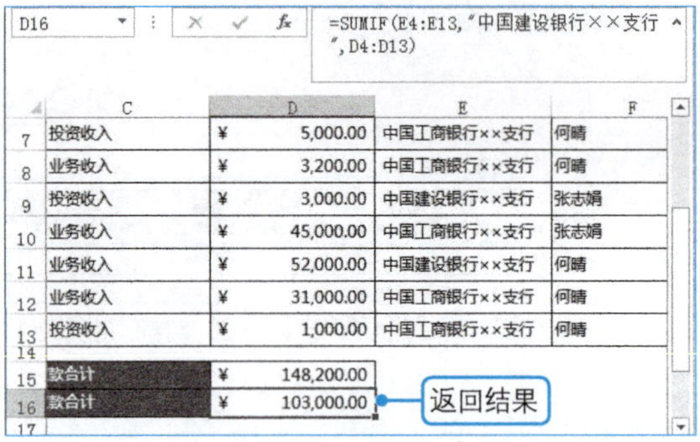

答疑解惑 ——为什么复制公式没有发生相对引用？

直接复制单元格，则单元格中的公式会通过相对引用自行改变公式的参数。但这里复制的是单元格中编辑栏中的内容，Excel 将此操作判断为复制的是单元格中的数据，因此粘贴到目标单元格中不会发生相对引用。

2. 创建柱形图查看每次缴款数额

使用柱形图可以直观地通过对比来查看每次缴款业务涉及的数额大小。

STEP 1 设置创建柱形图的数据源区域

①利用【Ctrl】键同时选中 B3:B13 和 D3:D13 单元格区域；②在【插入】/【图表】组中单击“插入柱形图”按钮，在弹出的下拉列表中选择“二维柱形图”栏中的第 1 种柱形图类型。

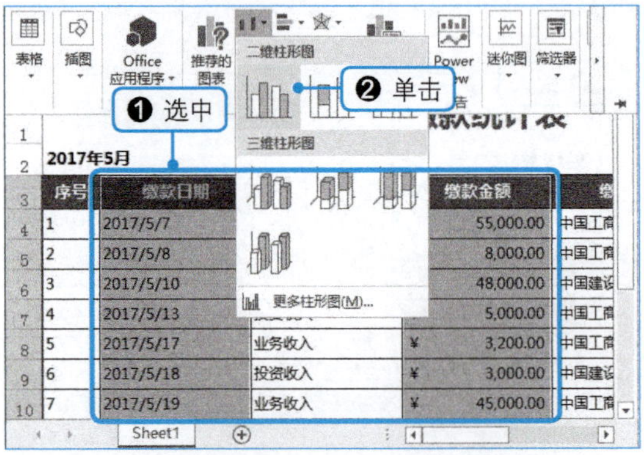

STEP 2 设置横坐标轴的显示内容

①选中所创建柱形图上的横坐标轴对象；②在【图表工具 格式】/【当前所选内容】组中单击“设置所选内容格式”按钮。

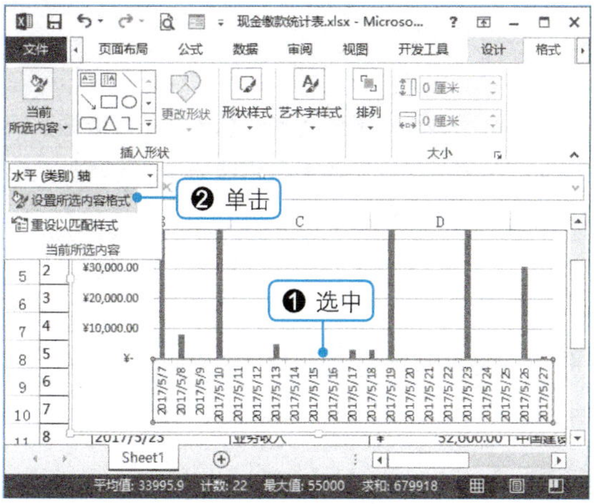

STEP 3 调整坐标轴类型

❶在打开的窗格中选中“文本坐标轴”单选项；❷单击“关闭”按钮。

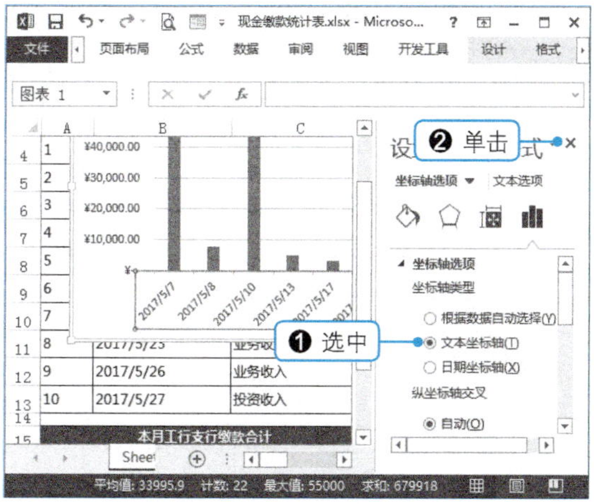

答疑解惑 ——为什么要调整坐标轴类型?

由于图表数据源的横坐标轴引用的是日期型数据，这样 Excel 在创建图表后，会根据引用的日期型数据，自动补充该日期区间内未显示的其他日期，造成横坐标轴有许多无用的坐标单位。如果将日期坐标轴更改为文本坐标轴，则 Excel 会将其视为文本数据，从而不会自动显示那些无用的日期。

STEP 4 为柱形图应用预设的样式

在【图表工具 设计】/【图表样式】组的下拉列表框中选择倒数第 3 种样式选项。

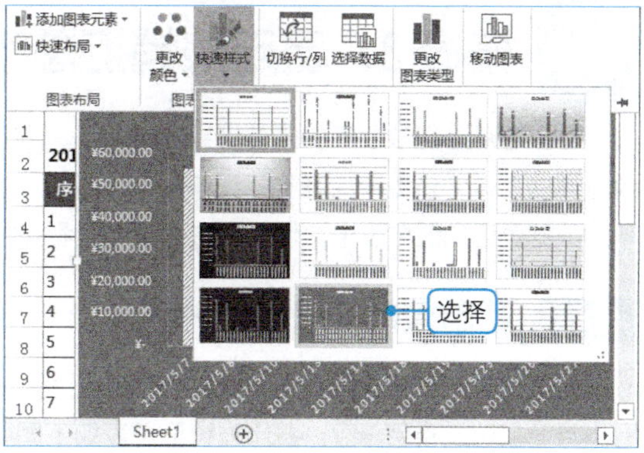

STEP 5 在柱形图中显示数据标签

❶继续在【图表工具 设计】/【图表布局】组中单击“添加图表元素”按钮；❷在弹出的下拉列表中选择“数据标签”栏下的“数据标签外”选项，表示在数据系列的外侧添加对应的数据标签。

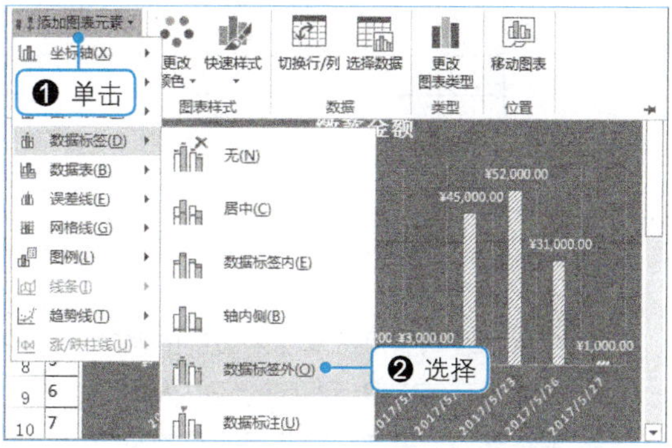

STEP 6 更改图表标题并调整图表位置和图表大小

❶选中图表标题，将其中的内容修改为“2017 年 5 月现金缴款金额”；❷适当增大图表尺寸，并将其移动到数据表格的下方。

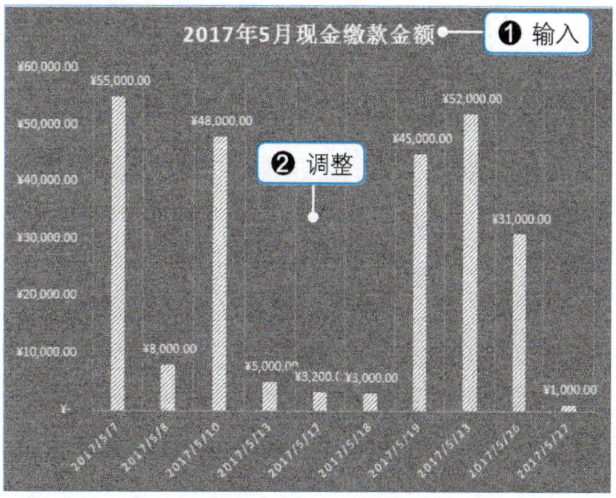

6.4 模板 3：费用报销汇总表

企业每月可能涉及不少需要报销的费用，只有妥善对这些费用进行登记管理和汇总统计，才能做好现金管理的工作，避免产生各种不正常报销的情况。费用报销汇总表的数据来源是费用报销单，将各种报销单的数据登记到汇总表中，便能随时合计和查看当月各种费用的报销情况。

6.4.1 费用报销汇总表的内容

费用报销汇总表可以将每次费用报销的日期、报销金额、报销部门、报销项目等汇总到一起，进而查看当月已报销的费用总额。费用报销汇总表如下图所示。

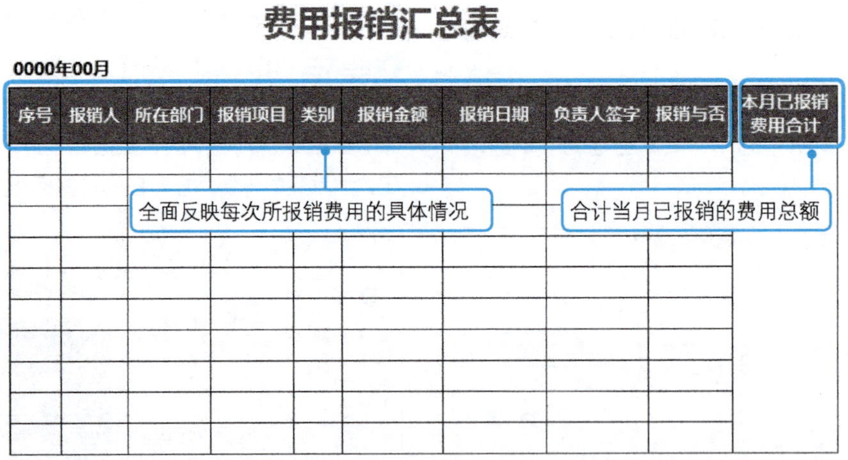

费用报销汇总表
0000年00月
序号
报销人
所在部门
报销项目
类别
报销金额
报销日期
负责人签字
报销与否
本月已报销费用合计
全面反映每次所报销费用的具体情况
合计当月已报销的费用总额

- **序号**：表明当月每笔费用报销的顺序，通过该项目可以查看本月所发生的费用报销次数。
- **报销人**：每次报销费用的经办人。
- **所在部门**：每次报销费用涉及的部门。
- **报销项目**：每次所报销费用的用途。
- **类别**：显示报销项目的计量单位。
- **报销金额**：每次所报销费用的金额。
- **报销日期**：每次费用报销的发生日期。
- **负责人签字**：每次费用报销后相关责任人的签字。
- **报销与否**：显示每次待报销的费用是否已经报销。
- **本月已报销费用合计**：显示当月所报销费用的总额。

6.4.2 登记费用报销汇总表并汇总报销的费用

费用报销汇总表的主要数据来源还是费用报销单，但其中部分项目可以通过其他项目来判断，如“所在部门”可以通过“报销人”来判断，“费用报销与否”可以通过负责人是否签字来判断等。在Excel 中可以尽可能利用公式或函数等对象来提高模板的使用效率。下面将使用 Excel 制作和使用费用报销汇总表模板，完成后计算出当月费用报销的总额，并查看不同报销项目的费用报销情况。

配套资源

操作视频演示

模板文件 \ 第 6 章 \ 费用报销汇总表 .xlsx
效果文件 \ 第 6 章 \ 费用报销汇总表 .xlsx

【案例效果图解】

费用报销汇总表

2017年5月

序号	报销人	所在部门	报销项目	类别	报销金额	报销日期	负责人签字	报销与否	本月已报销费用合计
1	张杰	第一车间	买乳胶漆	桶	¥ 120.00	2017/5/3	已签	已经报销	
2	张杰				¥ 258.00	2017/5/3			
3	刘永强	第二车间	买五金件	盒	¥ 520.00	2017/5/6	已签		
4	张杰	第一车间	买机油	桶	¥ 236.00	2017/5/10			
5			乳胶漆	桶				尚未报销	¥ 1,742.00
6			买机油		¥ 236.00	2017/5/15		已经报销	
7	刘永强	第二车间	买五金件	盒	¥ 380.00	2017/5/15			
8	张杰	第一车间	工时费		¥ 386.00	2017/5/19		尚未报销	
9	张杰	第一车间	买乳胶漆	桶	¥ 120.00	2017/5/19		已经报销	
10	刘永强	第二车间	工时费		¥ 246.00	2017/5/25	已签	已经报销	

根据报销人自动判断

根据负责人签字与否自动判断

根据费用报销单登记

根据费用报销单登记

利用 SUMIF 函数判断求和

1. 登记费用报销汇总表并计算报销费用合计数

下面利用提供的模板文件，先直接输入或利用公式输入相关数据，完成后再合计出当月的费用报销总额。

STEP 1 输入日期和费用报销数据

❶ 打开"费用报销汇总表 .xlsx"模板文件，将 A2 单元格中的内容修改为"2017 年 5 月"；❷ 从第 4 行开始，依次在相应位置录入当月每笔费用报销的具体数据，"所在部门"和"是否报销栏目"不用输入（可直接复制光盘提供的效果文件中的数据来提高操作效率）。

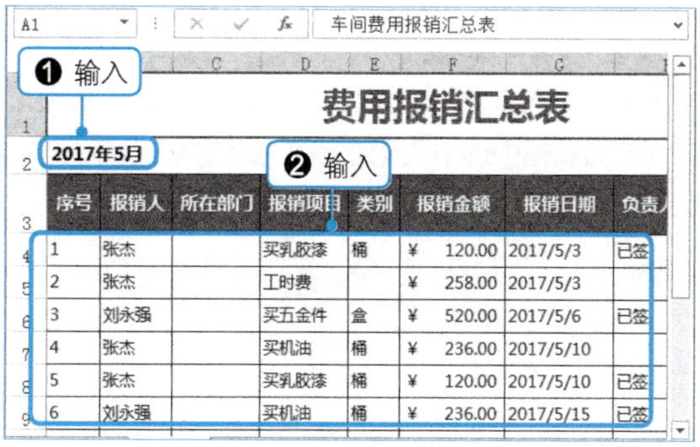

STEP 2 利用 IF 函数判断报销人所在部门

❶ 选中 C4:C13 单元格区域；❷ 在编辑栏中输入 "=IF(B4=" 张杰 "," 第一车间 "," 第二车间 ")"，根据本月报销人只有"张杰"和"刘永强"来设计此公式，表示如果报销人为"张杰"，则所在部门为第一车间，

若不是张杰，则所在部门为第二车间。

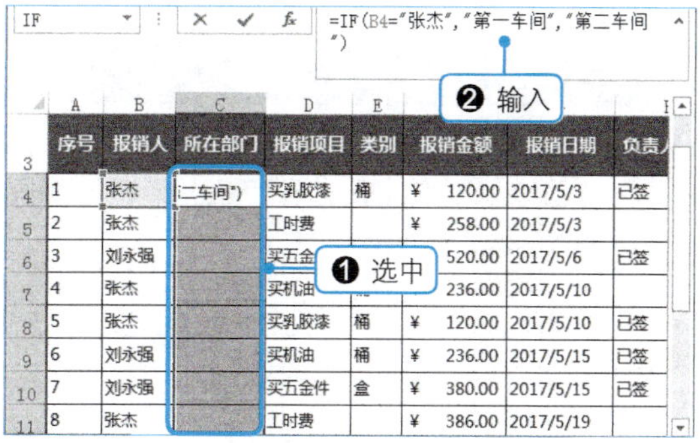

STEP 3 查看部门结果

按【Ctrl+Enter】组合键返回报销人所在部门的结果。

STEP 4 设计公式判断费用是否已报销

❶ 选中 I4:I13 单元格区域；❷ 在编辑栏中输入 "=IF(H4=" 已签 "," 已经报销 "," 尚未报销 ")"，表示如果"负责人签名"为"已签"，则返回"已经报销"，否则返回"尚未报销"。按【Ctrl+Enter】组合键确认。

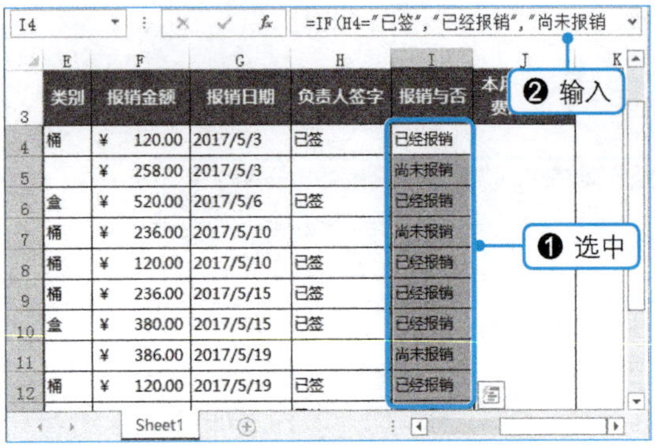

STEP 5 合计本月已报销费用总额

❶ 选中 J4 单元格；❷ 在编辑栏中输入“=SUMIF(I4:I15,"已经报销",F4:F15)”，表示仅合计已经报销的金额。

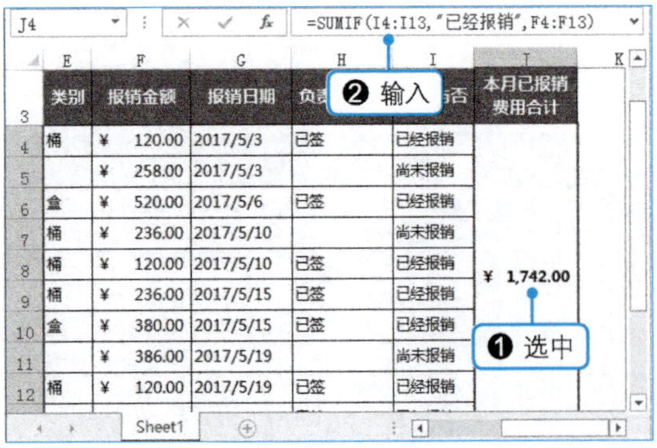

2. 分类汇总出不同项目的报销费用

使用分类汇总功能可以同时汇总各种想要的数据，下面利用该功能汇总不同项目的最高报销费用和最低报销费用。

STEP 1 启用排序功能

❶ 选中 A3:I13 单元格区域；❷ 在【数据】/【排序和筛选】组中单击“排序”按钮。

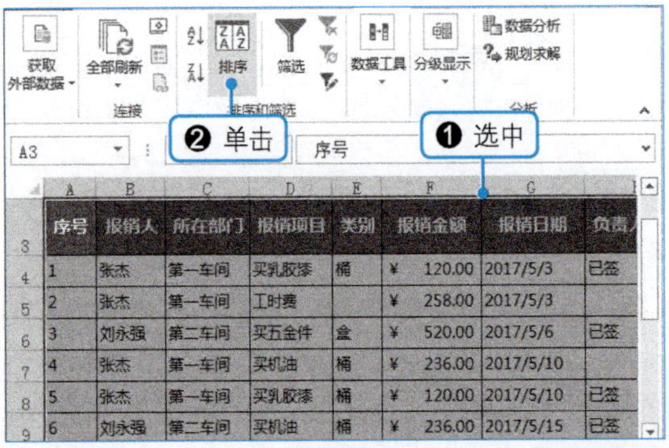

STEP 2 按报销项目降序排列数据记录

❶ 打开“排序”对话框，在“主要关键字”下拉列表框中选择“报销项目”选项；❷ 在“次序”下拉列表框中选择“降序”选项；❸ 单击“确定”按钮。

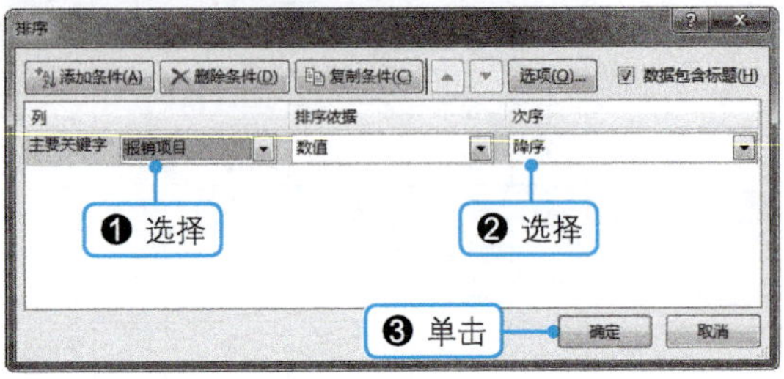

STEP 3 启用分类汇总功能

默认选中的单元格区域，在【数据】/【分级显示】组中单击“分类汇总”按钮。

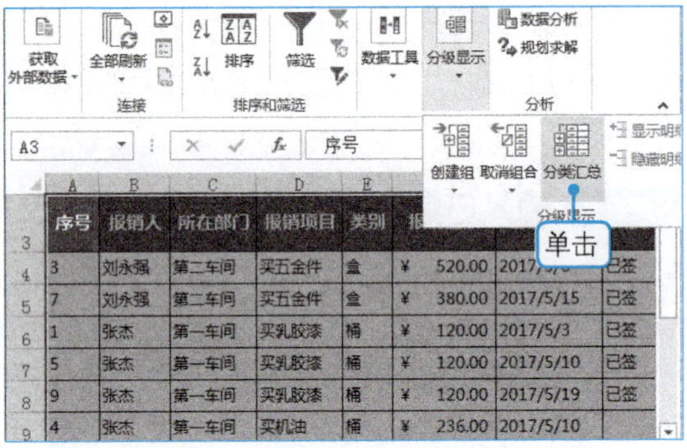

STEP 4 汇总不同项目报销的最大值

❶ 打开“分类汇总”对话框，在“分类字段”下拉列表框中选择“报销项目”选项；❷ 在“汇总方式”下拉列表框中选择“最大值”选项；❸ 在“选定汇总项”列表框中选中“报销金额”复选框；❹ 单击“确定”按钮。

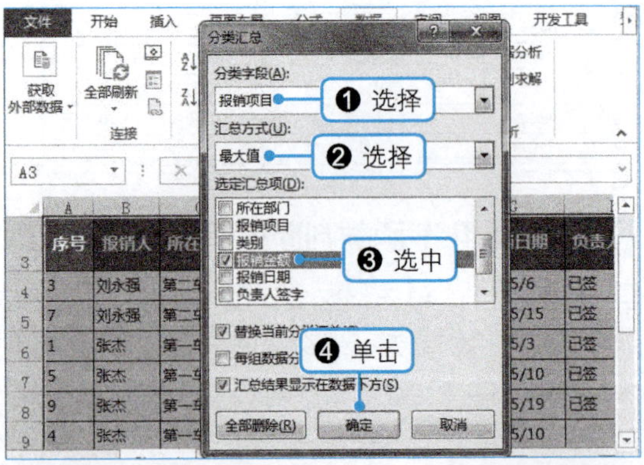

STEP 5 汇总不同项目的报销最小值

❶再次打开“分类汇总”对话框，在“汇总方式”下拉列表框中选择“最小值”选项；❷取消选中“替换当前分类汇总”复选框；❸单击“确定”按钮。

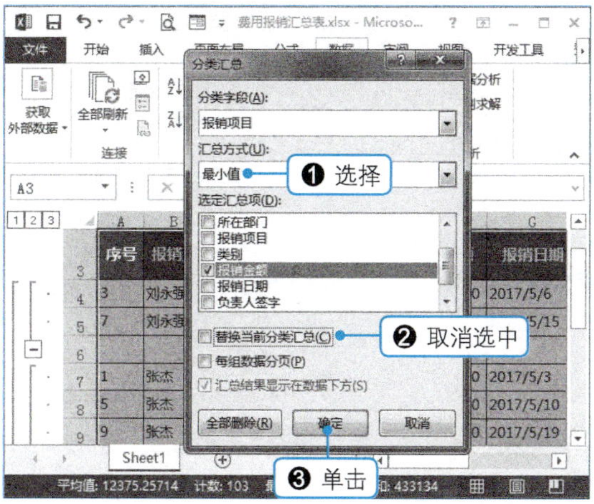

STEP 6 查看分类汇总结果

此时当月各报销项目都将显示报销的最大金额和最小金额。

序号	报销人	所在部门	报销项目	类别	报销金额	报销日期	负责人签字	报销与否
3	刘永强	第二车间	买五金件	盒	¥ 520.00	2017/5/6	已签	已经报销
7	刘永强	第二车间	买五金件	盒	¥ 380.00	2017/5/15	已签	已经报销
			买五金件 最小值		¥ 380.00			
			买五金件 最大值		¥ 520.00			
1	张杰	第一车间	买乳胶漆	桶	¥ 120.00	2017/5/3	已签	已经报销
5	张杰	第一车间	买乳胶漆	桶	¥ 120.00	2017/5/10	已签	已经报销
9	张杰	第一车间	买乳胶漆	桶	¥ 120.00	2017/5/19	已签	已经报销
			买乳胶漆 最小值		¥ 120.00			
			买乳胶漆 最大值		¥ 120.00			
4	张杰	第一车间	买机油	桶	¥ 236.00	2017/		尚未报销
6	刘永强	第二车间	买机油	桶	¥ 236.00	2017/5/15	已签	已经报销
			买机油 最小值		¥ 236.00			
			买机油 最大值		¥ 236.00			
2	张杰	第一车间	工时费		¥ 258.00	2017/5/3		尚未报销
8	张杰	第一车间	工时费		¥ 386.00	2017/5/19		尚未报销
10	刘永强	第二车间	工时费		¥ 246.00	2017/5/25	已签	已经报销
			工时费 最小值		¥ 246.00			
			工时费 最大值		¥ 386.00			
			总计最小值		¥ 120.00			
			总计最大值		¥ 520.00			

返回结果

6.5 模板 4：支票领用情况表

支票领用情况表可以及时跟踪企业支票的使用情况，这也是现金管理的一个方面。通过对支票领用情况进行汇总统计，可以全面了解支票的用途、金额、收款单位等信息，进而可以更规范和有效地使用支票。

6.5.1 支票领用情况表的统计对象

支票领用情况表可以汇总支票领用的各种数据，如申请的金额、用途、号码、收款单位、申请日期等。支票领用情况表如下图所示。

支票领用情况表
0000年00月
序号
申请金额
支票用途
支票号码
收款单位
财务主管签批
申请日期
本月支票领用合计
全面反映每次领用支票的具体情况
合计当月支票领用总额

- **序号**：表明当月每张支票申领的顺序，通过该项目可以查看本月领用支票的次数。
- **申请金额**：每次领用支票的金额。
- **支票用途**：每次领用支票的用途。

- **支票号码：** 每次所领用的每张支票的号码。
- **收款单位：** 领用支票支付相关款项的对方单位名称。
- **财务主管签批：** 反映每次领用的支票是否由财务主管签字同意。
- **申请日期：** 每次领用的支票的申请日期。
- **本月支票领用合计：** 显示截至最后一张支票申领后的，当月支票申领总额。

6.5.2 登记支票领用情况表并进行统计汇总

支票领用情况表的最大作用在于汇总公司某月申领支票的情况。结合 Excel 的数据计算和分析功能，可以更大限度地发挥该表格的作用。下面将在 Excel 中登记支票领用情况表，并利用数据透视表功能对数据进行动态分析。

配套资源

操作视频演示

模板文件 \ 第 6 章 \ 支票领用情况表 .xlsx
效果文件 \ 第 6 章 \ 支票领用情况表 .xlsx

【 案例效果图解 】

支票领用情况表

2017年5月

序号	申请金额	支票用途	支票号码	收款单位	财务主管签批	申请日期	本月支票领用合计
1	¥ 3,500.00	支付货款	00265788	A商贸有限公司	同意	2017/5/13	¥ 3,500.00
2	¥ 1,800.00	支付货款	00265796	B科技有限公司	同意	20	
3	¥ 820.0	根据支票申领单的数据填写这些项目			同意	20	设计 SUM 函数自动计算本月所领用的支票合计金额
4	¥ 5,800.00	支付货款	00265818	A商贸有限公司	同意	20	
5	¥ 3,700.00	支付货款	00265819	B科技有限公司	同意	20	
6	¥ 2,900.00	支付劳务费	00265837	C装修公司	同意	2017/5/20	¥ 18,520.00
7	¥ 5,500.00	支付货款	00265845	A商贸有限公司	同意	2017/5/22	¥ 24,020.00
8	¥ 1,800.00	支付货款	00265848	B科技有限公司	同意	2017/5/25	¥ 25,820.00
9	¥ 2,000.00	支付劳务费	00265852	C装修公司	同意	2017/5/28	¥ 27,820.00
10	¥ 3,600.00	支付货款	00265868	A商贸有限公司	同意	2017/5/30	¥ 31,420.00

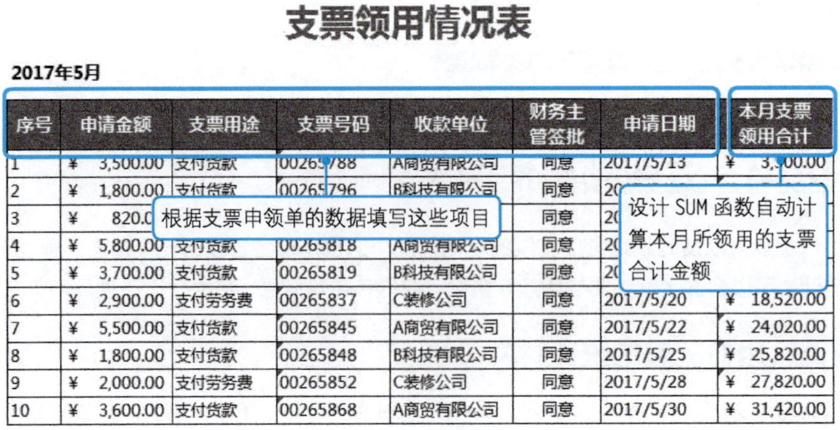

1. 登记支票领用情况表并计算领用总额

支票领用情况表的数据来源于支票申领单，使用该模板时只需将获取到的支票申领单中的数据登记上去即可，然后利用公式计算领用合计。

STEP 1 输入日期和费用报销数据

打开"支票领用情况表 .xlsx"模板文件，分别在相应位置录入每次（张）支票的领用情况。

		2017年5月				
	序号	申请金额	支票用途	支票号码	收款单位	财务主管签批
4	1	¥ 3,500.00	支付货款	00265788	A商贸有限公司	同意
5	2	¥ 1,800.00	支付货款	00265796	B科技有限公司	同意
6	3	¥ 820.00	支付劳务费	00265811	C	同意
7	4	¥ 5,800.00	支付货款	00265818	A商	同意
8	5	¥ 3,700.00	支付货款	00265819	B科技有限公司	同意
9	6	¥ 2,900.00	支付劳务费	00265837	C装修公司	同意
10	7	¥ 5,500.00	支付货款	00265845	A商贸有限公司	同意
11	8	¥ 1,800.00	支付货款	00265848	B科技有限公司	同意
12	9	¥ 2,000.00	支付劳务费	00265852	C装修公司	同意
13	10	¥ 3,600.00	支付货款	00265868	A商贸有限公司	同意

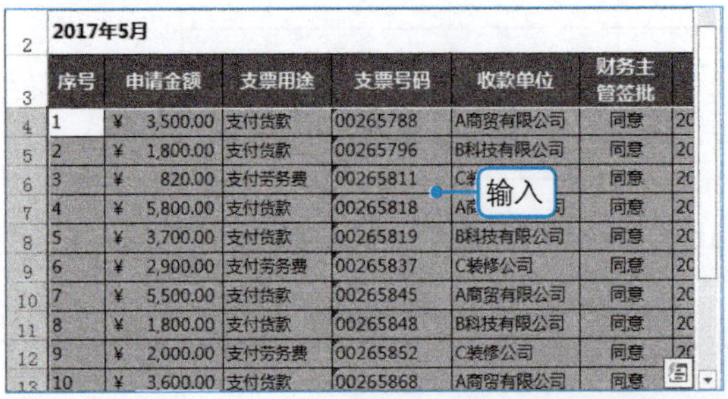

STEP 2 计算支票领用合计金额

① 选中 H4:H13 单元格区域；② 在编辑栏中输入 "=SUM(B4:B4)"。

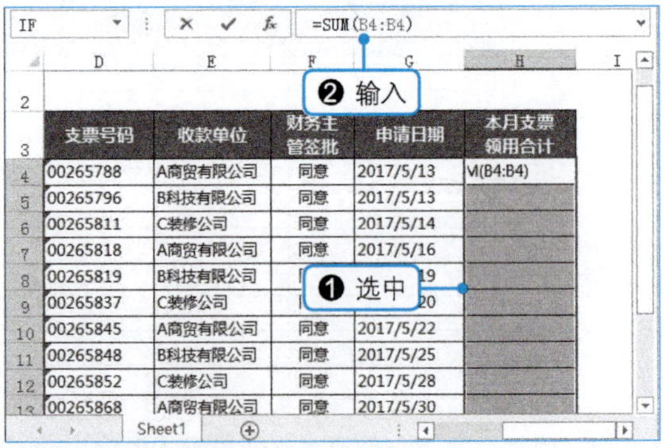

STEP 3 更改单元格引用方式

选中公式中第 1 个 "B4" 对象，按【F4】键将其更改为绝对引用。表示本月支票领用合计为 B4 单元格与当前单元格对应申请金额所在的单元格区域之和。

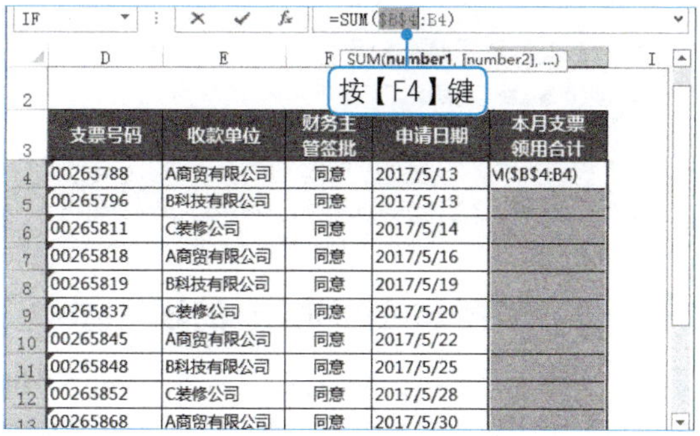

STEP 4 查看合计结果

按【Ctrl+Enter】组合键返回合计结果，合计栏中的每个单元格的数据，就表示当月截止到该笔支票领用业务时的支票领用总额。

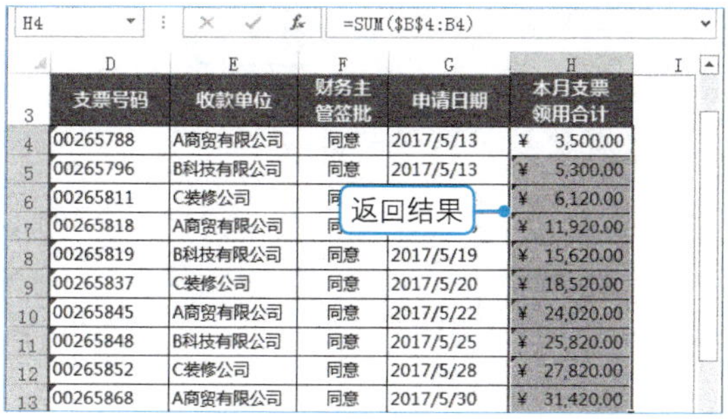

2. 使用数据透视表统计支票领用情况

使用数据透视表可以进一步全面地了解当月的支票领用情况，如不同用途的支票领用情况，不同收款公司的支票领用情况等。

STEP 1 创建数据透视表

默认当前单元格区域的选中状态，在【插入】/【表格】组中单击“数据透视表”按钮。

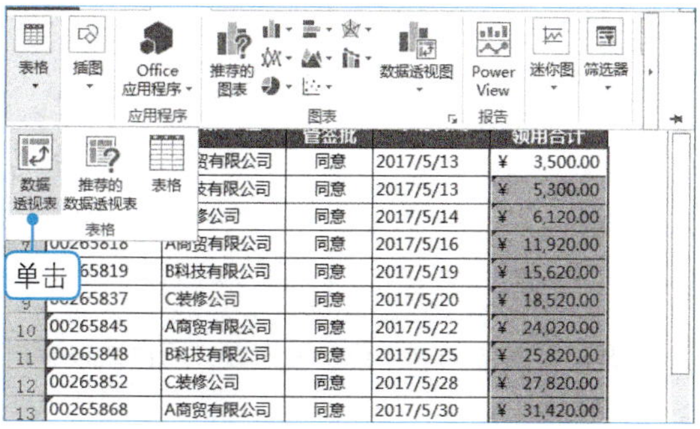

STEP 2 指定数据透视表的数据源区域

打开“创建数据透视表”对话框，单击“表 / 区域”文本框右侧的“折叠”按钮。

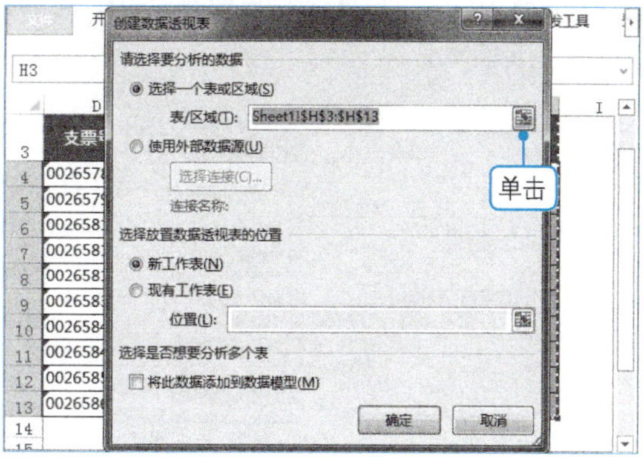

STEP 3 指定数据源区域

❶选中 B3:H13 单元格区域为数据透视表的数据源区域；❷单击“展开”按钮。

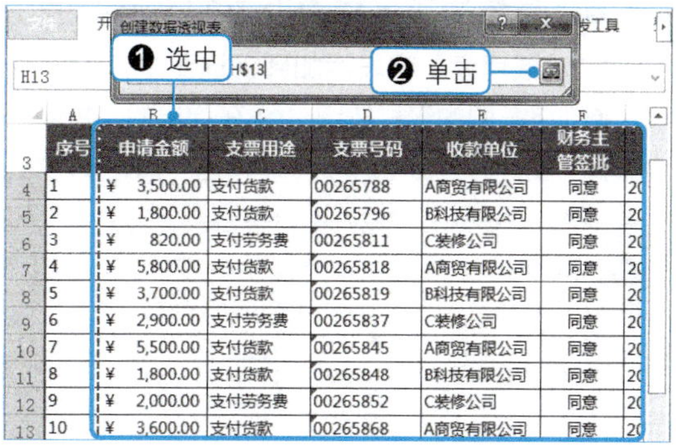

STEP 4 指定数据透视表创建位置

❶返回“创建数据透视表”对话框，选中“现有工作表”单选项；❷选中 A16 单元格，将其地址引用到“位置”文本框中；❸单击“确定”按钮。

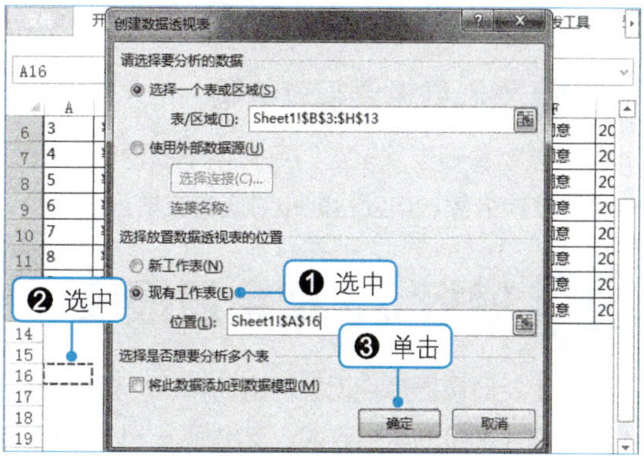

STEP 5 查看本月支票的领用情况

依次将“支票号码”“申请日期”“申请金额”字段添加到“数据透视表字段”窗格的行标签、列标签和值标签中，分别查看不同支票号码的在不同日期的领用金额情况。

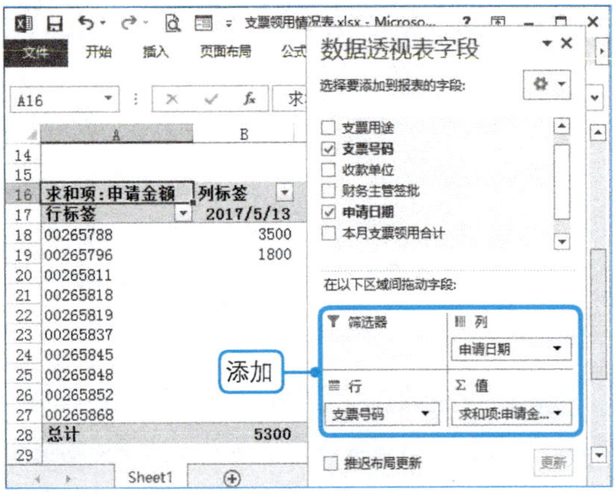

STEP 6 查看用于支付劳务费的支票情况

❶将“支票用途”字段添加到筛选器中；❷单击B14单元格右侧的下拉按钮；❸在弹出的下拉列表中选择“支付劳务费”选项；❹单击“确定”按钮。

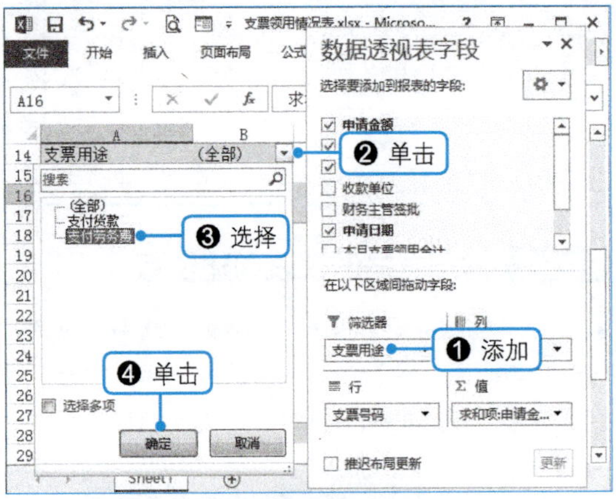

STEP 7 查看数据透视表结果

此时可以查看到当月该部门所有用于支付劳务费而申领的支票金额、申领日期和对应的支票号码。

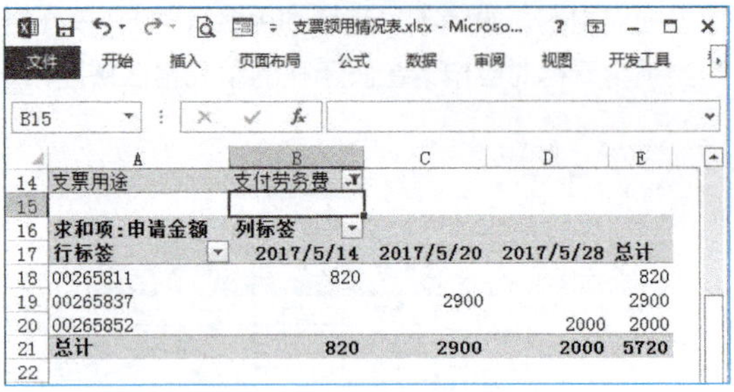

STEP 8 按收款单位查看支票的领用情况

❶将“支票用途”字段从筛选器中删除，重建将“收款单位”字段添加到其中；❷单击B14单元格右侧的下拉按钮；❸在弹出的下拉列表中选择“A商贸有限公司”选项；❹单击“确定”按钮。

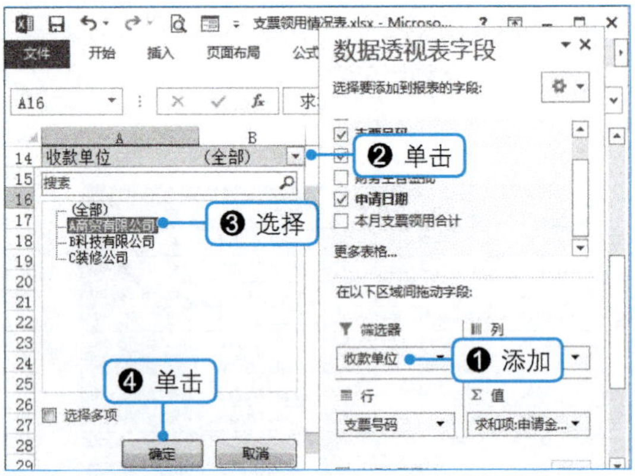

STEP 9 查看数据透视表结果

此时可以查看到当月该部门所有收款单位为A商贸有限公司的支票金额、申领日期和对应的支票号码。

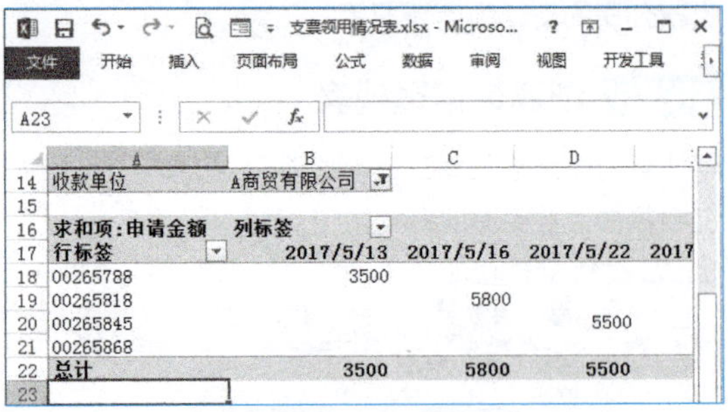

6.6 模板 5：现金日报表

为了及时掌握库存现金的流动情况，企业领导一般都会要求财务部门提供现金日报表，通过该表来查看每日库存现金的明细收入、支出情况，以及余额数据。

6.6.1 现金日报表的内容

现金日报表不仅可以详细反映每日各种现金收入和现金支出的明细数据，也能够显示本月累计的同类型现金收入、支出数额以及本年累计的数额，还可以通过计算得到当日现金收入合计、支出合计以及现金余额的正确数据。现金日报表如下图所示。

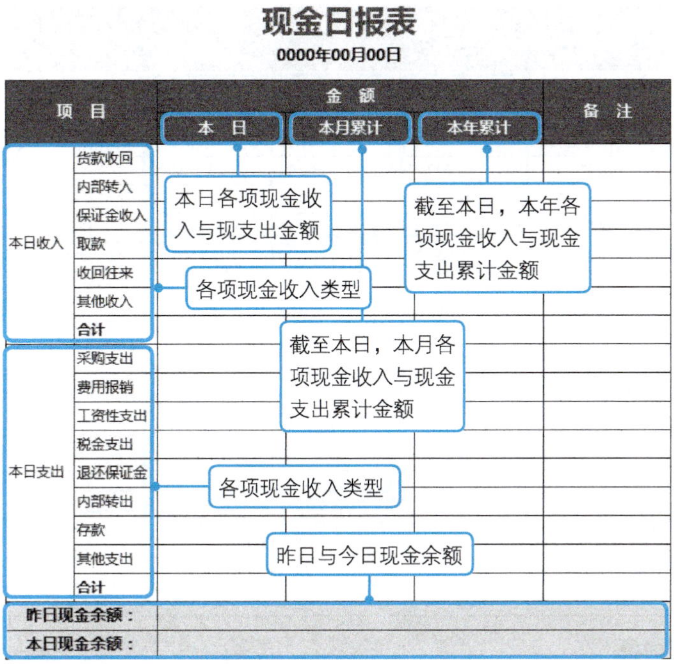

- **项目：** 将不同的收入和支出项目划分为各种类型，以便反映出明细数据。
- **本日金额：** 登记当日的各项收入或支出的明细金额。
- **本月累计：** 从本月 1 日到登记当日的同类型收入或支出的累计金额。
- **本年累计：** 从本年度 1 月 1 日到登记当日的同类型收入或支出的累计金额。
- **昨日现金余额：** 显示昨日发生各项现金收支后的库存现金余额。
- **今日现金余额：** 登记当日发生各项现金收支后的库存现金余额。

高手妙招 ——如何划分不同类型的收入和支出项目?

每个企业由于经营内容的不同，因此其收入和支出项目也不同。各企业应根据实际情况设计现金日报表的收入与支出明细项目，若不能全部列举的，可通过设置“其他收入”和“其他支出”项目登记不常见的收支项目归类即可。

6.6.2 登记现金日报表

现金日报表是利用现金日记账的数据来展现现金收支与余额情况的。在工作中可以通过输入和引用的方式建立本年度第 1 日的现金日报表，以后每日的现金日报表便可在此基础上制作。下面以利用 2017 年 5 月 20 日的现金日报表制作 2017 年 5 月

配套资源

操作视频演示

模板文件 \ 第 6 章 \ 现金日报表 .xlsx
效果文件 \ 第 6 章 \ 现金日报表 .xlsx

21 日的现金日报表为例，介绍如何通过 Excel 的数据引用与公式和函数来高效制作表格。

【案例效果图解】

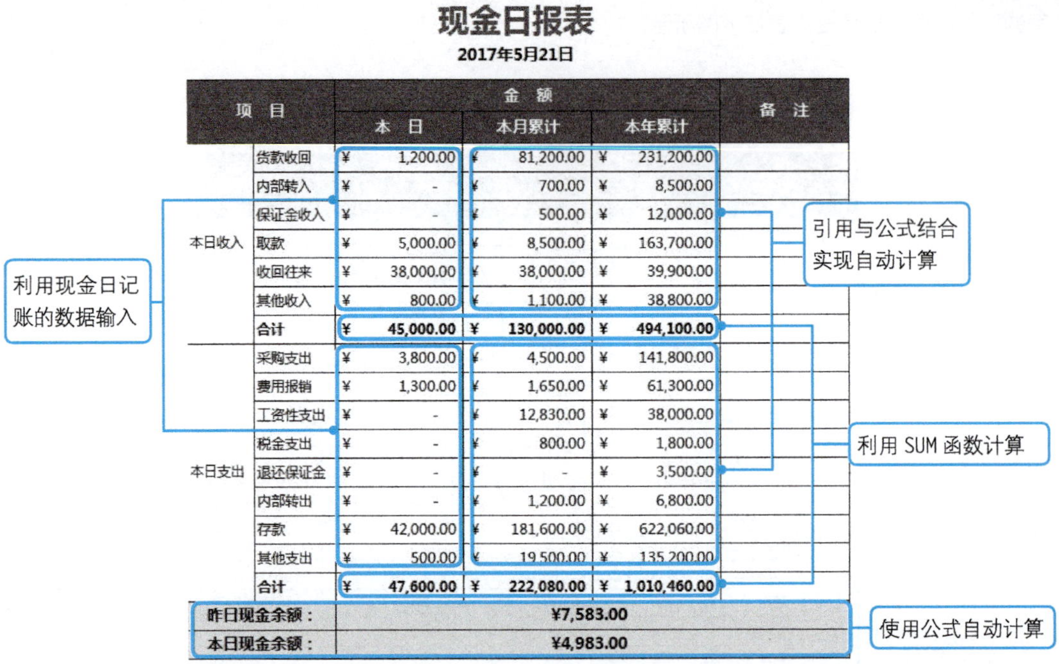

现金日报表

2017年5月21日

项 目		金 额			备 注
		本 日	本月累计	本年累计	
本日收入	货款收回	¥ 1,200.00	¥ 81,200.00	¥ 231,200.00	
	内部转入	¥ -	¥ 700.00	¥ 8,500.00	
	保证金收入	¥ -	¥ 500.00	¥ 12,000.00	
	取款	¥ 5,000.00	¥ 8,500.00	¥ 163,700.00	
	收回往来	¥ 38,000.00	¥ 38,000.00	¥ 39,900.00	
	其他收入	¥ 800.00	¥ 1,100.00	¥ 38,800.00	
	合计	¥ 45,000.00	¥ 130,000.00	¥ 494,100.00	
本日支出	采购支出	¥ 3,800.00	¥ 4,500.00	¥ 141,800.00	
	费用报销	¥ 1,300.00	¥ 1,650.00	¥ 61,300.00	
	工资性支出	¥ -	¥ 12,830.00	¥ 38,000.00	
	税金支出	¥ -	¥ 800.00	¥ 1,800.00	
	退还保证金	¥ -	¥ -	¥ 3,500.00	
	内部转出	¥ -	¥ 1,200.00	¥ 6,800.00	
	存款	¥ 42,000.00	¥ 181,600.00	¥ 622,060.00	
	其他支出	¥ 500.00	¥ 19,500.00	¥ 135,200.00	
	合计	¥ 47,600.00	¥ 222,080.00	¥ 1,010,460.00	
昨日现金余额：		¥7,583.00			
本日现金余额：		¥4,983.00			

STEP 1 准备引用数据

❶打开“现金日报表.xlsx”模板文件，选中 D5:D10 单元格区域；❷在编辑栏中输入“=”，准备引用不同工作表中的数据。

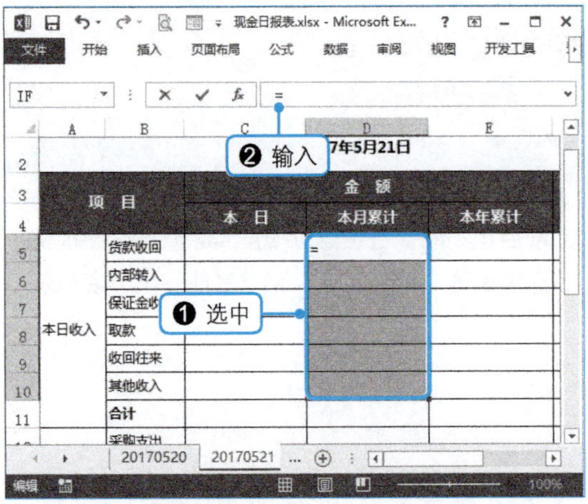

STEP 2 引用昨日的本月累计数

❶切换到“20170520”工作表；❷选中 D5 单元格，引用“本月累计”数据；❸继续在编辑栏中输入“+”。

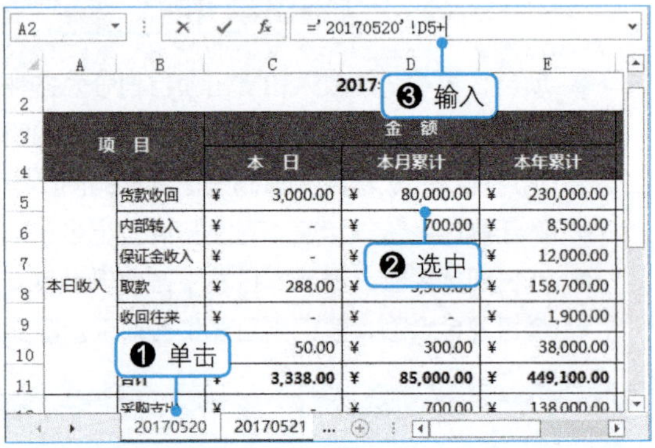

答疑解惑 —— “+”符号可不可以在切换回原来的工作表后再输入？

引用其他工作表中的单元格时，必须在选中了单元格后立即在编辑栏中输入运算符号。如果等切换回原来的工作表后再输入运算符号，引用的地址将发生变化，导致计算出错。

STEP 3 引用今日的收入数额

❶切换回“20170521”工作表；❷选中 C5 单元格，表示今日的本月收入累计额 = 昨日的本月收入累计

额＋今日收入发生额。

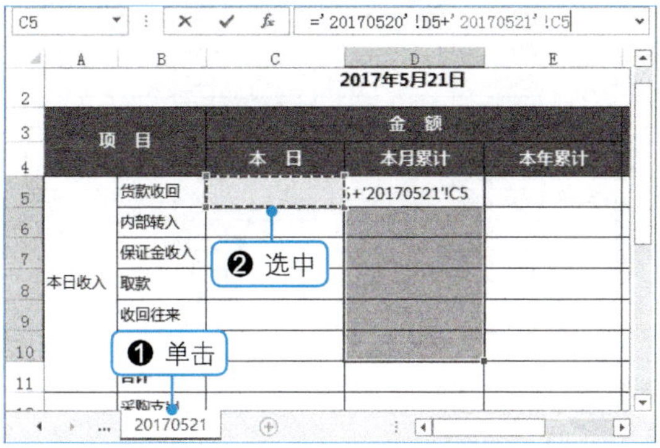

STEP 4 查看引用结果

按【Ctrl+Enter】组合键完成引用和计算，得到今日的本月累计数额。

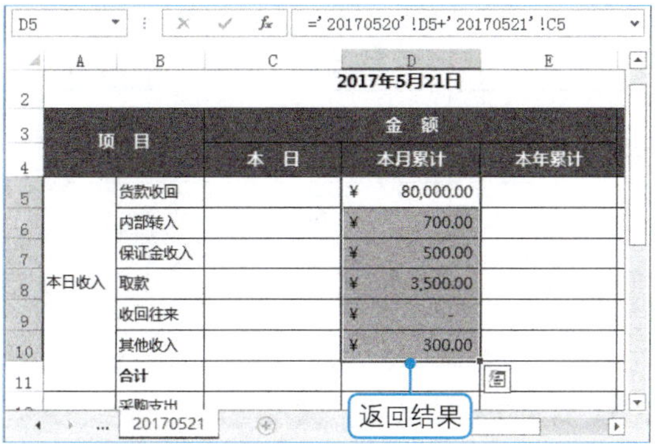

STEP 5 准备引用数据

❶选中 E5:E10 单元格区域；❷在编辑栏中输入“=”。

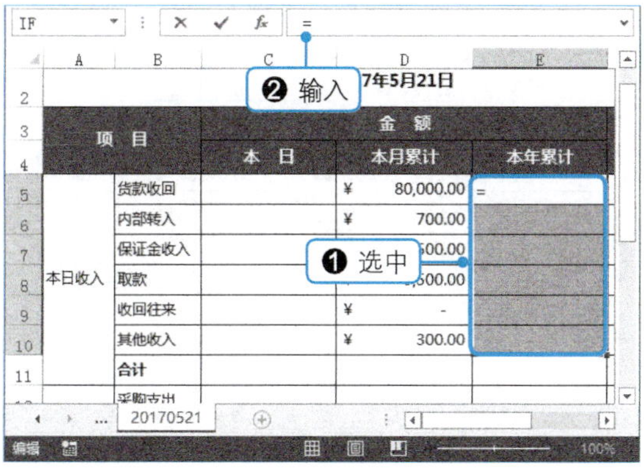

STEP 6 引用昨日的本年累计数

❶切换到“20170520”工作表；❷选中 E5 单元格，引用“本年累计”数据；❸在编辑栏中输入“+”。

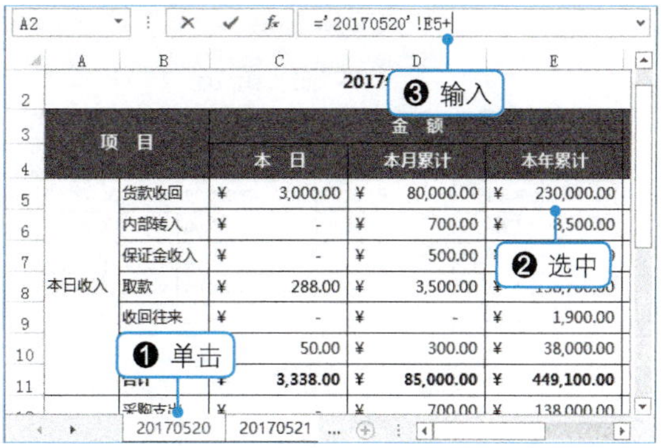

STEP 7 引用今日的收入数额

❶切换回“20170521”工作表；❷选中 C5 单元格，表示今日的本年收入累计额＝昨日的本年收入累计额＋今日收入发生额。❸按【Ctrl+Enter】组合键确认。

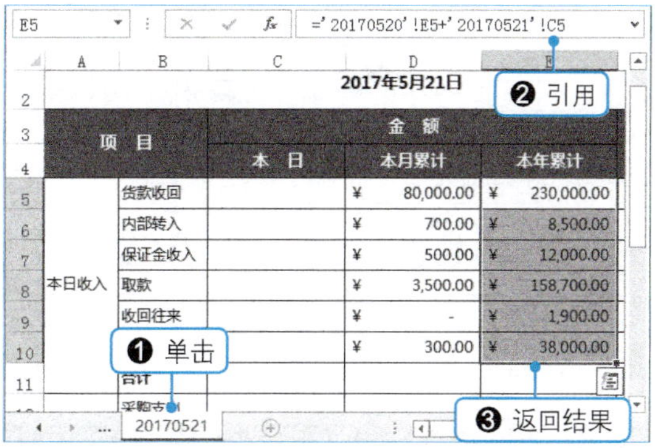

STEP 8 计算收入合计数

❶选中 C11:E11 单元格区域；❷在编辑栏中输入“=SUM(C5:C10)”，表示合计各类收入项目。

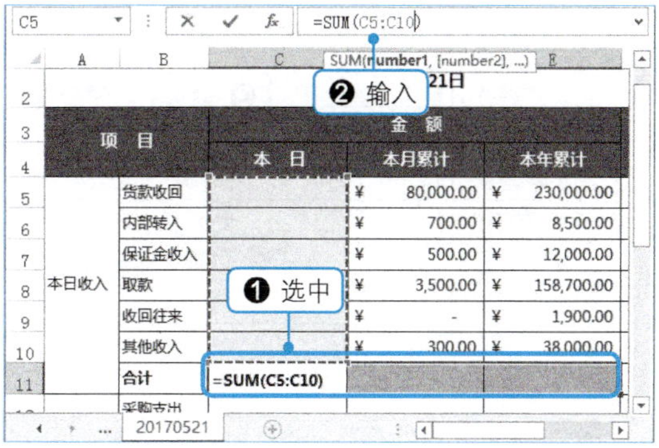

STEP 9 查看合计结果

按【Ctrl+Enter】组合键返回本日、本月、本年的收入合计。

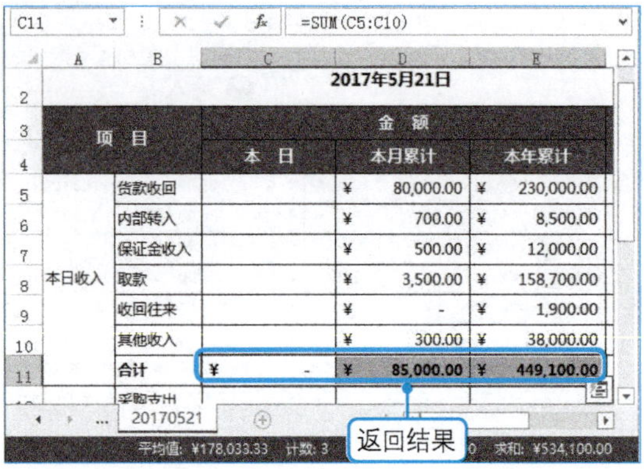

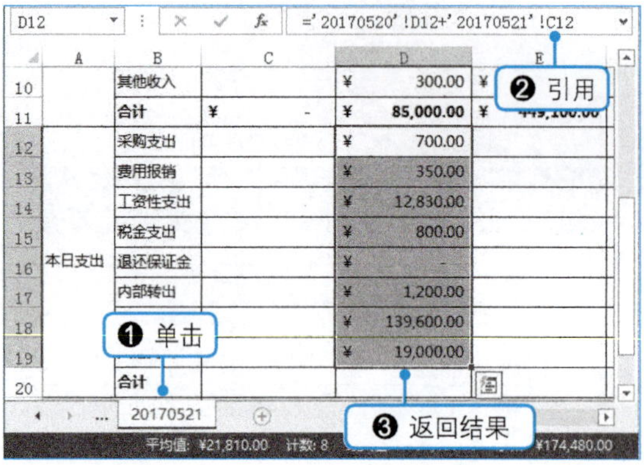

STEP 10 准备引用数据

❶选中 D12:D19 单元格区域；❷在编辑栏中输入“=”。

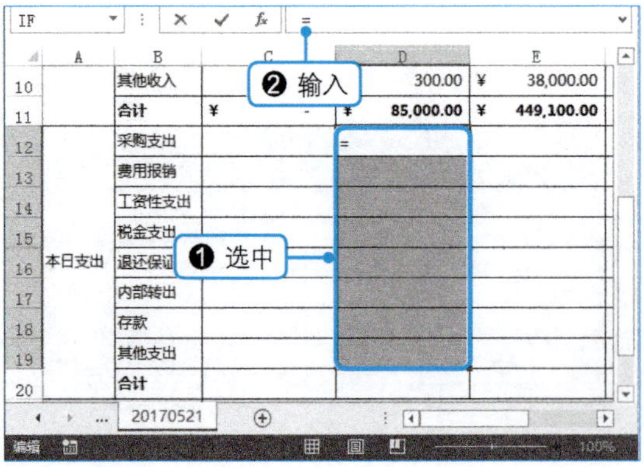

STEP 11 引用昨日的本月累计数

❶切换到“20170520”工作表；❷选中 D12 单元格，引用“本月累计”数据；❸继续在编辑栏中输入“+”。

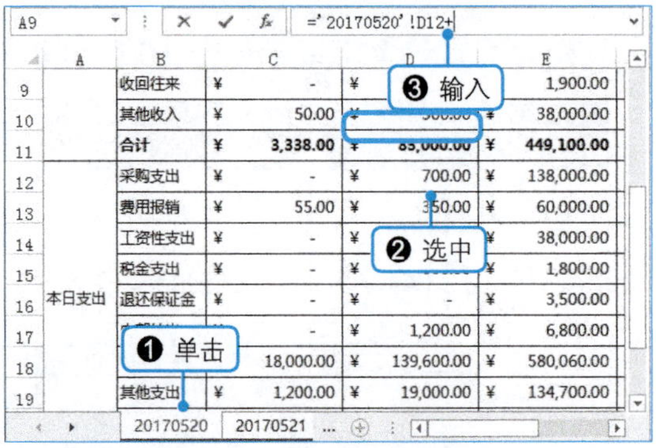

STEP 12 引用今日的支出数额

❶切换回“20170521”工作表；❷选中 C12 单元格，表示今日的本月支出累计额=昨日的本月支出累计额+今日支出发生额。❸按【Ctrl+Enter】组合键确认。

STEP 13 准备引用数据

❶选中 E12:E19 单元格区域；❷在编辑栏中输入“=”。

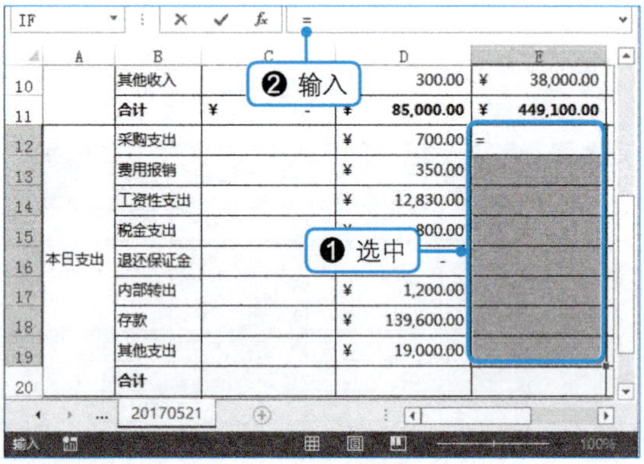

STEP 14 引用昨日的本年累计数

❶切换到“20170520”工作表；❷选中 E12 单元格，引用“本年累计”数据；❸在编辑栏中输入“+”。

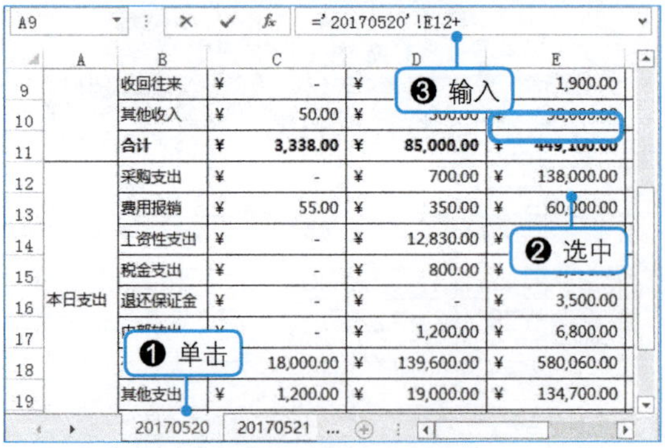

STEP 15 引用今日的支出数额

❶切换回“20170521”工作表；❷选中 C12 单元格，表示今日的本年支出累计额=昨日的本年支出累计额+今日支出发生额。❸按【Ctrl+Enter】组合键确认。

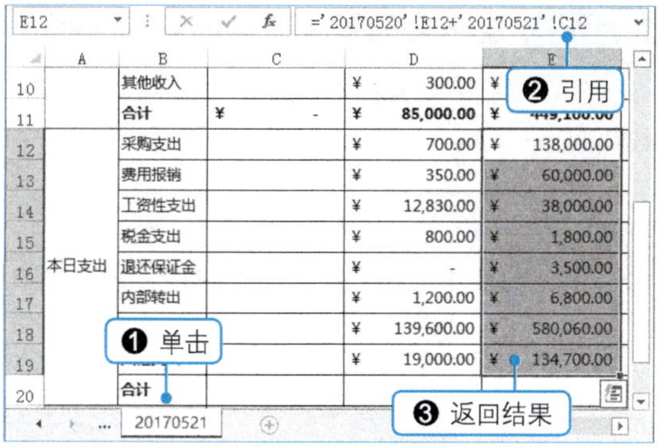

STEP 16 计算支出合计数

❶ 选中 C20:E20 单元格区域；❷ 在编辑栏中输入“=SUM(C12:C19)”，表示合计各类支出项目。

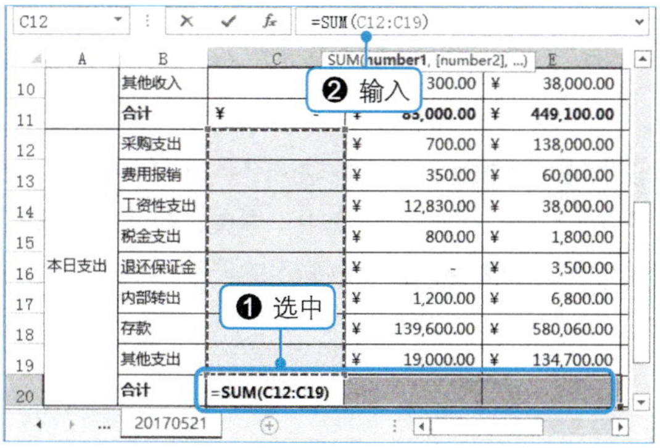

STEP 17 查看合计结果

按【Ctrl+Enter】组合键返回本日、本月和本年的支出合计。

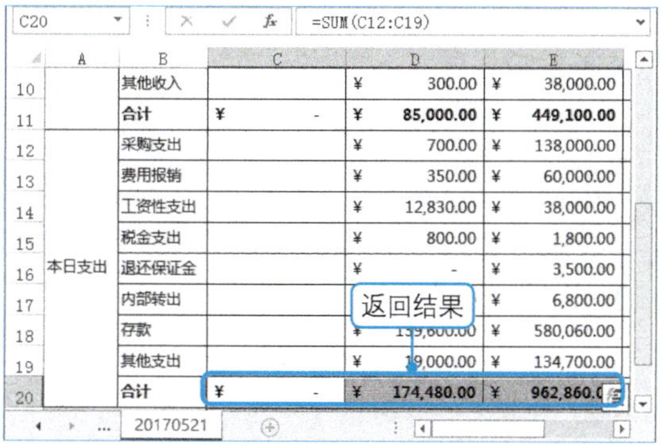

STEP 18 引用昨日现金余额

❶ 选中 C21 单元格；❷ 为其引用“20170520”工作表中的C22单元格，表示今日的“昨日现金余额”=昨日的“今日现金余额”。

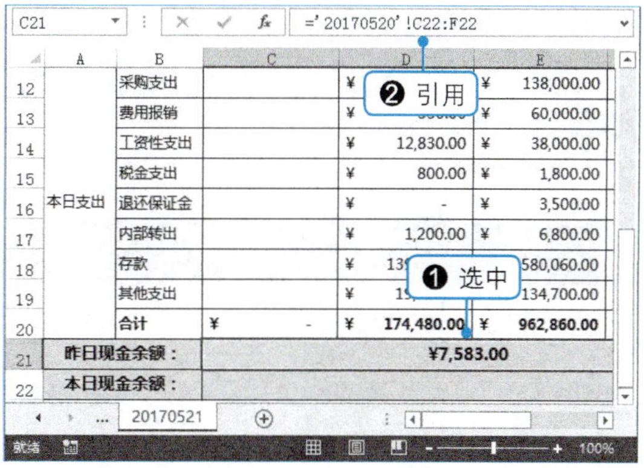

STEP 19 计算本日现金余额

选中 C22 单元格，在编辑栏中输入“=C21+C11-C20”，表示本日现金余额 = 昨日现金余额 + 本日收入合计 - 本日支出合计。

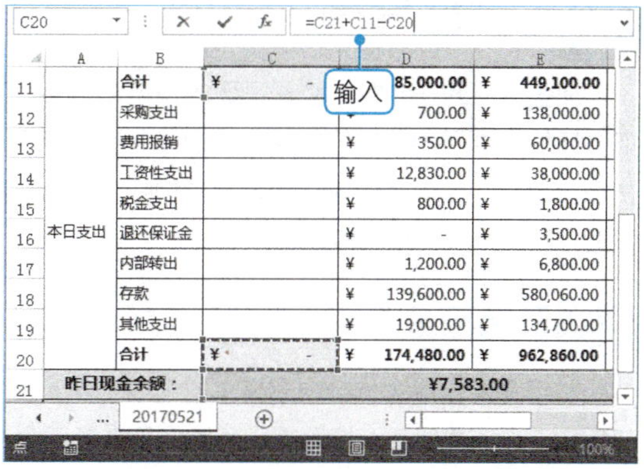

STEP 20 查看计算结果

按【Ctrl+Enter】组合键返回今日剩余的现金数额。

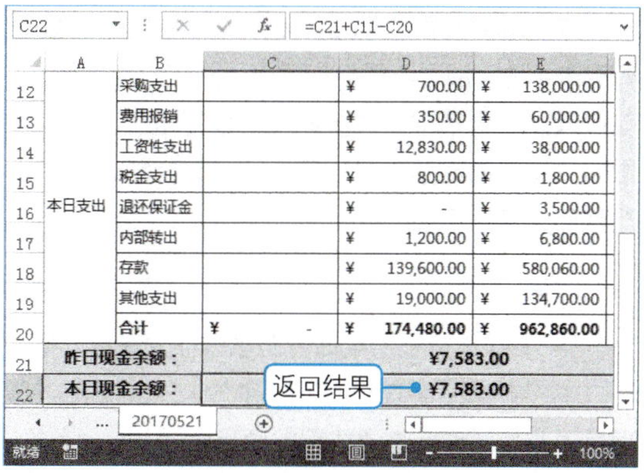

STEP 21 输入今日发生的各项收入数额

依次在 C5:C10 单元格中输入今日发生的各项收入

数额。

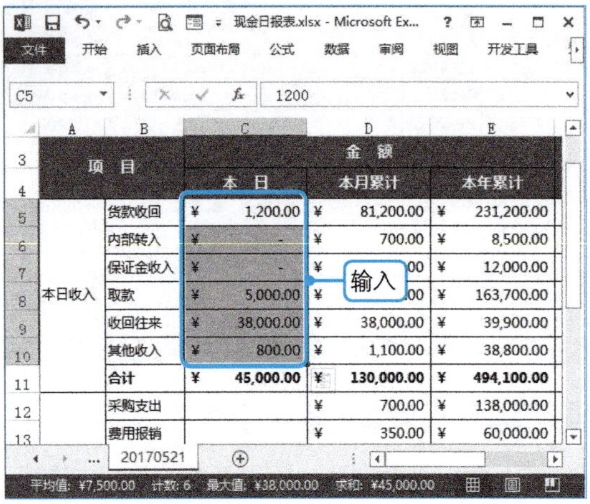

STEP 22 输入今日发生的各项支出数额

继续在 C12:C19 单元格中输入今日发生的各项支出数额。

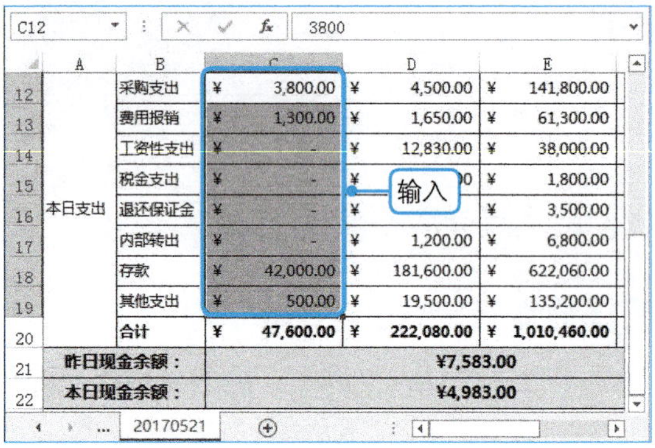

6.7 会计真案

加强企业的现金管理有着重要的作用和意义，它不仅能够有效防止与打击非法分子贪污盗窃、投机倒把，还能使中国人民银行能够有效地控制和监督企业的资金，保证货币发行权集中于中央，有计划地调节货币流通，节约现金使用，稳定市场物价。下面通过备用金管理和库存现金限额确定的典型案例，介绍现金管理在工作中的具体应用。

6.7.1 备用金管理

备用金是企业拨付给内部某个部门或工作人员备作差旅费、零星采购、零星开支等用的款项。备用金应指定专人负责管理，按照规定用途使用。备用金一般按估计需用数额领取，支用后一次报销，多退少补。前账未清，不得继续预支。按照这种管理规定，假设某企业总务科实行备用金制度，那么该部门申请支取备用金时，财务部应怎样判断是否应向其支付备用金呢?

【分析】

按照备用金管理规定，前一次领取的备用金如果未结清，那么不得继续预支。从这一点出发，就可以以现金领用申请管理表模板为基础，通过增加“是否结清预支款项项目”，来判断该部门能否预支下一笔备用金。

配套资源

操作视频演示

模板文件\第 6 章\会计真案\备用金管理.xlsx

效果文件\第 6 章\会计真案\备用金管理.xlsx

【操作思路】

（1）以现金领用申请管理表模板为基础，修改表格标题，在表头右侧增加“部门：”项目。

（2）删除“所在部门”项目，将“申请日期”项目更改为“预支日期”项目；将“约定交货期或报账期”项目更改为“约定结清日期”项目。

（3）删除“本月现金领用合计”项目，增加“是否结清”和“备注”两个项目。

（4）“是否结清”项目的内容只能是“已结”或“未结”，“备注”项目中根据是否结清来控制显示内容。如果“是否结清”项目显示的是“未结”，则返回“不得支取下笔备用金”；如果“是否结清”项目显示的是“已结”，则返回结果为空。最终参考效果如下图所示。

备用金管理表

2017年5月　　　　　　　　　　　　　　　　部门：总务科

序号	申请人	申请金额	现金用途	财务主管签批	预支日期	约定结清日期	是否结清	备注
1	罗敏	¥ 200.00	购买办公用品	同意	2017/5/13	2017/5/14	未结	不得支取下笔备用金
2								
3								
4								
5								
6								

6.7.2 库存现金限额的确定

前面已经提到，每个企业的库存现金都是实行限额管理的，所谓限额，是指国家规定由开户银行给各单位核定一个保留现金的最高额度。该限额既要保证企业日常零星现金支付的合理需要，又要尽量减少现金的使用。那么应该如何确定企业的库存现金限额呢?

【分析】

按规定，库存现金的限额由开户银行确定，也可以由企业确定后报开户银行审批。计算库存现金限额的公式一般是：库存现金限额 = 前一个月的平均每天支付的数额（不含每月平均工资数额）× 限定天数。这样，利用现金日报表就能轻松计算出企业库存现金的限额。

【操作思路】

（1）找到上一个月最后一天的现金日报表。

（2）利用本月累计的支出合计，扣除工资性支出和存款支出。

（3）将剩余的数据除以该月天数，再乘以 3~5 中的某个数据，得到的就是企业的库存现金限额。如下图所示，该企业的库存现金限额 =（222 080-12 830-181 600）÷ 31 × 5=4 460（元）。

配套资源

模板文件 \ 第 6 章 \ 会计真案 \ 库存现金限额的确定 .xlsx

效果文件 \ 第 6 章 \ 会计真案 \ 库存现金限额的确定 .xlsx

操作视频演示

项　目		金　额			备　注
		本　日	本月累计	本年累计	
本日收入	货款收回	¥ 1,200.00	¥ 81,200.00	¥ 231,200.00	
	内部转入	¥ -	¥ 700.00	¥ 8,500.00	
	保证金收入	¥ -	¥ 500.00	¥ 12,000.00	
	取款	¥ 5,000.00	¥ 8,500.00	¥ 163,700.00	
	收回往来	¥ 38,000.00	¥ 38,000.00	¥ 39,900.00	
	其他收入	¥ 800.00	¥ 1,100.00	¥ 38,800.00	
	合计	**¥ 45,000.00**	**¥ 130,000.00**	**¥ 494,100.00**	
本日支出	采购支出	¥ 3,800.00	¥ 4,500.00	¥ 141,800.00	
	费用报销	¥ 1,300.00	¥ 1,650.00	¥ 61,300.00	
	工资性支出	¥ -	¥ 12,830.00	¥ 38,000.00	
	税金支出	¥ -	¥ 800.00	¥ 1,800.00	
	退还保证金	¥ -	¥ -	¥ 3,500.00	
	内部转出	¥ -	¥ 1,200.00	¥ 6,800.00	
	存款	¥ 42,000.00	¥ 181,600.00	¥ 622,060.00	
	其他支出	¥ 500.00	¥ 19,500.00	¥ 135,200.00	
	合计	**¥ 47,600.00**	**¥ 222,080.00**	**¥ 1,010,460.00**	

6.8 疑难解答

问题一 ➔ 报销费用时，一般是如何操作的呢？

● **答：** 不同企业费用报销程序各有不同，但总体来看却有一定的相似性。具体流程参考如下：①费用报销者自行将报销附件粘贴于费用报销单后，并按费用报销单上的内容填写费用报销单，最后在“报销人”处签字；②报销单送本部门负责人复核并签字；③报销人将报销单送至财务部，由会计审核；④经审核无误的费用报销单送呈总经理审批；⑤出纳根据总经理审批后的报销单支付款项或结清借款。

问题二 ➔ 清点库存现金时发现账实不符该怎么处理？

● **答：** 账实不符是指库存现金实存数小于账存数或库存现金实存数大于账存数的情况，前者称为现金短缺，后者则称为现金溢余。出现账实不符时，应按照以下方法进行会计处理。

（1）现金短缺时，属于应由责任人赔偿或保险公司赔偿的部分，计入其他应收款；属于无法查明原因的，计入管理费用。具体的会计分录如下。

①报经批准前

借：待处理财产损溢

　　贷：库存现金

②报经批准后

借：其他应收款（应由责任人赔偿或保险公司赔偿时）

　　管理费用（无法查明原因时）

　　贷：待处理财产损溢

（2）现金溢余时，属于应支付给有关人员或单位的，计入其他应付款；属于无法查明原因的，计入营业外收入。具体会计分录如下。

①报经批准前

借：库存现金

　　贷：待处理财产损溢

②报经批准后

借：待处理财产损溢

　　贷：其他应付款（应支付给有关人员或单位时）

　　　　营业外收入（无法查明原因时）

问题三 ➔ 现金日报表的本月累计栏目，如果需要在下一个月开始就应该清零重新累计，有没有公式实现自动清零呢？

● **答：** 可以借助日期单元格来判断。比如，原“本月累计”的计算公式为：今日本月累计额 = 昨日本月累计额 + 今日发生额，要实现每月第 1 天自动清零，则可以将公式设计为：=IF(DAY(日期单元格)=1,"0"," 昨日本月累计额 + 今日发生额 ")。该公式表示：如果日期单元格的日期数为“1”，则本月累计为“0”，否则本月累计为“昨日本月累计额”与“今日发生额”之和。

D5　=IF(DAY(A2)=1,0,'20170520'!D5+'20170521'!C5)

现金日报表

2017年5月2日

项目		金额			备注
		本日	本月累计	本年累计	
本日收入	货款收回	¥ 1,200.00	¥ 81,200.00	¥ 231,200.00	
	内部转入	¥ -	¥ 700.00	¥ 8,500.00	
	保证金收入	¥ -	¥ 500.00	¥ 12,000.00	
	取款	¥ 5,000.00	¥ 8,500.00	¥ 163,700.00	
	收回往来	¥ 38,000.00	¥ 38,000.00	¥ 39,900.00	

Excel

第 7 章 职工工资核算

❖ 本章导读

工资是企业在一定时间内直接支付给本单位员工的劳务报酬，也是企业进行各种费用计算的基础。工资核算不仅直接关系到每个员工的切身利益，还影响着企业的成本和利润。本章将以工资核算中可能涉及的表格资料为基础，介绍如何利用 Excel 运用相关模板进行工资核算。

与工资核算相关的 Excel 实务模板概览表

序号	Excel 实务模板名称	会计目的	实际应用点拨
1	员工信息表	记录员工基础信息和工资基础数据	（1）使用数据验证功能输入级别、职位和性别信息；（2）使用 IF 函数判断岗位工资；（3）使用 YEAR 函数计算工龄和工龄工资；（4）设计公式计算基本工资
2	考勤明细表	记录员工当月考勤情况和考勤扣资	（1）引用员工信息表的部分数据；（2）使用公式计算各类缺勤扣除金额和总扣除金额；（3）使用 SUM 函数合计各项数据
3	社保缴费明细表	记录员工每月扣除的社保金额	（1）引用员工信息表的部分数据；（2）使用公式计算“五险”的扣除金额；（3）合计社保扣除总额；（4）使用 SUM 函数合计各项数据
4	工资明细表	记录员工每月工资明细情况	（1）引用员工信息表的部分数据；（2）输入每月提成金额和奖金数额；（3）设计公式计算应发合计、实发工资、代扣个税等各项数据；（4）使用 VLOOKUP 函数查询指定员工的工资数据

7.1 工资核算中的社保费用与个人所得税

企业每月进行职工工资核算时，都会从员工工资中代扣社会保险费的个人缴款部分和员工应负担的个人所得税，二者与工资核算的关系非常紧密，因此下面先对这两个对象进行介绍。

7.1.1 社会保险

社会保险简称社保，其包括养老保险、医疗保险、失业保险、工伤保险和生育保险，俗称为“五险”。按照规定，企业应当为员工办理社保并缴纳保费。社保缴费比例由个人缴费和单位缴费组成，具体额度和比例根据不同地区的客观情况进行规定。企业为员工缴纳的保费 = 缴费基数 × 对应险种的比例，社保缴纳基数应以当月的工资为依据，通常为当地社会平均工资的 60%~300%。例如，若某地区的社会平均工资为 1 000 元，那么社保缴纳基数在 600~3 000 元之间都是合理的范围。假设某员工工资为 3 000 元，那么该员工每月需要缴纳的社保费如下表所示。

员工缴纳的社保费比例和金额

社保险种	缴纳比例（各地不同）	缴纳的具体金额
养老保险	8%	3 000*8%=240
医疗保险	2%	3 000*2%=60
工伤保险	0%	0
失业保险	1%	3 000*1%=30
生育保险	0%	0

7.1.2 个人所得税

员工取得工资收入时需要按规定缴纳个人所得税，此时企业应当执行代扣代缴的身份，将员工应缴纳的个人所得税从其工资中扣除，并代员工向税务机关缴纳。个人所得税的计算公式为：员工应纳个人所得税税额 = 应纳税所得额 × 适用税率 - 速算扣除数，其中，应纳税所得额 = 扣除“五险一金”后月的收入 - 扣除标准。目前，我国个人所得税的扣除标准为 3 500 元。个人所得税税率如下表所示。

个人所得税各级税率和速算扣除数

应纳税所得额	税率	速算扣除数（元）
应纳税所得额不超过 1 500 元	3%	0
应纳税所得额超过 1 500 元 ~4 500 元	10%	105
应纳税所得额超过 4 500 元 ~9 000 元	20%	555
应纳税所得额超过 9 000 元 ~35 000 元	25%	1 005
应纳税所得额超过 35 000 元 ~55 000 元	30%	2 755
应纳税所得额超过 55 000 元 ~80 000 元	35%	5 505
应纳税所得额超过 80 000 元	45%	13 505

根据上表，假设某位员工某月的工资为 8 000 元，社保费用个人缴费金额为 880 元，则该员工应纳税所得额 =8 000-880-3 500=3 620（元），适用第 2 级税率。因此其应缴纳个人所得税税额 =3 620*10%-105=257（元）。

知识补充 ——住房公积金

除“五险”外，许多企业还会为员工购买“五险”之外的“一金”，即住房公积金。一般而言，住房公积金的缴存比例在 5%~12% 之间，且企业和个人的缴存比例相同。例如，某员工的月基本工资为 4 000 元，企业和个人的缴存比例都是 10%，那么公司与个人应缴纳住房公积金金额 = 4 000*10%=400（元）。在计算个人所得税时，应纳税所得额中也应该扣除缴纳的 400 元住房公积金。

7.1.3 工资核算涉及的表格模板

工资核算的最终目的是提供工资明细表，该表不仅能够提供员工的工资构成信息，还可以提供社保扣除、考勤扣除以及个人所得税的扣除数据等。因此，工资明细表中的数据非常丰富，在实际工作中，要制作完成工资明细表，还需要员工信息表、考勤明细表以及社保缴费明细表中的数据提供支持。这 3 类表格的主要作用如下。

- **员工信息表**：主要用于储存员工的基本信息，该表是其他表格的基础，其中的数据会被其他表格引用。
- **考勤明细表**：主要用于记录员工当月的出勤情况和罚款数据，它需要引用员工信息表中的数据，而该表提供的信息，又会被引用到工资明细表中。
- **社保缴费明细表**：主要用于记录员工当月的社保扣除数据，它同样需要引用员工信息表中的数据，该表提供的信息最终也会被引用到工资明细表中。

工作核算中相关表格模板的关系如下图所示。

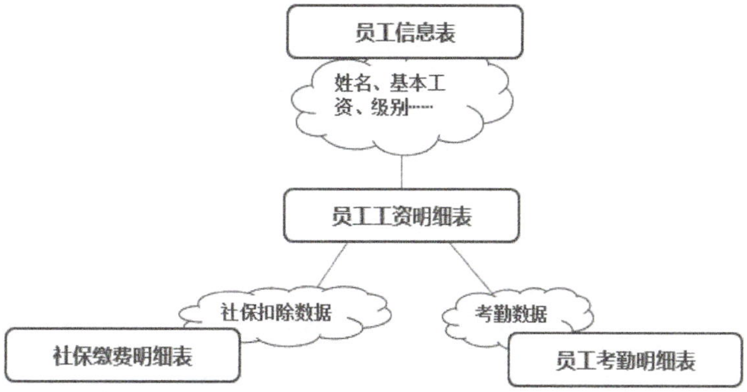

7.2 模板 1：员工信息表

员工信息表是制作工资明细表的基础，该表中的部分数据还会被多次引用到其他表格中。所以在设计员工信息表时应以工资明细表为目标，不同企业可以根据需求的不同，设计表中所需的各项目。

7.2.1 员工信息表反映的内容

员工信息表不仅可以反映企业员工的基本数据，表格中的一些数据还与工资的计算密切相关，是构成工资项目的基础。员工信息表的模板结构如下图所示。

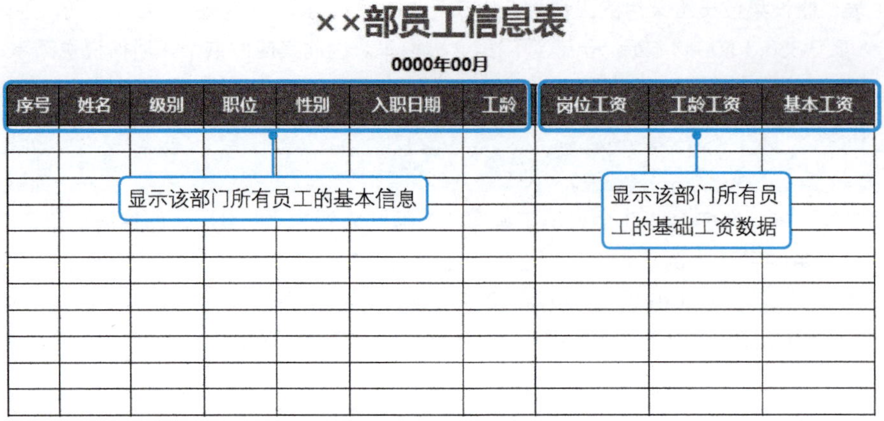
××部员工信息表
0000年00月
序号
姓名
级别
职位
性别
入职日期
工龄
岗位工资
工龄工资
基本工资
显示该部门所有员工的基本信息
显示该部门所有员工的基础工资数据

员工信息表中的各个项目反映了该部门所有员工的基本情况，各项目的含义分别如下。

- **序号**：员工信息数据的排列顺序。
- **姓名**：该部门员工的姓名。
- **级别**：员工在其所在部门所处的级别，包括 A 级、B 级、C 级 3 种级别，员工级别与岗位工资挂钩。
- **职位**：员工的职位情况，包括主管、组长和员工 3 种职位。
- **性别**：员工的性别情况。
- **入职日期**：员工进入企业的日期，员工的入职日期与工龄的计算直接相关。
- **工龄**：员工在企业的工作时长，该数据可通过当前日期与入职日期的关系来获取。
- **岗位工资**：不同级别员工所对应的不同岗位工资，包括 8 000 元、5 500 元、3 500 元 3 种等级。
- **工龄工资**：由员工工龄所决定的工资数据，工龄工资的计算应与工龄长短有关，工龄每增加 1 年，则增加 80 元工龄工资。
- **基本工资**：岗位工资与工龄工资之和。

7.2.2 编辑员工信息表的基础数据

了解了员工信息表的基本结构以后，便可在 Excel 中制作该表的模板，为以后建立的其他表格打好数据基础。

配套资源

操作视频演示

模板文件\第 7 章\员工信息表 .xlsx
效果文件\第 7 章\员工信息表 .xlsx

【案例效果图解】

销售部员工信息表
2017年5月
序号
姓名
级别
职位
性别
入职日期
工龄
岗位工资
工龄工资
基本工资
手动输入
快速填充
手动输入
利用 YEAR 函数计算
工龄与常量的乘积
通过数据验证功能实现选择输入
利用 IF 函数判断级别来自动输入
岗位工资与工龄工资之和
8 李文玲 C级 员工 女 2015/8/16
9 邓天翔 B级 员工 男 2008/9/10
10 李旭 C级 员工 男 2015/8/16 2 ¥ 3,500.00 ¥ 160.00
11 陈文杰 B级 员工 男 2010/3/6 7 ¥ 5,500.00 ¥ 560.00 ¥ 6,060.00
12 张春兰 C级 员工 女 2008/9/10 9 ¥ 3,500.00 ¥ 720.00 ¥ 4,220.00
13 廖旭 A级 组长 男 2010/3/6 7 ¥ 8,000.00 ¥ 560.00 ¥ 8,560.00

1. 基础数据的编辑

下面综合利用数据填充、设置数据验证和公式等功能，完成员工信息表中基础数据的编辑工作。

STEP 1 输入部门和日期信息

❶打开“员工信息表.xlsx”模板文件，选中 A1 单元格，修改其中“×× 部”为“销售部”；❷选中 A2 单元格，将日期修改为“2017 年 5 月”。

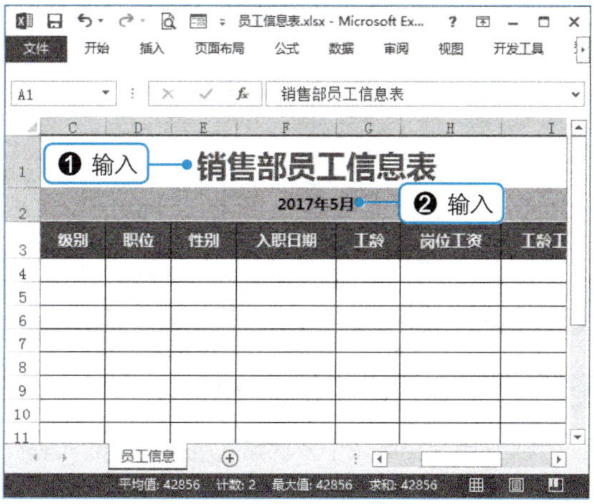

STEP 2 填充员工序号

在 A4 单元格中输入 1，按住【Ctrl】键的同时，拖动该单元格的填充柄至 A19 单元格，快速填充员工的序号。

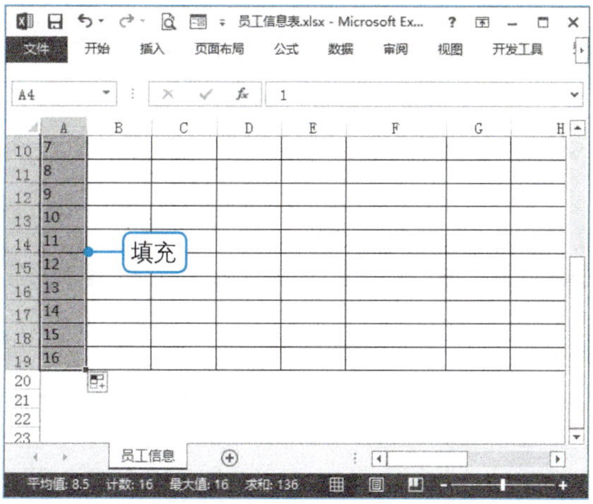

STEP 3 输入员工姓名

在 B4:B19 单元格区域中依次输入每位员工的姓名信息。

STEP 4 添加数据验证功能

❶选中 C4:C19 单元格区域；❷在【数据】/【数据工具】组中单击“数据验证”按钮。

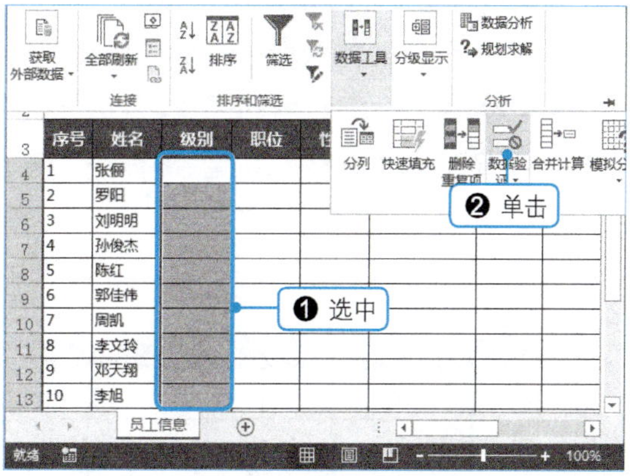

STEP 5 设置级别的可选内容

❶打开“数据验证”对话框，在“允许”下拉列表框中选择“序列”选项；❷在“来源”文本框中输入“A 级,B 级,C 级”；❸单击“确定”按钮。

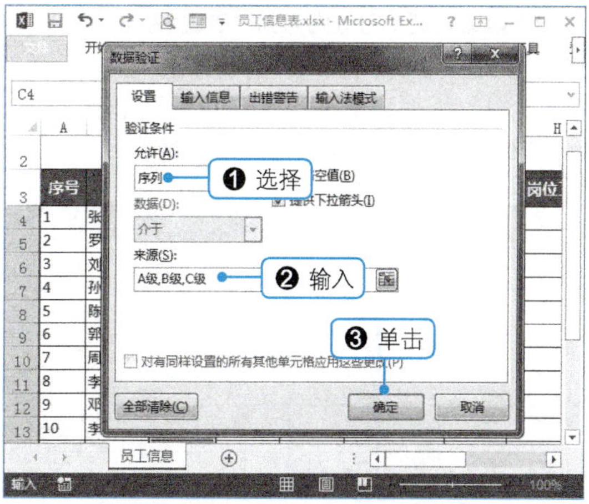

STEP 6 通过选择的方式输入级别信息

❶完成数据验证设置后，单击 C4 单元格右侧的下拉按钮；❷在弹出的下拉列表中选择“A 级”选项。

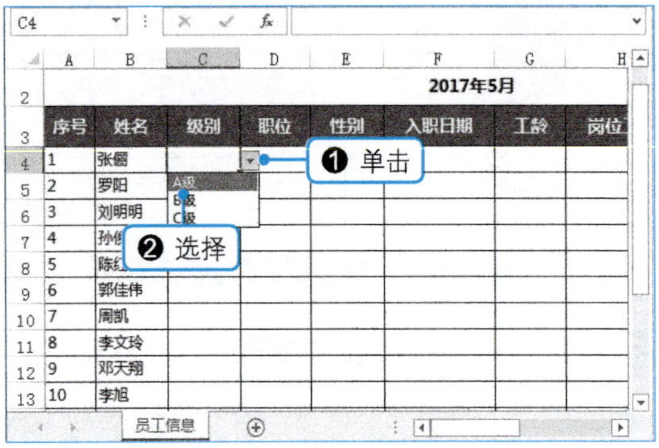

STEP 7 选择其他员工的级别信息

按照 STEP 6 中的方法通过数据验证功能快速输入其他员工的级别信息。

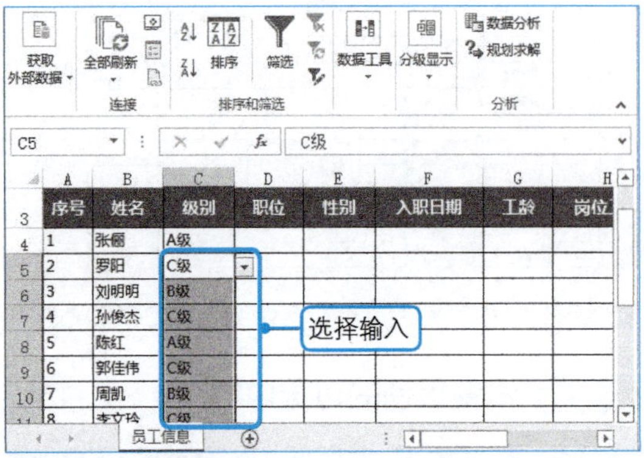

STEP 8 选择输入员工职位信息

按照 STEP 4 和 STEP 5 中的方法为 D4:D19 单元格区域设置数据验证，可选内容为“主管 , 组长 , 员工”，然后通过选择的方式输入所有员工的职位信息。

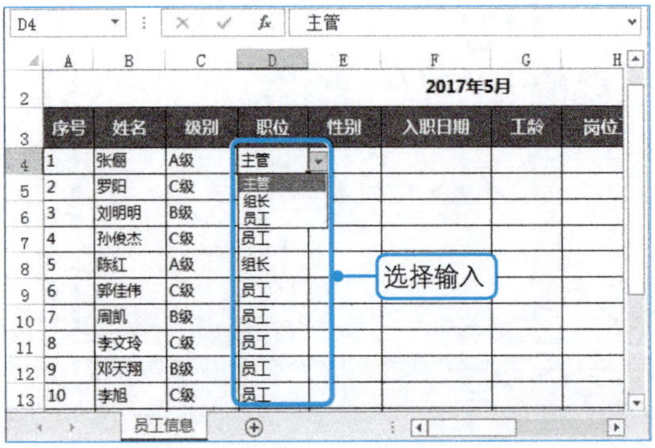

STEP 9 选择输入员工的性别信息

按照 STEP 4 和 STEP 5 中的方法为 E4:E19 单元格区域设置数据验证，可选内容为“男 , 女”，然后通过选择的方式输入所有员工的性别信息。

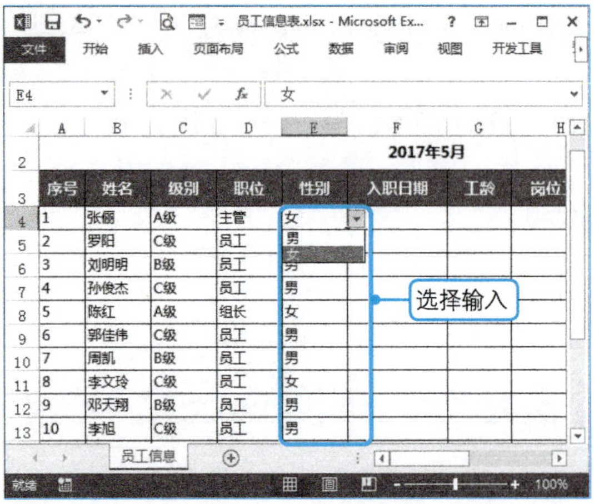

STEP 10 输入员工入职日期

在 F4:F19 单元格区域中依次输入所有员工的入职日期信息。

2. 基本工资数据的计算

接下来通过设计公式和函数，快速完成基本工资数据的计算。

STEP 1 输入 YEAR 函数计算工龄

❶选中 G4:G19 单元格区域；❷在编辑栏中输入公式“=YEAR(A2)”，选中“A2”后按【F4】键将其转换为绝对引用。

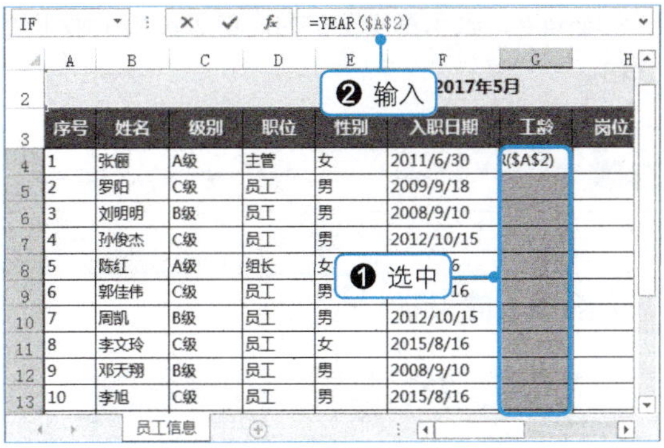

STEP 2 完善工龄公式内容

继续在编辑栏中输入“-YEAR(F4)”，表示员工的工龄为当前年份与入职年份之差。

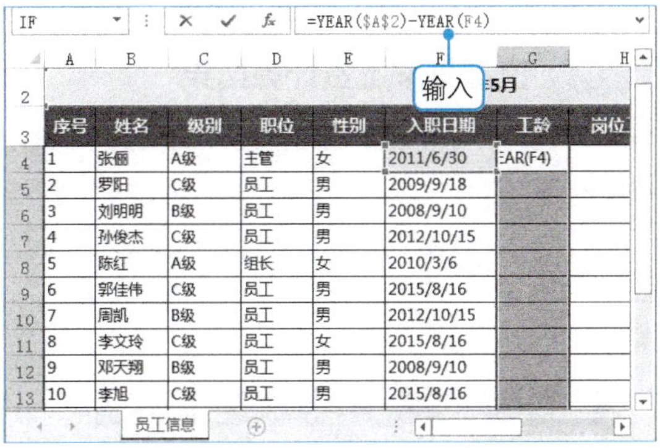

STEP 3 查看工龄计算结果

按【Ctrl+Enter】组合键返回所有员工的工龄计算结果。

知识补充 ——YEAR 函数

YEAR 函数可以将指定的单元格中的数据转换为年份，其语法结构为 YEAR(serial_number)，参数“serial_number”必须是日期型数据且必须包含年份信息。

STEP 4 计算员工岗位工资

❶ 选中 H4:H19 单元格区域；❷ 在编辑栏中输入“=IF(C4="A 级 ",8000,IF(C4="B 级 ",5500,3500))”，表示岗位工资根据员工级别设置，A 级员工的岗位工资为 8 000 元，B 级员工的岗位工资为 5 500 元，C 级员工的岗位工资为 3 500 元。

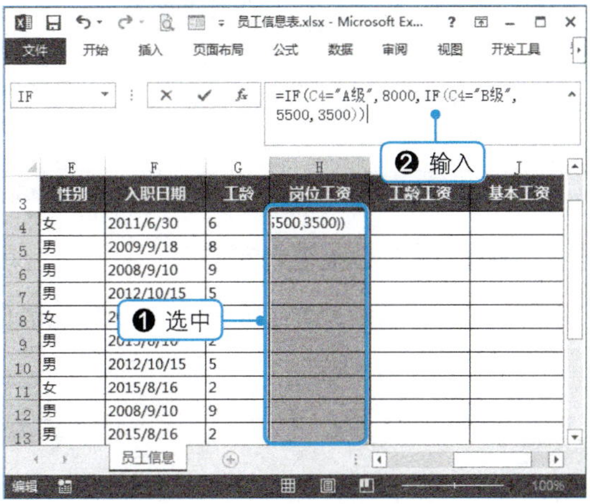

STEP 5 查看岗位工资计算结果

按【Ctrl+Enter】组合键返回所有员工的岗位工资计算结果。

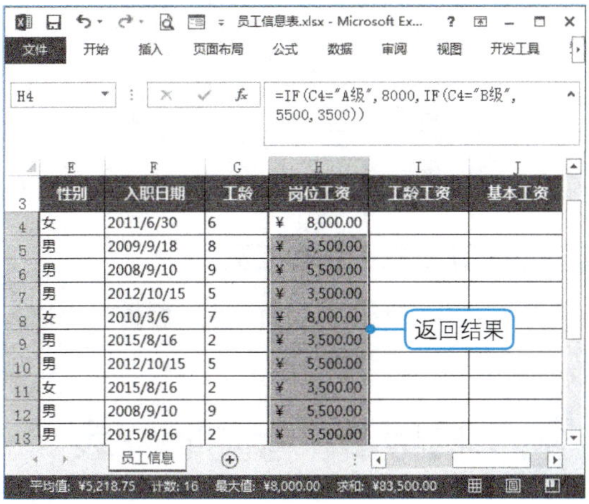

STEP 6 计算员工工龄工资

❶ 选中 I4:I19 单元格区域；❷ 在编辑栏中输入“=G4*80”，表示每增加一年工龄，就增加 80 元工龄工资。

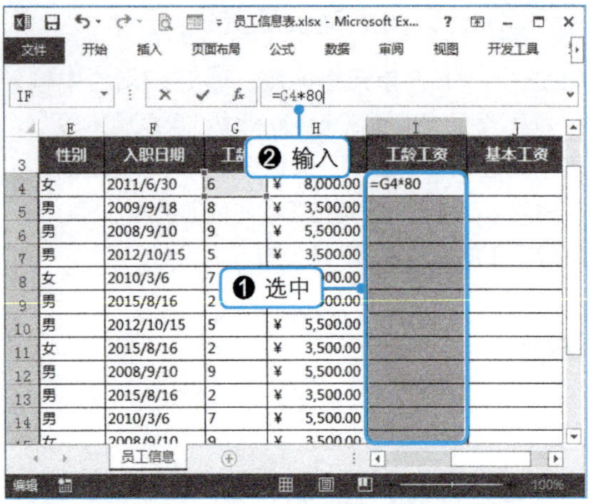

STEP 7 查看工龄工资计算结果

按【Ctrl+Enter】组合键返回所有员工的工龄工资计算结果。

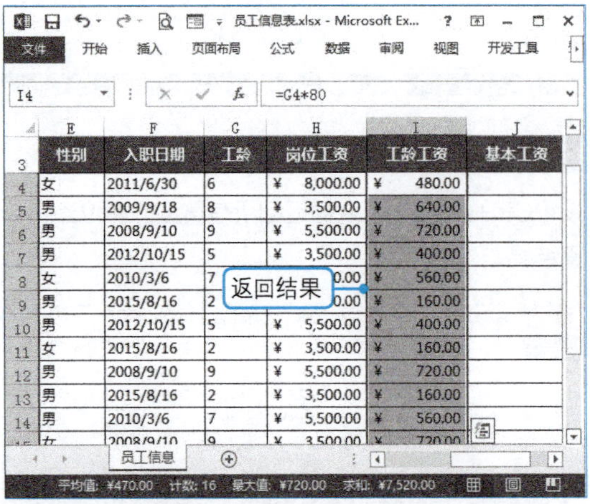

STEP 8 计算员工基本工资

❶选中 J4:J19 单元格区域；❷在编辑栏中输入“=H4+I4”，表示基本工资为岗位工资和工龄工资之和。

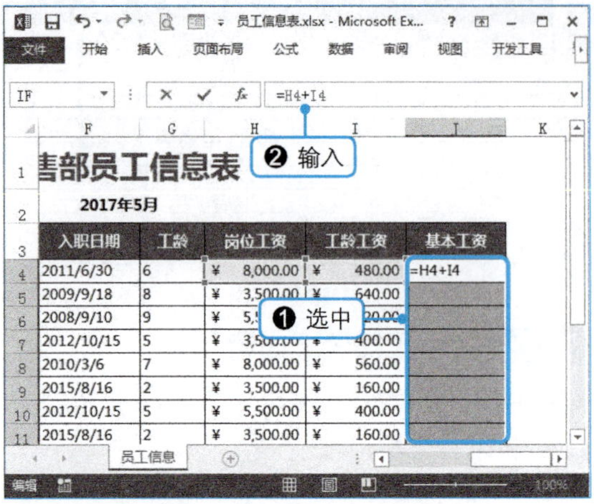

STEP 9 查看基本工资计算结果

按【Ctrl+Enter】组合键返回所有员工的基本工资计算结果。

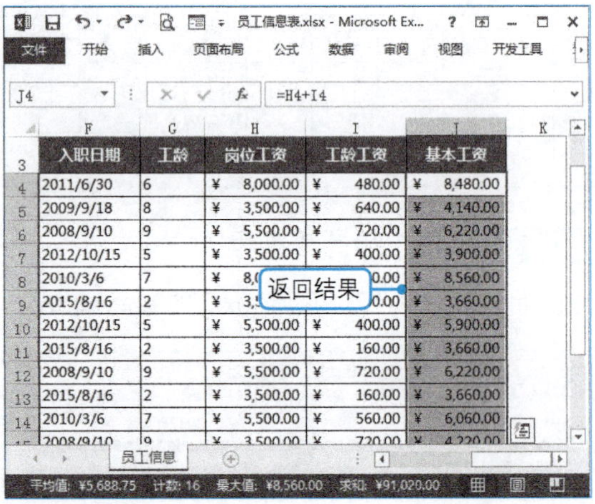

7.3 模板 2：考勤明细表

考勤是对员工工作及出勤情况的考查。由于一般的公司都有考勤奖金与考勤扣款的制度，所以制作考勤明细表将有助于准确核算出员工每月应获得的工资数据。

7.3.1 考勤明细表的内容

考勤明细表主要记录了员工当月的出勤记录，包括迟到、早退、事假、病假和旷工等几个项目，通过对这几个项目次数的统计，计算出相应的扣款金额，最终得到当月考勤扣除金额。考勤明细表的模板结构如下图所示。

销售部员工考勤明细表

2017年5月

序号	姓名	迟到	迟到扣除	早退	早退扣除	事假	事假扣除	病假	病假扣除	旷工	旷工扣除	考勤扣除合计
合计												

显示该部门所有员工当月各项出勤情况次数和对应的扣款金额

各员工因考勤而扣除的工资合计数

该部门所有员工各考勤扣款项目的合计数

员工考勤明细表中各项目的含义分别如下。

- **序号：** 员工信息数据的排列顺序。
- **姓名：** 该部门员工的姓名。
- **各类考勤项目：** 包括迟到、早退、事假、病假、旷工等项目，用以详细记录员工当月出勤情况。
- **各类考勤项目扣除：** 根据对应的考勤次数与企业规定的罚款数额得到该考勤项目的扣款数据。
- **考勤扣除合计：** 统计出各员工当月应当扣除的考勤罚款总额。
- **合计：** 统计出该部门各考勤项目的数据合计数，方便企业统计和管理。

7.3.2 登记并计算员工考勤情况

员工考勤表的结构比较简单，使用起来也不复杂，只需要按实际情况登记员工每月的出勤与缺勤情况，然后利用公式计算对应项目的罚款数额，最后合计考勤扣除总额以及各项目总数即可。

配套资源

操作视频演示

模板文件 \ 第 7 章 \ 考勤明细表 .xlsx
效果文件 \ 第 7 章 \ 考勤明细表 .xlsx

【案例效果图解】

销售部员工考勤明细表

2017年5月

序号	姓名	迟到	迟到扣除	早退	早退扣除	事假	事假扣除	病假	病假扣除	旷工	旷工扣除	考勤扣除合计
1	张俪	1	¥ 30.00	1	¥ 30.00		¥ -		¥ -		¥ -	¥ 60.00
2	罗阳		¥ -		¥ -	1	¥ 50.00		¥ -		¥ -	¥ 50.00
3									¥ -			
4				1					¥ 10.00			
5	陈红		¥ -						¥ -			
6	郭佳伟		¥ -						¥ -			
7	周凯		¥ -						¥ -		¥ -	¥ -
8	李文玲		¥ -	1	¥ 30.00		¥ -	1	¥ 10.00	1	¥ 100.00	¥ 140.00
9	邓天翔	1	¥ 30.00		¥ -		¥ -		¥ -		¥ -	¥ 30.00
10	李旭		¥ -		¥ -	2	¥ 100.00		¥ -		¥ -	¥ 100.00
11	[illegible]		¥ -		¥ -	1	¥ 50.00		¥ -		¥ -	¥ 50.00
1[illegible]			00	1	¥ 30.00		¥ -		¥ -		¥ -	¥ 90.00
1[illegible]					¥ -		¥ -		¥ -		¥ -	¥ -
1[illegible]					¥ -		¥ -		¥ -		¥ -	¥ -
15	苟婷婷	1	¥ 30.00		¥ -		¥ -	1	¥ 10.00		¥ -	¥ 40.00
16	王琦		¥ -		¥ -	2	¥ 100.00		¥ -		¥ -	¥ 100.00
合计		7	¥ 210.00	4	¥ 120.00	7	¥ 350.00	3	¥ 30.00	1	¥ 100.00	¥ 810.00

引用员工信息表的数据

各类考勤项目的扣除次数手动输入，考勤项目扣除金额利用次数与单次罚款的乘积求得

使用公式计算考勤扣除金额的合计数

利用 SUM 函数计算总次数和总罚款金额

STEP 1 引用员工信息表的数据

❶打开“考勤明细表.xlsx”模板文件，选中 A4:B19 单元格区域；❷在编辑栏中输入“=”。

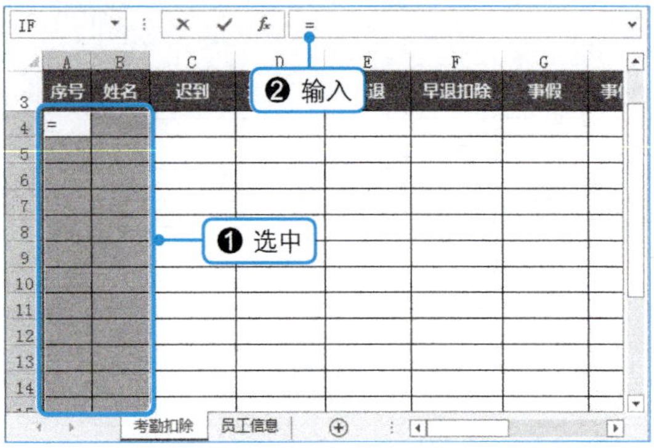

STEP 2 引用“序号”和“姓名”

❶切换到“员工信息”工作表；❷选中 A4 单元格。

STEP 3 查看引用的数据

按【Ctrl+Enter】组合键完成引用，返回对应的序号和姓名信息。

STEP 4 输入迟到次数

在 C4:C19 单元格区域中根据实际记录的情况，依次输入每名员工本月的迟到次数，未迟到的不输入任何数据。

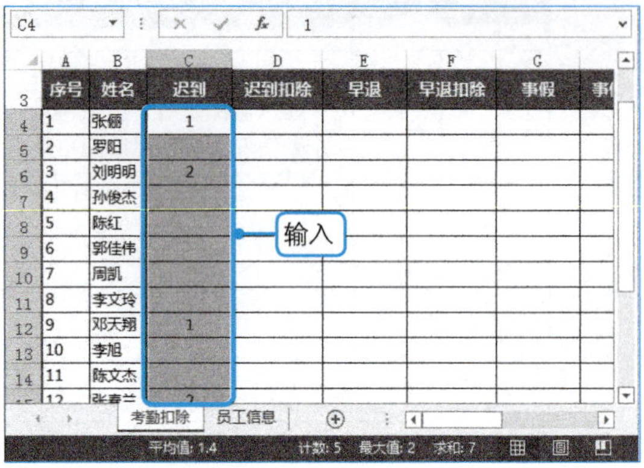

STEP 5 计算迟到扣除的金额

❶选中 D4:D19 单元格区域；❷在编辑栏中输入“=C4*30”，表示每迟到一次，扣除 30 元。按【Ctrl+Enter】组合键确认。

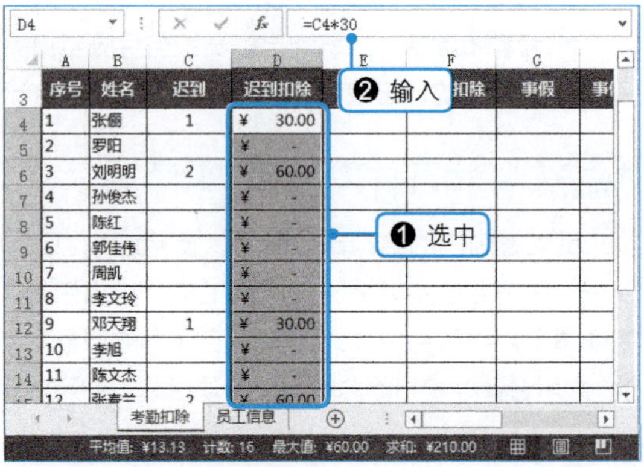

STEP 6 输入早退次数

在 E4:E19 单元格区域中依次输入每名员工本月的早退次数。

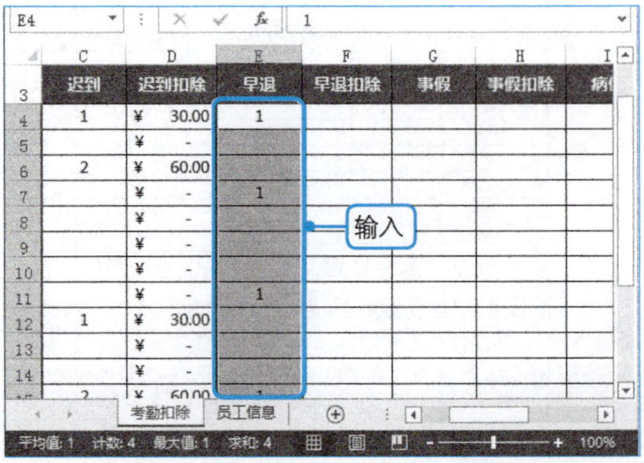

STEP 7 计算早退扣除的金额

❶ 选中 F4:F19 单元格区域；❷ 在编辑栏中输入 “=E4*30”，表示每早退一次，扣除 30 元。按【Ctrl+Enter】组合键确认。

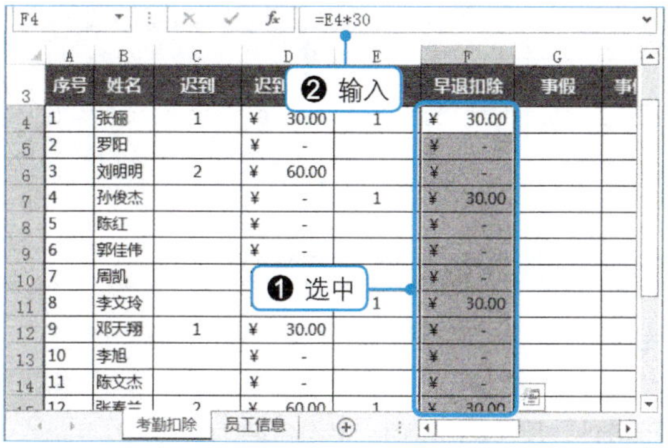

STEP 8 输入事假次数

在 G4:G19 单元格区域中依次输入每名员工本月的事假次数。

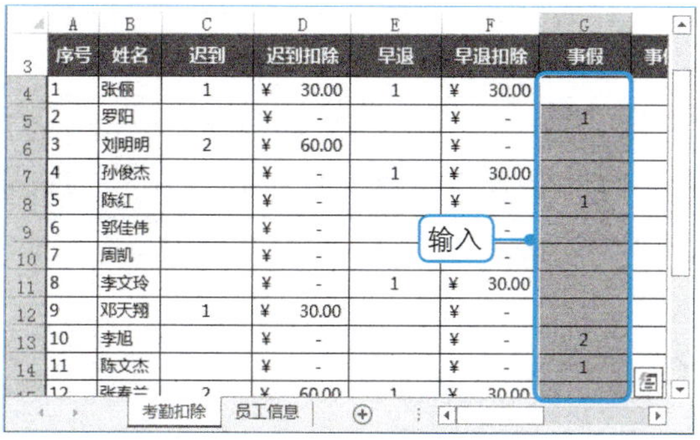

STEP 9 计算事假扣除的金额

❶ 选中 H4:H19 单元格区域；❷ 在编辑栏中输入 “=G4*50”，表示每请一次事假，扣除 50 元。按【Ctrl+Enter】组合键确认。

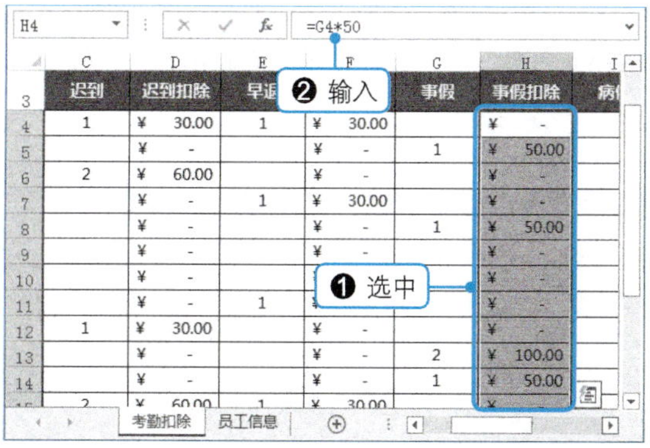

STEP 10 输入病假次数

在 I4:I19 单元格区域中依次输入每名员工本月的病假次数。

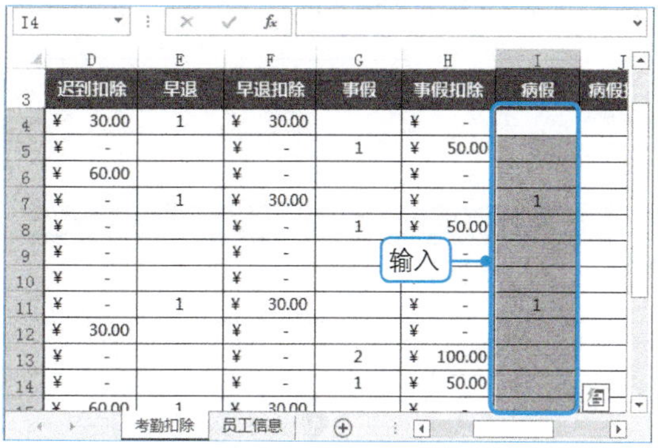

STEP 11 计算病假扣除的金额

❶ 选中 J4:J19 单元格区域；❷ 在编辑栏中输入 “=I4*10”，表示每请一次病假，扣除 10 元。按【Ctrl+Enter】组合键确认。

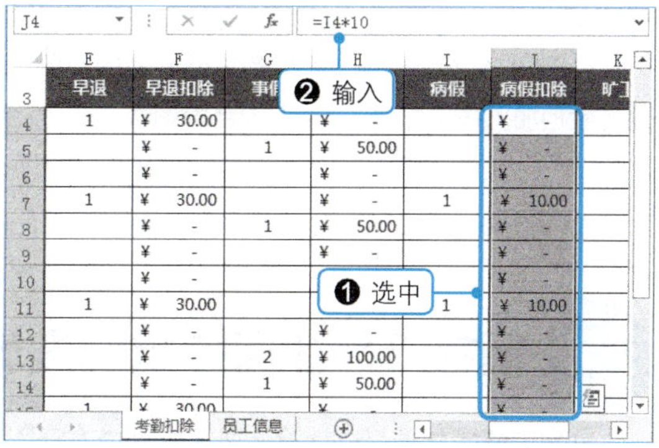

STEP 12 输入旷工次数

在 K4:K19 单元格区域中依次输入每名员工本月的旷工次数。

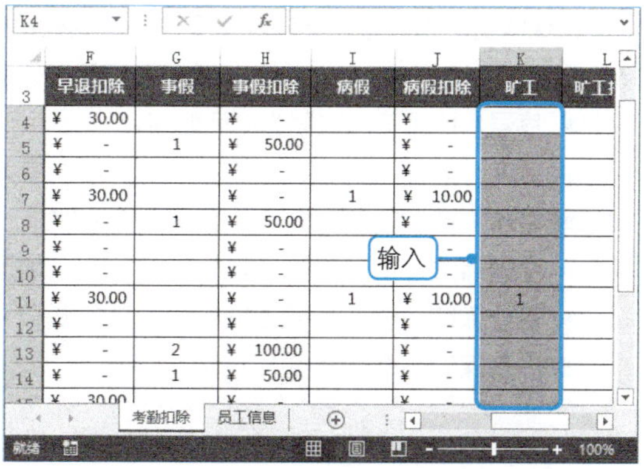

STEP 13 计算病假扣除的金额

❶选中 L4:L19 单元格区域；❷在编辑栏中输入“=K4*100”，表示每旷工一次，扣除 100 元。按【Ctrl+Enter】组合键确认。

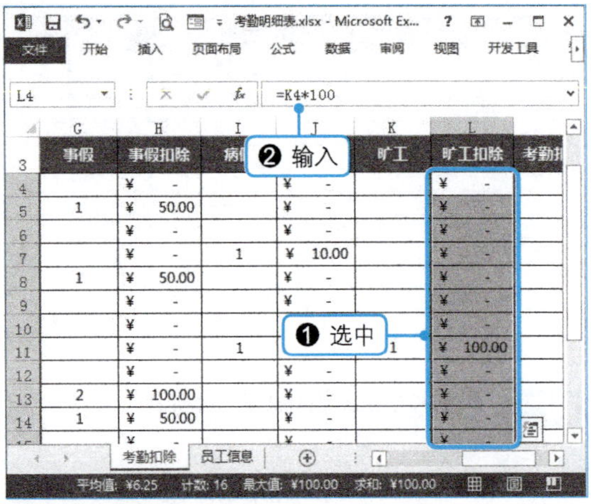

STEP 14 合计考勤扣除金额

❶选中 M4:M19 单元格区域；❷在编辑栏中输入“=D4+F4+H4+J4+L4”，表示将各个考勤项目的扣除金额相加。按【Ctrl+Enter】组合键确认。

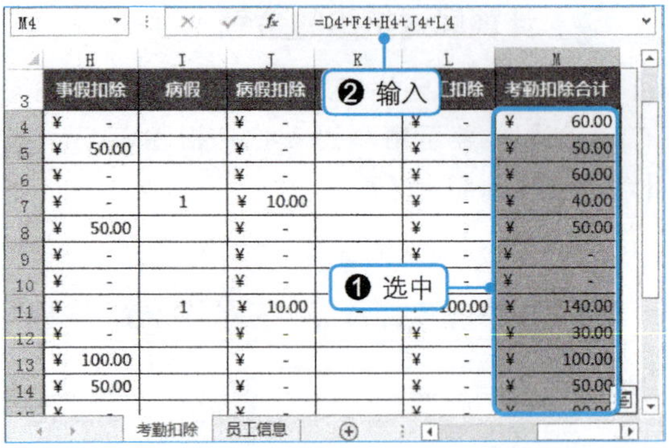

STEP 15 计算各项目合计数

❶选中 C20:M20 单元格区域；❷在编辑栏中输入“=SUM(C4:C19)”，表示对各项目的数量或金额进行合计。按【Ctrl+Enter】组合键确认。

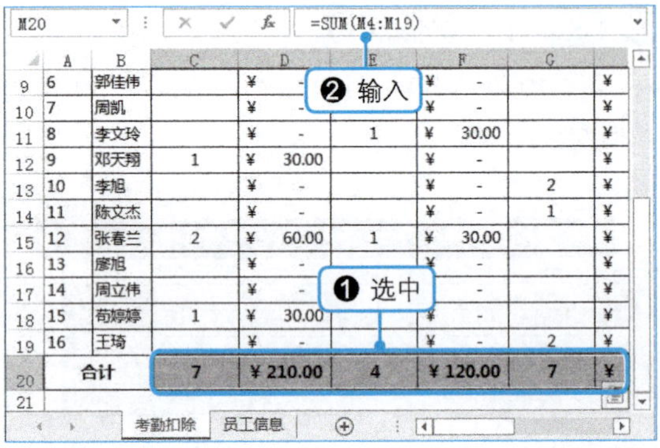

7.4 模板 3：社保缴费明细表

社保缴费明细表可以计算出员工每月个人应负担部分的社保费用，这部分费用在结算工资时需要先从其工资中扣除。另一方面，在计算个人所得税时，员工个人负担的社保缴费也是可以抵扣的，从而可以适当减轻员工个人所得税的税收负担。

7.4.1 员工个人应缴纳的社保费用

社保缴费明细表可以详细反映每位员工的社保缴费明细，就传统的“五险一金”而言，员工个人需要缴纳的部分只涉及“三险一金”。社保缴费明细表的结构如下图所示，其各项目的含义如下。

- **序号：** 员工信息数据的排列顺序。
- **姓名：** 该部门员工的姓名。
- **基本工资：** 员工岗位工资和工龄工资之和，该项数据是员工个人应负担社保缴费的计算基础。
- **生育保险：** 个人缴费比例为 8%，计算基数为基本工资。
- **医疗保险：** 个人缴费比例为 2%，计算基数为基本工资。
- **工伤保险：** 个人缴费比例为 0。

- **失业保险：**个人缴费比例为 1%，计算基数为基本工资。
- **生育保险：**个人缴费比例为 0。
- **社保缴费合计：**每名员工当月个人应当缴纳部分社保费用的总额。
- **合计：**各个险种项目以及所有险种中，该部门所有员工个人应缴纳部分的合计数。

销售部员工社保缴费明细表
2017年5月
序号 姓名 基本工资
养老保险 医疗保险 工伤保险 失业保险 生育保险
社保缴费合计
基础数据
显示该部门所有员工当月应缴纳的各个险种个人应负担部分的金额
当月各员工社保缴费的总额
合计每个项目的具体数据
合计

7.4.2 计算个人应缴纳的社保费用

社保缴费明细表中各项目的计算都依赖于基本工资数据，该数据可以直接引用员工信息表中已有的结果。因此总体来说，社保缴费明细表的计算是非常轻松的。

配套资源

操作视频演示

模板文件 \ 第 7 章 \ 社保缴费明细表 .xlsx
效果文件 \ 第 7 章 \ 社保缴费明细表 .xlsx

【案例效果图解】

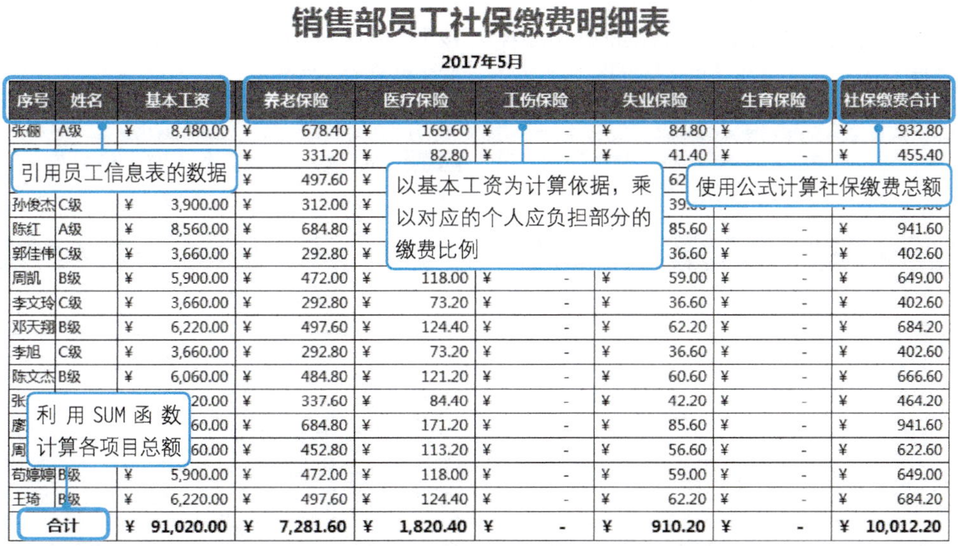
销售部员工社保缴费明细表
2017年5月
序号 姓名 基本工资 养老保险 医疗保险 工伤保险 失业保险 生育保险 社保缴费合计
张俪 A级 ¥ 8,480.00 ¥ 678.40 ¥ 169.60 ¥ - ¥ 84.80 ¥ - ¥ 932.80
¥ 331.20 ¥ 82.80 ¥ - ¥ 41.40 ¥ - ¥ 455.40
¥ 497.60 ¥
孙俊杰 C级 ¥ 3,900.00 ¥ 312.00 ¥
陈红 A级 ¥ 8,560.00 ¥ 684.80 ¥ 85.60 ¥ - ¥ 941.60
郭佳伟 C级 ¥ 3,660.00 ¥ 292.80 ¥ 36.60 ¥ - ¥ 402.60
周凯 B级 ¥ 5,900.00 ¥ 472.00 ¥ 118.00 ¥ - ¥ 59.00 ¥ - ¥ 649.00
李文玲 C级 ¥ 3,660.00 ¥ 292.80 ¥ 73.20 ¥ - ¥ 36.60 ¥ - ¥ 402.60
邓天翔 B级 ¥ 6,220.00 ¥ 497.60 ¥ 124.40 ¥ - ¥ 62.20 ¥ - ¥ 684.20
李旭 C级 ¥ 3,660.00 ¥ 292.80 ¥ 73.20 ¥ - ¥ 36.60 ¥ - ¥ 402.60
陈文杰 B级 ¥ 6,060.00 ¥ 484.80 ¥ 121.20 ¥ - ¥ 60.60 ¥ - ¥ 666.60
¥ 337.60 ¥ 84.40 ¥ - ¥ 42.20 ¥ - ¥ 464.20
¥ 684.80 ¥ 171.20 ¥ - ¥ 85.60 ¥ - ¥ 941.60
¥ 452.80 ¥ 113.20 ¥ - ¥ 56.60 ¥ - ¥ 622.60
苟婷婷 B级 ¥ 5,900.00 ¥ 472.00 ¥ 118.00 ¥ - ¥ 59.00 ¥ - ¥ 649.00
王琦 B级 ¥ 6,220.00 ¥ 497.60 ¥ 124.40 ¥ - ¥ 62.20 ¥ - ¥ 684.20
合计 ¥ 91,020.00 ¥ 7,281.60 ¥ 1,820.40 ¥ - ¥ 910.20 ¥ - ¥ 10,012.20
引用员工信息表的数据
以基本工资为计算依据，乘以对应的个人应负担部分的缴费比例
使用公式计算社保缴费总额
利用 SUM 函数计算各项目总额

STEP 1 引用员工信息表的数据

❶打开“社保缴费明细表.xlsx”模板文件，选中A4:B19单元格区域；❷在编辑栏中输入“=”。

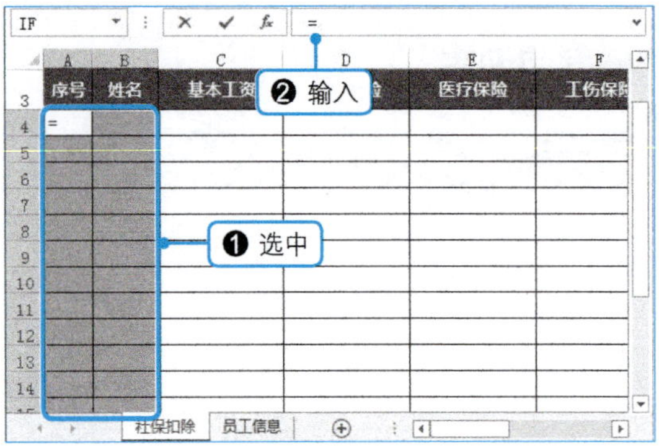

STEP 2 引用“序号”和“姓名”

❶切换到“员工信息”工作表；❷选中A4单元格。

STEP 3 查看引用的数据

按【Ctrl+Enter】组合键完成引用，返回对应的序号和姓名信息。

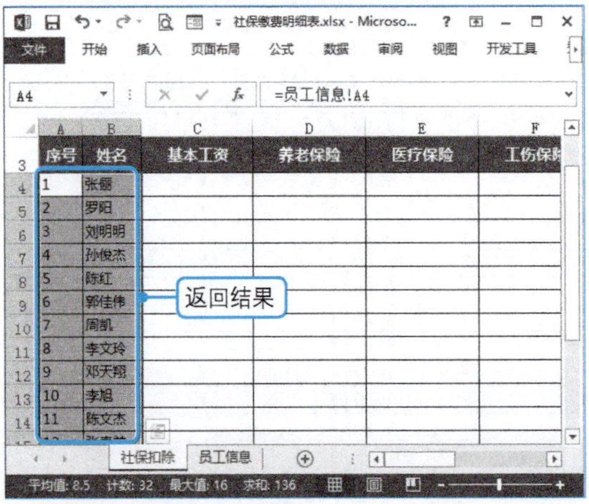

STEP 4 引用“基本工资”

❶在“社保扣除”工作表中选中C4:C19单元格区域；❷在编辑栏中输入“=”。

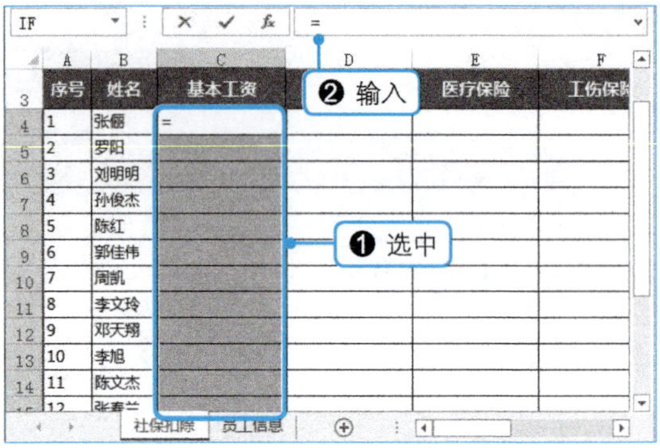

STEP 5 引用“基本工资”

❶切换到“员工信息”工作表；❷选中J4单元格。

STEP 6 查看引用的数据

按【Ctrl+Enter】组合键完成引用，返回每位员工对应的基本工资信息。

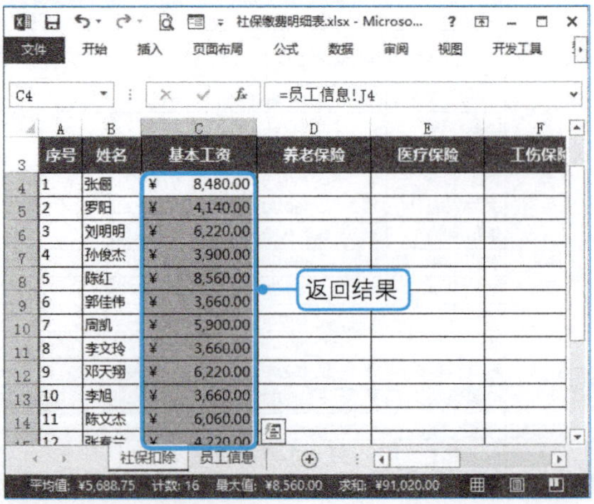

STEP 7 计算养老保险缴费金额

❶ 选中 D4:D19 单元格区域；❷ 在编辑栏中输入"=C4*8%"，表示个人应负担部分的养老保险金额为基本工资的 8%。按【Ctrl+Enter】组合键确认。

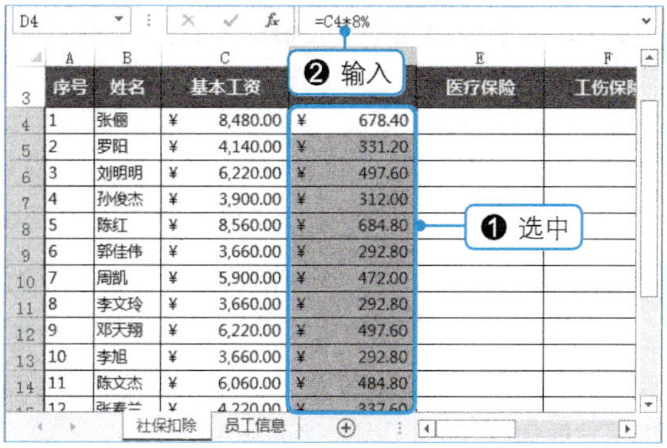

STEP 8 计算医疗保险缴费金额

❶ 选中 E4:E19 单元格区域；❷ 在编辑栏中输入"=C4*2%"，表示个人应负担部分的医疗保险金额为基本工资的 2%。按【Ctrl+Enter】组合键确认。

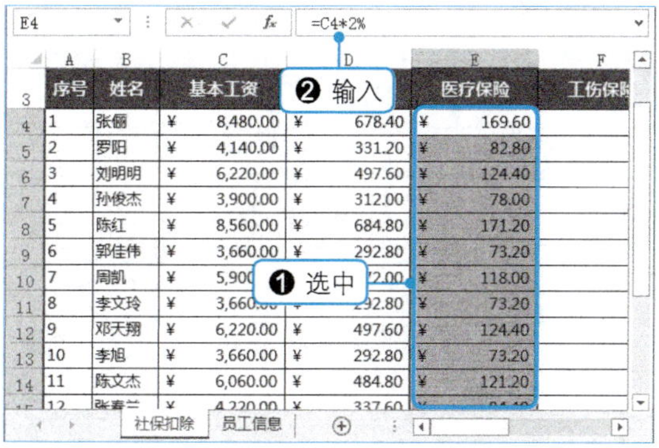

STEP 9 输入工伤保险缴费金额

❶ 选中 F4:F19 单元格区域；❷ 直接输入"0"后按【Ctrl+Enter】组合键确认，表示工伤保险无需个人缴费。

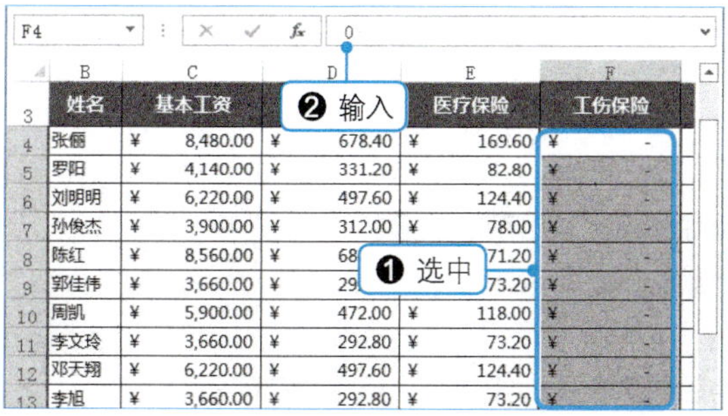

STEP 10 计算失业保险缴费金额

❶ 选中 G4:G19 单元格区域；❷ 在编辑栏中输入"=C4*1%"，表示个人应负担部分的失业保险金额为基本工资的 1%。按【Ctrl+Enter】组合键确认。

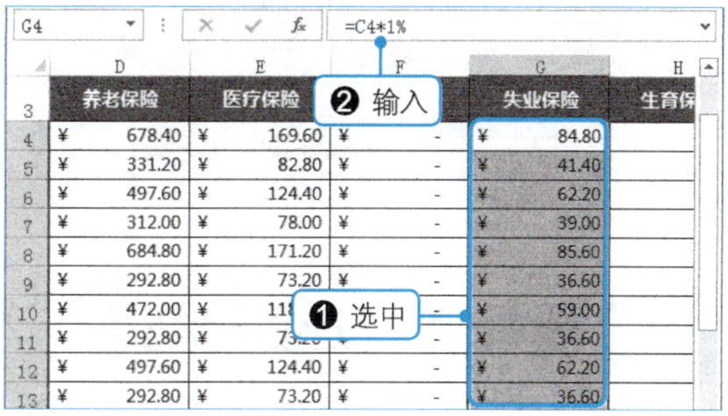

STEP 11 输入生育保险缴费金额

❶ 选中 H4:H19 单元格区域；❷ 直接输入"0"后按【Ctrl+Enter】组合键确认，表示生育保险也无需个人缴费。

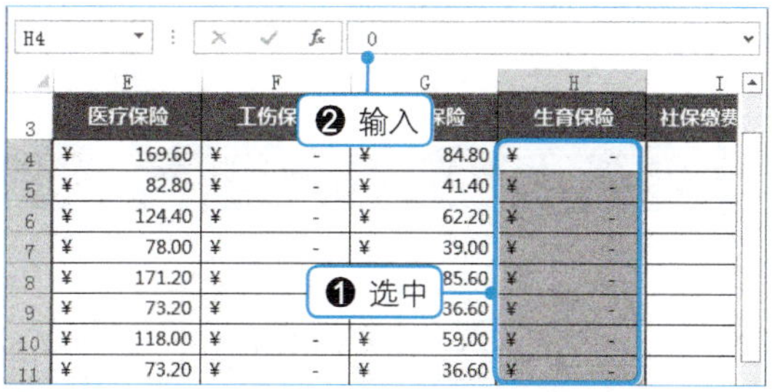

STEP 12 计算员工社保缴费总额

❶ 选中 I4:I19 单元格区域；❷ 在编辑栏中输入"=SUM(D4:H4)"，表示社保缴费总额为各个险种的缴费金额之和。按【Ctrl+Enter】组合键确认。

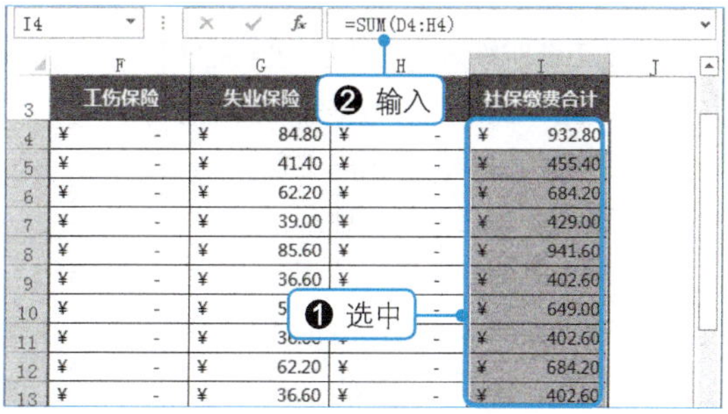

STEP 13 计算各险种缴费总额

❶ 选中 C20:I20 单元格区域；❷ 在编辑栏中输入"=SUM(C4:C19)"，按【Ctrl+Enter】组合键确认。

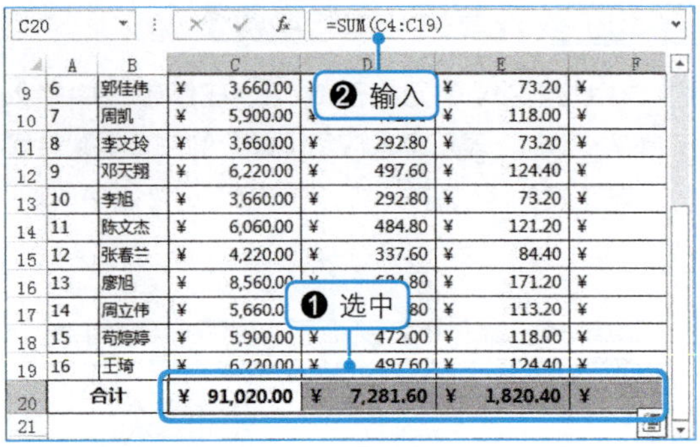

	A	B	C	D	E	F
9	6	郭佳伟	¥ 3,660.00	[illegible]	¥ 73.20	¥
10	7	周凯	¥ 5,900.00	[illegible]	¥ 118.00	¥
11	8	李文玲	¥ 3,660.00	¥ 292.80	¥ 73.20	¥
12	9	邓天翔	¥ 6,220.00	¥ 497.60	¥ 124.40	¥
13	10	李旭	¥ 3,660.00	¥ 292.80	¥ 73.20	¥
14	11	陈文杰	¥ 6,060.00	¥ 484.80	¥ 121.20	¥
15	12	张春兰	¥ 4,220.00	¥ 337.60	¥ 84.40	¥
16	13	廖旭	¥ 8,560.0[illegible]	[illegible]	¥ 171.20	¥
17	14	周立伟	¥ 5,660.0[illegible]	[illegible]	¥ 113.20	¥
18	15	苟婷婷	¥ 5,900.00	¥ 472.00	¥ 118.00	¥
19	16	王琦	¥ 6,220.00	¥ 497.60	¥ 124.40	¥
20	合计		¥ 91,020.00	¥ 7,281.60	¥ 1,820.40	¥
21						

知识补充——企业为员工缴纳的社保比例是多少?

根据各个地区的经济条件不同，企业为员工缴纳的社保比例也不完全相同。一般来说，各险种比例如下：养老保险为基本工资的20%；医疗保险为基本工资的8%；失业保险为基本工资的2%；工伤保险为基本工资的1%；生育保险为基本工资的0.5%。

7.5 模板 4：工资明细表

工资明细表又称工资表、工资结算表，一般是按车间、部门编制的，每月一张。企业可以通过工资明细数据统计营业成本，员工可以根据工资表核对自己的工资发放情况。

7.5.1 工资明细表的结构

工资明细表可以全面反映每位员工的各工资项目，包括应发工资、工资扣除、个税扣除、实发工资等。工资明细表的结构如下图所示。

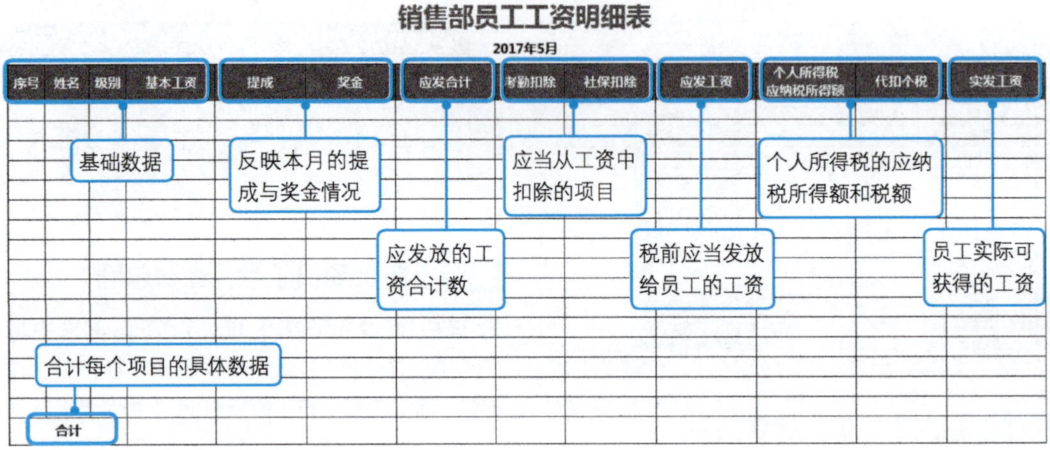

员工工资明细表中各项目的含义如下。

- **序号：** 员工信息数据的排列顺序。
- **姓名：** 该部门员工的姓名。
- **级别：** 员工的级别评定。
- **基本工资：** 员工岗位工资和工龄工资之和。
- **提成：** 员工当月的提成收入金额。
- **奖金：** 员工当月取得的奖金。
- **应发合计：** 员工当月应当获得的工资总额，即扣除项扣除项目前的数额。
- **考勤扣除：** 员工当月因各种缺勤而受到的罚款金额。
- **社保扣除：** 员工个人应负担部门的社保缴费金额。
- **应发工资：** 员工应取得的工资扣除部分扣除项目后的金额，即扣除个人所得税前的应发工资。

- **个人所得税应纳税所得额：** 员工的应发工资扣除各项税前可扣除项目后，即为个人所得税计税依据的金额，其计算公式为“应发工资 - 个人所得税扣除标准（3 500 元）”。
- **代扣个税：** 利用应纳税所得额并对比税率速查表计算得到每位员工应当缴纳的个人所得税。
- **实发工资：** 应发工资减去缴纳的个人所得税后的工资数额，即员工每月实际到手的工资。
- **合计：** 该部门所有员工工资各个项目的合计金额。

7.5.2 计算并统计员工工资

工资计算是非常重要的工作，对员工和企业都至关重要。利用 Excel 强大的计算功能可以最大限度地保证工资计算的准确，同时还能方便企业对这些数据进行查询、统计、汇总等。

配套资源

操作视频演示

模板文件 \ 第 7 章 \ 工资明细表 .xlsx
效果文件 \ 第 7 章 \ 工资明细表 .xlsx

【案例效果图解】

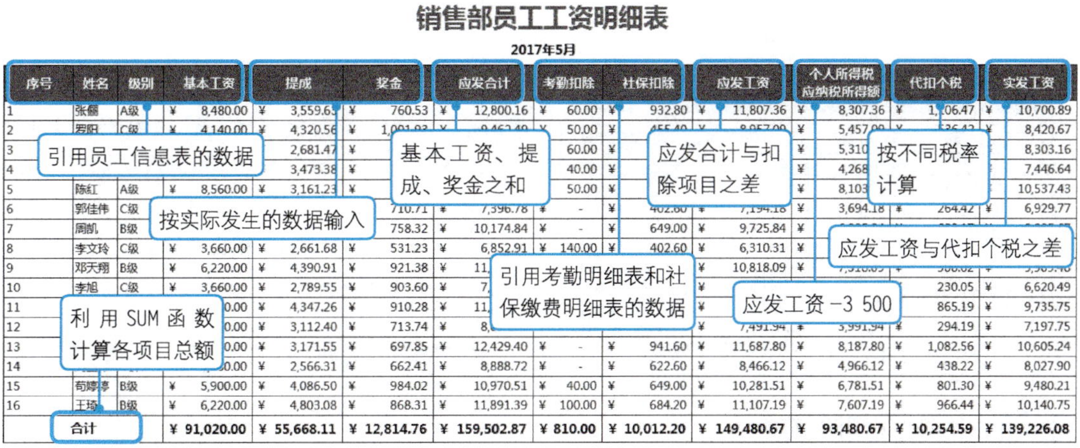

1. 计算工资明细数据

下面将利用前面制作的多个表格中的数据，快速实现工资明细的核算工作。

STEP 1 引用员工信息表的数据

打开“工资明细表 .xlsx”模板文件，引用“员工信息”工作表中的序号、姓名、级别和基本工资等数据。

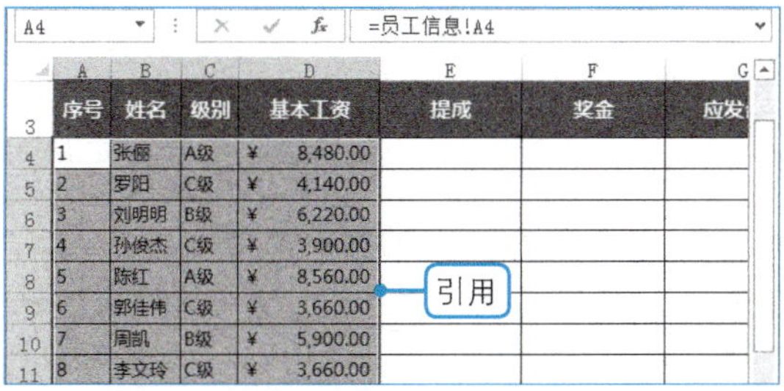

STEP 2 输入员工提成和奖金数据

分别在 E4:E19 单元格区域和 F4:F19 单元格区域中输入员工本月的提成和奖金信息。

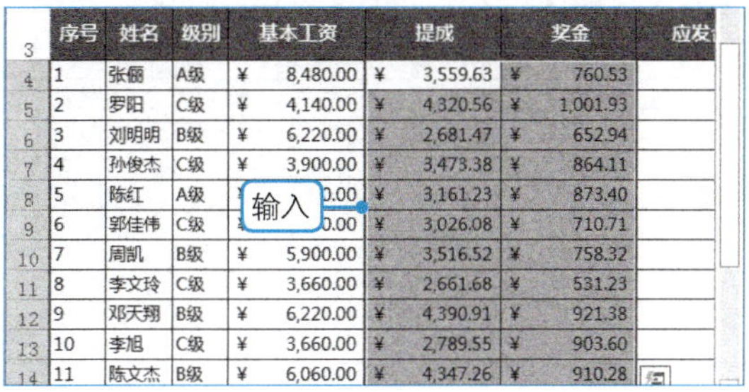

STEP 3 计算应发的工资合计金额

❶ 选中 G4:G19 单元格区域；❷ 在编辑栏中输入“=D4+E4+F4”，表示应发工资合计为基本工资、提成和奖金之和。按【Ctrl+Enter】组合键确认。

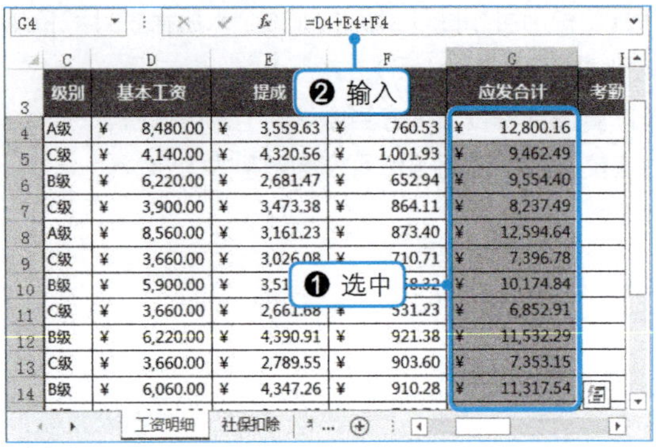

STEP 4 引用考勤扣除数据

为 H4:H19 单元格区域引用“考勤扣除”工作表中“考勤扣除合计”的数据。

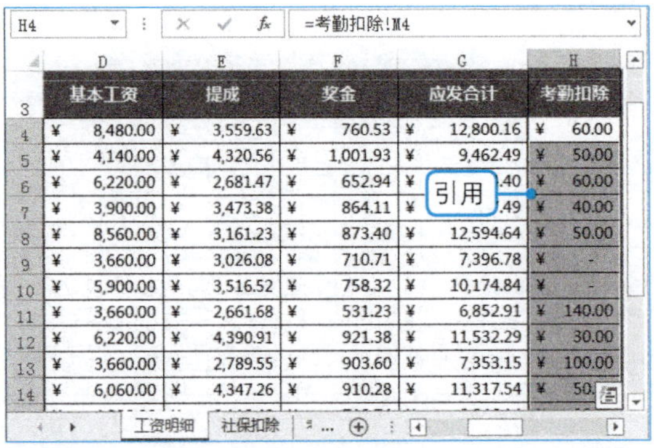

STEP 5 引用社保扣除数据

为 I4:I19 单元格区域引用“社保扣除”工作表中“社保缴费合计”的数据。

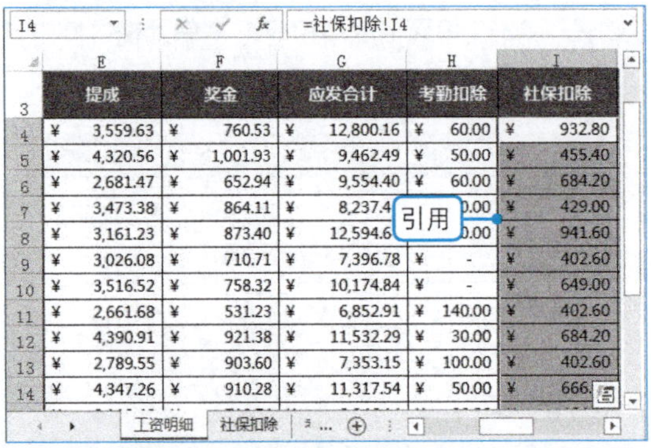

STEP 6 计算应发工资总额

❶ 选中 J4:J19 单元格区域；❷ 在编辑栏中输入“=IF(H4=0,G4-I4+200,G4-H4-I4)”，表示应发工资为应发合计减去考勤扣除和社保扣除后的数据，如果考勤扣除数据为“0”，则应当奖励 200 元全勤奖。按【Ctrl+Enter】组合键确认。

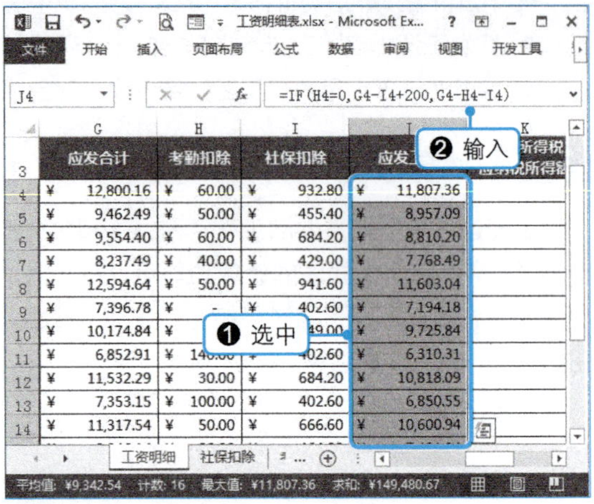

STEP 7 计算应纳税所得额

❶ 选中 K4:K19 单元格区域；❷ 在编辑栏中输入“=J4-3500”，表示个人所得税的应纳税所得额等于应发工资扣除个人所得税扣除标准（3 500 元）后的数据。按【Ctrl+Enter】组合键确认。

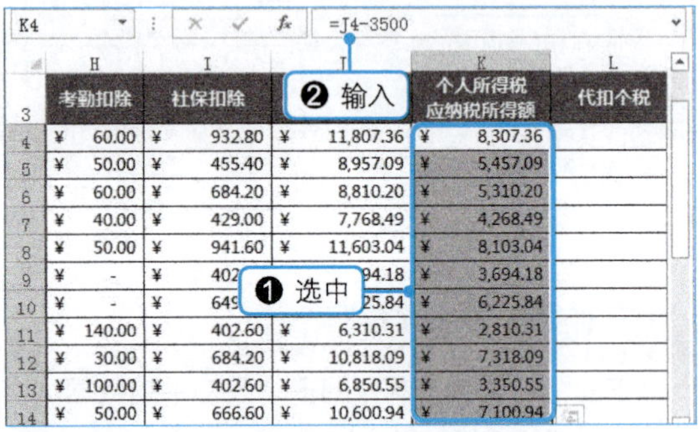

STEP 8 在状态栏显示计算结果

在状态栏上单击鼠标右键，在弹出的快捷菜单中选择“最小值”和“最大值”选项，使其左侧出现“√”标记。

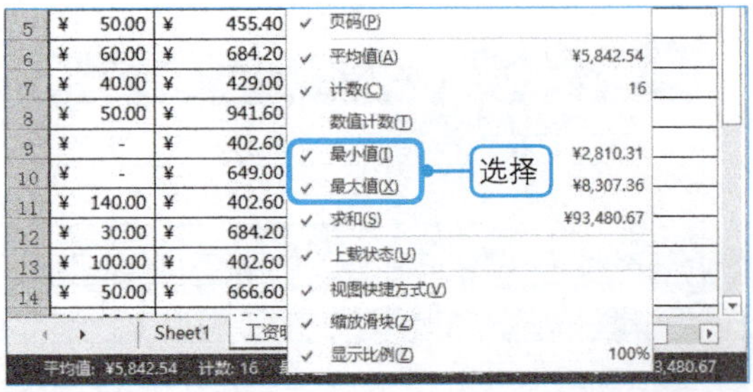

STEP 9 查看应纳税所得额的极值

保持 K4:K19 单元格区域的选中状态，在状态栏中查看最小值和最大值的数据，以确定应纳税所得额的范围，便于确定个人所得税税率和速算扣除数。

	考勤扣除	社保扣除	应发工资	个人所得税应纳税所得额	代扣个税
4	¥ 60.00	¥ 932.80	¥ 11,807.36	¥ 8,307.36	
5	¥ 50.00	¥ 455.40	¥ 8,957.09	¥ 5,457.09	
6	¥ 60.00	¥ 684.20	¥ 8,810.20	¥ 5,310.20	
7	¥ 40.00	¥ 429.00	¥ 7,768.49	¥ 4,268.49	
8	¥ 50.00	¥ 941.60	¥ 11,603.04	¥ 8,103.04	
9	¥ -	¥ 402.60	¥ 7,194.18	¥ 3,694.18	
10	¥ -	¥ 649.00	¥ 9,725.84	¥ 6,225.84	
11	¥ 140.00	¥ 402.60	¥ 6,310.31	¥ 2,810.31	
12	¥ 30.00	¥ 684.20	¥ 10,818.09	¥ 7,318.09	
13	¥ 100.00	¥ 402.60	¥ ...55	¥ 3,350.55	查看
14	¥ 50.00	¥ 666.60	¥ ...94	¥ 7,100.94	

Sheet1 | 工资明细 | 社...

平均值：¥5,842.54 计数：16 最小值：¥2,810.31 最大值：¥8,307.36 求和：¥93,480.67

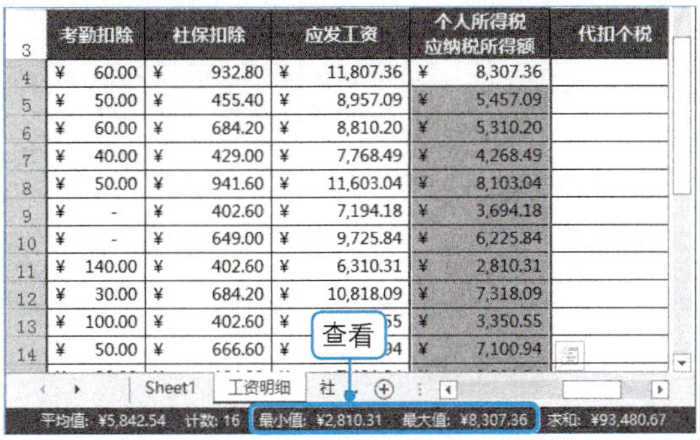

STEP 10 确定个人所得税税率

切换到"个税税率"工作表，由于所有员工的应纳税所得额范围在 2 950.31 元 ~8 367.36 元之间，因此对应的税率只有两种情况。

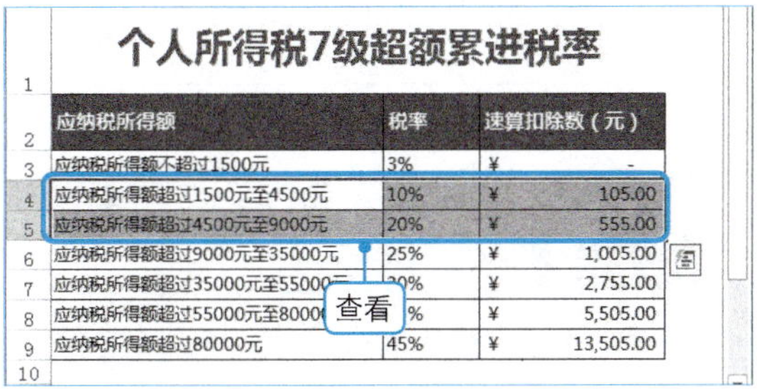

个人所得税7级超额累进税率

应纳税所得额	税率	速算扣除数（元）
应纳税所得额不超过1500元	3%	¥ -
应纳税所得额超过1500元至4500元	10%	¥ 105.00
应纳税所得额超过4500元至9000元	20%	¥ 555.00
应纳税所得额超过9000元至35000元	25%	¥ 1,005.00
应纳税所得额超过35000元至55000元	30%	¥ 2,755.00
应纳税所得额超过55000元至8000元	...%	¥ 5,505.00
应纳税所得额超过80000元	45%	¥ 13,505.00

查看

STEP 11 使用 IF 函数判断个税应纳税额

❶ 返回"工资明细"工作表，选中 L4:L19 单元格区域；❷ 在编辑栏中输入"=IF(K4<=4500,K4*10%-105,K4*20%-555)"，表示应纳税所得额所得额在 4 500 元以下时，个人所得税应纳税额 = 应纳税所得额 ×10%-105，否则个人所得税应纳税额 = 应纳税所得额 ×20%-555。按【Ctrl+Enter】组合键确认。

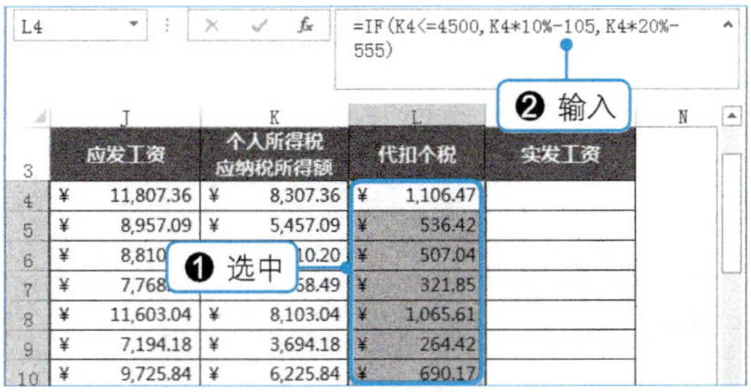

STEP 12 计算实发工资

❶ 选中 M4:M19 单元格区域；❷ 在编辑栏中输入"=J4-L4"，表示实发工资为应发工资减去代扣个税后的数额。按【Ctrl+Enter】组合键确认。

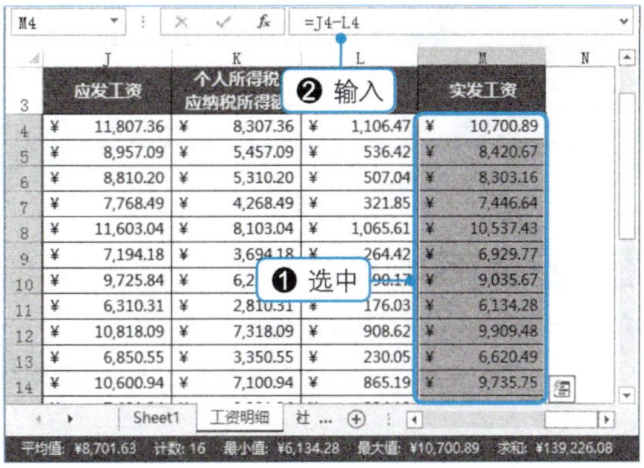

STEP 13 计算各工资项目合计金额

❶ 选中 D20:M20 单元格区域；❷ 在编辑栏中输入"=SUM(D4:D19)"，合计各项目金额。按【Ctrl+Enter】组合键确认。

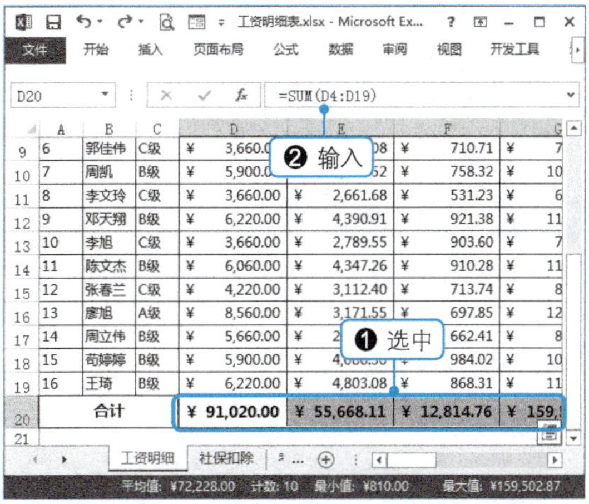

2. 建立工资速查系统

当员工较多时，很难快速在工资明细表中查询到相应的数据，此时可利用 VLOOKUP 函数建立查询系统，实现输入员工姓名便返回对应工资明细的效果。

STEP 1 建立速查区域

在 A23:M24 单元格区域中输入速查区域的内容，其中查询结果与上方数据表格中的"级别"~"实发工资"项目应完全对应。

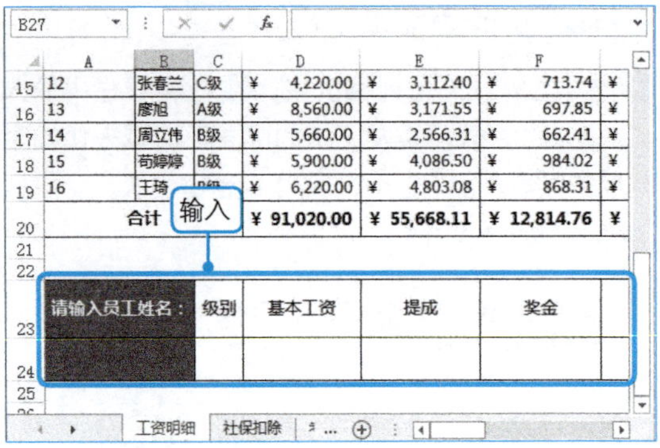

STEP 2 指定查询对象

❶选中 C24 单元格；❷在编辑栏中输入“=VLOOKUP(A24,)”，表示查询的对象为左侧单元格中输入的员工姓名。

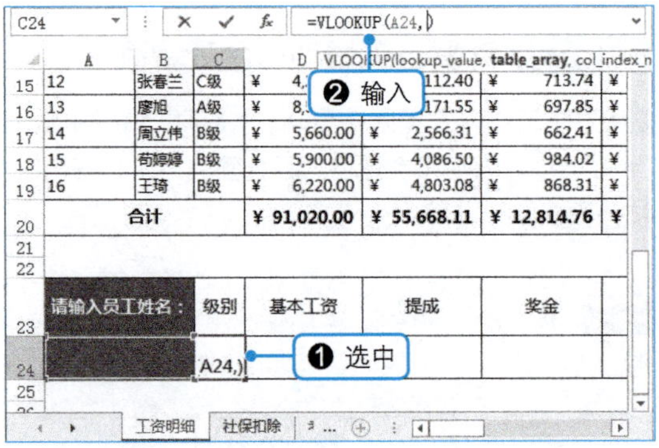

STEP 3 设置搜索区域

继续在编辑栏中设置 VLOOKUP 函数的第 2 个参数“B4:M19,”，表示搜索的区域为“姓名”~“实发工资”项目下的所有数据记录。

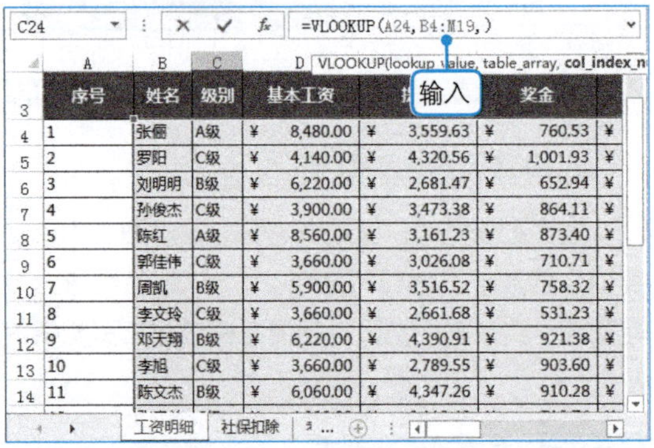

STEP 4 指定返回数据所在列和查询方式

继续在编辑栏中设置 VLOOKUP 函数的第 3 个和第 4 个参数“2,0”，表示返回的数据在搜索区域的第 2 列，且使用精确匹配查找方式。

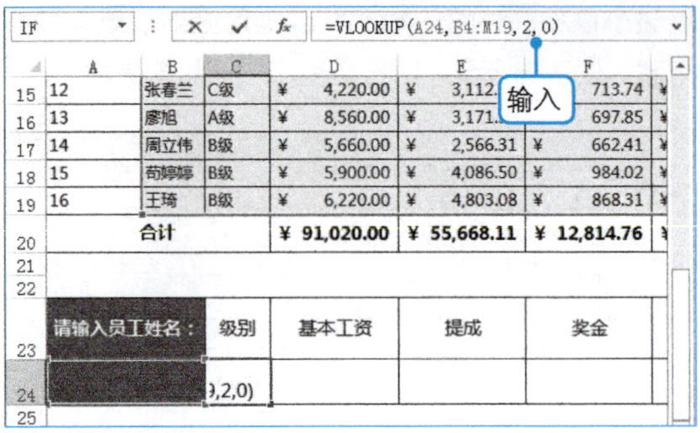

STEP 5 查看结果

按【Ctrl+Enter】组合键返回查询结果，由于当前尚未输入姓名，因此返回错误值。为避免出现这种情况，下面考虑使用 IF 函数来控制返回结果。

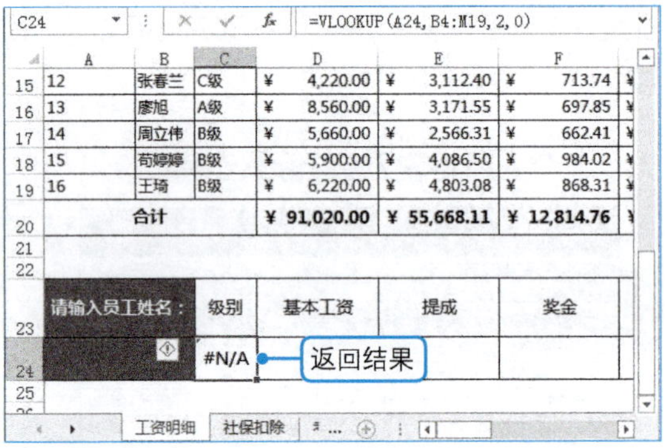

STEP 6 使用 IF 函数调整返回结果

❶将 VLOOKUP 函数作为 IF 函数的第 2 个参数，即返回真值“=IF(A24<>"",VLOOKUP(A24,B4:M19,2,0),"")”，表示如果 A24 单元格中有数据时，返回 VLOOKUP 函数查询的结果；如果没有数据，则同样返回空值；❷按【Ctrl+Enter】组合键确认。

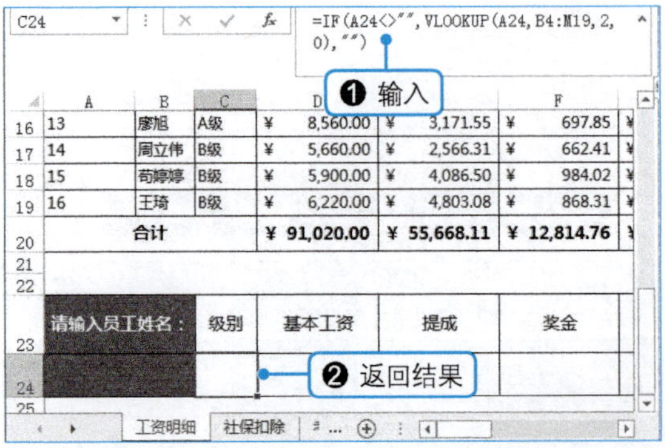

STEP 7 复制并修改公式

复制 C24 单元格编辑栏中的公式，将其粘贴到 D24 单元格中，然后再将 VLOOKUP 函数中的第 3 个参数修改为“3”，表示返回搜索区域中第 3 列中对应的数据。

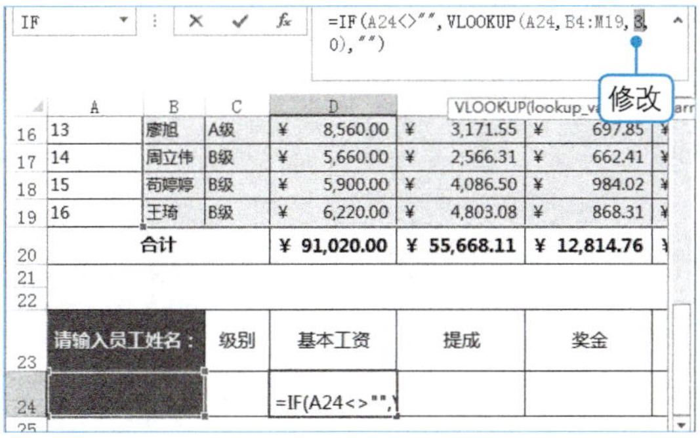

STEP 8 继续复制并修改公式

按照 STEP 7 中的方法依次在 E24:M24 单元格区域中复制并修改公式，修改对象都是 VLOOKUP 函数中的第 3 个参数，数据逐渐加“1”。

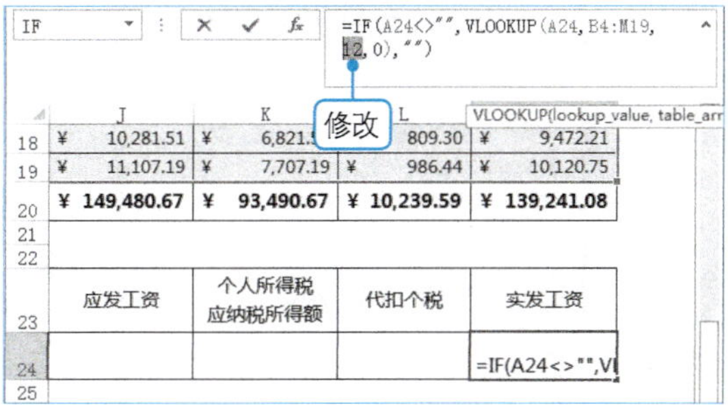

STEP 9 查询员工工资

❶在 A24 单元格中输入任意员工的姓名，如“刘明明”；❷按【Ctrl+Enter】组合键即可返回对应的工资明细数。

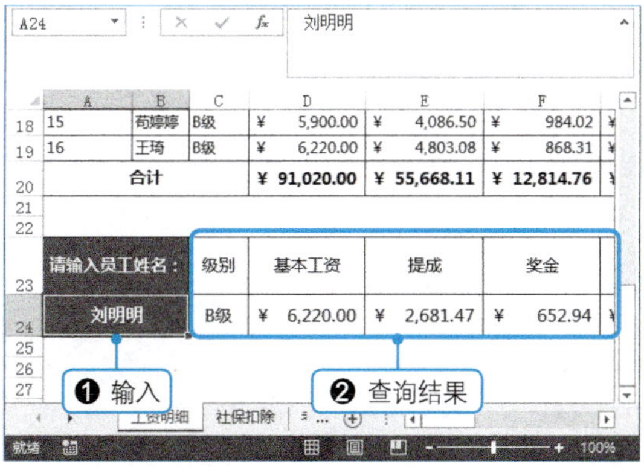

3. 汇总与统计工资数据

使用数据透视表工具可以轻松地对数据进行汇总与统计，下面使用该功能按照员工的不同级别对工资明细数据进行汇总与统计操作。

STEP 1 指定数据透视表的数据源区域

❶选中 B4:M19 单元格区域；❷在【插入】/【表格】组中单击“数据透视表”按钮。

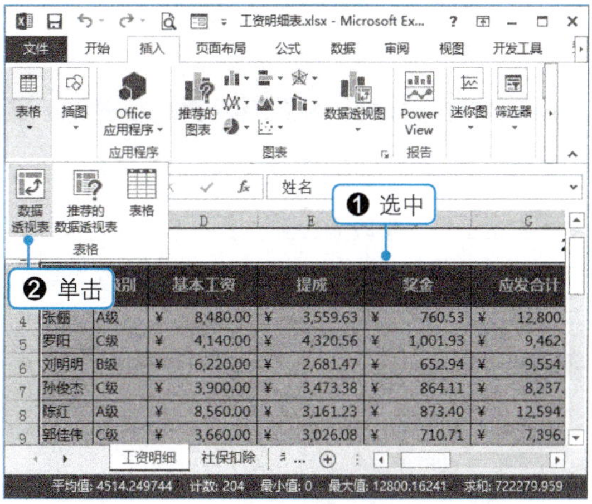

STEP 2 以新工作表方式创建数据透视表

打开“创建数据透视表”对话框，默认其中的参数设置，直接单击“确定”按钮。

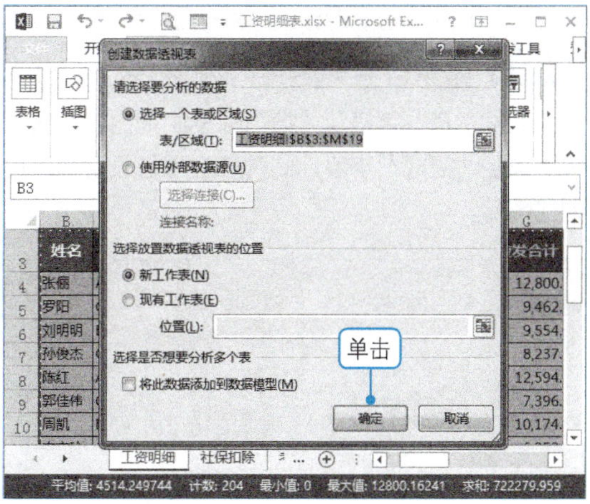

STEP 3 添加行标签字段

Excel 将自动新建空白工作表并创建空白数据透视表，在“数据透视表字段”窗格中依次将“级别”字段和“姓名”字段添加到“行”标签中。

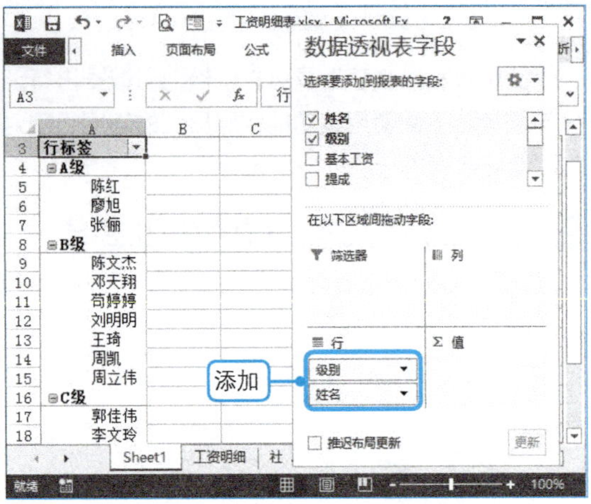

STEP 4 查看各级别员工的实发工资

将“实发工资”字段添加到“值”标签中，此时通过数据透视表便可查看各级别员工的实发工资合计情况。

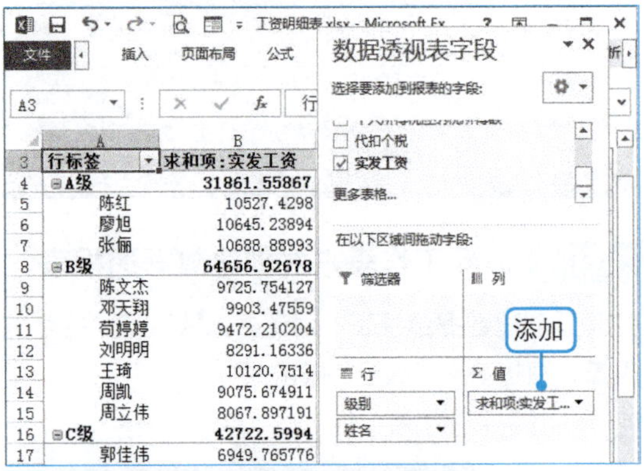

STEP 5 查看各级别员工的提成

将“实发工资”字段从“值”标签中拖出，重新在其中添加“提成”字段，此时可查看各级别员工的提成情况。

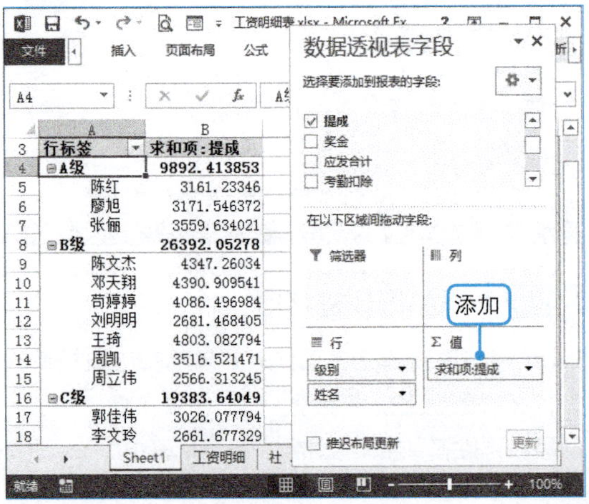

STEP 6 更改值字段汇总方式

在“值”标签中的“提成”字段中单击鼠标右键，在弹出的下拉列表中选择“值字段设置”命令。

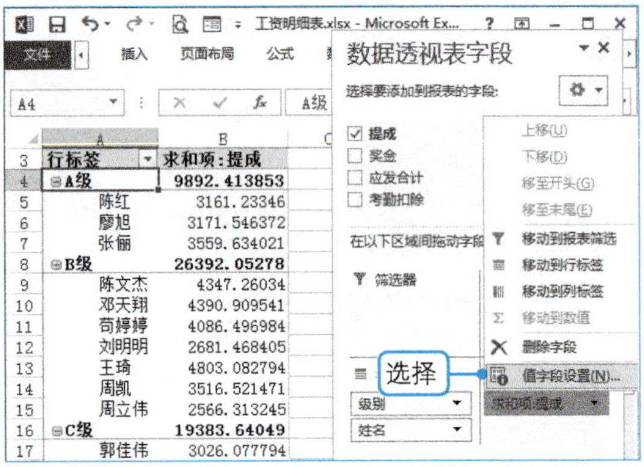

STEP 7 设置统计方式为平均值

❶打开“值字段设置”对话框，在“选择用于汇总所选字段数据的计算类型”列表框中选择“平均值”选项；❷单击“确定”按钮。

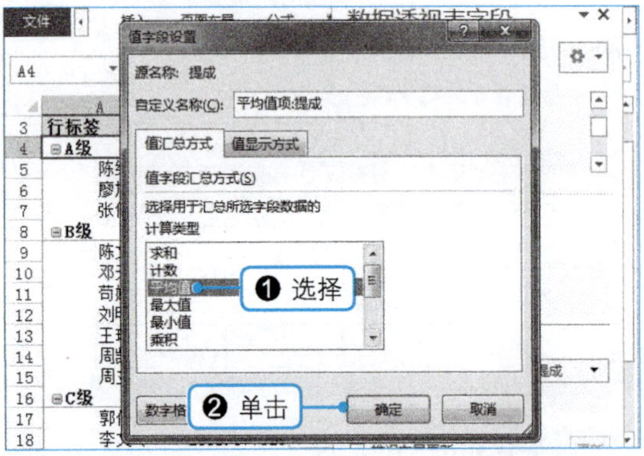

STEP 8 查看各级别员工的平均提成情况

此时通过数据透视表即可查看各级别员工的平均提成情况。

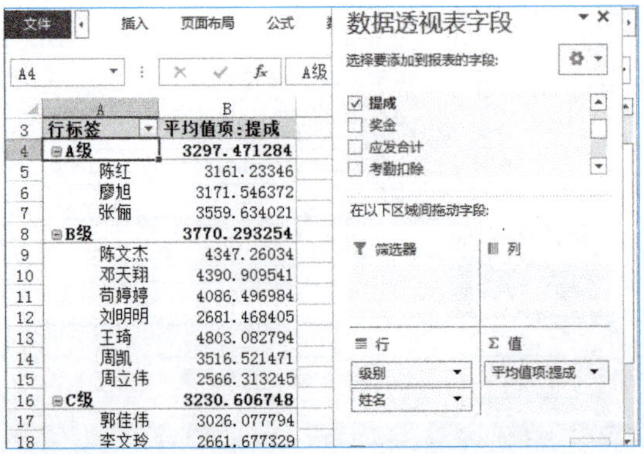

STEP 9 调整行标签显示内容

为了更清楚地查看不同级别员工的提成平均值，可在数据透视表中单击各个级别左侧的“折叠”按钮，将各级别下的员工姓名折叠起来，即可只显示各级别对应的平均提成结果。

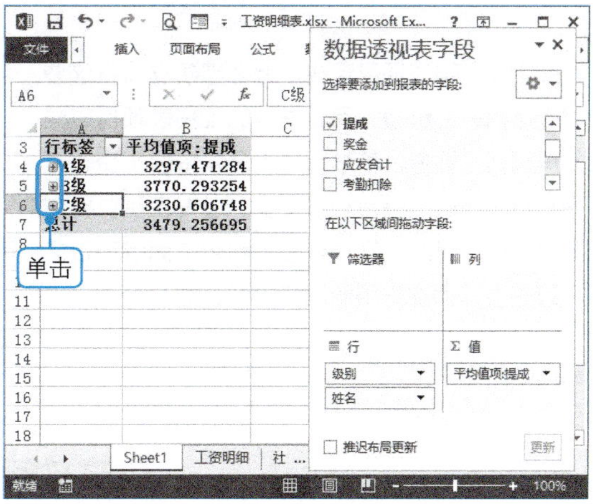

高手妙招——快速折叠或展开数据

单击【数据透视表工具 分析】/【活动字段】组中的“展开字段”按钮或“折叠字段”按钮，可一次性展开或折叠数据透视表中的所有明细字段。

7.6 会计真案

工作中核算员工工资时，对各种工资项目的考核有更加严格的标准，比如对绩效工资和加班工资的考核。另外，工资核算后往往还需要制作工资条发放给员工，下面就通过两个会计真实案例来熟悉这两个方面的内容。

7.6.1 涉及绩效工资和加班工资的核算

某企业生产车间的工资组成 =(基本岗位工资 + 绩效工资)× 产量系数 + 加班工资 + 工龄工资。具体规定如下。

- 基本岗位工资定额为 2 000 元。
- 绩效工资 = 基础额 600 元 + 修正值，其中，修正值 =(实际产量 − 目标产量)×(实际产量 ÷ 产品总产量)× 30。
- 加班工资为每小时 80 元。
- 工龄工资 =(实际工作年限 − 3)× 20 元，上限为 200 元。
- 产量系数 = 1−(标准产量 − 实际产量)÷ 标准产量 × 30%。

假设不考虑考勤、社保、个人所得税等其他因素，试根据下表提供的数据核算该企业生产车间员工的应发工资。

某企业生产车间本月员工产量表

姓名	生产产品	标准产量	目标产量	实际产量	产品总产量	加班工时	工龄
卢文杰	A 产品	300	320	350	3000	1.5	10
刘建军	B 产品	350	350	400	4000	1	11
陈超	A 产品	300	300	320	3000	0	9
宋丽娟	A 产品	300	350	320	3000	0	5
张山	B 产品	350	400	420	4000	2	10
周玲玲	B 产品	350	380	380	4000	1	7
郭佳怡	A 产品	300	310	300	3000	0	4

【分析】

工资有哪些项目组成，就考虑建立具备这些项目结构的工资表，因此本例的工资表项目应当分别包括：姓名、基本岗位工资、绩效工资、产量系数、加班工资、工龄工资、应发工资。要想得到这些项目的数据，就应当利用前面各项目之间的关系，通过引用数据和设计公式来获取。

配套资源

操作视频演示

模板文件\第 7 章\会计真案\生产车间工资表.xlsx

效果文件\第 7 章\会计真案\生产车间工资表.xlsx

【操作思路】

（1）将上表中的数据录入 Excel 中，下图所示即为在 Excel 中录入的生产车间员工产量表。

生产车间员工产量表

姓名	生产产品	标准产量	目标产量	实际产量	产品总产量	加班工时	工龄
卢文杰	A产品	300	320	350	3000	1.5	10
刘建军	B产品	350	350	400	4000	1	11
陈超	A产品	300	300	320	3000	0	9
宋丽娟	A产品	300	350	320	3000	0	5
张山	B产品	350	400	420	4000	2	10
周玲玲	B产品	350	380	380	4000	1	7
郭佳怡	A产品	300	310	300	3000	0	4

（2）在另一个工作表中建立生产车间工资表，“姓名”项目引用生产车间员工产量表中的数据，“基本岗位工资”项目直接输入，其余项目通过引用生产车间员工产量表中的数据和各项目之间的关系，建立相应的公式即可得到。制作完成的工资表如下图所示。

生产车间工资表

姓名	基本岗位工资	绩效工资	产量系数	加班工资	工龄工资	应发工资
卢文杰	¥ 2,000.00	¥ 705.00	1.05	¥ 120.00	¥ 140.00	¥ 3,100.25
刘建军	¥ 2,000.00	¥ 750.00	1.04	¥ 80.00	¥ 160.00	¥ 3,107.86
陈超	¥ 2,000.00	¥ 664.00	1.02	¥ -	¥ 120.00	¥ 2,837.28
宋丽娟	¥ 2,000.00	¥ 504.00	1.02	¥ -	¥ 40.00	¥ 2,594.08
张山	¥ 2,000.00	¥ 663.00	1.06	¥ 160.00	¥ 140.00	¥ 3,122.78
周玲玲	¥ 2,000.00	¥ 600.00	1.03	¥ 80.00	¥ 80.00	¥ 2,826.86
郭佳怡	¥ 2,000.00	¥ 570.00	1.00	¥ -	¥ 20.00	¥ 2,590.00

7.6.2 在 Excel 中制作工资条

工资条的作用在于让员工确认工资数据，因此就表格数据而言，每一位员工的工资明细都应当包含对应的项目字段，如果只有数据，员工无法了解对应的工资项目。沿用上例制作出的工资表，假设现在需要将它制作为工资条，不能用复制粘贴的方法应当如何处理。（实际工作中可能远不止这几位员工，通过复制粘贴的方法是不可取的。）

【分析】

利用一个固定的公式并结合条件格式的应用，就能轻松制作出工资条。公式的设计比较复杂，下面将对其进行分析，如果不能理解公式的原理也没关系，直接套用公式就能制作出工资条。

在介绍工资条的固定公式之前，先了解以下几个函数的作用、语法结构和参数。

配套资源

操作视频演示

模板文件\第7章\会计真案\生产车间工资条.xlsx
效果文件\第7章\会计真案\生产车间工资条.xlsx

- **MOD 函数：** 可以返回进行除法运算后的余数，其语法结构为：MOD(number,divisor)。其中，第1个参数为被除数，第2个参数为除数。比如 MOD(1,3)，将返回1；MOD(4,3)，同样返回1。
- **ROW 函数和 COLUMN 函数：** 这两个函数在本书第3章有过介绍，这里再次巩固一下。ROW 函数可以返回行号，如 ROW(C10) 返回10，ROW() 则返回该公式所在行的行号；COLUMN 函数可以返回列号，如 COLUMN(C10) 返回3，COLUMN() 则返回该公式所在列的列号。
- **INDEX 函数：** 返回指定区域内指定的单元格数据，其语法结构为：INDEX(array,row_num,column_num)。其中，第1个参数为单元格区域；第2个参数为行号；第3个参数为列号。比如 INDEX（A1:D5,3,2）将返回 A1:D5 单元格区域中第3行第2列单元格的值，即 B3 单元格的值。

了解了这几个函数之后，下面介绍工资条公式运用的原理。该公式的主要结构为两个 IF 函数，其中一个 IF 函数为另一个 IF 函数的假值参数，其具体内容如下。

=IF(MOD(ROW(),3)=0,"",IF(MOD(ROW(),3)=1,工资!A$2,INDEX(工资!$A:$G,(ROW()+4)/3+1,COLUMN())))

参照下图，在右图的A1单元格中输入该公式，此时是第1行第1列，代入公式来看结果，MOD(ROW(),3)，即 MOD(1,3)=1，返回“工资!A$2”，即“工资”工作表中的 A2 单元格数据；如果在 A2 单元格中输入该公式，此时是第2行第1列，由于行号的余数既不为0，也不为1，因此应该返回“INDEX(工资!$A:$G,(ROW()+4)/3+1,COLUMN())”的结果，具体应当返回 A 列至 G 列单元格区域中第3行第1列单元格对应的内容；如果在 A3 单元格中输入该公式，由于行号的余数为0，因此返回空值。由此循环返回，依次返回项目名称、姓名、空值、项目名称、姓名、空值……。同样，按列方向拖动填充柄也可通过代入公式来验证是否正确。最终得到的就是一行项目名称、一行数据记录、一行空值、一行项目名称、一行数据记录、一行空值……这种形式的工资条。

	A	B	C	D	E	F	G
2	姓名	基本岗位工资	绩效工资	产量系数	加班工资	工龄工资	应发工资
3	卢文杰	¥ 2,000.00	¥ 705.00	1.05	¥ 120.00	¥ 140.00	¥ 3,100.25
4	刘建军	¥ 2,000.00	¥ 750.00	1.04	¥ 80.00	¥ 160.00	¥ 3,107.86
5	陈超	¥ 2,000.00	¥ 664.00	1.02	¥ -	¥ 120.00	¥ 2,837.28
6	宋丽娟	¥ 2,000.00	¥ 504.00	1.02	¥ -	¥ 40.00	¥ 2,594.08
7	张山	¥ 2,000.00	¥ 663.00	1.06	¥ 160.00	¥ 140.00	¥ 3,122.78
8	周玲玲	¥ 2,000.00	¥ 600.00	1.03	¥ 80.00	¥ 80.00	¥ 2,826.86
9	郭佳怡	¥ 2,000.00	¥ 570.00	1.00	¥ -	¥ 20.00	¥ 2,590.00

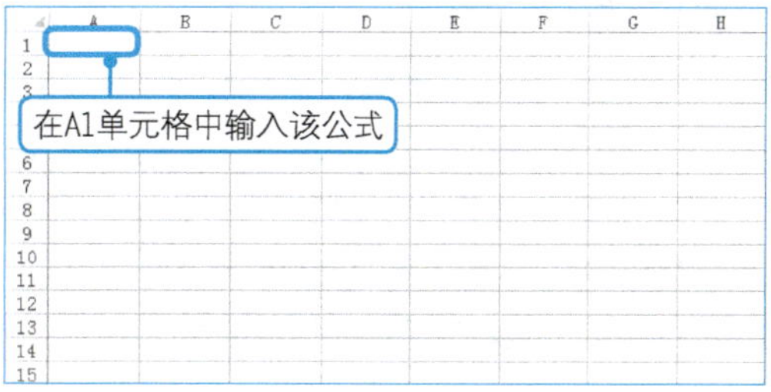

【操作思路】

（1）新建一个空白工作表，在 A1 单元格中输入“=IF(MOD(ROW(),3)=0,"",)”，表示如果当前公式所在行的行号除以3的余数为0，则返回空值。

（2）继续完善公式“=IF(MOD(ROW(),3)=0,"",IF(MOD(ROW(),3)=1,工资!A$2,)”，表示如果当前公式所在行的行号除以3的余数为1，则返回另一个工资表中数据区域的左上角的单元格，其中行方向绝对引用。

（3）输入公式的最后一个部分“=IF(MOD(ROW(),3)=0,"",IF(MOD(ROW(),3)=1,工资!A$2,INDEX(工资!$A:$G,(ROW()+4)/3+1,COLUMN())))”，表示如果当前公式所在行的行号除以3的余数为2（既不为0也不为1，只能为2），则返回另一个工资表数据区域中第“(ROW()+4)/3+1”行和第“COLUMN()”列的单元格的值。

（4）向右拖动 A1 单元格的填充柄至与引用工资表所在数据相同的列位置，继续向下拖动当前填充柄，直到显示完所有员工工资条。

（5）选中 A1 到最右下方的数据单元格这个范围的单元格区域，利用条件格式为单元格添加边框，条件为公式“=$A1<>""”，表示单元格不为空就添加边框。工资条最终效果如下图所示。

姓名	基本岗位工资	绩效工资	产量系数	加班工资	工龄工资	应发工资
卢文杰	2000.00	705.00	1.05	120.00	140.00	3100.25

姓名	基本岗位工资	绩效工资	产量系数	加班工资	工龄工资	应发工资
刘建军	2000.00	750.00	1.04	80.00	160.00	3107.86

姓名	基本岗位工资	绩效工资	产量系数	加班工资	工龄工资	应发工资
陈超	2000.00	664.00	1.02	0.00	120.00	2837.28

姓名	基本岗位工资	绩效工资	产量系数	加班工资	工龄工资	应发工资
宋丽娟	2000.00	504.00	1.02	0.00	40.00	2594.08

姓名	基本岗位工资	绩效工资	产量系数	加班工资	工龄工资	应发工资
张山	2000.00	663.00	1.06	160.00	140.00	3122.78

姓名	基本岗位工资	绩效工资	产量系数	加班工资	工龄工资	应发工资
周玲玲	2000.00	600.00	1.03	80.00	80.00	2826.86

姓名	基本岗位工资	绩效工资	产量系数	加班工资	工龄工资	应发工资
郭佳怡	2000.00	570.00	1.00	0.00	20.00	2590.00

7.7 疑难解答

问题一 ➔ **目标单元格类型设置为会计专用格式以后，为什么使用 IF 函数判断岗位工资时，返回的结果并没有显示为会计专用格式的数据，而只是普通数据？**

● **答：**如果确认单元格类型已经是会计专用格式的数据，那么建议检查公式内容。出现这种情况最可能的原因就是将 IF 函数返回的真假值用“”（引号）括起来了，这种情况下，即便是数字，Excel 也会判断为引用的是文本，自然就不能应用数据类型了。此时，取消“”（引号）就能正常显示会计专用型数据了。

问题二 ➔ **为什么使用 VLOOKUP 函数建立工资查询系统时，输入姓名后，得到的查询结果却不正确呢？**

● **答：**首先，一定要保证输入的姓名是数据表格中的姓名；其次，应当检查公式是否正确，VLOOKUP 函数的 4 个参数，分别代表查询的内容、搜索区域、查询结果所在搜索区域的列数以及查找方式。如果前 3 个参数均正确，则考虑是否省略了第 4 个参数，或者将“0”误设置为了“1”。

Excel

第 8 章

成本核算与分析

❖ 本章导读

对产品进行成本与核算分析是企业会计核算必不可少的环节，成本分析就是以成本核算资料为基础，采用一定的方法分析成本数据。强调成本核算与分析的重要性，目的在于考核企业成本计划的执行情况，促使企业挖掘降低成本的潜力，寻求降低成本的途径和方法，从而提高企业的经济效益。另一方面，通过成本核算与分析可以划清成本管理的经济责任，了解各项成本管理责任制度是否健全，促进企业完善成本管理责任制度。

成本核算与分析的 Excel 实务模板概览表

序号	Excel 实务模板名称	会计目的	实际应用点拨
1	产品成本分配汇总表	计算各产品的单位成本	(1)以定额分配等方法为原理，按产品不同，设计公式对材料、动力燃料、工人工资进行分配 (2)设计公式计算出各产品的单位成本
2	产品生产成本核算表	计算各产品月度成本、年度累计成本情况	(1)引用成本分配与归集工作表中的产品名称、月产量和单位成本数据 (2)设计公式计算本月总成本的各项数据，包括按上年实际平均单位成本计算的总成本、按本年计划单位成本计算的总成本，以及按本月实际成本计算的总成本 (3)设计公式计算本年累计总成本的各项数据 (4)结合公式和 SUMIF 函数分析可比产品成本的降低额和降低率
3	产品总成本分析表	计算各产品的产值成本率、营业收入成本率和成本利润率	(1)引用产品名称、总成本数据 (2)通过公式和数据引用计算各产品产值与销售收入 (3)设计公式计算出各产品的产值成本率、营业收入成本率、成本利润率 (4)创建条形图分析各产品总成本

8.1 成本核算与分析概述

产品成本是指企业为生产产品而发生的费用支出，成本核算则是对实际发生的各种成本费用进行计算。成本核算通常会按照一定的程序进行，即确定核算对象、确定成本项目、设置相关明细账、收集各种与成本相关的数据、归集费用、结转成本。成本分析则是利用成本核算得到的相关数据，按一定的科学原理进行计算，得出结果后针对该结果来改善生产环节，提高营业利润等。

为了高效核算与分析产品成本，可以借助 Excel 编制若干表格，利用 Excel 强大的计算功能和数据管理分析功能，来简化成本核算与分析，同时提高数据的准确性。

8.1.1 成本核算与分析的核心数据

成本核算与分析的方法有很多，但无论采用哪种方法，基本上都会经历“费用分配→单位成本→总成本”这一基本流程。相应地，各种费用的分配数据、单位成本数据和总成本数据，就是产品成本核算与分析的核心数据，只要得到了这些数据，就能很好地完成成本的核算与分析工作。例如，间接利用单位成本对可比产品进行分析，利用总成本分析各种成本率和利润率等。

知识补充——可比产品

可比产品是指上年或近年曾正常生产，本年度或计划年度仍继续生产，并有成本资料可进行前后期对比的产品。

8.1.2 成本核算与分析所涉及表格之间的关系

既然找准了成本核算与分析的核心数据，就可以围绕它们来建立 Excel 表格。换句话说，本章将要制作的几个 Excel 表格模板之间是有紧密关联的，具体联系如下图所示。

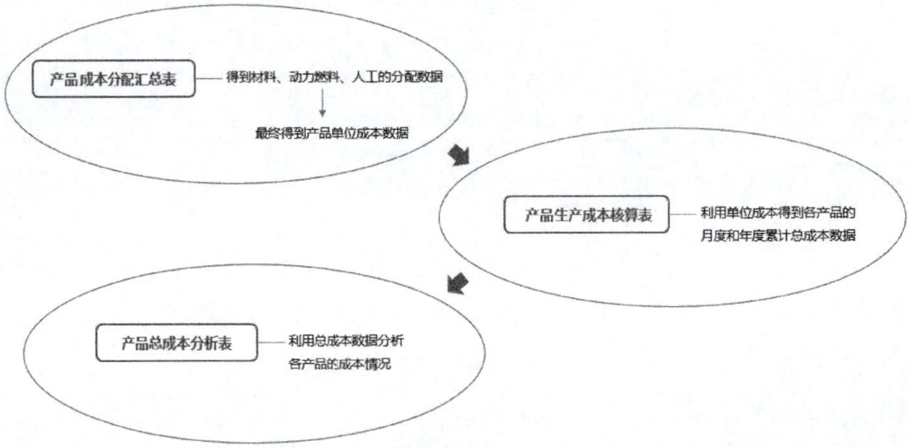

8.2 模板 1：产品成本分配汇总表

产品成本分配汇总表可以实现对材料、动力燃料以及工人工资的分配与归集，并最终得到各产品的单位成本。

8.2.1 产品成本分配汇总表的计算对象和计算方法

产品成本的分配，主要是指将材料成本、动力与燃料成本、人工成本等分配计入各产品成本。使用定额消耗的方法分配材料、动力与燃料成本，然后按工时来分配工人工资。

- **定额消耗分配法：**如果能够准确得到材料、动力与燃料的定额消耗量，则可以利用定额消耗分配法分配这些成本对象。以材料成本为例，采用定额消耗分配法涉及以下 3 个步骤：①某产品材料定额消耗量 = 某产品实际产量 × 单位产品材料消耗定额；②材料消耗量分配率 = 材料实际总消耗量 / 各种产品材料定额消耗量之和；③某产品应分配的材料费用 = 该产品的材料定额消耗量 × 材料消耗量分配率 × 材料单价。

知识补充 ——定额消耗分配法的应用举例

假设某公司生产 A、B 两种产品共耗用某材料 4 400 千克，该材料单价为 20 元 / 千克。本月投产的 A 产品为 200 件，B 产品为 250 件。A 产品的材料消耗定额为 15 千克，B 产品的材料消耗定额为 10 千克。则 A 产品的材料定额消耗量 =200×15=3 000(千克)，B 产品的材料定额消耗量 =250×10=2 500(千克)；材料消耗量分配率 =4 400÷(3 000+2 500)=0.8。那么，A 产品应分配的材料费用 = 3 000×0.8×20=48 000(元)；B 产品应分配的材料费用 =2 500×0.8×20=40 000(元)。二者之和就是材料消耗总量，即 48 000+40 000=88 000(元)。

- **工时分配法：**工时分配涉及 2 个计算步骤：①生产工资费用分配率 = 各种产品生产工资总额 ÷ 各种产品生产工时之和；②某产品应分配的生产工资 = 该产品生产工时 × 生产工资费用分配率。比如某个企业生产 A、B 两种产品，共支付生产工人工资 27 万元，A 产品的生产工时为 500 小时，B 产品的生产工时为 400 小时。若该生产工资按工时分配法进行分配，则生产工资费用分配率 = 27÷(500+400)=0.03；A 产品应分配的工资费用 =500×0.03=15(万元)；B 产品应分配的工资费用 =400×0.03=12(万元)。

掌握了成本费用的分配方法后，下面来熟悉产品成本分配汇总表，其结构如下图所示。

产品成本分配汇总表

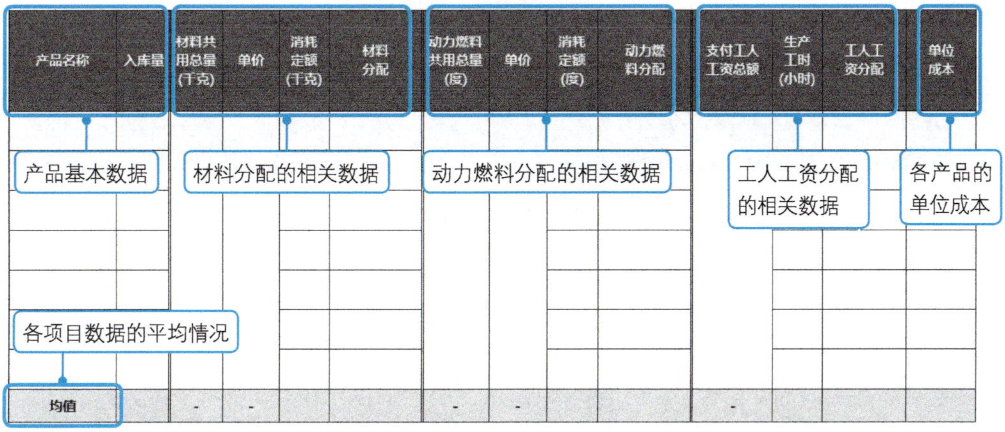

该表中各项目的含义如下。

- **产品名称：**需将相关成本费用分配计入特定产品的名称。
- **入库量：**当月生产并入库的产品数量。

- **材料共用总量（千克）与单价：**生产所有产品耗用的某材料的总量以及材料的单价（元 / 千克）。
- **消耗定额（千克）：**某单位产品所消耗的某材料的数量。
- **材料分配：**各产品应当分配的材料费用。
- **动力燃料共用总量（度）与单价：**生产所有产品耗用的所有动力和燃料的总量，为方便计算，均以“度”来衡量，以及每一度动力和燃料的价格。
- **消耗定额（度）：**某单位产品所消耗动力与燃料的数量。
- **动力燃料分配：**各产品应当分配的动力燃料费用。
- **支付工人工资总额：**生产所有产品支付的工人工资。
- **生产工时（小时）：**生产所有产品需要的工时。
- **工人工资分配：**各产品应当分配的工资费用。
- **单位成本：**生产各产品的单位成本。

答疑解惑——如果生产工时不能准确获得，那工资分配该如何处理？

这种情况下可以尝试获取产品单件工时，如果这个数据比较准确，同样可以按定额工时来分配工人工资，具体计算公式如下：①某产品耗用的定额工时 = 该产品投产量 × 单位产品工时定额；②工人工资费用分配率 = 各种产品生产工资总额 / 各种产品定额工时之和；③ A 产品应分配的工资费用 = 该产品的定额工时 × 生产工资分配率。

8.2.2 归集与分配产品成本，并计算产品单位成本

通过产品成本分配汇总表可以得到每种产品应当分担的材料、动力燃料以及人工工资费用，从而计算出各产品的单位成本。下面在 Excel 中使用公式来完成成本费用的分配。

配套资源

操作视频演示

模板文件 \ 第 8 章 \ 产品成本分配汇总表 .xlsx

效果文件 \ 第 8 章 \ 产品成本分配汇总表 .xlsx

【案例效果图解】

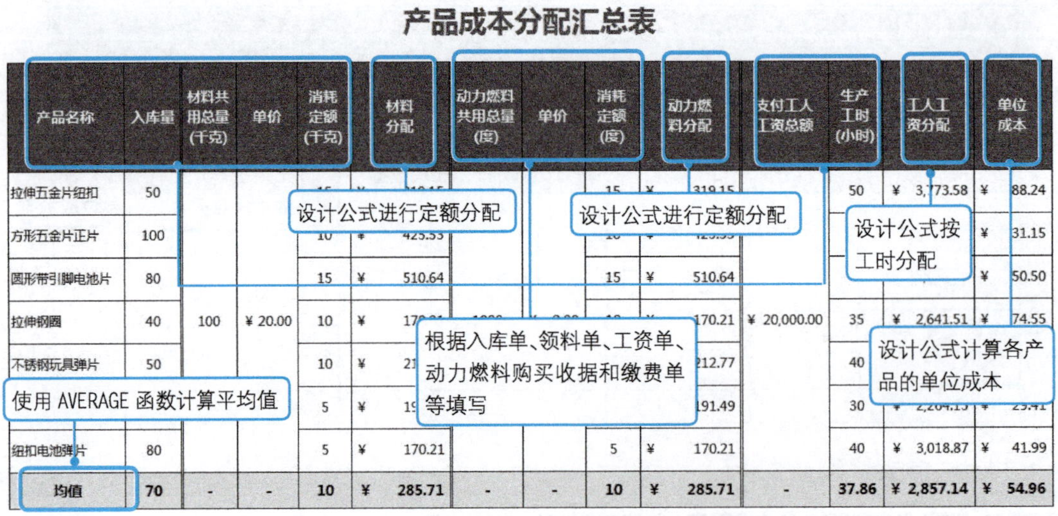

STEP 1 输入产品基本数据

打开“产品成本分配汇总表.xlsx”模板文件，输入产品名称、入库量以及与产品成本分配相关的基本数据。

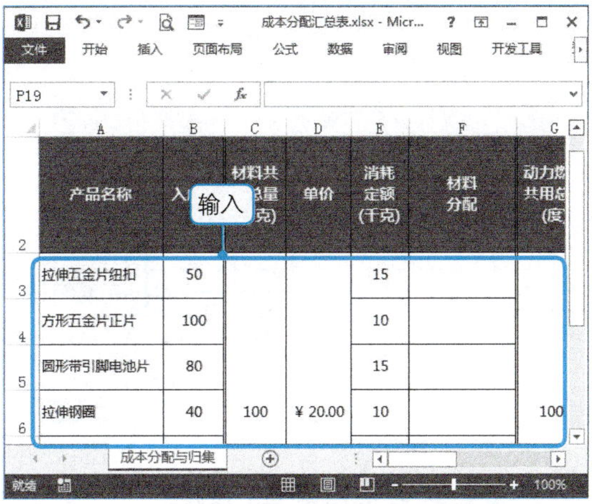

STEP 2 计算材料定额消耗量分配率

①选中 F3:F9 单元格区域；②在编辑栏中输入“=C3/(B3*E3+B4*E4+B5*E5+B6*E6+B7*E7+B8*E8+B9*E9)”，此公式表示“材料分配率 = 材料实际总消耗量 / 各种产品材料定额消耗量之和”。然后选中所有公式内容，按【F4】键转换为绝对引用。

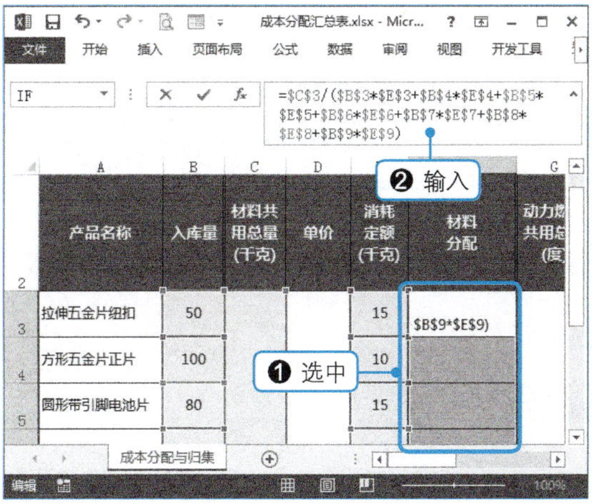

答疑解惑——为什么要转换为绝对引用?

分配率不会随单元格位置的改变而改变，因此需要通过绝对引用计算出固定的值，否则结果会发生错误。

STEP 3 计算各产品应分配的材料费用

继续在编辑栏中输入“*$D$3*B3*E3”，其中，D3 单元格对应的单价数据为绝对引用表示利用分配率乘以单价，再乘以对应产品的材料定额消耗量，就能得到分配的材料费用。

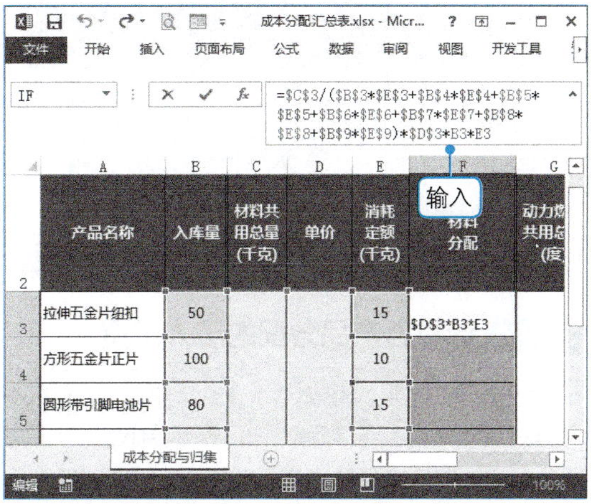

STEP 4 查看分配成本的金额

按【Ctrl+Enter】组合键返回各产品应分配的材料成本。

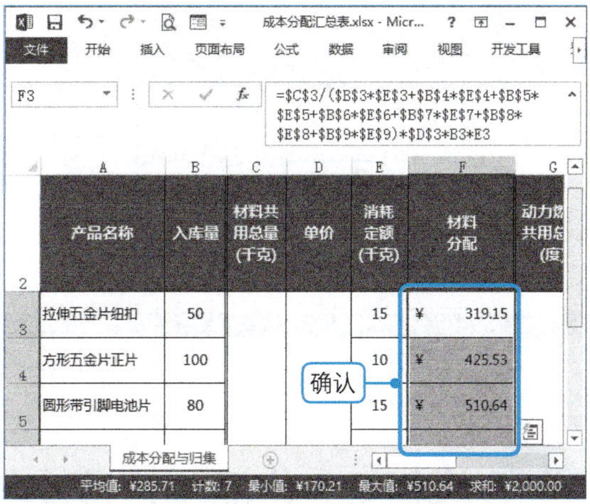

STEP 5 各产品分配的动力燃料费用

①选中 J3:J9 单元格区域；②在编辑栏中输入“=$G$3/($B$3*$I$3+$B$4*$I$4+$B$5*$I$5+$B$6*$I$6+$B$7*$I$7+$B$8*$I$8+$B$9*$I$9)*$H$3*B3*I3”。此公式的原理与材料分配的公式相同，即利用动力燃料分配率 × 单价 × 对应产品的动力燃料定额消耗量，得到各产品分配的动力燃料费用。其中，分

配率和单价对应的公式内容同样需要转换为绝对引用。按【Ctrl+Enter】组合键确认。

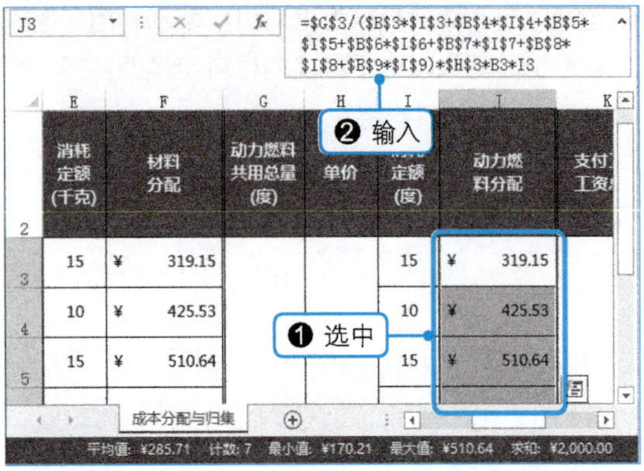

STEP 6 计算各产品分配的工人工资

❶选中 M3:M9 单元格区域；❷在编辑栏中输入“=$K$3/SUM($L$3:$L$9)*L3”，表示通过生产工资费分配率与对应产品的生产工时的乘积，得到各产品应分配的工人工资。其中，分配率对应的公式内容需要转换为绝对引用。按【Ctrl+Enter】组合键确认。

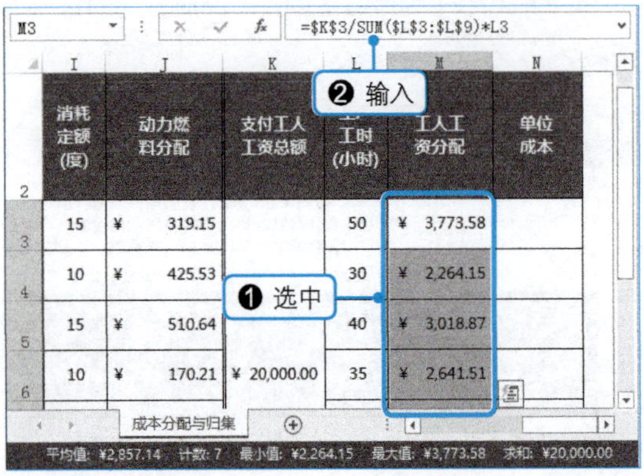

STEP 7 计算各产品的单位成本

❶选中 N3:N9 单元格区域；❷在编辑栏中输入“=(F3+J3+M3)/B3”，表示各产品的单位成本 =(材料成本＋动力燃料成本＋工人工资成本)÷ 入库量，按【Ctrl+Enter】组合键确认。

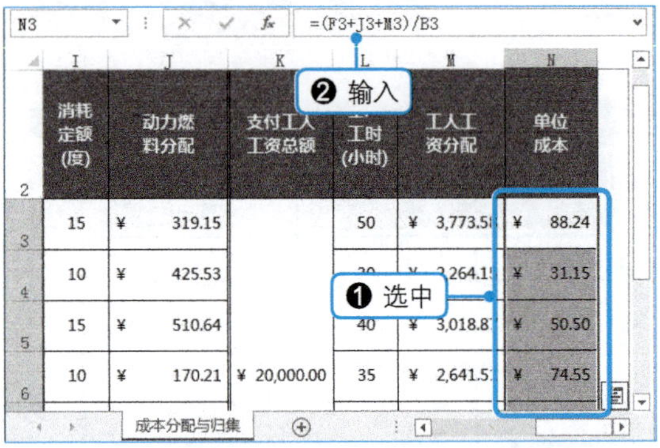

STEP 8 查看各项目的平均数据

❶利用【Ctrl】键同时选中“均值”栏中的空单元格；❷在编辑栏中输入“=AVERAGE(E3:E9)”，按【Ctrl+Enter】组合键确认。

8.3 模板 2：产品生产成本核算表

生产成本核算表主要用来核算产品的总成本，包括本月总成本和本年累计总成本两个数据，它需要利用产量和单位成本计算得到。另外，利用生产成本核算表得到的总成本数据，还能分析可比产品的成本降低额和降低率。

8.3.1 产品生产成本核算表的作用

利用产量和成本分配归集汇总表中得到的单位成本数据，就能计算出成本核算表中各产品的总成本，这不仅可以为产品总成本分析表提供数据支撑，还能利用总成本数据分析可比产品降低额和降低率。

如果企业需要将本年成本与上年成本进行对比，并分析降低额或降低率的计划指标，就应当根据产品生产成本核算表的数据计算成本的实际降低额和降低率。如果本年可比产品成本比上年升高，则实际降低额和降低率应显示为负数。其中，可比产品成本降低额和降低率的计算公式分别如下。

- 可比产品成本降低额 = 可比产品按上年实际平均单位成本计算的本年累计总成本 - 本年累计实际总成本。
- 可比产品成本降低率 = 可比产品成本降低额 ÷ 可比产品按上年实际平均单位成本计算的本年累计总成本 × 100%。

产品生产成本核算表的结构如下图所示，各项目的含义如下。

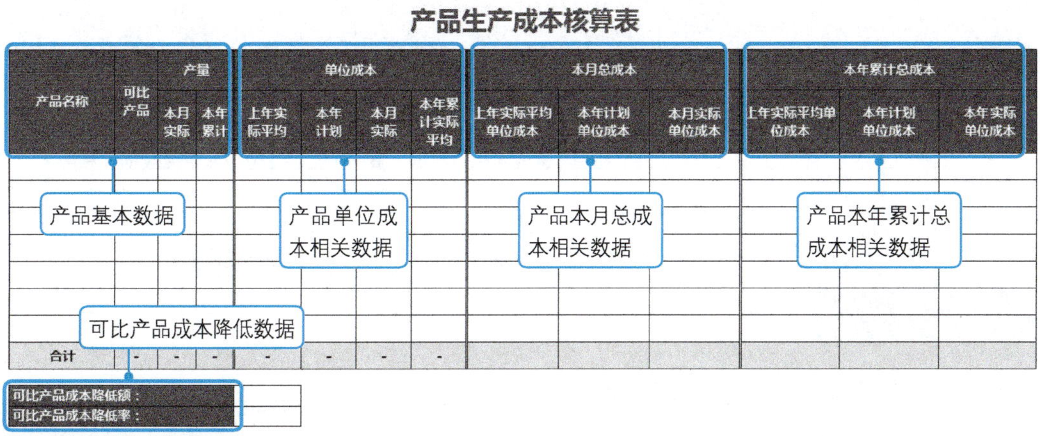

产品生产成本核算表
产品名称
可比产品
产量
本月实际
本年累计
单位成本
上年实际平均
本年计划
本月实际
本年累计实际平均
本月总成本
上年实际平均单位成本
本年计划单位成本
本月实际单位成本
本年累计总成本
上年实际平均单位成本
本年计划单位成本
本年实际单位成本
产品基本数据
产品单位成本相关数据
产品本月总成本相关数据
产品本年累计总成本相关数据
可比产品成本降低数据
合计
可比产品成本降低额：
可比产品成本降低率：

- **产品名称：** 生产的各种产品，可引用产品成本分配汇总表中的产品名称数据。
- **可比产品：** 有成本资料可进行前后期对比的产品，可通过“是”和“否”来标记该产品是否为可比产品。
- **本月实际产量：** 某产品本月的实际产量，此项目可引用产品成本分配汇总表的入库量数据。
- **本年累计产量：** 截止到本月为止某产品本年的累计产量。
- **上年实际平均单位成本：** 上一个会计年度某产品的平均单位成本。
- **本年计划单位成本：** 本年计划的某产品的单位成本。
- **本月实际单位成本：** 本月某产品的实际单位成本，此项目可引用产品成本分配汇总表的单位成本数据。
- **本年累计实际平均单位成本：** 截止到本月为止时某产品的实际平均单位成本。
- **按上年实际平均单位成本计算的本月总成本：** 某产品本月产量与上一个会计年度该产品单位成本的乘积。
- **按本年计划单位成本计算的本月总成本：** 某产品本月产量与本年计划的该产品单位成本的乘积。
- **按本月实际单位成本计算的本月总成本：** 某产品本月产量与本月该产品实际单位成本的乘积。
- **按上年实际平均单位成本计算的本年累计总成本：** 某产品本年累计产量与上一个会计年度该产品单位成本的乘积。
- **按本年计划单位成本计算的本年累计总成本：** 某产品本年累计产量与本年计划的该产品单位成本的乘积。
- **按本年实际单位成本计算的本年累计总成本：** 某产品本年累计产量与截止到本年为止该产品的实际平均单位成本的乘积。
- **可比产品成本降低额：** 所有可比产品上一会计年度的总成本与至本年止总成本之差。
- **可比产品成本降低率：** 可比产品成本降低额与上一会计年度对应产品总成本之商。

8.3.2 核算并分析产品成本

理解了产品生产成本核算的原理后，制作产品生产成本核算表就非常简单了。下面就在 Excel 中使用公式来完成该表格的制作。

配套资源

操作视频演示

模板文件 \ 第 8 章 \ 产品生产成本核算表 .xlsx
效果文件 \ 第 8 章 \ 产品生产成本核算表 .xlsx

【案例效果图解】

产品生产成本核算表

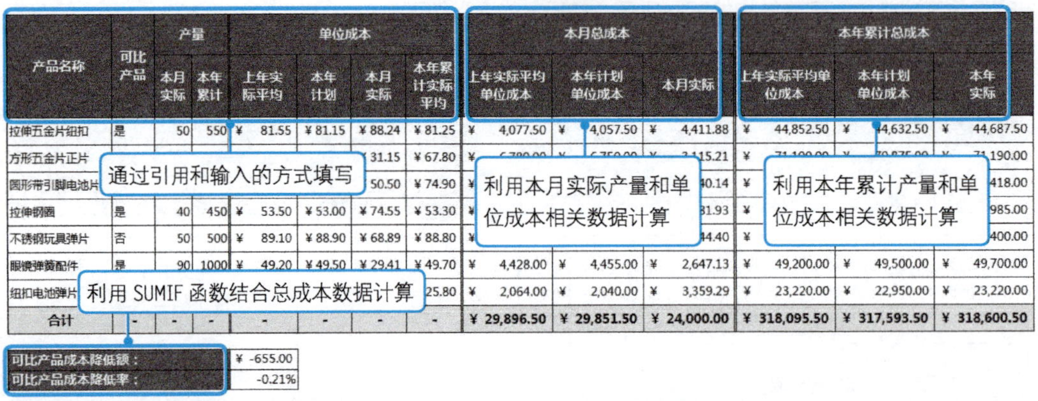

STEP 1 引用产品成本分配汇总表的数据

打开“产品生产成本核算表 .xlsx”模板文件，分别将“成本分配”工作表中的“产品名称”“入库量”和“单位成本”数据引用到“成本核算”工作表中的“产品名称”“产量 / 本月实际”和“单位成本 / 本月实际”项目中。

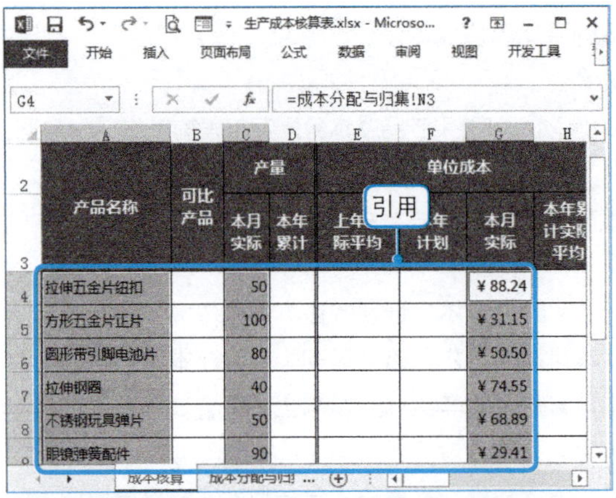

STEP 2 输入产量和单位成本的基本数据

根据上一年和上一月的生产成本核算表等资料，输入是否为可比产品、本年累计产量、上年实际平均单位成本、本年计划单位成本和本年累计实际平均单位成本的数据。

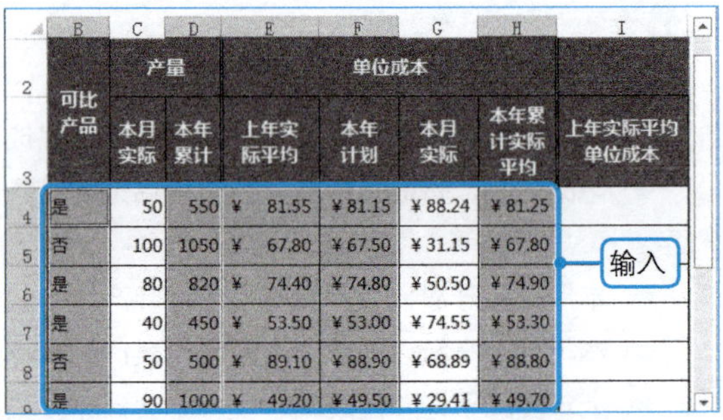

STEP 3 按照上年平均单位成本计算本月总成本

❶ 选中 I4:I10 单元格区域；❷ 在编辑栏中输入“=E4*C4”，表示按照上年平均单位成本计算本月总成本 = 该产品本月产量 × 上一个会计年度该产品单位成本。按【Ctrl+Enter】组合键确认。

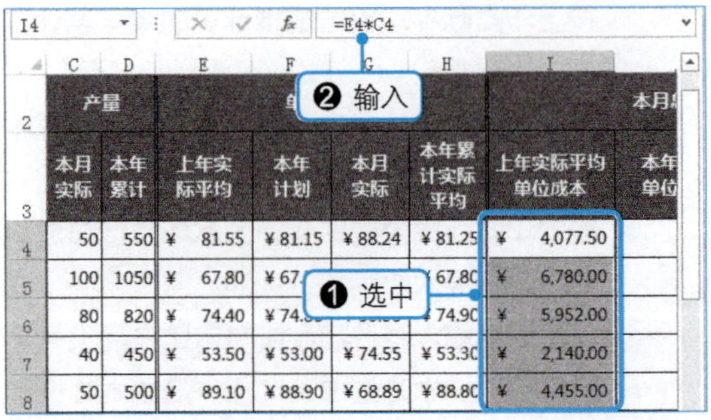

STEP 4 计算本月计划总成本

❶ 选中 J4:J10 单元格区域；❷ 在编辑栏中输入"=C4*F4"，表示本月计划总成本 = 该产品本月产量 × 本年计划的该产品单位成本。按【Ctrl+Enter】组合键确认。

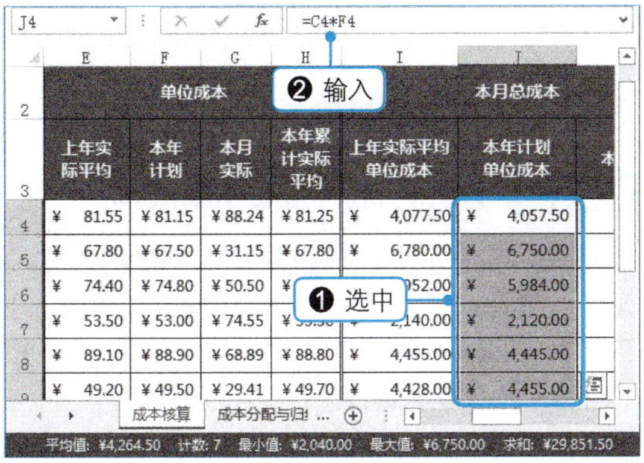

STEP 5 计算本月实际总成本

❶ 选中 K4:K10 单元格区域；❷ 在编辑栏中输入"=C4*G4"，表示按照本月实际单位成本计算本月实际总成本 = 该产品本月产量 × 本月该产品实际单位成本。按【Ctrl+Enter】组合键确认。

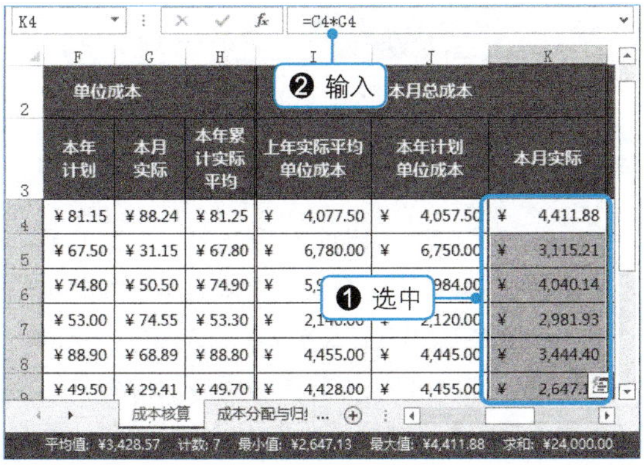

STEP 6 按照上年实际平均单位成本计算本年累计总成本

❶ 选中 L4:L10 单元格区域；❷ 在编辑栏中输入"=D4*E4"，表示按照上年实际平均单位成本计算本年累计总成本 = 该产品本年累计产量 × 上一个会计年度该产品单位成本。按【Ctrl+Enter】组合键确认。

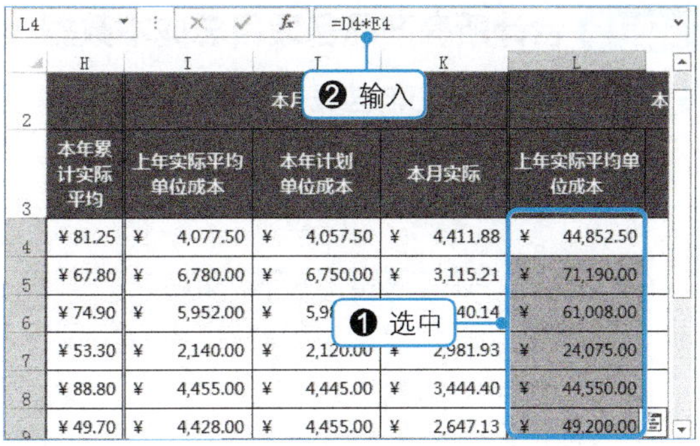

STEP 7 计算本年计划累计总成本

❶ 选中 M4:M10 单元格区域；❷ 在编辑栏中输入"=D4*F4"，表示按照本年计划单位成本计算本年计划累计总成本 = 该产品本年累计产量 × 本年计划的该产品单位成本。按【Ctrl+Enter】组合键确认。

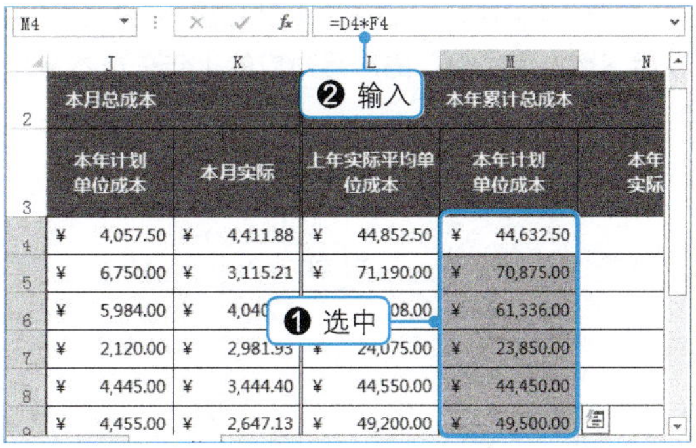

STEP 8 计算本年实际累计总成本

❶ 选中 N4:N10 单元格区域；❷ 在编辑栏中输入"=D4*H4"，表示本年实际累计总成本 = 该产品本年累计产量 × 该产品本年累计实际平均单位成本。按【Ctrl+Enter】组合键确认。

STEP 9 合计所有产品各项目总成本数据

❶选中 I11:N11 单元格区域；❷在编辑栏中输入“=SUM(I4:I10)”。按【Ctrl+Enter】组合键确认。

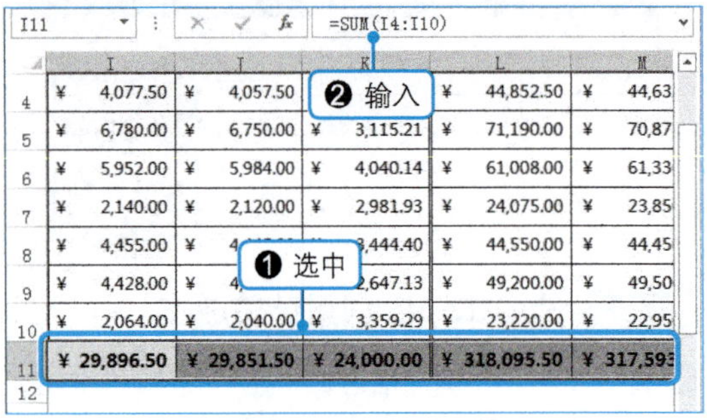

STEP 10 合计所有可比产品上年总成本

❶选中 E13 单元格；❷在编辑栏中输入“=SUMIF(B4:B10,B4,L4:L10)”，表示将所有“可比产品”项目下数据为“是”的产品对应的上年总成本数据相加。

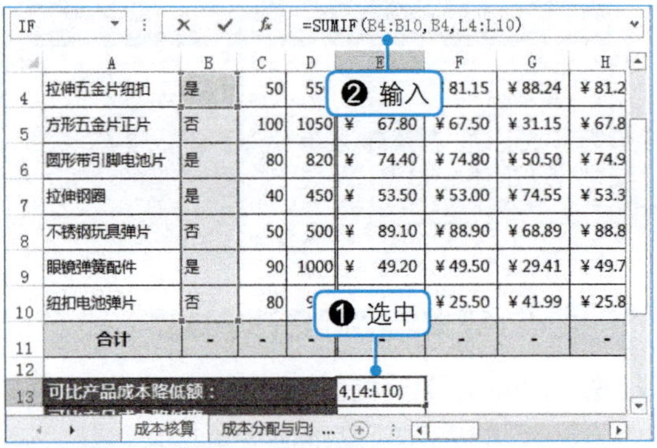

STEP 11 计算可比产品成本降低额

继续在编辑栏中输入“-SUMIF(B4:B10,B4,N4:N10)”，表示计算所有可比产品上年总成本减去本年累计总成本之差，得到的结果即为可比产品成本降低额。按【Ctrl+Enter】组合键确认。

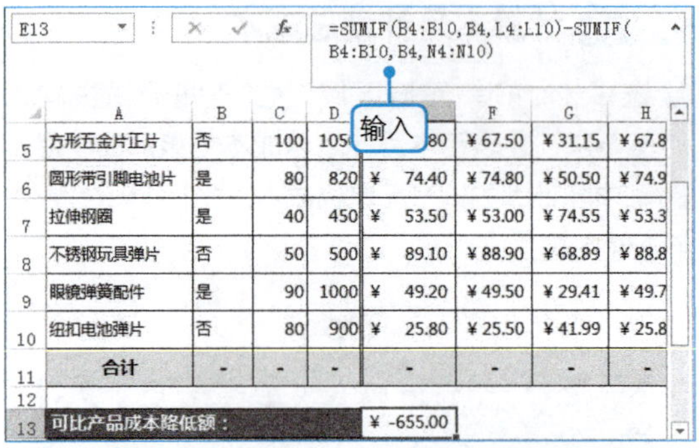

STEP 12 计算可比产品成本降低率

❶选中 E14 单元格；❷在编辑栏中输入“=E13/L11”，表示将可比产品成本降低额除以所有可比产品上年总成本，结果即为可比产品成本降低率。按【Ctrl+Enter】组合键确认。

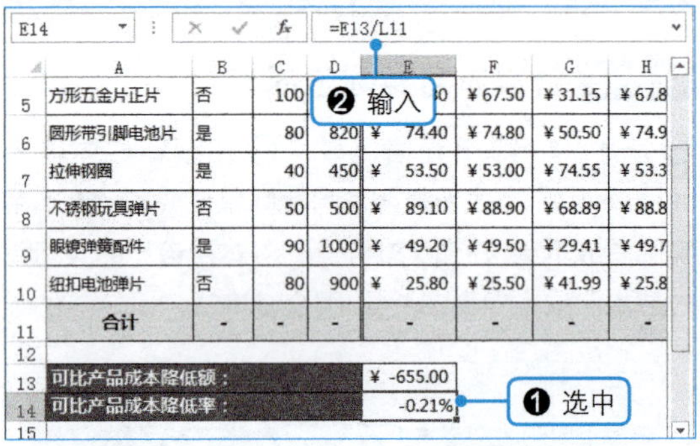

答疑解惑——为什么可比产品成本降低率没有按公式那样乘以 100%？

公式“可比产品成本降低率 = 可比产品成本降低额 ÷ 可比产品按上年实际平均单位成本计算的本年累计总成本 ×100%”中乘以“100%”的目的是将数据转换成百分数。这里单元格的数据类型已经是百分比格式了，因此就没必要再乘以“100%”。

8.4 模板 3：产品总成本分析表

产品总成本分析表将主要利用成本核算中整理出的成本数据，并结合产值、销售收入等数据，分析出各产品的产值成本率、营业收入成本率和成本利润率等数据。

8.4.1 产品总成本分析表的分析对象

产品总成本分析表主要用于分析产值成本率、营业收入成本率和成本利润率指标，即分析产品成本与企业收入、利润的关系，通过分析得到的数据为企业提供更准确的资料，帮助企业优化生产流程，降低生产成本。

产品成本分析表的模板结构，如下图所示，该表中相关项目的含义分别如下。

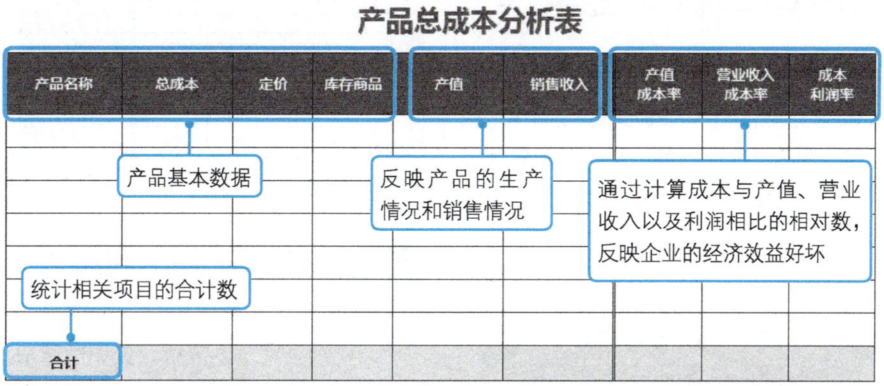

- **产品名称：** 生产的各种产品，可引用产品生产成本核算表中的相关数据。
- **总成本：** 截止到计算期某产品的总成本，可引用产品生产成本核算表中本年实际累计总成本的数据。
- **定价：** 某产品单位产品的售价。
- **库存商品：** 某产品实际的库存数量。
- **产值：** 某产品的生产总值。
- **销售收入：** 某产品实际销售数量与单价的乘积。
- **产值成本率：** 产值可以理解为生产总值，产值成本率可以检验生产效率，其计算公式为：产值成本率 = 成本 ÷ 产值 × 100%。
- **营业收入成本率：** 营业收入成本率可以查看营业收入与成本的关系，其计算公式为：营业收入成本率 = 成本 ÷ 销售收入 × 100%。
- **成本利润率：** 成本利润率可考核企业利润与成本的关系，可以为企业改善生产和经营管理水平提供数据参考，其计算公式为：成本利润率 = 利润 ÷ 成本 × 100%。

8.4.2 计算并分析产品总成本分析表

利用产品生产成本核算表的总成本数据和其他相关数据，就能轻松地完成产品总成本分析表的计算。下面先在 Excel 中计算该表格中的相关数据，然后利用图表来分析各产品的产值成本率和成本利润率等指标。

配套资源

操作视频演示

模板文件 \ 第 8 章 \ 会计真案 \ 产品总成本分析表 .xlsx

效果文件 \ 第 8 章 \ 会计真案 \ 产品总成本分析表 .xlsx

【案例效果图解】

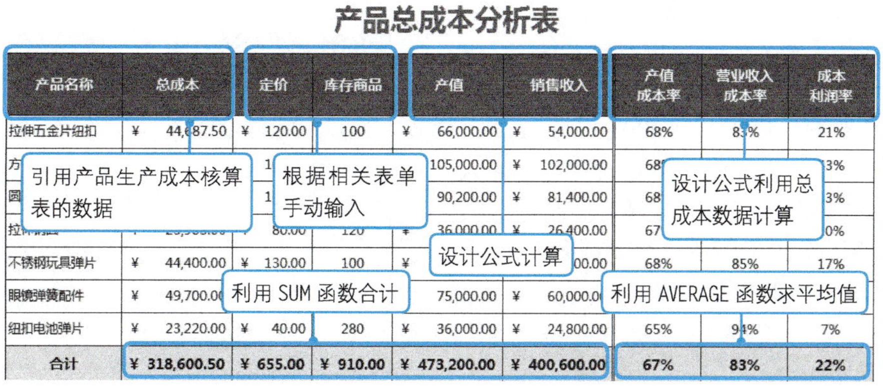
产品总成本分析表
产品名称
总成本
定价
库存商品
产值
销售收入
产值成本率
营业收入成本率
成本利润率
拉伸五金片纽扣
不锈钢玩具弹片 ¥ 44,400.00 ¥ 130.00 100 68% 85% 17%
眼镜弹簧配件
纽扣电池弹片 ¥ 23,220.00 ¥ 40.00 280 ¥ 36,000.00 ¥ 24,800.00 65% 7%
合计 ¥ 318,600.50 ¥ 655.00 ¥ 910.00 ¥ 473,200.00 ¥ 400,600.00 67% 83% 22%
引用产品生产成本核算表的数据
根据相关表单手动输入
设计公式计算
设计公式利用总成本数据计算
利用 SUM 函数合计
利用 AVERAGE 函数求平均值

1. 计算产品总成本分析表中的各项数据

由于已经有了成本核算的基础数据，在计算产品总成本分析表的各项数据时可以此为基础获得。下面利用公式和数据引用等操作来完成计算工作。

STEP 1 引用产品生产成本核算表的数据

打开“产品总成本分析表.xlsx”模板文件，分别将“成本核算”工作表中的“产品名称”和“本年累计总成本 / 本年实际”数据引用到“总成本分析”工作表中的“产品名称”和“总成本”项目中。

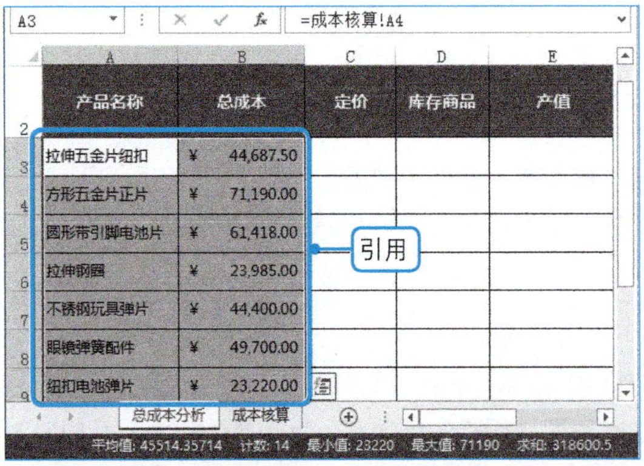

产品名称	总成本	定价	库存商品	产值
拉伸五金片细扣	¥ 44,687.50			
方形五金片正片	¥ 71,190.00			
圆形带引脚电池片	¥ 61,418.00			
拉伸钢圈	¥ 23,985.00			
不锈钢玩具弹片	¥ 44,400.00			
眼镜弹簧配件	¥ 49,700.00			
纽扣电池弹片	¥ 23,220.00			

STEP 2 输入定价和库存商品数据

分别在 C3:C9 单元格区域和 D3:D9 单元格区域中输入各产品的定价和库存商品数量。

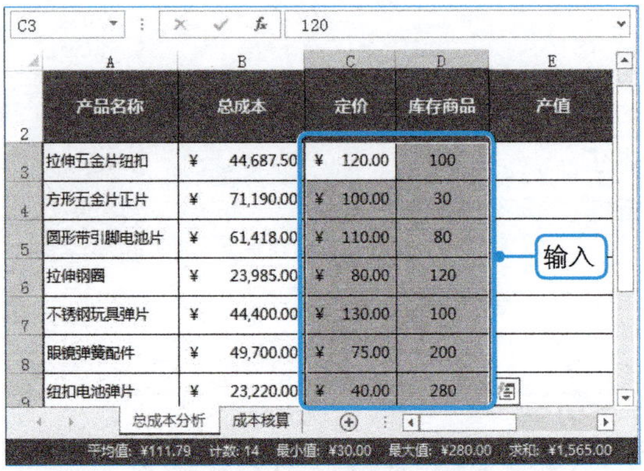

产品名称	总成本	定价	库存商品	产值
拉伸五金片细扣	¥ 44,687.50	¥ 120.00	100	
方形五金片正片	¥ 71,190.00	¥ 100.00	30	
圆形带引脚电池片	¥ 61,418.00	¥ 110.00	80	
拉伸钢圈	¥ 23,985.00	¥ 80.00	120	
不锈钢玩具弹片	¥ 44,400.00	¥ 130.00	100	
眼镜弹簧配件	¥ 49,700.00	¥ 75.00	200	
纽扣电池弹片	¥ 23,220.00	¥ 40.00	280	

STEP 3 计算各产品的产值数据

❶选中 E3:E9 单元格区域；❷在编辑栏中输入“=C3*”，然后切换到“成本核算”工作表中，选中 D4 单元格，按【Ctrl+Enter】组合键确认。表示产品产值 = 定价 × 本年累计产量。

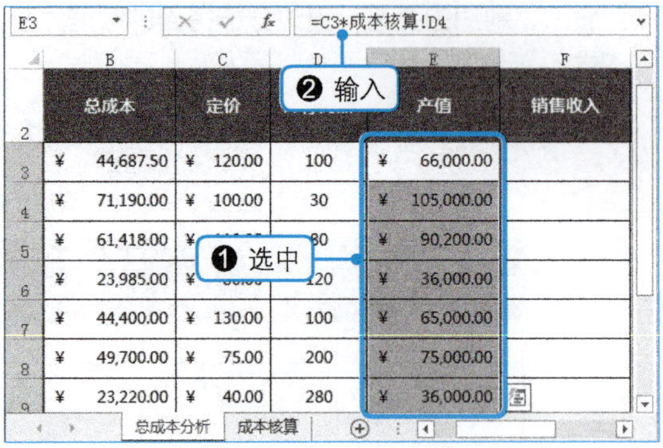

总成本	定价	库存商品	产值	销售收入
¥ 44,687.50	¥ 120.00	100	¥ 66,000.00	
¥ 71,190.00	¥ 100.00	30	¥ 105,000.00	
¥ 61,418.00	¥	80	¥ 90,200.00	
¥ 23,985.00	¥	120	¥ 36,000.00	
¥ 44,400.00	¥ 130.00	100	¥ 65,000.00	
¥ 49,700.00	¥ 75.00	200	¥ 75,000.00	
¥ 23,220.00	¥ 40.00	280	¥ 36,000.00	

STEP 4 计算各产品的销售收入

❶选中 F3:F9 单元格区域；❷在编辑栏中输入“=C3*()”，将插入光标定位到括号中，然后切换到“成本核算”工作表中，选中 D4 单元格并输入“-”，重新切换回“总成本分析”工作表，选中 D3 单元格，按【Ctrl+Enter】组合键确认。表示产品销售收入 = 定价 ×（本年累计产量 - 库存商品数量）。

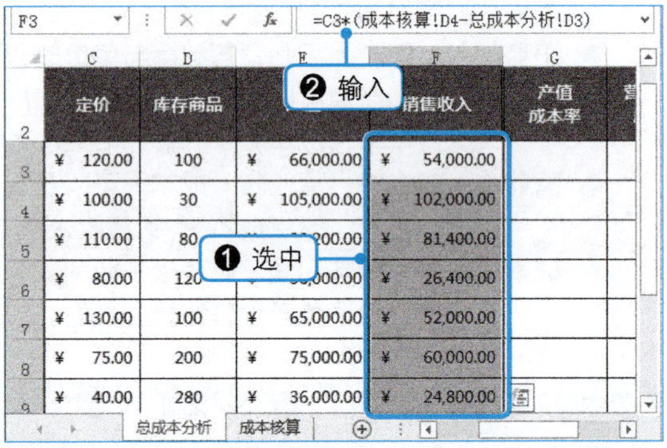

定价	库存商品	产值	销售收入	产值成本率
¥ 120.00	100	¥ 66,000.00	¥ 54,000.00	
¥ 100.00	30	¥ 105,000.00	¥ 102,000.00	
¥ 110.00	80	¥ 90,200.00	¥ 81,400.00	
¥ 80.00	120	¥ 36,000.00	¥ 26,400.00	
¥ 130.00	100	¥ 65,000.00	¥ 52,000.00	
¥ 75.00	200	¥ 75,000.00	¥ 60,000.00	
¥ 40.00	280	¥ 36,000.00	¥ 24,800.00	

STEP 5 计算产值成本率

❶选中 G3:G9 单元格区域；❷在编辑栏中输入“=B3/E3”，按【Ctrl+Enter】组合键确认。表示产品的产值成本率 = 该产品总成本 ÷ 该产品产值。

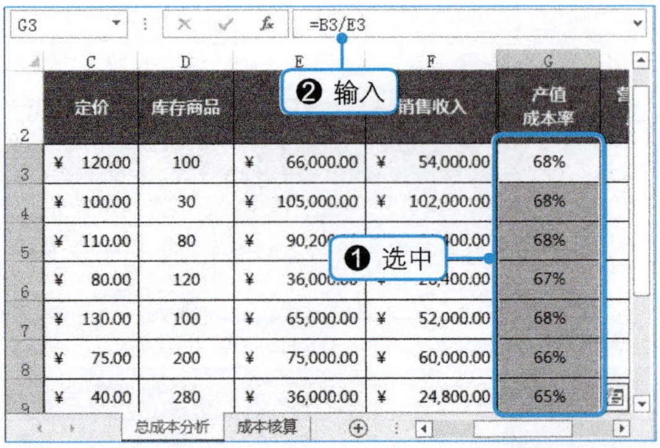

定价	库存商品	产值	销售收入	产值成本率
¥ 120.00	100	¥ 66,000.00	¥ 54,000.00	68%
¥ 100.00	30	¥ 105,000.00	¥ 102,000.00	68%
¥ 110.00	80	¥ 90,200.00	¥ 81,400.00	68%
¥ 80.00	120	¥ 36,000.00	¥ 26,400.00	67%
¥ 130.00	100	¥ 65,000.00	¥ 52,000.00	68%
¥ 75.00	200	¥ 75,000.00	¥ 60,000.00	66%
¥ 40.00	280	¥ 36,000.00	¥ 24,800.00	65%

STEP 6 计算营业收入成本率

❶选中 H3:H9 单元格区域；❷在编辑栏中输入“=B3/F3”，按【Ctrl+Enter】组合键确认。表示产品的营业收入成本率 = 该产品总成本 ÷ 该产品销售收入。

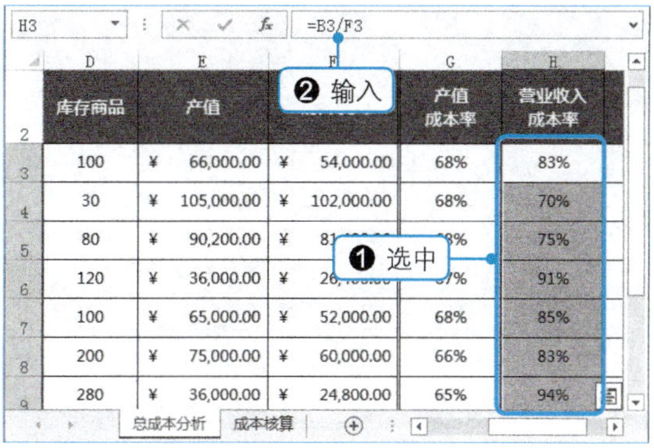

STEP 7 计算成本利润率

❶选中 H3:H9 单元格区域；❷在编辑栏中输入“=(F3-B3)/B3”，按【Ctrl+Enter】组合键确认。表示产品的成本利润率 =(该产品销售收入 - 该产品总成本)÷ 该产品总成本。

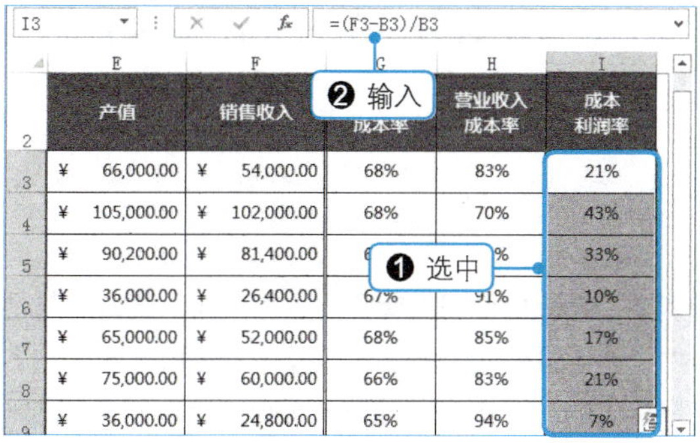

STEP 8 合计产品各项数据

❶选中 B10:F10 单元格区域；❷在编辑栏中输入“=SUM(B3:B9)”，按【Ctrl+Enter】组合键确认。

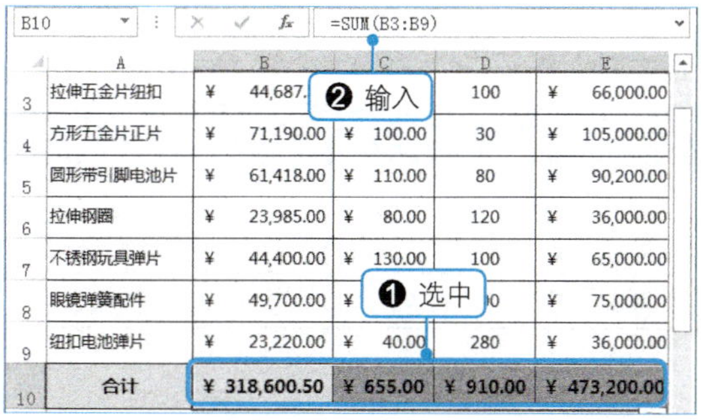

STEP 9 计算各指标的平均值

❶选中 G10:I10 单元格区域；❷在编辑栏中输入“=AVERAGE(G3:G9)”，按【Ctrl+Enter】组合键确认。

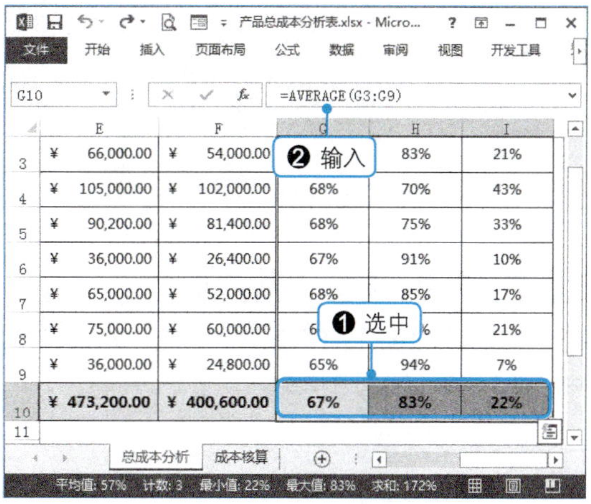

2. 使用柱形图分析各产品指标

下面将利用 Excel 提供的柱形图功能，创建产值成本率和成本利润率的柱形图，从而可以直观地分析各产品的经济效益情况。

STEP 1 创建柱形图

❶利用【Ctrl】键同时选中 A2:A9、G2:G9 和 I2:I9 单元格区域；❷在【插入】/【图表】组中单击“插入柱形图”按钮，在弹出的下拉列表中选择“二维柱形图”栏下的第 1 个选项。

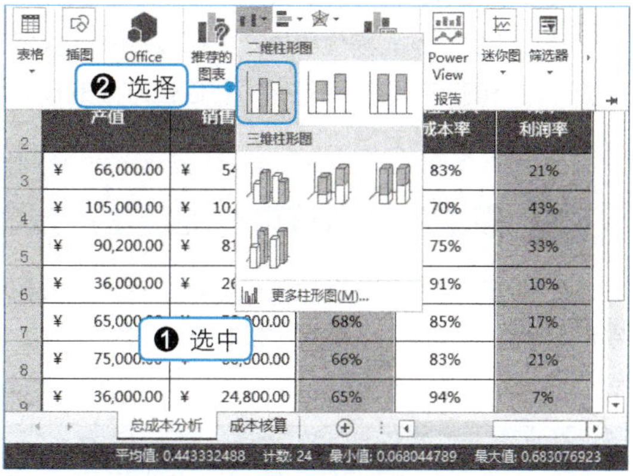

STEP 2 为图表快速应用布局

在【图表工具 设计】/【图表布局】组中单击“快速布局”按钮，在弹出的下拉列表中选择第 2 行第 1 种布局样式。

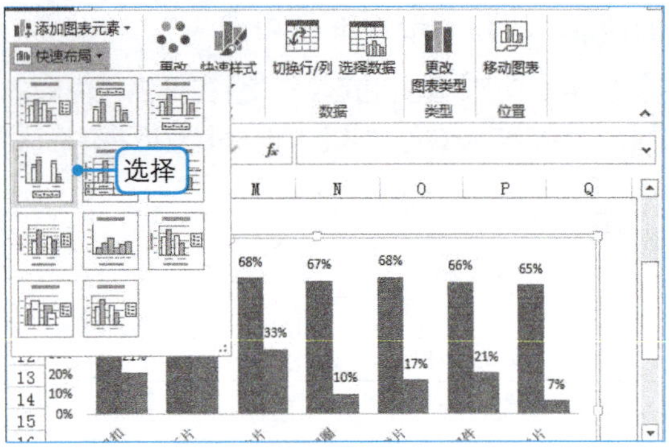

STEP 3 为图表快速应用样式

在【图表工具 设计】/【图表样式】组的下拉列表框中选择倒数第 3 种图表样式。

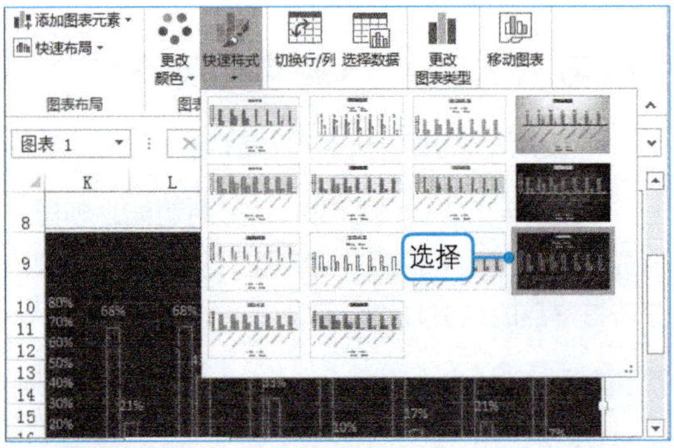

STEP 4 对比查看产品成本指标

适当调整图表大小，并将其移动到数据表格下方，此时便可直观地看到各产品产值成本率与成本利润率的对比数据。

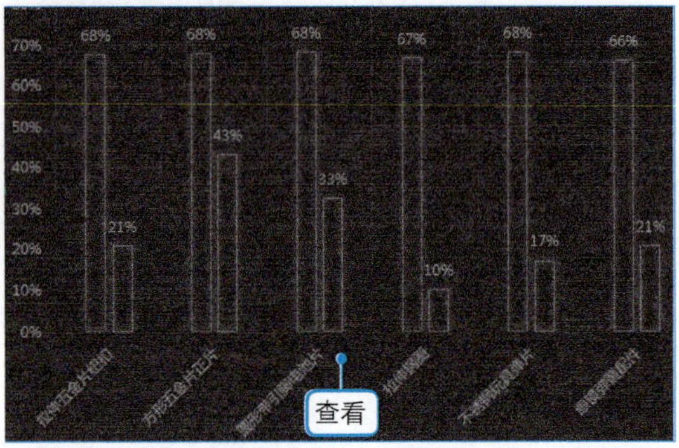

答疑解惑 ——通过以上图表能获得什么信息?

由于不同企业分析目标的不同，对数据的分析点也不同。就上图而言，可以根据各产品的产值成本率和成本利润率的对比关系，从而重点关注那些产值成本率与成本利润率极大的产品，进而判断是否应对其进行淘汰或升级处理。

8.5 会计真案

成本核算与分析对企业来讲是至关重要的，它不仅能够为会计核算提供有利的数据资料，更重要的是可以让企业找到问题来优化生产，降低成本。实际工作中，由于企业的经营模式以及产品性质不同，成本核算与分析的方法也多种多样，但这些方法的核算思路是相似的。下面就通过两个案例来看看工作中进行成本核算与分析的方法。

8.5.1 按成本项目核算产品的生产成本

产品成本项目一般包括直接材料、直接人工和制造费用等。假设某企业按成本项目编制的产品生产成本汇总表如下，通过下表便可核算产品的生产成本总额。

某企业产品生产成本汇总表

项目	上年实际	本年计划	本月实际	本年累计实际
生产成本：				
直接材料	¥211,880.00	¥205,655.00	¥20,720.00	¥210,635.00
直接人工	¥161,544.00	¥144,035.00	¥13,490.00	¥147,304.00

续表

项目	上年实际	本年计划	本月实际	本年累计实际
制造费用	¥87,275.00	¥96,920.00	¥8,035.00	¥91,205.00
在产品、自制半成品期初余额	¥23,180.00	¥23,960.00	¥2,255.00	¥19,249.00
在产品、自制半成品期末余额	¥19,249.00	¥19,930.00	¥3,165.00	¥25,115.00

【分析】

产品生产成本由直接材料、直接人工和制造费用构成，但上表中还涉及了在产品与自制半成品的余额数据，因此不能简单加总相关数据来求得产品生产成本。这里需要理解在产品和自制半成品的含义，其中，在产品又称在制品，是指企业生产过程中处于加工或等待加工的产品；自制半成品是指经过一定生产过程并已检验合格交付半成品仓库，但尚未制造完成仍须继续加工的中间产品。

这样一来，在产品、自制半成品期初余额与在产品、自制半成品期末余额之差，就应当是完工产品的生产成本。所以产品生产成本总额 = 直接材料 + 直接人工 + 制造费用 +(在产品、自制半成品期初余额 - 在产品、自制半成品期末余额)。

配套资源

操作视频演示

模板文件 \ 第 8 章 \ 会计真案 \ 成本项目核算表 .xlsx

效果文件 \ 第 8 章 \ 会计真案 \ 成本项目核算表 .xlsx

【操作思路】

（1）打开“成本项目核算表 .xlsx”模板文件，首先利用 SUM 函数在“生产成本合计”栏合计出直接材料、直接人工和制造费用的上年实际数、本年计划数、本月实际数与本年累计实际数。

（2）然后在“产品生产成本合计”栏利用公式计算产品最终的生产成本。即产品生产成本合计 = 生产成本合计 + 在产品、自制半成品期初余额 - 在产品、自制半成品期末余额。

某企业产品生产成本汇总表

项目	上年实际	本年计划	本月实际	本年累计实际
生产成本：				
直接材料	¥ 211,880.00	¥ 205,655.00	¥ 20,720.00	¥ 210,635.00
直接人工	¥ 161,544.00	¥ 144,035.00	¥ 13,490.00	¥ 147,304.00
制造费用	¥ 87,275.00	¥ 96,920.00	¥ 8,035.00	¥ 91,205.00
生产成本合计	¥ 460,699.00	¥ 446,610.00	¥ 42,245.00	¥ 449,144.00
加：在产品、自制半成品期初余额	¥ 23,180.00	¥ 23,960.00	¥ 2,255.00	¥ 19,249.00
减：在产品、自制半成品期末余额	¥ 19,249.00	¥ 19,930.00	¥ 3,165.00	¥ 25,115.00
产品生产成本合计	¥ 464,630.00	¥ 450,640.00	¥ 41,335.00	¥ 443,278.00

8.5.2 使用构成比率分析法分析成本数据

构成比率分析法是常用的产品总成本分析方法之一，它可以反映产品成本的构成是否合理。下面利用此分析方法分析上表中产品生产成本的情况。

【分析】

构成比率分析法是通过某项指标的各个组织部分占总体的比重（即部分与全部的比率），来进行数量分析的方法。本例中主要分析的就是直接材料、直接人工和制造费用的比率情况。

- **直接材料成本比率：**直接材料占产品成本的比率，可以反映生产某产品直接材料的耗用情况，其计算公式为：直接材料成本比率 = 直接材料成本 ÷ 产品成本 ×100%。
- **直接人工成本比率：**直接人工占产品成本的比率，可以反映生产某产品需要支付的工人工资，其计算公式为：直接人工成本比率 = 直接人工成本 ÷ 产品成本 ×100%。

- **制造费用比率：**制造费用占产品成本的比率，可以反映生产某产品各种间接费用耗用情况，其计算公式为：制造费用比率 = 直接材料成本 ÷ 产品成本 ×100%。

配套资源

模板文件 \ 第 8 章 \ 会计真案 \ 成本项目分析表 .xlsx

效果文件 \ 第 8 章 \ 会计真案 \ 成本项目分析表 .xlsx

操作视频演示

【操作思路】

打开“成本项目分析表 .xlsx”文件，按照构成比率分析法的相关公式计算各生产成本项目所占的比率即可。

某企业产品生产成本汇总表

项目	上年实际	本年计划	本月实际	本年累计实际
生产成本：				
直接材料	¥ 211,880.00	¥ 205,655.00	¥ 20,720.00	¥ 210,635.00
直接人工	¥ 161,544.00	¥ 144,035.00	¥ 13,490.00	¥ 147,304.00
制造费用	¥ 87,275.00	¥ 96,920.00	¥ 8,035.00	¥ 91,205.00
生产成本合计	¥ 460,699.00	¥ 446,610.00	¥ 42,245.00	¥ 449,144.00
直接材料成本比率	46%	46%	49%	47%
直接人工成本比率	35%	32%	32%	33%
制造费用比率	19%	22%	19%	20%

8.6 疑难解答

问题一 ➜ 制造费用应该如何分配呢？

答：对于制造费用的分配，一般应先分配辅助生产的制造费用，将其计入辅助生产成本，然后再分配辅助生产费用，将其中应由基本生产负担的制造费用计入基本生产的制造费用，最后再分配基本生产的制造费用。制造费用应当按照车间分别进行，不应将各车间的制造费用汇总，在企业范围内统一分配。制造费用的分配方法主要有生产工人工时比例法（或生产工时比例法）、生产工人工资比例法（或生产工资比例法）、机器工时比例法和按年度计划分配率分配法等。相关计算公式如下。

制造费用分配率 = 制造费用总额 ÷ 各产品分配标准之和（如产品生产工时总数或生产工人定额工时总数、生产工人工资总和、机器工时总数、产品计划产量的定额工时总数）

某种产品应分配的制造费用 = 该种产品分配标准 × 制造费用分配率

问题二 ➜ 完工产品和在产品之间的费用应怎样进行分配？

答：完工产品与在产品之间的关系为：本月完工产品成本 = 本月产品生产成本 + 月初在产品成本 - 月末在产品成本。如果产品数量较多，各月的在产品数量变化较大，且生产成本中直接材料成本和直接人工等加工成本的比重相差不大时，可按约当产量比例法来分配完工产品与在产品的费用。这种方法是将月末在产品数量按其完工程度折算为相当于完工产品的产量，即约当产量，然后将产品应负担的全部成本按照完工产品产量与月末在产品约当产量的比例分配计算完工产品成本和月末在产品成本。使用这种方法需要得到单位成本这一核心数据，其计算公式如下。

单位成本 =（月初在产品成本 + 本月发生生产成本）÷（完工产品产量 + 在产品约当产量）

其中，在产品约当产量 = 在产品数量 × 完工程度

完工产品成本 = 完工产品产量 × 单位成本

在产品成本 = 在产品约当产量 × 单位成本

Excel

| 第 9 章 |

应收账款的核算与分析

❖ 本章导读

为了销售商品、实现利润，最终赢得市场竞争，越来越多的企业选择利用商业信用来进行销售，从而导致企业之间拖欠货款的现象日益严重，企业的应收账款所占其资产比例也越来越大。这样一来，企业出现各种呆账、坏账的概率也越来越高。为了不影响企业盈利与正常发展，必须对应收账款进行更为有效的管理。本章将介绍应收账款统计表、应收账款账龄分析表以及坏账准备计提表等表格的制作方法，以帮助企业高效管理应收账款，并通过 Excel 的专业功能来实现以上几张表格的高效应用。

高效管理应收账款的 Excel 实务模板概览表

序号	Excel 实务模板名称	会计目的	实际应用点拨
1	应收账款明细表	全面登记每笔应收账款发生的具体情况	直接提供
2	应收账款统计表	统计应收账款到期日期、是否超期、是否核销等情况	（1）利用赊销日期和付款期限计算到期日期 （2）利用 IF 函数判断当前日期与到期日期的关系，从而判断应收账款是否超期 （3）利用 IF 函数判断结余金额是否为 0，从而判断应收账款是否核销 （4）透视分析不同客户的应收账款、已收账款和结余金额
3	应收账款账龄分析表	分析不同账龄的应收账款情况和逾期账款的占比情况等	（1）利用 IF 函数判断当前日期与到期日期的关系，将不同账龄的应收账款分类 （2）利用 SUM 函数汇总不同客户和不同账龄的应收账款 （3）计算每笔应收账款的占比情况 （4）透视分析不同账龄、不同客户的应收账款情况
4	坏账准备计提表	计算不同账龄的应收账款应计提的坏账准备金额	（1）引用应收账款账龄分析表中不同账龄的应收账款数据 （2）计算不同账龄应收账款应计提的坏账准备金额 （3）汇总逾期欠款总额和坏账准备计提总额

9.1 应收账款及其管理

应收账款是指企业应当收取但尚未收到的款项，它最主要的形成方式之一就是因赊销商品而应当向客户收取的货款。

应收账款过多，给企业带来的潜在危害是非常严重的，如果大量应收账款无法收回，则将形成许多呆账、坏账，企业的资金链可能因此断裂，企业资产将大大减少，最终可能导致企业无法正常运营甚至倒闭。

因此，为了不造成各种呆账、坏账，并在预计期限内有效收回各种应收账款，就有必要对应收账款进行管理。通过管理，可以清楚哪些应收账款已经到期、哪些应该催款、哪些应该核销、不同应收账款的账龄情况，以及最终需要计提多少坏账准备等，这样就能有效管理应收账款，为企业财务报表及分析带来更为详尽的数据，并为企业生产、运营等决策提供财务支撑。

知识补充——呆账与坏账

呆账是指已过偿付期限，经催讨尚不能收回，长期处于呆滞状态，有可能成为坏账的应收款项；坏账则是指企业无法收回或收回的可能性极小的应收款项。

9.1.1 应收账款明细表的收集与整理

我们已经知道应收账款有管理的必要，且管理的目的是尽快收回欠款，并得到何时催款、何时核销等各信息。为了获取这些信息，首先需要利用收款单等原始凭证，以及应收账款明细账等会计资料收集并整理出应收账款明细表，然后以应收账款明细表为基础，得到相关信息。应收账款管理的思路如下图所示。

这样一来，应收账款明细表就是管理应收账款的基础数据，也是将会计资料转换成内部管理应收账款时所需数据之间的桥梁。因此，要想实现应收账款的管理工作，首先就应该收集并整理出应收账款明细表。

下图便是根据企业已有的会计资料整理出的应收账款明细表。其中，“赊销日期”“客户名称”“应收账款”项目可从收款单和应收账款明细账中获取；“付款期限”项目可从购销合同中获取；“已收账款”项目可通过日记账查询获取；“结余金额”项目则是应收账款与已收账款之差额。

应收账款明细表

当前日期： 2017/6/28　　单位：元

赊销日期	客户名称	应收账款	已收账款	结余金额	付款期限（天）
2017/1/15	云峰电脑	¥ 28,000.00	¥ -	¥ 28,000.00	15
2017/1/16	大通电器	¥ 120,000.00	¥ 45,000.00	¥ 75,000.00	90
2017/1/18	金鑫有限责任公司	¥ 50,000.00	¥ 30,000.00	¥ 20,000.00	15
2017/1/26	鹏程广告公司	¥ 20,000.00	¥ 20,000.00	¥ -	10
2017/2/5	云峰电脑	¥ 68,500.00	¥ 42,500.00	¥ 26,000.00	45
2017/3/6	大通电器	¥ 40,000.00	¥ 40,000.00	¥ -	15
2017/3/8	金鑫有限责任公司	¥ 35,000.00	¥ -	¥ 35,000.00	30
2017/3/25	鹏程广告公司	¥ 158,000.00	¥ 58,000.00	¥ 100,000.00	90
2017/3/29	云峰电脑	¥ 38,600.00	¥ 10,000.00	¥ 28,600.00	10

答疑解惑 ——应收账款明细表的项目是固定的吗?

由于不同企业对应收账款管理所要达到的目标侧重点不同，导致应收账款明细表的项目结构也会有所差异。比如有的应收账款明细表中包含“业务员”项目，这可能是为了分析业务员的销售业绩；有的应收账款明细表中包含“部门”项目，这可能是为了查看各部门的业绩等。

9.1.2 借助多种表格管理应收账款

应收账款明细表的项目设计是为了方便后面对应收账款进行分析计算。也就是说，可以以应收账款明细表为基础，借助以下表格对应收账款进行管理和分析。

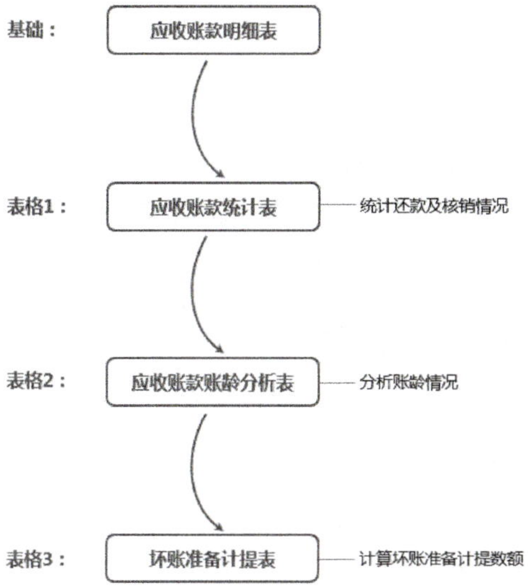

9.2 模板 1：应收账款统计表

应收账款统计表主要用于实现对应收账款的各种统计工作，其具体的统计对象也是不固定的，企业可根据自身情况和需求来建立统计对象，下面先介绍该表格的制作方法。

9.2.1 应收账款统计表的统计对象

这里将要制作的应收账款统计表将重点统计 3 个对象，分别是应收账款的到期日期、是否超期以及是否核销。

- **到期日期：** 即某笔应收账款的最后还款期限。该项目可利用应收账款明细表中的“赊销日期”和“付款期限”项目来计算，具体而言，到期日期 = 赊销日期 + 付款期限。
- **是否超期：** 即某笔应收账款是否已经超过了应当还款的日期，这涉及企业是否应当采取催款措施或计提坏账的问题。该项目可通过对比当前日期和到期日期来进行判断，若到期日期大于当前日期，则表示没有超期；若到期日期小于当前日期，则表示已经超期。
- **是否核销：** 即某笔应收账款是否已经完全收回并进行了核销操作。该项目可通过检查应收账款明细表中的“结余金额”项目是否为“0”来判断。

总体来看，应收账款统计表基本上需要借助所有应收账款明细表的项目，并增加以上 3 个统计项目，最终实现统计的功能。应收账款统计表如下所示。

应收账款统计表

当前日期： 单位：元

赊销日期	客户名称	应收账款	已收账款	结余金额	付款期限（天）	到期日期	超期否	核销

统计表的明细数据，可直接引用明细表中的内容

统计的对象

应收账款统计表中各项目的含义如下。

- **赊销日期：** 应收账款产生的日期。
- **客户名称：** 债务人单位名称。
- **应收账款：** 即赊销金额，是指应收账款的初始入账价值。
- **已收账款：** 应收账款已收回部分的金额。
- **结余金额：** 应收账款中未支付部分的金额，其计算公式为：结余金额 = 应收账款 – 已收账款。
- **付款期限（天）：** 签订购销合同中约定的期限，一般以“天”为单位。
- **到期日期：** 应收取应收账款的最后期限，其计算公式为：到期日期 = 付款期限（天）+ 赊销日期。
- **超期否：** 显示应收账款是否超期。若超期，显示“超期”；若未超期，则显示“正常”。
- **核销：** 显示应收账款是否核销。若核销，显示“核销”；若未核销，则显示“未核销”。

9.2.2 统计应收账款的明细情况

应收账款统计表可以统计出每笔应收账款的到期日期、是否超期与核销等数据，这对于企业后期的催款、坏账准备计提等都有着重要影响，下面就利用 Excel 制作此表。除此之外，本例还将在 Excel 中实现对应收账款统计表的数据透视分析，了解指定客户的应收账款、已收账款、结余金额等情况。

配套资源

操作视频演示

模板文件 \ 第 9 章 \ 应收账款统计表 .xlsx
效果文件 \ 第 9 章 \ 应收账款统计表 .xlsx

【案例效果图解】

应收账款统计表

当前日期： 2017/6/28 单位：元

赊销日期	客户名称	应收账款	已收账款	结余金额	付款期限（天）	到期日期	超期否	核销
2017/1/15	云峰电脑	¥ 28,000.00	¥ -	¥ 28,000.00	15	2017/1/30	超期	未核销
2017/1/16	大通电器	¥ 120,000.00	¥ 45,000.00	¥ 75,000.00	90	2017/4/16	超期	未核销
2017/1/18	金鑫有限责任公司	¥ 50,000.00	¥ 30,000.00	¥ 20,000.00	15	2017/2/2	超期	未核销
2017/1/26	鹏程广告公司	¥ 20,000.00	¥ 20,000.00	¥ -	10	2017/2/5	超期	核销
2017/2/5	云峰电脑	¥ 68,500.00	¥ 42,500.00	¥ 26,000.00	45	2017/3/22	超期	未核销
2017/3/6	大通电器	¥ 40,000.00	¥ 40,000.00	¥ -	15	2017/3/21	超期	核销
2017/3/8	金鑫有限责任公司	¥ 35,000.00	¥ -	¥ 35,000.00	30	2017/4/7	超期	未核销
2017/3/25	鹏程广告公司	¥ 158,000.00	¥ 58,000.00	¥ 100,000.00	90	2017/6/23	超期	未核销
2017/3/29	云峰电脑	¥ 38,600.00	¥ 10,000.00	¥ 28,600.00	10	2017/4/8	超期	未核销
2017/4/2	大通电器	¥ 20,000.00	¥ -	¥ 20,000.00	30	2017/5/2	超期	未核销
2017/4/10	金鑫有限责任公司	¥ 10,000.00	¥ 10,000.00	¥ -	60	2017/6/9	超期	核销
2017/4/15	鹏程广告公司	¥ 10,000.00	¥ -	¥ 10,000.00	60	2017/6/14	超期	未核销
2017/4/24	云峰电脑	¥ 50,000.00	¥ 32,000.00	¥ 18,000.00	90	2017/7/23	正常	未核销
2017/5/2	大通电器	¥ 80,000.00	¥ 50,000.00	¥ 30,000.00	15	2017/5/17	超期	未核销

可直接引用或复制应收账款明细表中的数据

设计公式计算

分别利用 IF 函数判断

1. 设计公式计算到期日期

下面首先利用赊销日期和付款期限来计算每笔应收账款的到期日期。

STEP 1 录入应收账款明细数据

打开“应收账款统计表.xlsx”模板文件，根据应收账款明细表中的数据，在模板中相应项目下录入“赊销日期”“客户名称”“应收账款”“已收账款”“结余金额”“付款期限（天）”等信息。

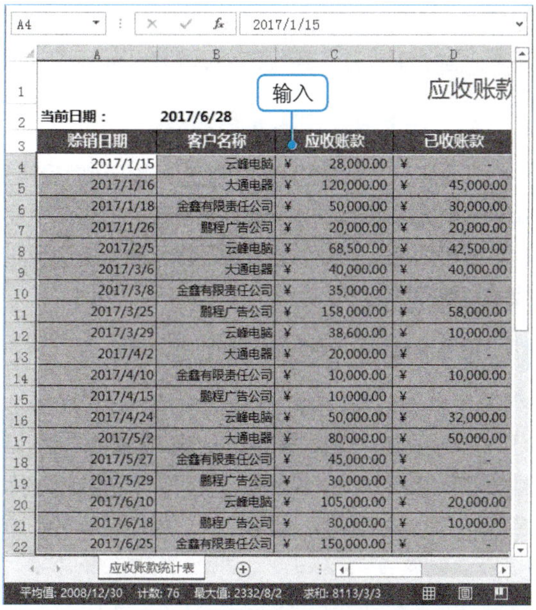

赊销日期	客户名称	应收账款	已收账款
2017/1/15	云峰电脑	¥ 28,000.00	¥ -
2017/1/16	大通电器	¥ 120,000.00	¥ 45,000.00
2017/1/18	金鑫有限责任公司	¥ 50,000.00	¥ 30,000.00
2017/1/26	鹏程广告公司	¥ 20,000.00	¥ 20,000.00
2017/2/5	云峰电脑	¥ 68,500.00	¥ 42,500.00
2017/3/6	大通电器	¥ 40,000.00	¥ 40,000.00
2017/3/8	金鑫有限责任公司	¥ 35,000.00	¥ -
2017/3/25	鹏程广告公司	¥ 158,000.00	¥ 58,000.00
2017/3/29	云峰电脑	¥ 38,600.00	¥ 10,000.00
2017/4/2	大通电器	¥ 20,000.00	¥ -
2017/4/10	金鑫有限责任公司	¥ 10,000.00	¥ 10,000.00
2017/4/15	鹏程广告公司	¥ 10,000.00	¥ -
2017/4/24	云峰电脑	¥ 50,000.00	¥ 32,000.00
2017/5/2	大通电器	¥ 80,000.00	¥ 50,000.00
2017/5/27	金鑫有限责任公司	¥ 45,000.00	¥ -
2017/5/29	鹏程广告公司	¥ 30,000.00	¥ -
2017/6/10	云峰电脑	¥ 105,000.00	¥ 20,000.00
2017/6/18	鹏程广告公司	¥ 30,000.00	¥ 10,000.00
2017/6/25	金鑫有限责任公司	¥ 150,000.00	¥ -

高手妙招——复制单元格区域快速录入数据

由于应收账款统计表中前 6 项内容与应收账款明细表各项内容完全相同，因此可直接在明细表中选中相应的单元格区域，按【Ctrl+C】组合键复制后，在应收账款统计表中选中对应的单元格，并按【Ctrl+V】组合键粘贴数据，快速实现录入操作。

STEP 2 计算到期日期

❶选中 G4 单元格；❷在编辑栏中输入“=A4+F4”，即到期日期为赊销日期与付款期限之和，比如 1 月 1 日赊销商品，签订的付款期限为 15 天，则应收账款的到期日期自然为 1 月 16 日。按【Ctrl+Enter】组合键确认输入。

已收账款	结余金额	付款期限（天）	到期日期
¥ -	¥ 28,000.00	15	2017/1/30
¥ 45,000.00	¥ 75,000.00	90	
¥ 30,000.00	¥ 20,000.00	15	
¥ 20,000.00	¥ -	10	
¥ 42,500.00	¥ 26,000.00	45	
¥ 40,000.00	¥ -	15	
¥ -	¥ 35,000.00	30	
¥ 58,000.00	¥ 100,000.00	90	
¥ 10,000.00	¥ 28,600.00	10	

STEP 3 通过填充公式得到其他到期日期

将鼠标指针移至 G4 单元格右下角的填充柄处，当其变为十字光标形状时，双击鼠标左键，此时 Excel 将以二维表格为参考范围，自动把公式填充到 G4 单元格下方连续的单元格中。

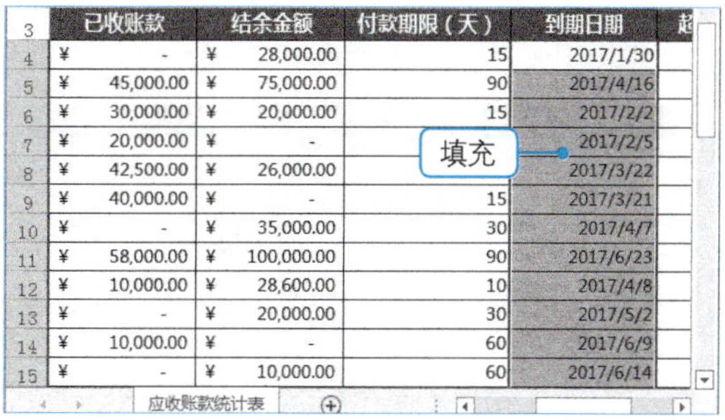

已收账款	结余金额	付款期限（天）	到期日期
¥ -	¥ 28,000.00	15	2017/1/30
¥ 45,000.00	¥ 75,000.00	90	2017/4/16
¥ 30,000.00	¥ 20,000.00	15	2017/2/2
¥ 20,000.00	¥ -	10	2017/2/5
¥ 42,500.00	¥ 26,000.00	45	2017/3/22
¥ 40,000.00	¥ -	15	2017/3/21
¥ -	¥ 35,000.00	30	2017/4/7
¥ 58,000.00	¥ 100,000.00	90	2017/6/23
¥ 10,000.00	¥ 28,600.00	10	2017/4/8
¥ -	¥ 20,000.00	30	2017/5/2
¥ 10,000.00	¥ -	60	2017/6/9
¥ -	¥ 10,000.00	60	2017/6/14

2. 使用 IF 函数判断是否超期

应收账款是否超期，可以通过将到期日期与当前日期进行比较来获得。比如当前日期为 1 月 15 日，某笔应收账款的到期日期为 1 月 12 日，则该笔应收账款就已经超期了。在 Excel 中，使用 IF 函数可以轻松判断当前日期和到期日期的关系。

STEP 1 录入当前日期

选中 B2 单元格，在其中输入当前日期，如“2017/6/28”，按【Enter】键确认。

赊销日期	客户名称	应收账款	已收账款
2017/1/15	云峰电脑	¥ 28,000.00	¥ -
2017/1/16	大通电器	¥ 120,000.00	¥ 45,000.00
2017/1/18	金鑫有限责任公司	¥ 50,000.00	¥ 30,000.00
2017/1/26	鹏程广告公司	¥ 20,000.00	¥ 20,000.00
2017/2/5	云峰电脑	¥ 68,500.00	¥ 42,500.00
2017/3/6	大通电器	¥ 40,000.00	¥ 40,000.00
2017/3/8	金鑫有限责任公司	¥ 35,000.00	¥ -
2017/3/25	鹏程广告公司	¥ 158,000.00	¥ 58,000.00
2017/3/29	云峰电脑	¥ 38,600.00	¥ 10,000.00

高手妙招 ——自动返回当前日期

在单元格中输入函数“=TODAY( )”，则将返回当前日期，且该日期会自动更新，无须手动进行调整。

STEP 2 设计 IF 函数判断是否超期

❶ 选中 H4 单元格；❷ 在编辑栏中输入“=IF(G4<$B$2,"超期","正常")”，表示如果到期日期小于当前日期，则返回“超期”，否则返回“正常”。按【Ctrl+Enter】组合键确认输入。

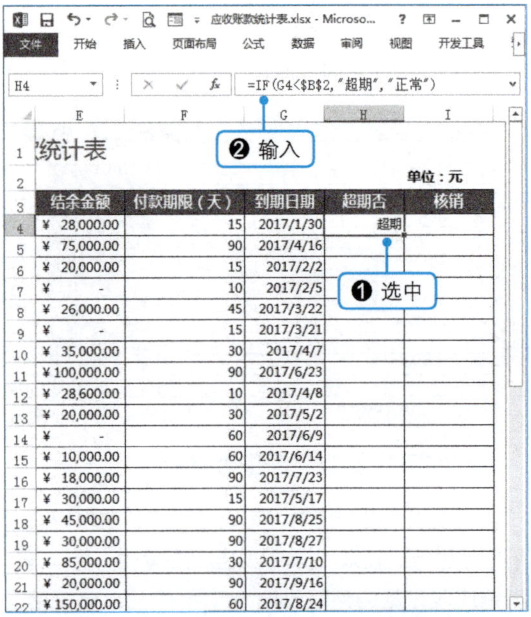

答疑解惑 ——为什么当前日期单元格要绝对引用?

使用 IF 函数判断当前日期与到期日期的关系时，由于各笔应收账款的到期日期都将与当前日期对比，因此该日期所在单元格必须为绝对引用，否则填充公式时所依据的“当前日期”将发生变化。

STEP 3 通过填充公式判断其他超期结果

双击 H4 单元格右下角的填充柄，快速返回其他应收账款是否超期的结果。

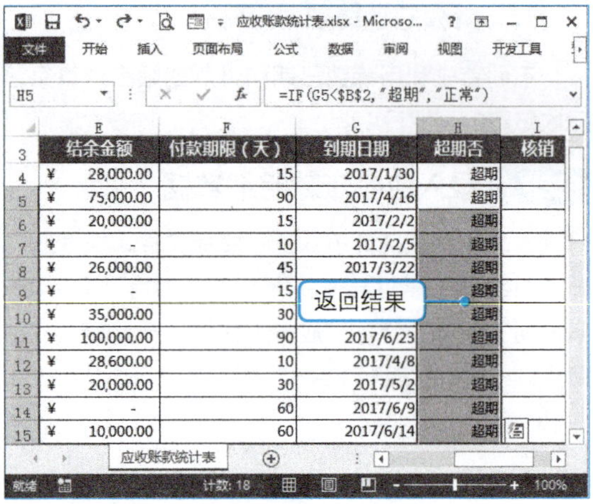

3. 使用 IF 函数判断是否核销

应收账款如果完全收回，则可以进行核销操作，如果没有完全收回，则不能完全核销。按照这个逻辑，便可利用 IF 函数对结余金额进行判断来实现对应收账款的核销管理。

STEP 1 设计 IF 函数判断是否核销

❶ 选中 I4 单元格；❷ 在编辑栏中输入“=IF(E4=0,"核销","未核销")”，表示如果结余金额为“0”，则应收账款和已收账款相等，也就是说应收账款完全收回，此时将返回“核销”，如果结余金额不为“0”，则返回“未核销”，即还有未收回的款项。按【Ctrl+Enter】组合键确认输入。

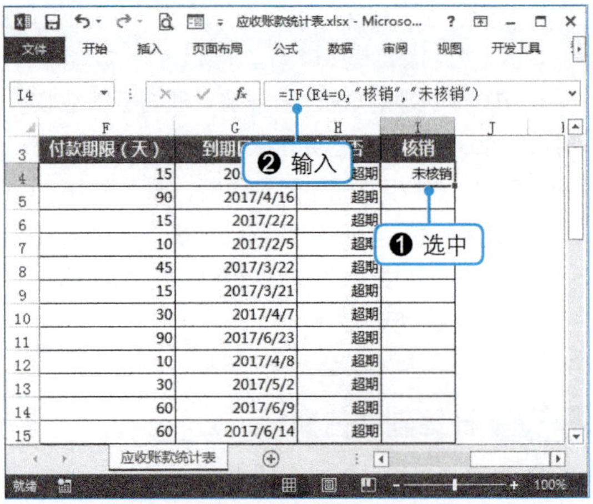

STEP 2 通过填充公式判断其他核销结果

双击 I4 单元格的填充柄，快速返回其他应收账款是否核销的结果。

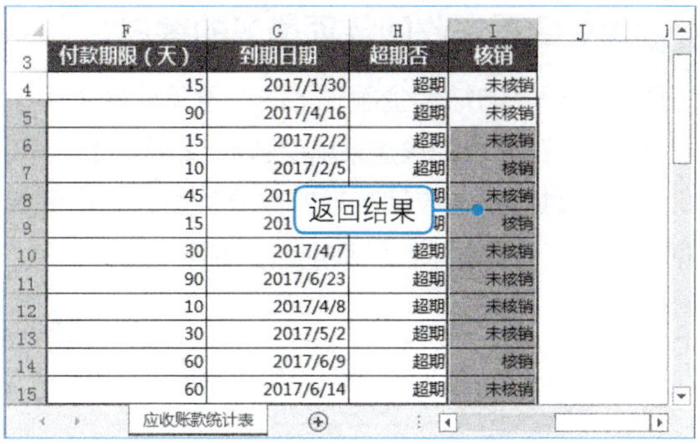

答疑解惑——双击填充柄填充公式的弊端

对于结构简单整齐的数据表格而言，双击填充柄填充公式或数据是最快捷的方法。但具体要填充的区域是不是就是 Excel 自动判断的区域，却需要填充后进行检查。比如上表如果最后一行还有“合计”栏，那么双击填充肯定会包含这个栏目的区域，此时就需要手动删除。

4. 分析各客户的应收账款情况

为便于有针对性地对不同客户的应收账款进行管理，就应该了解不同客户的应收账款、已收账款和结余金额等情况，此时可利用数据透视表来进行查看和分析。

STEP 1 插入数据透视表

❶选中 A3:I22 单元格区域；❷在【插入】/【表格】组中单击“数据透视表”按钮。

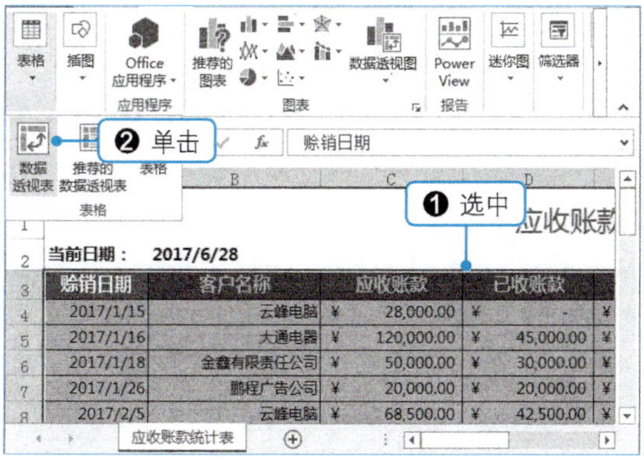

STEP 2 设置位置

❶打开“创建数据透视表”对话框，选中“现有工作表”单选项；❷选中 A26 单元格作为数据透视表区域的起始位置；❸单击“确定”按钮。

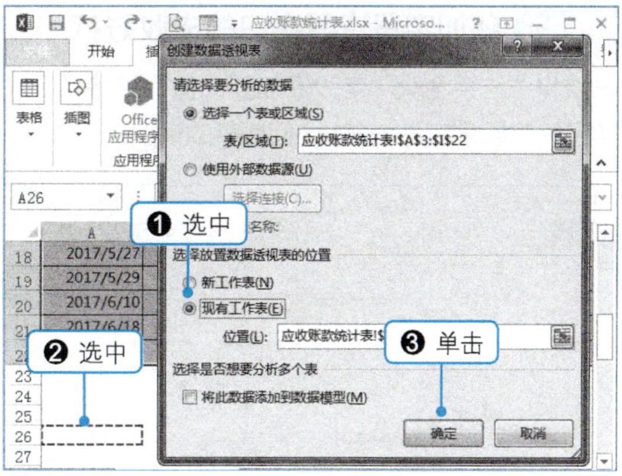

STEP 3 添加字段查看客户的应收账款

为统计不同客户的应收账款总体情况，可分别将“客户名称”字段和“应收账款”字段添加到“数据透视表字段”窗格中的“行”标签和“值”标签中进行查看。

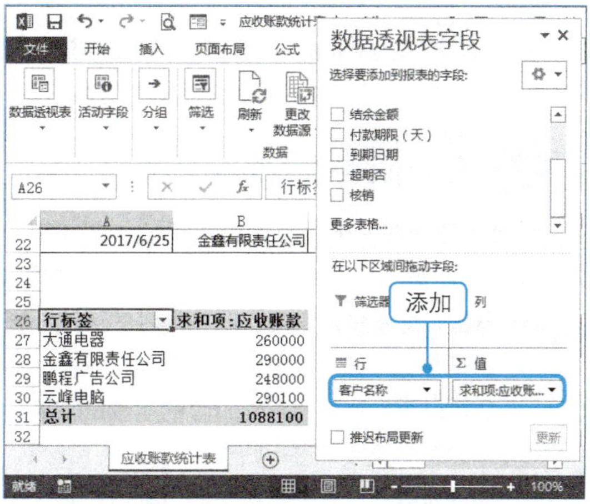

STEP 4 添加字段查看客户的已收账款

继续将“已收账款”字段添加到“值”标签中，此时可在前面的数据基础上，同时查看不同客户的已收回账款情况。

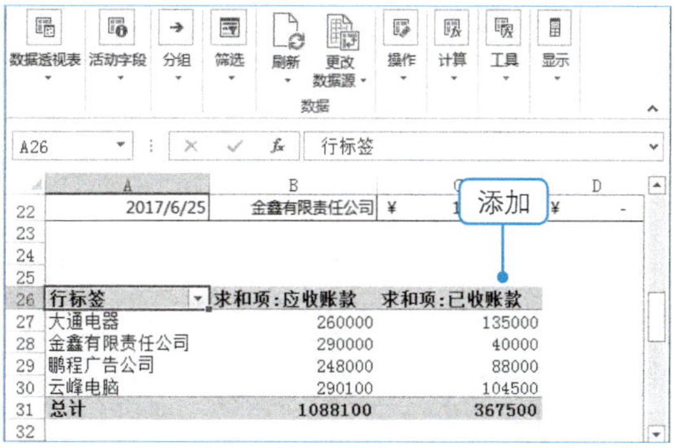

STEP 5 添加字段查看客户的未收账款

再次将“结余金额”字段添加到“值”标签中，以实现同时查看不同客户未收回账款的情况。

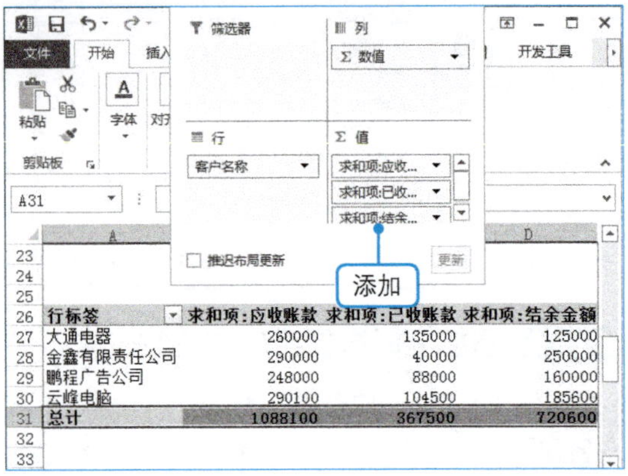

STEP 6 查看未收回款项最多的客户

在数据透视表的结余金额栏下的任意单元格中单击鼠标右键，在弹出的快捷菜单中选择【排序】/【降序】命令，此时可按未收回款项的结果从高到低排列数据，从而可以查看未收回款项最多的客户名称。

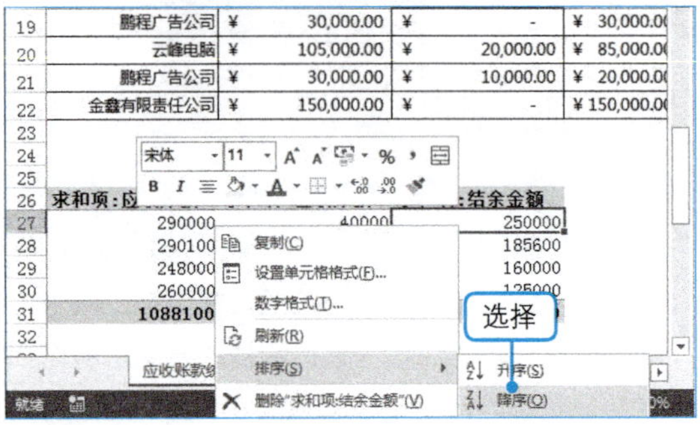

9.3 模板 2：应收账款账龄分析表

应收账款账龄分析表可以实现对每笔应收账款的账龄计算、逾期账款逾期情况的归纳，以及逾期账款占比的计算等，是统计并分析账龄的有效工具。

9.3.1 分析应收账款的账龄情况

应收账款账龄分析表应当根据不同企业的不同目的进行制作，其没有固定的样式。但是，对于应收账款账龄分析而言，却是大同小异的。这里制作的账龄分析表主要将对以下对象进行计算和分析。

- **账龄：** 即发生该笔应收账款至今的天数，该项目可利用当前日期与赊销日期之差获得。
- **逾期账款：** 人为将逾期账款的逾期阶段分为 0~30 天、30~60 天、60~90 天和 90 天以上 4 种，以便可以根据需要对不同阶段的应收账款执行不同的催款行为。该项目可通过判断当前日期与到期日期之差的天数来进行归类。
- **逾期账款占比：** 即某笔逾期账款所占整个逾期账款的比例，以便根据比例大小决定催款的先后顺序等财务决策。该项目可利用某笔逾期账款与整个逾期账款之比来计算。

按照上述分析，应收账款账龄分析表的项目如下图所示。该表可在充分利用应收账款统计表项目的基础上，有针对性地增加需要计算和分析的账龄项目来制作。

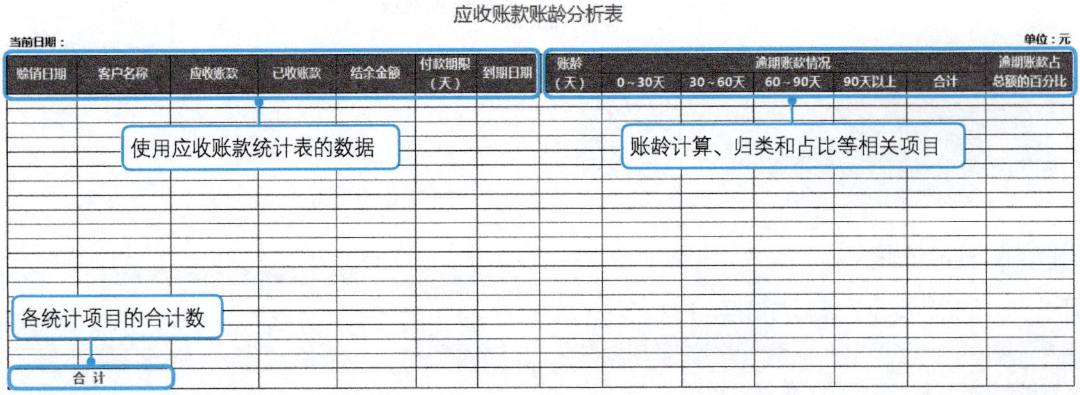

应收账款账龄分析表中各项目的含义分别如下。

- **赊销日期～到期日期：** 这连续的 7 个项目与应收账款统计表对应的项目完全相同。
- **账龄：** 反映每笔应收账款从发生到统计当日的天数。
- **逾期账款情况：** 此项目包含 5 个子项目，其中前 4 个子项目反映逾期应收账款的不同逾期天数，最后一个子项目则用于汇总不同逾期账款的数额，便于后面计算所有逾期账款的合计数。
- **逾期账款占总额的百分比：** 反映每一笔逾期的应收账款占整个逾期账款的比例。

9.3.2 通过逻辑判断与自动计算实现账龄分析

对应收账款的账龄进行分析，不仅可以确定不同的催款策略，也能为后面的坏账准备计提提供参考。下面利用 Excel 制作应收账款账龄分析表，并利用数据透视功能分析不同的账龄情况和逾期账款情况。

配套资源

模板文件 \ 第 9 章 \ 应收账款账龄分析表 .xlsx
效果文件 \ 第 9 章 \ 应收账款账龄分析表 .xlsx

操作视频演示

【案例效果图解】

使用 IF 函数判断不同逾期天数的应收账款

应收账款账龄分析表

当前日期： 2017/6/28　　　　单位：元

赊销日期	客户名称	应收账款	已收账款	结余金额	付款期限（天）	到期日期	账龄（天）	逾期账款情况					逾期账款占总额的百分比
								0～30天	30～60天	60～90天	90天以上	合计	
2017/1/15	云峰电脑	¥ 28,000.00	¥ -	¥ 28,000.00	15	2017/1/30	164	¥ -	¥ -	¥ -	¥ 28,000.00	¥ 28,000.00	7.51%
2017/1/16	大通电器	¥ 120,000.00	¥ 45,000.00	¥ 75,000.00	90	2017/4/16	163	¥ -	¥ -	¥ 75,000.00	¥ -	¥ 75,000.00	20.13%
2017/1/18	金鑫有限责任公司	¥ 50,000.00	¥ 30,000.00	¥ 20,000.00	15	2017/2/2	161	¥ -	¥ -	¥ -	¥ 20,000.00	¥ 20,000.00	5.37%
2017/1/26	鹏程广告公司	¥ 20,000.00	¥ 20,000.00	¥ -	10	2017/2/5	153	¥ -	¥ -	¥ -	¥ -	¥ -	0.00%
2017/2/5	云峰电脑	¥ 68,500.00	¥ 42,500.00	¥ 26,000.00	45	2017/3/22	143	¥ -	¥ -	¥ -	¥ 26,000.00	¥ 26,000.00	6.98%
2017/3/6	大通电器	¥ 40,000.00	¥ 40,000.00	¥ -	15	2017/3/21	114	¥ -	¥ -	¥ -	¥ -	¥ -	0.00%
2017/3/8	金鑫有限责任公司	¥ 35,000.00	¥ -	¥ 35,000.00	30	2017/4/7	112	¥ -	¥ -	¥ 35,000.00	¥ -	¥ 35,000.00	9.39%
2017/3/25	鹏程广告公司	¥ 158,000.00	¥ 58,000.00	¥ 100,000.00	90	2017/6/23	95	¥ 100,000.00	¥ -	¥ -	¥ -	¥ 100,000.00	26.84%
2017/3/29	云峰电脑	¥ 38,600.00	¥ 10,000.00	¥ 28,600.00	10	2017/4/8	91	¥ -	¥ -	¥ 28,600.00	¥ -	¥ 28,600.00	7.68%
2017/4/2	大通电器	¥ 20,000.00	¥ -	¥ 20,000.00	30	2017/5/2	87	¥ -	¥ 20,000.00	¥ -	¥ -	¥ 20,000.00	5.37%
2017/4/10	金鑫有限责任公司	¥ 10,000.00	¥ 10,000.00	¥ -	60	2017/6/9	79	¥ -	¥ -	¥ -	¥ -	¥ -	0.00%
2017/4/15	鹏程广告公司	¥ 10,000.00	¥ -	¥ 10,000.00	60	2017/6/14	74	¥ 10,000.00	¥ -	¥ -	¥ -	¥ 10,000.00	2.68%
2017/4/24	云峰电脑	¥ 50,000.00	¥ 32,000.00	¥ 18,000.00	90	2017/7/23	65	¥ -	¥ -	¥ -	¥ -	¥ -	0.00%
2017/5/2	大通电器	¥ 80,000.00	¥ 50,000.00	¥ 30,000.00	15	2017/5/17	57	¥ -	¥ 30,000.00	¥ -	¥ -	¥ 30,000.00	8.05%
2017/5/27	金鑫有限责任公司	¥ 45,000.00	¥ -	¥ 45,000.00	90	2017/8/25	32	¥ -	¥ -	¥ -	¥ -	¥ -	0.00%
2017/5/29	鹏程广告公司	¥ 30,000.00	¥ -	¥ 30,000.00	90	2017/8/27	30	¥ -	¥ -	¥ -	¥ -	¥ -	0.00%
2017/6/9	云峰电脑	¥ 105,000.00	¥ 20,000.00	¥ 85,000.00	30	2017/7/9	19	¥ -	¥ -	¥ -	¥ -	¥ -	0.00%
2017/6/18	鹏程广告公司	¥ 30,000.00	¥ 10,000.00	¥ 20,000.00	90	2017/9/16	10	¥ -	¥ -	¥ -	¥ -	¥ -	0.00%
2017/6/25	金鑫有限责任公司	¥ 150,000.00	¥ -	¥ 150,000.00	60	2017/8/24	3	¥ -	¥ -	¥ -	¥ -	¥ -	0.00%
合 计		¥ 1,088,100.00	¥ 367,500.00	¥ 720,600.00				¥ 110,000.00	¥ 50,000.00	¥ 138,600.00	¥ 74,000.00	¥ 372,600.00	

可直接引用或复制应收账款统计表中的数据　　使用公式计算账龄　　使用公式计算百分比

1. 设计公式计算账龄

下面首先充分使用应收账款统计表中的已有数据来录入应收账款账龄分析表中相应项目的数据，然后利用当前日期与赊销日期之差来计算每笔应收账款的账龄情况。

STEP 1 录入应收账款明细数据

打开“应收账款账龄分析表 .xlsx”模板文件，输入当前日期，然后复制应收账款统计表中的数据至应收账款账龄分析表中，快速实现“赊销日期”“客户名称”“应收账款”“已收账款”“结余金额”“付款期限（天）”“到期日期”的录入。

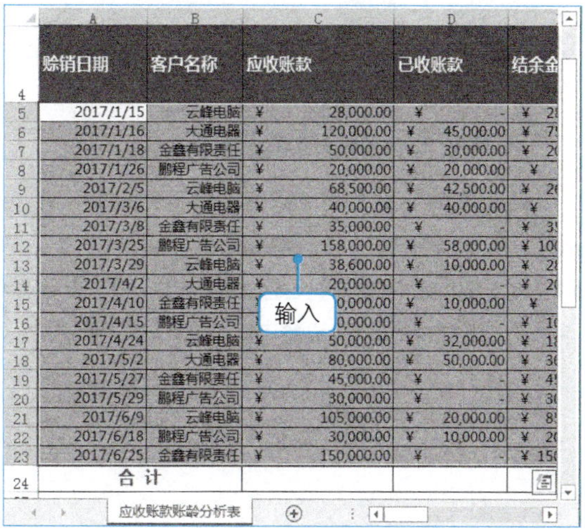

	A	B	C	D	
4	赊销日期	客户名称	应收账款	已收账款	结余金
5	2017/1/15	云峰电脑	¥ 28,000.00	¥ -	¥ 2
6	2017/1/16	大通电器	¥ 120,000.00	¥ 45,000.00	¥ 7
7	2017/1/18	金鑫有限责任	¥ 50,000.00	¥ 30,000.00	¥ 2
8	2017/1/26	鹏程广告公司	¥ 20,000.00	¥ 20,000.00	¥
9	2017/2/5	云峰电脑	¥ 68,500.00	¥ 42,500.00	¥ 2
10	2017/3/6	大通电器	¥ 40,000.00	¥ 40,000.00	¥
11	2017/3/8	金鑫有限责任	¥ 35,000.00	¥ -	¥ 3
12	2017/3/25	鹏程广告公司	¥ 158,000.00	¥ 58,000.00	¥ 10
13	2017/3/29	云峰电脑	¥ 38,600.00	¥ 10,000.00	¥ 2
14	2017/4/2	大通电器	¥ 20,000.00	¥ -	¥ 2
15	2017/4/10	金鑫有限责任	0,000.00	¥ 10,000.00	¥
16	2017/4/15	鹏程广告公司	0,000.00	¥ -	¥ 1
17	2017/4/24	云峰电脑	¥ 50,000.00	¥ 32,000.00	¥ 1
18	2017/5/2	大通电器	¥ 80,000.00	¥ 50,000.00	¥ 3
19	2017/5/27	金鑫有限责任	¥ 45,000.00	¥ -	¥ 4
20	2017/5/29	鹏程广告公司	¥ 30,000.00	¥ -	¥ 3
21	2017/6/9	云峰电脑	¥ 105,000.00	¥ 20,000.00	¥ 8
22	2017/6/18	鹏程广告公司	¥ 30,000.00	¥ 10,000.00	¥ 2
23	2017/6/25	金鑫有限责任	¥ 150,000.00	¥ -	¥ 15
24	合 计				

STEP 2 计算应收账款的账龄

❶选中 H5 单元格；❷在编辑栏中输入公式“=$B$2-A5”，其中 B2 单元格地址使用绝对引用方式。表示该笔应收账款的账龄由当前日期减去该笔应收账款的赊销日期之差所得。按【Ctrl+Enter】组合键确认输入。

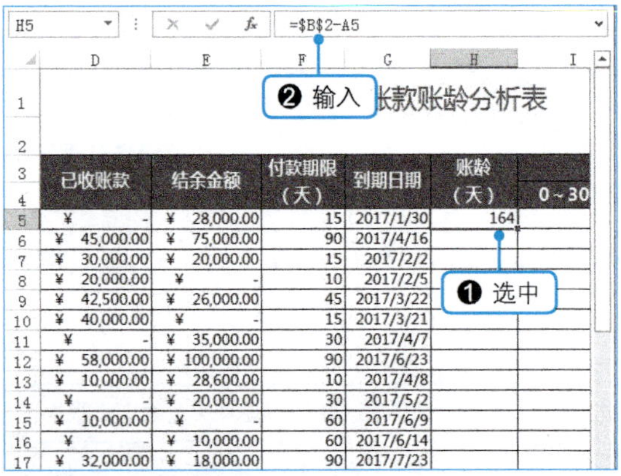

STEP 3 通过填充公式得到其他账龄数据

拖动 H5 单元格的填充柄至 H23 单元格，快速填充公式并得到其他每笔应收账款的账龄数据。

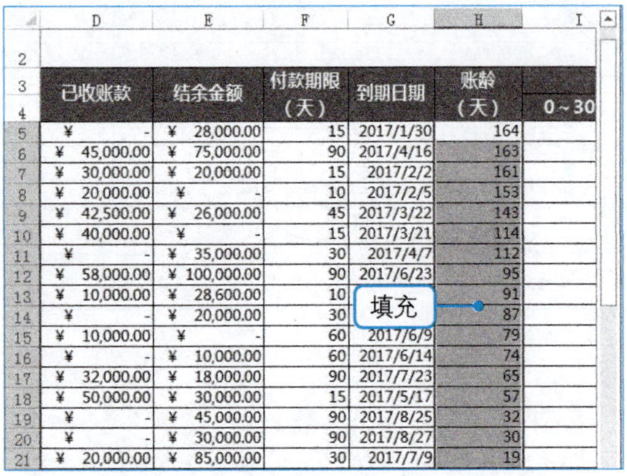

2. 使用 IF 函数归类逾期账款

应收账款如果逾期，则可以有针对性地根据逾期时间长短来选择催款对象和方法，此时就需要先对各笔逾期账款按时间长短进行分类。在 Excel 中可结合 IF 函数和 AND 函数来轻松实现这一目的。

STEP 1 使用 IF 函数和 AND 函数进行归类

❶选中 I5 单元格；❷在编辑栏中输入“=IF(AND($B$2-G5>0,$B$2-G5<=30),E5,0)”，表示如果当前日期大于到期日期，且大于天数小于或等于 30 天时，则返回该笔应收账款的结余金额，否则返回“0”。

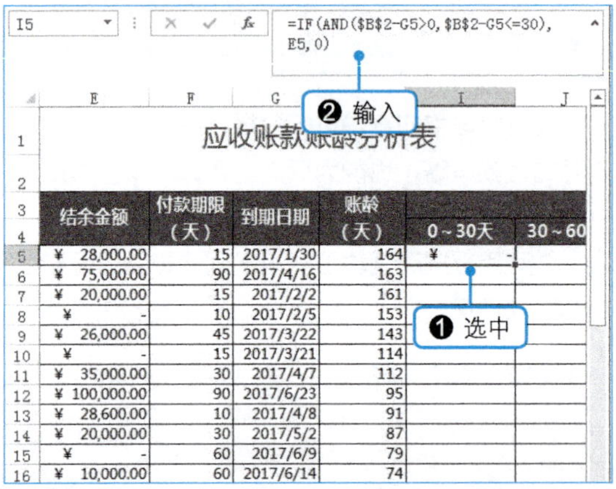

STEP 2 通过填充公式归类其他逾期账款

拖动 I5 单元格的填充柄至 I23 单元格，快速填充公式并得到 0~30（含）天这个范围的逾期账款数据。

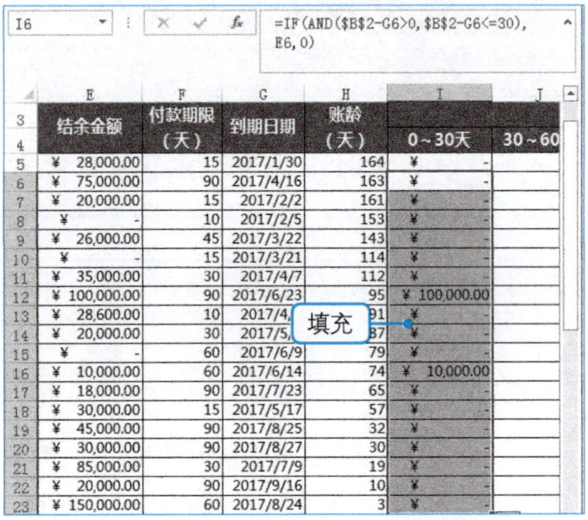

STEP 3 使用 IF 函数和 AND 函数进行归类

❶选中 J5 单元格；❷在编辑栏中输入“=IF(AND($B$2-G5>30,$B$2-G5<=60),E5,0)”，表示如果当前逾期在 30 天以上，60 天以内（含），则返回该笔应收账款的结余金额，否则返回“0”。

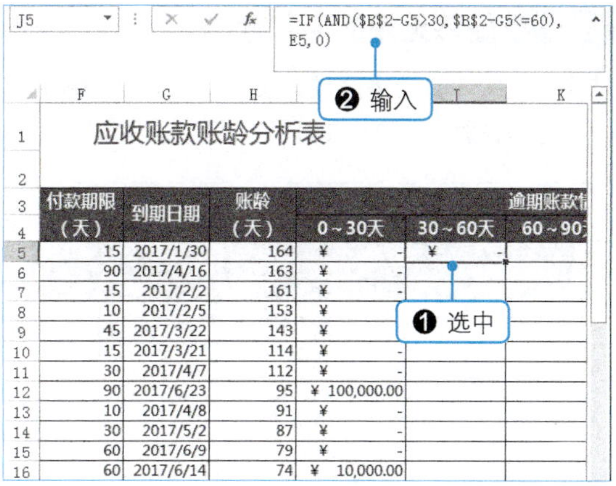

STEP 4 通过填充公式归类其他逾期账款

拖动 J5 单元格的填充柄至 J23 单元格，快速填充公式并得到 30~60（含）天这个范围的逾期账款数据。

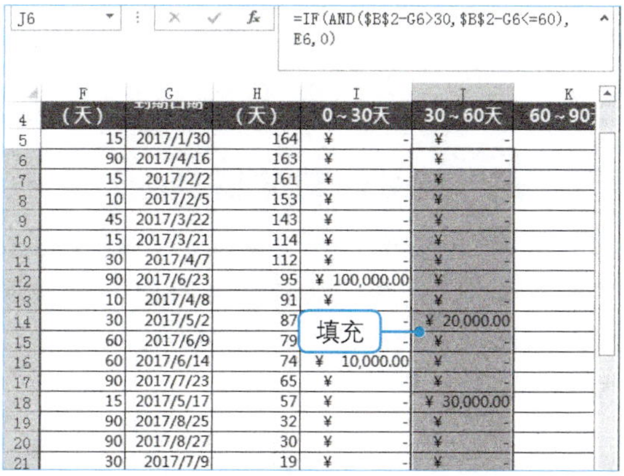

STEP 5 归类 60~90（含）天的逾期账款

按相同方法通过输入和填充公式操作，在 K5:K23 单元格区域中得到 60~90（含）天的逾期账款数据，公式为“=IF(AND($B$2-G5>60,$B$2-G5<=90),E5,0)”。

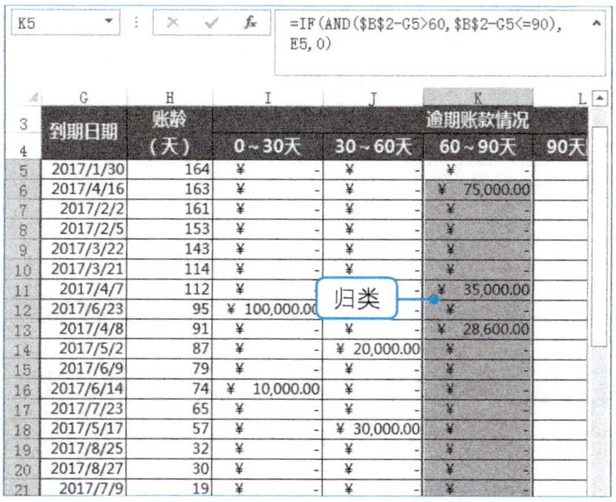

STEP 6 归类 90 天以上的逾期账款

继续按相同方法通过输入和填充公式操作，在 L5:L23 单元格区域中得到 90 天以上的逾期账款数据，公式为“=IF($B$2-G5>90,E5,0)”。

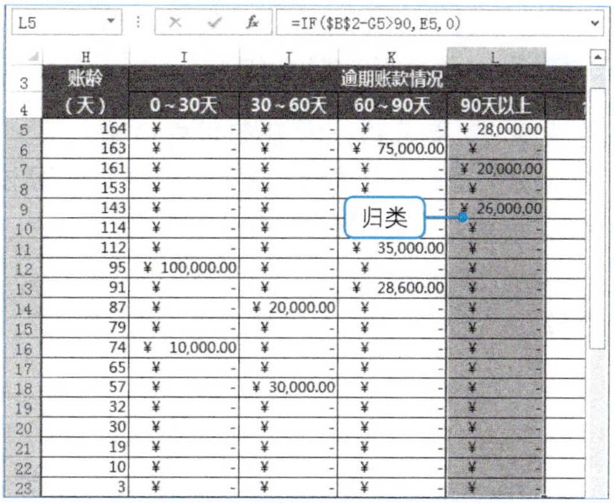

STEP 7 汇总每笔应收账款的逾期账款

❶选中 M5:M23 单元格区域；❷在编辑栏中输入公式“=SUM(I5:L5)”，按【Ctrl+Enter】组合键确认输入并返回对应的结果。

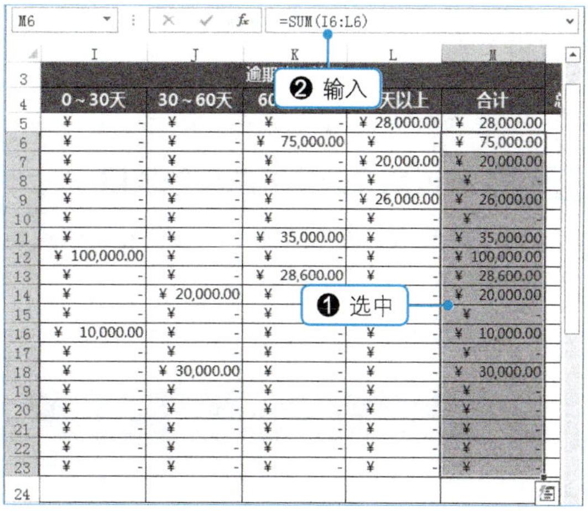

答疑解惑 ——“逾期账款情况”项目下的“合计”栏有什么作用?

“逾期账款情况”项目下的“合计”栏实际上并没有起到合计作用，而只是将每笔应收账款对应逾期账款的结果进行了整理。这样做的目的是方便后面对每笔逾期账款所占总逾期账款比例的计算。

3. 计算逾期账款占比情况

分析不同逾期账款的占比情况，可以根据占比大小确定各应收账款的催款方法及坏账准备的计提金额等。下面首先汇总一些款项，然后对逾期账款的占比进行计算。

STEP 1 汇总应收账款总额

❶ 选中 C24 单元格；❷ 在编辑栏中输入公式“=SUM(C5:C23)”，表示汇总所有应收账款数据。按【Ctrl+Enter】组合键确认输入。

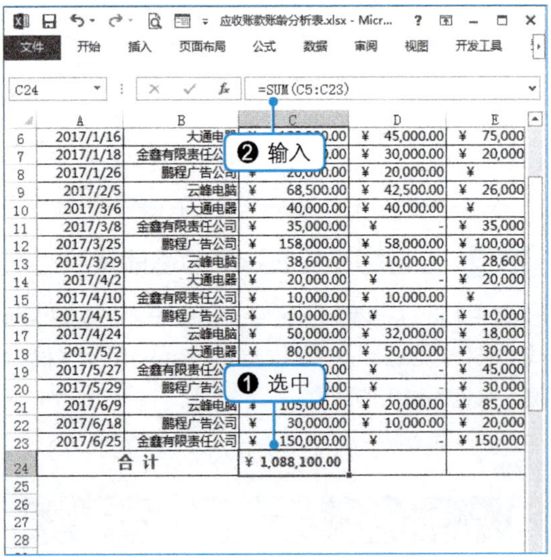

STEP 2 通过填充公式汇总其他项目

拖动 C24 单元格的填充柄至 M24 单元格，快速填充公式并汇总其他项目的数据总和。

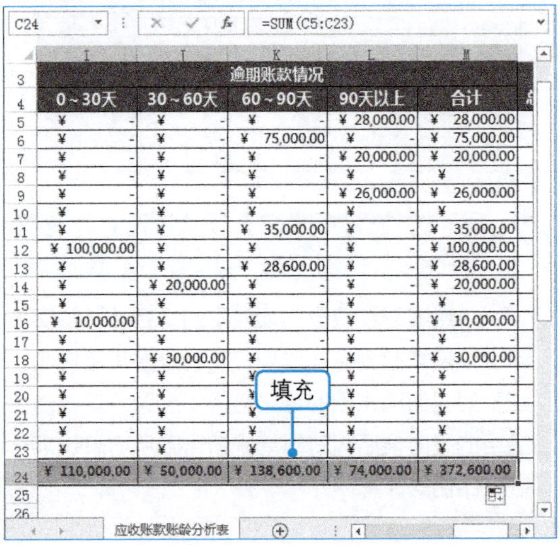

STEP 3 删除无用的汇总数据

选中 F24:H24 单元格区域，按【Delete】键删除其中的汇总数据。

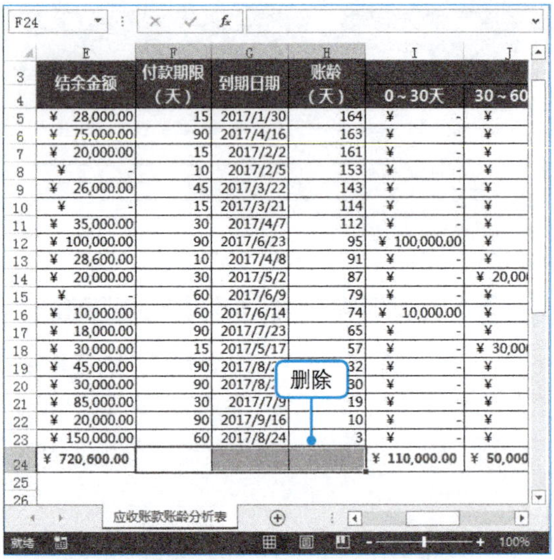

STEP 4 使用公式计算逾期账款占比

❶ 选中 N5 单元格；❷ 在编辑栏中输入公式“=M5/$M$24”，表示某逾期账款的占比 = 该逾期账款合计数 ÷ 应收账款合计数。按【Ctrl+Enter】组合键确认输入。

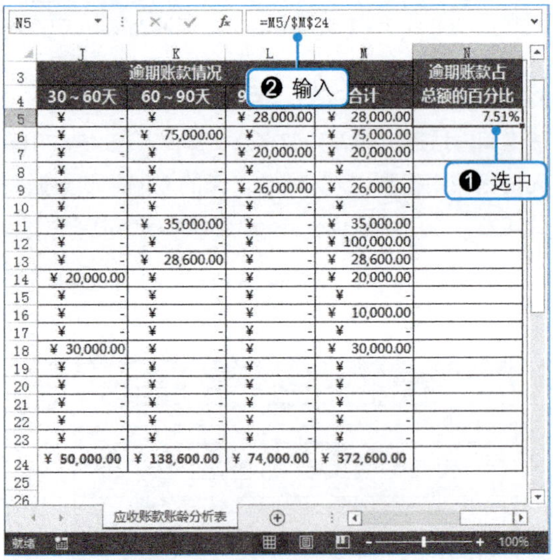

STEP 5 填充公式计算其他逾期账款占比

拖动 N5 单元格的填充柄至 N23 单元格，快速填充公式并计算出其他逾期账款的占比数据。

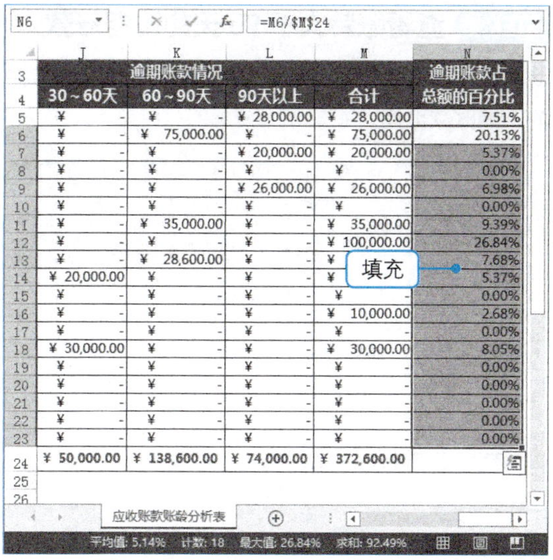

4. 使用数据透视表分析账龄与逾期款项

使用 Excel 的数据透视表可以轻松查看和分析应收账款的账龄与逾期款项等数据。比如查看不同客户的逾期账款情况、逾期账款占比情况等。

STEP 1 取消单元格合并

❶选中 A3:N3 单元格区域；❷在【开始】/【对齐方式】组中单击“合并后居中”按钮，取消单元格的合并状态。

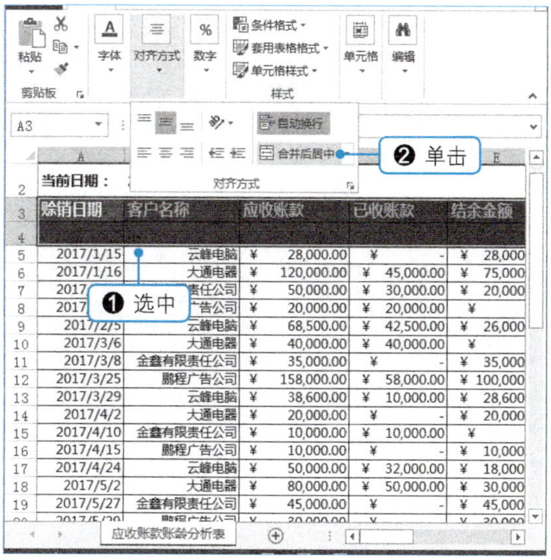

STEP 2 调整数据位置

将取消合并后的第 3 行的数据移动到第 4 行单元格中（I3 单元格除外）。

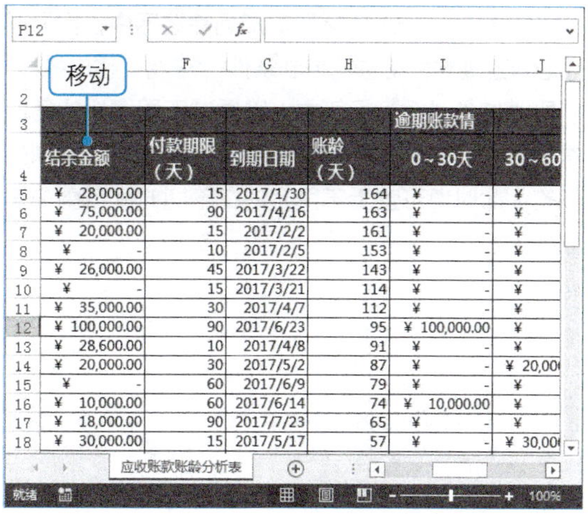

答疑解惑——为什么要取消合并以及调整数据位置?

数据透视表在创建时，必须是连续的单元格区域，且不能有合并的单元格存在。因此上述两步的目的是为了顺利创建数据透视表而执行的操作。

STEP 3 创建数据透视表

❶选中 A4:N23 单元格区域，在【插入】/【表格】组中单击“数据透视表”按钮，打开“创建数据透视表”对话框；❷选中“现有工作表”单选项；❸选中 A28 单元格作为数据透视表区域的起始位置；❹单击“确定”按钮。

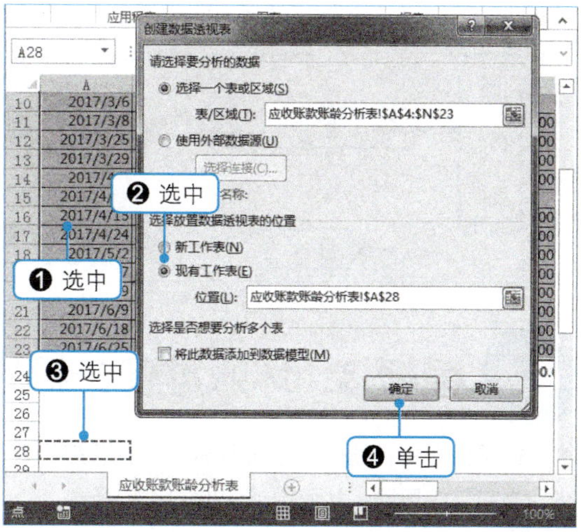

STEP 4 查看不同客户的逾期账款情况

❶将“账龄（天）”字段添加到筛选器中，作为以后进行逾期账款筛选的控制条件；❷将“客户名称”字段添加到“行”标签中，以通过不同客户的角度查看数据；❸将 4 个不同时间范围的字段添加到值标签，此时便可查看不同客户在不同时间范围的逾期账款。

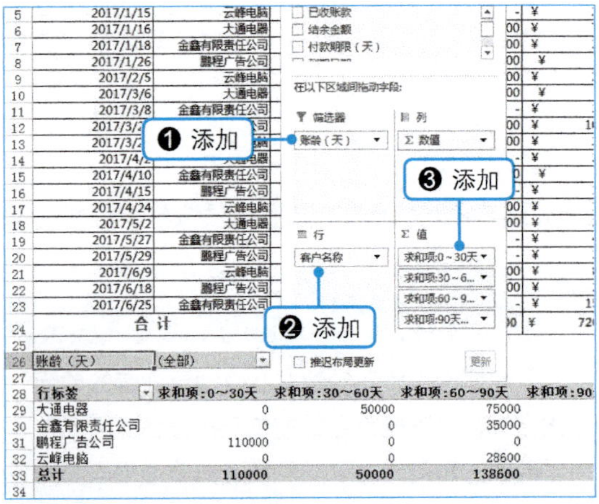

STEP 5 设置账龄范围

❶为了查看账龄在 90 天以上的各客户逾期账款情况，可单击“（全部）”项目右侧的下拉按钮；❷在弹出的下拉列表中选中“选择多项”复选框，然后取消选中小于 90 的复选框；❸单击“确定”按钮。

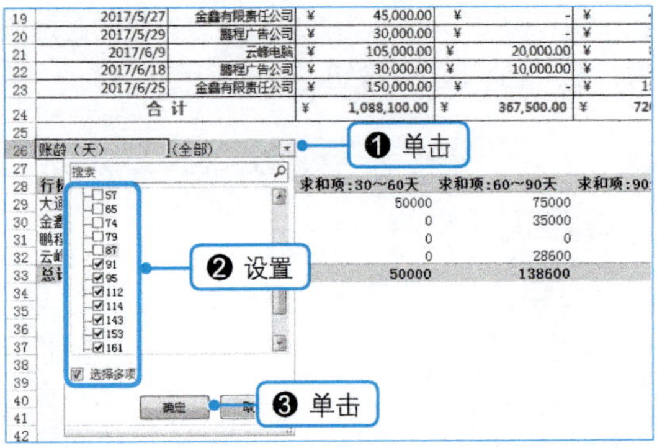

STEP 6 查看账龄大于 90 天的逾期账款

此时数据透视表中将显示所有账龄大于 90 天的客户的逾期账款数据。

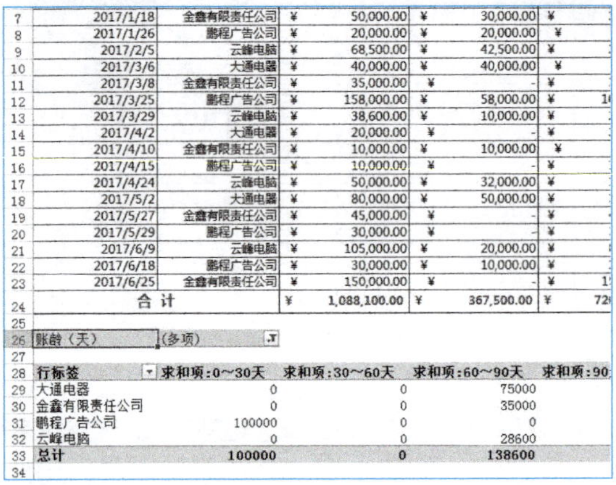

STEP 7 查看客户各笔逾期账款占比情况

删除添加到各区域的字段，并重新将“逾期账款占总额的百分比”“客户名称”“合计”字段分别添加到“行”标签、“列”标签和“值”标签中。此时可实现查看不同客户每笔逾期账款对应的占比情况。

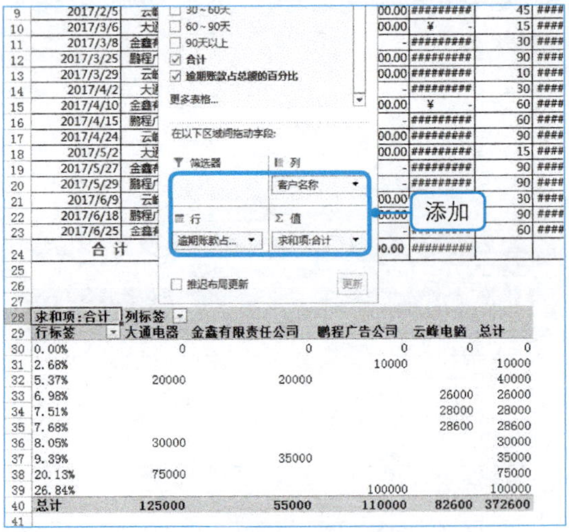

9.4 模板 3：坏账准备计提表

如果企业预计无法收回应收账款时，就应该对该应收款项提取坏账准备金。计提坏账准备可以降低坏账损失带来的风险，从而维持企业的正常经营。

下面将要制作的坏账准备计提表，则是利用应收账款账龄分析表中逾期期限不同的应收账款总额，根据特定的计提规则来计提出坏账准备金。

9.4.1 坏账准备的计提方法

应收账款的坏账准备计提方法有多种，不同企业也有不同的规定，如“余额百分比法”“账龄分析法”“销货百分比法”“个别认定法”等，本书将以“余额百分比法”为例介绍相关操作，余额百分比法下，应计提的坏账准备金 = 应收账款余额 × 坏账准备计提百分比。其中，应收账款余额的数据可利用应收账款账龄分析表中逾期账款得到，而坏账准备计提百分比则按企业规定来确定，而且不同的账龄时段对应的计提比率也不相同。坏账准备计提表的模板如下图所示。

坏账准备计提表

当前日期：

账龄时段	逾期欠款余额	计提比率	坏账准备金额
合 计			

录入或引用已有数据

按企业规定设置

逾期欠款余额与计提比率的乘积

坏账准备计提表中各项目的含义如下。

- **账龄时段：**对应应收账款账龄分析表中的 4 个逾期账款时段。
- **逾期欠款余额：**对应应收账款账龄分析表中各时段的逾期账款总额。
- **计提比率：**根据企业制定的标准手动输入百分比数据。
- **坏账准备金额：**通过逾期账款总额与计提比例的乘积获得。

9.4.2 引用数据快速计提坏账准备

通过计提坏账准备金额，可以在期末以及以后的会计年度中对发生的坏账损失进行冲销。下面在 Excel 中通过引用数据和设计公式等方法计提坏账准备金额。

配套资源

操作视频演示

模板文件 \ 第 9 章 \ 坏账准备计提表 .xlsx

效果文件 \ 第 9 章 \ 坏账准备计提表 .xlsx

【案例效果图解】

输入和引用应收账款账龄分析表中的数据

按规定手动录入

设计公式计算

坏账准备计提表

当前日期： 2017/6/28

账龄时段	逾期欠款余额	计提比率	坏账准备金额
0~30天	¥ 110,000.00	1%	¥ 1,100.00
30~60天	¥ 50,000.00	2%	¥ 1,000.00
60~90天	¥ 138,600.00	5%	¥ 6,930.00
90天以上	¥ 74,000.00	10%	¥ 7,400.00
合 计	¥ **372,600.00**		¥ **16,430.00**

汇总出逾期欠款总额和计提的坏账准备金总额

STEP 1 录入当前日期和账龄时段

❶打开“坏账准备计提表.xlsx”模板文件，在B2单元格中输入“2017/6/28”；❷依次在A4:A7单元格区域中输入具体的账龄时段。

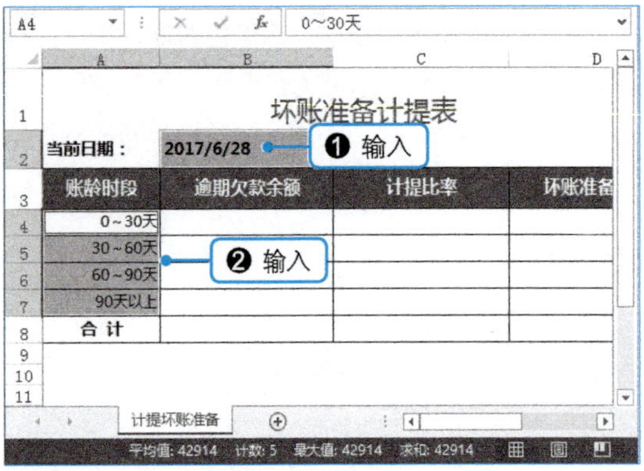

STEP 2 准备引用其他工作表的数据

❶选中B4单元格；❷在编辑栏中输入“=”。

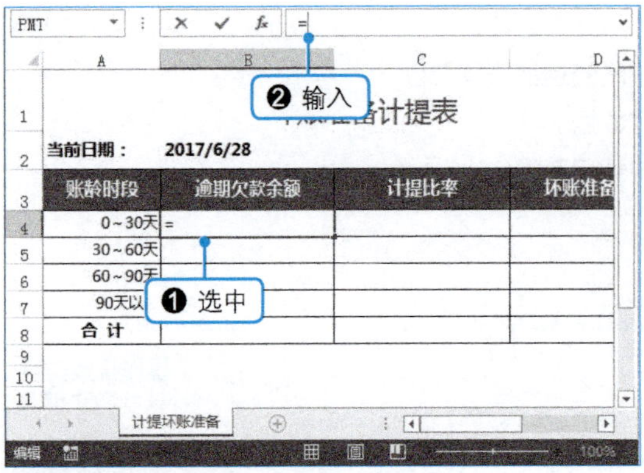

STEP 3 选择需要引用的数据

切换到“应收账款账龄分析表.xlsx”窗口，选中I24单元格。

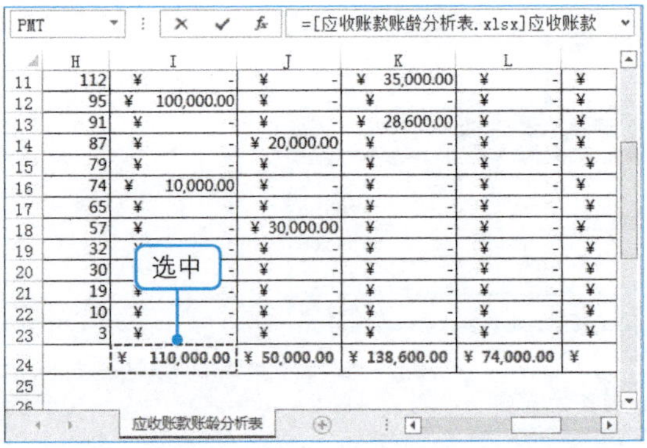

STEP 4 确认其他工作表数据的引用

按【Ctrl+Enter】组合键返回引用的数据。

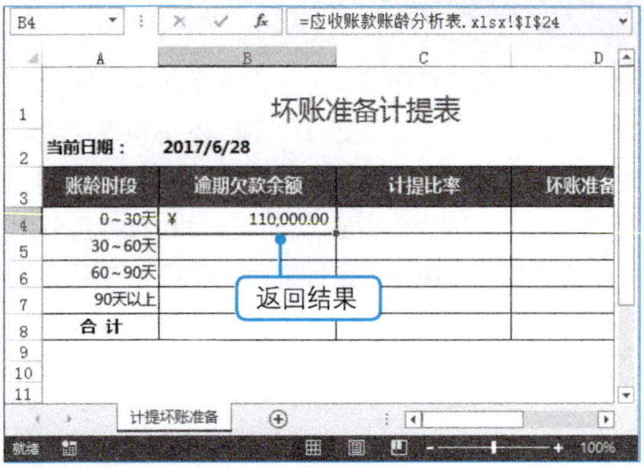

STEP 5 引用其他数据

按相同方法依次在B5:B7单元格区域中引用应收账款账龄分析表对应逾期账款时段的合计栏数据。

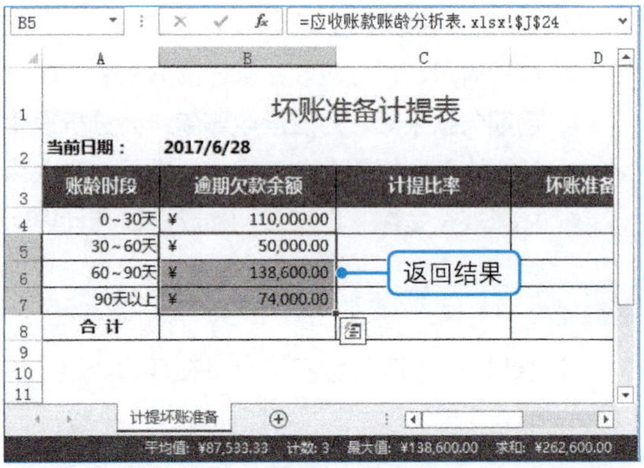

STEP 6 合计逾期欠款总额

❶选中B8单元格；❷在编辑栏中输入“=SUM(B4:B7)”，按【Ctrl+Enter】组合键，计算所有账龄时段的逾期欠款总额。

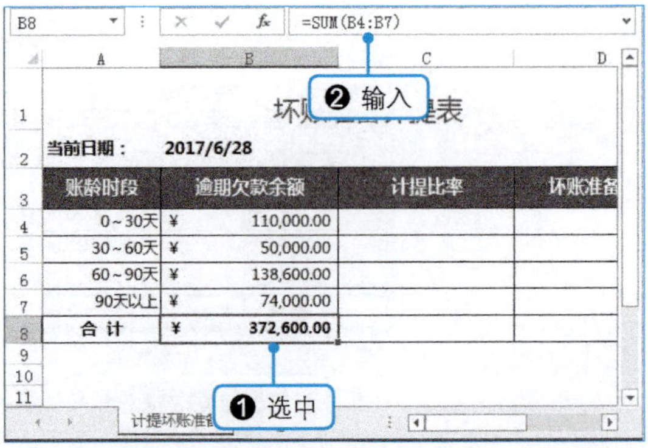

STEP 7 录入计提比率

依次在 C4:C7 单元格区域中录入企业规定的计提比率。

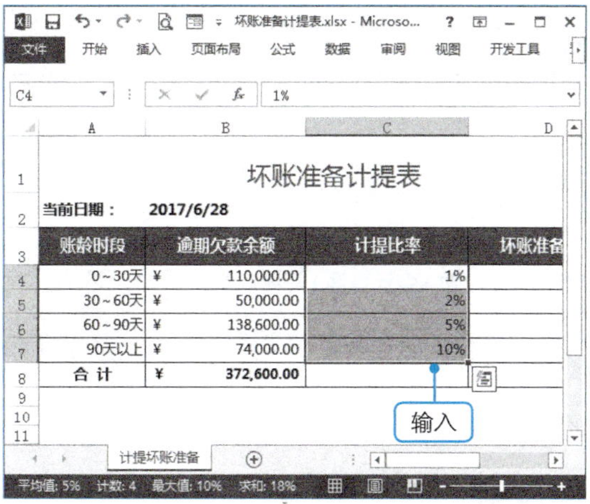

STEP 8 设置公式计算应计提的坏账准备金额

❶选中 D4 单元格；❷在编辑栏中输入“=B4*C4”，按【Ctrl+Enter】组合键，计算对应账龄时段的坏账准备金额。

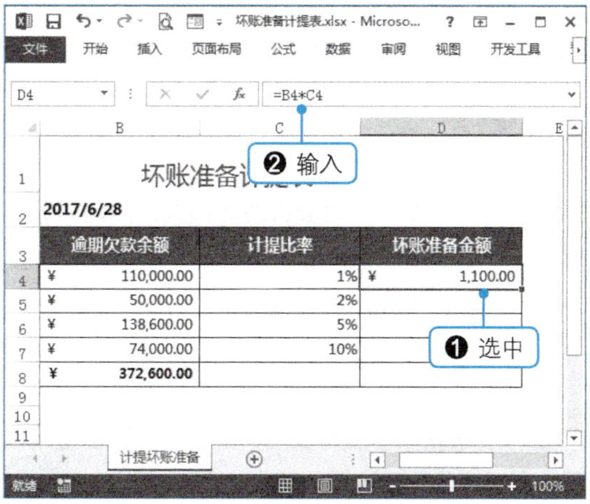

STEP 9 填充其他账龄时段应计提的坏账准备金额

拖动 D4 单元格的填充柄至 D7 单元格，快速填充公式并得到其他账龄时段对应的坏账准备金额。

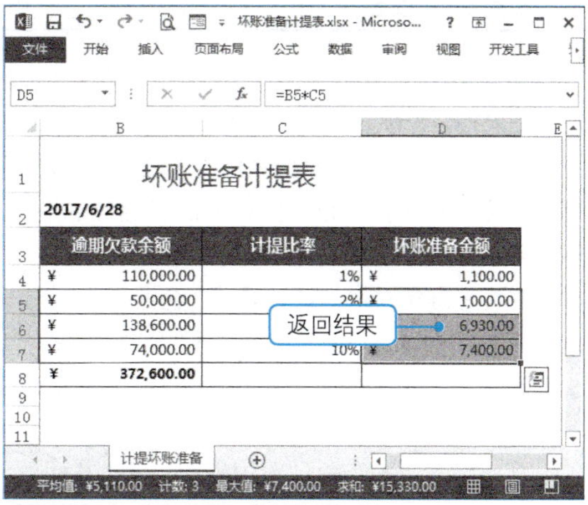

STEP 10 合计坏账准备金总额

❶选中 D8 单元格；❷在编辑栏中输入“=SUM(D4:D7)”，按【Ctrl+Enter】组合键，计算所有账龄时段的坏账准备金总额。

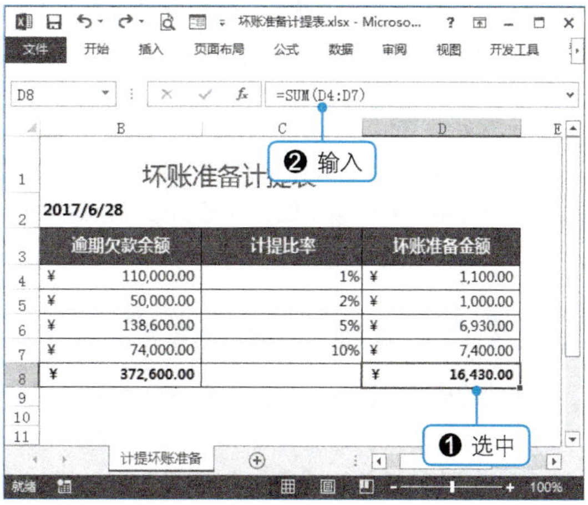

9.5 会计真案

通过对应收账款的管理，可以准确计算出企业应计提的坏账准备，并能进一步结合其他数据分析出企业的应收账款周转率，这对应收账款的管理提供了数据基础。

9.5.1 计算 A 企业年末应计提的坏账准备金

假设 A 企业 2016 年年初“坏账准备”账户余额为贷方 100 元，该企业 2016 年年末应收账款及估计的坏账损失如下表所示。试计算出 2016 年 A 企业应计提的坏账准备以及“坏账准备”账户的年末余额。

应收账款及估计损失（单位：元）

应收账款账龄	应收账款金额	估计损失
未到期	20 000	1%
过期 6 个月以下	10 000	3%
过期 6 个月以上	6 000	5%

【分析】

上表相当于前面介绍过的坏账准备计提表，只是账龄时段、应收账款金额和损失百分比的划分和数据有所不同而已。因此只需将相应的数据套用到坏账准备计提表模板中，便可求得应计提的坏账准备总额。经计算，A 企业 2016 年应计提的坏账准备 =20 000×1%+10 000×3%+6 000×5%=200+300+300=800（元），坏账准备计提表如下图所示。

配套资源

操作视频演示

模板文件 \ 第 9 章 \ 会计真案 \ 坏账准备计提表 .xlsx

效果文件 \ 第 9 章 \ 会计真案 \ 坏账准备计提表 .xlsx

坏账准备计提表

账龄时段	逾期欠款余额	计提比率	坏账准备金额
未到期	¥ 20,000.00	1%	¥ 200.00
过期6个月以下	¥ 10,000.00	3%	¥ 300.00
过期6个月以上	¥ 6,000.00	5%	¥ 300.00
合 计	**¥ 36,000.00**		**¥ 800.00**

2016 年年末“坏账准备”账户余额应为 800 元，因为年初有坏账准备贷方余额 100 元，因此 2016 年应计提坏账准备 =800-100=700（元）。

【操作思路】

（1）打开“坏账准备计提表”模板文件，将应收账款账龄、应收账款金额和估计损失百分比等数据录入到表格中，系统会根据设计好的公式自动求出应计提的坏账准备金额及其合计数。

（2）利用计算出的坏账准备金额和年初数据计算 2016 年应计提的坏账准备金额。

9.5.2 分析 B 企业应收账款周转率

企业的应收账款在流动资产中具有举足轻重的地位，若应收账款能够及时收回，则企业的资金使用效率自然能大幅提高。为此，可以利用应收账款周转率来反映企业应收账款的周转速度。

具体而言，应收账款周转率可以通过应收账款周转次数和应收账款周转天数来反映。应收账款周转次数越多、周转天数越少，则表明应收账款周转越快。

1. 应收账款周转次数

应收账款周转次数反映的是年度内企业应收账款平均变现的次数，其计算公式如下。

应收账款周转次数 = 主营业务收入净额 ÷ 应收账款平均余额

其中：

主营业务收入净额 = 主营业务收入 − 销售退回、折让和折扣

应收账款平均余额 =（期初应收账款 + 期末应收账款）÷ 2

2. 应收账款周转天数

应收账款周转天数反映的是年度内企业应收账款平均变现一次所需要的天数，其计算公式如下。

应收账款周转天数 =360÷ 应收账款周转次数

=(应收账款平均余额 ×360)÷ 主营业务收入净额

假设 B 企业 2016 年主营业务收入为 30 万元，无销售退回、折让和折扣，且已知该企业 2015 年年末和 2016 年年末的应收账款明细表如下图所示。试分析 B 企业的应收账款周转次数和周转天数。

2015年应收账款明细表

单位：元

客户名称	应收账款	已收账款	结余金额
甲公司	¥ 28,000.00	¥ 10,000.00	¥ 18,000.00
乙公司	¥ 15,000.00	¥ -	¥ 15,000.00
丙公司	¥ 8,000.00	¥ 2,000.00	¥ 6,000.00
丁公司	¥ 4,000.00	¥ -	¥ 4,000.00
戊公司	¥ 10,000.00	¥ -	¥ 10,000.00
己公司	¥ 6,000.00	¥ 1,000.00	¥ 5,000.00
庚公司	¥ 3,000.00	¥ -	¥ 3,000.00

2016年应收账款明细表

单位：元

客户名称	应收账款	已收账款	结余金额
甲公司	¥ 18,000.00	¥ 5,000.00	¥ 13,000.00
乙公司	¥ 15,000.00	¥ 1,000.00	¥ 14,000.00
丙公司	¥ 6,000.00	¥ -	¥ 6,000.00
丁公司	¥ 4,000.00	¥ 2,000.00	¥ 2,000.00
戊公司	¥ 10,000.00	¥ 5,000.00	¥ 5,000.00
己公司	¥ 5,000.00	¥ 3,000.00	¥ 2,000.00
庚公司	¥ 3,000.00	¥ -	¥ 3,000.00

【分析】

根据应收账款周转次数和周转天数的公式来看，只要获取企业的主营业务收入净额和应收账款平均余额，就能求得应收账款周转率。

首先，由于 B 企业未发生销售退回、折让和折扣，因此其主营业务收入净额就是主营业务收入，为 30 万元。其次，虽然给出了该企业两年的应收账款明细表，但通过观察发现 2015 年的应收账款结余金额实际上就是 2016 年应收账款期初余额，因此只需要利用 2016 年应收账款明细表中的应收账款金额和结余金额便能计算出应收账款平均余额。得到这两个数据后，就可以根据公式算出 B 企业的应收账款周转次数和周转天数了。

配套资源

操作视频演示

模板文件 \ 第 9 章 \ 会计真案 \ 应收账款明细表 .xlsx

效果文件 \ 无

【操作思路】

（1）对 2016 年应收账款明细表的应收账款和结余金额进行合计计算。

（2）计算应收账款周转次数，B 企业应收账款周转次数 = 主营业务收入净额 ÷ 应收账款平均余额 = 主营业务收入 ÷[(2016 年年初应收账款 +2016 年年末应收账款)]÷2=300 000/[(61 000+45 000)÷2]=5.66(次)。

（3）计算应收账款周转天数，B 企业应收账款周转天数 =360÷ 应收账款周转次数 =360÷5.66 =63.60(天)。

9.6 疑难解答

问题一 ➜ 为什么使用 TODAY( ) 函数返回当前日期时，返回的却是数字?

● **答：** 如果输入的函数正确无误，则很有可能是因为返回结果所在的单元格格式不是日期格式，而是常规格式。此时只需将单元格格式修改为日期格式就能解决此问题了，具体操作如下图所示。

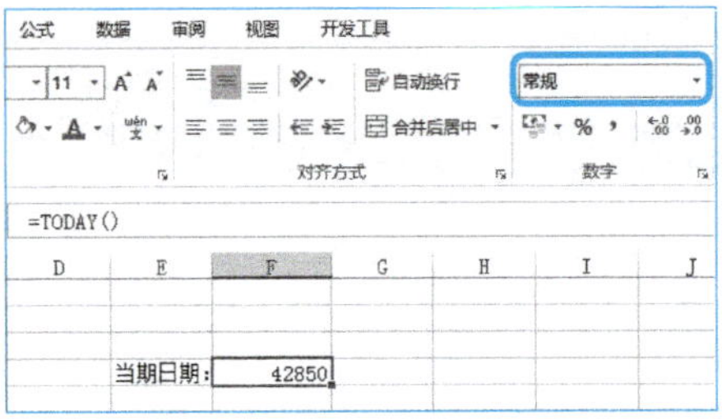

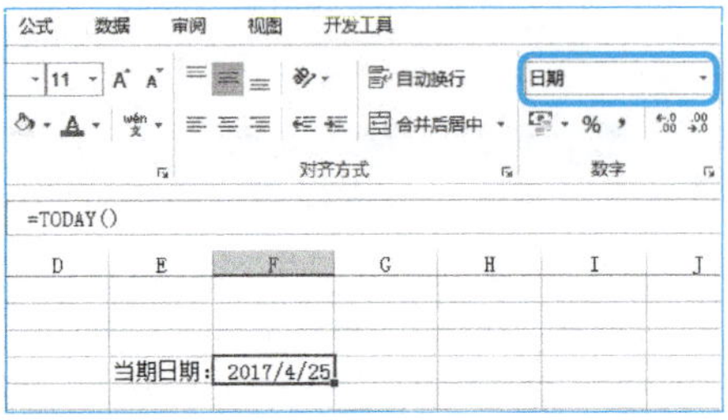

问题二 ➜ 为什么计算应收账款周转天数时，公式中使用的是 360 而不是 365？

● **答：** 在计算应收账款周转天数时，为了简化计算一般会约定以 360 天作为一年。

问题三 ➜ 如何使用定位条件快速定位单元格?

● **答：** 按【Ctrl+G】组合键或按【F5】键可快速打开“定位”对话框，在“引用位置”文本框中可输入定位单元格或单元格区域，然后单击“定位条件”按钮，在打开的“定位条件”对话框中可设置定位条件，如批注、常量、公式、空值、条件格式、数据验证等，完成后单击“确定”按钮即可，下图所示为定位 A5:N23 单元格区域中包含公式的单元格的具体操作。

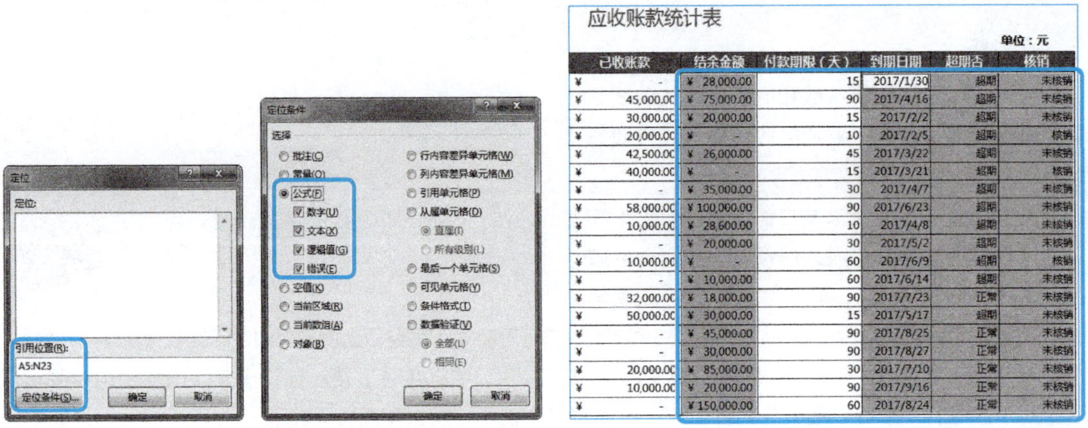

Excel

第 10 章

纳税申报表的计算与填列

❖ 本章导读

纳税申报是企业发生应税行为后，按照纳税规定的期限和内容向税务机关提交有关纳税事项书面报告的法律行为。本章制作的几类常用纳税申报表模板，意在使读者明确纳税申报表的填列方法以及相关数据间的勾稽关系，从而检查企业的纳税情况是否正确。

增值税、企业所得税和地税纳税申报表的 Excel 实务模板概览表

序号	Excel 实务模板名称	会计目的	实际应用点拨
1	增值税纳税申报表	计算并核对增值税的应纳税额	设计公式计算与填列增值税销项税额、进项税额和应纳税额
2	企业所得税纳税申报表	计算并核对企业所得税的应纳税额	（1）设计公式计算与填列企业所得税纳税申报表相关数据 （2）使用 MID 函数返回企业所得税税率
3	综合纳税申报表	计算并核对企业各种地税的应纳税额	（1）使用 IF 函数、MONTH 函数和 YEAR 函数自动判断纳税所属期间 （2）设计公式计算地税 （3）使用 IF 函数设置无数据则不显示内容的效果

10.1 企业常用的纳税申报表

纳税申报表是由税务机关制定，由纳税人填写，目的在于完成纳税申报程序的一种税收文书，一般应包括纳税人名称、税种、税目、应纳税项目、适用税率或单位税额、计税依据、应纳税款、税款属期等内容。对于企业而言，最常见的纳税申报表包括增值税纳税申报表、企业所得税纳税申报表以及综合纳税申报表。

- **增值税纳税申报表：**增值税纳税申报表是最常用与最常见的纳税申报表之一，其是指发生增值税纳税行为，具有增值税纳税义务的企业在向税务机关进行纳税申报时填制的申报纳税的书面报告。全面推开“营改增”后，使用增值税纳税申报表的企业也越来越多。
- **企业所得税纳税申报表：**企业所得税纳税申报表以全国统一的企业会计报表所反映的利润总额为基础，并按税收规定进行调整计算的方法，来确定应纳税所得额和应纳所得税额。它是以规范格式向税务机关申报纳税的书面报告，也是税务机关审核纳税人税款缴纳情况的重要依据。纳税人在填报企业所得税时，一要按照全国统一的财务、会计制度规定，正确核算和反映企业在某一纳税期内的利润总额；二要在此基础上，严格按照企业所得税法规定中有关应纳税所得额的确定办法和申报表中的具体要求进行调整、计算，正确申报应纳税所得额和应纳所得税额。
- **综合纳税申报表：**地税种类很多，如印花税、资源税、城市维护建设税等，为了简化保税程序以及节约征纳税成本，企业需要缴纳各种地税时，就可以使用综合纳税申报表，将涉及的各种地税统一申报到其中，形成综合申报的效果，提高申报效率。

10.2 模板 1：增值税纳税申报表

增值税是我国最主要的税种之一，同时也是税收收入占比最大的税种，因此它的纳税申报关系到民生大计。使用增值税纳税申报表模板，可以让企业在正式纳税申报之前，通过计算和填列项目得到具体的纳税数据，这样不仅可以核对数据的正确性，也可以在正式纳税申报前起到检查的作用。

10.2.1 增值税纳税申报表的结构

由于增值税纳税人有一般纳税人和小规模纳税人之分，因此增值税纳税申报表也分为一般纳税人增值税纳税申报表和小规模纳税人纳税申报表。就一般纳税人增值税纳税申报表而言，主要由主表、销售情况明细表、进项税额明细表等多张附表和其他表格构成。其中，主表、销售情况明细表、进项税额明细表这3个表的作用和结构分别如下。本书将以一般纳税人增值税纳税申报表为例介绍相关操作。

- **主表：**显示企业各类销售额以及税款计算、税款缴纳的数据，是增值税纳税申报表的核心表格。
- **销售情况明细表：**显示企业增值税普通税率、低税率和零税率的销售明细情况。
- **进项税额明细表：**显示企业进项税抵扣、进项税转出、待抵扣进项税的明细情况。

知识补充——增值税纳税申报表的其他表格

除上述3种表格外，增值税纳税申报表还包括用于计算服务、不动产和无形资产扣除项目明细的表格，计算税额抵减情况的表格，不动产分期抵扣的表格，固定资产进项税额抵扣的表格，抵扣的进项税额结构明细的表格，增值税减免税申报的表格以及营改增税负分析测算的表格。相比较而言，小规模纳税人增值税纳税申报表的构成就简单很多，它只有两张表格，一张是增值税纳税申报的主表，一张是计算不同税率下应税行为扣除额和销售额的附表。

一般纳税人增值税纳税申报表

申报日期：2018/7/5　　单位：元

项　目		栏次	一般货物及劳务 本月数	一般货物及劳务 本年累计	即征即退货物及劳务 本月数	即征即退货物及劳务 本年累计
销售额	（一）按适用税率征税货物及劳务销售额	1				
	其中：应税货物销售额	2				
	应税劳务销售额	3				
	纳税检查调整的销售额	4				
	（二）按简易征收办法征税货物销售额	5				
	其中：纳税检查调整的销售额	6				
	（三）免、抵、退办法出口货物销售额	7				
	（四）免税货物及劳务销售额					
	其中：免税货物销售额					
	免税劳务销售额	10				
税款计算	销项税额	11				
	进项税额	12				
	上期留抵税额					
	进项税额转出					
	免抵退货物应退税额					
	按适用税率计算的纳税检查应补缴税额					
	应抵扣税额合计	17=12+13-14-15+16				
	实际抵扣税额	18（如17<11，则为17，否则为11）				
	应纳税额	19=11-18				
	期末留抵税额	20=17-18				
	简易征收办法计算的应纳税额	21				
	按简易征收办法计算的纳税检查应补缴税额	22				
	应纳税额减征额	23				
	应纳税额合计	24=19+21-23				
税款缴纳	期初未缴税额（多缴为负数）	25				
	实收出口开具专用缴款书退税额	26				
	本期已缴税额					
	①分次预缴税额					
	②出口开具专用缴款书预缴税额					
	③本期缴纳上期应纳税额					
	④本期缴纳欠缴税额	31				
	期末未缴税额（多缴为负数）	32=24+25+26-27				
	其中：欠缴税额（≥0）	33=25+26-27				
	本期应补(退)税额	34=24-28-29				
	即征即退实际退税额	35				
	期初未缴查补税额	36				
	本期入库查补税额	37				

本期销售情况明细表

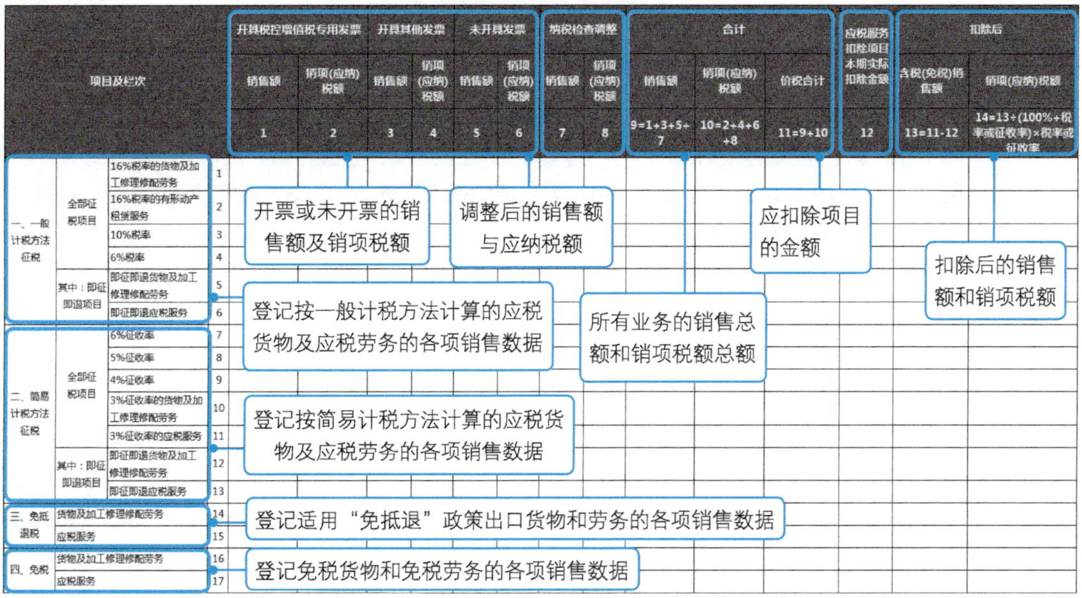

申报日期：2018/7/5　　单位：元

项目及栏次				开具税控增值税专用发票 销售额	开具税控增值税专用发票 销项(应纳)税额	开具其他发票 销售额	开具其他发票 销项(应纳)税额	未开具发票 销售额	未开具发票 销项(应纳)税额	纳税检查调整 销售额	纳税检查调整 销项(应纳)税额	合计 销售额	合计 销项(应纳)税额	合计 价税合计	应税服务扣除项目本期实际扣除金额	扣除后 含税(免税)销售额	扣除后 销项(应纳)税额
				1	2	3	4	5	6	7	8	9=1+3+5+7	10=2+4+6+8	11=9+10	12	13=11-12	14=13÷(100%+税率或征收率)×税率或征收率
一、一般计税方法征税	全部征税项目	16%税率的货物及加工修理修配劳务	1														
		16%税率的有形动产租赁服务	2														
		10%税率	3														
		6%税率	4														
	其中：即征即退项目	即征即退货物及加工修理修配劳务	5														
		即征即退应税服务	6														
二、简易计税方法征税	全部征税项目	6%征收率	7														
		5%征收率	8														
		4%征收率	9														
		3%征收率的货物及加工修理修配劳务	10														
		3%征收率的应税服务	11														
	其中：即征即退项目	即征即退货物及加工修理修配劳务	12														
		即征即退应税服务	13														
三、免抵退税	货物及加工修理修配劳务		14														
	应税服务		15														
四、免税	货物及加工修理修配劳务		16														
	应税服务		17														

本期进项税额明细表

申报日期：2018/7/5　　　　　　　　　　　　　　　　　　单位：元

一、申报抵扣的进项税额

项目	栏次	份数	金额	税额
（一）认证相符的防伪税控增值税专用发票	1=2+3=22+33-24			
其中：本期认证相符且本期申报抵扣	2=33-23			
前期认证相符且本期申报抵扣	3=22+23-24			
（二）非防伪税控增值税专用发票及其他扣税凭证	4=5+6+7+8+9			
其中：16%税率	[illegible]			
10%扣除率	[illegible]			
7%扣除率	7			
6%征收率	8			
4%征收率	9			
（三）期初已征税款	10			
当期申报抵扣进项税额合计	11=1+4+10			

登记可以抵扣的各项进项税额数据

二、进项税额转出额

项目	栏次	税额
本期进项税转出额	12=13+14+15+16+17+18+19+20	
其中：免税货物用	13	
非应税项目用	14	
非正常损失	15	
按简易征收办法征税货物用	[illegible]	
免抵退税办法出口货物不得抵扣进项税额	[illegible]	
纳税检查调减进项税额	18	
未经认证已抵扣的进项税额	19	
	20	

登记进项税额转出的明细数据

三、待抵扣进项税额

项目	栏次	份数	金额	税额
（一）认证相符的防伪税控增值税专用发票	21			
期初已认证相符但未申报抵扣	22			
本期认证相符且本期未申报抵扣	23			
期末已认证相符但未申报抵扣	24			
其中：按照税法规定不允许抵扣	[illegible]			
（二）非防伪税控增值税专用发票及其他扣税凭证	[illegible]			
其中：16%税率	27			
10%扣除率	28			
7%扣除率	29			
6%征收率	30			
4%征收率	31			
	32			

登记可以抵扣但尚未抵扣的待抵扣进项税额数据

四、其他

项目	栏次	份数	金额	税额
本期认证相符的全部防伪税控增值税专用发票	33			
期初已征税款挂帐额	[illegible]			
期初已征税款余额	[illegible]			
代扣代缴税额	36			

登记其他与进项税额相关的明细数据

高手妙招 ——根据栏次设计公式

增值税纳税申报表由于涉及了大量的项目，为方便纳税人正确填写，表格的栏次中提示了各项数据的输入方法，借助它就能轻松设计计算公式。

10.2.2 填制增值税纳税申报表

增值税纳税申报表包含大量的项目，但企业并不需要一一填列表中的所有项目，其只需要登记企业涉及的项目即可。下面在 Excel 中完成上述 3 个表格的填制。

配套资源

操作视频演示

模板文件 \ 第 10 章 \ 增值税纳税申报表 .xlsx
效果文件 \ 第 10 章 \ 增值税纳税申报表 .xlsx

【案例效果图解】

一般纳税人增值税纳税申报表

申报日期：2018/7/5　　　　单位：元

项目		栏次	一般货物及劳务 本月数	一般货物及劳务 本年累计	即征即退货物及劳务 本月数	即征即退货物及劳务 本年累计
销售额	（一）按适用税率征税货物及劳务销售额	1	9599000.00	21554000.00		
	其中：应税货物销售额	2	9599000.00	21554000.00		
	应税劳务销售额	3				
	纳税检查调整的销售额	4				
	（二）按简易征收办法征税货物销售额	5				
	其中：纳税检查调整的销售额	6				
	（三）免、抵、退办法出口货物销售额	7				
	（四）免税货物及劳务销售额	8	0.00	0.00		
	其中：免税货物销售额	9				
	免税劳务销售额	10				
税款计算	销项税额	11	1535840.00	3448640.00		
	进项税额	12	932385.80	2258803.10		
	上期留抵税额	13				
	进项税额转出	14				
	免抵退货物应退税额	15				
	按适用税率计算的纳税检查应补缴税额	16				
	应抵扣税额合计	17=12+13-14-15+16	932385.80	2258803.10		
	实际抵扣税额	18（如17<11，则为17，否则为11）	932385.80	2258803.10		
	应纳税额	19=11-18	603454.20	1189836.90		
	期末留抵税额	20=17-18	0.00	0.00		
	简易征收办法计算的应纳税额	21				
	按简易征收办法计算的纳税检查应补缴税额	22				
	应纳税额减征额	23	0.00	0.00		
	应纳税额合计	24=19+21-23	603454.20	1189836.90		
税款缴纳	期初未缴税额（多缴为负数）	25	764206.81	669227.10		
	实收出口开具专用缴款书退税额	26				
	本期已缴税额	27=28+29+30+31	764206.81	1433433.91		
	①分次预缴税额	28				
	②出口开具专用缴款书预缴税额	29				
	③本期缴纳上期应纳税额	30	764206.81	1433433.91		
	④本期缴纳欠缴税额	31				
	期末未缴税额（多缴为负数）	32=24+25+26-27	603454.20	425630.09		
	其中：欠缴税额（≥0）	33=25+26-27				
	本期应补(退)税额	34=24-28-29	603454.20			
	即征即退实际退税额	35				
	期初未缴查补税额	36				
	本期入库查补税额	37				
	期末未缴查补税额	38=16+22+36-37				

手动输入或设计公式计算填列

本期销售情况明细表

申报日期：2018/7/5　　　　单位：元

项目及栏次				开具税控增值税专用发票 销售额	开具税控增值税专用发票 销项(应纳)税额	开具其他发票 销售额	开具其他发票 销项(应纳)税额	未开具发票 销售额	未开具发票 销项(应纳)税额	纳税检查调整 销售额	纳税检查调整 销项(应纳)税额	合计 销售额	合计 销项(应纳)税额	合计 价税合计	应税服务扣除项目本期实际扣除金额	扣除后 含税(免税)销售额	扣除后 销项(应纳)税额
				1	2	3	4	5	6	7	8	9=1+3+5+7	10=2+4+6+8	11=9+10	12	13=11-12	14=13÷(100%+税率或征收率)×税率或征收率
一、一般计税方法征税	全部征税项目	16%税率的货物及加工修理修配劳务	1	9599000.00	1535840.00							9599000.00	1535840.00	11134840.00			
		16%税率的有形动产租赁服务	2														
		10%税率	4														
		6%税率	5														
	其中：即征即退项目	即征即退货物及加工修理修配劳务	6														
		即征即退应税服务	7														
二、简易计税方法征税	全部征税项目	6%征收率	8														
		5%征收率	9														
		4%征收率	10														
		3%征收率的货物及加工修理修配劳务	11														
		3%征收率的应税服务	12														
	其中：即征即退项目	即征即退货物及加工修理修配劳务	13														
		即征即退应税服务	14														
三、免抵退税	货物及加工修理修配劳务		15														
	应税服务		16														
四、免税	货物及加工修理修配劳务		17														
	应税服务		18														

通过引用数据和设计公式计算填列

本期进项税额明细表

申报日期：2018/7/5　　　　　　　　　　　　　　　　单位：元

一、申报抵扣的进项税额				
项目	栏次	份数	金额	税额
（一）认证相符的防伪税控增值税专用发票	1=2+3=21+33-24	10	5827411.23	932385.80
其中：本期认证相符且本期申报抵扣	2=33-23	10	5827411.23	932385.80
前期认证相符且本期申报抵扣	3=22+23-24			
（二）非防伪税控增值税专用发票及其他扣税凭证	4=5+6+7+8+9			
其中：16%税率				
10%扣除率	6			
7%扣除率	7			
6%征收率	8			
4%征收率	9			
（三）期初已征税款	10			
当期申报抵扣进项税额合计	11=1+4+10		5827411.23	932385.80

二、进项税额转出额		
项目	栏次	税额
本期进项税转出额	12=13-14+15+16+17+18+19+20	
其中：免税货物用	13	
非应税项目用	14	
非正常损失	15	
按简易征收办法征税货物用	16	
免抵退税办法出口货物不得抵扣进项税额	17	
纳税检查调减进项税额	18	
未经认证已抵扣的进项税额	19	
	20	

三、待抵扣进项税额				
项目	栏次	份数	金额	税额
（一）认证相符的防伪税控增值税专用发票	21			
期初已认证相符但未申报抵扣	22			
本期认证相符且本期未申报抵扣	23			
期末已认证相符但未申报抵扣	24			
其中：按照税法规定不允许抵扣	25			
（二）非防伪税控增值税专用发票及其他扣税凭证	26=27+28+29+30+31+32			
其中：16%税率	27			
10%扣除率	28			
7%扣除率	29			
6%征收率	30			
4%征收率	31			
	32			

四、其他				
项目	栏次	份数	金额	税额
本期认证相符的全部防伪税控增值税专用发票	33	10	5827411.23	
期初已征税款挂帐额	34			
期初已征税款余额	35			
代扣代缴税额	36			

1. 设计主表公式并填列相关数据

增值税纳税申报表主表的公式设计并不复杂，可以直接根据栏次的提示设计，完成后按企业实际发生的情况登记相应栏目即可。

STEP 1 计算销售总额

❶打开“增值税纳税申报表.xlsx”模板文件，在“主表”工作表中选中D5单元格；❷在编辑栏中输入“=D6+D7+D8”，按【Ctrl+Enter】组合键确认。表示货物及劳务销售额=应税货物销售额+应税劳务销售额+纳税检查调整的销售额。

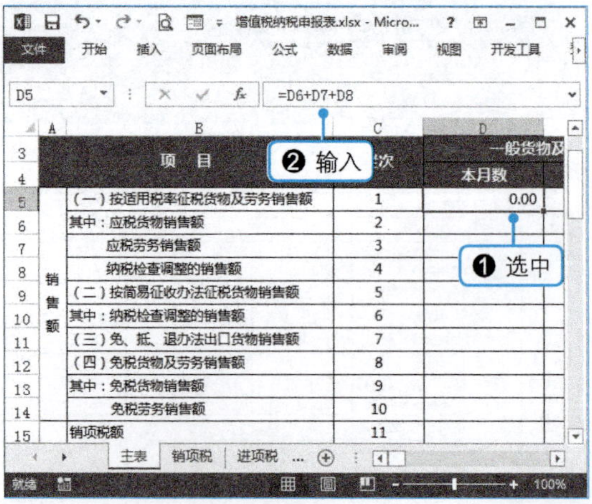

STEP 2 填列应税货物销售额

在 D6 单元格中输入企业的应税货物销售额。表示该企业的业务只涉及销售货物，并没有涉及劳务。

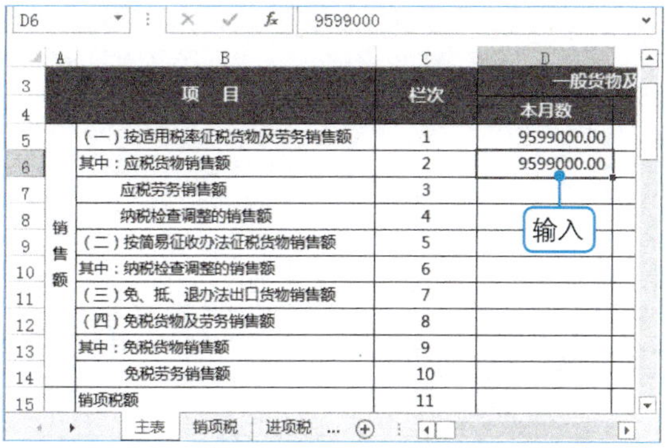

STEP 3 计算免税货物及劳务销售额

❶ 选中 D12 单元格；❷ 在编辑栏中输入“=D13+D14”，按【Ctrl+Enter】组合键确认。表示企业的免税销售额等于免税货物销售额和免税劳务销售额之和。

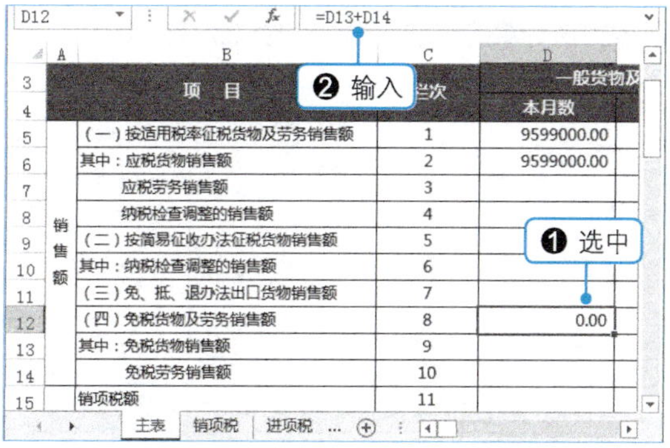

STEP 4 计算销项税额

❶ 选中 D15 单元格；❷ 在编辑栏中输入“=D5*0.16”，按【Ctrl+Enter】组合键确认。表示企业的销项税额等于销售总额乘以 16% 的增值税率。

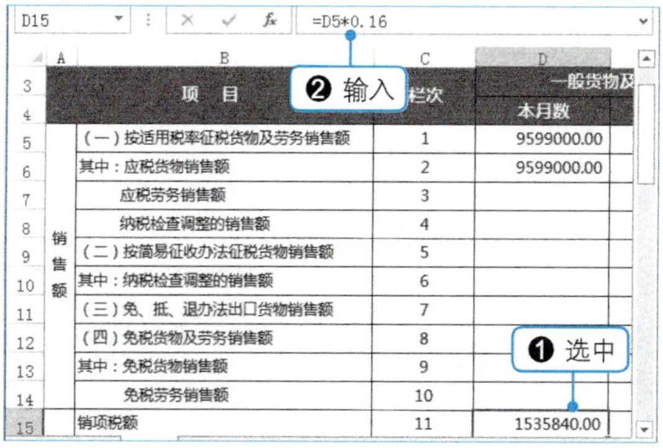

STEP 5 填列进项税额总额

在 D16 单元格中输入企业某会计期间的进项税额数据。

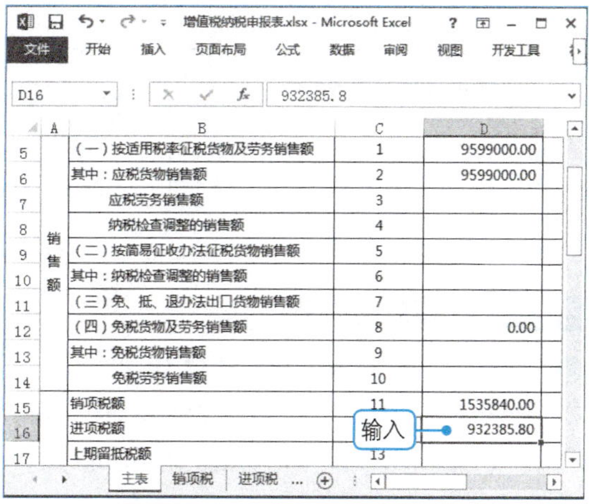

STEP 6 计算应抵扣税额合计

❶ 选中 D21 单元格；❷ 在编辑栏中输入“=D16+D17-D18-D19+D20”，按【Ctrl+Enter】组合键确认。表示应抵扣税额合计 = 进项税额 + 上期留抵税额 - 进项税额转出 - 免抵退货物应退税额 + 纳税检查应补缴税额。

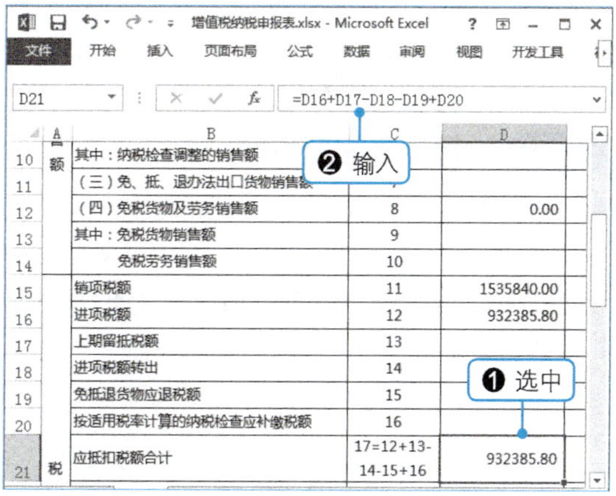

STEP 7 计算实际抵扣税额

❶ 选中 D22 单元格；❷ 在编辑栏中输入“=IF(D21<D15,D21,D15)”，按【Ctrl+Enter】组合键确认。表示当应抵扣税额合计小于销项税额时，企业实际抵扣的税额就为应抵扣的税额合计；如果应抵扣税额合计大于或等于销项税额，则企业实际抵扣的税额就为销项税额。

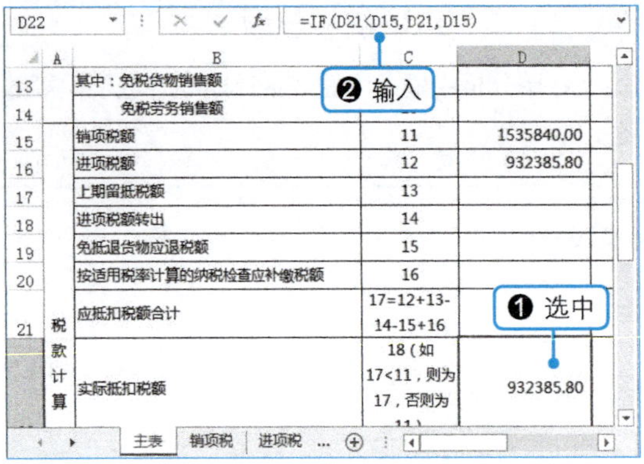

STEP 8 计算应纳税额

❶ 选中 D23 单元格；❷ 在编辑栏中输入 "=D15-D22"，按【Ctrl+Enter】组合键确认。表示企业增值税的应纳税额 = 销项税额 - 实际抵扣税额。

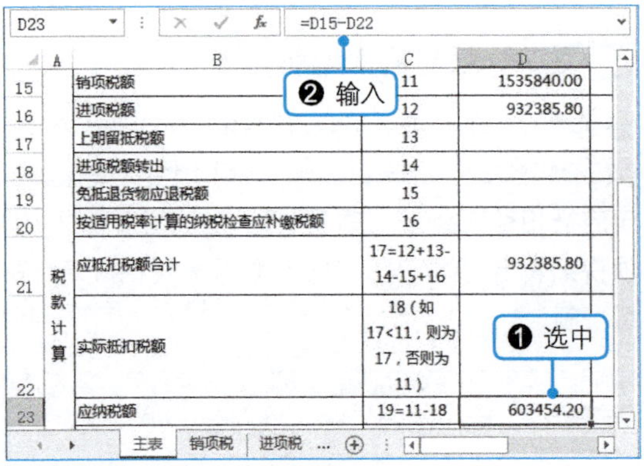

STEP 9 计算期末留抵税额

❶ 选中 D24 单元格；❷ 在编辑栏中输入 "=D21-D22"，按【Ctrl+Enter】组合键确认。表示企业期末的留抵税额 = 应抵扣税额合计 - 实际抵扣税额。

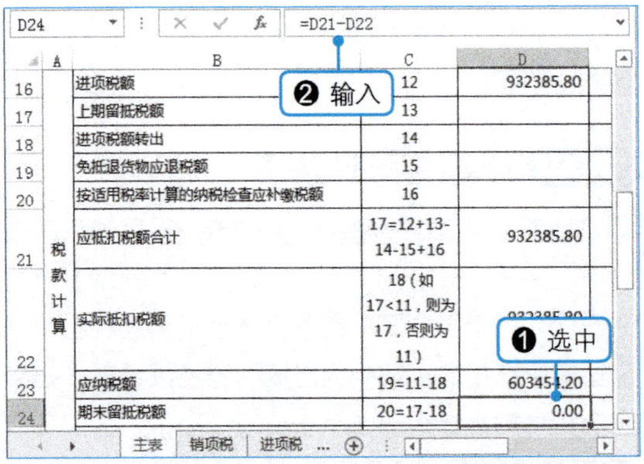

STEP 10 填列应纳税额减征额

在 D27 单元格中输入企业符合规定的应纳税额减征额数据。

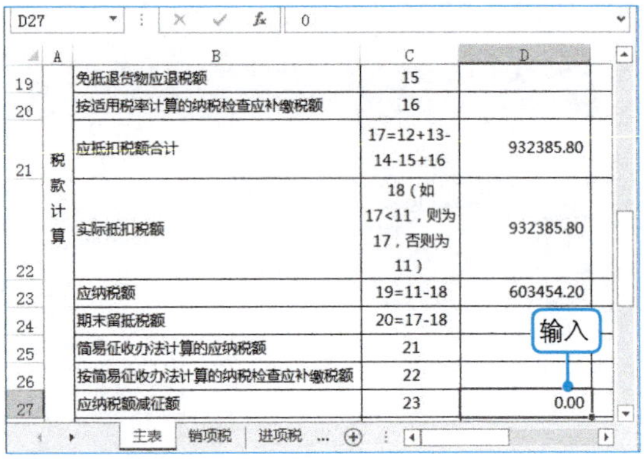

STEP 11 计算应纳税额合计

❶ 选中 D28 单元格；❷ 在编辑栏中输入 "=D23+D25-D27"，按【Ctrl+Enter】组合键确认。表示企业增值税的应纳税额合计 = 应纳税额 + 简易征收办法计算的应纳税额 - 应纳税额减征额。

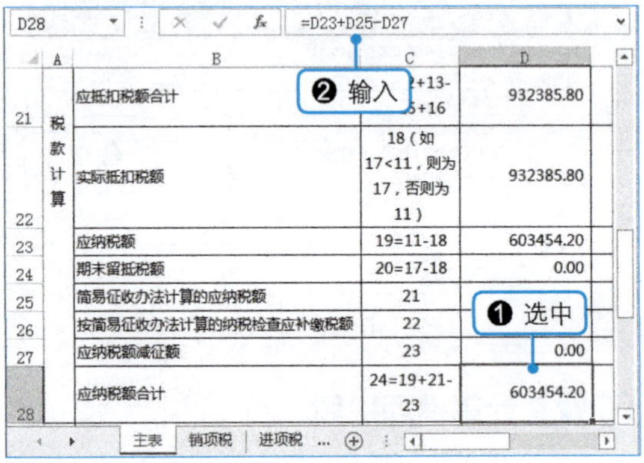

STEP 12 填列期初未缴税额

在 D29 单元格中输入企业期初增值税未缴税额数据。

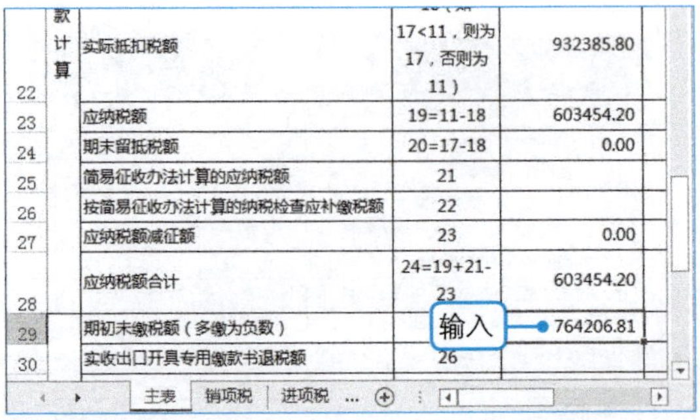

STEP 13 计算本期已缴税额

❶ 选中 D31 单元格；❷ 在编辑栏中输入“=D32+D33+D34+D35”，按【Ctrl+Enter】组合键确认。表示企业在某会计期间已经缴纳的税额 = 分次预缴税额 + 出口开具专用缴款书预缴税额 + 本期缴纳上期应纳税额 + 本期缴纳欠缴税额。

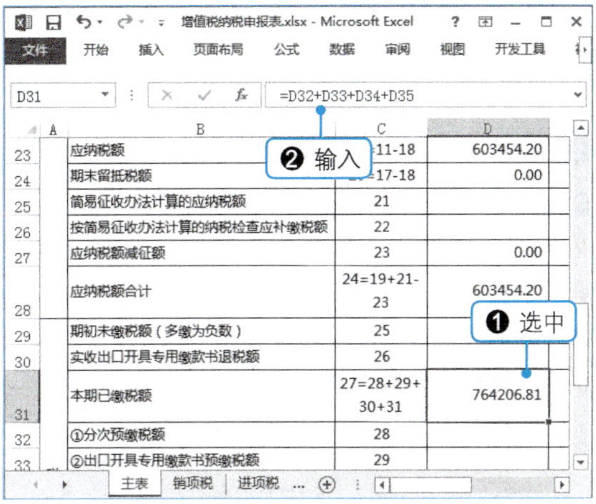

STEP 14 填列本期缴纳上期应纳税额

在 D34 单元格中输入企业本期缴纳的上期增值税应纳税额数据。

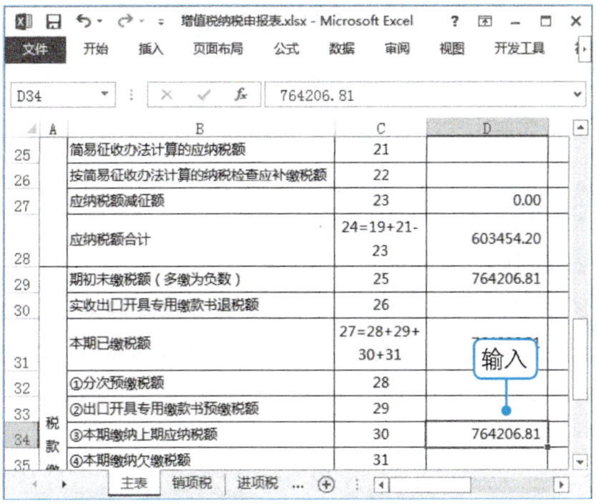

STEP 15 计算期末未缴税额

❶ 选中 D36 单元格；❷ 在编辑栏中输入“=D28+D29+D30-D31”，按【Ctrl+Enter】组合键确认。表示企业未缴的增值税额 = 应纳税额合计 + 期初未缴税额 + 实收出口开具专用缴款书退税额 - 本期已缴税额。

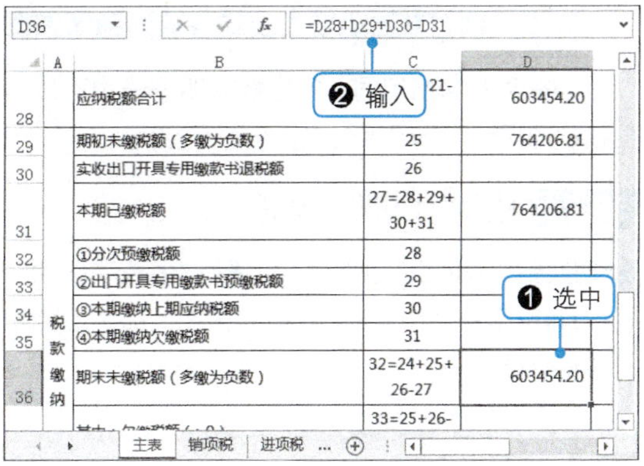

STEP 16 计算本期应补税额

❶ 选中 D38 单元格；❷ 在编辑栏中输入“=D28-D32-D33”，按【Ctrl+Enter】组合键确认。表示企业本期应补（退）税额 = 应纳税额合计 - 分次预缴税额 - 出口开具专用缴款书预缴税额。

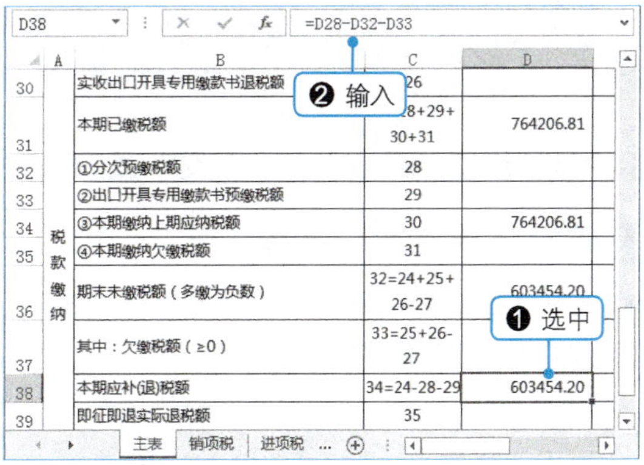

STEP 17 填列本年累计

本年累计栏目为本月数与上一月增值税纳税申报表中“本年累计”数之和。按此方法依次填列即可。

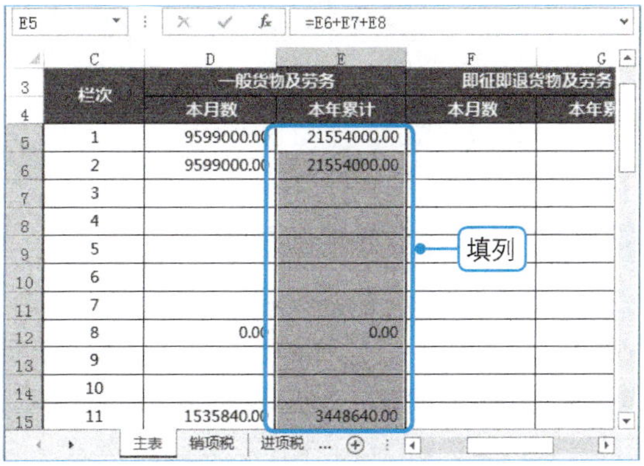

2. 设计销售数据明细表公式并填列销售数据

与主表的填制相同，销售数据明细表也可以根据栏次的提示，先设计公式，再登记数据。

STEP 1 引用销售总额数据

①切换到“销项税”工作表中；②选中 E6 单元格；③为其引用主表中 D5 单元格的数据，即企业的销售总额数据。

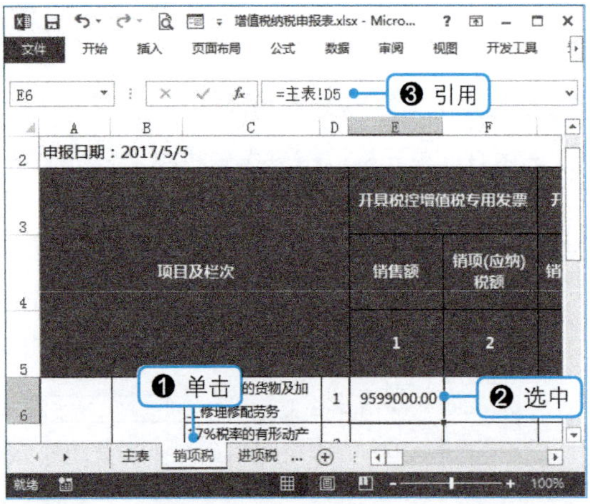

STEP 2 引用销项税额数据

①选中 F6 单元格；②为其引用主表中 D15 单元格的数据，即企业的销项税额数据。

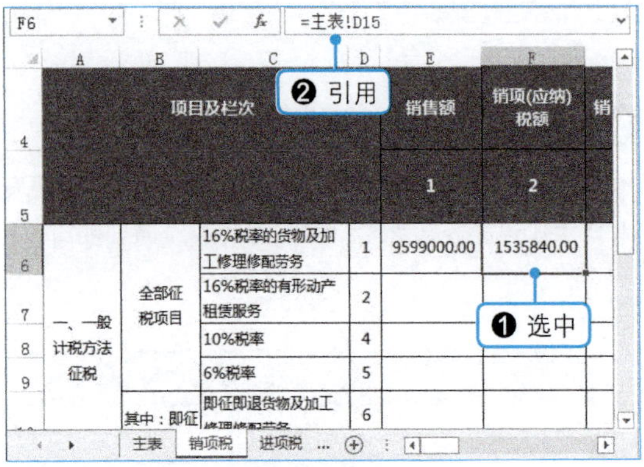

STEP 3 计算企业销售额总额

①选中 M6 单元格；②在编辑栏中输入“=E6+G6+I6+K6”，按【Ctrl+Enter】组合键确认。表示企业销售额总额 = 开具税控增值税专用发票的销售额 + 开具其他发票的销售额 + 未开具发票的销售额 + 纳税检查调整的销售额。

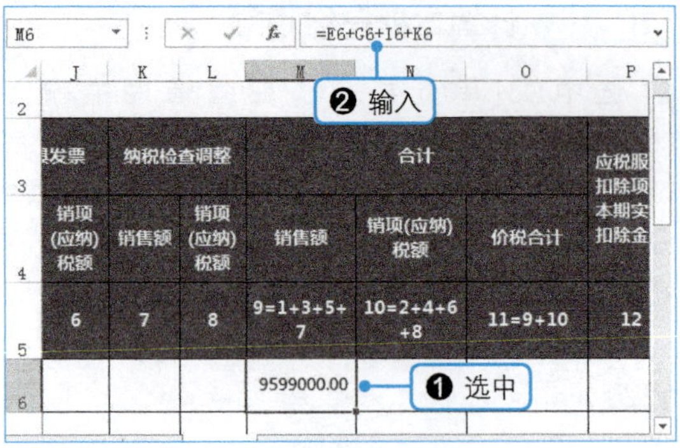

STEP 4 计算企业销项税额总额

①选中 N6 单元格；②在编辑栏中输入“=F6+H6+J6+L6”，按【Ctrl+Enter】组合键确认。表示企业销项税额总额 = 开具税控增值税专用发票的销项税额 + 开具其他发票的销项税额 + 未开具发票的销项税额 + 纳税检查调整的销项税额。

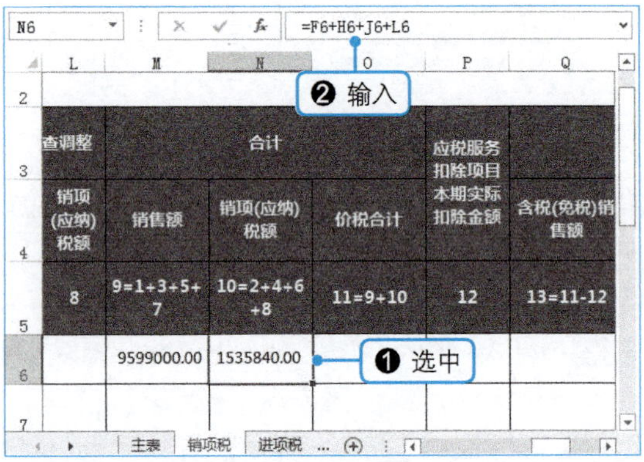

STEP 5 计算价税合计总额

①选中 O6 单元格；②在编辑栏中输入“=M6+N6”，按【Ctrl+Enter】组合键确认。表示企业增值业务的价税合计 = 销售总额 + 销项税额总额。

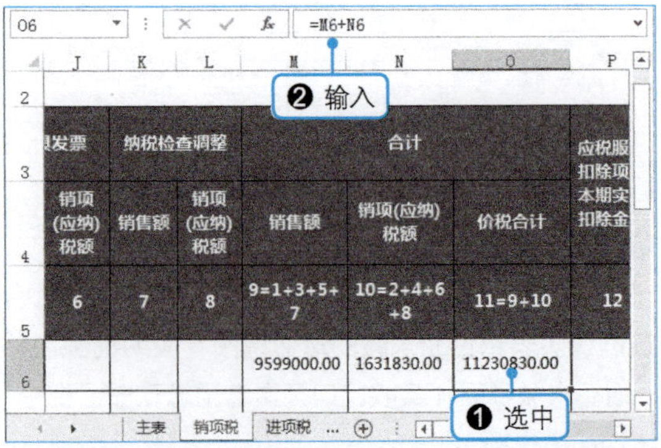

3. 设计进项税额明细表公式并填列数据

完成前面两个表格的公式制作后，接下来继续完成进项税额明细表的填制，方法也是类似的。

STEP 1 填列认证相符的增值税专用发票数据

❶切换到“进项税”工作表；❷在 C43 和 D43 单元格中分别输入本期认证相符的增值税专用发票的份数和总额。

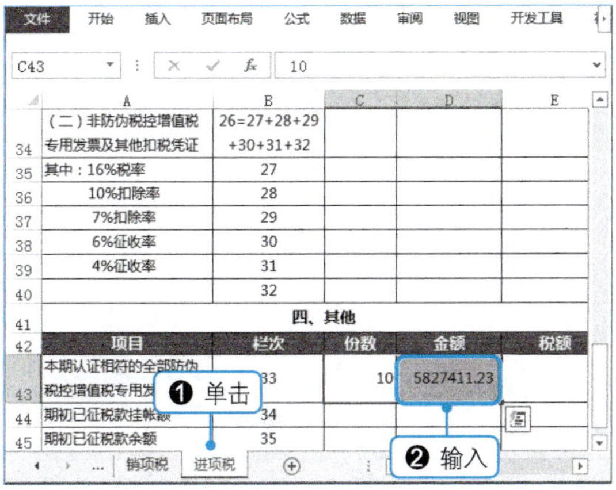

STEP 2 计算认证相符的增值税专用发票数据

❶选中 C5:D5 单元格区域；❷在编辑栏中输入“=C6+C7”，按【Ctrl+Enter】组合键确认。表示本期认证相符的增值税专用发票份数 = 本期认证相符且申报抵扣的增值税专用发票份数 + 前期认证相符且申报抵扣的增值税专用发票份数；本期认证相符的防伪税控增值税专用发票总额 = 本期认证相符且申报抵扣的增值税专用发票总额 + 前期认证相符且申报抵扣的增值税专用发票总额。

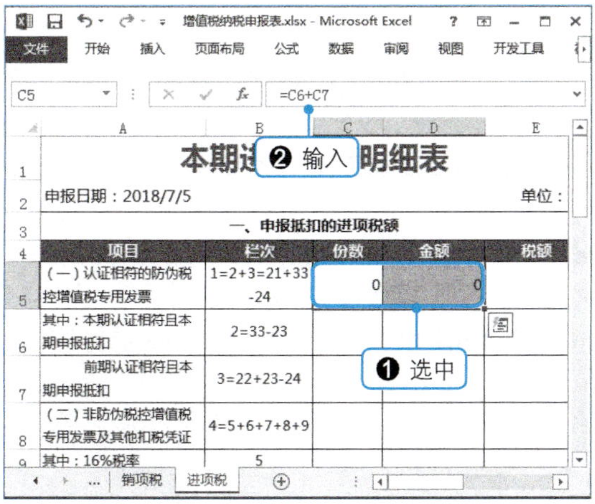

STEP 3 引用进项税额数据

❶选中 E5 单元格；❷为其引用“主表”工作表中 D16 单元格的数据，即企业的进项税额数据。

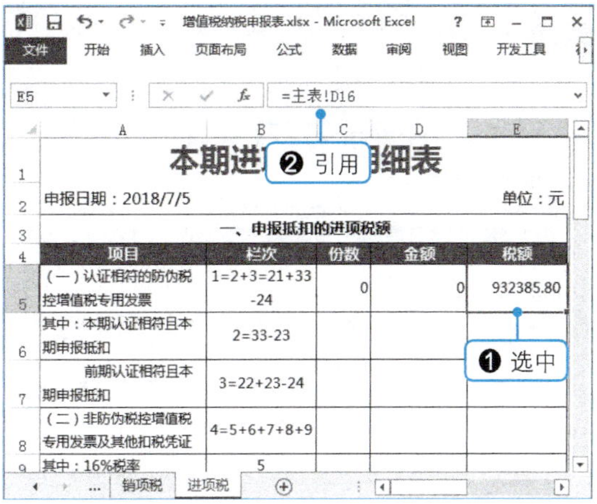

STEP 4 计算本期认证相符且申报的增值税专用发票数据

❶选中 C6:D6 单元格区域；❷在编辑栏中输入“=C43-C31”，按【Ctrl+Enter】组合键确认。表示本期认证相符且申报的增值税专用发票份数 = 本期认证相符的全部增值税专用发票份数 - 本期认证相符但未申报的增值税专用发票份数；本期认证相符且申报的增值税专用发票总额 = 本期认证相符的全部增值税专用发票总额 - 本期认证相符但未申报的增值税专用发票总额。

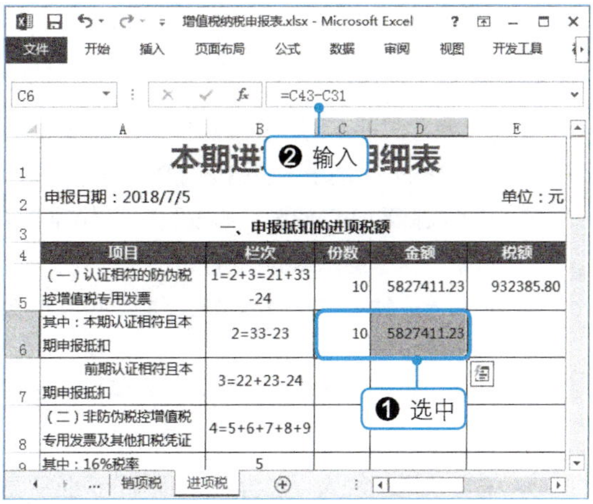

STEP 5 计算本期申报抵扣的进项税额

❶选中 E6 单元格；❷在编辑栏中输入“=D6*0.16”，

按【Ctrl+Enter】组合键确认。表示本期认证相符且申报抵扣的进项税额 = 本期认证相符且申报抵扣的增值税专用发票总额 ×16% 的增值税率。

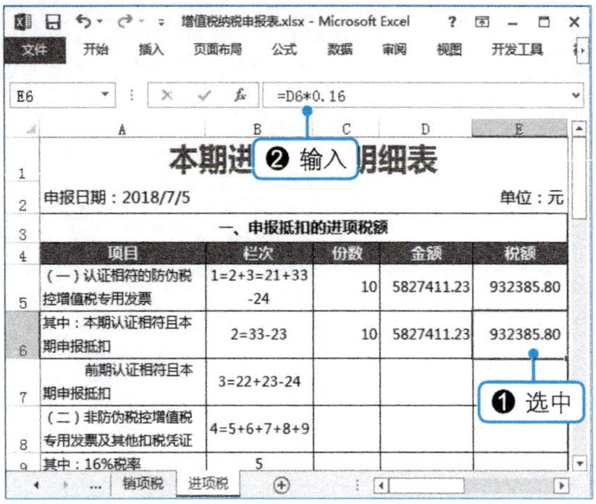

STEP 6 计算当期申报抵扣的进项税额合计

❶选中 D15:E15 单元格区域；❷在编辑栏中输入“=D5+D8+D14”，按【Ctrl+Enter】组合键确认。表示当期申报抵扣的增值税专用发票总额 = 认证相符的防伪税控增值税专用发票总额 + 非防伪税控增值税专用发票及其他扣税凭证总额 + 期初已征税款数额；当期申报抵扣的进项税额 = 认证相符的防伪税控增值税专用发票进项税额 + 非防伪税控增值税专用发票及其他扣税凭证进项税额 + 期初已征税款进项税额。

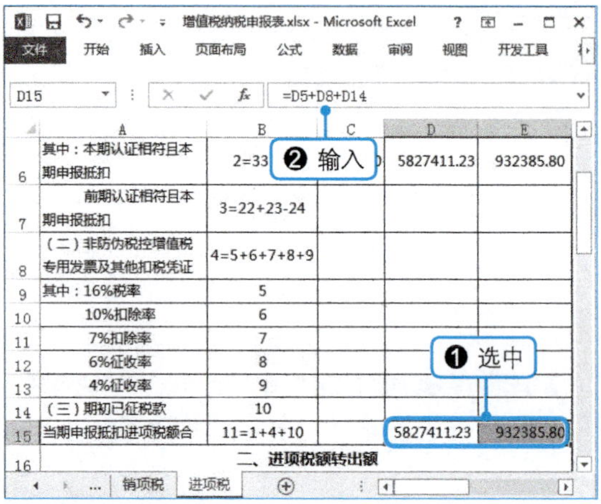

10.3 模板 2：企业所得税纳税申报表

我国企业所得税采取按年计算，分月（季）预缴，年终汇算清缴的办法申报纳税。同时，企业所得税纳税申报表分为 A 类和 B 类两种形式，A 类纳税申报表适用于实行查账征收企业所得税的企业，B 类纳税申报表适用于实行核定征收企业所得税的企业。本书将以 A 类企业所得税纳税申报表为例，介绍如何制作和使用该模板。

10.3.1 企业所得税纳税申报表的结构

根据预缴方式的不同，企业所得税纳税申报表划分了几个区域，企业根据自己预缴的方式填列相关区域即可，其结构如下图所示。各区域的作用如下。

- **按照实际利润额预缴：** 即按照企业当期的实际利润预先按月（季）缴纳企业所得税，并在年终汇算清缴。这是最基本的预缴方式。
- **按照上一纳税年度应纳税所得额平均额预缴：** 即按照上一年各期平均缴纳的企业所得税额来预先按月（季）缴纳企业所得税。
- **按照税务机关确定的其他方法预缴：** 即由税务机关确定预缴方法来预先按月（季）缴纳企业所得税，如定额预缴等方式。
- **总分机构纳税人：** 包含分支机构的企业需要填列与总机构和分支机构相关的企业所得税分摊、分配等情况。

企业所得税月（季）度纳税申报表（A类）

申报日期：2017/5/5　　　　　　　　　　　　　　　单位：元

行次	项 目		本期金额	累计金额
1	一、按照实际利润额预缴			
2	营业收入			
3	营业成本			
4	利润总额			
5	加:特定业务计算的应纳税所得额			
6	减：不征税收入和税基减免应纳税所得额			
7	固定资产加速折旧（扣除）调减额			
8	弥补以前年度亏损			
9	实际利润额（4行+5行-6行-7行-8行）			
10	税率(25%)			
11	应纳所得税额（9行×10行）			
12	减：减免所得税额			
13	实际已预缴所得税额			
14	特定业务预缴（征）所得税额			
15	应补（退）所得税额（11行-12行-13行-14行）			
16	减：以前年度多缴在本期抵缴所得税额			
17	本月（季）实际应补（退）所得税额			
18	二、按照上一纳税年度应纳税所得额平均额预缴			
19	上一纳税年度应纳税所得额			
20	本月（季）应纳税所得额（19行×1/4或1/12）			
21	税率(25%)			
22	本月（季）应纳所得税额（20行×21行）			
23	减：减免所得税额			
24	本月（季）实际应纳所得税额（22行-23行）			
25	三、按照税务机关确定的其他方法预缴			
26	本月（季）税务机关确定的预缴所得税额			
27	总分机构纳税人			
28	总机构	总机构分摊所得税额(15行或24行或26行×总机构分摊预缴比例)		
29		财政集中分配所得税额		
30		分支机构分摊所得税额(15行或24行或26行×分支机构分摊比例)		
31		其中：总机构独立生产经营部门应分摊所得税额		
32	分支机构	分配比例		
33		分配所得税额		

以实际利润预缴的方式填列

以上一纳税年度平均值的方式填列

以税务机关指定的其他方式填列

有分支机构的企业需要填列的总分机构所得税额

知识补充——选择哪种方式缴纳企业所得税

按规定，企业所得税应当按照月度或者季度的实际利润额预缴；按照月度或者季度的实际利润额预缴有困难的，可以按照上一纳税年度应纳税所得额的月度或者季度平均额预缴，或者按照经税务机关认可的其他方法预缴。

10.3.2 填制企业所得税纳税申报表

按照实际利润额预缴企业所得税是最常见的申报缴纳企业所得税的方式，下面将采用这种方式来制作和使用企业所得税纳税申报表。整个制作过程比较简单，需要手动填列数据的只有营业

配套资源

操作视频演示

光盘：模板文件 \ 第 10 章 \ 企业所得税纳税申报表 .xlsx

光盘：效果文件 \ 第 10 章 \ 企业所得税纳税申报表 .xlsx

收入和营业成本两项数据，其他数据都可以利用公式和函数自动返回与计算。

【案例效果图解】

企业所得税月（季）度纳税申报表（A类）

申报日期：2017/5/5　　　　单位：元

行次	项　目	本期金额	累计金额
1	一、按照实际利润额预缴		
2	营业收入	212035.72	1085692.56
3	营业成本	118672.60	691988.29
4	利润总额	93363.12	393704.27
5	加:特定业务计算的应纳税所得额		
6	减：不征税收入和税基减免应纳税所得额		
7	固定资产加速折旧（扣除）调减额		
8	弥补以前年度亏损		
9	实际利润额（4行+5行-6行-7行-8行）	93363.12	393704.27
10	税率(25%)	25%	25%
11	应纳所得税额（9行×10行）	23340.78	98426.07
12	减：减免所得税额		
13	实际已预缴所得税额		
14	特定业务预缴（征）所得税额		
15	应补（退）所得税额（11行-12行-13行-14行）	23340.78	98426.07
16	减：以前年度多缴在本期抵缴所得税额		
17	本月（季）实际应补（退）所得税额	23340.78	98426.07
18	二、按照上一纳税年度应纳税所得额平均额预缴		
19	上一纳税年度应纳税所得额		

STEP 1 填列营业收入与营业成本数据

打开“企业所得税纳税申报表.xlsx”模板文件，在D5和D6单元格分别输入本期的营业收入和营业成本数据。

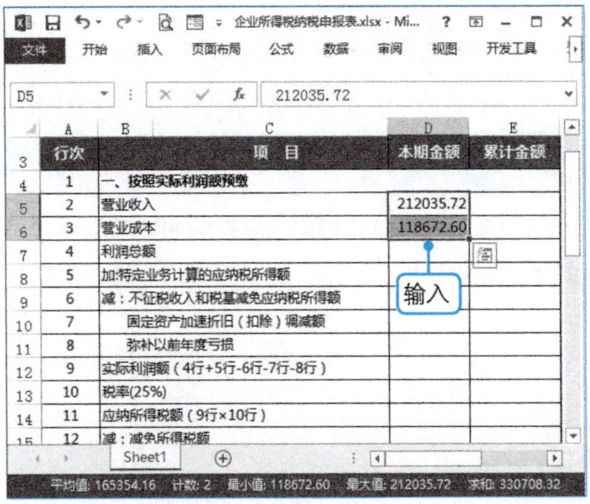

STEP 2 计算利润总额

❶选中D7单元格；❷在编辑栏中输入“=D5-D6”，按【Ctrl+Enter】组合键确认。表示利润总额＝营业收入－营业成本。

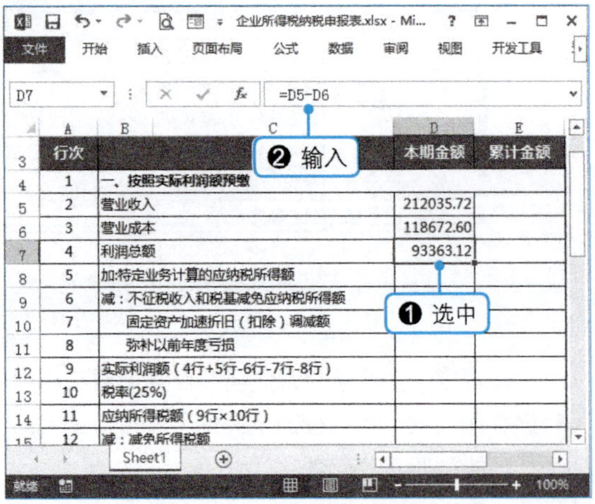

STEP 3 计算实际利润额

❶选中D12单元格；❷在编辑栏中输入“=D7+D8-D9-D10-D11”，按【Ctrl+Enter】组合键确认。表示实际利润额＝利润总额＋特定业务计算的应纳税所得额－不征税收入和税基减免应纳税所得额－固定资产加速折旧（扣除）调减额－弥补以前年度亏损。

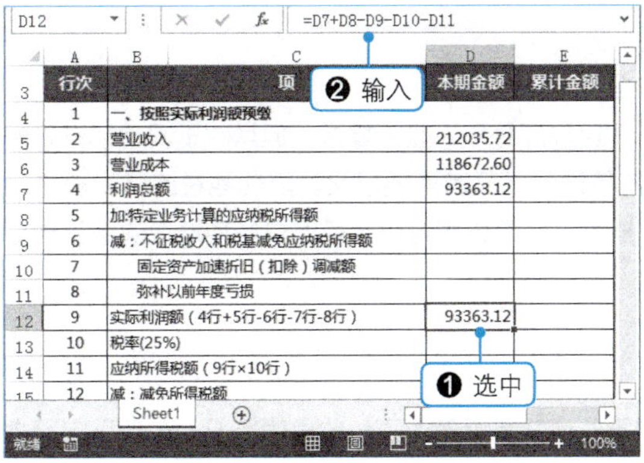

STEP 4 返回企业所得税税率

❶ 选中 D13 单元格；❷ 在编辑栏中输入“=MID(B13,4,3)”，按【Ctrl+Enter】组合键确认。表示返回 B13 单元格中从第 4 个字符开始的 3 个字符，即“25%”。

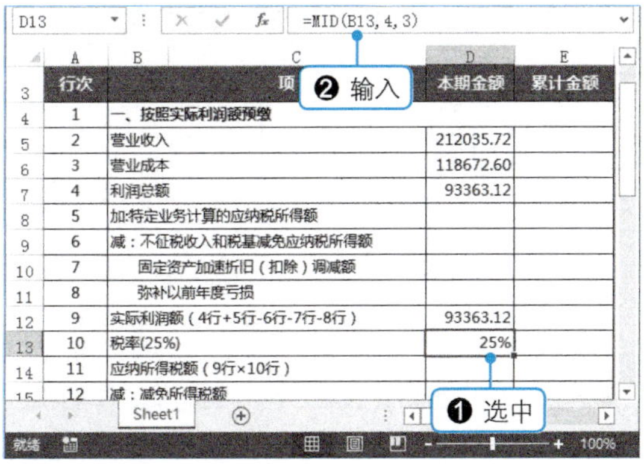

STEP 5 计算应纳所得税额

❶ 选中 D14 单元格；❷ 在编辑栏中输入“=D12*D13”，按【Ctrl+Enter】组合键确认。表示应纳所得税额 = 实际利润额 × 税率。

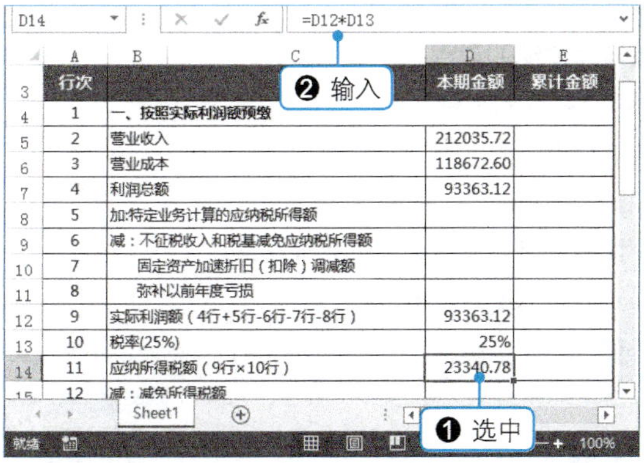

STEP 6 计算应补所得税额

❶ 选中 D18 单元格；❷ 在编辑栏中输入“=D14-D15-D16-D17”，按【Ctrl+Enter】组合键确认。表示本期应（退）补的所得税额 = 应纳所得税额 - 减免所得税额 - 实际已预缴所得税额 - 特定业务预缴（征）所得税额。

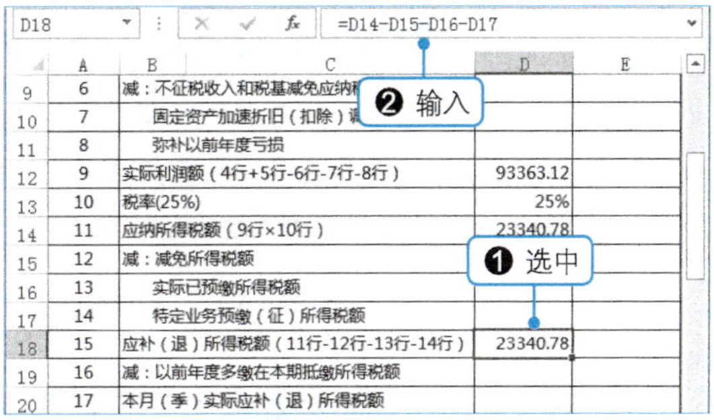

STEP 7 计算本期实际应补所得税额

❶ 选中 D20 单元格；❷ 在编辑栏中输入“=D18-D19”，按【Ctrl+Enter】组合键确认。表示本期实际应补（退）所得税额 = 应补（退）所得税额 - 以前年度多缴在本期抵缴所得税额。

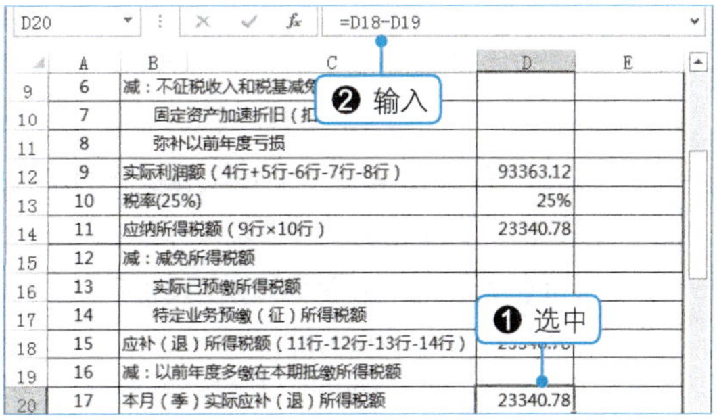

STEP 8 填列累计金额

累计金额栏目为本期金额与上一期“累计金额”数之和。按此方法依次填列即可。

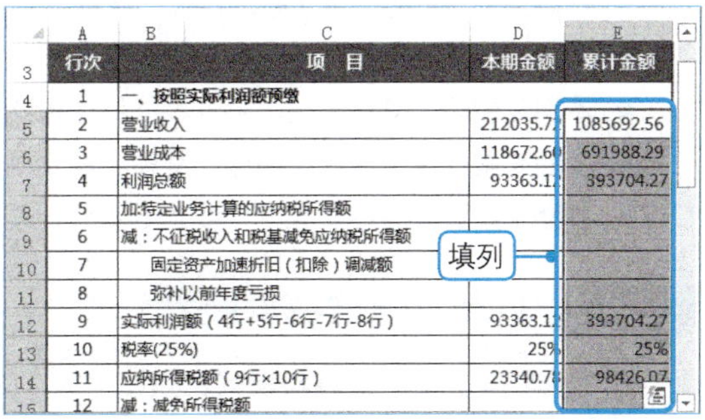

10.4 模板 3：综合纳税申报表

我国的地税相对于国税而言，其税收收入占比较小，且税源分散，收入零星，但其对于调动地方政府组织收入的积极性和保证地方政府因地制宜地解决地方特殊问题又有重要意义。因此地税的纳税申报也是非常重要的工作。下面将利用 Excel 制作综合纳税申报表，使用该表可以轻松汇总各种地税的纳税申报数据。

10.4.1 综合纳税申报表的结构

综合纳税申报表由于会涉及多个税种，因此其结构需要尽量考虑各个税种的具体情况，在项目字段中可以尽量表达清楚，如地方税务局系统负责征收的税费既包括“税”类，还包括“费”“基金”类项目，所以在设计表格名称时就应将这些因素考虑在内，其结构如下图所示。各项目的含义如下。

综合纳税申报表

申报日期： 2018/7/5　　　　单位：元

税种(费、基金)	税目(计征对象)	所属时期	计税(征)总额	税率(征收率)	本期应纳税额	本期经批准的缓缴额	本期经批准的减(免)额	本期实际入库额	本期欠缴额	本期末累计经批准的缓缴额	本期末累计欠缴额
1	2	3	4	5	6=4×5	7	8	9=6-7-8	10=6-9	11	12
合计											

填列与地税相关的基本数据

填列计算地税应纳税额相关数据

- **税种（费、基金）：**税收种类。就地税而言，包括房产税、城市维护建设税、教育费附加、车船税、印花税、水利建设基金等。
- **税目（计征对象）：**课税品目，是税种细分的结果，如购销合同需要缴纳的印花税，税种就是印花税，购销合同就是它的税目。
- **所属时期：**某税种纳税义务所属期间。
- **计税（征）总额：**应纳税所得额。
- **税率（征收率）：**某税种的税率或征收率。
- **本期应纳税额：**某税种在本会计期间应缴纳的税额。
- **本期经批准的缓缴额：**某税种在本会计期间可以暂缓缴纳的税额。
- **本期经批准的减（免）额：**某税种在本会计期间可以减免的税额。
- **本期实际入库额：**某税种在本会计期间实际缴纳的税额。
- **本期欠缴额：**某税种在本会计期间尚未缴纳的税额。
- **本期末累计经批准的缓缴额：**某税种截止到本会计期间可以暂缓缴纳的累计税额。
- **本期末累计欠缴额：**某税种截止到本会计期间尚未缴纳的累计税额。

10.4.2 填制综合纳税申报表

配套资源

模板文件 \ 第 11 章 \ 综合纳税申报表 .xlsx
效果文件 \ 第 11 章 \ 综合纳税申报表 .xlsx

操作视频演示

综合纳税申报表的计算与填列也是比较简单的，其中稍微难一点的就是所属时期的自动返回。通常情况下，企业税费的申报是在纳税义务发生的下期进行，此时可以利用 YEAR 和 MONTH 函数自动返回结果。下面就在 Excel 中制作与使用综合纳税申报表。

【案例效果图解】

综合纳税申报表

申报日期： 2018/7/5　　　　单位：元

税种(费、基金)	税目(计征对象)	所属时期	计税(征)总额	税率(征收率)	本期应纳税额	本期经批准的缓缴额	本期经批准的减(免)额	本期实际入库额	本期欠缴额	本期末累计经批准的缓缴额	本期末累计欠缴额
1	2	3	4	5	6=4×5	7	8	9=6-7-8	10=6-9	11	12
城建税		2018年6月	4,500.00	7%	315.00			315.00			
教育费附加		2018年6月	4,500.00	3%	135.00			135.00			
印花税	购销合同	2018年6月	380,000.00	0.03%	114.00			114.00			
水利建设基金		2018年6月	50,000.00	1%	500.00			500.00			
地方教育费附加		2018年6月	4,500.00	1%	45.00			45.00			
资源税	河沙	2018年6月	20.00	3.00	60.00			60.00			
合计					1,169.00			1,169.00			

STEP 1 返回所属时期

❶ 打开“综合纳税申报表.xlsx”模板文件，选中 C5:C10 单元格区域；❷ 在编辑栏中输入“=YEAR($B$2)&"年"&MONTH($B$2)-1&"月"”，表示返回 B2 单元格中的年份数据和“年”字，以及 B2 单元格中的月份数据减去“1”的数据和“月”字，得到的结果就是“××年××月”。

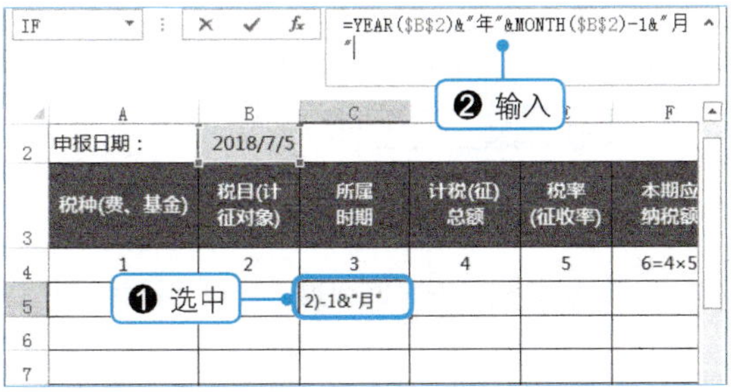

STEP 2 完善所属时期的计算公式

如果 B2 单元格中的月份为“1”，则上一步的公式将返回“0 月”，这是不合理的。因此需要借助 IF 函数完善公式。将上一步中的公式直接作为 IF 函数的假值参数，将条件设置为“MONTH($B$2)=1”，表示判断 B2 单元格中的月份是否为“1”；将真值参数设置为“YEAR($B$2)-1&"年 12 月"”，表示如果月份数为“1”，则返回 B2 单元格中的年份数据减去“1”的数据和“年”字，以及“12 月”字样。因此最终的公式为“=IF(MONTH($B$2)=1,YEAR($B$2)-1&"年 12 月",YEAR($B$2)&"年"&MONTH($B$2)-1&"月")”。按【Ctrl+Enter】组合键确认。

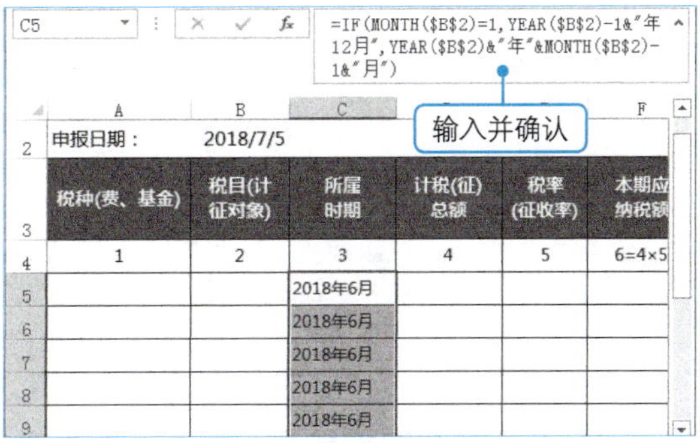

STEP 3 计算本期应纳税额

❶ 选中 F5:F10 单元格区域；❷ 在编辑栏中输入“=D5*E5”，按【Ctrl+Enter】组合键确认。表示本期应纳税额 = 计税总额 × 税率。

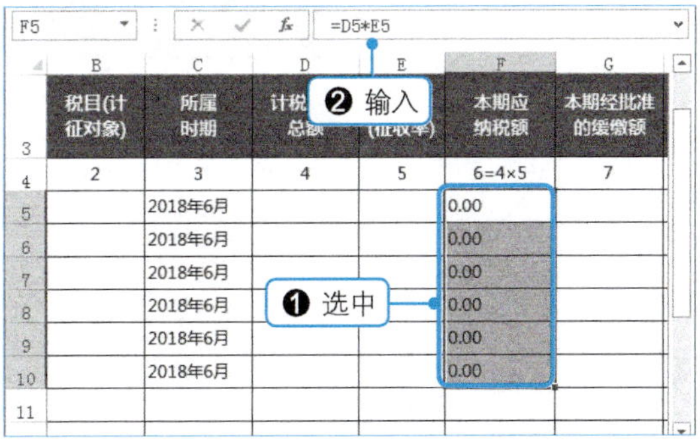

STEP 4 计算本期实际入库额

❶选中 I5:I10 单元格区域；❷在编辑栏中输入“=F5-G5-H5”，按【Ctrl+Enter】组合键确认。表示本期实际入库额 = 本期应纳税额 - 本期经批准的缓缴额 - 本期经批准的减免额。

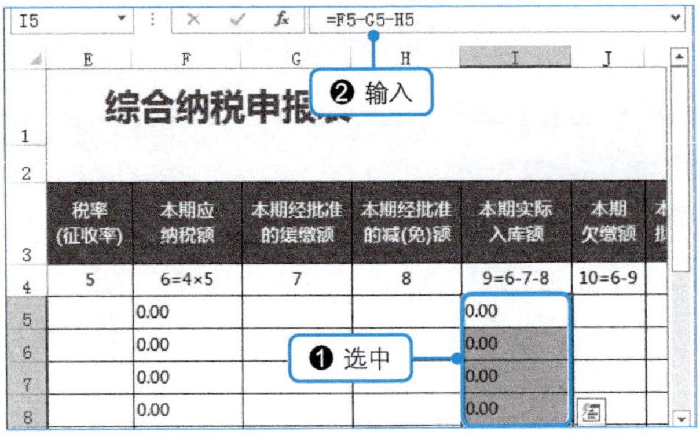

STEP 5 合计应纳税额和入库额

❶选中 F15 与 I15 单元格；❷在编辑栏中输入“=SUM(F5:F10)”，按【Ctrl+Enter】组合键确认。表示对本期应纳税额和本期实际入库额求和。

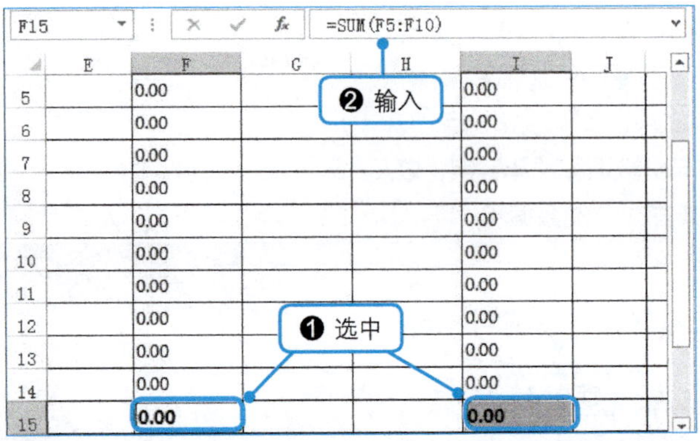

STEP 6 输入纳税申报数据

在表格中第 5 行的对应单元格内输入城市维护建设税的税种、计税总额、税率的数据，便可自动计算并合计对应的应纳税额和入库额。

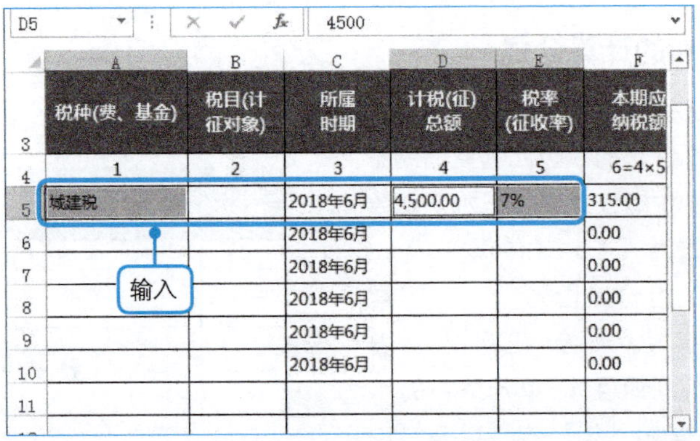

STEP 7　输入其他纳税申报数据

按相同方法输入其他需要纳税申报的数据即可。注意完成后要将多余的所属时期数据删除。

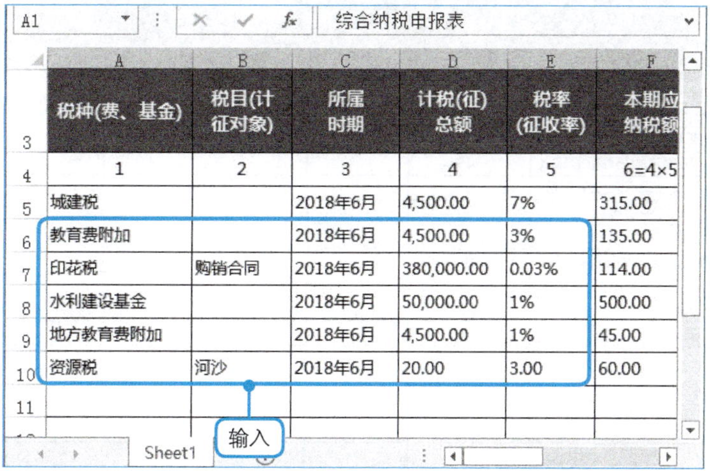

A1　综合纳税申报表

税种(费、基金)	税目(计征对象)	所属时期	计税(征)总额	税率(征收率)	本期应纳税额
1	2	3	4	5	6=4×5
城建税		2018年6月	4,500.00	7%	315.00
教育费附加		2018年6月	4,500.00	3%	135.00
印花税	购销合同	2018年6月	380,000.00	0.03%	114.00
水利建设基金		2018年6月	50,000.00	1%	500.00
地方教育费附加		2018年6月	4,500.00	1%	45.00
资源税	河沙	2018年6月	20.00	3.00	60.00

10.5 会计真案

纳税申报是企业不可避免的环节，不同企业的情况不同，导致填列纳税申报的内容也不相同。为了进一步掌握纳税申报表的使用，下面将提供两个真实案例分别练习小规模纳税人增值税纳税申报以及企业所得税纳税申报的填列。

10.5.1 小规模纳税人增值税纳税申报的填制

某按季申报的小规模纳税人，2017 年 10~12 月份销售货物取得不含税收入 120 000 元，均自行开具了增值税普通发票。2018 年 1 月份其应如何申报缴纳增值税?

【分析】

小规模纳税人增值税纳税申报表的结构比较简单，但在进行纳税申报时应判断该纳税人是否满足小微企业免税的优惠政策。该纳税人申报第四季度的货物销售额为 120 000 元，超过 90 000 元，因此不可享受小微企业免征增值税政策，其应纳税额 =120 000 × 3%=3 600(元)。

【操作思路】

该纳税人增值税纳税申报表填列过程如下：

（1）在 D5 单元格与 D7 单元格中填入不含税销售额“120 000”；

（2）在D19单元格中设计公式“=D5*3%”，在 D24 单元格中设计公式“=D19-D20”；在 D26 单元格中设计公式“=D24-D25”。

配套资源

操作视频演示

模板文件 \ 第 10 章 \ 会计真案 \ 增值税纳税申报表（小规模纳税人）.xlsx

效果文件 \ 第 10 章 \ 会计真案 \ 增值税纳税申报表（小规模纳税人）.xlsx

小规模纳税人增值税纳税申报表

申报日期：2017/5/5　　　　　　单位：元

项目		栏次	本期数		本年累计	
			货物及劳务	服务、不动产和无形资产	货物及劳务	服务、不动产和无形资产
一、计税依据	（一）应征增值税不含税销售额（3%征收率）	1	120000.00			
	税务机关代开的增值税专用发票不含税销售额	2				
	税控器具开具的普通发票不含税销售额	3	120000.00			
	（二）应征增值税不含税销售额（5%征收率）	4				
	税务机关代开的增值税专用发票不含税销售额	5				
	税控器具开具的普通发票不含税销售额	6				
	（三）销售使用过的固定资产不含税销售额	7(7≥8)				
	其中：税控器具开具的普通发票不含税销售额	8				
	（四）免税销售额	9=10+11+12				
	其中：小微企业免税销售额	10				
	未达起征点销售额	11				
	其他免税销售额	12				
	（五）出口免税销售额	13(13≥14)				
	其中：税控器具开具的普通发票销售额	14				
二、税款计算	本期应纳税额	15	3600.00			
	本期应纳税额减征额	16				
	本期免税额	17				
	其中：小微企业免税额	18				
	未达起征点免税额	19				
	应纳税额合计	20=15-16	3600.00			
	本期预缴税额	21				
	本期应补（退）税额	22=20-21	3600.00			

设计公式

10.5.2 企业所得税纳税申报的填制

某企业为 A 类企业，且按季预缴企业所得税，适用的所得税税率为 25%。2017 年 4 月的营业收入为 1 000 000 元，营业成本为 800 000 元，无法支付的债务为 60 000 元，弥补以前年度亏损 30 000 元，发生某特定业务而预缴所得税额 15 000 元。该企业 2017 年 5 月 5 日申报上月企业所得税时应当如何填写企业所得税的纳税申报表？

【分析】

该企业除了营业收入和营业成本数据外，还发生了部分应纳税额调增和调减的业务，申报时只需将相关数据填入对应的栏目中即可。

配套资源

操作视频演示

模板文件 \ 第 10 章 \ 会计真案 \ 企业所得税纳税申报表 .xlsx

效果文件 \ 第 10 章 \ 会计真案 \ 企业所得税纳税申报表 .xlsx

【操作思路】

该企业可按照以下方法填写企业所得税纳税申报表。

（1）在 D5 单元格中填入营业收入“1 000 000”；在 D6 单元格中填入营业成本“800 000”。

（2）在 D8 单元格中填入无法支付的债务“60 000”。

（3）在 D11 单元格中填入弥补的以前年度亏损“30 000”。

（4）在 D17 单元格中填入预缴的企业所得税“15 000”。

（5）“利润总额”“实际利润额”“应纳所得税额”“应补（退）所得税额”“本月（季）实际应补（退）所得税额”等栏目的数据设计公式填列。

企业所得税月（季）度纳税申报表（A类）

申报日期：2017/5/5 单位：元

行次	项 目	本期金额	累计金额
1	一、按照实际利润额预缴		
2	营业收入	1000000.00	
3	营业成本	800000.00	
4	利润总额	200000.00	
5	加：特定业务计算的应纳税所得额	60000.00	
6	减：不征税收入和税基减免应纳税所得额		
7	固定资产加速折旧（扣除）调减额		
8	弥补以前年度亏损	30000.00	
9	实际利润额（4行+5行-6行-7行-8行）	230000.00	
10	税率(25%)	25%	
11	应纳所得税额（9行×10行）	57500.00	
12	减：减免所得税额		
13	实际已预缴所得税额		
14	特定业务预缴（征）所得税额	15000.00	
15	应补（退）所得税额（11行-12行-13行-14行）	42500.00	
16	减：以前年度多缴在本期抵缴所得税额		
17	本月（季）实际应补（退）所得税额	42500.00	
18	二、按照上一纳税年度应纳税所得额平均额预缴		
19	上一纳税年度应纳税所得额		
20	本月（季）应纳税所得额（19行×1/4或1/12）		

10.6 疑难解答

问题一 ➔ 某企业享受免税优惠是否就无需进行纳税申报了？

● **答：**享受减税、免税照顾的纳税人同样需要进行纳税申报，如果纳税人没有营业收入或发生了亏损，同样需要进行纳税申报。具体来说，需要进行纳税申报的纳税人主要有：已办理税务登记、无需办理税务登记和应办理但未办理税务登记的纳税人、扣缴义务人和委托代征人。其中，已办理税务登记的纳税人主要包括以下几种：①因发生收入业务而应纳税的纳税人；②享受减税、免税照顾的纳税人；③没有营业收入的纳税人；④定期定额纳税的纳税人；⑤应缴纳企业所得税和其他税种的纳税人。

问题二 ➔ 进行纳税申报时，纳税人需要报送哪些资料？

● **答：**纳税人进行纳税申报时，主要应报送以下资料：①纳税申报表；②会计报表；③其他纳税资料，包括各种证明和证件等，如与纳税有关的经济合同、协议书，固定工商业户外出经营税收管理证明，境内外公证机关出具的有关证件，个人工资及收入证明等。

问题三 ➔ 无法支付的债务为什么要缴纳企业所得税？

● **答：**“营业外收入”同样属于企业所得税的应税收入，对于无法支付的债务，应计入营业外收入，所以应并入当期应纳税所得依法缴纳企业所得税。

Excel

第 11 章
财务分析与评价

❖ 本章导读

财务分析是以会计核算和报表资料及其他相关资料为依据，采用一系列专门的分析技术和方法，对企业等经济组织过去和现在有关筹资活动、投资活动、经营活动、分配活动的盈利能力、营运能力、偿债能力和增长能力状况等进行分析与评价的经济管理活动。它可以为企业投资者、债权人、经营者及其他关心企业的组织或个人了解企业过去、评价企业现状、预测企业未来做出正确决策提供准确的信息或依据。本章将介绍两种最常见的财务分析表的使用与制作方法。

常用财务分析的 Excel 实务模板概览表

序号	Excel 实务模板名称	会计目的	实际应用点拨
1	财务比率分析表	分析和评价企业的经营活动	利用资产负债表和利润表的数据，设计相应的公式进行计算和分析
2	杜邦分析表	综合分析企业的财务状况	利用财务报表数据以及相关财务指标之间的关系，设计相应的公式进行计算和分析

11.1 财务分析的作用和数据来源

财务分析是评价企业经营业绩及财务状况的重要依据。通过企业财务状况分析，可以了解企业现金流量状况、营运能力、盈利能力、偿债能力，有利于管理者及相关人员客观评价经营者的经营业绩和企业的财务状况。通过分析比较将可能影响经营成果和财务状况的微观因素和宏观因素、主观因素和客观因素加以区分，划清责任界限，客观评价经营者的业绩，促进经营管理者管理水平的提高。

财务分析也是为债权人、投资者提供正确信息以实施决策的工具。企业的投资者可通过财务分析，了解企业获利和偿债能力，预测投资后的风险程度及收益水平，从而做出正确决策。

财务分析还可以为企业内部管理人员了解经营情况、挖掘企业潜力、找出薄弱环节提供依据。为了提高经济效益、加强管理、提供可靠资料，企业的管理人员通过对其成本利润的了解， 及时发现企业存在的问题，进而采取应对措施，改善其经营管理模式，提高企业经济效益。

总体来讲，财务分析的数据来源主要是企业的财务报表，其中资产负债表和利润表尤为重要，本章将以资产负债表与利润表中的数据为基础，介绍财务比率分析表与杜邦分析表模板的制作与使用。

11.2 模板 1：财务比率分析表

财务比率分析是以比率分析法为基础，将同一时期财务报表上若干重要项目的相关数据相互比较，求出比率，用以分析和评价企业经营活动以及企业目前和历史状况的一种方法。

11.2.1 财务比率分析表的结构与相关比率

财务比率分析表主要用于汇总需要进行分析的各项指标及其对应的财务比率结果，并通过与标准财务比率结果进行差异对比，来评价企业财务状况。不同企业的分析目标不同，使用的项目指标也不同。企业进行比率分析常用的指标以及比率分析表的结构如下所示。

- **流动比率：**流动资产对流动负债的比率，用来衡量企业流动资产在短期债务到期以前，可以变为现金用于偿还负债的能力。
- **速动比率：**速动资产对流动负债的比率，用来衡量企业流动资产中可以立即变现用于偿还流动负债的能力。其中，速动资产包括货币资金、短期投资、应收票据、应收账款及其他应收款等可以在较短时间内变现的资产。
- **资产负债率：**期末负债总额对资产总额的比率，反映债权人所提供的资本占全部资本的比例。
- **产权比率：**负债总额与所有者权益总额的比率，反映股东所持股权是否过多，从另一个侧面表明企业借款经营的程度。
- **应收账款周转率：**当期销售净收入对应收账款平均余额的比率，反映企业应收账款周转速度率。其中，应收账款平均余额 =（期初应收账款余额 + 期末应收账款余额）÷2。
- **总资产增长率：**企业本年总资产增长额同年初资产总额的比率，反映企业本年资产规模的增长情况。其中，总资产增长额 = 年末资产总额 - 年初资产总额。
- **销售毛利率：**毛利占销售净值的比率，反映企业主营业务的销售毛利率。其中，毛利是销售净收入与产品成本的差。
- **销售净利率：**净利润与销售收入的比率，用以衡量企业在一定时期获取销售收入的能力。
- **资产报酬率：**企业一定时期内息税前利润与资产平均总额的比率，用以评价企业运用全部资产的总体获利能力，计算公式为：资产报酬率 =（净利润 + 利息费用 + 所得税）/ 平均资产总额 ×100%。其中，

平均资产总额 =（期初资产总额 + 期末资产总额）÷ 2

财务比率分析表

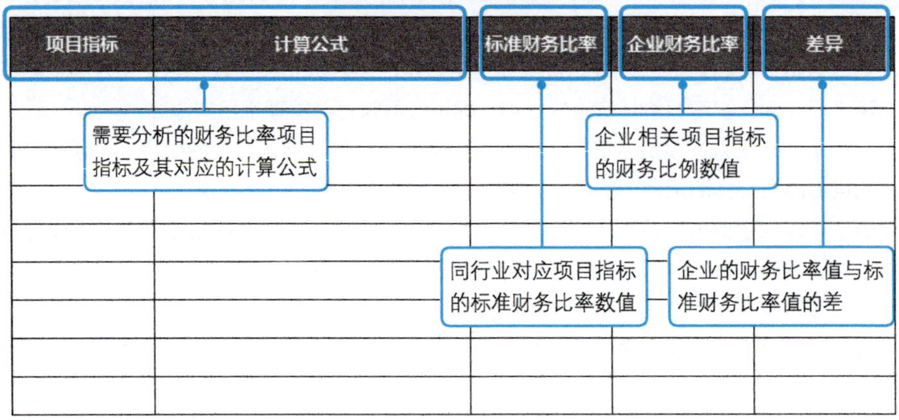

11.2.2 计算并分析企业财务比率数据

实现企业财务比率数据的计算与分析，需要使用到企业的财务报表，就本例而言，仅需要用到资产负债表和利润表的数据。下面就在 Excel 中引用相关财务报表的数据，并通过设计公式来实现企业的财务比率计算与分析。

配套资源

操作视频演示

模板文件 \ 第 11 章 \ 财务比率分析表 .xlsx

效果文件 \ 第 11 章 \ 财务比率分析表 .xlsx

【案例效果图解】

财务比率分析表

项目指标	计算公式	标准财务比率	企业财务比率	差异
流动比率	流动资产÷流动负债	2.20	1.17	(1.03)
速动比率	速动资产÷流动负债	1.35	0.88	(0.47)
资产负债率	负债总额÷资产总额	0.20	0.47	0.27
产权比率	负债总额÷所有者权益总额	1.00	0.88	(0.12)
应收账款周转率	销售收入÷应收账款平均余额	2.00	2.08	0.08
总资产增长率	总资产增长额÷年初资产总额	0.30	0.33	0.03
销售毛利率	(销售净收入-产品成本)÷销售净收入	0.50	0.31	(0.19)
销售净利率	净利润÷销售收入	0.26	0.01	(0.25)
资产报酬率	(净利润+利息费用+所得税)÷平均资产总额	0.24	0.07	(0.17)

基础数据，将需要计算和分析的项目指标、计算公式和对应的标准比率数值填列上去

通过引用会计报表的数据，并设计对应的公式进行计算

通过公式计算企业财务比率与标准财务比率的差值

STEP 1 引用期末流动资产数据

❶打开“财务比率分析表.xlsx”模板文件，选中D3单元格；❷在编辑栏中输入“=”；❸切换到“资产负债表”工作表，选中C15单元格。

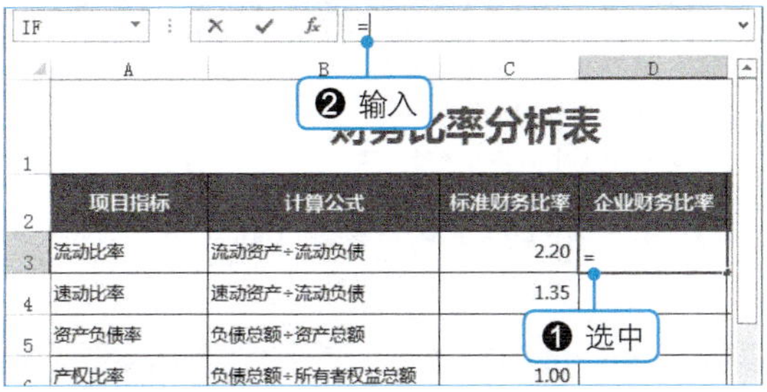

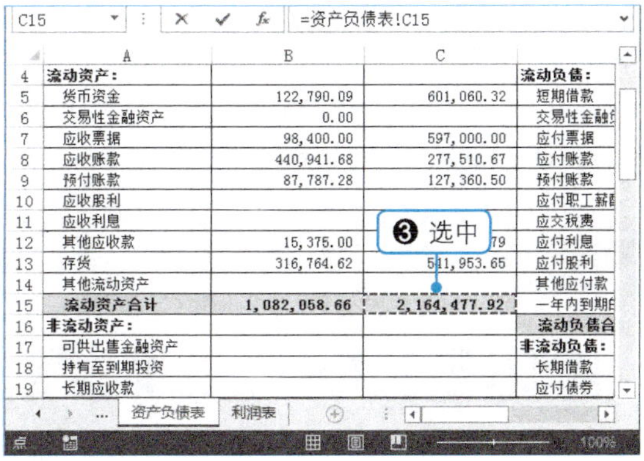

STEP 2 引用期末流动负债数据

❶继续在编辑栏中输入“/”；❷选中F16单元格，引用资产负债表中的期末流动负债合计数。

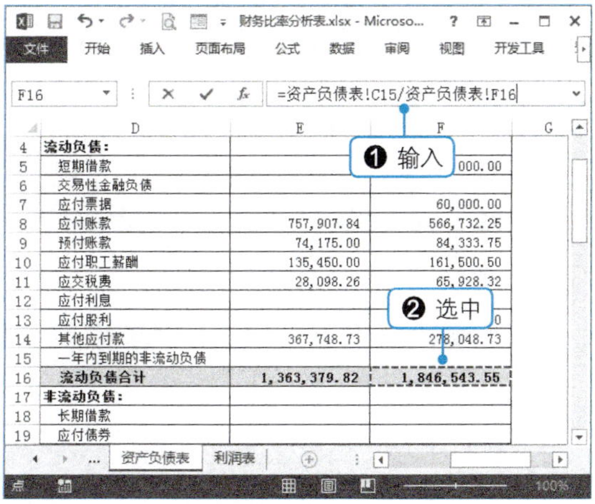

STEP 3 查看计算结果

按【Ctrl+Enter】组合键，此时将在财务比率分析表中返回流动比率的计算结果。

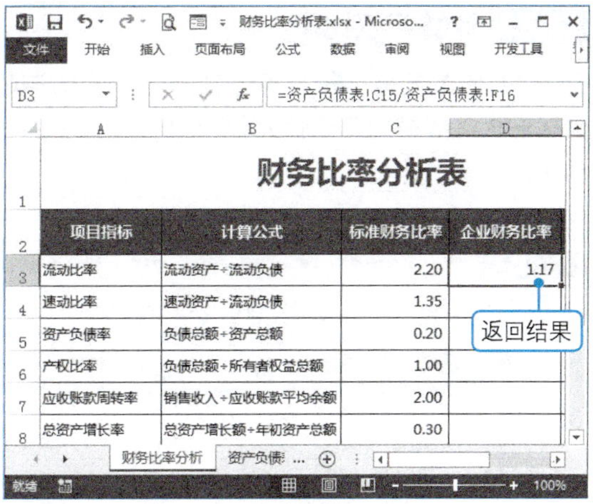

STEP 4 计算速动比率

❶选中D4单元格；❷根据计算公式引用资产负债表的相关数据，设计完公式后按【Ctrl+Enter】组合键确认。其中速动负债为货币资金、应收票据、应收账款、预付账款、其他应收款的期末合计数。

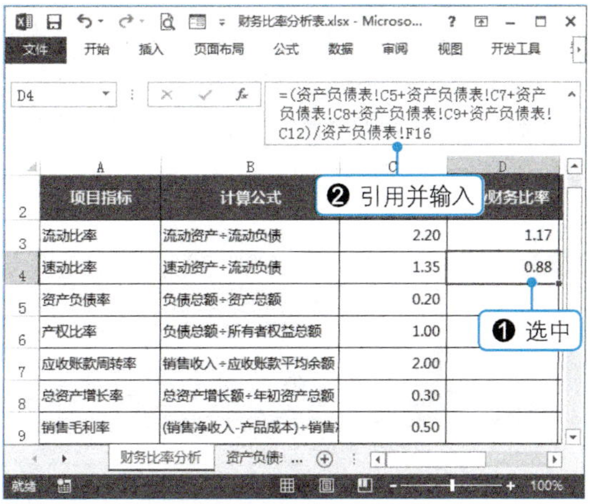

STEP 5 计算资产负债率

❶选中D5单元格；❷根据计算公式引用资产负债表的相关数据，完成后按【Ctrl+Enter】组合键确认。

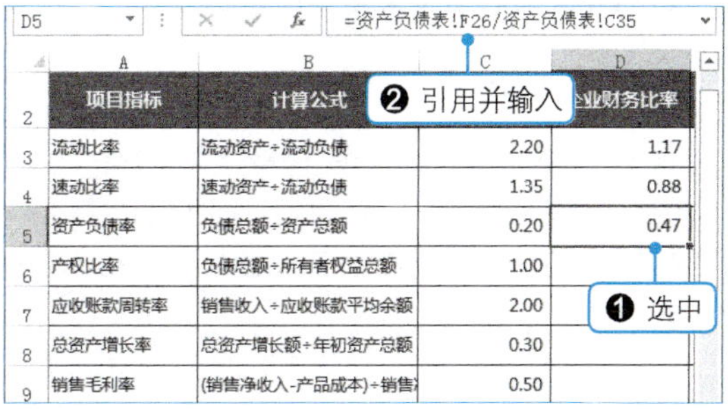

STEP 6 计算产权比率

❶选中 D6 单元格；❷根据计算公式引用资产负债表的相关数据，完成后按【Ctrl+Enter】组合键确认。

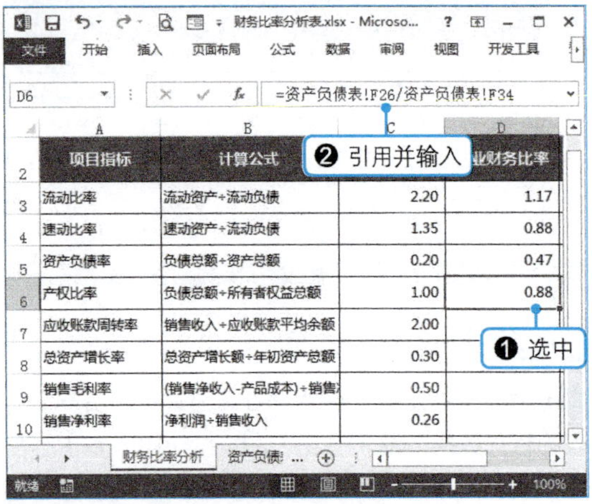

STEP 7 计算应收账款周转率

❶选中 D7 单元格；❷根据计算公式引用资产负债表和利润表的相关数据，完成后按【Ctrl+Enter】组合键确认。其中应收账款平均余额为期初和期末应收账款余额的平均值。

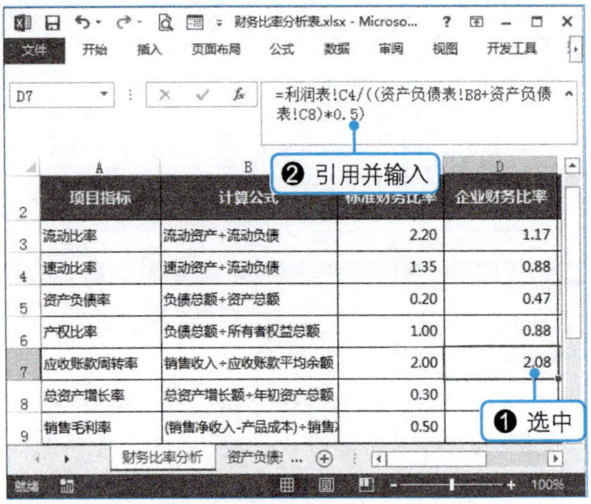

STEP 8 计算总资产增长率

❶选中 D8 单元格；❷根据计算公式引用资产负债表的相关数据，完成后按【Ctrl+Enter】组合键确认。其中总资产增长额为期末资产总额与期初资产总额之差。

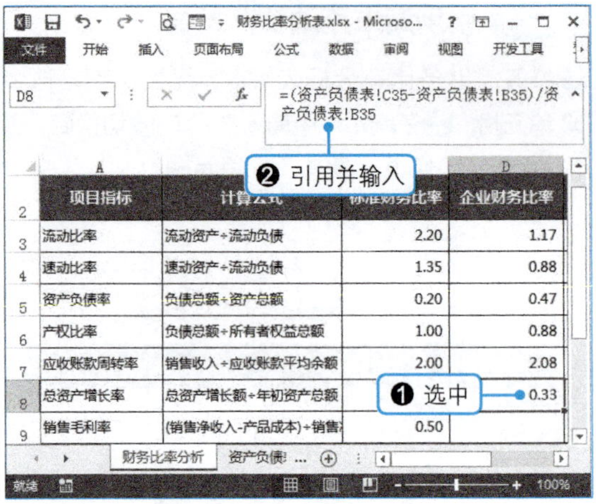

STEP 9 计算销售毛利率

❶选中 D9 单元格；❷根据计算公式引用利润表的相关数据，完成后按【Ctrl+Enter】组合键确认。

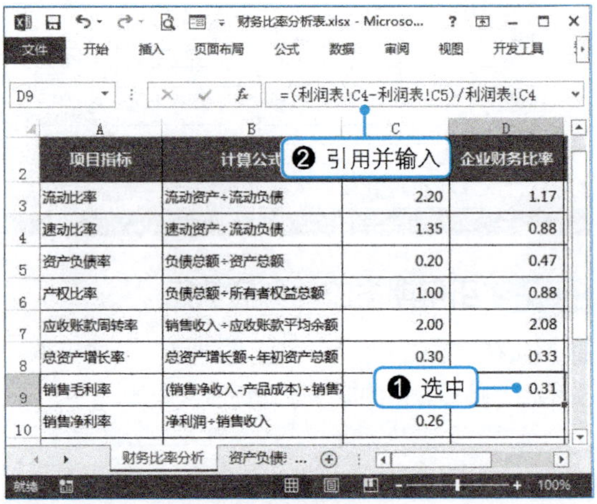

STEP 10 计算销售净利率

❶选中 D10 单元格；❷根据计算公式引用利润表的相关数据，完成后按【Ctrl+Enter】组合键确认。

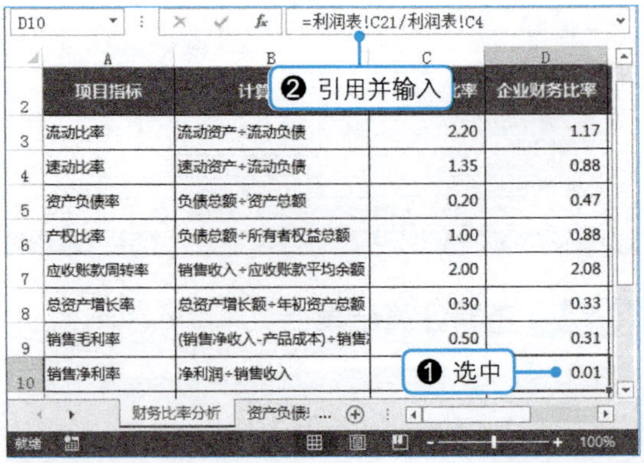

STEP 11 计算资产报酬率

❶选中 D11 单元格；❷根据计算公式引用资产负债表和利润表的相关数据，完成后按【Ctrl+Enter】组合键确认。

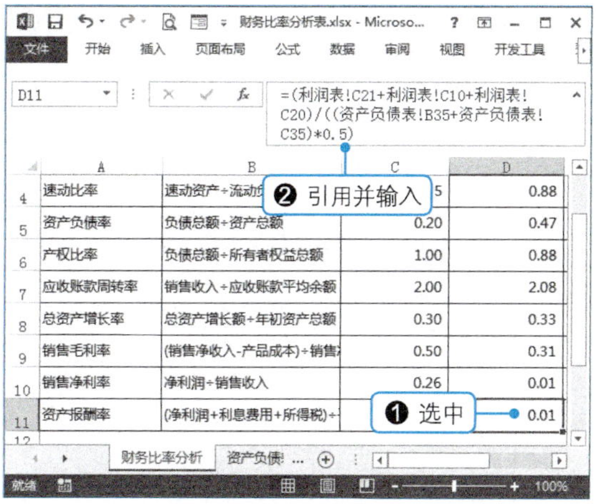

STEP 12 计算财务比率差异

❶选中 E3:E11 单元格区域；❷在编辑栏中输入“=D3-C3”，按【Ctrl+Enter】组合键确认。返回企业各财务比率指标与同行业标准财务比率指标的差值。

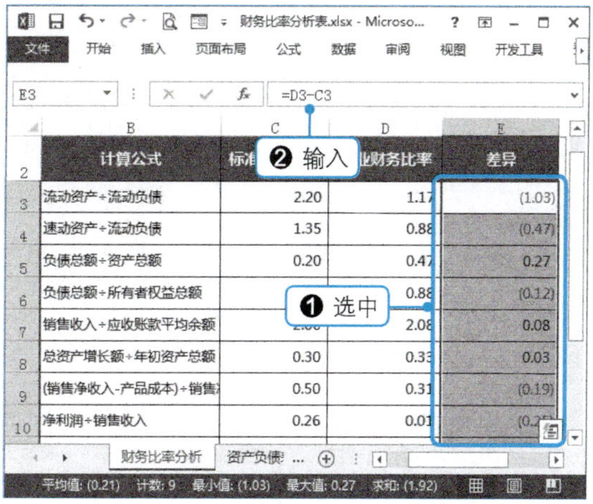

答疑解惑——差异数据呈红色带括号显示是什么原因?

这是 Excel 默认表示负数的样式。比如企业流动比率的差异为红色的“(1.03)”，则表示企业流动比率低于标准财务比率，说明该企业资产的变现能力与同行业标准相比较弱。

11.3 模板 2：杜邦分析表

财务比率分析表的运用非常简单，但是由于利用该表只能对单一的对象进行分析，其结论的参考性相对不够充分。杜邦分析表则可以解决这种弊端，由于杜邦分析法可以通过综合利用各个财务数据来得到最终的净资产收益率，如果相关数据表现不佳，其还可以找出具体是哪部分表现欠佳，从而得到解决问题的数据支持。因此在杜邦分析法基础上设计的杜邦分析表更能满足企业的财务分析需要。

11.3.1 杜邦分析体系与杜邦分析表的结构

杜邦财务分析体系以净资产收益率为主线，将企业某一时期的经营成果、资产周转情况、资产负债情况、成本费用结构以及资产营运状况全面联系在一起，层层分解，逐步深入，构成一个完整的分析体系。杜邦分析体系中涉及的部分指标以及其结构示意图如下所示。

- 净资产收益率 = 总资产净利率 × 权益乘数
- 总资产净利率 = 营业净利率 × 总资产周转率
- 营业净利率 = 净利润 ÷ 营业收入
- 总资产周转率 = 营业收入 ÷ 平均资产总额
- 权益乘数 =1 ÷(1- 资产负债率)
- 资产负债率 = 负债总额 ÷ 资产总额

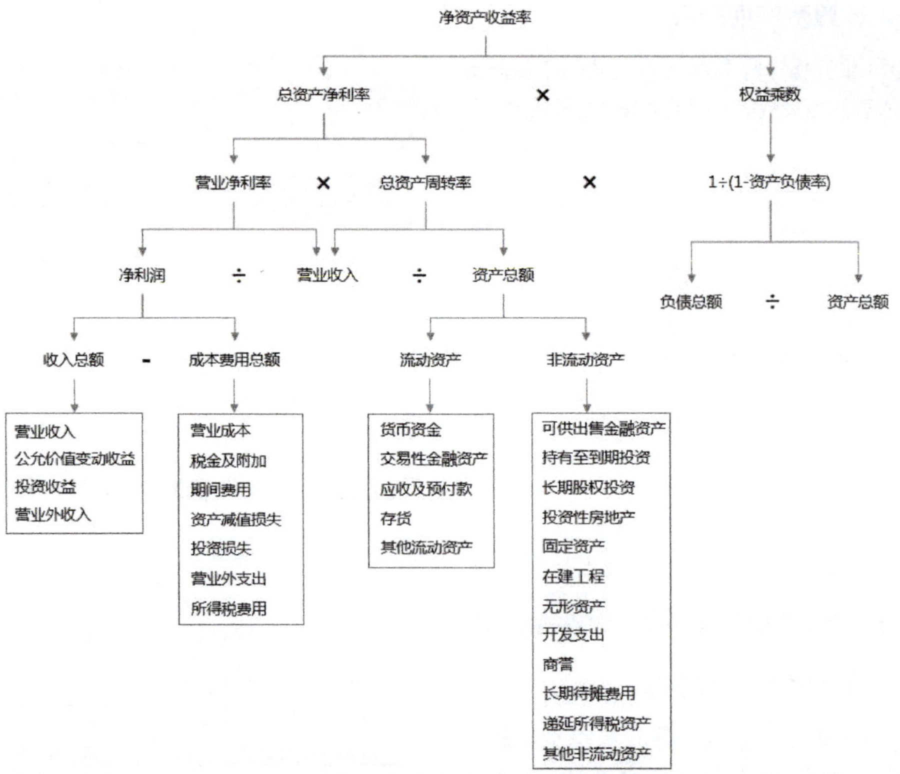

从上图可以看到，净资产收益率是一个综合性财务分析指标，它是衡量企业利用资产获取利润能力的指标，由于它充分考虑了筹资方式对企业获利能力的影响，因此它所反映的获利能力是企业经营能力、财务决策和筹资方式等多种因素综合作用的结果。

对于杜邦分析表而言，它可以通过对不同会计年度的会计报表中的数据进行分析，利用杜邦体系来对比分析各指标，最终找到数据变化的原因。杜邦分析表的结构如下图所示。（假设下图中资产总额＝平均资产总额）

杜邦分析表

不同会计年度的财务报表数据

	2015年	2016年
可供出售金融资产	-	38,284,376.45
开发支出	-	969,172.80
流动性资产	1,349,843,797.04	1,580,321,097.63
非流动性资产	3,699,350,174.44	5,042,785,042.54
资产总额	5,049,391,971.48	6,623,106,140.17
专项应付款	-	57,120,000.00
负债总额	2,289,013,072.86	3,849,269,242.61
净利润	25,989,193.13	28,258,168.94
营业收入	2,091,172,004.74	2,368,690,040.24
营业成本	1,730,342,933.46	2,091,172,004.74
资产减值成本	-	39,344,205.00
投资收益	4,294,841.15	8,697,799.82
资产负债率		
权益乘数		
营业净利率		
总资产周转率		
总资产净利率		
净资产收益率		

财务报表中的相关数据

需要计算的杜邦分析体系的指标

11.3.2 计算并分析杜邦分析表

理解了杜邦分析法的原理，并通过会计报表整理好相关的会计数据后，计算杜邦分析表的操作就变得非常简单了。下面在 Excel 中实现这个操作。

配套资源

操作视频演示

模板文件 \ 第 11 章 \ 杜邦分析表 .xlsx
效果文件 \ 第 11 章 \ 杜邦分析表 .xlsx

【案例效果图解】

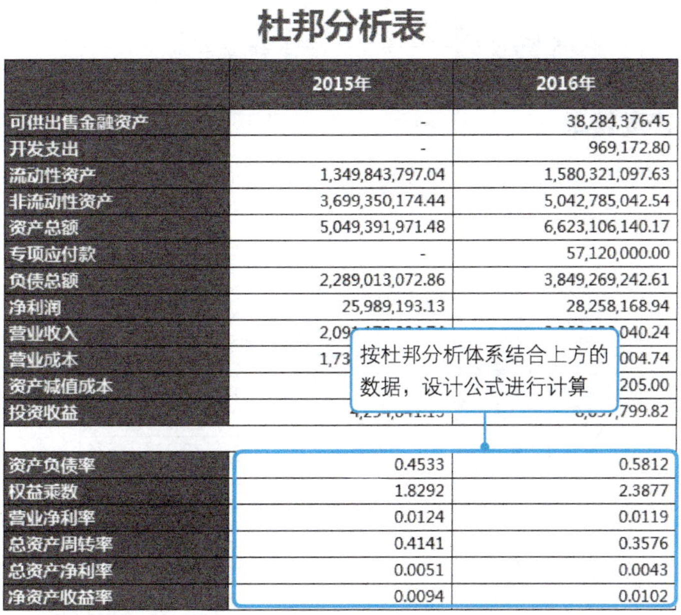

杜邦分析表

	2015年	2016年
可供出售金融资产	-	38,284,376.45
开发支出	-	969,172.80
流动性资产	1,349,843,797.04	1,580,321,097.63
非流动性资产	3,699,350,174.44	5,042,785,042.54
资产总额	5,049,391,971.48	6,623,106,140.17
专项应付款	-	57,120,000.00
负债总额	2,289,013,072.86	3,849,269,242.61
净利润	25,989,193.13	28,258,168.94
营业收入	2,09[illegible]	[illegible]040.24
营业成本	1,73[illegible]	[illegible]004.74
资产减值成本	[illegible]	[illegible]205.00
投资收益	[illegible]	[illegible],799.82
资产负债率	0.4533	0.5812
权益乘数	1.8292	2.3877
营业净利率	0.0124	0.0119
总资产周转率	0.4141	0.3576
总资产净利率	0.0051	0.0043
净资产收益率	0.0094	0.0102

STEP 1 计算资产负债率

❶打开“杜邦分析表 .xlsx”模板文件，选中 B16:C16 单元格区域；❷在编辑栏中输入“=B9/B7”，按【Ctrl+Enter】组合键确认。表示资产负债率 = 负债总额 ÷ 资产总额。

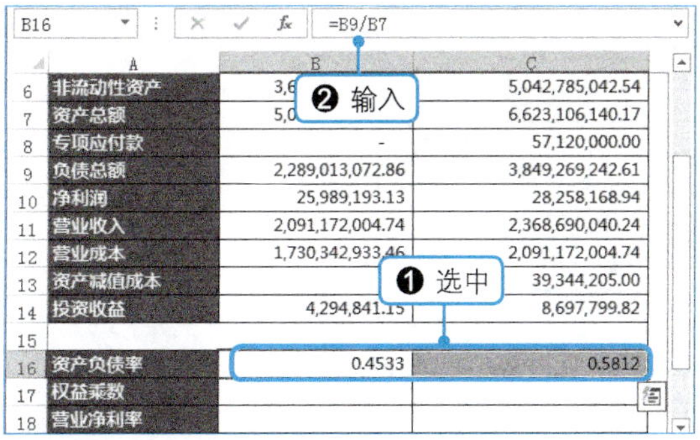

STEP 2 计算权益乘数

❶选中 B17:C17 单元格区域；❷在编辑栏中输入“=1/(1-B16)”，按【Ctrl+Enter】组合键确认。表示权益乘数 =1 ÷ (1- 资产负债率)。

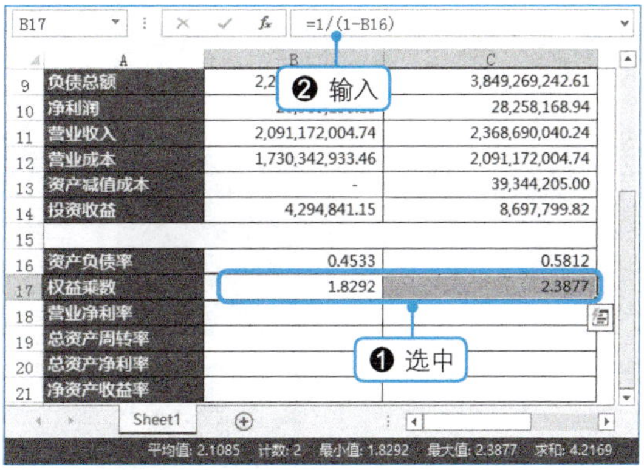

STEP 3 计算营业净利率

❶选中 B18:C18 单元格区域；❷在编辑栏中输入“=B10/B11”，按【Ctrl+Enter】组合键确认。表示营业净利率 = 净利润 ÷ 营业收入。

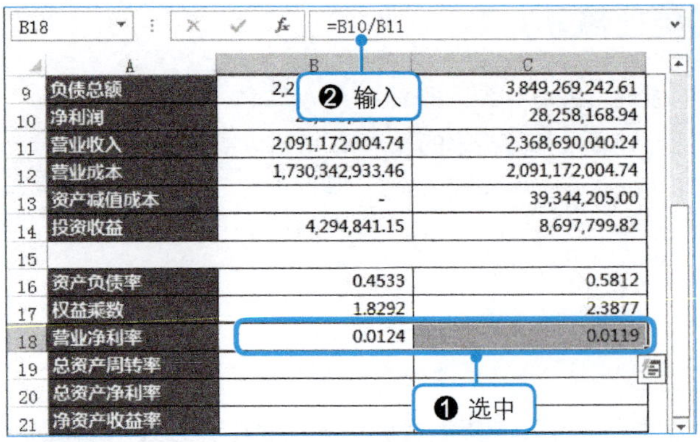

	A	B	C
9	负债总额	2,2	3,849,269,242.61
10	净利润		28,258,168.94
11	营业收入	2,091,172,004.74	2,368,690,040.24
12	营业成本	1,730,342,933.46	2,091,172,004.74
13	资产减值成本	-	39,344,205.00
14	投资收益	4,294,841.15	8,697,799.82
15			
16	资产负债率	0.4533	0.5812
17	权益乘数	1.8292	2.3877
18	营业净利率	0.0124	0.0119
19	总资产周转率		
20	总资产净利率		
21	净资产收益率		

STEP 4 计算总资产周转率

❶选中 B19:C19 单元格区域；❷在编辑栏中输入“=B11/B7”，按【Ctrl+Enter】组合键确认。表示总资产周转率 = 营业收入 ÷ 资产总额。

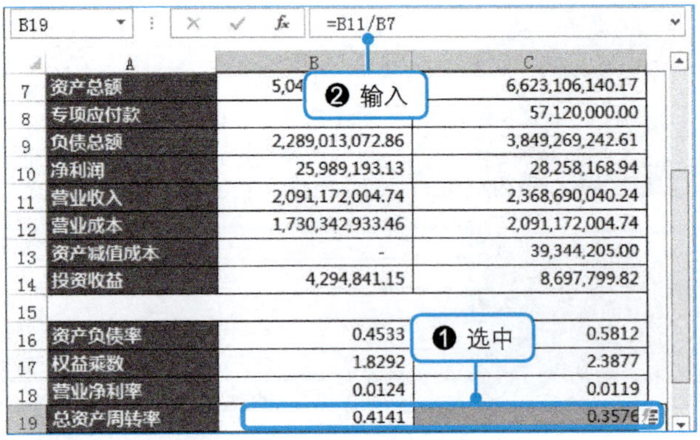

	A	B	C
7	资产总额	5,04	6,623,106,140.17
8	专项应付款		57,120,000.00
9	负债总额	2,289,013,072.86	3,849,269,242.61
10	净利润	25,989,193.13	28,258,168.94
11	营业收入	2,091,172,004.74	2,368,690,040.24
12	营业成本	1,730,342,933.46	2,091,172,004.74
13	资产减值成本	-	39,344,205.00
14	投资收益	4,294,841.15	8,697,799.82
15			
16	资产负债率	0.4533	0.5812
17	权益乘数	1.8292	2.3877
18	营业净利率	0.0124	0.0119
19	总资产周转率	0.4141	0.3576

STEP 5 计算总资产净利率

❶选中 B20:C20 单元格区域；❷在编辑栏中输入“=B18*B19”，按【Ctrl+Enter】组合键确认。表示总资产净利率 = 营业净利率 × 总资产周转率。

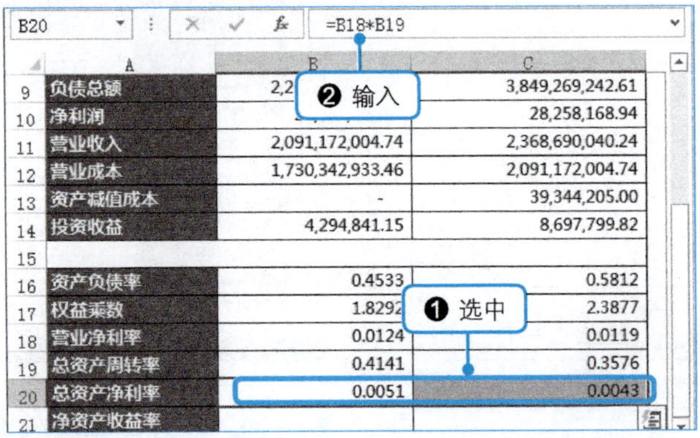

	A	B	C
9	负债总额	2,2	3,849,269,242.61
10	净利润		28,258,168.94
11	营业收入	2,091,172,004.74	2,368,690,040.24
12	营业成本	1,730,342,933.46	2,091,172,004.74
13	资产减值成本	-	39,344,205.00
14	投资收益	4,294,841.15	8,697,799.82
15			
16	资产负债率	0.4533	0.5812
17	权益乘数	1.8292	2.3877
18	营业净利率	0.0124	0.0119
19	总资产周转率	0.4141	0.3576
20	总资产净利率	0.0051	0.0043
21	净资产收益率		

STEP 6 计算净资产收益率

❶选中 B21:C21 单元格区域；❷在编辑栏中输入“=B20*B17”，按【Ctrl+Enter】组合键确认。表示净资产收益率 = 总资产净利率 × 权益乘数。此后便可按照杜邦分析体系，从上到下对比分析净资产收益率上升

的具体原因。本例中净资产收益率的增加是企业全部资产利用情况（总资产净利率下降）、资产对负债的保障程度以及资本结构的改变（权益乘数上升）共同作用的结果。

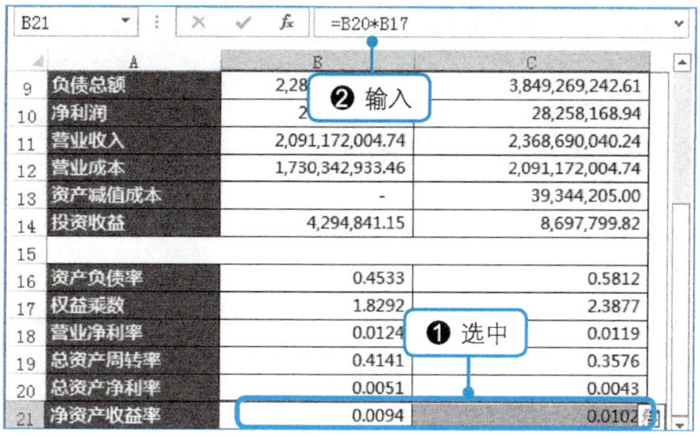

11.4 会计真案

投资人、债权人、管理者、政府部门等，都会对企业公布的财务报表进行分析，最终得到自己需要的数据，来考察或核对企业的经营情况。下面通过两个实际案例进一步练习财务分析表格的使用。

11.4.1 通过比率分析法分析财务指标

某企业公布了 2016 年的资产负债表和利润表内容，请根据这两个会计报表，利用比率分析法分析该企业的现金比率、营业利润率、主营业务净利润率、资本收益率、净资产收益率、资产净利润率、资本保值增值率等指标。

【分析】

只要得到了会计报表的数据以及了解了财务指标的计算公式，就能轻松计算出该指标的数值。本例中涉及的财务比率指标的计算公式如下：①现金比率 = 现金 ÷ 流动负债；②营业利润率 = 营业利润 ÷ 业务收入；③主营业务净利润率 = 净利润 ÷ 主营业务收入净额；④资本收益率 = 净利润 ÷ 实收资本（或股本）；⑤净资产收益率 = 净利润 ÷ 所有者权益平均余额；⑥资产净利润率 = 净利润 ÷ 平均资产总额；⑦资本保值增值率 = 期末所有者权益 ÷ 期初所有者权益。

配套资源

操作视频演示

模板文件 \ 第 11 章 \ 会计真案 \ 财务比率分析表 .xlsx

效果文件 \ 第 11 章 \ 会计真案 \ 财务比率分析表 .xlsx

【操作思路】

打开“财务比率分析表 .xlsx”模板文件，根据财务指标的计算公式，设计公式并引用相应会计报表的数据进行计算。

11.4.2 使用杜邦分析法计算企业的净资产收益率

某企业 2016 年度的流动性资产为 2 164 477.92 元、非流动性资产为 1 787 192.82 元、负债总额为 1 846 543.55 元、营业收入为 746 460.00 元、收入总额为 893 085.00 元、成本费用总额为 517 843.20 元。请根据这些数据，利用杜邦分析法计算该企业的净资产收益率。

【分析】

要求净资产收益率，就需要先求资产负债率、权益乘数、营业净利率、总资产周转率和总资产净利率。利用相应指标的计算公式以及题目给出的数据就能得到计算结果。其中，资产总额 = 流动性资产 + 非流动性资产；净利率 = 收入总额 - 成本费用总额。

配套资源

操作视频演示

模板文件 \ 第 11 章 \ 会计真案 \ 杜邦分析表 .xlsx
效果文件 \ 第 11 章 \ 会计真案 \ 杜邦分析表 .xlsx

【操作思路】

打开“杜邦分析表 .xlsx”模板文件，根据杜邦分析体系以及各指标的计算公式，设计公式并引用相应数据进行计算。

11.5 疑难解答

问题一 ➔ 杜邦分析法是企业首选的财务分析方法吗?

● **答:** 从企业绩效评价的角度来看，杜邦分析法只包括财务方面的信息，它有自身的局限性，比如它对短期财务结果过分重视，有可能忽略企业长期的价值创造；它反映的是企业过去的经营业绩，在现代财务分析中可能不能满足需要。在信息时代，顾客、供应商、雇员、技术创新等因素对企业经营业绩的影响越来越大，而杜邦分析法在这些方面是无能为力的。另外，企业的无形进行财务分析资产对提高企业长期竞争力至关重要，杜邦分析法却不能解决无形资产的估值问题。因此具体采用哪种方法，还需要结合企业自身的情况而定。

问题二 ➔ 现金流量表也是财务分析的数据来源吗?

● **答:** 是的。现金流量表可以对企业的现金流动能力、偿债能力、资本支出能力、获利能力等进行分析。比如通过现金与现金等价物（或短期投资、应收票据）之和，除以流动资产便能得到现金流动比率，从而分析企业流动资产的质量情况。